ジル・ドスタレール
Gilles Dostaler
鍋島直樹・小峯敦◉監訳
山田鋭夫・山崎聡・齋藤隆子・藤田菜々子・池田毅・内藤敦之＝訳

Keynes and his Battles

ケインズの闘い

哲学・政治・経済学・芸術

藤原書店

Gilles Dostaler

Keynes and his Battles

First published 2007
by Edward Elgar Publishing Limited

日本語版への序文

ケインズに関する私の本がこうして日本の読者に身近なものになるのは、本当にうれしい。おまけにこの日本語版はいちばん完成されたものとなっている。というのも、本書の監訳者たる鍋島直樹および小峯敦の両氏は、現に本書英語版のうちに少なからぬ誤りを発見してくれたのであり、私はそれを訂正することができたからである。この点、心から感謝している。私はこれまで、日本という素晴らしい国を一度しか訪れる機会がなかったが、それは二〇〇六年の春、バラの花薫る頃だった。私を招いてくれた人たちが熱烈に歓迎してくれたことも嬉しかった。その場ですぐ私は、長年知っていたあることを確認することもできた。すなわち、多くの西洋諸国の経済学者とくらべると、日本の経済学者は広い理解力をもっているということである。事実、日本はつねに経済思想の次元で——おそらく他の知的領域におけると同様——多元主義と寛容の地であった。たとえば、日本においてマルクス思想に対する関心が占めてきた地位、そして今も占めている地位に、それを見ることができる。アメリカの大学ではマルクスが事実上排斥されているのに対して、日本ではずっと研究されてきたし教えられてきたのであり、しかもそれは単にマルクス主義を自称する経済学者たちのみによってなされたわけではなかった。何年も前、私自身は価値の生産価格への転形問題について研究していたが[(1)]、そのとき発見したのは、この問題について最高に興味ぶかい研究のいくつかは日本で公表されたものだということである。私は最近、森嶋通夫に関する小論を発表したのだが(2)、森嶋はそういった論者の好例であって、マルクスにもワルラスにもリカードにも同じように興味をいだき、決して初めからある特定の思想家に敵意をいだいたりすることはなかった。経済思想史というものは、西洋ではなかなか認められないことが多く、場合によっては生き残ることさえ困難であるのだが、日本では大いに研究されてきたのである。

それゆえ私は日本の読者に対して、ケインズの仕事を研究することの利点について説得する必要はなかろう。不幸なことにアメリカやヨーロッパの場合はそうでない。そこではケインズは、理論的・イデオロギー的・政治的な理由から追放されている——かりに人間の活動や思想のこれら各種側面が完全に分離されうるとしての話ではあるが。多くの経済学者は自らの学問分野の進化を、物理学をモデルとして精密科学のそれのように見ているのであり、無知と誤謬の支配する状態からますます精密かつ完璧な知識——要するに真理——に向かって連続的かつ累積的に進歩するものだと見ている。現実には、物理学者やその他の自然科学研究者は、かれら自身、こんなモノの見方など信じていない。経済学にあっては、こうした幻想は、経済は人間意思から独立した自然法則にしたがうという信念と結びついている。それゆえ知の一分科としての経済学は、いわば社会物理学だということなのだろう。一九六九年以来、いわゆる「ノーベル経済学賞」が授与されるようになり、それによって、経済学は物理学と同様、「厳密」な科学だという幻想が強まることになった。現実にはそこに一種の神秘化がなされている。この賞はノーベルの遺産によってではなく、スウェーデン銀行によって授与されるものであり、その正式名称は「アルフレッド・ノーベル記念スウェーデン銀行経済学賞」である。スウェーデン王立科学アカデミーの若干の経済学者メンバーからバトンを引き継ぎ、スウェーデン銀行の幹部たちが、本来のノーベル賞と同じ式典のうちにこの賞を繰り入れるようノーベル財団を説得したのは、文字通り強権発動によるものだった。ジャーナリストや大衆が結局それはノーベル賞なのだと信じ込んでいるだけでなく、ほとんどの受賞者自身もそう思っている。ミルトン・フリードマンはピノチェト将軍と会い、彼にチリ経済のショック療法を勧告したのだが、その直後の一九七六年、フリードマンはノーベル経済学賞を受賞した。これによってストックホルムでは激しいデモに火がつき、そこからアルフレッド・ノーベルの子孫を含む幾人もの人々が、巣のなかに自分たちのものでない卵を置くことを経済学者たちに許すような賞の存在について、疑問をいだくようになった(3)。

こうした物理学モデルの見方に立てば、多くの経済学者にとって経済思想史とは死んだ学者の間違った思想の歴史だということになる。ケインズの場合もそういうことなのだろう。もちろん、ケインズの仕事の重要性、それが与えたインパクト、そして一九七〇年代までフリードマンを含むほとんどの経済学者が自らをケインジアンだと規定していたという事実については、誰もこれを否定することはできない。だが、もう一つ別の理由があって、ケインズは厄介払いされようとしている。それは一九七〇年代における政治的・経済的・イデオロギー的な角逐の場に起こった方向転換であり、新自由主義的《ネオ・リベラル》と呼ばれた転換である。本書の結論で説明したように、この表現はあまり適切でなく混乱を招く。実際、二十世紀初頭のイギリスで「ニュー・リベラリズム」と呼ばれたのは、古典的な経済的自由主義はその任務を全うし、そして、自由放任《レッセ・フェール》がもたらす諸問題――経済恐慌、失業、所得および財産の容認しがたい格差、貧困――を緩和するため公権力が経済に介入しなければならないという、そういった考え方なのである。一九二六年、ケインズは『自由放任の終焉』を出版し、ニュー・リベラリズムを主張したが、それはまたソーシャル・リベラリズムないしリベラル・ソーシャリズムとも呼ばれた。新自由主義はこれと反対に、古典的自由主義への復帰であり、自由放任の信仰と国家介入の拒否を伴うものである。だから、ウルトラ自由主義ないし極端な自由主義と言ったほうがよかろう。

それゆえケインズは、その身が滅んだのと同様、理論面でも政治面でも死んだ。こうして、最も果敢なケインズ批判者の一人たるロバート・E・ルーカス――彼自身かつてはケインジアンだった――は、ケインズの命題が誤謬だという事実があるからには、もはやケインズを読む必要はないと宣言した。ルーカスはたとえば、非自発的失業は介入措置によって是正できるような現実ではなく、ケインズの頭脳に発する誤った概念なのだと考える。失業なるものは、つねに労働供給曲線上にいる労働者が行なう選択から生じるのだというわけである。ルーカスとその弟子たちが新しい古典派マクロ経済学について表明した経済政策無効命題によれば、およそ経済政策は、各種経済主体の意表をつくものでないかぎり有効性はないとのことである。この点、ルーカスはフリードマンとハイエクの立場を延長し、徹底しているのであり(4)、そしてこの二人は、新自由主義の先駆者であり大いなる思想家だと考えてよかろう。

もちろんケインズは、異口同音に拒否されているわけではない。ポスト・ケインズ派の潮流はケインズ思想の急進的な解釈を押し出している。おまけにこうした動きはいくつかの流派に分裂しているのだが、そのうち二人の主導者がつい最近、ケインズに関する書物を出版した(5)。平井俊顕はといえば、彼はケインズ経済理論の展開を扱った重要な研究を打ち立てた(6)。こうした点はケインズの歴史をめぐる逆説の一つである。正統派経済学がケインズを葬り去ったからといって、この思想家に関する著作が次々と溢れ出るのを止めることはできないのである。前世紀末には「ニュー・ケインジアン経済学」を自称する思想潮流も登場した。とはいってもこの潮流の考えは、ケインズのそれとは随分とかけ離れている。それは新古典派総合の延長上にある。新古典派総合はむしろ、ワルラス的ミクロ経済学と、ケインズ的マクロ経済学——ただし時間・不確実性・貨幣といったその根本的要素を捨て去ったそれ——との混合である(7)。ニュー・ケインジアン経済学によれば、ケインズ理論は「名目的硬直性」——これを説明することが大切なのだが——をともなった古典派理論に還元される。失業は賃金の下方硬直性から生ずるというわけであるが、これはケインズが終生反対した命題なのである。加えてニュー・ケインジアン経済学者と新しい古典派の連中は、数学的習熟と定式化において競い合っているが、これはケインズが忌避していたものである。本書で私はこうした主題につき、詳しく立ち返ることになろう。

ケインズにはなお現実性があるのか。本書結論で私はこの点にイエスと答える。ケインズについて長年にわたって研究してきたのは、考古学的興味からではない。私が最初に『雇用・利子および貨幣の一般理論』を読んだのは一九六七年のことであり、一九八〇年代初頭以来、一段と深い研究を行ない、ケインズに関する論文や書物を発表するようになった。それと同時に、ケインズとハイエク、フリードマンといった論者との関係とか、もっと一般的には、ケインズ的介入主義と新自由主義との関係について論ずるようになった。ケインズ『全集』を読み、またケインズ・アーカイブズを調査してみると、どういう点で経済学は彼の世界観のなかで副次的な次元でしかなかったかについて、よりいっそう明確に理解することができるようになった。彼が称賛したアリストテレスの場合と同様、第一級の位置を占めるのは倫理である。善とは何か、また、世界に善を広めようとしている人々の行為はどうあるべきか、——これらをまず定義することが重要なのである。哲学者G・E・ムーアの影響を受けて、ケインズとそのブルームズベリー・グループの仲間たちは、善を心の善き状態と結びつけたのであり、そして心の善き状態は、美の観照、友情や恋愛の関係、真理の探究から生ずるものであった。人間諸活動の等級としては、芸術が最上級をなし、科学がこれに続く。政治は下級に位置するが、しかし倫理的目的を実現するための手段としては重要なものである。およそ独裁主義や抑圧といった形を拒否しつつ、ケインズは生涯、知識人として、だがまた政治闘士として、〈君主〉の助言者として、脆弱な文明を守るため、保守主義反動と共産主義革命のあいだにあって第三の道を定義すべく心身を捧げた。

経済学もまた、文明の進歩に奉仕すべき手段である。資本主義は自ずと完全雇用を生み出すような自己調整的システムではないことを、ケインズは論証した。完全雇用や所得・財産のより公平な分配を保証することは、公権力の仕事なのである。まさにこの点において、経済は政治に従属しなければならない。自由放任のイデオロギーや新自由主義を特徴づけるのは、政治を——もっと一般的には社会生活のあらゆる次元を——まさに経済に従属させることにある。加えてケインズの見解によれば、今後優位を占めるのは経済活動の金融的次元であり、資本主義の推進力をなすのはこうした病理的貨幣愛にかかわる次元なのである。[8] 企業は、金融と投機に従属する。『一般理論』第一二章中の一節の言葉を使えば、[9] 投機家は「企業の着実な流れに浮かぶ泡沫」としてならば、何の害もあたえないのに対して、「企業が投機の渦巻のなかの泡沫となると」事態は重大である。この時、資本の発展は「カジノの活動の副産物」となる。

ケインズのこうした言葉は、最近二〇年間の展開を考えるとき予言的にして啓発的である。この二〇年間は金融危機が頻発したのであり、そのうち最新のものはアメリカで自由化された不動産投機によって引き起こされ、この文章を書いている時点で拡大し世界経済に脅威をあたえはじめている。その設立にケインズが力を注いだブレトン・ウッズ体制の崩壊、金融の規制緩和、国際資本移動上のあらゆる障害の撤廃、——グローバリゼーションなるものと結びついたこれら全ての相互連関的な諸現象は、人類の生存にとって危険な傾向を強めているのであり、そしてそれは、すでにケインズが彼の時代において告発していたことなのである。いまや資本主義は、かつてないほど金融権力によって支配された世界システムなのであり、その金融権力にとって、貨幣は唯一の尺度であり、金銭的収益性は唯一の目的なのである。市民としての経済学者の責任は、こうした動きを逆転させるべく貢献することにあるにちがいない。

二〇〇八年一月

ジル・ドスタレール

注

(1) Gilles Dostaler, *Valeur et prix: histoire d'un débat*, Montréal, Paris et Grenoble; Presses de l'Université du Québec, François Maspero et Presses Universitaires de Grenoble, 1978.

(2) Gilles Dostaler, 'Michio Morishima: Confucius, Marx et la croissance', *Alternatives économiques*, no.262, octobre 2007.

(3) Gilles Dostaler, 'Les "prix Nobel d'économie": une habile mystification', *Alternatives économiques*, no.238, juillet-août 2005.

(4) Gilles Dostaler, *Le Libéralisme de Hayek*, Paris: La Découverte, 2001.

(5) Paul Davidson, *John Maynard Keynes*, Houndmills, Basingstoke: Hampshire, 2007; Luigi L. Pasinetti, *Keynes and the Cambridge Keynesians: A 'Revolution in Economics' to be Accomplished*, Cambridge: Cambridge University Press, 2007. 不思議なことに後者の本は、その数カ月前に出版されたケインズに関する私の本の英語版と同じカバーを使っている。

(6) Toshiaki Hirai, *Keynes's Theoretical Development: From the Tract to the General Theory*, London: Routledge, 2008.

(7) Michel Beaud and Gilles Dostaler, *Economic Thought since Keynes: A History and Dictionary of Major Economists*, London: Routledge, 1995（première édition française, Paris, Seuil, 1993).

(8) Gilles Dostaler and Bernard Maris, *Argent, capitalisme et pulsion de mort: Freud et Keynes*, Paris: Albin Michel, 2008, を参照せよ。

(9) *The Collected Writings of John Maynard Keynes*, London: Macmillan, vol. 7, 1973, p.159.（塩野谷祐一訳『ケインズ全集』第七巻、東洋経済新報社、一九八三年、邦訳一五七頁）

ケインズの闘い　目次

4　戦争と平和　ボーア戦争からヴェルサイユまで　290

5　貨幣　経済的原動力にして社会的病理　356

ケインズの闘い

——哲学・政治・経済学・芸術

凡例

一　書名、作品名、新聞・雑誌名は『　』で示した。
一　原文中の'　'は「　」で示し、(　)および[　]はそのまま示した。
一　原文中のイタリックで、強調を示すものは傍点で示した。
一　大文字で始まることによって強調されている単語は〈　〉で示した。
一　訳者による注や補足は、本文中に〔　〕で示した。
一　各章のなかの節番号は訳者によるものである。
一　原書では序論と結論がともに一つの章とされているが、本訳書ではそれらを章としていない。

マリエルに
トム・アシマコプロスの追憶のために

序論

経済学の大家は、もろもろの資質のまれなる組み合わせを持ち合わせていなければならない。そういう人はいくつかの違った方面で高い水準に達しており、めったに一緒には見られない才能を兼ね備えていなければならない。彼はある程度まで、数学者で、歴史家で、政治家で、哲学者であらねばならない。彼は記号も分かるし、言葉も話さなければならない。彼は普遍的な見地から特殊を考察し、抽象と具体とを同じ思考の動きのなかで取り扱わなければならない。彼は未来の目的のために、過去に照らして現在を研究しなければならない。人間の性質や制度のどんな部分も、まったく彼の関心の外にあってはならない。彼はその気構えにおいて目的意識に富むと同時に公平無私でなければならず、芸術家のように超然として清廉、しかも時には政治家のように世俗に接近していなければならない。

——「アルフレッド・マーシャル（一八四二—一九二四年）」（1924-25, pp.173-4〔邦訳二三二—三頁〕）

メイナードは偉大な人物であると、私はむしろ思います。彼らは、一つのわなに三匹のねずみを捕らえました。このことは、今にもヒステリーを起こしそうなほどに彼を興奮させました。そのような状態にありながらも、羊の群れ全体、何頭かのよく似た牛を買っていて、もう、それが真の偉大さなのです。彼はまた、『タイムズ』宛の手紙を書き取らせていました。そして今は、［彼のケンブリッジ芸術劇場で］『フェードル』を演じる意思のない無数の男優たちと女優たちを説き伏せているところです。彼らは『フェードル』を演じることになるでしょう。彼はまた、牛の結核についての完全な知識をもっていました。その間に、エドガー［運転手］と一緒にストッキングを買いにルイースまでドライブすることの許しをアニーにあたえました。すべての細々としたことが彼に問い合わせられます。それでも彼は、ものごとの主要な位置を占め、冷静なままです。L［リディア・ロポコヴァ・ケインズ］の演技のすべての言葉に対しては、一匹のテリヤのように夢中になります。彼は、私がまったくの放心状態から決して気づかなかったであろうと思われる多くのものを見つけました。そして私の心を打ち砕いたままにしておきましたが、メイナードのような人を生み出す民族に対する希望で胸がおどります。それから私は彼に接吻して、彼のメモワール・クラブでの論文［「若き日の信条」］を称賛しました。そのことによって、私の考えではもっとも不思議なことに、彼は本当に喜びを感じていました。

——ヴァージニア・ウルフ、ヴァネッサ・ベル宛の手紙、一九三八年十月八日（V. Woolf 2003, p.415）

ジョン・メイナード・ケインズは、二十世紀のもっとも影響力ある人物の一人であった。一九三六年に公刊された彼の『雇用・利子および貨幣の一般理論』は、経済・社会思想の領域におけるもっとも重要な著作の一つとして、アダム・スミスの『国富論』、あるいはカール・マルクスの『資本論』と並び立つものである。しかしまたケインズの仕事は、この一つの著作よりもはるかに多い。彼は、その時代の諸問題に最大限に取り組んだ行動の人であった。経済学は、社会的なものや政治的なものから切り離すことができず、彼の最大の関心事の一つにすぎない。彼の提唱した経済的改革は、戦争・革命やあらゆる形の過激主義によって脅かされた世界を救うために必要とされる政治的・社会的変革の過程における単なる一つの（しかしながら重要な）要素である。ケインズは、社会についての全体的なビジョン、社会の弊害とそれらを克服するための諸手段を提示した。

第二次世界大戦後、彼の見解は、経済思想・政治思想・社会思想の不可欠な一部分となった。ケインズは、その時代の多くの人々の目に、資本主義を擁護することに責任を負っているものと映っていた。しかしこのような見解は、福祉国家が疑問に付され、新自由主義《ネオ・リベラリズム》が地歩を獲得しはじめた一九七〇年代に変化した。[1] それからケインズ政策は現代経済のさまざまな弊害の原因であると見なされるようになり、一部の経済学徒は、ケインズの理論と勧告の意義を追求することを思いとどまるようになった。

ケインズの時代の諸問題に対する彼の取り組みについて学ぶと同時に彼の著作を読むことは、歴史的な観点から、しかしまたわれわれ自身の時代を理解するためにも、最大の興味があると私は思う。ケインズの思想は、しばしば一連の数学的な定式に還元されてきたし、またそれらは、ある場合には社会についての彼の理解と矛盾している。ケインズは、教条的にというよりも実際的に、現代経済の状態についての診断をあたえることを主張した。しかし彼は、すべての時代と場所に適用することの可能な、それらの病弊に対する治療薬をあたえることを主張したのではなかった。またわれわれが見るように、彼の社会の概念において経済は中心舞台を占めているのではなかった。アルフレッド・マーシャル教授のためにケインズが書いた弔辞である上掲の第一の引用は、自画像として読むことができ、それは、経済学者は自らの時代を理解するために経済学者以上のものにならなくてはいけないという事実を示している。上掲の第二の引用が示しているように、彼の友人であるヴァージニア・ウルフは、この驚嘆すべき人物の多様な側面をユーモアをもって描いている。

ケインズの名は、一つの革命、思想の一潮流、国家、および政策を指すために用いられてきた。しかしながら、「ケインズ主義」と呼ばれているものは、ケインズの思想とのかなり複雑な関係から生まれている。諸学派について一般に事実であるように、その創設者の諸著作は、しばしば弟子たちによって単純化・俗流化・教条化されてきた。戦後の経済ブームと結びつき一九七〇年代に疑問に付されたケインズ主義は、多くの側面において、ケインズの主張の大部分と共通するものをほとんど持っていない。さらに、知的遺産はたびたび悪意に満ちた言い争いを生み出す。そのようなものとして、急進的なものから穏健的なものまで、いくつかの変種がケインズ主義の内部に存在している。

本書は、ケインズ主義にではなくケインズに、そして彼自身を単なる経済の理論家へと決して矮小化してはいないケインズに捧げられる。右に示されたような立場の的確性について、とくにケインズとケインズ主義とを隔てる距離、および〈結論〉で論じられるケインズの現代的な意義について、読者が納得することを望みたい。

一　言葉の戦争

ケインズは、膨大な量の著作を後に残した。それは、相当な文筆上の美点をもつとともに、哲学と経済学から歴史と政治まで多くの領域に及んでいる。抽象的な論文やパンフレット、学術論文や新聞の論文、公式の報告書や個人的な文通、統計的分析、伝記風のエッセイと、彼はすべての形式において秀でていた。書き言葉の巨匠であると同様に話し言葉の巨匠であり、講師、会議の講演者、取締役会の構成員および会長、政治活動家、さまざまな委員会の委員、公私の諸問題の交渉者、とくに国際問題の交渉者としての能力は無類のものであった。言葉のうえの勝負での彼の技量を証明する根拠は豊富に存在する。彼は、軽いどもりにもかかわらず、それを長所に転じて、聴衆を魅了する声を利用しながら、残忍さと魅惑を交互に用いた。彼の友人であり、ヴァージニアの夫であるレナード・ウルフの見るところでは、「彼は、哲学者を粉々にしたり経済学者を粉砕したりすることができるのと同じくらい速やかかつ優雅に、銀行家、実業家、あるいは首相を出し抜くことができた。……彼は、いつ何時でも、また時にはまったく不当に、不運な人を無慈悲な粗暴さで打ちのめすことができたのかもしれない」（L. Woolf 1960, pp.144-5）[2]。

この矛盾に満ちた人物は、肉体的にはひ弱であっても、思考の人であるのと同じくらい行動の人であった。経済学と政治は、綿密に組み立てられたスケジュールのごく一部をなしていたにすぎない。つねに時計に目をやりながらも、周囲の人々には、彼が時間に追い立てられているようには見えなかった。彼はいつも、ないしょ事やうわさ話——それらは、彼が属し、のちに「ブルームズベリー・グループ」として知られるようになる友人たちのサークルにおいて好まれた活動の一つであった——を共にするための時間を探していた。ケインズとレナード・ウルフを例外として、この集団は、メンバーのなかに経済学者や政治家を含んでいない。彼らは、画家、作家、美術批評家、ジャーナリスト、伝記作家、精神分析学者であった。

ケインズは、公的生活と私的生活のあいだのはっきりした区別を保っていた。私的生活は、恋愛関係や友人関係に加えて、芸術世界への重大な関与、絵画や稀覯書の収集家としての活動、園芸や農場経営者としての仕事に充てられた。彼の公的生活は政治にかかわり、そこでは彼は政党の闘士および政府顧問として介入した。そしてもちろん経済学にもかかわり、そこでは理論家として、さらにまた銀行家、投機家、行政官として活動した。たとえ最後には彼が自らの精力のほとんどを公的な領域に捧げたとしても、彼は個人的な領域に優先性があたえられるべきであると主張していた。第二次世界大戦中にイギリス帝国の名において彼が主導したアメリカとの心身をすり減らすような交渉は、おそらく彼の最期を早めた。一九三四年の春にヴァージニア・ウルフは、ケインズの「伝記的空想」と彼女が名づけた作品を作った。それは、彼の中心的関心の特徴を示している言葉を列挙することによって始まっている。「政治。芸術。舞踏。文学。経済学。青年。未来。リンパ腺。家系図。アトランティス島。道徳。宗教。ケンブリッジ。イートン。演劇。社会。真実。子豚。サセックス。イギリス史。アメリカ。楽観主義。どもり。古書。ヒューム」（V.

Woolf 1934, p.274)。

彼の生涯は、さまざまな戦いと戦場とによって特徴づけられる。ケインズの万華鏡のような諸活動をつらぬく一本の共通の糸が存在するとすれば、それは、彼の同時代人たち、とくに政治的・経済的指導者たちに、脆弱で脅威にさらされている文明の崩壊をさけるうえで、根本的な変革が緊急に必要とされているのだということを納得させるための永続的な闘争という糸である。貧困、許容することのできない所得と富の不平等、失業、恐慌、および国際的対立のすべては、過激主義——ファシズムとボルシェビズムは、そのもっとも危険な形態の二つを示している——の台頭にとって好都合な条件であった。これらの経済的惨禍は、免れることのできない自然法則の結果ではなく、人間の誤りと、貨幣愛によく似た、無意識のなかに埋もれている非合理な衝動の所産である。そのような危難に立ち向かい、そのような悪魔に打ち勝つための大きな改革が実行に移されることは、可能であるとともに、また不可欠なことでもある。ケインズは自分自身を、教授、経済学者、あるいは政治家としてではなく、思想の普及者、政治評論家[3]、および災難の予言者と定義した。彼は、諸論文、著書の抜粋を集成した一九三一年の書物に『説得論集』という表題をあたえ、その内容について次のように述べている。

> ここに収めたのは、一二年間にわたる不吉な叫び——かつて一度も事態の成り行きに対して時宜にかなった影響をあたえることができないままに終わった、かのカサンドラにも似た一予言者の凶事を告げる叫びである。本書のタイトルを『予言・説得論集』とすることもできたであろう。不幸なことだが、より多くの成功を収めたのは、説得ではなくて、予言のほうであったからである。しかし説得の精神こそ、世論に影響をあたえようとして執筆された本書の大部分の論文の基調をなすものである（1931-1, p. xvii〔邦訳 xxiii 頁〕）[4]。

ケインズはここで、いつものように偽りの謙遜を示している。だが実際には彼は、世論に影響を及ぼすための自らの力に関してほとんど疑いを抱いていなかったのである。ケインズには、社会に向かって迫り来るさまざまな脅威と闘うことが必要とされていた。そして経済的な困難は、これらの脅威の一つにすぎなかった。理想的な社会においては、「経済問題がその本来おさまるべき目立たない地位に退き、……そして心と理性の活動の舞台は、われわれの真の問題――人生の問題、人間関係の問題、創作と行動と宗教の問題――によって占められ、あるいは再び占められるであろう」(*ibid.*, p. xviii〔邦訳 xxv 頁〕)。しかしこの闘いは、いかに無情なものであろうとも、平和的でありつづけなくてはならない。暴力の否定は、ケインズにとっての基本的な原則であった。そのことは、彼が労働党に加わることを妨げた。ケインズは労働党の価値観のいくつかを共有していたが、その党の一般党員のなかには社会秩序の暴力的転覆の提唱者が含まれていたのである。暴力を否定したことによって彼はまた、ブルームズベリーの友人たちの大部分のように、第一次世界大戦中に良心的兵役拒否者の身分を要求するようになった。

二十歳のとき、当時ケンブリッジの学生であったケインズは、一九〇二―三年の冬のあいだに書かれた論文をキングズ・カレッジの文学会で発表した。その主題は、エロイーズの恋人であるアベラールであった(5)。ケインズは、アベラールの時代の既成の政治的・宗教的権力に対する彼の闘いについて力説した。言語の論理と宗教的言説について研究するとともに、多数の聖歌を作曲したこの哲学者の「弁証法的な技量」(1903-1, p.27)を、ケインズは称賛した。しかし主としてケインズは、「武器の戦争よりもむしろ言葉の戦争」(*ibid.*, p.14)に心を向けていたことのために彼を称美した。ケインズは明らかにその中世の哲学者との親近性を感じていた。アベラールと同様に、彼は、その生涯を通じて告発したほどの紛れもない不正義の存在にもかかわらず暴力を否定し、政治や経済学においてと同じくらい道徳において、彼の時代の支配的な見解に対する容赦のない言葉の戦争を主導したのであった。

二　本書の概要

以下のページは、ケインズの闘いのいくつかを、それらの特性、およびそれらの相互作用を明らかにしながら探究することに充てられる。たとえば、ブルームズベリーの友人たちとともに彼が行なったヴィクトリア朝の道徳に対する闘いは、金本位制や古典派経済学に対する彼の闘いと無関係ではない。

本書は、ケインズの新しい伝記を企画するものではない。スキデルスキーの記念碑的な伝記（1983, 1992, 2000）に加えて、(6) Moggridge（1992）、Harrod（1951）、Hession（1984）、Felix（1999）の伝記、彼の甥である Milo Keynes（1975）によって公刊された論文集、および幾つかのその他の伝記的な論文が読者にとって利用可能である。(7) しかしながら本書は、いくらかの伝記的な要素を含んでいる。ケインズの生涯にしばしば言及するので、詳細な年表が付録1に収められており、それは、彼の生涯の諸段階と、イギリスにおける同時代の出来事について、また適切な箇所では世界史について説明している。こうしてケインズの思想が、その伝記的・歴史的な文脈におかれることになる。このような文脈を意識することは不可欠である。また本書には、ブルームズベリー・グループおよびケンブリッジ・アポスルズ〔使徒会〕に関する補章と、イギリス政治史に関するもう一つの補章も含まれている。第一のものはケインズの私的生活の背景について、第二のものは彼の公的生活の背景について概説する。これらの「補章」は、それぞれ、各補章と密接に関連している内容をもつ第1章と第3章のあとに置かれている。

本書の八つの章は、ケインズの思考と活動における四つの主要な軸を網羅している。第一の軸は哲学である。この領域に対するケインズの重要な貢献は、専門家以外の人々にはほとんど知られていない。第1章は、倫理の問題と、ヴィクトリア朝の道徳に対するケインズおよびブルームズベリーの彼の友人たちの闘いについて論じる。第2章は、さらに難しい問題ではあるものの、ケインズの思想を理解するための一つの要点、すなわち知識の問題に取り組む。この章は、彼の父の思想の影響、確率の論理学的基礎に関する彼の著作、「モラル・サイエンス」と経済学についての彼の見解、および諸科学の数学化に対する彼の批判をたどる。第1章においては哲学者のシジウィックとムーアが重要な位置を占める一方で、第2章では、バートランド・ラッセル、フランク・ラムゼイ、ルートヴィヒ・ウィトゲンシュタインが主役となる。彼らは皆ケインズの親友である。

第二の軸は政治にかかわる。第3章はケインズの政治的ビジョンを提示し、そのさいには、バークに関する重要な論文のような、ほとんど知られていない初期の著作のなかに含まれているその起源から説き起こす。この章は、保守党・労働党・自由党の主義に対するケインズの態度、マルクスとソヴィエト共産主義に対する彼の複雑な関係、およびファシズムに対する彼の断固たる非難について検討する。第4章は、戦争に関するケインズの活動と態度に充てられ、またボーア戦争と第一次世界大戦について論じる。この章は、活発な論争を引き起こしたケインズの立場とあわせて、良心的兵役拒否の問題を思い起こす。この章はまた、パリ講和会議のあいだに彼が主導し、そして敗北した闘いについて叙述する。講和会議は、ヴェルサイユ条約を生んだ。ケインズはその条約を不正義なものであると考え、彼を世界的な著名人とした著作である『平和の経済的帰結』において、それを非難した。彼の第二次世界大戦中の重要な諸活動については、国際金融関係に関する章において想起される。

ケインズがもっともよく知られている領域、すなわち経済学には、三つの章が充てられる。第5章は、彼の貨幣との個人的な関係、および貨幣に関する彼の見解を扱う。この章はまた、ケインズとフロイトのあいだの関係について想起する。第6章は、ケインズの経済理論の核心たる雇用の問題を分析する。この章は、『雇用・利子および貨幣の一般理論』において提示された体系へと至るケインズ自身の見解の進化を示す前に、彼が批判した「古典派」の主張を提示する。失業と闘うために彼が提唱した政策もまた想起される。第7章は、第一に、一九二〇年代におけるイギリスの金本位制復帰に抗するケインズの不首尾に終わった闘いを詳述することによって、第二に、ブレトン・ウッズ協定へと導く諸事件を関係づけることによって、国際金融関係について論じる。

第8章は、ケインズの解釈者たちや専門家たちによって無視されてきた最後の重要な領域、すなわち芸術の領域のために取っておかれる。こうして本書は、倫理学に始まり、美学に終わる。この章は、芸術の後援者《パトロン》および組織者としてのケインズの努力、とくに英国芸術評議会の創設における彼の役割を思い起こす。この章はまた、芸術愛好者、とりわけ絵画の収集家としての彼の活動についても叙述する。この章は、知られてはいなくともケインズの思想の重要な部分、すなわち、アポスルズ・ソサエティの活動的な会員であった時期に執筆された一連の未公刊の論文において、彼が展開した美学についての見解から始まる。その見解は、いささかも妥当性を失うことがなかった。

各々の章は、分析的・伝記的・文脈的な要素を含んでいる。これらの諸要素のあいだには、一つの章から別の章へと数多くの関連が存在している。同じ主題が相異なる角度から検討されるので、このような相互関連性は、いくらかの反復を避けがたいものとする。また専門家以外で、現代社会が直面している諸問題に関心をもっている人々にとって本書が近づきやすいものとなるように努めた。これが、ケインズの理論が引き起こした幾つかのきわめて専門的な論争に深入りすることを避けた理由である。

ほとんどのケインズ学者は経済学者である。彼らのうちの何人かは、ケインズの政治思想や社会思想を研究すること、あるいは彼の生涯やそれが進展していく背景について探究することは、彼が経済学において達成した理論上の革命という見地からのみ興味のあることであると考えている。またケインズの経済思想は、彼の世界観の他の諸側面から独立して理解することが可能であるとも考えられている。このような見解にもとづくならば、経済思想の絶頂と考えられている『一般理論』は――あたかも諸理論が、それらが考案されたさいの条件から独立にそれら自身を再生産するかのように――、もっぱら経済分析の領域におけるケインズの考察から生じたのだということになる。本書が、このような見解を無効とするために役立つことを望みたい。実際には、ケインズの影響力は、その経済理論とだけでなく、政治的ビジョンや哲学的見解——彼はそれらを、政治評論家・助言者・理論家としての彼の活動のなかに巧みに統合した——とも結びついている。さらにケインズの影響力は、『一般理論』の公刊に始まるのではない。したがって、たとえ本書において経済学が重要な位置を占めているとしても、本書は経済理論の著作でもなければ経済思想史の著作でもない。

三　引用と参考文献

本書ではたびたび、ケインズの諸著作が、公刊されたものも未公刊のものも共に引用される。また途方もなく豊富に存在する第二次文献が、多くの機会に調査・参照された(8)。巻末の参考文献目録は、ケインズの仕事をさらに深く探究することに興味をもつ読者のための手引である。それは、ケインズの著作と第二次文献の二つの部を含んでいる。読者には、本書を初めから読む前に、参考文献目録の序文を参照することを勧める。第二次文献に関しては、参照を指示するために著者名・刊行年という表記法が用いられている。表記されている年は、多くの場合、その著作の最初の刊行年である。それ以外の版が利用されるときには、参考文献目録において指摘しておく。混乱が生じそうな場合、たとえば二つの別の版に触れるときには、初版の刊行年と利用された版の刊行年の双方が本文において示される。レナード・ウルフとヴァージニア・ウルフのように、二人以上の人物が同じ名をもつ場合には、参照指示のさいに、ファースト・ネームのイニシャルが示される。

引用されているケインズの著作の出典は、刊行年（未公刊のテクストについては著述の年）によって指示され、読者がこの記載項目を参考文献のなかに置きなおすことができるように年号のあとに数字が付されている。その次にあるページ番号は、一九七一年から一九八九年のあいだに刊行された全三〇巻の『ケインズ全集』のページか、またはアーカイブズの文書かのいずれかを指している。しかし、これらのルールにしたがうことのできないような場合もいくつかある。書簡やその他の文書、たとえば講義ノートや長期間にわたって保管されていた個人的な日記のような類のものに関しては、次のような方法が採用された。本文において出典に言及することなしに手紙が引用されているときには、それらが筆者によってケインズ・アーカイブズにおいて調査されたことを意味している。もしケインズやその他の人物の手紙、またはそれ以外の未公刊の文書が、別の出版物において引用されているならば、その二次的な出典が本文において示される。〔それらが『ケインズ全集』から引用される場合には、〕ケインズの参考文献においてと同様に、ケインズの『全集』を指すためにＪＭＫの略号を用いる。もしこれらの文書がほかのアーカイブズから引用されているならば、そのことが本文において指摘される。また読者は、参考文献目録の初めに、本書で使用されている略号についての説明があることが分かるだろう。

四　謝　辞

私の研究の大半の期間中、カナダの社会科学・人文研究評議会からの資金援助を受けることができた。同僚の Robert Nadeau、Robert J. Leonard、Maurice Lagueux とともに、私は、ケベック社会文化研究基金からの資金提供を受けた二十世紀における経済学の歴史と哲学に関する研究会に参加した。
ストレイチー信託財団――リットン・ストレイチーのアーカイブズ、およびケインズとダンカン・グラントのあいだの往復書簡の文章の引用を許可してくれた――の代理人たる大英図書館および作家協会に対してと同様に、ケンブリッジ大学キングズ・カレッジの学寮長には、ケインズ、チャールストン、Ｊ・Ｔ・シェパードのアーカイブズからの引用を許可して頂いたことに対して感謝する。パルグレイブ・マクミラン社には、『ケインズ全集』からの引用を許可してくれたことに感謝する。キングズ・カレッジ図書館のアーキビストであるJacqueline CoxとRosalind Moadは、閲覧室においていつも親切さと効率性をもって私を迎えてくれた。Cox夫人のおかげでキングズ・カレッジにあるケインズの部屋を訪ねることができたことには大いに感謝している。私の姉のIsabelleは、気前よく彼女のフラットを提供することによって、私のケンブリッジでの滞在を容易にしてくれた。Robert Skidelskyは、今は彼が所有しているケインズの別荘であるティルトンで私を親切に迎えてくれた。

本書の執筆における様々な段階で、原稿を読み、コメントをあたえ、修正を示唆してくれた以下の人々に感謝したい。Steve Ambler、Robert Armstrong、Roger Backhouse、Michel Beaud、Joanna Bauvert、Gilles Bourque、Ghislain Deleplace、Alfred Dubuc、Bernard Élie、Angelica Garnett、Craufurd Goodwin、Frédéric Hanin、Sid Ingerman、Luce Jean-Haffner、Monique Larue、Maria Cristina Marcuzzo、Bernard Maris、Catherine Martin、Robert Nadeau、Jean-Marc Piotte、Louis-Bernard Robitaille、Pierre Rochon、Robin Rowley、Christian Schmidt、Christian Tutin、Jeffrey Weatherhead。なお、最終生産物に含まれているいかなる誤りに対しても明らかに私が責任を負っている。

私は、本書各章の草稿を発表するために以下の研究所や大学からの招きを受けた。PHARE（パリ第一大学とパリ第十大学）、GRESE（パリ第一大学）、CEPN（パリ第十三大学）、LEREPS（トゥールーズ大学）、CEPERC（エックス・アン・プロヴァンス大学）、CEPSE（グルノーブル＝ピエール・マンデス・フランス大学）、CREUSET（サンテチェンヌ＝ジャン・モネ大学）、CRIISEA（アミアン＝ピカルディー・ジュール・ヴェルヌ大学）、HEC-DEEP（ローザンヌ大学）、LED（パリ第八大学）、CEPN（パリ第十三大学）、トゥールーズ政治研究所、ボルドー政治研究所、バルセロナ大学経済学部、ウィーン経済大学経済学部、一橋大学経済研究所（東京）。私の著作の改善を可能にするような論評や質問をあたえてくれた全ての同僚の名前を、ここで挙げることは不可能である。

Hélène Jobin、Bernard Maris と Ianik Marcil は、共同で執筆した著作を利用することを許可してくれた。このことに対して、私は彼らに感謝している。私は、この仕事のあいだじゅう、たびたびにわたって経済・政治・社会システム研究室（LEREPS）に喜んで迎えられた。著述の最終段階は、経済の分析と表現の歴史センター（PHARE）の招きでパリに滞在しているあいだに成し遂げられた。これらの機関の構成員、とくに Daniel Diatkine、Claude Dupuy、François Morin、Jean-Pierre Gilly、Anne Isla の暖かい歓迎に対して感謝する。私が一九七五年以来勤めているケベック大学モントリオール校は、研究の遂行においてさまざまな形で私を支援してくれた。この大学の経営学部および経済学科からは、本書の英訳のための資金援助を受けた。翻訳作業は、Niall B. Mann により注意ぶかさと専門知識をもって行なわれた。

私は、とくに Marielle Cauchy に対して謝意を表したい。彼女は、この仕事の困難なときに支援と励ましを与えてくれただけでなく、草稿の全体を注意ぶかく校正することによって、その実現に大きく貢献したのである。

注

（1）この問題については、Beaud and Dostaler（1995）を見よ。
（2）Dostaler（2002a）を見よ。
（3）ケインズは、彼自身を特徴づけるために「政治評論家」publicist という用語を用いた。この用語は、今日では広告代理店あるいは広報担当官を意味しているが、以前には政治記者やジャーナリストを指していた。
（4）このような出典の説明については、〈序論〉の末尾〔第三節〕を見よ。
（5）ピエール・アベラール（一〇七九—一一四二年）は、彼と秘密の結婚をしていたエロイーズ（一一〇一——一一六四年）の叔父で大聖堂参事会員であるヒュルベールの命令にもとづいて去勢された。エロイーズは、彼女のいた女子修道院から長きにわたってアベラールと文通をつづけ、そのなかでは哲学的な議論がロマンティックな感情の発露と混ざり合っている。

（6） Skidelsky（2003）は、当初の全三巻から成る伝記の圧縮版である。

（7） これらの伝記のなかで最も本格的であるのは、スキデルスキー、モグリッジ、ハロッドのものである。けれどもハロッドのものは、ケインズの家族によって「委嘱された」伝記として、ケインズの個人的生活のいくつかの側面を見逃すことを選択している。Dostaler（2002b）を見よ。

（8） ケインズに関する多数の論文は、Blaug（1991）、McCann（1998）、Wood（1983, 1994）に収められている。最近二〇年に公刊されたケインズに関する書物のなかでは、以下のものを見よ。Carabelli（1988）、Clarke（1988）、Dimand（1988）、Fitzgibbons（1988）、Meltzer（1988）、O'Donnell（1989）、Barrère（1990a）、Blaug（1990）、Littleboy（1990）、Asimakopulos（1991）、Herland（1991）、Abraham-Frois（1991）、Orio and Quilès（1993）、Davis（1994a）、Mini（1994）、Cartelier（1995）、Felix（1995）、Bateman（1996）、Verdon（1996）、Henry（1997）、Parsons（1997）、Ventelou（1997）、Combemale（1999）、Maris（1999）、Bousseyrol（2000）、Poulon（2000）、Castex（2003, vol. 3）。また、以下の論文集も参照されたい。Thirlwall（1982）、Eatwell and Milgate（1983）、Harcourt（1985a）、Lawson and Pesaran（1985）、Poulon（1985a）、Vicarelli（1985）、Deleplace and Maurisson（1985）、Boismenu and Dostaler（1987）、Thirlwall（1987）、Zerbato（1987）、Barrère（1988, 1989, 1990）、Eltis and Sinclair（1988）、Hamouda and Smithin（1988）、Hillard（1988）、Maurisson（1988）、Hill（1989）、Bateman and Davis（1991）、O'Donnell（1991）、Gerrard and Hillard（1992）、Cottrell and Lawlor（1993）、Crabtree and Thirlwall（1993）、Marzola and Silva（1994）、Davis（1994b）、Dow and Hillard（1995）、Harcourt and Riach（1997）、Benetti, Dostaler and Tutin（1998）、Sharma（1998）、Pasinetti and Schefold（1999）、Dostaler and Nadeau（2003）、Runde and Mizuhara（2003）、Backhouse and Bateman（2006）。

1

倫理

ケインズのビジョンの源泉

われわれは慣習的な道徳や、因襲や、伝統的な知恵をまったく拒否した。換言すれば、われわれは、厳密な意味における不道徳主義者《インモラリスト》であった。結果が明らかになれば、もちろん、その価値どおりに結果を考慮に入れなければならなかった。けれども、われわれは、順応するとか従うとかいう、道徳的責務や内面的拘束はいっさい認めなかった。神を前にして、己の事件は己で裁くのだと、われわれは主張した。……とはいえ、私に関する限り、いまさらその考えを変えるには、手遅れなのである。私は依然として不道徳主義者であるし、これから先もずっとそうあることだろう。

――「若き日の信条」（1938-12, pp.446-7〔邦訳五八二頁〕）

産児制限と避妊用具の使用、婚姻法規、性犯罪と性倒錯の処理、女性の経済的地位、家族の経済的地位――以上の諸問題のすべてにおいて、法律および通念の現状は今なお中世風である——それらの問題は開明的な見解や洗練された実践とは全然没交渉であるし、諸個人が教養の有無を問わず、お互いに私的な場で語り合っている内容ともまったく触れ合っていない。

——「私は自由党員か」(1925-17, p.302〔邦訳三六三頁〕)

ヴィクトリアは、一八三七年、十八歳のときにイギリスおよびアイルランドの王位に就いた。そして、一八七一年にはインドの女帝となった。それ以降彼女は、一九〇一年まで君臨することになる。[1] 一八九七年の女王即位六〇周年記念祭は、ヴィクトリア朝イギリスの偉業を象徴するものであった。彼女の君臨は、イギリス領内における自由放任の勝利を伴っていた。穀物の輸入を阻止する法律が一八四六年に廃止されたことは、自由貿易の勝利を意味していた。それは、一八四九年と一八五四年における保護主義的な航海法の廃止によって完全なものとなった。最初の航海法は、一六五一年にクロムウェルによって公布されたものである。[2] 十八世紀末以来、実業家たちによって要求され、多くの経済学者——とくにデイヴィッド・リカード——によって支持されると同時に、地主による抵抗を受けた穀物法の廃止は、産業ブルジョアジーの力の台頭を告げるものであった。宿敵同士であったフランスとイギリスのあいだの自由貿易協定は、一八六〇年に調印された。十八世紀末に始まった工業化は、一八二五年の鉄道開通によって加速され、刺激された。一八三四年には、救貧法の改正によって近代的な労働市場の形成が加速された。この改正は、困窮者に対する援護を救貧院への収容と結びつけるものであり、しかもそのための条件は意図的に厳しくされた。[3] 労働者階級は労働組合を組織しはじめた。一八二四年と一八二五年の団結法は、ストライキ権を禁止するなど幾つかの制限をもってはいたものの、労働組合の結成を促進した。一八三八年に発表された人民憲章は男子普通選挙権を要求し、そののち約一〇年にわたって盛んになるチャーティスト運動を生み出した。

一八一四年九月から一八一五年六月にかけて行なわれたナポレオン戦争の終結時に開かれたウィーン会議は、イギリスの植民地拡大の大運動の始まりを刻した。その拡大によって、帝国の版図は一世紀のうちに二倍になった。第一次世界大戦の前夜には、イギリスは世界の人口の四分の一を統治していた。この植民地帝国の国境を超えて、ロンドンのシティは金融面で世界を支配した。国際通貨体制は、金本位制とポンド・スターリングにもとづいていた。ポンドの金価値は、一七一七年に当時の造幣局長官であったアイザック・ニュートンによって決定されたのち、数少ない危機の時期を除いて一九三一年まで変わることがなかった。一八七一年の普仏戦争の後、一八七三年にアメリカにおいて採用された金本位制は、徐々に世界中に押し付けられるようになった。ヴィクトリアは、世界第一の経済的・政治的・軍事的強国となった国を残して、一九〇一年に逝去した。

おそらく一八九九年夏に書かれた青年時代の論文において、当時イートン校の生徒であったケインズは、「ヴィクトリア女王による安定した立憲的な統治」(1899-1, p.4) を称賛している。それによって、教会の好ましい影響のもとで、イギリスは平和と繁栄を享受することが可能となり、自由貿易の勝利がもたらされるとともに、道徳と教育の進歩が保証されたのである。しかしながら後には、ケインズとブルームズベリーの友人たちは、ヴィクトリア朝の秩序に対する冷酷な批判者となるのであった。一九一九年に公刊されて、彼の名を高めた『平和の経済的帰結』において、ケインズは、このような自由放任と金本位制の黄金時代を、この体制が不安定な土台をもつ偶像でしかないことを終始示しつつ、見事に描写した。また彼は、その体制と結びついていたイデオロギーを分析した。(4)

一　ヴィクトリア朝の道徳

十七世紀末に確立された立憲君主制の慣例にしたがい、ヴィクトリア女王は君臨し、女王の内閣が統治を行なった。

そして政権は、当時「ホイッグ党」および「トーリー党」と呼ばれていた自由党と保守党のあいだで交代していた。このような仕組みは、ヴィクトリアが国事に深く携わることや、長期の在位期間中に一定の政治的な力を行使することを妨げるものではなかった。[5] しかしもっとも重要なことは、彼女が国の象徴および良心として諸制度の守護者の役割を果たしていたことであり、そしてイギリス資本主義の黄金時代に随伴した社会的・文化的・イデオロギー的現象の集合体に彼女の名前が付与されたのは、このような意味においてであった。

「ヴィクトリア朝の」Victorianという言葉は、ヴィクトリアの統治、そして特にその文化的・社会的特徴に関係する全てのものを指している。したがってわれわれは、ヴィクトリア朝の文学、ヴィクトリア朝の詩、ヴィクトリア朝の絵画あるいは装飾美術という言い方をするのである。しかしこの表現が指すのは、とりわけ道徳に対してである。ヴィクトリアニズムは、部分的には、それに先立つ摂政時代に見られた不道徳に対する反動である。それは、清教徒的な価値観の支配、上品ぶり、とりわけ性的問題の領域における道徳的な厳格さを指している。性行為は危険なものと見なされ、それはもっぱら生殖とかかわるべきものであるとされた。もちろん、同性愛関係は非難された。一八八五年、議会は異性愛関係の法的承認の年齢を引き上げることを目的とする法案について議論するのと同時に、下院議員のヘンリー・ラブーシェアは、公私のいずれにおいてであれ、男性間の「甚だしい淫行」のすべてが犯罪と見なされ、二年間の強制労働に罰することが可能となるように法律の修正を提案した。[6] 一八九五年にオスカー・ワイルドが二年間の強制労働の刑を宣告されたのは、まさにこの改正法によってであった。その後、彼はフランスに追放の身となり、ヴィクトリア逝去の一年前にその地で亡くなった。ケインズと彼の友人たちは、この事態に心を奪われた。[7] インド省に勤務していたときにケインズの同性愛行動のうわさが流れはじめると、彼は狼狽した。一九〇七年四月十二日に、彼はリットン・ストレイチーに宛てて次のように書いている。「僕はいつも思慮分別の模範だった。そのことを口にしたり、ほのめかしたりしたことはなかったが。……だから今では僕は、イギリス中の誰もが、礼儀正しいがゆえにそのことに触れないとしても、すべてのことを完全に知っていることに何の疑いも持っていない。……しかし世論の現状では、罵倒、罵倒、また罵倒だ」。

この性行為という概念は、厳格な慣習によって律された閉じた空間としての家族、および男性がもっとも重要な地位を占め、子供は両親の所有物であるとされる階層制度《ヒエラルキー》としての家族という観念と結びついていた。それと同時に、ヴィクトリアニズムは偽善によって特徴づけられていた。その偽善によって多くの文学作品が霊感を吹き込まれ、そのなかでもリットン・ストレイチーは、『著名なヴィクトリア朝人たち』（一九一八年）と『ヴィクトリア女王』（一九二一年）で痛烈な人物描写を行なっている。人々は、ことによれば危険でときに致命的なノイローゼに至るような衝動を始終解き放ちながらも、偽善によって体面を保ちえていた(8)。ある種のサークルのなかでは、性的な無分別が共通の認識であった。ヴィクトリアの子息、後のエドワード七世のプレイボーイとしての評判を誰もが知っていたが、彼の愛人たちについて表立って語られることは決してなかった。

性と家族を超えて、ヴィクトリア朝のイデオロギーはまた、社会的関係、とくに社会諸階級のあいだの関係、家族とその使用人のあいだの関係を支配する慣習を確立しようとした。ブルジョア革命を成し遂げた最初の国であるにもかかわらず、イギリスは、他のいくつかのヨーロッパ諸国と同様に、依然として階層社会のままであった。教育制度は、社会的な分断を永続化させる一つの道具であった。工場労働者たちの息子たちはパブリック・スクール(9)に通えそうもなかった。余暇さえも差別化されていた。

ヴィクトリア朝の道徳は――とくに性の問題では――、すべての階級に対して平等に適用されたわけではなかった。上層中産階級が、その主な対象であった。徳と意志が欠如していると見なされた下層階級は、人生における彼らの惨めな境遇をアルコールとセックスで埋め合わせることができた。きわめて裕福な者の状況もまた、中産階級のそれとは異なっていた。またヴィクトリア朝の道徳は、真っ先に女性に対して向けられた。男性は、身分の高い者であっても、いかがわしい女性によってある種の衝動を満たすことが暗黙裡に許されていた。ヴィクトリア時代のロンドンでは、男性と女性の双方の売春が横行していた。

ケインズとブルームズベリーの偶像破壊主義者たちは、一部の性的・家族的伝統を拒絶しながらも、ヴィクトリア朝世界における社会的分裂と結びついたままであった。[10] 労働者たちに対して、彼らは、軽蔑の混じった家父長的な慇懃さを示していた。所得水準はそれぞれ異なっていたとしても、彼らの大部分は――ケインズがそうであったように――二、三人か、しばしばそれよりも多くの使用人を雇っていた。ケインズが生まれたとき、彼の両親は三人の使用人を雇っていた。そのうちの一人は、その新生児の世話をするためにフルタイムで働いていた。ネヴィル・ケインズ〔メイナードの父〕の日記は、使用人の管理に関する多くの複雑な事情を記している。ヴァージニア・ウルフの日記は、「下層階級」出身の使用人に関して彼女が遭遇した困難に関する言及に満ちている。[11] このような態度は、国家間の関係、イギリスと世界とのあいだの関係にまで適用範囲が広げられた。ヴィクトリア朝の帝国主義は、イギリス国家の自然的な卓越性という意識を植え付けられていた。ケインズと彼の友人たちにとって、文明の中心は、ケンブリッジ、ロンドン、サセックスの間のどこかに位置するものであった。[12] この中心から離れれば離れるほど、啓蒙精神はその輝きを失っていくのである。

道徳は、経済にも応用された。フロイトにとってと同様に、ケインズにとっても、性の問題とお金の問題はたがいに緊密に結びついており、同種の偽善に服するものである。[13] アダム・スミスは、個人と同様に、国家は労働と貯蓄によって豊かになると記した。彼は、倹約を浪費ならびに悪行と対比させた。「あらゆる浪費家は公共の敵であり、あらゆる節約家は公共の恩人であることが分かる」(Smith 1776, vol.1, p.263〔邦訳(二)一二七頁〕)。「諸個人の私的な倹約やまっとうな生活によって、つまり彼ら自身の状態をよりよくしようとする全般的で継続的で途切れない努力によって、……暗黙のうちに，徐々に」(*ibid.*, p.267〔邦訳(二)一三六頁〕)資本は成長する。このような見方は、ヴィクトリア朝の経済道徳の一部である。自らをより良い世界へと近づけてくれる美徳というものを欠いた、アルコール漬けの下品な工場労働者と比べたら、倹約的な企業家はこの世界における神話的な人物の一人なのである。

ケインズは、このような「社会の心理」を非難することを決して止めなかった。それに対して、もっとも雄弁に書かれたページのいくらかを彼は割いている。

このように、この注目すべき体制は、その成長を、二重の威嚇《ブラフ》、二重の欺瞞に依存していた。……「貯蓄」の義務が美徳の十分の九となり、ケーキの増加が真の宗教の目的となった。ケーキを消費しないことをめぐって、ほかの時代には世間から身を退いて享受の術のみならず生産の術をも無視してきたピューリタニズムの全本能が成長した（1919-1, pp.11-2〔邦訳一四頁〕）。

二　宗教なき道徳

ヴィクトリア朝時代の思想家たちは、その時代のイデオロギーに関して見解が一致することは決してなかった。そのイデオロギーのおもな特徴は、すでに概説したとおりである。このイデオロギーの基礎は宗教的なものであった。だが、これらの思想家たちの何人かにとっては、神はすでに死んだか、あるいは死につつあったのである。聖公会神学、すなわち英国国教会は、一五六三年にエリザベス一世による三九箇条の発布によって最終的な形態を整えた。そして公務に就くすべての者と同様に、イギリスの諸大学の構成員はそれらの条項に対して忠誠を宣言することを義務づけられた。しかし国教会は、もはや危機に瀕していた。オックスフォード運動は、カトリックの教義に接近することによって、教会と国家とのつながりを断ち切ろうとするものであった。のちに枢機卿となるニューマンとマニング

は、それぞれ一八四五年と一八五一年にカトリックに改宗した。(14)

その設立以来、聖公会神学は、イギリスの宗教界における唯一の支配者というわけではなかった。エリザベス一世の治世において、清教徒《ピューリタン》たち——長老派教会と会衆派教会がその主な流派であった——は、英国国教会の主教制度を批判し、儀式の簡略化と、かつて国教会の名声を高めた信仰と道徳の源泉に立ち戻ることを要求した。クロムウェルは、イギリス内乱の最中に勢力をつけたこの集団のもっとも有名な代表者の一人であった。(15)しかし、それにつづく王政復古の時期に、清教徒に対する苛酷な法律、とくに一六六一年から一六六五年のクラレンドン法典によって、清教徒たちの多くは英国国教会から去ることになった。彼らは当時「非国教徒」と呼ばれ、一六八九年の信教自由令ののちには「プロテスタントの非国教徒」と呼ばれた。それ以来、この呼称は、バプテスト派・クエーカー派・ユニタリアン派のような、英国国教会の教義や戒律にしたがわないプロテスタントすべてを特徴づけるために用いられるようになった。ジョン・ウェスレーによって創始され、工業都市を基盤としていたメソジスト派は、十八世紀後半に英国国教会から離脱した。このことは、次の世紀の、公共道徳に重きをおく福音主義の台頭の重要な一歩である。

自由党が市民的自由と宗教の自由を唱道していた一方で、トーリー党は、大学の学位取得者からと同様に、官庁や軍の職務からも非国教徒を排除する法律に賛成していたので、非国教徒たちの立場は自由党に近かった。このような意見の対立は、十八世紀の終わりに急進主義として知られる政治的・思想的運動を生み出した。それは十九世紀のイギリスにおいて重要な役割を演じることになった。(16)フランスとアメリカの革命に影響を受け、〈イギリスのジャコバン派〉あるいは理性的反対者と呼ばれた急進派は、自由主義、および幸福の追求を唱道し、人間の理性・進歩・自然権に対する自らの信念を宣言するとともに、普通選挙権を要求した。彼らは、宗教的正統主義や政治的保守主義による支配を免れるとともに、諸個人が自由に自分の願望を実現したり幸福を達成したりすることを可能にしてくれるような教育制度の抜本的な改革を支持した。

な権利があたえられた。非国教徒は、国教徒と同一の政治的権利をあたえられた。一年後、カトリック教徒に対しても平等な権利があたえられた。一方、ユダヤ人たちは一八五八年までそれを待たなくてはならなかった。彼の両親をはじめとして、ケインズとごく近しい幾人かの人物は、非国教徒の会派に属していたことが分かっている。またケインズの母方の祖父であるジョン・ブラウンは、彼の教区の非国教派の主教であったと考えられている。(17)

ベンサムとジョン・スチュアート・ミル

多くの人々は、イギリス帝国の繁栄が神の御心と女王陛下の臣民たちの信仰とによってもたらされたものと信じていた。その一方で、十九世紀のもっとも重要な思想家たちの何人かが——諸個人による私欲および個人的幸福の追求と、集団的な幸福とを調停することによって——、道徳に新たな基礎をあたえようと努めていたことは、信仰とは無縁の事柄であった。前世紀において、経済学者というよりも道徳哲学者であったアダム・スミスは、見えざる手という比喩をもって人々を先導した。(18) その直後に、哲学者・法学者・経済学者であったジェレミー・ベンサムは、功利主義の基礎を築いた。その目的とするところは、最大多数の個人の最大幸福を達成するための諸条件を打ち立てることであった。諸個人は自らの満足を最大化するように努めるという心理的快楽主義の原理にもとづいて、そしてまた諸個人は合理的に快楽と苦痛とを計算するという確信にもとづいて、ベンサムはこの学説を構築したのである。ベンサムは、快苦の量が測定可能であると考えていた。彼は、経済問題において、公権力がうまく仕事をすることのできる領域と市場が引き受けるべき領域とを列挙した。リカード、ジェームズ・ミル、マルサスの友人であったベンサムは、古典派経済学と新古典派経済学の双方に大きな影響を及ぼした。またベンサムは、選挙権拡大の熱心な支持者として、急進主義の背後に控えていた主要な有力者たちの一人であった。(19)

ジェームズ・ミルの息子であるジョン・スチュアート・ミルは、ヴィクトリア時代の称賛に値する人物の一人であった。スミスと同様に、彼も経済学者である前に哲学者であり道徳主義者であった。彼は、倫理学においては功利主義と道徳的直覚主義とを、認識論においては帰納主義と演繹主義とを、そして政治においては自由主義的資本主義と社会主義とを、それらのあいだの調停をはかりつつ統合しようと努めた。もっとも、晩年になると彼はしだいに社会主義を支持するようになった。十六歳のときに〈功利主義者協会〉をつくったミルは、一八六一年に『功利主義』を公刊した。そこにおいて彼は、ベンサムの議論を発展させると同時に、ベンサムに見られた視点や、それらに刺激を受けた大部分の古典派経済学者たちの視点とはまったく異なる視点をそれに付け加えた。ミルにとって、幸福とは全ての人間行為の究極的な目的である。しかしそのことは、古典派経済学の基礎において是認されている利己主義を決して正当化するものではない。したがって功利主義は、ある種の理想主義《アイディアリズム》(20)と矛盾するものではない。たとえ神の不在を認めたとしても、人間は個々人の存在を超越した様々な目的に対する信念を必要としている。社会の発展は物質的な富に限定されてはならないし、ましてや膨大な量の貨幣の蓄積に限定されてよいはずがない。発展は、それと同様に道徳的・精神的なものでなくてはならない。古典派経済学者たち——とくにリカード——は、資本の蓄積が長期においては不可避的に利潤率の低下をともない、それによって懸念すべき定常状態がもたらされることを予想していた。ミルは、このような分析を受け容れたが、定常状態というものに対して全く異なる見方をとった。彼は逆に、このような社会の状態、すなわち、人々が精神的な事柄に没頭するべく、貨幣を追い求めることをやめるような状態を歓迎した。ミルのもっとも雄弁な文章の一部は、現代のために書かれたかのように思われる。

自らの地位を改善しようと苦闘している状態こそ人間の正常的状態である、今日の社会生活の特徴となっているものは、たがいに人を踏みつけ、押し倒し、押しのけ、追い迫ることであるが、これこそ最も望ましい人類の運命であって、決して産業的進歩の諸段階中の一つが備えている忌むべき特質ではない、と考えている人々がいだいている、あの人生の理想には、正直に言って私は魅力を感じないものである（Mill 1848, vol. 2. pp.261-2〔邦訳（四）一〇五頁〕）。

彼の著書『自由論』（一八五九年）は、自由放任と経済的自由主義を弁護するものではなく、何にもまして、道徳的次元で個々人に対して善行の規律を押しつけていた一つのイデオロギーを徹底的に批判するものである。すなわちその書は、ヴィクトリア朝のお上品ぶりを弾劾するものである。万人にとっての自由、すなわち制約なしに、思考し、発言し、また適切だと感じたことを書き表す自由だけでなく、自らの意向にしたがって生きること――たとえそれによって世間の反感を買う恐れがあったとしても――の自由を、ミルは力強く称揚している。ミルはじっさい、ヴィクトリア朝の道徳に反逆したブルームズベリーにとっての先駆者であるとともに、彼らを鼓舞した人物である。別の問題、すなわち社会における女性の地位の問題に関してもまた、ミルは、当時の支配的な見解――ヴィクトリア朝的道徳の反対者の見解やさらに資本主義の反対者の見解を含めて――とは正反対の態度をとっていた。『女性の解放』（一八六九年）の著者であるミルは、妻と子供に対する男性の支配を徹底的に非難した。[21] 時代に先んじてフェミニストであったミルは、同時にエコロジストでもあった。経済成長によって引き起こされる環境破壊に対して注意を喚起していたのである。

シジウィックとマーシャル

ミルののち、ヴィクトリア時代の重要な道徳哲学者の一人に、牧師の息子であったヘンリー・シジウィックがいた。[22] シジウィックは、ジョン・ネヴィル・ケインズの同僚であり親友でもあった。メイナードは、彼に会う機会があったし、一緒にゴルフをしたこともあった。ジョン・メイナードが生まれた年の一八八三年に出版されたシジウィックの

『経済学原理』初版の校正刷を、ジョン・ネヴィルが修正した。

一八五六年にケンブリッジ・アポスルズ〔使徒会〕の会員に選ばれ[23]、また、ケンブリッジ卒業後の一八五九年にはトリニティ・カレッジのフェローに任命されたシジウィックは、一八六〇年代に信仰を失ったケンブリッジ知識人の世代に属していた。一八五九年のダーウィン『種の起源』の公刊は、科学と宗教との関係についての議論に刺激をあたえ、この脱信仰の過程で決定的に重要な役割を果たした。シジウィックは、一八六一年、彼の父親が準備してくれていた宗教上の職務に就くことを放棄した。一八六九年には、彼はトリニティ・カレッジのフェロー資格を返上した〔講師職は維持した〕。というのも、その職に就くさいに宣言することを義務づけられていた国教会の三九箇条への忠誠をもはや保つことができなくなったからである。その二年後の一八七一年に、審査律はこの義務を廃止した。首相である自由党員のグラッドストーンは、その決定のさいにシジウィックの辞任によって影響を受けていたと言われている[24]。シジウィックは、ケンブリッジで教鞭を取りつづけ、一八八二年には道徳哲学の教授に任命される。旧弊な大学制度の抜本的改革に対する熱心な支持者であったシジウィックは、女性に対する大学の門戸開放の背後にいた主要な企画者であり、女子学生のためのケンブリッジ大学ニューナム・カレッジの創設に寄与したのであった。また彼の努力のおかげで、女子学生は大学の優等卒業試験[25]を受けることが許されるようになった。シジウィックは、このように奮闘するなかでケインズの父と緊密に連携をとっていた[26]。

シジウィックの学問上の努力は、個人と社会、私的生活と公的生活を指導し、それらを調和させるために、神とキリスト教に取って代わるものを見つけることに捧げられた。彼は、この目的を実現しようとして、ミルの企図――それは、道徳哲学と社会哲学を結合するとともに、それらに科学的な基礎をあたえることに貢献するものであった――の後を追った。一八七四年に出版された『倫理学の諸方法』は、この方向における彼の主要な試みである。シジウィックは、彼が区別した二種類の快楽主義を調和させようと努めた。ベンサムとその弟子たちによって提唱された普遍的快楽主義は、実際には功利主義である。シジウィックは、最大多数の最大幸福を追求するさいに、幸福の平等な分配を含めることによって、普遍的快楽主義を修正している。これに対して利己的快楽主義は、諸行為を個人の快楽や幸福のための手段であると見なす。最終的な考察において、人間生活におけるこれらの多様な諸側面を調和させることにシジウィックは成功していない。「〈功利主義的義務〉とそれにしたがう個人の最大幸福とのあいだに不可分の結びつきがあるということを、経験的な根拠にもとづいて十分に証明することは不可能であると、……結論せねばならないように思われる」(Sidgwick 1874, p.503)。神によって報いられるのでないかぎり、個人が利他的に行動すること、そのような行為の規則にしたがうことは不可能である。このような失敗によって、シジウィックは、より秘儀的な思索へと傾倒し、これらの矛盾を解消するためには永遠の生命がその必要条件になると結論するに至った。シジウィックは、超心理学的現象を研究する〈心霊現象研究協会〉の創設者の一人であり、一八八二年から一八八五年にかけて、また一八八八年から一八九三年にかけて、その会長を務めている。一八八〇年代の大不況と社会問題の悪化とに直面して、シジウィックは、何らかのかたちの穏健な社会主義が不可避であることをますます確信するようになった。

シジウィックの自伝が公刊された折に、ケインズは、リットン・ストレイチー宛の一九〇六年三月八日の手紙でこう書いている。「神などというものが存在しないことを彼らが常々よく知っていたことは全く明らかであるというのに、いったい彼らは皆、神の死について大騒ぎしながら何をしていたのだろうか」。三月二十七日には、大学時代からの友人の一人であるバーナード・スウィシンバンクに宛てて、彼はこの伝記について書いている。「非常に興味ぶかいのと同時に重苦しい。とくに最初の部分は、時代の精神を扱った歴史的記録としてきわめて重要だ。……彼は、若いとき、キリスト教が真理であるか否かについて悩み、それが真理でないことを証明し、しかもそれが真理であることを望んだ以外には何もしていない」。ケインズの批判は、辛辣でぞんざいなものである。ムーアを通じて間接的にではあれ、彼がシジウィックから影響を受けていたことを考慮すると、なおさらそう思われる。ケインズは、シジウィックの超心理学的な研究を嘲笑していた。その一方で彼自身は、〈心霊現象研究協会〉の活動に参加していた。

ジョン・ネヴィル・ケインズ、およびシジウィックの同時代の同僚で友人であったアルフレッド・マーシャルもまた、この物語において一つの役割を演じていた。『経済学原理』（一八九〇年）の著者であり、有力な教師であり、経済学におけるケンブリッジ学派の創始者であったマーシャルは、最初は倫理学に関心をもっていた。彼は、労働者階級の道徳的向上を保証する手段を経済学に見た。彼は、社会進化に関しては、ダーウィンから多大な影響を受けたビジョンをもっていた。マーシャルは、ミルやシジウィックのように、同じ問題を自らに問うた。しかし彼の回答は異なるものであった。そして、そのことはシジウィックとマーシャルのあいだに大きな緊張をもたらした。マーシャルの考えによれば、倫理学は社会生活に対して科学的な基礎をあたえることができないが、経済学にはそれが可能である。彼が自らの大学において、道徳哲学のプログラムとは独立した経済学のプログラムの設立を推進したのは、このような見解にもとづいてのことである。そして、それは一九〇三年に実現した。マーシャルにとって、最後には経済学が失われた宗教に取って代わった。それと同時に彼は、道徳面ではミルやシジウィックよりもヴィクトリア朝的であった。マーシャルは、シジウィックによって提唱された他の大学改革の多くに反対したのと同様に、女性に対して大学での十全な身分をあたえることにも反対した(27)。過度の所得不平等を非難し、協同組合運動に好意的でありながらも、それと同時にマーシャルは労働組合運動に対しては批判的であった。またマーシャルは、ケインズを支援し、彼が経済学者となるにあたって大きな役割を果たした。しかしケインズは、経済学において同様に、倫理学においても自らの立場は大部分においてマーシャルとは反対であると断言していた(28)。

三　G・E・ムーア――ブルームズベリーの先覚者(29)

ジョージ・エドワード・ムーアは、ケインズよりも一〇年前の一八七三年に生まれた。彼は、一八九二年、ケンブリッジのトリニティ・カレッジに入学した。そこで、彼はバートランド・ラッセルと出会った。彼らはともにカントとヘーゲルを学び、それらについてジョン・マクタガートから教えを受けた。ケンブリッジのマクタガートとオックスフォードのフランシス・H・ブラッドリーは、バーナード・ボザンケット、トマス・H・グリーンとならんで、ミルおよびシジウィックの議論に対するヘーゲル主義的な反発の主要な論客であった。ムーアは、自叙伝において、一八九三年頃のことを次のように回想している。「ラッセルは、マクタガートと会わせるために私を彼の部屋でのお茶に招いてくれた。そしてマクタガートは、会話の成り行きで、〈時間〉は非実在的であるという彼のよく知られた見解を披露するに至った。これは、当時の私にとっては（現在も依然としてそうなのだが）、全くけしからぬ命題であるように思われた。そこで私は、それに力いっぱい反論した」（Moore 1942, pp.13-4）。こうしてラッセルとムーアは、世紀の変わり目にマクタガートのヘーゲル主義を批判・拒絶して、のちに分析哲学として知られるようになるものの基礎を築いたのである(30)。ムーアは、一九〇三年に彼の著名な論文「観念論論駁」を発表した。その論文は、次のように結論している。「存在するとは知覚されることである」と考える観念論者の諸仮説は、「もっとも野蛮な迷信と同じく根拠のないものなのである」（Moore 1903b, p.44〔邦訳四九頁〕）、と。

ムーアはまたシジウィックの講義にも出席し、シジウィックが未解決のままに残しておいた倫理学の諸問題に関心を寄せた。たとえ、シジウィックの人柄がさして魅力的でなく、その講義も退屈であったにせよ、ムーアは、彼の『倫理学の諸方法』から多くを学んだことを認めていた（Moore 1942, p.16）。『倫理学原理』――観念論批判の論文が公刊されたのと同じ年である一九〇三年の十月に出版された——の公刊へと自らを導いていくムーアの思考の流れは、シジウィックに発したものである。また同著は、疑いもなく、ケインズに対して多大な影響をあたえた書物の一つである。一八九四年に、ムーアはアポスルズへの入会を認められた。[31]そして、のちにムーアはその会のもっとも有力なメンバーの一人になる。彼には、曖昧または漠然とした意味不明な言明を黙って見過ごすことがないという評判があった。この姿勢はのちにアポスルズのトレードマークとなったが、ムーアがそれを極限まで押し進めたのである。彼がもっとも頻繁に発し、そして聞き手たちを畏怖させた質問とは、「君は正確には何が言いたいのか」であった。

ムーアが周囲の人々に及ぼした影響力は、彼の抜きん出た知性とともに、高潔さ、誠実さ、礼儀正しさ、そしてある種の純真さという彼の個性によって説明することができる。周囲の人々はムーアを、ソクラテス、イエス、あるいはムイシュキン公爵〔ドストエフスキー『白痴』の主人公〕になぞらえた。レナード・ウルフは自伝でこう記している。「ジョージ・ムーアは、偉大な人物であった。彼は、通常の現実生活の世界で私がこれまで出会ったり知り合いになったりした唯一の偉大な人物である」(L. Woolf 1960, p.131)。レナードによると、ムーアは、ヴァージニア・ウルフがその書物を読んだことのある唯一の哲学者であるとされる。そして彼は、ヴァージニアの処女小説にベネットと呼ばれる人物として登場している。その人物は、「とても孤独で、とても誠実で、物事の真実だけを気にかけていて、いつでも話す用意ができている。そして、その知性は最高であるにもかかわらず驚くほど謙遜である」(V. Woolf 1915, p.189)とされている。ハロッドは彼について次のように叙述している。

彼の真理への傾倒は実に明白である。議論において彼は、誤謬を反駁し、混乱をあばこうとする熱情のとりこになっていた。議論しているときの彼を見ることは、心を奪われるような経験であった。しかし、議論の熱がさめたときには、彼はきわめて穏やかな、きわめて純真な人間であって、哲学以外のことについてはほとんど素朴と言っていいほどであった。若い人たちには親しみ深く、きどらない対等な関係で彼らに近づいた。彼は素朴ではあったが、理解力はもっているように見えた。人柄の点では彼は、しばしば学究的な思想家の特徴となっている狭量さとか気難しさとかは、少しももっていなかった（Harrod 1951, p.76〔邦訳八九―九〇頁〕）。

一八九八年にムーアは、カント倫理学に関する論文を作成したのち、トリニティ・カレッジのフェローに任命された。同年、彼は、イギリスにおける年一回の読書会の組織に乗り出した。この牧歌的な瞑想の集いに誰が招待されるのかは、まったくムーアの意向しだいであった。そして、そこに招待されることは大きな名誉であると見なされていた。ケインズは、一九〇七年に初めてそこに招かれて参加した。ケンブリッジに入学すると、ケインズは、マクタガートとムーアの双方の講義に出席した。ケインズが講義に出席して取った詳細なノートは、『倫理学原理』の本質的な議論のいくつかが、すでにかなり以前から流布していたことを示している。ムーアは講義において、倫理学という科学を次の二つの問題に答えなくてはならないものとして定義した。すなわち、「いかなるものがそれ自身において善であるのか」および「誰もがなすべきこととは何か」という問いである（1903-4, p.3）。そして善とは、「まったく単純なものであり、それゆえに分析不可能」（*ibid.*）なものであると叙述されている。倫理学と政治学とのつながりに関しては、これらのノートには次のように書いてある。「政治学全体が、ある意味において［倫理学］の僕《しもべ》で［あり］」（*ibid.*, p.10）、そして「何が手段としての善であるかに関して、政治と法は、［倫理］とよりいっそう密接に結びついて［いる］」（*ibid.*, p.9）。またこれらのノートには、上述の議論に対するケインズの批判を見つけることもできる。これに対してムーアは、彼の著書のなかで自らの議論――快楽主義、直覚主義、進化的倫理、形而上学的倫理についての――を十全に展開していくことになる。

『倫理学原理』——ブルームズベリーのバイブル

カントの書名の一つ〔学問として出現しうる将来のあらゆる形而上学のための序説〕を言い換えて、ムーアは『倫理学原理』を「科学的と称することができる将来のあらゆる倫理学のための序説」（Moore 1903a, p.35〔邦訳 iv 頁〕）として提示している。ムーアにとって倫理学とは、哲学の一分野であり、それ自体が厳密で体系的なものである。それは、神学や、あるいは心理学といった他の何らかの科学から派生するものではない。倫理学においては、解答をあたえることが可能となる以前に、「解答をあたえようと望んでいる問題が、正確にはどのような問題であるのか」（*ibid.*, p.33〔邦訳 i 頁〕）をまず理解しなくてはならないのである。このことは、過去になされてきたこととは対照をなしている。すなわち過去においては、たいてい二つのことが混同されていた。一つは、善とは何か、それ自体が善いこととは何かということであり、もう一つは、なされるべき行為、それらの正確な特徴、義務の性格とはどのようなものであるのかということである。したがって善は、目的と見なすこともできるし、手段と見なすこともできる。ひとたびこれらの問題が明らかにされたならば、「その証拠だけによって、あらゆる倫理学的な命題を、証明したり反証したり、あるいは確証したり疑わしいものとしたりすることができるような証拠の性質とは何であるのか」（*ibid.*, p.34〔邦訳 ii 頁〕）が分かるかもしれない。

善の性質　第一の、そしてもっとも根本的な問いは、こうである。善とは何か。ムーアの答えは、「善は善であり、それでおしまいである。あるいは、『善はどのように定義されるべきか』と問われるならば、私の答えは、それは定義できないということである。そして、それが私の言うべきことの全てである」（*ibid.*, p.58〔邦訳八頁〕）。彼が言うには、この人を落胆させるような答えは、同時にきわめて重要なものである。ムーア以前には、シジウィックだけが、善とは分析不可能な概念であると述べることによって、そのことを明言していた。哲学用語を用いるならば、善を扱う命題は総合的な性格をもっており非分析的であるということを、この言明は意味している。それ自身が善であることについては、それは単純な観念であって、黄という色の例についてと同じような性格をもっている。ムーアにとっては、黄色とは何かを説明することができないのと同じように、善とは何かを説明することはできないのである。「あるものが善であるとわれわれが言うとき、そのことによって、そのものに属しているとわれわれが主張する性質を意味しているのであれば、そのときには「善」は、言葉のもっとも重要な意味において、どのように定義することもできない」(*ibid.*, p.61〔邦訳一二頁〕)。

したがって善とは、それにとって何か外在的なものによって定義することはできないのである。なぜあるものが善であるのかについての理由を与えようと欲することは、道徳哲学によくある誤りである。ムーアは、このような誤りを「自然主義的誤謬」naturalistic fallacy(32) と呼んでいる。この誤謬は、たがいに矛盾するような幾つかの思想の流れによって共有されている。快楽主義者――そのなかからムーアは、ベンサム、ミル、シジウィックの名を挙げている――は、快楽以外の全てのもの、徳・知識・美は、それ自体が善とされる唯一のものである快楽を達成するための手段にすぎないと見なしており、このような意味で、善と快楽とを混同している。利己的快楽主義であれ功利主義的快楽主義であれ、快楽主義は目的と手段を混同している。前者にとっては、個人の最大快楽が唯一の善であり、後者にとっては、すべての者の最大快楽が唯一の善である。自然主義的倫理学――ルソーが、その有名な代表者である――は、ストア派にしたがい、善とは自然に対して忠実なものであり、それゆえ人は自然の命じるままに生きなくてはならないと考える。しかし、たとえばダーウィンによって叙述された進化の過程が、善と見なすことのできるような結果を導くことを示すものは何もない。「より進化したもの」と「より善いもの」とを混同することは、自然主義的な誤りなのである。プラトン、スピノザ、カント、ヘーゲルらによって提起された形而上学的倫理学も、これと類似した矛盾に悩まされている。たとえ、知識がわれわれの感覚によって把握できるものに限定されないことを認識しているという利点を形而上学者たちがもっているにせよ、そうである。彼らは超可感的な実在によって善を認識しており、それは同様に自然主義的誤謬に終わってしまう。このような基礎にもとづいて、カントは、道徳律を命法と考える誤りを犯している。

何が善であるのかは、直覚によってのみ識別することができるのである。しかしながらムーアは、他の論者のなかで、シジウィックがこのような現実を認識していたことを認めている。ムーアは、慎重にも、直覚を強調したからといって、自分が哲学理論としての直覚主義の大家となるわけではないと明言している。[33]第一の倫理学上の問題である「善とは何か」に対してムーアが回答をあたえているのは、この問いに対する誤った諸回答を批判したのち、最後に構想され追加された最終章「理想」においてのみである。直覚の示すところによると、想像しうる最大の善とは、審美的快楽、美的対象の享受と結びついた意識の状態、ならびに人間的な友愛と結びついた意識の状態である。

われわれが知っているか、あるいは想像しうるもののなかで、何にもまして価値あるものとは、人間の交わりの喜び、および美的対象の享受として大まかに表現されるような、ある種の意識の状態である。おそらく自らに問うて、人間的な友愛、および〈芸術〉や〈自然〉において美なるものを享受することはそれ自身が善であることを疑う者はないであろう。また、純粋にそれ自身のために持つに値するものとは何であるかについて厳密に考えるならば、他の何らかのものが、これら二つの項目に含まれるものとほとんど同じくらい大きな価値をもっている、と考える者はおそらくいないであろうと思われる（Moore 1903a, p.237〔邦訳二四五頁〕）。

これらの対象は、その性質として、複合的な「有機的統一体」を形成し、さまざまの感情を引き起こすという事実を有している。「有機的」とは、ムーアの理解によると、全体は各部分の合計とは異なる内在的価値をもつということである。また、全体を構成する諸部分のうちの一部が善であり、一部が悪であるということもありうる。醜さや汚さそれ自体が善き心の状態をもたらすことに寄与するような存在物を、ムーアは「混合善」と呼んでいる。改革者にとって、〈貧困〉はこのようなものである。ケインズは、のちにアポスルズに提出される論文(1910-8)で、このような議論を悲劇——そこでは、邪悪な知恵が善き心の状態を鼓舞するのである——の研究に適用することになる。[34]

行為の規則　善き行為とは何であるかという倫理学の第二の問題についてはどうであろうか。この問題は、ある物事が手段としての善であるか否かを見定めるということ、またその効果を見定めるということである。ここでは因果関係が問題となる。われわれは人間関係の領域に属しているがゆえに、それは複雑な関係となる。自然現象の領域においてさえ、決定的な法則はほとんど確立されていない。正しい行為とは、善き結果を生み出す行為である。われわれは、〈世界〉において、自らの行動が可能なかぎり最大の善を生み出し、可能なかぎり最小の悪しか生み出さないように行動しなくてはならない。ここにおいて、ある大きな問題に直面する。その問題は、のちにケインズを『確率論』へと導いていく考察の中心的な主題となるであろう。[35]すなわち、それは知識の問題である。「ある行為がわれわれの義務であると考えるいかなる理由も、われわれはまったく持ち合わせていない。いかなる行為が可能なかぎり最大の価値を生み出すのかについて、われわれは決して確信することができない」(Moore 1903a, p.199〔邦訳一九六頁〕)。ありうる全ての行為の長期的な結果の全体についての知識を手に入れることは不可能なのである。

しかし、われわれの因果的知識はまったく不十分であるから、比較的短い間隔のなかでの場合を除いて、二つの相異なる行為からどのような異なる結果が蓋然的に生じるのかを知ることはできない、ということはきわめて確実である。われわれは、「直近の」将来と呼ばれる範囲においてのみ、行為の結果を計算していると確かに主張することができるにすぎない。……一般にはわれわれが、数年、数カ月、あるいは数日の範囲内で善の残高を確保することができたと思うならば、それでわれわれは合理的に行動することができたと考えるのである。しかし、そのような考慮によって導かれる選択が合理的であらねばならないとすれば、さらに遠い将来におけるわれわれの行為の帰結が、予見可能な将来において生じる見込みのある善の残高を、一般には逆転させるようなものとはならないであろう、と信ずるための何らかの理由をわれわれは確かにもたなくてはならない。ある行為の結果が他の行為の結果よりもおそらくは善いものであると主張しようとするのであれば、このような壮大な仮定が設けられねばならないのである。われわれは遠い将来に関しては全く無知であるので、蓋然的な予見の及びうる範囲内で大きいほうの善を選ぶことは蓋然的に正しいのだと述べることに、何の正当性もあたえることができないのである（Moore 1903a, p.202〔邦訳二〇〇頁〕）。

ムーアによれば、ある行為が一定の予測可能な結果をもたらすということを、確信をもって断言することはできない。道徳律は、蓋然的な性格しか持つことができないのである。[36] 殺人の禁止に関してさえ、長期的には、それがジャングルの掟よりもよいと確信することはできない。けれども、人類の長い進化の過程をたどるならば、常識が殺人・強姦・窃盗を罰していることが分かると言われている。不確実性をともなう状況においては、一定数の行為の規則や常識的な道徳を遵守するように立ち戻ることが賢明である。「われわれの住む社会において、どのような規則を守ることが有益であるのか、あるいは有益となるのだろうかと問うならば、一般に認められ、実践されている規則のほとんどが一定の効用をもっていることを証明できるように思われる」（*ibid.*, p.209〔邦訳二〇九頁〕）。ムーアは、たとえ悪い慣習であっても、現行の慣習にしたがうことが恐らく有益であるとまで主張している（*ibid.*, p.213〔邦訳二一三―四頁〕）。これと同じ理由で、利他主義よりも利己主義のほうが望ましいものになりうると、彼は付け加えている。彼はまた、遠い将来よりも近い将来における善を達成しようと努めるほうがよいと断言している。

四　道徳なき宗教

一九〇三年十月のムーアの『倫理学原理』の刊行は、ほとんど熱狂的な感動をアポスルズのなかに解き放った。ラッセルとホートレーを含むケンブリッジの一つの集団は、その議論を一般人にも理解できるような解説書を出版することを思いついた。一九〇三年十月十一日付の手紙で、リットン・ストレイチーは彼の友人〔ムーア〕に宛てて書いている。

あなたの本を読み終えました。そして、私がどんなに興奮し、感銘を受けたかをお伝えしたいのです。……あなたの本は、アリストテレス、キリストからハーバート・スペンサー、ブラッドリー氏に至るまで倫理学に関するすべての著述家を破滅させ、粉砕しただけではないと思います。それは、倫理学の真の基礎を築いただけにとどまりません。それは全ての現代哲学をあざけりの的にしただけでもありません。これらのことは、行間で剣のように輝いている〈方法〉の確立に比べると、私には小さな達成にすぎないように思われます。……私は、一九〇三年十月をもって〈理性の時代〉の幕開けと記録いたします（Levy 1979, p.234 による引用）。

ケインズは、十月七日にバーナード・スウィシンバンクに宛てて書いている。「僕は、数日前に出版されたムーアの『倫理学原理』をちょうど読んでいるところだ。我を忘れさせるほどの素晴らしい書物で、この主題に関するもっとも偉大な研究だと思う」。リットン・ストレイチーには、一九〇六年二月二十一日に彼はこう書いている。

> ムーアの奇跡と独創性を誇張することは不可能だ。人々はすでに、ムーアが理屈をこねる折衷主義者の類でしかないかのように語り始めている。ああ、どうして彼らには分からないのだろう！　われわれが、そしてわれわれだけが倫理学の真の理論の根本を知っているのだと思うと、本当に驚いてしまう。というのも、その大要が真であること以上に確かなことは存在しないからだ。世間は何をしているのだろう。

その三〇年後、〈ブルームズベリー・メモワール・クラブ〉で、友人たちの前で朗読された論文「若き日の信条」[37]において、ケインズはこう書いている。

> 私は、一九〇二年のミカエルマス学期にケンブリッジに入った。ムーアの『倫理学原理』が第一学年の終わりに出版された。……われわれに対してこの書物があたえた影響と、出版に前後して行なわれた議論とは、もちろん、他の何ものにもまして圧倒的な重要性を有していた。そしておそらく今もなおそうであろう。……その影響は、単に圧倒的であったばかりではない。それは、ストレイチーがいつも不吉な funeste と呼んでいたものとは正反対なものであった。それは胸をわくわくさせ、人を陽気にするものであり、ルネッサンスの幕開け、新しい地上における新しい天国の出現であった。われわれは、新しい摂理の先駆者であり、恐いもの知らずであった（1938-12, p.435〔邦訳五六七—八頁〕）。

友愛的な関係と審美的な観照に善を見出したことは、ヴィクトリア朝的道徳の全面的な転覆に等しいものであった。このような転換は、すぐあとにブルームズベリー・グループを形成する人々によって選択された生活様式を正当化した。心の状態を除いて、彼らにとって重要なものは何もなかった。

こうした心の状態は、行動なり成果なり、あるいは結果とはまったく関連がなかった。それは時間を超越した、熱烈な、観照と交わりとの状態にあった。……熱烈な観照と交わりとに相応しい主題は、最愛の人、美、および真理であり、人生における主たる目的は、愛であり、美的体験の創造と享受であり、そして知識の追求であった。これらのうち、愛が断然第一位を占めていた（*ibid.*, pp.436-7〔邦訳五六九―七〇頁〕）。

ケインズは次のことを付け加えた。ムーアの厳格な清教徒気質の影響のもとに、当時のそこでの愛は肉体的なものではなかった。たとえ仲間の幾人かが既にそのような愛を共有していたとしても、である。

善の性質について、ケインズとその友人たちはある知識を有していた。「どんな心の状態が善であるかを、われわれはどうやって知ったのか。それは直接吟味すべき問題であり、それについて議論することは無益で、議論することすらできない、分析不可能なまったくの直覚の問題であった」（*ibid.*, p.437〔邦訳五七〇―一頁〕）。このような善悪についての知識によって、彼らは同時代人たちよりも優越した地位に立っていた。この霊妙な世界において、彼らは、富、権力または成功などには関心を示さなかった。むしろそれらを軽蔑していた。ケインズの人生の逆説の一つは、彼が常にこのような道徳的見地を――とくにお金に関して――維持していながら、同時にかなりの富、権力、成功を獲得しているということである。(38) ムーアの弟子たちが当時なそうとしたことは、有機的統一体の理論を適用することによって、また、たとえば強烈にして儚《はかな》い愛が、静かにして長続きする愛よりも好ましいかどうかを考えることによって、自分たちの心の状態を評価することであった。あるいはさらに、ブルームズベリーにおける恋愛事件をしばしば特徴づけた、次のようなもっと複雑な事柄について考察することであった。

かりにAはBを愛しており、しかもAはBが自分の愛情に応えてくれると信じている一方、実際はそうではなく、BはCを愛しているとすれば、こういう事態は、Aが思い違いをしていなかった場合ほど善くないことは確かである。だがAが自分の思い違いに気づいた場合と比べたなら、より悪いのであろうか、それともより善いのであろうか。またAがBの性質を誤解してBを愛しているならば、それはAがBをまったく愛していない場合よりも、善いのか、それとも悪いのか。またAの眼鏡の度が強くなくてBの顔色がわからないために、AがBを愛しているとすれば、こうしたことは、Aの心の状態の価値を完全にまたは部分的に損なうであろうか（1938-12, p.439〔邦訳五七二―三頁〕）。[39]

ムーアの「理想」の章から抜き出された善の観念を、ケインズは、ヴィクトリア朝の道徳の基礎にある宗教に取って代わる別の宗教だと表現した。三〇年後、それは依然として彼にとっては正しい宗教であるように思われたし、他の知りえたもの以上に真理にいっそう近いものでありつづけた。「それは、フロイトとマルクスを合わせたものよりも、はるかに純粋で甘美なところがあった。それは今でも、内面的には私の宗教である」（*ibid.*, p.442〔邦訳五七七頁〕）。この宗教に比べれば、「新約聖書は、政治家向けのハンドブックといえる。……プラトン以降の文献で、この章に匹敵するものを私は知らない」（*ibid.*, p.444〔邦訳五七九頁〕）。ケインズには、『倫理学原理』における基本的な直覚から離れる理由は何もなかった。その直覚によって、彼の世代はベンサム主義の伝統から自らを解放することができたのである。彼はいまや、それを「近代文明の内部をむしばみ、その現在の道徳的退廃に対して責めを負うべき蛆虫」（*ibid.*, p.445〔邦訳五八一頁〕）と見なした。ケインズによると、ベンサムの見方は、人間社会の問題における経済的計算の役割を過大評価している点において、ムーアの理想を損なうものであった。ベンサムの見方は、古典派経済学の哲学的基礎をなしていた。ケインズの見るところでは、それは、同時にマルクス主義の基礎でもあった。彼は、それをベンサム主義の背理法だと見なした。[40] リカードと同様、マルクスも経済的要因に重きを置きすぎていた。『倫理学原理』には単なる理想以上のものがあった。そしてアポスルズとケインズが行なったこの書物の読解は、偏りのある不完全なものであった。ケインズは、次のように認めている。

ところで、われわれがムーアから得たものは、彼がわれわれに提供したものの全てであったわけでは決してない。彼は片足を新しい天国の敷居にかけていたが、もう一方の足は、シジウィックと、ベンサム主義の功利計算と、正しい行動の一般法則との中に突っ込んでいた。『原理』の中には、われわれが全く注目を払わなかった一章があった。われわれは、いわばムーアの宗教を受け容れて、彼の道徳を捨てたのである。実は、われわれの考えでは、彼の宗教の最大の利点の一つは、それが道徳を不要なものにしたことにあった。――この場合「宗教」とは、自分自身と絶対者とに対する人の態度のことであり、「道徳」とは、外部の人間と中間的な存在とに対する人の態度のことである(1938-12, p.436〔邦訳五六九頁〕)。

すでに見たように、ムーアは、将来についての無知を考慮すると、われわれの行為を導くために、人は、伝統、適切な行為の規則、常識などに、したがって支配的な道徳にしたがわなくてはならないと考えていた。彼が、ベンサム、シジウィック、ひいてはヴィクトリア朝的道徳の世界に片足を置いていたというのは、このような意味においてである。ケインズは、初めてその本を読んだときには、この点に気がつかなかった。しかしその書物は、次章で紹介する『確率論』へとつながる彼の認識論的考察の端緒をなすものである。ムーアの書物は伝統的な道徳への服従を要求するものであったが、ケインズは、そのことによってムーアの体系に栄誉が授けられることに我慢ならなかった。ムーアの宗教は道徳なしにも成り立つと、ケインズは信じていた。本章の冒頭における引用で、ケインズと彼の友人たちが当時においては不道徳主義者であったこと、そして彼に関するかぎり、考えを変えるには手遅れであることをケインズは主張している。この不道徳主義には、二つの特徴がある。第一には、行動のあらゆる規範の外的な強制を拒絶することである。個人は、自らのなすべきことについての唯一の判断者なのである。第二には、ヴィクトリア朝的道徳の因習的な規範、とりわけその性規範を拒否することである。こうしたものが、ブルームズベリーの気質《エートス》であった。

　しかし、ケインズとその友人たちの人間観は時とともに変化した。彼らはフロイトの理論を知った。[41] そのことによって彼らは、人間の合理性と道徳的性格がこれまで過大に評価されてきたことを確信するに至った。人間の本性が合理的であると信じることは誤っていたのだ。実のところ、そのように信じることが利己心の倫理学の基礎にあった。ひとたび感情と行動が合理性を欠くものであるとされたならば、他人のことは言うに及ばず、人は自分自身のことすらほとんど理解できなくなってしまう。人間の行為が自生的で非合理な衝動に端を発していることもありうるということ、[42] そして、邪悪ささえもが価値ある状態の原因となりうることが理解されていなかったのである。したがってケインズは、一九三八年には次のように考えていた。「人間の本性を合理的なものと見なしたことは、今にして思えば、人間性を豊かにするどころが、むしろそれを貧弱なものにしたように私には思われる。それは、ある種の力強く価値ある感情の源泉を無視していた」（*ibid.*, p.448〔邦訳五八四―五頁〕）。その結果、議論の奇妙な逆転によって、社会を維持していくうえで規則や因襲が最終的には一つの役割を演じることになった。「文明というものは、ごく少数の人たちの人格と意思とによって築かれた薄っぺらで当てにならぬ外皮であり、またそれは、巧みに納得させられ、狡猾に保たれた因襲や規則によってのみ維持されるのだということに、われわれは気づいていなかった。われわれは、伝統的な知恵だの、慣習の掣肘だのを、まったく尊重しなかった」（*ibid.*, p.447〔邦訳五八三頁〕）。

五　私的幸福と公的義務

ケインズの考察は、さまざまな批判にさらされた。とくに彼の同時代人からはそうであった。ケインズ自身が論文を朗読した集会に出席していたクウェンティン・ベル（Q. Bell 1995）にとっては、不道徳主義の自己宣言は、当時におけるイギリス支配階層の傑出した人物であったケインズが、一部の若い聴衆（クウェンティンも含む）によって保守的であると見なされたという事実によって説明されるものだった。ケインズと同じ時期にアポスルであったレナード・ウルフによれば、「ムーアの影響についての彼の記憶と解釈は、まったくの誤りである」（L. Woolf 1960, p.146）。アポスルズは不道徳主義者の集まりではなかったし、彼らは行為の規律と自分たちの行動の帰結とにまったく心を奪われていた、とウルフは実際に信じていた。もっと新しいアポスルであるリチャード・ブレイスウェイトによれば、「ケインズが回想録でどんなに逆のことをほのめかしていたとしても、彼はつねに、『倫理学原理』のなかの「道徳」に関する部分、行為はその帰結によって判断されるべきであることを要求している部分に忠実であった」（Braithwaite 1975, p.245〔邦訳三一七頁〕）[43]。

生涯――その数多くのエピソードはあとの諸章で想起される――を通じてのケインズの行動が、「若き日の信条」で主張されていた幾つかの諸原理と矛盾していたことは明らかである。彼は、ヴィクトリアニズムに由来する強烈な義務の感覚を維持していた。それは、彼の両親から教え込まれたものであり、「ハーヴェイ・ロードの前提」に含まれるものであった。一九〇六年二月二十四日にアポスルズに提出された「利己主義」と題する論文で、ケインズは自分自身に対して、人類の善のために個人は自らを犠牲にすべきであろうかと問い、それに否定的に答えた。「実際、〈世界〉の善が私の善と分かちがたく密接な関係にあると考える何の理由も私には見当たらない。そして、個人が自分自身の魂を救い生かすために、〈世界〉が破滅してはならない理由はあるのか」(1906-3, p.11)。しかし彼の一生の行程は、この言葉とは逆であった。何となれば、彼の人生とは絶えざる闘いであり、その闘いにおいて彼は、自分の魂よりも社会を救おうとし、そして人類を経済問題から解放して、人類が、生活術、美の観照、友情と愛の文化に没頭することを可能にしてくれるような新しい世界の建設に向けて働こうとしたからである。たとえ彼の闘いが政治的・経済的・社会的次元における集団的な活動に関わるものであったとしても、それは依然として、ムーアによって叙述された倫理的目的なるものを追求するものであった。個々人のレベルにおいてのみ享受されうる究極的な善に対して、実際には人は、完全雇用、富と所得の分配における公正といった二次的な重要性しかもたない集団的な善を付け加えなくてはならないのである。

ケインズの倫理学的考察は、本章の冒頭で思い起こされた十九世紀イギリスにおける政治・宗教・倫理の論争という文脈のなかに位置するものであった。彼は、ベンサム、ジェームズ・ミル、ジョン・スチュアート・ミル、シジウィック、レズリー・スティーブン、ムーアらが直面したのと同一の問題を解決しようと努めた。ミルと同様に彼も、自らに適するように考えたり生きたりするための個人的自由に絶対的な優先性をあたえていた。合理的個人による快苦の計算というベンサムの解決は、彼にとって受け容れがたいものであった。そのような解決は、ケインズがますます厳しく批判することになる経済的ビジョンの基礎となっていたのである。シジウィックについていえば、彼は宗教的思考から自己を解放することに実際は成功していなかった。その思考によって、彼は、霊魂の不死こそが倫理的問題を解決するものだと結論したのであった。ムーアは、『倫理学原理』において、ケインズを満足させる善の概念を打ち出した。しかしながらムーアは、因襲的道徳の規範にしたがうこと、われわれの行為の帰結を考慮に入れるべきことを主張した。このような解決を受け容れず、ケインズは、不確実な状況において個人はどのように行動するのかを示す確率の論理的基礎の理論を展開していくことになる。(44)

ケインズも、そしてブルームズベリーの彼の友人たちも、ヴィクトリア朝的な道徳に関する自分たちの態度のなかにある矛盾から逃れられなかった。理論的にはその道徳を否定しながらも、実践において彼らはその幾つかの要素を遵守していた。ケインズはと言えば、伝統や因襲に対して、文明を存続するうえでの重要な役割をあたえるようになったように思われる。ここに、イギリス大蔵省の機能についての議論のために彼が書いたものがある。「ある意味において、大蔵省の規制は因襲的な道徳にたとえられるだろうと私は思います。いったん、そこを覗き込んでみると、かなり退屈で馬鹿げたことがあまりに多くあります。しかし、それにもかかわらず、それは圧倒的な邪悪に対する不可欠の防壁なのです」(1921-17, p.299)。

ムーアの理想に対する熱狂的な信奉のなかで、性的な側面を過小に評価してはならない。ケインズとその友人の何人かは、世紀の変わり目のイギリスにおいては犯罪的と見なされるようなマイノリティの集団に属していた[45]。同性愛関係は、二年間の強制労働の有罪判決に処することが可能であった。ブルームズベリーは、このような状況に対する反抗の主要な一拠点であった。『倫理学原理』は、多数派の規範に一致しないような行動に対する寛容と容認への道を開いた著作であると見なされた。しかしこのことは、他の書物においても、とくにミルの『自由論』とシジウィックの『倫理学の諸方法』において、すでに見ることのできるものであった。

ケインズは一九二五年に結婚し、それ以降の同性愛に関する事柄については何も知られていない。しかしケインズは、彼が中世的だと見なした慣習と法を変革するために、その生涯の最後まで戦った。第3章で見るように、ケインズは、そのような戦いを〈ニュー・リベラリズム〉のプログラムにおける主要な軸と位置づけていた。ケインズは非常に几帳面な人物であり、自分の文書のすべてを丁寧に整理・保管していた。彼は、リットン・ストレイチーやその他の人々とのあいだの膨大な書簡を保存することを選んだ。それらの書簡は、彼の性的な志向や行動に関して何の疑いの余地も残していない。このような文書保管の作業は、ほとんど確実に、それが将来読まれるはずだという考えの

もとになされたのである。(46)

スキデルスキーによるケインズの伝記の第一巻が出版されたのに伴って、ケインズの人生のこの側面におけるベールがさらに取り除かれたとき、何人かの経済学者は、彼らがケインズの経済学上の誤謬だと考えたもの、とくに、貯蓄が経済成長の原動力であるという見解を否定したことを、ケインズの性的生活と関係づけようと試みた。(47) それ以前にもすでにシュンペーターは、ケインズの人生哲学、通貨管理の提唱を、彼に子供がいなかったという事実と結びつけていた（Schumpeter 1946, p.506〔邦訳一三二頁〕）。ハイエクはと言えば、ケインズの不道徳主義の宣言――彼はことあるごとにそれを非難し、またそれをケインズの経済学的誤謬と結びつけた――についてこう書いている。「ケインズ自身も含め、ケインズが言及していた集団のメンバーの多数が同性愛者であり、そして、そのことがおそらく支配的な道徳に対する彼らの反抗を十分に説明している」（Hayek 1970, p.16）ことがひとたび理解されるならば、彼の宣言はその意義の多くを失う、と。

男女の平等、避妊と中絶の権利、同性愛の容認を求めたケインズの闘いは、現在、世界の大部分――もっとも強力で、大体においてもっとも「先進的な」国々も含めて――において、勝利とはほど遠い状況にある。初期の偉大な自由主義思想家たちの確信に反して、今日押し付けられつつある極端な自由主義は、政治的権威主義や人権無視とだけでなく、道徳上の厳格主義や保守主義、宗教的原理主義ともきわめて親和的なものである。ロック、ヴォルテール、ジョン・スチュアート・ミル、ケインズ、およびブルームズベリー・グループの人々の闘いは、まだ終わっていない。

注

（1） 一八四〇年に彼女は、いとこのザクセン・コーブルク・ゴータ公子アルバートと結婚し、九人の子をもうけることとなった。一八五七年に〈王配陛下〉の称号をあたえられたアルバートは、自分自身のことに加えて、妻のよき助言者としても重要な役割を果たした。一八六〇年の早すぎる彼の死はヴィクトリアを悲しませ、彼女は四〇年間喪に服した。このことは、のちに論ずる「ヴィクトリア朝的道徳」に対して何らかの影響をあたえたに違いない。

（2）一六五一年の航海法によって、イギリスに輸入される全ての商品がイギリスの船に積まれなくてはならないことになった。

（3）最初の救貧法は、エリザベスの統治時代の一五九七年に始まる。救貧院制度は、一七二二年に確立された。それは、保護と監禁の中間のようなものであった。一七九五年、フランス革命戦争によって引き起こされた小麦価格の高騰を考慮して、いわゆるスピーナムランド制度――この決定がなされた場所にちなんで命名された――は、支給される援助の量を、基本食料品の価格および家族規模の双方と連動させた。この制度は、マルサスをはじめとする古典派経済学者たちによって厳しく批判され、一八三四年に廃止された。この主題については、ここで簡潔に想起された転換についての堂々たるフレスコ画のごときPolanyi（1944）を参照。ヴィクトリア時代のイギリスについては、Kitson Clark（1966）、Thomson（1950）、Young（1977）を見よ。

（4）この書物が執筆された状況とその内容については、第4章において立ち返る。

（5）Craig（2003）を見よ。

（6）この改正法は、一九六七年まで廃止されなかった。

（7）キングズ・カレッジのフェローであるとともにケインズの友人であった哲学者ローズ・ディキンソンは、一九〇五年の『インディペンデント・レビュー』におけるオスカー・ワイルド『獄中記』についての記事でこう書いている。「すべての社会には、そこに生まれる子供たちのために性的関係を規制する……義務がある。しかし、それ以外のすべてのことは、個人の道徳と嗜好の問題である。……そして当該の問題に関するわれわれの法は、単に未開状態から生き残ってきたものに過ぎないのであり、それは理性によってではなく、まったくの偏見によって支えられている」（Wilkinson 1980, p.51による引用）。

（8）Chesney（1970）とGay（1993）を参照。

（9）別名「上級私立学校」として知られている。「パブリック」という名称は、その慈善的な起源に由来しており、国営教育制度の設立に先行するものであった。ケインズは、大学入学以前の学業を、パブリック・スクールの一つであるイートン校で行なった。

（10）次の補章1を見よ。

（11）一九二五年にケインズの妻となったリディア・ロポコヴァは、使用人たちととても親密であったと考えられている。

（12）ケインズとケンブリッジとの関係については、Marcuzzo（2006）を参照。

（13）これらの問題については、第5章で立ち返る。

（14）マニングは、『著名なヴィクトリア朝人たち』におけるリットン・ストレイチーの批判の対象の一人であった。

（15）ケインズは、初期の著作の一つをクロムウェルに捧げている（1901-1）。これについては、第3章で立ち返る。この時代のイギリスの歴史については、Hill（1972）を参照。

（16）Halévy（1901-4）を参照。

（17）Brown（1988）を参照。

（18）しかし、もっぱら利己心によって動機づけられている経済人《ホモ・エコノミクス》という観念をアダム・スミスに帰することは誤りである。実際には、その観念はストア派によって霊感をあたえられた自己愛に関するものであり、スミスは、この感情とともに、利他主義に対しても同等の重要性をあたえていた。彼は、利他主義の分析のために『道徳感情論』という書物を書いている。したがってスミスは、リカード、ハイエク、フリードマンの先駆者であるというよりも、より多くケインズとミルの先駆者である。Fitzgibbons（1995）と Dostaler（2000）を見よ。

（19）ベンサムについては、Halévy（1901-4）、Harrison（1983）、Cot（1992）、Sigot（2001）を参照。

（20）明らかにこれは、哲学理論としての観念論《アイディアリズム》の問題ではなく、高邁な理想をいだく個々人の道徳的性格に関する問題である。前者については、次の章で論じる。

（21）性問題についてのヴィクトリア朝的な観念に対する最も無慈悲な批評家の一人であるフロイト——彼は、学生のときに「女性の参政権」を含むミル著作集（ゴンペルツによって編集された）の一巻を翻訳している——は、彼の婚約者に対して、男女関係についてのミルの見解に用心するように警告していた。一八八三年十一月十五日付のマルタ・ベルナイス宛の手紙で、フロイトは次のように書いている。ミルは、「一般の偏見の支配から自分を最大限に自由にすることに成功した世紀の人間だった。……彼には不合理なものに対する感覚が多くの点で欠けていた。たとえば女性解放の問題とか女性問題一般に関してがそうだ。……また、女性たちを男どもと全く同じように、生存競争のただ中に送り込もうという考えは、あまりに非現実的だ。僕は一体、僕のか弱い愛すべき少女を、たとえば競争者と考えなければならないとでもいうのだろうか。……君をこの競争の中から連れ出して、僕の家の、他人に傷つけられることのない静かな仕事をしてもらうために全力をつくす」（Freud 1961, pp.90-1〔邦訳八一―二頁〕）。

（22）シュルツによる学問上の伝記を見よ。その伝記は、ムーアとブルームズベリーに対するシジウィックの影響を強調している。「ムーア、ラッセル、ストレイチー、ケインズ、そしてヴァージニア・ウルフは、……将来世代に対するシジウィックの望みのすべてを理解することは決してなく、その一部を理解しただけであった」（Schultz 2004, p.7）。

（23）アポスルズの名でよりよく知られているケンブリッジ懇話会については、補章1を参照。ムーアやケインズの人生においてそうであったように、シジウィックの人生においても、アポスルズは非常に重要な役割を果たした。三人は、当時、アポスルズで指導的な立場にあった。

（24）グラッドストーンについては、補章2を参照。

（25）ケンブリッジ大学内部の用語で「トライポス」と呼ばれた。

（26）女子学生がケンブリッジ大学の十全な身分を得ることができたのは、一九四七年になってからのことである。

（27）マーシャルの父は、『男性の権利と女性の義務』と題するパンフレットの著者であった。マーシャルの妻であるメアリー・ペイリーは、ケンブリッジで経済学を教えた最初の女性であった。しかし彼女は、夫のために自らの職を辞した。彼女は、自分が第一筆者である書物を夫と連名で公刊している。また彼女は、マーシャルから謝辞を受けることはなかったものの、夫のほかの諸著作に対しても大きく貢献した。一九四四年のメアリー・ペイリーの死去にあたっての伝記的論文において、ケインズはこう記している。「初めの頃には女性に共感を示しており、またいつでも妻の明敏な精神から多くのものを得ていたにもかかわらず、マーシャルは次第に、女性の知性はどんなことにも役立てられえないという結論に到達するに至った」（1944-4, p.241〔邦訳三一八頁〕）。メアリー・ペイリーの回顧録（M.P. Marshall 1947）も見よ。

（28）マーシャルに関しては、Keynes（1924-25）、Groenewegen（1995a, 1995b）、Maloney（1985）、Gerbier（1995）を参照。

（29）この「ブルームズベリーの先覚者」Bloomsbury's prophet という表現は、Regan（1986）に由来する。また、ムーアとアポスルズとの関係については、Levy（1979）も参照のこと。

（30）このような攻撃は、次のようなマクタガートの行動と何か関係があるのではないかと疑う者もいる。すなわち、熱心な軍国主義者となったマクタガートが、熱心な平和主義者であったラッセルを一九一六年にトリニティ・カレッジから追放するさいに中心的な役割を演じたことである（Dickinson 1931, p.116）。

（31）マクタガートは一八八六年から、またラッセルは一八九二年からアポスルとなった。

(32) Nadeau (1999, p.655) は、自然主義的誤謬を、「すべての倫理学用語を日常用語のみによって定義することは基本的に可能であるという仮定にもとづいた、おそらくは不正確な推論の形式」と特徴づけている。
(33) 直覚、直覚主義、ムーアの倫理学的直覚主義に関しては、Nadeau (1999) における該当部分を参照せよ。
(34) この主題に関しては、Carabelli (1998) と O'Donnell (1998) を参照。
(35) 次の章を参照。
(36) 蓋然性 probability の意味については、次章を見よ。
(37) ドイツの金融業者で国際交渉担当者のカール・メルヒオルとの関係についての叙述とならんで、この論文は、ケインズが死後に公刊されることを望んだ唯一のものである。デイヴィッド・ガーネットによる「回想録二編への序説」を見よ(JMK 10, pp.387-8〔邦訳五一一—三頁〕)。
(38) この点に関しては、第5章の最初の部分を参照。
(39) この種の考察を受けて、バートランド・ラッセルは次のように書いている。ケインズとストレイチーは、「彼〔ムーア〕の倫理学を、他愛もない女学生的な感傷を唱えるようなものへと貶めた」(Russell 1967, p.71〔邦訳八二頁〕)。
(40) 一九三五年一月一日にケインズがジョージ・バーナード・ショウに宛てた手紙の一節は、彼の近刊『一般理論』によってマルクス主義のリカード的基礎が破壊されることを予告していた。第6章で、その手紙を引きながら、この点に立ち返ることにしよう。
(41) この主題については、Dostaler and Maris (2000) を見よ。
(42) 『一般理論』においてケインズは、とりわけ企業家による意思決定の根拠について叙述するために「血気」について語っている。
(43) Levy (1979)、O'Donnell (1989)、Regan (1986) も参照せよ。ムーアとケインズとの関係については、Bateman (1988)、Coates (1996)、Davis (1991)、Shionoya (1991) を参照。
(44) 第2章を見よ。
(45) ケインズの行動のある側面を理解しようとするさいに、彼が性的マイノリティに属していたことを無視することができないのと同様に、ケインズの同性愛を彼の著作を理解するための鍵であると見なすような Mini (1994)、Felix (1999)、とくに Hession (1984) に同意することもできない。ヘッションは、「ケインズの創造的な人柄における要素として、彼の母性的側面、同性愛、両性具有性の重要性」を強調している（Hession 1984, pp.106-7）。

（46）これらの書簡は、一九八六年に公開された。これらの手紙の一部を相続したケインズの弟のジェフリーは、それらを処分することを望んだ。その一方で、兄リットンの遺言執行者であるジェームズ・ストレイチーは、それらを公開することが必要だと判断した。この点については、Holroyd（1994, pp.695-8）を参照。ホルロイドは、リットン・ストレイチーの伝記を執筆するさいに、この書簡を閲覧した。一九六七年のその初版は、ケインズの性的行動を初めて明らかにした。ハロッドは、『ケインズ伝』において、手紙を引用するにあたっては巧妙な削除を施し、ケインズの性的行動を用心ぶかく隠している。

（47）Skidelsky（1983）のアメリカ版の序文（pp. xv-xix）において言及されている諸論文を参照せよ。

補章1　ブルームズベリーとアポスルズ

ブルームズベリーとはロンドンの地名であり、そこは大英博物館とともに市の南端に位置している。そこには、いくつかの魅力的で緑の豊かなスクウェアがある。これらのスクウェアのなかでも、もっとも古いブルームズベリー・スクウェアの始まりは一六六一年に遡る。そのほか（フィッツロイ、ベッドフォード、ブランズウィック、タヴィストック、ラッセル、ゴードンの各スクウェア）は、十九世紀以後のものである。十八世紀末以降、この住宅街は、イギリスの文学や芸術の巨匠の多くが出入りした場所である。そして、二十世紀の前半に主にこの街に住んでいた一群の芸術家・作家・知識人に、ブルームズベリーの呼称があたえられるようになった(1)。この一群の人々は、明確な構成をもった組織や学派ではなく、友人たち（および恋人たち）の集団であった。彼らはある種の価値観を共有し、イギリスの文化生活を深く特徴づけていた。ケインズは、彼の親友の多くがそうであったように、生涯の終わりまでその集団と密接なかかわりをもっていた。それは、彼の私的な世界であった(2)。

集団の中心は、ケインズを除くと、ヴァネッサ・ベル、クライブ・ベル、ヴァージニア・ウルフ、レナード・ウルフ、モリー・マッカーシー、デズモンド・マッカーシー、エイドリアン・スティーブン、リットン・ストレイチー、ダンカン・グラント、ロジャー・フライ、E・M・フォースター、サクソン・シドニー＝ターナーであった(3)。さらに他の何人かの者が、それぞれに異なる距離をとりつつ、しだいにこの中心メンバーに加わることになる。もちろん、それは明確な構成をもつ集団ではなかったので、その境界の確定の仕方は論評者ごとに異なっている。その集団の創設メンバーのある者――クライブ・ベルのような――は、集団の存在そのものを否定するようになった。このような態度は、疑いもなく次の事実と何らかの関係があった。それは、早くも一九二〇年代にはブルームズベリーが、それをセクト・徒党・マフィアあるいは仲間ぼめ協会のようなものだと見なす批評家の側からの、ますます激しい攻撃の対象になっていたという事実である。

ブルームズベリー・グループにおける共通の価値観は何かということもまた、議論や論争の対象であった。友情の礼賛は、中心舞台を占めていた。この集団のメンバーは、ほとんどの場合にすぐれた才能をもって、また時には天才的な才能さえもって、絵筆や鉛筆で自分自身を表現していた。ただし、好んで用いられる意思疎通の手段は言葉であったけれども。何にもましてブルームズベリーは、対話すること、議論すること、うわさ話をすることを滅多にやめることのない個々人の集まりであった。彼らは概して、すぐれたユーモアの精神を有しており、また自嘲することのできる人々であった。また彼らは、お互いに対する無慈悲な批評家でもあったが、そのような批判によって友情が壊れることはなかった。実際、本心を隠し立てすることはまったく許されなかった。ある種の主題を取り上げるまでに幾らかの時間を要することはあったけれども、何でも語ることができた。一九二二年頃にブルームズベリー・メモワール・クラブのために執筆された論文で、ヴァージニア・ウルフは、そのグループがどのようにして性について語りはじめたのかを回想している。彼女が、姉〔ヴァネッサ〕および他の友人たちと一緒に客間にいた時のことだった。

> 突然ドアが開いたかと思うと、長身で意地悪そうな姿のリットン・ストレイチー氏が入口に立っていた。彼は、ヴァネッサの白いドレスについたシミを指さした。そして彼は、「ザーメンか」と言った。

> 何てことを言うのだろう、と私は思った。そして私たちはどっと笑った。その一言で、寡黙と遠慮という壁が崩れた。聖なる液体の洪水が私たちを圧倒したかのように思われた。性が私たちの会話に浸透した。男色者という言葉さえも、私たちは口にするようになった。善の性質について議論したときと同じような興奮と率直さをもって、私たちは性交について議論した（V. Woolf 1922, p.54)。

どんなことも当たり前だと見なされることはなかった。それと同時に、あらゆることのなかでも、率直さと最大限の正直さとが全員に求められた。各々は、正直に語ることを求められた。ケインズは、大戦中、自分の個人的な信念を裏切っているのではないかと友人たちから疑われたさいに、自らが困難な状況にあることを理解した[4]。理性の力、文明の進歩、人間本性の完全性に対する信念を維持する一方で、彼らは懐疑主義を身につけていった。審美家としてのブルームズベリーの人々は、芸術を人類の功績の頂点に位置づけた。快楽主義者として、彼らは、パーティー、旅行、食物とワインを愛好した。また親仏派として、芸術上の技法や料理のレシピをイギリス海峡を越えて自国に持ち込んだり、サントロペやカシ〔いずれもプロヴァンス地方の観光地〕といった、当時はほとんど知られていなかった地中海岸の人目につかない場所を見つけ出したりもした。

ヴィクトリア朝の道徳に対する抵抗の主導者として、彼らは、その道徳が尊重している諸制度（軍隊・教会・国家）を嘲笑し、さまざまな社会的因襲を、とりわけその因襲が暗示している性道徳を拒絶した。ブルームズベリーの同盟は、国教徒とはかけ離れていた。同性愛が許容されていただけでなく、それはグループのなかで実践されていたのである[5]。同時代の人々を憤慨させたような環境《ミリュー》のなかで、もっとも奇妙なカップルやトリオが、成立したり解消したりしていた[6]。ブルームズベリーは、一種の家族であり、前時代の生活共同体《コミューン》であった。それは、ときには批判者たちによって売春宿にたとえられた。親密な関係が終わり、たとえそのことが重大な影響を伴わずにはいなかったとしても、その後も友情は続いた。とりわけブルームズベリーは、断続的に生じた、避けることのできない軋轢や見解の不一致、危機にもかかわらず、そのメンバーたちが生涯の終わりまで互いに密接に結びついて関係しあったままでいたという事実によって特徴づけられる。このような浮世離れした環境においては、とくに初期には、ときおり政治は彼らの関心からきわめて遠いところにあった。ケインズとレナード・ウルフだけがこの闘技場に夢中になっていた。ケインズがそうであったように、大部分の者は自らを自由党支持者だと考えていた。ただしウルフのように一部の者は、労働党を支持していた。しかしながら、少なくともイギリスの政治的スペクトルに照らして見るならば、彼らは皆、自らを左翼の側に位置づけていた。

彼らは、家族から受け継いだ、まさにヴィクトリア朝的な義務の意識によって影響を受けており、何にもまして勤勉であった。たいていの者が鋭敏な知性に恵まれ、並はずれた教養を身につけていたので、彼らは自らがかかわった全ての分野において指導者となった。すなわち、文学・絵画・伝記文学・文芸批評・美術批評・ジャーナリズム・出版・政治的著述・経済学・精神分析学においてである。これらの領域において彼らは、ときおり「モダニズム」と呼ばれる新しい基準にしたがって批判し、破壊し、再構築を行なった。そして別の場所では、プルースト、ジョイス、ムージル、セザンヌ、マティスあるいはピカソ――ブルームズベリーによって称賛された画家や作家――が、モダニズムのまた異なる輪郭を形づくっていた。

ブルームズベリーを説明するための最善の方法は、その歴史について語ることである。その歴史は、ケインズの経歴、とくに彼の恋愛生活の経歴を伴っている。グループのメンバーたちによって始められた慣例にしたがい、われわれは、第一次世界大戦の前に発展した「オールド・ブルームズベリー」と、その後に生じた「ニュー・ブルームズベリー」とを区別することにしよう。まず、ケインズの知的生活において大きな役割を演じたアポスルズ・ソサエティの紹介から始める。この物語を通じて、ブルームズベリーの世界観と美的概念が明らかにされるであろう。そして最後に、ブルームズベリーと精神分析学のあいだの重要な関連について想起することにしよう。[7]

一 ケンブリッジ・アポスルズ

ブルームズベリーは、二つの源から誕生した。一方にはケンブリッジ大学、とくにケンブリッジ懇話会 Cambridge Conversazione Society があり、それは「アポスルズ」あるいは単に「ソサエティ」としてよりよく知られている。[8]他方には、スティーブン一家がある。その父レズリーは、作家および伝記作家であり、『自由思想と率直な表現』(一八七三年)の著者、『英国人名事典』(一八八五—九一年)の編者であった。彼は、ヴィクトリア時代の偉大な知識人にして国教会の牧師であり、のちに不可知論者となった。[9]彼は、再婚相手のジュリア・ダックワースとのあいだに四人の子をもうけた。ヴァネッサ(のちのヴァネッサ・ベル)、トビー、ヴァージニア(のちのヴァージニア・ウルフ)、エイドリアンである。[10]ブルームズベリーとは、少数のケンブリッジの人々——彼らの大部分はアポスルズであった——と、ヴァネッサ・スティーブンおよびヴァージニア・スティーブンという二人の特異な女性との出会いによる産物であると言えるかもしれない。ブルームズベリーは、ヴァネッサを長とする女家長制度にたとえられてきた。[11]

ケンブリッジをはじめとするイギリスの各大学において急増していた数多くの学生の団体——一部は秘密団体であり、他のものはそうでもなかった——のなかでも、アポスルズは最古にして最も重要なものの一つであった。[12]それは一八二〇年に、当時セント・ジョーンズ・カレッジの学生であったジョージ・トムリンソンによって設立された。彼は、のちにジブラルタルの主教となる。彼は、カレッジの一一名の友人たちと一緒に、この討論の団体をつくった。それゆえに〔十二使徒にちなんで〕、アポスルズの名をもつのである。それは、原則として秘密の団体であった。ソサエティに所属していることは、そのアポスルの死後か、あるいは妻に対してしか明かされなかった。もちろん、議論の内容は秘密にされていた(13)。

ソサエティは、設立当初から奇妙な運営会則を採用し、秘密の隠語《ジャーゴン》を用いた。自らを「兄弟《ブラザー》」と呼ぶアポスルズは、カントの用語にしたがい、彼らの外部にある現象の世界を、彼らの本体の世界から区別した。後者の世界に入ることが許されるためには、類い稀なる徳性と知性とが求められた。アポスルズは、新入生たちを観察し、選抜するにふさわしいと判断された「胎児《エンブリオ》」を新会員の候補とした(14)。ある胎児がアポスルの身分に選抜されるためには、全員一致が必要とされた。それは、父の発議にもとづいてなされ、誕生と称された。父親なしで誕生したと多くの人が信じているキリストのように、アポスルは、少なくとも一九八五年——その年に初めて女性がソサエティに選ばれた——までは母親なしで誕生したのであった。ソサエティは依然として存続しているのである。各々の新しく選ばれた会員には番号が付与された。

アポスルは、終身会員として選ばれた。ルートヴィヒ・ウィトゲンシュタインは、ソサエティを退会したごく少数の者の一人である(15)。アポスルは、大学の学期中にはソサエティの集会に参加することが求められた。その集会は、論文を朗読する「司会者」の部屋で毎週土曜日の夕刻に開かれた。この朗読ののち、くじ引きによって兄弟たちの論評の順番が決められた。議論に引き続いて、質問に対する投票が行なわれた。その質問は、必ずではないが、通常は司会者の論文の主題に関連するものであり、各人の投票はソサエティの記録に残された。紅茶とコーヒーのほかに、「クジラ」(イワシをのせたトースト)が食された。散会する前に、彼らは次回の司会者を決めるくじを引いた。それから次回の司会者は、兄弟たちに選んでもらうために四つの主題を提案した。たとえば古い論文を使い回すなどして、司会者が準備を怠ったときには、彼は、兄弟たちの夕食代を払うという罰を受けることになっていた。

議論された主題はさまざまであったが、主には、存在の性質、人生の意味、道徳、宗教、芸術、文学、哲学に関する問題であった。そして議論の内容よりも、議論に対する態度、誠実さ、私心なき真理の追求こそが重要であるとされた。表現の自由が根本的な原則とされており、いかなる主題もタブーとされることはなかった。シジウィックは、臨終に際して口述した自叙伝で、一八五六年のソサエティへの入会を、「それ以降、私に生じたいかなる事よりも私の知的生活に大きな影響を及ぼした……出来事」と述べている。そして、会員たちの心の状態を次のように叙述している。

私は、それを、親密な友人たちの集団が絶対的な献身と率直さをもって真理を追求していく精神としか表現することができない。彼らは、お互いに全く気のおけない関係にあり、多くのユーモアのある皮肉と陽気な冗談に没頭したりしていた。しかし、各人は相手に敬意を払い、相手が語るときには、彼の発言から学ぼうと努め、また彼が見ているものを見ようとする。絶対的に公平無私であることが、ソサエティの伝統が強いた唯一の義務であった。以前に抱いていた見解との一貫性は求められなかった。われわれがその時その場で真実と見なすものこそが、われわれが受け容れ主張しなくてはならないものであった。単に逆説を好む気持ちからではなく、誠意をもって行なうのであれば、どんなにきちんと確立された命題であっても、アポスルは、それを否定したり疑ったりする権利をもっていた。最重要の主題は継続的に討論された。しかし先に述べたように、誠実さは強いられたものの、さまざまな主題の取り扱いにおける真剣さについては強制されることがなかった（Sidgwick 1906, pp.34-5）。

一般に、学業を終え、生活の糧を得るために現象の世界に入ろうとしているという理由により、もはや毎週の集会に定期的に参加できなくなったとき、アポスルには「羽が生えて」、「天使《エンジェル》」になる。その天使は、新しいアポスルと入れ替わることになるが、付与された番号も継承されるのであった。シジウィックのほかにも、アポスルズ・ソサエティは、その会員のなかに何人かのイギリスの知的エリートを含んでいた。十九世紀に選ばれた会員のなかには、ジェームズ・クラーク・マクスウェル、アーサー・ハラム、フレデリック・モーリス、オスカー・ブラウニング、F・W・メイトランド、アルフレッド・テニソン、アルフレッド・ホワイトヘッド、バートランド・ラッセル、J・E・マクタガート、ロジャー・フライ、ラルフ・ホートレー、ジョージ・E・ムーアの名を見つけることができる。[16] ムーアは、世紀の変わり目にソサエティの幹事の役職に就いており、当時は彼がソサエティを率いていた。ムーアが提出した三〇編あまりの論文は、のちに『倫理学原理』や「観念論論駁」において確認されることになる彼の哲学的ビジョンの輪郭をなすものである。彼の思想は、ブルームズベリー・グループの出現において主要な役割を果たした。のちにブルームズベリーの仲間となる者のなかでは、一八八八年にケンブリッジを卒業したロジャー・フライが、一八八七年にアポスルに選ばれている。一八九六年に選ばれたデズモンド・マッカーシーは、ムーアのもっとも親しい友人となった。

二　オールド・ブルームズベリー

ブルームズベリーの歴史は、一八九九年十月に、（「新入生《フレッシュマン》」と呼ばれた）五人の学生がトリニティ・カレッジに入学したことをもって始まる。すなわち、リットン・ストレイチー、レナード・ウルフ、サクソン・シドニー＝ターナー、トビー・スティーブン、クライブ・ベルの五人である。すぐに親友になった彼らは、一九〇〇年二月に読書と討論のための団体を創設した。当時、定例として土曜日の深夜にクライブ・ベルの部屋で会合をもち、それゆえ「深夜会」Midnight Society という名称が付けられた。会員のうちの数名が「X」いう名の別の団体に属しており、その集会が土曜日の夕方のもっと早い時間に行なわれていたので、彼らは深夜に集うことになったのである。スティーブン姉妹は、「五月週間《メイ・ウィークス》」[17]の折に、正式に付き添いを伴ってケンブリッジにいる兄弟〔トビー〕を訪ねた。そこで、彼の友人たちや未来の夫に出会ったのである。レナード・ウルフは、彼女たちの美しさに幻惑された。こうしてブルームズベリーの核が形成されはじめた。

一九〇二年二月、バートランド・ラッセルとデズモンド・マッカーシーによって「発掘された」リットン・ストレイチーは、ジョン・シェパード[18]と同時にアポスルに選ばれた。シェパードは、のちにブルームズベリーと近しくなり、ケインズの親友となる。五月十日に朗読されたストレイチーの最初の論文「父はあごひげを生やさなくてはならないか」は、芸術の限界について論じるものであった。ここで彼は、もっともタブーとされる事柄やきわどい問題も含めて、芸術はすべてのことを扱うことができると主張した。[19]ストレイチーは、ソサエティの新しい指導者として積極的に発言し、すぐに幹事となった。同性愛者であった彼は、性に関する自由な議論をあらゆるかたちでアポスルズに導入した。[20]「高次の男色」という表現は、愛の美しいかたちと見なされるプラトニックな同性愛を示すようになる。ストレイチー宛のケインズの書簡において、「使徒的な」apostolicという言葉は、ときどき同性愛を示す符号として使われていた。

十月には、サクソン・シドニー-ターナーとレナード・ウルフが、念願かなって、このサークルへの入会を果たした。だが、クライブ・ベルとトビー・スティーブンにとっては忌々しいことに、入会が認められなかった。その直後に、リットン・ストレイチーとレナード・ウルフは、キングズ・カレッジの一人の新入生を訪ねた。その新入生は、彼らの目には並はずれた胎児と映った。メイナード・ケインズその人であった。ジョン・シェパードは、ムーアの部屋でのお茶に彼を誘った。ムーアの承諾なしには、どんな胎児も誕生することが不可能であったからである。ムーアは承諾し、それを受けてケインズは、一九〇三年二月二十八日、シェパードによる父としての庇護のもとに二四三番目のアポスルとなった。[21]一九一〇年十一月に羽が生えるまでに、[22]ケインズは、二〇編あまりの論文をソサエティで朗読した。その大部分は、哲学的な性格をもつ問題、とくに倫理学・美学・認識論に関する問題の考察に充てられていた。のちに『確率論』の執筆へと彼を導いていくことになる考察をケインズが開始したのは、このような文脈においてであった。この考察は、一九〇三年に公刊されたバートランド・ラッセルの『数学の原理』や、とくに、同じ年の十月に出版されたムーアの『倫理学原理』から刺激を受けた。(23)

レズリー・スティーブンは、長く患ったのちに、一九〇四年二月二十二日に亡くなった。妻を失くして以来、彼は鬱状態に陥り、娘たちに、とりわけヴァネッサに多くを望むようになった。彼女は、家を継ぐように求められた。子供たちは、五月にイタリアを訪れることにした。彼らは、その帰りにパリに立ち寄った。そこにはクライブ・ベルが住んでいて、ベルが、ロダンのアトリエを訪問するようにと彼らを招待したのである。彼らは初めて、セザンヌ、ゴーギャン、ボナール、マティスのことを聞いた。ヴァージニアは、一八九五年に彼女の母親が亡くなった後のときのように、深刻な鬱状態に陥った。彼女は窓から身を投げ、自殺をはかった。

ヴァネッサは、流行の街ケンジントンにある家の思い出や、その家の陰気で息が詰まりそうな空気から逃れるために、新しい家を探しはじめた。彼女は、ブルームズベリー地区の中心に、ゴードン・スクウェアを見渡せる大きくて明るい家を見つけた。この住所〔ゴードン・スクウェア四六番地〕はブルームズベリー・グループの本拠となり、一九一六年から一九四六年に亡くなるまでケインズのロンドンでの住居となった。(24)徐々に、友人たちもブルームズベリーの他の場所に住むようになり、また彼らは、イギリスのいなか町やフランスの地中海沿岸など別の所でも家を探した。

トビー・スティーブンは、ブルームズベリーに移ってすぐに、ケンブリッジ以来の友人たちやあちこちに散らばりはじめた者たちとの接触を保つために、毎週の「アットホーム」〔自宅で催す略式のパーティー〕を組織した。それは、木曜日の九時から始まった。(25)ヴァージニア・ウルフの回想によると、初めての集会は一九〇五年三月十六日に開かれた。したがってその日を、ブルームズベリーが正式に誕生した日だと見なすことができるかもしれない。最も定期的に参加していたのは、サクソン・シドニー‐ターナー、クライブ・ベル、リットン・ストレイチーであった。ストレイチーは、ときどき姉妹のマージョリー、ピッパ、パーネルを連れてきた。[26] ケンブリッジ人のなかでは、レナード・ウルフだけが欠席した。彼は、一九〇四年以降、セイロンで公務員として働いていたからである。他の参加者には、デズモンド・マッカーシー、セオドア・リュウェリン・デイヴィーズ、ロビン・メイヤー、ヒルトン・ヤング、チャールズ・テニソン、ジャック・ポロック、ネヴィル・リットン、当時ウィンストン・チャーチルの個人秘書であったエドワード・マーシュ、ジェラルド・ダックワースがいた。

一九〇五年の夏に、ヴァネッサは彼女自身のクラブをつくった。それは金曜日の夜に開かれ、おもに画家たちを呼び集めた。絵画について議論し、ゆくゆくは展覧会を組織するためである。彼女は、リットン・ストレイチーの従兄弟にあたる画家のダンカン・グラントと出会った。すでに一九〇三年にクライブ・ベルおよびトビー・スティーブンと会っていたグラントは、フランスでの一年間の滞在から戻るところであった。ヴェージニア、トビー、シドニー-ターナーは画家ではなかったけれども、彼らには、多くの人を魅了した「金曜クラブ」への参加が許された。このクラブは、大戦まで、進歩的な画家たちの集いの場としての役割を果たし、また一九二〇年代初めまで展覧会を組織しつづけた。

一九〇六年九月と十月のスティーブン一家のギリシャとトルコへの旅行のあとに、トビーは腸チフスにかかった。その病気は正確に診断されず、彼は十一月二十日に亡くなった。そのことは、彼の家族や友人たちにとって大きな精神的衝撃であった。ブルームズベリーの主要な組織者が突然いなくなってしまったのである。弟の死の二日後、ヴァネッサは、トビーの親友であったクライブ・ベルからの求婚を受け入れた。これまで彼女は、二度も断っていたのだった。結婚は、一九〇七年二月七日に成立した。彼らは二人の子供をもうけることとなる。一九〇八年にジュリアン、一九一〇年にクウェンティンである。[27] エイドリアンとヴァージニアは、新婚夫婦のプライバシーに配慮して、フィッツロイ・スクウェア二九番地へ引っ越した。その二、三カ月後に、彼らは、木曜日の夕方のサロンを再開した。ダンカン・グラント、ヘンリー・ラム、チャールズ・サンガーのような新しい参加者も加わった。このときにケインズは、ダンカン・グラントによってグループの集会に招かれ、ブルームズベリーに溶け込んでいったのである。

ケインズとグラントの恋愛は、一九〇八年五月に始まった。従兄弟と恋仲にあったリットン・ストレイチーは、そのせいで大いに狼狽した。[28] その翌年リットンは、ヴァージニア・スティーブンに求婚した。彼女はすぐに承諾した。しかしすぐに、二人は自分たちが危うい方向に向かっていることを悟り、婚約を解消することに決めた。ヴァージニアが、リットンの作家としての成功に嫉妬していたにもかかわらず、ブルームズベリーのサークルにおいて、ヴァージニアとリットンは最後まで親友でありつづけた。破談事件のあと、リットンは、いまだセイロンでの職務に就いていたレナード・ウルフに、ヴァージニアとの結婚を考えてみるように勧めた。一九一〇年、今度はケインズがグラントとの関係で悲嘆に暮れる破目になった。グラントが、エイドリアン・スティーブンと恋に落ちたことをケインズに明かしたのである。

グラント、エイドリアン・スティーブン、ヴァージニア・スティーブンは、一九一〇年二月十日の、ブルームズベリーが初めて公に姿を現した行動の組織者たちの中にいた〔この事件は「ドレッドノート号悪戯事件」と呼ばれている〕。そのときウェイマスに停泊していた戦艦ドレッドノートは、イギリス海軍の誇りであり、世界中でもっとも堂々とした軍艦であった。エイドリアン・スティーブンと学生時代からの彼の仲間であるホレス・コールは、偽のアビシニア皇帝による軍艦への訪問を企てた。ヴァージニア・ウルフとダンカン・グラントは皇帝の従者になりすました。コールの友人の一人であるアンソニー・バクストンは、皇帝を装った。他方でエイドリアンは、通訳を演じた。彼らは、いくらかのスワヒリ語を勉強した。軍艦の艦長であるウィリアム・フィッシャー提督と彼の部下たちはだまされて、一行の乗船をたいそう華やかに出迎えた。会食に招かれたが、偽のアビシニア人たちは、宗教的な理由を引き合いに出して断った。しかし実際には彼らは、食事によって変装や偽のあごひげが取れることを恐れたのである。いったん悪戯《いたずら》がばれると、この事件は報道を賑わせ、国会での論議を引き起こした。海軍の名誉を守るため、コールとグラントは、見せしめで数回の鞭打ちを受けた。この事件によって公式訪問にかかわる警備手段が増強されるようになったことを後に知って、ヴァージニア・ウルフは、このようなかたちで母国の役に立つことができて嬉しいと公言した。友人たちのグループを指し示すために、ブルームズベリーという表現が生まれたのは、この時期であった。一九一〇年三月八日の日付をもつ日記の書き込みで、リットン・ストレイチーは、友人たちを「ブルームビーズ」Bloombiesと呼んでいる。のちに一九一〇年か一九一一年になって、モリー・マッカーシーは、ある手紙のなかで彼らを「ブルームズベリーズ」Bloomsberriesと呼んでいる。

「一九一〇年十二月か、あるいはその頃に、人間の性質が変わった」

文学・伝記文学・経済学・心理学の各分野で知られるようになる前に、最初にブルームズベリーがイギリス社会の関心を引いたのは、視覚芸術《ビジュアル・アート》の領域においてであった。他のメンバーよりも年長で、一八八七年にアポスルに選ばれ、また遅れてグループにやって来た一人の男が、そこで一つの重要な役割を果たした。一九一〇年にロジャー・フライは、偶然、ケンブリッジ駅のプラットフォームでクライブ・ベルとヴァネッサ・ベルに出会った(29)。ロンドン行きの列車のなかでの彼らの会話は、ブルームズベリーの歴史における一つの重要な出来事となっている。彼らは、芸術と文明についての共通のビジョンをもっていることを知った。フライは、すでに人々の尊敬を集めている画家であり、また世に認められた美術評論家であった。彼は、フランス絵画の最新の傾向をもっぱら扱う展覧会を組織するという意図を彼らと共有していた。最初のブルームズベリーズの一人であるデズモンド・マッカーシーは、この仕事においてフライを支援した。一九一〇年十一月八日から翌年一月十五日のあいだにロンドンのグラフトン・ギャラリーで開かれた展覧会は、幾度かの議論ののちに「マネとポスト印象派」展と名づけられた(30)。マネの絵のほかには、マティス、ピカソ、ドラン、ルオー、ヴラマンク、モーリス・ドニの作品に加えて、セザンヌ二一点、ゴーギャン三七点、ファン・ゴッホ二〇点が展示された。この展覧会は、上流社会とほとんどの評論家を憤慨させた。観覧者たちはぞっとして叫んだり、あるいは笑い出したりした。これらの作品は不可解とされるのが関の山で、悪くすると芸術というよりもポルノだと見なされた。しかし少数の建設的な批評も存在していた。それらの批評の一つは、こうした作品には二〇年のうちに一財産に相当する値が付けられるようになるだろうと予言した。結局、世間の騒ぎが展覧会の成功を確実なものとした。デズモンド・マッカーシーは、この出来事を一九一〇年の「芸術の震撼」と述べた。またヴァージニア・ウルフが、一九二四年五月八日に〈ケンブリッジ異端者協会〉の前で「一九一〇年十二月か、あるいはその頃に、人間の性質が変わった[31]」と宣言したときには、間違いなくそのことが脳裡にあったのである。

重大な社会的・政治的・経済的転換[32]という苦難の時代――労働運動の高揚、労働党の台頭、自由党の諸改革、ブルームズベリーの人々も大いに関与した女性参政権拡大のための闘い、ヴィクトリア朝的な束縛の緩和という一面をも有していたエドワード時代の終焉などによって特徴づけられる――は、「モダニズム」という用語と関係する大きな文化的転換によっても特徴づけられる。このような転換は、絵画にかぎられたものではなく、芸術界全体、および文学界全体を特徴づけるものであった。ポスト印象主義は、舞踏界に革命を引き起こすことになる「バレエ・リュス」とともにイギリスに到来した[33]。一五年後にディアギレフ一座出身のスター・ダンサーと結婚することになるケインズは、これらの新しい上演作品の熱心な鑑賞者であった[34]。演劇界も影響を受けた[35]。このような過程は、決してイギリスに固有の現象ではなかった。ロンドン以上に、パリとウィーンは最先端に位置していた。ブルームズベリーは、パリとウィーンの影響のロンドンにおける入口の一つとなっていく。

ケンブリッジで教鞭を取っていたフライは、十九世紀の終わりから、芸術においては主題よりも制作過程のほうが重要であると教えていた。一九〇九年に彼は、「美学における一論」を発表した。ムーアの『倫理学原理』がブルームズベリーの倫理的ビジョンに霊感をあたえたものであるとするならば、この論文は、その美学上の原則を表明したものであるといえる。フライは、ブルームズベリーの人々のなかでも、ムーアから感銘や影響を受けるところが最も少ない人物であった[36]。したがって、これらの二つの思考の流れは、多くの点で共通するところがあるとしても、たがいに独立したものである。芸術と道徳は一つに合するとしたジョン・ラスキンの見解とは反対に、フライは美学を倫理学から解放しようと努めた。「審美的な感情の価値に関しては、それが、それらのもつ倫理的な価値から全くかけ離れていることは明らかである。トルストイであれば、倫理的な価値のなかに前者を閉じ込めようとしたことであろうが。審美的な感情の価値とは、もっとも役に立たない数学の理論と同じくらい、現実生活および実際的な有用性から、かけ離れたものであるように思われる」(Fry 1920, p.211)[37]。フライの叙述によれば、道徳は、感情によって生じた行為にもとづいて感情を評価する。芸術は、感情それ自体をほかのものとは切り離して評価する。その結果として、芸術は自然を模倣しようとするべきではない、ということになる。芸術とは、フライのいう「想像的な生活」にもとづく営みなのであって、それは、概して「知覚可能な対象に対する本能的な反応」(Fry 1909, p.13) に頼っている「現実の生活」とは区別されなくてはならない。自然における美の体験と、芸術における美とを混同してはならないのである。鑑賞者の感情を解放するために、芸術家はさまざまな形や色を組み合わせる。

一九一〇年にケンブリッジからロンドン行きの列車のなかでフライと議論したこれらの着想を取り入れ、またさらにそれを発展させて、クライブ・ベルは一九一四年に『芸術』を公刊した。その中心的な概念は、「意味をもつ形」significant form という概念である。

サンタ・ソフィア寺院、シャルトル大聖堂の窓、メキシコの彫刻、ペルシャの陶器、中国のじゅうたん、パドヴァにあるジョットのフレスコ画、それからプッサン、ピエロ・デッラ・フランチェスカ、セザンヌの傑作に共通する性質とは何か。ただ一つの解答しかありえないように思われる。すなわち、意味をもつ形である。各々のなかの、特定の仕方で結びついた線と色、ある形、そして形と形の関係が、われわれの審美的な感情を揺り動かすのである（C. Bell 1914, p.23）。

ある審美的な体系を客観的に正当化することは不可能である。それは個人の経験にもとづくものであって、本来的に主観的な性格のものである。ベルは、「美」という用語を使っていない。なぜなら、それは客観的な概念を指すことになりかねないからである。四〇年以上あとに出版された回顧録において、ベルは次のことを示唆している。「あなたの使う名詞によって意味されるものが、それ自体で人の心を動かすような――すなわち、外界とは関係なしに人の心を動かすような――線と色との結合、音符の結合、あるいは言葉の結合であるとすれば」（C. Bell 1956, p.72）、「意味をもつ形」は、何らかのほかの表現によって置き換えることが可能である。

「音符」は音楽を、「言葉」は文学を指している。この視覚芸術についての概念は、こうして他の芸術にも当てはめることができる。それは、芸術表現の他のいかなる諸形態よりも、音楽に対してより直接的に適用することができる。ピアノの名手であったシドニー・ターナーを除けば、グループに音楽家はいなかった。だが、多くは音楽愛好家であった。精神分析学者になったジェームズ・ストレイチーは、グラインドボーン音楽祭のためのオペラ・プログラムを執筆するなど、終生にわたって鋭敏な音楽学者でありつづけた。このような審美的なビジョンは、プルースト、ムージルあるいはジョイスに対して当てはまるのと同様に、ヴァージニア・ウルフの小説芸術にも当てはまる。ある質問に答えるさいに、ヴァージニア・ウルフは、自分の著作は構成《ストラクチャー》というよりも肌合い《テクスチャー》から生じているのであり、画家たちが絵筆を扱うのと同じように自分はペンを扱うのだと主張した。『ベネット氏とブラウン夫人』（一九二四年）において、彼女は、読者の道徳的向上のための物語を語ろうと努める典型的なヴィクトリア時代の小説を嘲笑した。もはや、できるかぎり忠実に現実を描写することが重要なのではなく、「意識の流れ」を叙述することによって読者の審美的な感情をつくり出すことが重要なのであった。[38] この過程においては、時間は未来に向かって規則正しく流れることをやめる。時間は溶解する。人は、過去に戻ったり、未来への近道を通ったりする。こうした技法はまた、リットン・ストレイチーが、『著名なヴィクトリア朝人たち』においてヴィクトリア時代の偉人たちの神経症を描くために用いることになったものでもある。ケインズもまた心理的伝記文学という芸術における達人であった。ケインズの伝記は、たとえば『平和の経済的帰結』や『人物評伝』において見られる。いずれも、彼の優れた書物の一つである。そして、たとえわれわれが美学から遠く離れた所にいたとしても、経済過程に対するケインズのアプローチ――そこでは、「血気」、非合理的な衝動、不確実性、将来への不安といったものが一つの役割を果たしている――のなかに、ヴァージニア・ウルフやリットン・ストレイチーの書物に現れているものと類似したビジョンを見出すことができる。

最初のポスト印象派の展覧会が終わったあと、フライは厳しく批判され、ペテン師とか魔法使いの弟子とか見なされた。このような扱いは、彼を落胆させるどころか、かえって彼を鼓舞した。そして、クライブ・ベルと展覧会の事務局役のレナード・ウルフの支援を受けて、彼は、一九一二年に二回目の展覧会を開くことで同じ挙に出た。今回の目玉は、ピカソとマティスであった。ある保守的な批評家によってセザンヌの退化した末裔と見なされたマティスについては、『ダンス』を含む三四作品が展示された。ロシアからの幾つかの絵画も展示された。ロシアのバレエ・音楽・文学は流行していた。ダンカン・グラント、ヴァネッサ・ベル、ロジャー・フライたちによる絵画もまた、グラフトン・ギャラリーの壁にかけられた。二回目の展覧会は、初回ほど波風を立てることはなかった。より多くの来場者があり、売上高も多かった。展覧会の期間中に、レナード・ウルフは、フランスとイギリスの作家たちが自分の作品を朗読するという会合を組織した。この企画は、視覚芸術の世界における転換と、文学を特徴づける転換とのあいだの収斂を例証することに貢献した。

疲れを知らぬフライは、絵画と建築を学ぶためにフランス・イタリア・トルコへの旅行を計画した。一九一一年四月に、H・T・J・ノートン(39)および夫といっしょにトルコに旅行していたとき、ヴァネッサ・ベルは重い病気にかかった。フライ——彼の妻は、少し前から精神病院に閉じ込められていた——は、クライブ・ベル以上に、ヴァネッサをいたわり、看病しているように見えた。旅から帰るとすぐに、ロジャー・フライとヴァネッサは恋人同士となった。その関係は、約二年後にヴァネッサがダンカン・グラントと恋に落ちて、ロジャーを激しく動転させることになるまで続いた。しかし、ブルームズベリーのならわしとして、友情は恋愛上の恨みに勝るのであった。そして彼ら三人は、その後も、しばしば色々な場所で見かけられたり、いっしょに旅行したり絵を描いたりするのだった。

一九一一年はまた、ブルームズベリーの地勢に関する別の組織上の変化が起きた年であった。姉弟《きょうだい》であったにもかかわらず、あるいはむしろそれゆえに、ヴァージニアとエイドリアンのスティーブン姉弟は、家のなかの問題をめぐって絶えず衝突していた。彼らは、ブランズウィック・スクウェア三八番地のもっと大きな家に移り、それを、ジェラルド・ショーブ(40)、グラント、ケインズと共有することによって問題を解決することに決めた。ケインズは賃貸借契約の責任を引き受けた。さまざまなことのなかでも、とりわけ食事の準備について、複雑な家事の規則が設けられた。一九一一年六月にセイロンから帰国すると(41)、レナード・ウルフは彼らと同じ家に入った。一九一二年八月に、彼はヴァージニアと結婚した。当時彼女は、何度かの書き直しを経て、最初の小説『船出』を書き終えようとしているところであった。それは、一九一五年に公刊されることになる。一九一三年、この仕事が終わった後に、彼女は新たに深刻な精神的危機に襲われることになり、その状態は一九一五年まで続いた。一九一三年九月九日に、彼女は強力な睡眠薬を飲んだ。レナードが、鍵をかけて保管することを怠っていたのである。医師であるケインズの弟のジェフリー〔当時、その家に住んでいた〕がいたお陰で、彼女は一命を取り留めた。

一九一三年、フライは、冒険的企業を創設した。その目的は二つあった。一つは、作品を売ることが困難な若手芸術家たちの生活の道を確保することであり、もう一つは、芸術と日常生活とを装飾芸術において融合させることであった。[42] 一九一二年に「芸術と社会主義」を発表したフライは、純粋芸術と応用芸術とを区別することは誤りであり、もっとも偉大な芸術は両者が共同したものであると考えていた。〈オメガ工房〉と名づけられた会社は、工業製品の気が滅入るような画一化に対して、家庭用品――食器、陶器、じゅうたん、家具――を芸術作品に変えるとともに、フライとその友人たちを深く感銘させたビザンティン美術に霊感を受けたフレスコ画で家屋を装飾しようと努めた。グラント、ヴァネッサ・ベル、フライの三人が、オメガ工房の取締役を務めた。その会社は、一九一三年七月八日にフィッツロイ・スクウェア三三番地に店舗を開設し、「ポスト印象主義を家庭の装飾と家具に応用するための」（Collins 1983, p.47 における引用）有限会社であると表明された。株主のなかには、ケインズ、E・M・フォースター、G・B・ショウがいた。ポスト印象派展のときと同様に、オメガの創作物は、その不道徳的な性格を非難する厳しい批判にさらされた。しかし、それと同時に工房は、少数の裕福な後援者《パトロン》の資金援助を受けることになる。そのほとんどは、オットライン・モレル[43]、キュナード侯爵夫人、ハミルトン侯爵夫人、ヴァンデヴェルデ夫人、あるいはリヒノフスキー公爵夫人のような女性であった。最初の二人は、ブルームズベリーの人々もしばしば訪れたレセプションを主宰した。オメガの創作物は、この種の他の企画と同様にロシア・バレエの流行からの影響を受けていた。一九一三年十月、〈理想の家〉展へのオメガの貢献は、強い反発を引き起こした。それと同時に、画家のウィンダム・ルイスは、フライが彼のブルームズベリーの友人たちを贔屓していることを非難し、グループのほかの仲間四人といっしょに突然そこを去った。[44] ルイスは、オメガの作品を集団による匿名のものとするという規則を受け容れなかったようである。彼は、その後三〇年間にわたってブルームズベリーのもっとも苛酷な敵の一人となり、著作物や会合などでブルームズベリーを攻撃しつづけたのであった。[45] 彼は、美術界におけるブルームズベリーの完全な独裁を非難するとともに、自らがその犠牲となった追放《オストラシズム》の責任を糾弾した。一九一六年に、ヴァネッサ・ベルとダンカン・グラントはロンドンを去ってサフォーク州のウィセットロッジへ、それからサセックス州の〈チャールストン〉へと移っていった。[46] それゆえ、オメガ工房への彼らの関与は著しく低下してしまった。この会社は、一九一九年の夏に閉鎖された。大戦が始まり、ヴァネッサ・ベルとダンカン・グラントがそこで働くことをやめたときに、オメガは衰退しはじめたのである。[47]

三　戦争といなか

すでに自らを、新しい文明的で合理的な社会の設計者であり、道徳的呪縛から解放され美と真の追求に没頭している存在だと見なしていた友人たちのグループにとって、大戦は野蛮な衝撃であった。しかし、彼らの最初の作品が現れはじめた。ブルームズベリーの画家たちや美術批評家たちはパリに常住するようになった。一九一三年には、パリのガートルード・スタインの家で、ダンカン・グラントが、のちにブルームズベリー・グループと親密な関係になるピカソに会っている。それと同時に、彼らは徹底的に楽しんだ。ブルームズベリーは、パーティーやしばしば贅沢なレセプションによって象徴される夜の生活の中心であった。そこでは、仮装服をまとうことや女装は普通のことであった。格別に裕福というわけではなかったものの、彼らは快適な生活を送っていた。彼らは、サセックス州に移住しはじめた。そこには使用人たちといっしょに移った。ヴァージニア・スティーブンが最初の移住者であり、一九一一年にブライトン市の近くのファール村で家を借りた。彼女は、これをタランド・ハウスにちなんで「小さなタランド・ハウス」と名づけた。タランド•ハウスとは、彼女の両親が一八八二年から一八九四年まで借りていた、コーンウォール州のセント・アイヴズにある別荘のことである。[48] 一九一二年に彼女は、すぐ近くに一軒の家を見つけた。その家は〈アッシャム・ハウス〉と呼ばれ、その後数年にわたり、ブルームズベリーの物語において重要な役割を演じることになる。[49] 二月十一日には、のちに頻繁にそこに泊まるようになる人々――ヴァネッサとクライブのベル夫妻、エイドリアン・スティーブン、グラント、フライ、レナード・ウルフ——が集まって、新居の披露パーティーが開かれた。二回目のポスト印象派展の準備が進められたのは、イギリス人画家と同じくらい多くのフランス人画家が訪れたアッシャムであった。ヴァージニアは、最初、この家を姉のヴァネッサと共有していた。ヴァネッサは、しばしばそこでグラントと一緒に絵を描くようになった。一九一二年八月にヴァージニアがレナード・ウルフと結婚したのちには、三年のあいだベル夫妻がこの家のおもな住人となった。それから一九一九年までは、ウルフ夫妻が引き継いだ。[50]その後ウルフ夫妻は、同じ地方のロッドメル村にあり、周囲をたいへん広い庭に囲まれている〈マンクス・ハウス〉を所有することになった。ヴァージニア・ウルフがその作品の大半を書いたのは、そこにおいてであった。庭に建てた小さな離れが彼女の仕事場であった。他方で高名な庭師であったレナード・ウルフは、彼が育てた果物と野菜によって賞を獲得することになる。[51]

各国間での敵意があらわになるという事態に直面して、友人たちの立場は揺れ動いた。それゆえに、いつも楽観主義的な見方をとり、衝突は短期間しか続かないだろうと予言したケインズの場合は、なおさらそうであった。ブルームズベリーの仲間のなかでは、詩人のルパート・ブルックとバートランド・ラッセルとによって両極端の態度がとられていた。ブルックは兵士となり、一九一五年四月二十三日にエーゲ海で戦死した。[52]これに対してラッセルは、その平和主義と過激な反軍国主義によって投獄された。クライブ・ベルは最初、一九一六年に『すぐに平和を』を公刊する前は、軍に入ることを考えていた。その書物は、ロンドン市長の命令で発禁処分にされる。エイドリアン・スティーブンは、一九一四年秋に徴兵制に反対するために設立された集団である〈徴兵制反対者の会〉の事務局長になる前は、志願兵になろうと考えていた。ダンカン・グラントは、良心的兵役拒否者となる前には、〈芸術家ライフル隊〉に参加することを考えていた。戦争に関するブルームズベリーの合意をつくり出したのは、一九一六年一月にイギリス史上初めて兵役の義務が導入されたことであった。この問題は、アッシャムでの新年パーティーのさいに議論された。

必ずしも全員が平和主義者ではなかったものの、国家が自分たちに対して兵役に服するように義務づけることには全員が反対した。何人かの者は、〈徴兵制反対者の会〉や〈徴兵制に反対する国民会議〉において積極的に活動するようになった。大蔵省での任務のために兵役を免除されていたケインズは、友人たちが良心的兵役拒否者として裁判を受けるように求められたときに、彼らに有利な証言を行なっている。それにもかかわらず、ケインズと他のブルームズベリーの人々とのあいだにはかなりの緊張が存在していた。パリ講和会議のイギリス代表団からケインズが去ったこと――これに続いて彼は、『平和の経済的帰結』を執筆する――は、彼と友人たちを和解させることにつながった。[53]

一九一五年にフィリップとオットラインのモレル夫妻が購入したオックスフォード近郊のガーシントンの邸宅は、戦時中には、「コンチー」〔conchie: conscientious objector の短縮語〕、すなわち良心的兵役拒否者の会合の場となった。華やかなレセプションが絶えることなく続けられるなかで、ブルームズベリーの人々は、他の芸術家・作家・学生たちと、さらには政治家たちとも接触するようになった。そのなかには、彼自身が徴兵制に反対していたアスキス首相もいた。[54]しかし、一九一六年以降にブルームズベリーの二番目の中心地となるのは、チャールストンの農家であった。[55]一九一六年の春に、グラントとデイヴィッド・ガーネット[56]は、ヴァネッサ・ベルといっしょにサフォーク州ヘイルズワースの近くのウィセットロッジ農場に居を定めることにした。良心的兵役拒否者として出頭する前に、世間の批判を和らげることを望んで農作業に従事するためであった。フィリップ・モレルとケインズの存在にもかかわらず、最初の出頭ではグラントとガーネットの訴えは認められなかったが、その後の六月二十八日に、国家的な重要性をもつ仕事に就くという条件で兵役を免除された。[57]農民たちが良心的兵役拒否者に敵意を示しているウィセットロッジの地では、このような仕事ができなかったので、彼らは、サセックス州アッシャムの近くで雇い主を探した。ファール村の近くを散歩している最中に〈チャールストン〉を見つけたのはヴァージニアであった。それは、サウスダウンズの丘の一つであるファール山のふもとに位置していた。ケインズの資金援助を受けて――一九一六年から一九二六年まで、彼はそこに部屋をもっていた――、三人はゲイジ卿の所有する農家を借り、一九一六年十月に引っ越した。それは、ブルームズベリーを象徴する奇妙な三人家族であった。そこでは、ヴァネッサ・ベルはダンカン・グラントと恋仲にあり、ダンカン・グラントはデイヴィッド・ガーネットと恋仲にあり、そしてデイヴィッド・ガーネットはヴァネッサをわがものにしようと努めていた。そして挙句の果てには一九四二年に、デイヴィッド・ガーネットは、ヴァネッサ・ベルとダンカン・グラントのあいだの娘であるアンジェリカと結婚した。その娘の父親が誰かは、一七年間隠されたままにされていた。(58)アンジェリカとデイヴィッドのガーネット夫妻は四人の子供をもうけた。

チャールストンでの生活は、水道・ガス・電気もない原始的なものであった。しかし、これらの不便はあったにせよ、それでもヴァネッサ・ベルはそこに楽園を見出した。彼女のあふれんばかりの活力は、チャールストンをすっかり本物の美術館に変えてしまった。そこは、オメガに由来する家具やアクセサリーに加えて、ヴァネッサの壁飾りやダンカン・グラントのそれ――ジュリアン、クウェンティン、アンジェリカの子供たちもそれらを作るのを手伝った――によって彩られた。チャールストンの修繕は、彼らの美的原理とオメガのそれとを実践に移したものであった。ヴァネッサは四四年間、ダンカンは六二年間、亡くなるまでそこで暮らした。(59)

サセックス州のチャールストンやその他の場所に加えて、バークシャー州のティッドマーシュがブルームズベリーのもう一つの集いの場となった。彼もまた良心的兵役拒否者であることを公言していたリットン・ストレイチーは、戦闘には不適であると判断されていた。(60)『著名なヴィクトリア朝人たち』(61)の執筆を終えた後、彼は、一九一七年十二月にドーラ・キャリントンといっしょにティッドマーシュへ移り、〈ミル・ハウス〉に住んだ。その家賃の支払いについては、ふたたびケインズの援助を受けた。(62)それは、もう一つの奇妙なカップルであった。一九一八年に、キャリントンは、ラルフ・パートリッジと出会った。(63)彼は彼女と恋に落ちた。すぐにミル・ハウスは、もう一つの三人家族の場所となった。そこでは、リットン・ストレイチーはラルフに惹かれていた。ラルフは、最終的には一九二一年にドーラ・キャリントンと結婚することになる。結婚後すぐに、ドーラは、ラルフの友人の一人であるジェラルド・ブレナン[64]と親密な関係になる。ラルフのほうは、一九二六年にフランシス・マーシャル[65]といっしょに暮らしはじめた。ラルフは、一九三三年にドーラが亡くなった後にフランシスと結婚することになる。ミル・ハウス、それからウィルトシャー州ハンガーフォード近くのハムスプレーを背景として生じたこれらの出来事の間じゅう、ドーラ・キャリントンは、ずっとリットン・ストレイチーに深く魅せられていた。一九三二年三月十一日のリットンの死の数カ月後に、彼女はライフル銃で自殺した。

一九一七年はまた、ブルームズベリーにおける新しい重要な組織である〈ホガース・プレス〉が誕生した年でもある。その名称は、ロンドン郊外のリッチモンドに住んでいたレナードとヴァージニアのウルフ夫妻の家にちなんで付けられたものである。当初からレナードは、その出版社を、妻の治療を支援するものの一つと見なしていた。それによって、彼女が執筆活動の気晴らしをしたり、鬱状態を解消したりすることができればよいと考えたのである。ヴァージニア自身で自分が悪魔と戦っていることに気がつくのは、しばしば小説を書き終えた後であった。実際には、ホガース・プレスは大きな出版社になった。ケインズによる幾つかのパンフレットを含むブルームズベリーの著作[66]だけでなく、国内はもとより外国の主要な著作をも出版していた[67]。フロイトの著作の刊行については、以下で論じることにしよう。

絵画の領域においては、戦時中もブルームズベリーはきわめて活動的な状態を維持していた。「美術における新動向」と題された展覧会が一九一七年七月にバーミンガムで開かれ、九月にはロンドンでも開かれた。フライ、グラント、ヴァネッサ・ベルの作品、および何人かのフランス現代画家の作品が展示された。ベルとグラントが去ったにもかかわらず、オメガは一九一九年まで活動しつづけた。フライは、疲れを知らぬ組織者であるとともに、ロンドンの芸術シーンの推進力でありつづけた。

四　ニュー・ブルームズベリー

それ以前にはかなり内向きで、一般にはほとんど知られてはいなかった運動であるブルームズベリーは、戦間期には、イギリスおよび西欧の文化生活における堂々たる存在となった。この新しいブルームズベリーを構成したのは、創立時の中心メンバーに加えて、新しい世代の芸術家、作家、およびその他の知識人たちであった。グループに対する彼らの距離のおき方は人それぞれであった。一九二〇年、モリー・マッカーシーのそそのかしに乗って、創設時の一三人のメンバーたちは、〈ブルームズベリー・メモワール・クラブ〉をつくった。当初はその会は、デズモンド・マッカーシーに、皆が期待しているような文学作品を書かせようと圧力をかけることを意図していた。しかし、彼が朗読していると思われたページが白紙（！）であることを知り、彼らはその試みを断念したのだった。メモワール・クラブの会合は、年に二、三回、メンバーの誰かの家で夕食後に行なわれた。その会合は、メンバーの一人か二人が自伝めいたものを朗読する場となった。メモワール・クラブは、新会員を選挙によって選ぶという明確な構成をもつ集団であった。[68] ケインズは、一九二一年にはメルヒオルについての論文を、一九三八年には「若き日の信条」を朗読した。概して、それらの論文はきわめて文学的な性格を有していた。一九四三年に、ヴァネッサ・ベルはメモワール・クラブの会合を描写した油絵を描いている。そこには、ダンカン・グラント、レナード・ウルフ、ヴァネッサとクライブのベル夫妻、デイヴィッド・ガーネット、メイナードとリディアのケインズ夫妻、デズモンドとモリーのマッカーシー夫妻、クウェンティン・ベル、E・M・フォースターが描かれている。またこの油絵には、三人の故人ヴァージニア・ウルフ、リットン・ストレイチー、ロジャー・フライの肖像画が壁に掛けられている様子も描かれている。メモワール・クラブの最後の会合は一九五六年に開かれ、ヴァネッサ・ベル、ダンカン・グラント、レナード・ウルフ、E・M・

フォースターという四人の創設メンバーが参加した。

一九〇五年に公刊されたE・M・フォースターの最初の小説『天使も踏むを恐れるところ』を除けば、ブルームズベリーの最初の文学作品は、第一次世界大戦中に登場したことになる。ヴァージニア・ウルフの『船出』は一九一五年に公刊された。その執筆後に、彼女は自殺をはかった。この作品に続いて一連の革新的な小説が発表され、それらによって、彼女は二十世紀の主要な作家の一人としての地位を確立することになる。とくに有名なものは、『ダロウェイ夫人』、『灯台へ』、『波』である。一九一五年初め頃から彼女がつけていた日記は、ブルームズベリーのさまざまな記録のなかでも、とりわけ重要なものである。レナード・ウルフもまた、戯曲『ホテル』を書いたり、いくつかの小説——一九一三年の『ジャングルの村』や、オールド・ブルームズベリーを描写した一九一四年の『賢い乙女たち』——を書いたりしてみた。しかし彼は、このような事柄は妻に任せるのが最善であることをすぐに理解した。その代わりに彼は、ヴァージニアもまた生業《なりわい》としていた文芸批評や、そしてとくに政治的著述に取りかかった。彼は、一九一六年から国際的な政治機構の創設を提案していた。ヴィクトリア時代の四人の英雄を心理的に分析した『著名なヴィクトリア朝人たち』は一九一八年に公刊され、リットン・ストレイチーの富と名声を確かなものにした。伝記文学の手法を一新したこの書物は、商業的に大きな成功を収めた。これに続いて、ヴィクトリア女王とエリザベス女王の人物像を描いた作品が発表されることになる。その翌年にケインズは、彼自身のベストセラーの一つ『平和の経済的帰結』によって国際的にその名を知られるようになった。その書物は、ストレイチーに類似した技法を用いており、パリ講和会議の主役たちの絵画的描写を含むものであった。戦間期には、一般の人々にもっともよく知られていたのは、ケインズ、ストレイチー、ヴァージニア・ウルフの三人組であった。

ブルームズベリーは、芸術の世界、とくに絵画において盛んな活動を続けた。創作においてと同じくらい、批評や展覧会の企画においてもそうであった。ダンカン・グラントは、最初の個展を一九二〇年に開き、ヴァネッサ・ベルは一九二二年に開いた。他の何人かもこれに続いた。この二人の芸術家はまた、装飾芸術の分野で戦間期にもっとも影響力のある人物となった。彼らは、ディエップにある砂の家、二つの教会[69]、さらには定期客船クイーン・メアリー号の装飾さえも依頼された。しかしながら、メアリー号の件では、ダンカン・グラントの創作物は、船主のキュナードによって拒絶されることになる。彼の装飾は、そのような船で旅する乗客たちのタイプにはそぐわないと会社側が感じたためである。彼らのもっとも重要な創作物の一つは、セント・ジェームズのキングズ・ストリートにあるルフェーブル・ギャラリーの向かいにある音楽室である。それは、一九三二年十二月に開室した。その落成式は、ヴァネッサとヴァージニアによって準備された有名なブルームズベリー流のレセプションによって人目を引いた。また報道によって、「文学と芸術の世界において輝く星であり、無冠の女王」と祝福された。ロジャー・フライもまた、批評家・作家・教師・組織者としての活動に従事することに加えて、芸術上の創作を続けた。ブルームズベリーの友人の一人であるケネス・クラークは、一九三三年にナショナル・ギャラリーの館長に任命された。

大戦の終わり頃には、フランスや他のヨーロッパ諸国から来た現代画家たちの作品が、ロンドンで展示され、評価され、そして購入されはじめるようになった[70]。そのことは、ブルームズベリーの努力に多くを負っていた。その一方で、ブルームズベリーの画家たちの作品は、パリで――とくにシャルル・ヴィドラックの画廊で――展示されはじめた。ブルームズベリーとフランスとのつながりは、世紀の変わり目の頃から重要なものであったが、戦後にはさらに強くなった[71]。このことによって、ブルームズベリーの人々は頻繁にフランスに滞在するようになった[72]。ヴァネッサ・ベルとダンカン・グラントは、一九二一年にサントロペという土地を見つけ出し、そこで絵を描いて二、三カ月を過ごした。一九二七年四月には、ウルフ夫妻がカシに初めて滞在している。そこは、一九一五年にロジャー・フライが見つけ出し、のちにヴァネッサ・ベルが「地中海にあるブルームズベリー」と呼んだ場所であった。ヴァネッサとダンカンは、一九二七年に「女羊飼い」La Bergère という名の小さな別荘を借りた。それは、シャトー・ド・フォンクルーズというワインの産地にあった。二人は、この「再建されたチャールストン」に一九三八年までのあいだに幾度か滞在している。この家は、イギリスで高まっていた悪評という憂き目から彼らが逃れるうえで役立った。「女羊飼い」は、自然と、他のブルームズベリーのメンバーたちが滞在する場所になった。

〈ロンドン・グループ〉[73]を形成した画家たちの風変わりな集団にとって、ブルームズベリーがますます重要となった一方で、ケインズは、(サミュエル・コートールド、ヒンドリー‐スミス、L・H・マイヤーズとともに)芸術家たちに定期収入をあたえることを目的として一九二五年に〈ロンドン芸術家協会〉を創設した。[74]グラントとヴァネッサ・ベルも、一九三〇年代初めに退会するまでは、これに関与した。ブルームズベリーの宣伝者としてきわめて活動的であったケインズは、一九二三年に、進歩的でリベラルな友人たちとともに『ネーション・アンド・アシニーアム』誌の編集権を掌握した。彼は取締役会の会長となり、レナード・ウルフを文芸部門の責任者に任命した。この月刊誌は政治と経済の部門を含んでおり、ケインズ自身もそこに数多くの論文を発表した。また芸術と文芸の部門は、主としてブルームズベリーの作家たちによって占められていた。

演劇、音楽、オペラ、そしてとくにバレエは、ブルームズベリーが関与した別の領域であった。イーゴリ・ストラヴィンスキー、エルネスト・アンセルメ、アンドレ・ドラン、ピカソを伴って一九一八年にふたたびやって来た「バレエ・リュス」は大きな成功を収めるとともに、ブルームズベリーの人々を魅了し、彼らに影響を及ぼしつづけた。ひるがえってブルームズベリーのほうは、バレエの舞台装飾家や衣装製作家たちに影響をあたえた。[75]こうして、二つの世界の住人たちの間のつながりができた。そのさいには、オットライン・モレルがしばしば仲立人としての役割を果たした。ロジャー・フライは、ラリオーノフやゴンチャロヴァと親しくなった。ここで、二人の新しいスターが現れた。偉大なダンサーにして振付家であるマシーンが、ダンカン・グラントのアトリエを訪れた。他方で何人かのブルームズベリーの人々は、リディア・ロポコヴァの楽屋を訪問した。アンドレ・ジッド[76]もそこを訪ねた。ピカソは、リディア・ロポコヴァを含むロシア人のダンサーたちを何度かスケッチしている。[77] ディアギレフは、舞台装飾と衣装のデザインに力を貸してくれるようピカソに依頼した。一九一八年十月、『シェエラザード』上演後のレセプションで、ケインズは、一九二五年に彼の妻となる女性に初めて会った。一九一八年十一月の休戦日の夜には、アデルフィにある収集家モンタギュー・シェアーマンの家に、ほとんどのブルームズベリーの友人たち、ディアギレフ、マシーン、ロポコヴァ、D・H・ローレンス、オーガスタス・ジョン、その他数名が集まった。もっとも忘れがたいブルームズベリーの戦後の夜会の一つが、一九一九年七月二十九日にゴードン・スクウェア四六番地でクライブ・ベルとケインズによって企画された。社交期（ロンドンでは五月から七月）の最後を飾るとともに、彼らの友人たち、および他の芸術家たちや作家たち、ディアギレフ一座のメンバー——オルガ・コクロヴァとその夫、ピカソ、ドラン、マシーン、エルネスト・アンセルメ、オルダス・ハクスリー、ドリュ・ラ・ロシェルを含む——を呼び集めるために開かれたのである。このなかのドリュ・ラ・ロシェルは、のちにナチスとのかかわりによって政治的な信用を失うことになる。招待状には、主人役はピカソ夫人、ケインズ氏、クライブ・ベル氏であると記してあった。三三人がそこに出席した。

リディア・ロポコヴァは欠席した。彼女は、一九一九年七月十日に突然その姿を消し、一九二一年四月になってようやく復帰した。この間に彼女が何をしていたのかを正確に知る者はいない。ある者は彼女がアメリカにいたのだと考え、またある者はロシアにいたのだと考えている。もっとも信憑性の高い説は、彼女が、「バレエ・リュス」の理事で一九一六年に結婚した相手であるランドルフォ・バロッキから逃れようとしていたというものである。一九二一年十二月に、ケインズは彼女と交際しはじめた。この関係は、ブルームズベリーに複雑な諸問題を引き起こした。それらの問題は、ブルームズベリー・グループの家族的な性格をよく表している。ケインズ、ヴァネッサ・ベル、ヴァージニア・ウルフ、ダンカン・グラントのあいだで、この件に関して交わされた往復書簡は魅惑的なものである。最初は、ケインズがリディアをものにするためにヴァネッサに助言を求めた。それに次いでヴァネッサは、リディアをチャールストンに連れて行こうと望んでいるケインズに対して、ブルームズベリーのように互いが密接に結びついたグループでは、新参者は簡単には認められないことを説明した。彼らのなかでも、ケインズの友人たちは、彼が妻子をもつ可能性について悲嘆した。そのことは、ケインズの社会的地位をさらに高めることくらいにしか役に立たないし、またヴァージニアが付け加えるには、すでに戦時中にアポスルズやブルームズベリーの理想から距離を置きはじめた一人の男を太らせることにしか役に立たないと思われたからである。一九二五年に離婚が成立したリディアは、同じ年の八月四日にケインズと結婚した。彼は、とてもいやがるダンカン・グラントをむりやり立会人にした。ブルームズベリーの地勢は、この結婚とともにふたたび変化した。クライブ・ベルが、部屋をもっていたゴードン・スクウェア四六番地を去り、ケインズ夫妻がそのフラットのすべてを使うようになった。それと同時にケインズは、チャールストンから五百メートルのところにある〈ティルトン〉の農家を借りた。彼が主要な諸著作を執筆したのはそこであり、また彼が息を引き取ったのもそこである。いまやブルームズベリーには、サセックス州に三つの軸が存在していた。すなわち、チャールストン、マンクス、ティルトンである。たとえリディアがグループであまり歓迎されなかったとしても、ケインズの加入は、ダンカン・グラントの加入とならんで、ブルームズベリーにとって最善のことと見なされていた。リディア・ケインズは、最終的には一九三〇年にブルームズベリー・メモワール・クラブへの入会を認められる。

五　ブルームズベリーと精神分析学

フロイトとブルームズベリーとが結合したことは驚くに当たらない(78)。精神分析学とブルームズベリーの文化は、同じ類型の社会と同種の文化に対する反発のなかで、宗教的な反啓蒙主義、およびそれと結びついた性道徳に反逆するという同一の文脈から生じていた。さらに、ブルームズベリーの複雑で、苦悩に満ちた、そして概して自己強迫的な性格が、この新しい学問にとっての肥沃な土壌となった。フロイトと彼の弟子たちにとってと同じように、ムーアと彼の友人たちにとって、語ることが中心的な位置を占めた。それは、人が意識に、またとくに無意識に到達するための方法であった。「若き日の信条」において、ケインズは、アポスルズとともに過ごした若き日のことについて語りながら、彼自身と友人たちを「フロイト主義者以前」**pre-Freudian**であったと言い、「われわれ自身の人間性を含めて、人間の本性というものを完全に誤解していた」と叙述している（**1938-12, p.448**〔邦訳五八四頁〕）。しかし彼の言葉は、ケインズの入学以前のさまざまな出来事について述べているレナード・ウルフの言葉と部分的に矛盾している。ケインズと同様、彼は当時フロイトに関して何も知らなかったことを認めている。しかしウルフは、どのようにして彼が、リットン・ストレイチーとともに、心理学を探究し、そしてそれによって人間関係を改善し、人間関係をいっそう信頼できるものとするための「方法」を発展させてきたのかについて物語っている。

その会話で言及された「方法」は、リットンと私とによって既に考案されていた。それは、自らの友人の心に適用される一種の精神的拷問のような心理検査であった。フロイトについての知識を得るまでに多くの時間がかかったが、それは必須の精神分析学の一種であった。被験者が本当はどんな人間であるのかをわれわれに示し、また付随的に本人にも示すことを、それは意図している。その理論の教えるところは、より深層にある心理的な真実を関係者全員に知らせることによって、人間関係ははるかに改善されるだろう、というものである。その技術は、一部はソクラテスに、一部はヘンリー・ジェームズに、一部はG・E・ムーアに、そして一部はわれわれ自身に由来していた（**L. Woolf 1960, pp.113-4**）。

精神分析学は、フロイトの弟子のアーネスト・ジョーンズによる一九一三年の〈ロンドン精神分析学会〉の設立をもってイギリスに正式に導入された。その学会は、一九一〇年に創設された〈国際精神分析学会〉の一支部であった。[79] フロイトの思想は、とりわけ〈心霊現象研究協会〉を通じてすでにイギリスに入り込んでいた。その協会は、精神分析学の祖〔フロイト〕を一九一二年に名誉会員として選出している。[80] 一九一四年には『日常生活の精神病理学』の英訳が出版され、それはブルームズベリーで読まれ、また議論された。同年リットン・ストレイチーは、短い対談「フロイトによれば」(Strachey 1972, pp.112-20) を行ない、またレナード・ウルフは、『ニュー・ウィークリー』誌にその書物についての記事を発表した。五月にウルフは、その書評のための準備として『夢判断』を読んだ。一九一四年六月に発表されたこの書評は、イギリスで医学以外の分野の雑誌に初めて掲載されたフロイトに関する著作である。この日付は、ブルームズベリーとフロイトの関係が始まった日であると見なされるかもしれない。この関係は、それ以後の年にさらに強くなる。

ブルームズベリー草創期の一員であるエイドリアン・スティーブンは、この新しい学問を最初に探究した者であった。彼は、一九一四年にカレン・コステロと結婚した。夫妻は、精神分析学を実践するという目的で医学を学ぶことを決意した。彼らは、新しい仕事を一九二六年に開始した。ここに、ヴァージニアがヴァネッサに宛てて書いた一九二七年五月二十二日付の手紙がある。それは、彼女たちの弟の活動をヴァージニアがどのように記述していたかを示している。「私はこっそり近づいて、スティーブンの居間をじっと見る。そこでは、真っ昼間の午後いつでも、絶望の極みにある一人の女性が、ソファーに横たわり、顔をまくらに埋めているのが見られる。他方でエイドリアンは、彼女の心を分析しながら、ハゲワシが卵を抱くように彼女を抱いている」(V. Woolf 2003, p.228)。

リットン・ストレイチーの弟のジェームズは、終戦の頃に、これと同じような決意をした。そして彼は、巨匠の観察に対して自らの無意識を直接にさらけ出すことを決めた。彼は、妻のアリックス・フローレンス - サーガントを伴い、一九二〇年六月にウィーンに旅行した。フロイトは、フロイト流の正統的慣行から離れて、彼ら二人に会うことを承諾した[81]。アリックスは長年のあいだ治療を続けることになったけれども、フロイトは、一九二二年に二人が精神分析学の実践にふさわしいと判断した。しかし、二人による分析の実践が大きな成果を残せるかどうかは別の次元の話であった。アメリカ人の翻訳家A・A・ブリルに不満を抱いていたフロイトは、二人に彼の著作を翻訳するよう依頼した。この依頼は巨大な企画の始まりとなるものであった[82]。

ケインズは、一九二一年六月における毎年のアポスルズの晩餐会の主人役を務めることになっていた。彼は、慣例どおりに存命中の元アポスル全員を招待した。ジェームズ・ストレイチーは、六月六日にケインズに手紙を書いている。「残念ながら、晩餐会の日までにイギリスに戻れそうにはありません、その機会を逃すことは、気持ちのよくないことです。しかし教授のメスは、私の抑圧された無意識 verdrängten Unbewussten の奥底をまだ探っている最中です」。ケインズは、主人役の挨拶において、次のようなコメントを添えてこの手紙を読み上げる用意をした。「ジェームズ・ストレイチーは、目下、フロイト教授の手にあって分解されている最中であり、[判読不可能な語]教授によって不死とされ、ウィーンの貧困階級の犠牲のうえに、通常の完全な性器官以上のものを与えられようとしています。その彼が、次のように書いています」(1921-2, p.3)[83]。

ジェームズとアリックスのストレイチー夫妻のウィーン滞在は、フロイトとケインズのあいだの間接的な意見交換の機会となった。一九二一年二月二十二日に、リットン・ストレイチーは友人〔ケインズ〕に宛ててこう書いている。

ジェームズから送ってきた同封の手紙は、君を喜ばせるかもしれない。明らかに、ウィーンでの君の名声は大変なものだ。そしてフロイト博士は、君が博士の名前に言及したことによって、ある所では他の所においてよりもはるかに大きな名声を博していると語っている。博士は、その機会にいくつかの祝い状を受けた。さもなければ博士は、今でもオーストリアでは無名だ。

フロイトへの言及は、『平和の経済的帰結』の第三章に見出される。そこにおいてケインズは、パリ講和会議の主役たちの人物像を描き、ウィルソン大統領についてこう書いている。「精神医学上の用語でいえば、大統領に、条約は彼の宣言の放棄にほかならない、とほのめかすことは、フロイト的コンプレックスの急所に触れることだった」(1919-1,p.34〔邦訳四三頁〕)。フロイト自身は、一九二〇年代末に、アメリカのジャーナリストで外交官のウィリアム・ブリットと共著で、ウィルソン大統領の心理学的な描写を行なっている。この着想をフロイトに示唆したのはブリットであった。一九三二年に完成したこの書物は、大統領の二番目の妻が亡くなった後の一九六六年になってようやく公刊された。ブリットが書いた序文において、彼は、彼ら自身の本を執筆しようと準備しているあいだに、二人がケインズの本を読んだことを記している(Freud and Bullitt 1966, p. vii〔邦訳ⅴ頁〕)。

ケインズと、そして疑いなくヴァージニア・ウルフの読者であったフロイトはまた、リットン・ストレイチーの読者でもあった。『エリザベスとエセックス』の公刊後、フロイトは、一九二八年十二月二十五日にストレイチーに宛ててこう書いている。

私は、あなたの初期の作品をすべて知っています。私は、それらを大変楽しんで読みました。しかしその楽しみとは、本質的に審美的な楽しみでした。今回、あなたは私をさらに深く感動させてくれました。というのも、あなた自身がいっそうの深みに達しているからです。あなたは、他の歴史家たちが容易に見逃しているものに気づいています。すなわち、確信をもって過去を理解することは不可能だということが、それです。なぜなら、われわれは、人々の動機とその精神の本質を見抜くことはできず、したがって人々の行動の意味を解き明かすことができないからです。……それからあなたは、歴史家として、自らが精神分析学の精神に満ちていることを示しています(Meisel and Kendrick 1985, p.332 における引用)。

実際には、『著名なヴィクトリア朝人たち』と『ヴィクトリア女王』を執筆していたときに、リットン・ストレイチーは、ほとんど知らなかったフロイトについて何も語っていない。彼に対する影響は、ドストエフスキーのような、精神分析学以外の源泉から生じている。ヴァージニア・ウルフの考えと同じく、彼は、ドストエフスキーを世界でももっとも偉大な小説家の一人だと考えていた。フロイトは、彼の探究している方向において偉大な作家たちが彼より先んじていることを認識していた。このような意識は、フロイト、ストレイチー、ケインズ、ウルフのあいだの相互的な影響が単純なものでもなければ、単線的なものでもないことを示している。ロンドン、パリ、そして世界中のほかの所においてと同様に、ウィーンにおいても、二十世紀の始まりとは、世界についての、個人と社会との関係についての、人間行動の動機についての、時間の認識と意識の流れについての新しいビジョンが、芸術・文学・科学において出現した時代であった。これらの領域のあいだの境界は曖昧になった。新しいかたちの関係が模索されていた。人々は、不確実性によって特徴づけられる、変化してやむことのない不安定な世界に自分たちが暮らしていることを理解した。そのような世界において、人々は無知のなかで意思決定を行なわなくてはならないのである。

一九一四年に始まったブルームズベリーとウィーンの巨匠との結合は、一九二四年にさらに正式なかたちの同盟へと発展していった[84]。そこにおいても、レナード・ウルフがふたたび決定的な役割を果たした。彼は、一九二四年の初めに、ジェームズからフロイトの『論文集』の編者になってほしいという話をもちかけられた。その『論文集』は、アリックス、ジェームズ、ジョアン・リヴィエールをおもな企画者として構成されたチームによる翻訳で刊行される予定の全四巻のコレクションであった。レナードは、この危険な賭けをただちに受諾した。この企画は、すでにアンウィン社が断ったものであった。その全四巻は一九二四年と一九二五年に刊行され、イギリスにおいてと同様、アメリカにおいても桁外れの成功を収めた。そして、四〇年間にわたって発行されつづけたのであった。[85]ブルームズベリーの友人たちの多くと同様に、ケインズもこの論文集を読んだ。フロイトをめぐっての論争は、『ネーション・アンド・アシニーアム』誌のコラムで進展していった。ケインズは、一九二五年八月二十九日にシーラ Siela というペンネームで論争に介入している。

フロイト教授には、たくさんの革新的な着想、とてつもない可能性、作業仮説を具現することのできる科学的想像力が天才的なまでに備わっているように私には思われる。それらは、きわめて忍耐強く公平な考察に十分値するような基礎を、直観および共通経験に置いている。また恐らくそれらは、棄却されるか、さもなければ原形をとどめないほどに改変されなくてはならないような理論と、偉大で不朽の意義を有するような理論の双方を含んでいる（1925-19, p.392）。

一九二四年からフロイトが亡くなるまで、ホガース・プレスは、フロイトの著書の英訳版のすべてを刊行している。これに加えて、〈ロンドン精神分析研究所〉と提携していた〈精神分析図書館〉による合わせて約七〇点のすべての著作も刊行している。オーストリア併合の三カ月後、フロイトは、ウィーンを発つことに成功し、一九三八年六月にロンドンに到着した。一九三九年一月二十八日に、フロイトは、ハムステッドにある彼の新居でウルフ夫妻に茶をふるまっている。レナードの見るところでは、「彼は、天才であるだけでなく、また多くの天才たちとは違って、並はずれて親切な人でもあった」（L. Woolf, 1967, p.166）。[86]夫妻が到着すると、年配の男性が、「正式で古風な仕方で並はずれて丁重に」ヴァージニアに厳かにラッパズイセンの花を手渡した。「彼には、半ば活動をやめた火山のようなところがあり、また陰鬱で、感情を抑えた、遠慮がちなところがあった。彼は、私がこれまでに出会った人々のうちのごくわずかの人しか与えてくれなかったような感覚を、私にあたえてくれた。それは際立った上品さであったが、しかし上品さの背後には偉大な強さがあった」(*ibid.*, p.169)。ヴァージニアの側では、フロイトについて次のように叙述している。「やせて体が縮み、たいへん年老いた人だった。サルのように光った目をしており、体が麻痺して痙攣したように動き、うまく喋れないが、隙がなく、……今も揺らめいている古い炎のようだった」(V. Woolf 1977-84, vol. 5, p.202)。

この面会の数カ月後、開戦直後の一九三九年九月二十三日にフロイトは亡くなった。彼の全著作の刊行が構想されたのは、この時であった。翻訳と編集の作業は、ジェームズ・ストレイチーによって行なわれることになった。ジェームズの容貌が、その生涯の終わりにフロイトに似ていたことは印象的であった。全二四巻の標準版が、一九五三年からホガース・プレスによって出版された。第二三巻の出版後、一九六七年にジェームズは亡くなった。ドイツ語版さえもしのいでフロイトに関する基本的な参考文献となったこの学問探究の不朽の功績に対して、一つの賞が授与される直前のことであった。

ヴァージニア・ウルフが、「知識の範囲を広げ、自らの頭脳により広い視野をあたえ、それを客観的なものとし、外部の世界を理解するために」(V. Woolf 1977-84, vol. 5, p.248)、フロイトを本格的に読みはじめたのは、彼との面会の後のことであった。フロイトを読むことによって、両親に対する彼女の愛憎半ばする関係や、フロイトが自然なことだと教えた愛と憎しみとの混合を、よりいっそう明確に見通すことができるようになった、と彼女は主張している。しかし実際には、彼女は、このような愛憎半ばする感情をもっと早くに発見していた。読者は、彼女の最初の著作のなかに、その形跡を見て取ることができる。

ヴァージニア・ウルフは、フロイトの後を追って間もなく墓に入ることになる。『幕間』の執筆を終え、狂気の新たな襲来を恐れた彼女は、一九四一年三月二十八日に、マンクス・ハウスから数百メートル離れたウーズ川のほとりに行き、毛皮のコートのポケットに重い石を詰めて入水した。若者たちの集団が彼女の遺体を発見したのは四月十八日のことであった。すでに一九三七年のジュリアンの凄惨な死によって錯乱していたヴァネッサ・ベルが、妹の自殺によるショックから完全に立ち直ることは最後までなかった。しかし、ブルームズベリーは継続した。一九六九年には、グループ創設の最後の証人であったレナード・ウルフが死去した。彼は、自伝の最後の巻を書き終えてすぐに亡くなったのである。

ブルームズベリーの人物伝

BELL, Clive（クライブ・ベル、一八八一―一九六四年）

炭鉱主の裕福な家庭の出身であるクライブ・ベルは、快楽主義者であり、狩猟家であり、そして悔い改めることのない女道楽者であった。ケンブリッジで学んだのちに、一九〇四年の一年をパリで過ごした。そこで彼は、フランス絵画を知り、美術批評について学んだ。彼は、フランスへさらに数回訪れることになる。フランスは、彼が愛した国の一つであり、一九三六年にはレジオンドヌール勲章が授与された。彼は、ピカソを含む何人かの芸術家たちと友人になった。一九〇七年二月に、ヴァネッサ・スティーブンと結婚する。しかし二人の結婚生活は二、三年後には友情の一つとなってしまい、のちに彼らはダンカン・グラントとチャースルトンを共同で所有することになる。彼はいくつもの恋愛関係をもち、その相手のなかには、メアリー・ハッチンソン、モリー・マッカーシー、バーバラ・バジェナル、ベニータ・イェーガーがいる。『芸術』（一九一四年）、『すぐに平和を』（一九一五年）、『セザンヌ以後』（一九二二年）、『プルースト』（一九二八年）、『文明』（一九二八年）、『戦争屋ども』（一九三九年）、ブルームズベリーの回顧録である『旧友たち』(一九五六年)の著作がある。社会主義者であり、第一次世界大戦中には平和主義者でありながら、彼はしだいに保守的な立場へと変わっていった。クライブ・ベルに関しては、Bywater(1975)を参照せよ。

BELL, Vanessa, née Stephen(ヴァネッサ・ベル、旧姓スティーブン、一八七九―一九六一年)

レズリー・スティーブンとジュリア・ダックワースのあいだの長女であったヴァネッサ・ベルは、ブルームズベリーの中心人物と見なされるだろう。彼女を固定点として全てが回転し、誰もが彼女を頼って相談事をもちこむという母性的なまとめ役であった。ケインズは、彼女のことを「ルーデンドルフ・ベル」と呼んだ〔ドイツの有名な将軍エーリッヒ・ルーデンドルフにちなむ〕。彼女は、弟のトビーが亡くなって数カ月後の一九〇七年二月にクライブ・ベルと結婚した。二人のあいだには、一九〇八年にジュリアン、一九一〇年にクウェンティンが生まれた。ロジャー・フライとの恋愛ののちに、サセックス州にあるチャールストン農場を賃借したヴァネッサは、サセックス・ロンドン・南フランスのあいだに自分の時間を分割しながらも、そこで一九一六年から亡くなるまでダンカン・グラントといっしょに暮らした。彼女には、ダンカン・グラントとのあいだに一九一八年に生まれた娘のアンジェリカがいる。その子の父親が誰であるかは十八歳の誕生日まで明かされることはなく、そのときまでクライブ・ベルが父親の役を引き受けていた。ヴァネッサ・ベルは、画家および装飾家として多くの作品を残している。彼女は、最初の個展を一九二二年に開いた。彼女は、一九三七年の息子ジュリアンの凄惨な死と一九四一年三月の妹ヴァージニア・ウルフの自殺とによって深いショックを受けた。一九六一年四月七日にチャールストンにて死去した。一九六一年十月には、彼女の作品の追悼展がロンドンのアダムズ・ギャラリーによって企画された。彼女の書簡の一部は、一九九八年に公刊された。ベルに関しては、Spalding(1983)を参照せよ。

FORSTER, Edward, Morgan（エドワード・モーガン・フォースター、一八七九—一九七〇年）

ケンブリッジの学生であったエドワード・モーガン・フォースターは、一九〇一年二月にアポスルに選出された。彼は、自分自身を、グループの中心というよりも周辺に位置していると見なしていた。ウルフ夫妻、リットン・ストレイチー、ロジャー・フライの親友として、しばしばチャールストンやマンクス・ハウスで時を過ごした。またメモワール・クラブのメンバーであった彼は、ブルームズベリーの一員と見なされるべきである。彼は、グループのなかで最初にその著作が出版された作家であった。一九〇五年の『天使も踏むを恐れるところ』に始まり、その後も、『眺めのいい部屋』（一九〇八年）、『ハワーズ・エンド』（一九一〇年）、彼のもっとも有名な小説である『インドへの道』（一九二四年）が続いた。死後に公刊された『モーリス』（一九七一年）は、ブルームズベリーによって広く読まれた同性愛の物語である。彼は、文芸批評家としても多産であった。彼は、きわめて因襲的なヴィクトリア朝人であった母といっしょに、一九四五年に彼女が亡くなるまでアビンジャー・ハマーで暮らした。一九四六年には、ケンブリッジ大学キングズ・カレッジの名誉フェローに選ばれ、亡くなるまでケンブリッジにとどまった。一九五九年一月の彼の八十歳の誕生日は、ブルームズベリーの存命者たちの感動的な再会の場となった。フォースターについてはFurbank（1979）を参照。

FRY, Roger（ロジャー・フライ、一八六六—一九三四年）

画家・教師・美術批評家・美術史家であり、ピカソとマティスの友人であったロジャー・フライは、一九一〇年にブルームズベリーのメンバーになった。彼はグループの最年長者であった。自然科学を学んだのちに絵画に転向し、一八九二年にはパリに留学している。一八八七年にアポスルに選ばれた。一九〇六—七年には、ニューヨークのメトロポリタン美術館で働いた。一九一〇年と一九一二年には、フランスのポスト印象派の作品を中心とする二度のロンドンでの展覧会を企画した。一回目の展覧会は世間の反感を買った。一九一三年には、芸術活動と家屋装飾とを融合させるという目的で〈オメガ工房〉を設立した。妻が精神病院に収容されたのち、彼は、一九一一年から一九一四年のあいだにヴァネッサ・ベルと恋愛関係をもった。彼は彼女に一方ならぬ恋慕の情をもちつづけ、二人はしばしば、ダンカン・グラントといっしょに絵を描いたり、旅行に出かけたりした。彼は、一九二六年から亡くなるまで、ロシアのモザイク師ボリス・アンレプの妻であったヘレン・アンレプ、旧姓メイトランドといっしょに暮らした。一九三三年に、ケンブリッジ大学で美術担当のスレイド教授となった。彼のおもな著書には以下のものがある。『ジョヴァンニ・ベッリーニ』(一八九九年)、『ビジョンとデザイン』(一九二〇年)、『芸術家と精神分析学』(一九二四年)、『芸術と商業』(一九二六年)、『変容』(一九二六年)、『セザンヌ』(一九二七年)、『アンリ・マティス』(一九三〇年)、『イギリス絵画についての考察』(一九三四年)。彼の手紙は一九七二年に公刊された。彼の著作のいくつかは、Reed(1996)とGoodwin (1998) によって集成されている。フライに関しては、V. Woolf (1940)、Spalding (1980) を参照のこと。

GRANT, Duncan (ダンカン・グラント、一八八五—一九七八年)

ブルームズベリーの画家のなかでも、ダンカン・グラントはもっとも著名であった。彼は戦前期から、自分自身を進歩的運動およびポスト印象主義運動における主導者であると認めていた。スコットランドの貴族の家に生まれた彼は、ストレイチーの従兄弟であった。彼の父は、インド駐在の陸軍将校であった。ダンカンはそこで幼少時代の一部を過ごした。一九〇二年から一九〇五年までウエストミンスター美術学校で三年間学んだのち、彼はパリで自らの芸術形成を続けた。一九〇八年以後のケインズとの恋愛は、二、三年後には永続的な友情へと変わっていった。ケインズは、自らの生涯の最後まで資金面から彼を援助し、彼に望むだけの収入を保証してやった。一九一六年以降、ダンカンはヴァネッサ・ベルと暮らすようになり、彼女といっしょにチャールストン・ロンドン・南フランスに滞在した。

その一方で、数多くの同性愛関係を重ねていった。一九六一年のヴァネッサの死後は、自らの生涯の終わりまでチャールストンで暮らしつづけた。彼は、最初の個展を一九二〇年に開いている。一九五九年には、テート・ギャラリーが彼の作品の回顧展を企画した。グラントについては、Spalding（1997）を参照。

MACCARTHY, Desmond（デズモンド・マッカーシー、一八七七―一九五二年）

ケンブリッジの大学生であったデズモンド・マッカーシーは、一八九五年にアポスルに選ばれた。そして、このときから哲学者ジョージ・ムーアの親友となった。一九〇六年のメアリー・コーニッシュとの結婚は、ブルームズベリーで初めての結婚であった。文芸批評家・演劇批評家にして、すばらしい座談家でありながら、彼は、小説の領域での野心を実現することには決して成功しなかった。彼は自分の論説に「愛想のよいタカ」affable hawk と署名した。彼は、ロジャー・フライによって企画された一回目のポスト印象派展の事務局役を務め、そのカタログの序文を執筆した。彼のおもな著作には次のものがある。『面影』（一九一八年）、『肖像Ⅰ』（一九三一年）、『レズリー・スティーブン』（一九三七年）、『追憶』（一九五三年）。デズモンド・マッカーシーに関しては、Cecil and Mirabel（1990）を参照。

MACCARTHY, Mary, née Warre-Cornish（メアリー・マッカーシー、旧姓ウォーレ - コーニッシュ、一八八二―一九五三年）

画家のメアリー・ウォーレ - コーニッシュは、友人たちからモリーと呼ばれた。一九〇六年八月に、デズモンド・マッカーシーと結婚した。のちに彼女は、クライブ・ベルと恋愛関係をもつことになる。モリー・マッカーシーは、ブルームズベリー・グループと呼ばれることになるメンバーを言い表すために「ブルームズベリーズ」という用語を初めて用いた人物であった。彼女は、一九二〇年にブルームズベリー・メモワール・クラブを創設した。彼女の当初の目的は、夫が、プルーストやトルストイの小説に匹敵するような小説を書くように仕向けることであった。小説『支柱と帯飾り』（一九一八年）、自伝『十九世紀の幼年時代』（一九二四年）、およびいくつかの伝記的短編を著した。彼女は、ヴァネッサ・ベルおよびヴァージニア・ウルフとたいへん親しかった。メアリー・マッカーシーについては、Cecil and Mirabel（1990）を参照。

STEPHEN, Adrian（エイドリアン・スティーブン、一八八三—一九四八年）
スティーブン一家の最年少者。一九〇七年に、姉のヴァージニアとともにフィッツロイ・スクウェア二九番地に引っ越した。そこで彼は、木曜日の夜にブルームズベリーの友人たちをもてなした。彼は、一九一〇年のドレッドノート号悪戯事件の首謀者の一人であった。そのさい、彼とその友人たちはアビシニア皇帝とその側近になりすまし、この肩書きでイギリス海軍の最大の戦艦を訪れたのであった。一九一一年、彼は、ケインズに取って代わってダンカン・グラントの恋人となった。一九一四年にカレン・コステロと結婚する前のことである。彼とその妻は、最初は医師になるため、次いで精神分析学者になるために勉強した。それから一九二六年に、ロンドンで精神分析の活動を実践しはじめた。

STRACHEY, Lytton（リットン・ストレイチー、一八八〇—一九三二年）
ギルス・リットン・ストレイチーは、ヴィクトリア時代の名家の出身である。その家庭は、スティーブン家ときわめてよく似た環境にあった。彼の兄弟姉妹は、イギリスの文化生活における重要な位置を占めていた。弟のジェームズはフロイトの翻訳者で、姉のドロシーはジッドの著作の翻訳者であった。風変わりで派手好きな性格の持ち主だった彼は、ケンブリッジに在学中の一九〇二年にアポスルに選ばれた。その年にケインズと出会っている。二人は非常に親しくなり、長年にわたって文通を続けた。ケンブリッジのフェロー資格を得るのに失敗したのち、彼はジャーナリスト・文芸批評家になった。フランス文学通として、彼は一九一二年に『フランス文学道しるべ』を公刊した。一九一八年に公刊された『著名なヴィクトリア朝人たち』はとてつもない成功を収めた。これに二点の伝記文学が続いた。『ヴィクトリア女王』(一九二一年)と『エリザベスとエセックス』(一九二八年)である。同性愛者であることを認めながらも、ストレイチーは、一九一六年から亡くなるまで画家のドーラ・キャリントンといっしょに暮らした。彼女が一九二一年にラルフ・パートリッジと結婚した後でさえも、そうであった。一九三二年一月二十二日に、彼は、故郷のウィルトシャー州ハムスプレーで診断未確定の腸の癌により死亡した。その年の三月十一日に、ドーラ・キャリントンは猟銃で自殺している。ストレイチーについては、クリストファー・ハンプトンの映画『キャリントン』(一九九五年)の素材である Holroyd (1994) を参照せよ。また彼の往復書簡の一部 (Strachey 2005) も見よ。

SYDNEY-TURNER, Saxon (サクソン・シドニー - ターナー、一八八〇―一九六二年)

サクソン・シドニー - ターナーは、ケンブリッジ在学中、一九〇二年十月にアポスルに選ばれた。ブルームズベリーの創設メンバーであり、また疑いもなくグループの集会や活動におけるもっとも忠実な参加者であったシドニー - ターナーは、同時にグループのもっとも特異な構成員の一人でもあった。この弁舌家たちの環境のなかにあって、彼はめったに口を聞かなかった。詩人・オペラ愛好家・ピアニストであった彼は、グループのメンバーのなかで最も音楽の才能に恵まれていた。彼は、音楽作品や文学作品を何も残さず、イギリス大蔵省の官吏として平穏な生涯を送った。その大蔵省は、友人ケインズが自らの職業生活の多くを通じ断固として戦った相手であった。

WOOLF, Leonard（レナード・ウルフ、一八八〇―一九六三年）

ユダヤ人家庭の生まれであるレナード・ウルフは、ケンブリッジで学び、そこで一九〇二年十月にアポスルに選ばれている。彼は、一九〇四年から一九一一年までセイロンに公務員として駐在した。一九一二年八月にヴァージニア・スティーブンと結婚した。彼の注意ぶかい監視と絶え間のない看護がなかったならば、妻がその仕事を全うすることができたかどうか疑わしい。下院議員となる試みは不首尾に終わったものの、労働党の活動的な党員であった彼は、国際問題および植民地問題に関する諮問委員会の事務局役として二八年のあいだ働いた。そのような立場にあった彼は、平和を維持するための国際的な政治機構の設立を精力的に提唱した。編集者および文芸批評家であった彼は、一九一七年にホガース・プレスという出版社を創設した。レナード・ウルフは、いくつかの小説を書いているものの、とくに数多くの政治的著述によって知られている。それには、以下のものが含まれる。『国際政府』（一九一六年）、『協同組合と産業の将来』（一九一八年）、『経済的帝国主義』（一九二〇年）、『社会主義と協同組合』（一九二一年）、『帝国主義と文明』（一九二八年）、『ガーガー！』（一九三五年）、『野蛮な訪問者』（一九三九年）、『平和のための戦い』（一九四〇年）、『政治学原理』（一九三五年）。一九六〇年から一九六九年のあいだに出版された全五巻の彼の自伝は、中心メンバーの一人によるブルームズベリーの最良の解説である。彼の往復書簡の一部は、一九九〇年に公刊された。それに加えて、ヴァージニア亡き後の伴侶であったトリッキー・リッチー・パーソンズへの手紙も、二〇〇一年に公刊されている。レナード・ウルフに関しては、Meyerowitz（1982）を参照。

WOOLF, Virginia, née Stephen（ヴァージニア・ウルフ、旧姓スティーブン、一八八二―一九四一年）

ジュリアとレズリーのスティーブン夫妻の次女であるヴァージニアは、ヴァネッサと同様に、自宅で教育を受けた。一八九五年の母の死は、一連の深刻な精神的危機のうちの最初のものの引き金となった。精神的危機のために何回かの自殺未遂を犯したが、一九四一年三月の入水によって命を落とした。著名な文芸批評家であった彼女は、処女小説『船出』を一九一五年、三十三歳のときに公刊した。これに続いて、『夜と昼』(一九一九年)、『ジェイコブの部屋』(一九二二年)、『ダロウェイ夫人』(一九二五年)、『灯台へ』(一九二七年)、『オーランドー』(一九二八年)、『波』(一九三一年)、『歳月』(一九三七年)、『幕間』(一九四一年)、および多くの短編小説が公刊された。これらの作品によって、彼女は二十世紀の主要な小説家の一人となった。一九七七年から一九八四年にかけて出版された全五巻の彼女の日記と、一九七五年から一九八〇年にかけて出版された全六巻の彼女の往復書簡もまた、文学上の傑作であるとともに、ブルームズベリーとイギリス文化生活についての貴重な解説である。彼女はまた、友人であったロジャー・フライの伝記を一九四〇年に公刊している。女性の境遇に関する二つの有名なエッセイである『自分だけの部屋』(一九二九年)と『三ギニー』(一九三八年)も公刊している。彼女は、一九一二年八月にレナード・ウルフとの結婚によりウルフ姓を名乗った。彼女が何年かにわたって自分のなかの悪魔に打ち勝ち、作品を生み出すことができたのは、レナードの努力によるところが大きかった。ヴァージニアは、自殺する前に、彼に次のような手紙を残している。「あなたは私に完全な幸福をあたえてくれたことをお伝えしたく思います。あなたは、ほかの誰にもできないことをして下さいました。どうかそのことを信じてください。けれども私は、これに打ち勝つことがとてもできそうにありません。あなたの人生を無駄にしてしまっているのが、私には分かっています。それは、この狂気なのです。誰が何と言おうと、私を説得することはできません。あなたには仕事をする力があり、私さえいなければ、もっとよく仕事ができることでしょう。ご覧のように、私には、この手紙を書くことすらできないのです。このことからも、私の言っていることが正しいのが分かるでしょう。この病が襲ってくるまでは私たちは完全に幸せだったということが、お伝えしたいことの全てです。それはすべて、あなたのお陰でした。最初の日から今日まで、あなたは、ほかの誰にもできないほど親切にして下さいました。誰もがそのことを知っています」(V. Woolf 2003, p.443)。彼女の生涯と仕事そのものが、堂々たる内容を備えた一つの文学作品となっている。そのヴァージニア・ウルフに関しては、彼女の甥のクウェンティン・ベルによる伝記であるQ. Bell（1972）、およびH. Lee（1996）を参照。

注

（1）『オックスフォード英語大辞典』の一九八九年版は、「ブルームズベリー」を「二十世紀初頭にロンドンのブルームズベリーに住んでいたか、またはそこと関係をもっていた作家・芸術家・知識人の集団。あるいは、この集団のメンバー」と定義している。一九七〇年代以降、ブルームズベリーの研究に充てられた文献は途方もなく増加している。ブルームズベリーについてもっと知りたいと関心をもった読者は、Rosenbaum（1995）を読むことから始めるとよいだろう。同書は、グループのメンバーたちによる寄稿を含んだブルームズベリーに関する著作のコレクションである。ローゼンバウムは、文学的動向という観点からブルームズベリーを広範囲にわたって学問的に研究した書物を著している（1987, 1993, 1994, 1998, 2003）。Q. Bell（1997）とA. Garnett（1998）は、ヴァネッサ・ベルの子供たちによる記述である。Johnstone（1954）以後、グループの外部で最初にブルームズベリーを研究した論者のなかに、Gadd（1974）とEdel（1980）がいる。それ以降の興味ぶかい叙述としては、Palmer and Palmer（1987）、Naylor（1990）、Blot（1992）、Reed（2004）、Shone（1993, 1999）、Marsh（1995）、Richardson（1989）、Stansky（1996）、Bradshaw（2001）がある。これらの書物のうちの幾つかは、ブルームズベリーの画家の作品から選び取られた図像によって飾られている。Green（1999）、Robins（1997）、Shone（1999）は、ブルームズベリー作品の展覧会のカタログである。Marler（1997）は、ブルームズベリーに関する文学の批評的サーベイをあたえている。Danièle Roth（2001）は、一九一六年から一九三四年までウルフ夫妻の使用人の一人であったネリー・ボクサルの視点から見たブルームズベリーを描いた小説である。一九八六年、トニー・ブラッドショーによってロンドンに設立されたブルームズベリー・ワークショップは、ブルームズベリーの作品を専門とする美術館である。一九九〇年以降、チャールストン信託財団は、半年ごとに『チャールストン・マガジン――チャールストン、ブルームズベリー、芸術』を刊行している。ケインズの伝記のほかにも、Crabtree and Thirlwall（1980）、Skidelsky（1982）、Mini（1991）、Annan（2002）、Goodwin（2006）が、ケインズとブルームズベリーとの関係について研究している。ブルームズベリーの創設者たちの自叙伝、個人の日記、往復書簡が、その主な情報源となっている。これらの資料の一部はすでに公開されたか、あるいは公開されようとしているけれども、世界中の遠く離れた各地のアーカイブズでしか見つけられない多くの資料もまだ存在している。

(2) 公的な場での彼の顔は、補章2において示される。

(3) この補章の最後に、ケインズのこれらの友人たちの略伝を掲載している。このほかの人物の伝記的な情報については、注で示すことにする。

(4) 第4章を見よ。

(5) このことは明らかに、ブルームズベリーの外部においてもまた事実であった。同性愛行為は、エドワード時代と同様にヴィクトリア時代のイギリスにおいても黙認されていたが、一般にそれは隠された行為であり、公に語られることは滅多になかった。Cook (2003) を参照のこと。

(6) 一九〇五年十二月十日にケインズがリットン・ストレイチーに宛てて書いた手紙のなかに、特徴的な文章がある。「ラムは、ヘンリーとスティーブン一家に関する(僕には)かなり退屈な噂話でいっぱいだった——どうやってヘンリー・ラムとヴァネッサが恋仲になり、ヴァネッサとナインが恋仲になり、そしてエイドリアンとナインとが恋仲になったのか、といった具合だった。それから、僕が思うに、その他すべての、ありうる、またありえないようなレズ的、ホモ的、近親相姦的な関係といった話でいっぱいだった」。ブルームズベリーのメンバーのあいだの書簡は、しばしば露骨な文章で満ちている。たとえば、一九一一年十月十二日、自由党下院議員の代表団とともにアイルランドを訪れていたとき、ケインズは、リットン・ストレイチーに宛ててこう書いている。「アイルランド人はいくらかの洞察力を見せている。コークで、次のような注意書きが僕の目に留まった。『全てのイングランド人は、大人も青年も少年も、自分の尻の穴が犯されることを望んでいる。ペニスが大きければ大きいほど、彼らはそれを好む』。だが、それがアイルランド自治のための主張を意図しているのかどうかは分からない」。一九一四年四月十九日に、ヴァネッサ・ベルは、彼女とクライブを復活祭《イースター》のあいだサセックスでもてなしてくれたケインズに宛てて書いている。「私たちがあなたのために残していった何人かの青年たちと男色して快い午後を過ごしましたか。……けれども、裸の四肢で相手と絡みあい、そして未熟な男色Sucking Sodomy——まるで駅の名前みたい——の恍惚に満ちた前戯をしているあなたを想像しています」(V. Bell 1998, p.163)。

(7) フロイトとケインズのあいだの関連については、とくに第5章で立ち返ることにしよう。また最終章は、ケインズの美的観念と芸術における諸活動を扱う。

(8) このような呼称は、ケインズが書簡のなかで用いていたものである。

(9) 多くの者にブルームズベリーの精神的な父の一人と見なされ、ケインズによってその著作が綿密に読まれたスティーブンについては、Annan (1986) を見よ。

(10) レズリー・スティーブンと一八七九年に再婚したとき、ジュリア・ダックワース、旧姓ジャクソンには、前夫とのあいだの三人の子供ステラ、ジェラルド、ジョージがいた。この異父兄たちによると推測される性的虐待が、ヴァージニア・ウルフの精神的不安定の一因となっていた可能性がある。この点については、De Salvo (1980) を参照。Caramagno (1992) は、ヴァージニア・ウルフが躁鬱病を患っていたと考えている。

(11) 姉妹のあいだの複雑な関係については、Dunn (1996) を参照。

(12) ケンブリッジ・アポスルズについては、Levy (1979)、Deacon (1985)、Lubenow (1998) を見よ。ソサエティについての説明は、その会員の数人の伝記においても見出すことができる。

(13) ブルームズベリー・グループのなかでも、ケインズは通例この規則を重んじていた一方で、ロジャー・フライとデズモンド・マッカーシーはあまり慎重ではなかった。ムーアはと言えば、彼は、自分がソサエティに所属していることを決して両親に話さなかった。

(14) この胎児を補充する活動に、ケインズは数年のあいだ従事した。候補者の容姿が、ときには徳性や知性と同様に重視されることもあった。

(15) この点については、次章を参照。

(16) 全員が著名であったわけではない。したがって、この会の裏の話に関する多くの対立する仮説の一つによれば、ヴァージニア・ウルフの従兄弟で、一八七九年にアポスルに選ばれ、一八九二年に精神病院で死亡したジェームズ・ケネス・スティーブンは〈切り裂きジャック〉であったという (Harrison 1972)。また Abrahamsen (1992) によれば、スティーブンは、ヴィクトリア女王の孫に当たるアルバート・ヴィクター王子と共謀して犯罪をはたらいていた。その他の「切り裂き話」――最新のものは Patricia Cornwell (2002) である――によると、その残忍な殺人鬼は、ブルームズベリーにも近く、ロジャー・フライとクライブ・ベルの友人で、ケインズの庇護を受けていた画家のウォルター・シッカートであったとされる (第8章をみよ)。ベルは、彼の回顧録で、シッカートのことを親しみを込めて叙述している (C. Bell 1956, pp.13-24)。またヴァージニア・ウルフは、一九三四年に『ウォルター・シッカート――対談』を公刊している。シッカートが〈切り裂きジャック〉であったという見方に対しては、彼の伝記において強く異議が唱えられている（Sturgis 2005, pp.625-42）。
(17) このケンブリッジの習慣は、六月の最初の二週間に催される一連のワイン浸りの祝祭から構成されている。
(18) ジョン・トレシダー・シェパード（一八八一―一九六八年）は古典を研究していた。一九〇八年にキングズ・カレッジのフェローに選ばれた彼は、古典を教授したのち、一九三三年から一九五四年まで学寮長を務めた。彼は、ティルトンのケインズを頻繁に訪ねた。
(19) アポスルズの前で朗読された論文の一つにおいて、彼は同様に、排便についても「神秘的で個人的な営みであり、……われわれの体の荷を秘儀的に降ろしてくれるものだ」（Holroyd 1994, p.81 による引用）と論じている。
(20) リットンの弟で、一九〇六年にアポスルに選ばれたジェームズ・ストレイチーは、一九五六年十月二日にマーティン・カルリッチに宛てて、こう書いている。「一般に知られているように、私の兄は、大体において同性愛者でした。……彼の態度は、開かれた議論に対して強く賛成するというものでした。……人を愉快にさせるような非常に多くの書簡を含めて、大量の未公刊の資料があります。私が思うに、開明的な意見が徐々に進展するに伴い、それらの資料は利用に供されるようになることでしょう。また私の信じるところでは、このような進展について、……同時代人たちに対するリットン自身の影響力、そして何よりもフロイトの影響力に、私たちは多くを負っているのです」（Holroyd 1971, p.10 による引用）。
(21) ケインズは、「ゴート人」と呼ばれたトビー・スティーブンを押さえて選出された。のちにレナード・ウルフは、この選出を後悔した。彼は、一九〇八年十月二十三日にセイロンからストレイチーに宛てて書いている。「僕はケインズが大嫌いだ。そう思わないか。四年前からの彼のことを振り返ってみると、これまで悪人がいたとしても、彼ほどの根っからの悪人はいないことが分かる。神よ！　ゴート人ではなく彼を選んだことは気の迷いでした」（L. Woolf 1990, p.140）。ウルフの嫌悪は、偶発的で一時的なものであった。自分の友人をメイナードが奪ったとストレイチーがこぼしていた手紙を読んで、ウルフはケインズに恨みを抱いたのだった。二人は最終的には和解した。
(22) それにもかかわらず彼は、一九三〇年代の終わりまで、スケジュールが許すかぎり土曜日の夕方の集会に参加しつづけた。一九二一年には彼は、ソサエティの年次晩餐会の主人役を務めている。
(23) ブルームズベリーの背後にあって皆を鼓舞したムーアは、そのメンバーたちと非常に親密であった。一九〇四年から一九一一年まで教鞭をとったスコットランドから帰ってきたのちには、特にそうであった。しかしながら彼は、グループの一員とは見なされていなかったし、あるいは少なくとも、中心メンバーの一人だとは見なされていなかった。彼の清教徒気質は、ブルームズベリーの流儀とあまり適合しなかった。ラッセルもまた、グループとかかわりを持っていたが、やはりその一員とは見なされていなかった。おそらく彼は、同性愛嫌いであったために排除されていたようである。一九〇五年十一月二十四日、ストレイチーはケインズに宛てて書いている。「われわれの往復書簡を読んだら、ラッセルがどんなにショックを受けるだろうか、という考えがほんの今浮かんだところだ」。

(24) ケインズもグループの他のメンバーたちも、一般に、自分の住んでいる家を所有してはいなかった。

(25) ヴァージニア・ウルフの『夜と昼』の第四章は、これらの集会の一つから霊感を受けたものであった。「あらゆる事柄に関する自由な討論のための団体による、この隔週の集会」(V. Woolf 1919, p.39〔邦訳四四頁〕)。その参加者のほとんどは、「自分たちの人生を、著述か絵画のいずれかの実践に費やしたいと考えていた」(*ibid.*, p.46〔邦訳五二頁〕)。

(26) 利発で活発な女性たちであったが、容姿ではスティーブン姉妹にかなわなかった。ストレイチー一家については、Lubenow (2003) を参照せよ。

(27) 教師・作家・詩人であったジュリアンは〈国際旅団〉に参加し、一九三七年七月にスペインで亡くなった。芸術家・作家であったクウェンティンは、リーズ大学、次いでサセックス大学で歴史学と芸術論の教授を務めた。彼には、ブルームズベリーに関する幾つかの著作(Q. Bell 1995, 1997)と、彼の叔母ヴァージニア・ウルフの二巻からなる伝記(Q. Bell 1972)がある。クウェンティンは、一九九六年に亡くなった。

(28) その三年前、リットン・ストレイチーが心を寄せていた胎児——一九〇五年にアポスルに選ばれたアーサー・ホブハウス——をケインズが「奪った」ことによって、ケインズは彼を怒らせたことがあった。翌年、グラントとホブハウスが恋人同士であることを知り、ケインズは一九〇六年四月十三日にストレイチーに宛てて書いている。「それは、これまでに世界で起きたどんな事よりも、野蛮で狂気じみている。ああ、そしてそれは我々がつくり出したのだ。それは、われわれのペニスの先から湧き出してきたのだ。そう、君のものと僕のものから」。

(29) 三人のたがいに矛盾する説明によると、この日付よりも以前に、それほど重要ではない別の面会があったかもしれないという。ブルームズベリーにおいては、同一の出来事について相異なる複数の説明が存在することが時々ある。

(30) 「ポスト印象派」post-impressionist という表現は、この時につくり出された〔従来は「後期印象派」と訳されていたが、最近では「ポスト印象派」と訳されることが多い〕。マッカーシー、一人のジャーナリストといっしょに適当な名称を見つけようと努めていた三者間の協議にいらだちを覚えたフライは、次のように語ったと記録されている。「ああ! それじゃあ、彼らをポスト印象派と呼ぼうじゃないか。ともあれ彼らは印象派のあとに出てきたのだから」(MacCarthy 1995, p.76)。Watney(1980)を参照。

(31) Stansky(1996)を見よ。

(32) 補章2を参照。

(33)「バレエ・リュス」は、一九〇九年にセルゲイ・ディアギレフによって創設された。彼は、一九二九年に亡くなるまで、そのバレエ団を主宰した。彼らは、一九〇九年と一九一〇年にパリで公演を行なったのち、一九一一年に最初のロンドン公演を催した。

(34) したがって、彼のバレエへの関心を彼の結婚と結びつけることは誤っている。彼のバレエへの関心は多面的であった。一九一一年七月十七日に、ケインズはストレイチーに宛てて次のように書いている。「ケンブリッジがあまりにも退屈になると、僕はロンドンに一晩だけこっそり出かけて、M・ニジンスキーの脚を観賞することにしている。じっさい、彼はほとんど、僕にとっての……美の理想だ。君にとってもそうではないだろうか」。「バレエ・リュス」の偉大なスターにして二十世紀のもっとも偉大な舞踏家の一人であったニジンスキーは、その年にグラントと会っている。自らの狂気の沙汰の成り行きについての魅惑的な年代記であるニジンスキーの『覚書』(一九九五年)は、彼がブルームズベリーの人々に会ったことを記述している。

(35)『新フランス評論』およびヴュー・コロンビエ劇場の創設者で、上述の展覧会にも出席したジャック・コポーは、ゴードン・スクウェアでベル夫妻によるもてなしを受けた。のちにコポーは、彼の上演作品の舞台装飾と衣装をデザインしてくれるようダンカン・グラントに依頼している。

(36) Goodwin(2006)は、ブルームズベリーとケインズの世界観に対するフライの影響は、ムーアの影響よりもさらに重要であったと考えている。またブルームズベリーの社会的な価値観や行為の規範の形成において、ムーアが何らかの役割を果たしたことはなかったという。

(37) このような批判にもかかわらず、フライは、トルストイの『芸術とはなにか』(一八九八年)において展開された美学の概念に多くを負っていることを認めている。芸術を美の抽象的な基準と結びつける伝統的な考え方に対するトルストイの批判に、フライはとくに多くを負っている。トルストイによれば、美の基準の形成においては人間のあいだでの感情の伝達がよりいっそう重要であるとされる。

(38) このような表現は、彼女の同時代人であるジェームズ・ジョイスの作品にも見られる。

(39) ケインズの親友であったヘンリー・テルティウス・ジェームズ・ノートン(一八八六―一九三七年)は、ケインズと同様にケンブリッジとイートンで学んだ。一九〇六年にアポスルに選出され、輝かしい数学者であった彼は、一九一〇年にトリニティ・カレッジのフェローに選ばれた。

(40) 一九〇九年にアポスルに選ばれたジェラルド・ショーブ(一八八七―一九四七年)は、一九二三年から亡くなるまでケンブリッジで経済学を教えた。彼は、一九二六年にキングズ・カレッジのフェローとなった。彼の一九一三年の論文の題目は、「経済学の若干の問題に対するG・E・ムーアの倫理学体系の適用に関する覚書」であった。ケインズの親友であった彼は、しばしばケインズの教育上の負担を肩代わりした。そのことは、ショーブがあまり著作を発表しないことを意味していた。

(41) ウルフはその翌年にセイロンでの職務を辞したので、一時的な帰国だとされていたものが恒久的な帰国となった。

(42) 〈オメガ工房〉については、Collins(1983)と Shone(1993, pp.90-117)を参照。

(43) オットライン・モレル、旧姓キャヴェンディッシュ-ベンティンク(一八七三―一九三八年)は派手好きな人物で、有名な女主人〔パーティーなどの〕であるとともに、芸術家や作家たちの後援者であった。彼女の夫フィリップ・モレルは、自由党下院議員で平和主義者であった。二人の結婚式は慣習に囚われないものであった。オットライン・モレルは、いくつかの恋愛関係をもっており、そのうちの一つは、バートランド・ラッセルとの長く激しいものであった。一九〇六年から一九一五年まで、ベッドフォード・スクウェアにあるモレル家は、芸術家・作家・政治家たちの集いの場となった。何人かのブルームズベリーの人間も定期的に参加した。一九一五年からは、オックスフォード近郊にある夫妻のガーシントンの邸宅でレセプションが催されるようになった。そこは一九一三年にモレル夫妻が購入したものであり、平和主義者や良心的兵役拒否者たちの隠れ家となった。オットラインによる食事とワインの寛大な恩恵を受けながらも、ブルームズベリーの友人たちは、彼女のことを全面的に自分たちの仲間だと見なすことは決してなく、しばしば陰で彼女のことをからかっていた。ヴァージニア・ウルフはこの戯れに長けていた。療養中にオットラインに世話をしてもらったケインズだけは、この戯れに加わらなかった。モレルについては、Seymour(1992)を参照。

(44) 彼らは、のちに〈渦巻派〉を形成することになる。

(45) とくに、『神の猿たち』(一九三〇年)を見よ。

(46) 次節を参照。

(47) ケインズは、「バレエ・リュス」のスター・ダンサーであったタマラ・カルサヴィナをオメガ工房に案内し、彼女に彩色した真珠のブレスレットを贈った。

(48) それは、自伝的小説『灯台へ』の背景をなしている。

(49) 重大な抗議にもかかわらず、アッシャム・ハウスは、一九九四年にブルーサークル・インダストリーズ社のセメント工場によって取り壊された。それによって、工場は埋立地を拡大することができた。アッシャムは、ヴァージニア・ウルフの『幽霊屋敷』の背景となっている。その家は、幽霊が出ると噂されていた。

(50) 友人たちは、二人のことを狼夫妻 Woolves と呼んだ。

(51) レナードとヴァージニアのウルフ夫妻の遺骸は、マンクス・ハウスの庭に埋葬された。他方でヴァネッサ・ベル、ダンカン・グラント、クウェンティン・ベルの遺体は、ファールの共同墓地に埋葬されている。ケインズの灰は、ファール山の斜面にほど近い場所に撒かれた。

(52) 一八八七年生まれで、一九〇八年にアポスルに選ばれたルパート・ブルックは、有名な詩人であった。彼は、ブルームズベリーと多くの点で類似するある集団の中心に自分がいることに気づいていた。彼と親しかったヴァージニア・ウルフは、その集団に「新無宗教徒」Neo-pagans というニックネームをつけた。政治的にいっそう活動的であったブルックの友人たちは、フェビアン協会に近かった(補章2を参照)。スポーツマンであった彼らは、野外生活を楽しみ、夏のキャンプを計画した。そこには、ケインズを含むブルームズベリーの人々もときどき参加した。ケインズの弟のジェフリーは、ブルックの親友であった。彼の死は人々のあいだに強烈な感情を引き起こし、詩「兵士」の作者を英雄にした。

(53) これらの出来事については、ふたたび第4章でさらに詳しく見ることにしよう。そこでは、戦時中のケインズの活動を扱う。

(54) この点については、補章2を見よ。

(55) Q. Bell *et al.* (1987) を参照。

(56) 最初はルパート・ブルックおよび「新無宗教徒」たちと親しかったデイヴィッド・「バニー」・ガーネットは、一九一五年にブルームズベリー・グループの一員となった。一月六日、ケインズの大蔵省入りを祝うために、彼によって一七名が招待されたが、ガーネットもそのなかの一人であった。「メイナードは、私をヴァネッサとダンカンのあいだに置いた。私は、ヴァネッサに少々怖気づいてしまった。彼女の美しさと強い人柄は絶えず私を惹きつけた。しかしながら、メイナードが多くのシャンパンを注文していたので、すぐに自信を取り戻した」(D. Garnett 1955, p.21)。大戦後に彼は、フランシス・ビレルとともに書店を開き、すべてのブルームズベリーの人々がそこをしばしば訪れた。小説家として、彼は、三冊の回顧録(『黄金のこだま』一九五三年、『森の花々』一九五五年、『なじみの顔』一九六二年)を公刊した。それらは、ブルームズベリーに関する重要な情報源である。ダンカン・グラントに捧げられた彼の処女小説『狐になった奥様』は、不思議で読者をはらはらさせるような物語である。

(57) 第4章におけるガーネットの説明を参照せよ。

(58) 彼女のいくぶん辛辣な記述(A. Garnett 1984)を見よ。

(59) もちろん、他の場所でそうであったように、ここでも使用人たちが欠くことのできない役割を果たした。とりわけグレイス・ヒギンズは、一九二一年から一九七一年まで料理人として雇われていた。その場所には慎重な修復が施され、一九八六年以降、一般に公開されている。

(60) 女王陛下の検察官が、彼にお決まりの質問をした。「ドイツ兵があなたの姉妹を暴行しようとするところを見たら、あなたはどうしますか」。彼はこう答えた。「私は、駆けつけるように努めるべきです——〔意味ありげな沈黙〕——二人のあいだに」(Strachey 1972, p. xiii)。この返答は、その場にいた友人たちのあいだで爆笑の波を引き起こした。

(61) 彼は、チャールストンで、そのうちの二つの章「カーディナル・マニング」および「フローレンス・ナイティンゲール」を朗読した。そこでは、その直後にケインズが、パリ講和会議の主役たちの人物像を描いた文章を朗読することになる。

(62) この世でもっとも彩り豊かな人物の一人である画家のドーラ・キャリントン(一八九三—一九三二年)は、ロンドンのスレイド美術学校で学んだ。彼女は、「刈り込み頭」cropheadsと呼ばれた若い女性の集団に属していた。彼女たちは短髪だったからである。ドーラは、一九一五年の終わりにアッシャムで会ったリットン・ストレイチーと恋に落ちた。この出来事が原因となって、彼女のスレイドでの同僚で以前には恋人であった画家のマーク・ガートラーが、リットン・ストレイチーに対して暴行をはたらくに至った。ケインズは、この二人の男を引き離すうえで一役買った。オットライン・モレルとウルフ夫妻の友人であったガートラーは、一九三九年に自殺している。キャリントンに関しては、Gerzina (1989)、およびクリストファー・ハンプトンの一九九五年の映画『キャリントン』を参照せよ。

(63) スポーツ選手であり、また精力的な兵士でもあったラルフ・パートリッジ(一八九四—一九六〇年)は、俳優業を含むいくつかの職業を経験し、ウルフの出版社であるホガース・プレスで働いた。

(64) 作家のジェラルド・ブレナン（一八九四—一九八七年）は、少し離れたスパニッシュ村に住んでいた。その村で彼は、キャリントン、ストレイチー、パートリッジの三人組、およびウルフ夫妻をもてなした。彼の回顧録である『グラナダの南へ』（一九七五年）と『履歴書——一九二〇—一九七二年』（一九七四年）は、彼とブルームズベリーとのつながりを回顧したものである。

(65) 一九〇〇年生まれのフランシス・マーシャルは、ビレルとガーネットの書店で働いているうちに、ブルームズベリーと接触をもつようになった。ブルームズベリーの恋愛の記録者（Partridge 1981）であった彼女には、ほかにも多くの著作と重要な日記がある。二〇〇四年の彼女の死は、ブルームズベリー黄金時代の最後の証人の一人が消えたことを意味した。

(66) ヴァネッサ・ベルは、妹のヴァージニアが出版した全ての小説のカバーをデザインした。

(67) しかしながらその出版社は、悔いの残る決断から出発した。一九一八年、ホガース・プレスに、ジェームズ・ジョイスの『ユリシーズ』の草稿が持ち込まれたが、それが長すぎるという理由で出版を断ったのである。

(68) リディア・ケインズと同様に、ジュリアン・ベル、クウェンティン・ベルに加えて、バニー・ガーネットも入会を認められた。

(69) リンカーン大聖堂の付属礼拝堂と、チャールストンの近くの小さなバーウィック教会である。第8章で、この最後の、そして複雑な問題へのケインズの介入に立ち返ることにしよう。

(70) マティスは、一九一九年にレスター・ギャラリーで自分の絵がすぐに売れたのを見てたいへん驚いた。彼は、シャルル・ヴィドラックに頼んで、他の作品を運ぶのを手伝ってもらわなくてはならなかった。

(71) これについては、Fawcett（1977）、Caws and Wright（2000）を参照。

(72) 彼らは、ディエップの近くのシャトー・ドプガールにしばしば立ち寄った。そこは、アメリカ人画家のエセル・サンズとナン・ハドソンによって所有されていた。彼ら自身は、ブルームズベリーのメンバーではなかったが、メンバーの何人かとはきわめて親しかった。

(73) 伝統主義に敵対的なこの進歩的な画家たちの集団は、一九一三年に結成された。

(74) この点には第8章で立ち戻り、詳しく論じる。

(75) ブルームズベリーは、バニー・ガーネットとリンカーン・カーステインを通じて、アメリカのバレエにも影響をあたえた。

(76) アンドレ・ジッドは、何人かのブルームズベリーのメンバーと、とくにクライブ・ベルときわめて親密な関係をもっていた。ジッドが一九〇九年に創刊した『新フランス評論』には、ブルームズベリーと共通する点がいくつかあった。リットン・ストレイチーとジッドはいっしょに、シトー会のポンティニー修道院の集会に一度参加している。その集会は、一九一〇年から一九三〇年代のあいだ、フランスの知識人たちを呼び集めていた。リットンの姉のドロシーは、フランス人画家のシモン・ビュシーと結婚し、ジッドの著作を翻訳している。ジッドに対する彼女の愛は報われることがなかった。フライは、一九一八年にジッドの肖像画を描いている。ダンカン・グラントは、彼の戯曲『サユル』のための舞台装置と衣装をデザインした。その作品は、一九二二年にコポーによって上演された。

(77) グラントとヴァネッサ・ベルは、一九二〇年五月に、ケインズといっしょのイタリア旅行からの帰りに、ピカソによってパリの彼のアトリエでもてなしを受けた。これ以降一九三七年まで、彼らはしばしば互いに訪問しあった。これらの折にピカソは、当時彼が制作していた『ゲルニカ』を彼らに見せてくれた。ジュリアン・ベルは、同年、スペインにて傷病兵輸送車を運転中に〔爆撃に遭い〕殺害された。ピカソは、一九五〇年代までクライブ・ベルをしばしば訪ねた。一九七一年には、ダンカン・グラントの九十歳の誕生日に、ピカソは、彼の健康を祈ってスケッチを描いたはがきを送っている。

(78) ブルームズベリーと精神分析学との関係については、Winslow (1990)、Mini (1991)、Caine (1998)、Dostaler and Maris (2000) を参照せよ。この節の叙述も、これらに一部を負っている。フロイトのほかにも、ブルームズベリーの人々は、トロッター、ユング、ロスを含む他の多くの心理学者の研究に関心をもっていた。

(79) ユングの弟子たちとの争いののちに、ジョーンズは、一九一七年にその学会を解散し、一九一九年に〈イギリス精神分析学会〉を設立した。一九一四年には、〈イギリス性心理学研究会〉も創設されている。リットン・ストレイチーは、その活動を支援した。ヴァージニア・ウルフも、その研究会と密接な関係をもつことを考慮した (V. Woolf 1977-84, vol. 1, p.110)。

(80) 前章で言及したように、この協会はシジウィックによって設立され、ケインズも所属していた。今なお現存するその協会の歴代の会長のなかには、C・D・ブロード、アンリ・ベルグソン、アーサー・バルフォア、ウィリアム・ジェームズ、シャルル・リシェがいる。

(81) 一九二〇年十一月六日に兄リットン宛の手紙で、ジェームズは、フロイトのことを、「とても物腰が柔らかく、目も眩むほどの技巧的な達人」(Meisel and Kendrick 1985, p.29 における引用) であり、その講義は「有機的・審美的な総体」(*ibid.*,

p.30）であると描写している。

（82）しかしCaine（1998）によると、ストレイチー夫妻は、フロイトに会う以前に翻訳することを決めており、作業を開始してさえいたという。

（83）ケインズが一九〇六年、一九〇七年、一九〇八年の各年について名前を書きとめておいた男色相手のリストには、ジェームズ・ストレイチーも含まれている（KP, PP/20A。Moggridge 1992, pp.838-9を参照）。フロイトは、ケインズの性生活に立ち入る特別な権利をもっていたようである。

（84）その年にフライは、『芸術家と精神分析学』という題名をもつ短いエッセイをホガース・プレスから公刊している。

（85）第五巻は、一九五〇年に出版されることになる。

（86）レナード・ウルフにとって、このように際立った称賛に値するのは哲学者ムーアだけであった。レナードが他人を評価するさいには、通常は、ほとんど彼の妻と同じくらいに慎重であった。

2

知識

不確実性、確率、モラル・サイエンス

モラル・サイエンスを徐々に数学的推論の支配下に置いていこうという、十九世紀を通じて多くの研究者たちを支えていた希望は、着実に遠のいている。……彼らが考えていたように、数学という言葉によって精確な数値を用いた方法の導入ということを意味するのであるならば。すべての量は数値で表され、またすべての量的特徴は加算可能であるという旧式の仮定は、もはや支持されえない。いまや数学的推論は、その数値的性格というよりむしろ記号的性格において役立つように思える。少なくとも私は、「モラル・サイエンスと政治科学を代数の光で照らす」というコンドルセほどの強烈な希望はもっていないし、エッジワースほどの希望すらもっていない。

——『確率論』(1921-1, p.349)

ただわれわれは次のことを思い起こしているのである。すなわち、将来を左右する人間の決意は、それが個人的なものにせよ政治的なものにせよ経済的なものにせよ、厳密な数学的期待値に依存することはできず、――なぜなら、そのような計算を行なうための基礎が存在しないからである――車輪を回転させるものはわれわれの生まれながらの活動への衝動であって、われわれの合理的な自己は、可能な場合には計算をしながらも、しばしばわれわれの動機として気まぐれや感情や偶然に頼りながら、できるかぎり最善の選択を行なっているのである。

――『雇用・利子および貨幣の一般理論』(1936-1, pp.162-3〔邦訳一六〇―一頁〕)

自然科学との擬似的な類似性は、経済学者が本来身につけるべき最重要な思考の習慣とは正反対の方向へと人を導きます。私はまた、経済学はモラル・サイエンスであるという点を大いに強調したいのです。以前に私は、経済学は内観と価値判断を取り扱うものだと言いました。それに加えて経済学は、動機・期待・心理的不確実性を取り扱うものだと言ってもよかったのです。

――ハロッド宛の手紙、一九三八年七月十六日(JMK 14, p.300)

右に引用した『確率論』からの一節は、キングズ・カレッジのフェロー資格を取得するための試みの一環として、ケインズが一九〇七年十二月に提出した確率に関する論文の最初の版に、ほとんど変わらないかたちで姿を現していた。ケインズの予測に反して、その当時、「モラル・サイエンスを数学的推論の支配下に」置こうとする努力は後退してはいなかった。とくに経済学においては、そうであった。このことにより、ケインズは三〇年後に、経済学の数学化に向かう傾向、そしてとくに計量経済学という出現しつつあった分野に対して、鋭い批判を浴びせるに至った。(1) 今日、もしもケインズが生き返ったならば、モラル・サイエンスの数学への従属がさらに強化されてきたことを理解するであろう。そのことは、ますます応用数学の一部門に似たものとなっている経済学だけにとどまらず、いくつかの他の社会科学においても同様に当てはまる。[2]

今われわれは、知識に関する理論の領域にいる。すなわち、ケインズが正統派経済学——彼は、それを古典派理論と呼んだ——に対して闘争を行なった戦場にである。[3] 古典派理論は、経済の機能を分析するうえで、そしてまた問題を解くために提示している解決策において——雇用を増加させるために賃金の切り下げを提案するといったように——誤りを犯していると、彼は非難した。この理論は歴史と制度を十分に考慮していないと彼は非難した。これらの誤りは、科学について間違った概念をもち、不適切な分析方法を用いた結果であると彼は考えた。このような見解を確証するために、ケインズは、経済学の境界を超える考察、そして知識の性質、知識と行為の関係に関する考察を頼りとしたのである。ジョン・ネヴィル・ケインズもまた、論理学、および経済学の認識論に対して重要な貢献をなしている。これらの貢献は、たしかに彼の息子の思想に影響をあたえた。それゆえ、ここでは父から話を始めることにしよう。それに次いで、ケインズの確率理論、彼がそれに引き続いて行なった社会科学の領域における統計的推論に対する批判、経済思想についての彼の見解を検討することにする。

一　父から受け継いだもの

ヴィクトリア時代の非国教徒の知識人であったジョン・ネヴィル・ケインズ（一八五二―一九四九年）は、疲れを知らない働き者にして、強い鬱期に苛まれたこともあった、苦悩に満ちた人であった。その詳細は、彼が生涯の大半にわたって付けていた日記に見出される。[4] 彼はそこに、活動の種類によって細かく区分された労働の時間、[5] 金銭のやり取り、ゴルフ・ブリッジ・チェスの結果、切手と蝶のコレクション、受け取った手紙、子供たちの体重と身長などについての詳細な記述を残している。彼のケンブリッジ大学での経歴は、本質的に行政上のものであった。同僚たちにも認められた彼独自の能率のよさをもって、大学の職階における最高の地位についた。すなわち一八九三年から大学の統治組織である評議委員会の事務局長に、そして一九一〇年からは最も重要な行政上の職務である事務総長になった。彼は大学を改革するために、とくに各カレッジに対して大学本部が権力と資力を増大させるために、激しい闘いの指揮を執った。(6)

友人であったアルフレッド・マーシャルに反対し、彼は、女性に対して大学の門戸を開放するために戦った。ネヴィル・ケインズがマーシャルに初めて会ったのは一八七四年のことであった。同僚となる前にはマーシャルは彼の指導教授の一人であったが、それにもかかわらずマーシャルとの関係はしだいに張りつめたものとなった。彼は、マーシャルとその同僚たち――とくにシジウィックおよびハーバート・フォックスウェル――とのあいだの夥しい衝突を仲裁するために呼び出された。(7)

ジョン・ネヴィル・ケインズは、一九一一年までモラル・サイエンス課程の講義を担当しつづけていたにせよ、一八九〇年代の初めからは学問上の経歴から多かれ少なかれ離れていた。彼は、好評を得た二つの著作、『形式論理学の研究と演習』（一八八四年）と『経済学の領域と方法』（一八九〇年）を公刊することからその経歴を始めていた。また、R・H・イニス・パルグレイヴによって一八九四年から一八九九年にかけて編集された『経済学辞典』のいくつかの項目を執筆している。彼は、一八九〇年に設立された英国経済学協会の理事となることを受け入れたものの、学会誌である『エコノミック・ジャーナル』の編集を担当させようとするマーシャルの圧力には屈しなかった。(8)それは、のちにメイナードが一九一一年から編集を統括することになった雑誌である。初代編集者フランシス・エッジワース(9)の強い勧めにもかかわらず、彼はこの雑誌に何も寄稿しなかった。

ネヴィル・ケインズはつねに多くの時間を家族のために捧げた。とりわけメイナードの教育に。息子の生涯の一歩一歩を追って試験の準備を手伝い、息子以上にそれについて思い煩った。ある意味において、ネヴィル自身の果たせなかった知的野望を実現することになるのがメイナードであった。ヴィクトリア朝時代の伝統によると、子が不埒な行動を犯したとき、父は体罰をあたえる務めを担っていた。メイナードはときどきこの犠牲者になった。彼の伝記作家の一人であるデイヴィッド・フェリックス（Felix 1999）によると、ケインズの生涯と仕事はこれらの出来事に照らして解釈でき、したがって『確率論』は、父の理論的著作に反発して書かれたものであるという。しかしながら、このことが事実であるという証拠はケインズの著作のなかには見当たらず、それとは反対に、次のように述べて父への深い愛情を示している。一九四二年八月、父の九十歳の誕生日の折のものである。

……上品なヴィクトリア期中期の知識人であり、スウィンバーン、メレディス、イプセンを読み、……歓待・ワイン・ゲーム・小説・演劇・旅行を好んだ。しかし偏頭痛のせいで、どのような方面での見込みについても、より悲観的な側面や憂鬱な側面に目を向けがちになるにつれ、仕事のもつ暗い影が次第に大きくなった。そして、愛する妻や家庭の団欒へと少しずつ、本当に少しずつではあるが引き込もっていった。……申し分なく愛すべき、頼りになる親。寛大で、控えめで内気で、自分の意見を隠すことはないけれども、いつも皆を自分自身の意思と判断に委ねさせてくれる（1942-4）。

ケンブリッジの学生となった一八七二年から、ネヴィル・ケインズは数学――それは、知識人となるためにより優れており、生涯設計としてより有望であると見なされていた――を専攻させようとする強い圧力にもかかわらず、数学ではなくモラル・サイエンスを専攻した。モラル・サイエンス教育の擁護者であるシジウィックでさえ、自分たちの研究は数学ほどの労力を要しないと見なしていた。一八七六年にネヴィル・ケインズはペンブルック・カレッジのフェローに任命され、論理学と経済学を教えはじめた。彼は、その職を六年のあいだ務めた[10]。彼は、ロンドン大学ユニバーシティ・カレッジの経済学講座に応募することを考えた。それは一八八〇年のジェヴォンズの死後、空席のままであった。しかし、いつもためらいがちで気の弱い彼は応募しそこね、その講座はフォックスウェルの手に渡った。一八八四年にネヴィルは、ケンブリッジでモラル・サイエンスを講義するポストを手に入れた。同年には、七年間の講義の成果である『形式論理学の研究と演習』の公刊が実現した。その書物は著者の性格を反映して、穏健で、対立や極端さを恐れていた。つまり、彼の息子とは反対であった。自らもその準備に貢献した第四版の出版後、一九〇六年七月二日に息子は父に宛てて書いている。「お父さんの本でもっとも悪いことは、それを読んでいるとき、すべてのものがまったく絶望的なまでに明白で、論争の余地がないように思われることです」。

ネヴィル・ケインズの本は、批評家たちによって好意的に受けとめられた。それでも、彼がアリストテレスによって創始された伝統的論理学を用いていること、およびより最近の発展を考慮に入れてないという理由で批判を受けた。こうした考えられうる欠点にもかかわらず、その書物は手引書として広く用いられて一九四五年まで出版されるとともに、彼による論理学の定義は名声ある『哲学の専門・重要用語集』〔フランスの哲学者アンドレ・ラランドの編集による〕に掲載された。

論理学とは、妥当な思考の一般原理を研究する科学と定義されよう。その目的は、心理的現象と見なされる判断ではなく、われわれの知識と信念を表すものと見なされる判断の特徴について論じることにある。そして特に、所与の判断から、それに続く他の判断へと移ることが正当化される条件を確定しようと努めるものである。……それゆえ、それは規範的科学あるいは規定的科学と見なされるであろう。論理学がもつこのような特徴は、倫理学や美学と共通のものである(J. N. Keynes 1884-1906, p.1)[11]。

右に引用したジョン・ネヴィルの本――彼の息子が誕生した一年後に刊行された――の冒頭の文章は、ほぼ四〇年後に出版される息子の『確率論』の始まりの文章と似ている。それには、「判断」を「命題」に置き換えれば十分である。ここに驚くべきことは何もない。息子の本に対する父の本という親子関係があるが、そのように言うことは、とりわけネヴィルの隣人にして友人でもあったW・E・ジョンソンを無視することになる。彼は、『研究と演習』を批判的に読むことから確率に関する彼自身の研究を始めた。[12] ケインズがラッセルとムーアの影響のもとに著述を行なっていたとき、彼ら二人の側では、ジョンソンといっしょに研究を始めて、彼らの考察を押し進めていた。ネヴィル・ケインズは、自らにもっとも影響をあたえた論理学者のなかでも、ジェヴォンズ、オーギュスト・ド・モルガン、[13] ジョン・ヴェン[14]の名をとくに挙げている。彼らは『確率論』のあちこちに登場する論者である。

経済学の方法

純粋論理学ののちに、ジョン・ネヴィル・ケインズは経済理論の方法論的基礎に取りかかった。この分野でもっともよく知られていたそれ以前の著作は、ナッソー・シーニアの『経済学講義序説』(一八二七年)、ジョン・スチュアート・ミルの「経済学の定義とその科学の哲学的研究の方法について」(一八三六年)、およびジョン・エリオット・ケアンズの『経済学の性格と論理的方法』(一八五七年)であった。歴史主義者、そしてまもなくマルクス主義者も加わり、彼らを古典派経済学者および新古典派経済学者と対立させた活発な論争は、経済学上および政治学上の不一致と同じくらい、方法論上のレベルにおける対立に端を発するものであった。さらに、ネヴィル・ケインズが経済学の研究を始めたときには、古典派経済学は「限界革命」という表現で知られている変容をこうむり始めており、この革命は、次の世紀にその学問を支配することになる新古典派経済学を徐々に生み出していく。イギリスにおいては、「新しい経済学《ポリティカル・エコノミー》」という言葉は、この革新的なビジョンを述べるために用いられていた。それは、ジェヴォンズ、メンガー、ワルラスののちに、マーシャルが推進したものであった[15]。ジェヴォンズのように、古典派の経済学《ポリティカル・エコノミー》と新しい科学的な経済学《エコノミクス》とのあいだに根本的断絶を見る学者もいた一方で、マーシャルのように、異質な諸要素を結びつける連続性を見る者もいた。

そのように連続性に注目するというのは、ネヴィル・ケインズの立場でもあった。経済学において対立している主要な諸学派は、いくつかの相違点にもかかわらず互いに似ており、それらは同一の基礎の上に構築され同一の目的を追っているのだ、ということを示すために、彼は合意のための根拠を見つけようとしていた。ここでもやはり、ジョン・ネヴィルとメイナードとのあいだの対比は著しい。メイナードは、『一般理論』においての古典派経済学に対する彼の攻撃のトーンを和らげるように促したハロッドをはじめとする人々の忠告を拒絶した[16]。ケインズの見るところでは、この古典派のビジョンは、どこよりも、とりわけマーシャルの『経済学原理』において集大成されていた。その書物の誕生は、父の書物の誕生と時を同じくしていた。二つの著作の公刊のあいだには六カ月の隔たりしかなく、二人の著者は進行中のたがいの仕事の注意ぶかい読者であり批判者であった。マーシャルは、ブリストルとオックスフォードを七年間さすらったのちに、一八八五年にケンブリッジに戻り、その前年のヘンリー・フォーセット[17]の急死ののち空席のままであった経済学教授の地位に就いた。マーシャルは経済学の教育の権限を握り、基礎課程のごく一部をネヴィル・ケインズに任せた[18]。

マーシャルの『原理』が新しい経済学の理論的側面を発展させた一方で、ネヴィル・ケインズの書物は、その方法論的基礎を確立した。その書物は、十九世紀末の数十年間にその学問を特徴づけた論争——その刺々しい性格をネヴィル・ケインズは嘆いた——を終結させようと努めたものであった。とくにその論争は「方法論争」として知られ、シュモラー、ドイツ歴史学派内部の彼の仲間たち、および外国における共鳴者たち[19]と、メンガーおよびオーストリア学派の彼の弟子たちが対立した。ネヴィル・ケインズは、最初の著書の公刊に続いて、経済学の方法についての研究は応用論理学に依存していることを指摘した。「かくして以下の議論は、経済哲学あるいは経済論理学と呼びうるものに属し、経済現象そのものについてのわれわれの知識を直接に前進させるものではない」(J. N. Keynes 1891, p.3〔邦訳四頁〕)。「経済《エコノミー》」という用語は、「最大の効用の純収益を引き出すために、われわれの資源を慎重にかつ思慮分別をもって使用すること」(*ibid.*, p.1〔邦訳三頁〕)を意味する。メイナードは、おそらくこの定義に賛成しなかったであろう。しかしながら、父がジョン・スチュアート・ミルに倣って、経済科学は自然科学よりもいっそう複雑で斉一性に欠ける現象を取り扱っており、したがってそこにおいては、自然界で見出されるのと同じように確実で普遍的な法則は見出されず、また誤った推論が他の学問においてよりも頻繁に行なわれる、と強調したときには、メイナードは父にしたがったことであろう。経済学は、正確な事実というよりむしろ傾向を扱う科学であって、そこでは多くの偶然的な要素、特異な要素、および表面的な要素を無視することを余儀なくされるのである。

ネヴィル・ケインズは、経済学に接近するためには二つの方法があると考えていた。第一のアプローチは実証的・抽象的・演繹的なものであり、第二のアプローチは倫理的・現実的・帰納的なものである。第一のものは、リカードやミルのような偉大な古典派経済学者を特徴づけている。第二のものは、とりわけマルサス、ドイツやその他の国の歴史学派の人々――そのなかには、ネヴィル・ケインズとマーシャルの友人たちもいた――の明確な特徴である。ネヴィル・ケインズは第一のアプローチに対する好意を表明しながらも、第二のアプローチを拒絶しなかった。それどころか彼は、偉大な経済学者たち――そのなかでもアダム・スミスは第一級の人物である――の何人かは、両方のアプローチに啓示を受けているとさえ考えていた。スミスは教条と極端を排した人物であり、先験的《ア・プリオリ》な推論の支持者と後験的《ア・ポステリオリ》な推論の支持者のあいだの中間的な立場を次のような仕方で占めていた。「上記に言及した学派は、双方ともスミスの権威を借りて自派を支持しようとした。彼は初めて経済学を演繹的科学の高みにまで引き上げたと、彼について言われてきた。しかし彼はまた、経済学における歴史的方法の創始者であるとも見なされてきた」（J. N. Keynes 1891, p.10〔邦訳八―九頁〕）。メイナード・ケインズは、リカード、マーシャル、ピグーをはじめとする人々を鋭く批判したが、アダム・スミスに対しては、死後に出版されたまさに最後の論文に至るまで、つねに最大の敬意を表していた（1946-4, p.445〔邦訳五〇七頁〕）[20]。

ネヴィル・ケインズは、他のすべての社会科学におけるように経済学においても[21]、一つの方法を教条的に固守して他の方法を排除することは誤りであると感じていた。このような考えにもとづいて、彼の著書の有名な一節で、経済学に接近する三つの方法を区別することになった。この区別は、デイヴィッド・ヒュームによって提示された見解によって支持され、ナッソー・シーニアによって経済学に適用された。シーニアは、一八二七年の著書において、経済学における実証的科学と規範的技術を区別した。

> 諸用語がここで使用されているように、実証的科学は、かくあることに関する一群の体系化された知識として定義されるだろう。規範的科学あるいは規制的科学は、かくあるべきことの基準に関係し、したがって現実とは区別された理想に関する一群の体系化された知識として定義される。そして、技術は所与の目的を達成するための準則の体系として定義されるだろう。実証的科学の目的は斉一性の確立であり、規範的科学の目的は理想の決定であり、技術の目的は教則の形成である。
>
> ……それにもかかわらず、経済学的研究を、それぞれその三つの部門のどれに属するかに応じて区別することは重要である。そしてまた、それらの相互関係を明確にすることも重要である（J. N. Keynes 1891, pp.34-5〔邦訳二五―六頁〕）。

このような分類は、理想と教則とによって感化された歴史主義者・制度主義者・マルクス主義者、およびその他の異端の思想家たちの攻撃を斥けると同時に、斉一性に焦点を当てた新古典派理論の核《コア》を防御することを可能にしている。最初の著書のように、ネヴィル・ケインズの著作はイギリス内外できわめて好意的に迎えられ、ケアンズの『経済学の性格と論理的方法』に取って代わり、方法論的問題の標準的教科書になった[22]。その出版から六〇年以上を経たのち、ケインズとケインジアンに対する主要な批判者の一人であるミルトン・フリードマンは、方法論に関する自らの有名な論文を、父ケインズの「みごとな書物」(Friedman 1953, p.3〔邦訳三頁〕)を称賛することから始め、実証的経済学と規範的経済学についての彼の定義を借用している。「原理的には、実証的経済学はいかなる特定の倫理的立場や規範的判断からも独立している。ケインズがいうとおり、それは「かくあること」を扱うものであって、「かくあるべきこと」を扱うものではない。……要するに、実証的経済学は、いかなる自然科学とも正確に同じ意味で「客観的」科学であるか、もしくはありうるのである」(*ibid*., p.4〔邦訳四頁〕)。このような立場は、これから見るように、メイナードの性分に合うものではなかったであろう。彼は、実証的経済学と規範的経済学の区別に関して、父の立場とは反対の見解をもっており、その考え方は、ミュルダールによって『経済学説と政治的要素』(一九三〇年)において擁護され、また制度主義につらなる経済学者たちによって擁護された考え方とよく似ている。それによると、いわゆる実証的経済学を、その理論家によって擁護されている価値から分離することは不可能である。すなわち、「経済学は、……内観と価値判断を用いる」(一九三八年七月四日付のケインズのハロッド宛の手紙、JMK 14, p.297)のである。

しかしながら、マーシャルのケンブリッジにおける一八八五年の教授就任講義「経済学の現状」には、一つの重要な特徴があった。それはネヴィルによって採用され、メイナードもそれに対して忠誠を誓っていた。この特徴とは、一組の出来合いの真実としてではなく、具体的な真実を発見するための手段あるいは道具箱としての経済学の概念であった。かくしてケインズは〈ケンブリッジ・エコノミック・ハンドブックス〉全集の編者序文に次のように書いた。

「経済学の理論は、直ちに政策に適用できる、一群の確立した結論を備えているわけではない。それは原理というよりも方法であり、精神の装備であり、思考の技術である。それは、その持ち主が正しい結論を引き出すことを助けてくれるものである」(1922-35, p.856)。

二　不確実性と確率

初期の著作――倫理学から認識論へ

ムーアによれば、倫理学の分野では、善の性質に関する考察と、そのような善を成し遂げるために要請される行為に関する考察とを区別することが必要であるとされる。ケインズは「若き日の信条」(1938-12)において、『倫理学原理』の「理想」という表題をもつ最終章においてムーアがあたえた善の概念を、われわれが〔第1章で〕見たように、宗教と見なした。そして彼は、第二の問いに対する回答を道徳と呼んでいる。その回答は、「倫理学の行為に対する関係」という表題をもつ章、すなわち、ムーアが確率の概念を取り入れている章において明確に述べられている。われわれは、実際には行為の結果を確実に予見することができない。ある所与の行為が、長期において悪よりも善をより多くもたらすかどうかを知ることは不可能である。われわれが二つの行為のあいだで選択を行なわなくてはならないとき、一方が他方よりも多くの善をもたらすであろうと結論づけるいかなる手段もわれわれは持ち合わせていない。すなわち、「われわれは確かに、二つの選択肢のうち、蓋然的にせよ、一方が正しく他方は誤っていると主張するための合理的根拠をもつことができない」(Moore 1903a, p.203〔邦訳二〇一頁〕)。このことからムーアは、人は慣習や伝統的道徳にしたがうことを決意しなければならないと結論した。ケインズにとって、ムーアの結論は受け容れがたいものである。人は行為の正しさを判断することができるに違いないないし、また、そうであるからこそ行動しているのである。ただし、その帰結を確実に知ることなしにではあるけれども。倫理的問題——諸個人と同様に、社会もそれに直面する——の基礎に関して、ケインズは認識論的な性格をもつ考察へと移っていく。

不確実性という主題は、ケインズの思想において、成人期の初めから終わりまで現れる。[23]彼がムーアに出会う前、イートンで学んでいるときに書いた最初の論文において、若きケインズはすでに、時間の重要性、人間社会の諸問題の不安定で移ろいやすい性質、人間が行動する状況における不確実性について主張していた。[24]われわれの行く手が霧で覆われているにもかかわらず、われわれは、公的生活においてと同じく私的生活においても行動しなくてはならない。確率についての考えが役に立つようになるのは、まさにここにおいてである。一九〇四年に、彼は『倫理学原理』の第五章「倫理学の行為に対する関係」を扱った重要な論文をアポスルズの前で発表した。[25]この論文は、ケインズがピアソンやティンバーゲンとの論争において用いた立論——これについては、以下で検討する——だけでなく、『確率論』の主要な見解のいくつかをも含んでいる。

ムーアの議論を論駁し、個人は不確実な状況のなかでも行動しうることを論証するために、ケインズは確率の概念に取り組みはじめた。ケインズの見るところでは、ある所与の事象が生起した回数 x と一組の参照する諸要素の数 y とのあいだの数値的比較——それは、ムーアによって用いられた概念である——は、確率という用語に対して与えられた意味を研究しつくしたものでは全くなかった。さらに、確率は厳密で満足のいく定義を許さず、直覚によってのみ把握することができる。すなわち、「確率のいかなる適切な定義も私はこれまで見たことがないし、それを与えることもできない」(1904-3, p.3)。[26]しかしながら、と彼は付け加える。「諸定義の誤りを指摘しようとすること、未解決の本当の問題を見出そうとすることは可能である」(*ibid.*)。このときから、彼が成し遂げることになる仕事の多くの部分は、幾人かの彼の先行者を批判し鋭く攻撃することから成っていた。ちょうど『一般理論』において経済学者たちを相手に成し遂げたことのように。

ケインズは、彼が批判する確率の概念にいくつかの互換的な名称をあたえた。すなわち、頻度的確率、数値的確率、数学的確率、そして統計的確率である[27]。それは、彼が『確率論』では無差別の原理 principle of indifference と呼ぶことになる不十分理由の原理 principle of non-sufficient reason にもとづいている。等確率と大数の法則[28]は、同じ考え方を反映している。すなわち、「この見解によると、『*x*は蓋然的に生起するであろう』とは、『いかなる特定の事例においても*x*が生起するか否かについて分からないが、しかし多数の事例をとってみるならば、*x*が生起しないことよりも、それが生起することのほうが多いだろうと確実にわかる』ことを意味している」（*ibid.*, p.3）。ケインズは次のように述べている。カール・ピアソン[29]は、とある休日をコインを二万五〇〇〇回投げることに費やし、およそ半数回は表が出ることに気づいた。そのことによって彼はそのような生起の確率が五〇パーセントであると断言することが可能になったのである、と。ピアソンは、モンテ・カルロでルーレットを使ってこの実験を繰り返したところ、結果が同じ規則にしたがっているようには思われないことを観察した。このことから、ケインズは次のように結論した。「今こそ、科学者が自らの確率理論を再構築すべきときである」（*ibid.*, p.9）。その問題は、確率がたいてい偶然性をともなうゲームとの関連において考察されるという事実に由来している。ところが、これらの状況は、確率を適用することが問題となる、最も典型的な状況とはいえない。ケインズによると、大数の法則に照らして数学的に扱うことのできる事例は、ほとんど存在しないのである。

人間は将来何が起こるか分からないままに意思決定を行なわなければならないという事実に、確率は結びついている。人間を取り巻く状況の中心に位置している無知によって、正しい行為の判断と正しい行為を成すことの判断が妨げられてはならない。

確率は無知を意味している。なぜなら、その用語がいかなる意味で使われているのかを、われわれは少しも確実には知らないからである。そして、直近の将来においては善の差引残高を生み出すようなあらゆる行為も、全体としては莫大な悪の差引残高を生み出すことが（自己矛盾ではないという意味において）ありうるという事実は、さらなる証拠を得るまでは、そのような行為が蓋然的に正しいと主張することの障害とはならないのである（1904-3, p.14）。

今から百年後にわれわれの行為の全体的な帰結がどうなっているのかを知る方法がたとえ存在しないとしても、「xは蓋然的に正しい」とわれわれは言いたいのだ、とケインズは主張した。その状況は、ムーアにしたがってケインズが有機的統一体と呼んだものが存在するという事実によって、複雑なものになっている。自然にかかわる場合でさえ、有機的統一性の概念と対立する原子仮説は、たいてい否定される。有機的統一体の存在は、社会的・人間的・心理的な諸事象――それらは、ほとんどいつも複雑で、しかもより単純な諸要素から構成されている――が問題とされるときに、さらにいっそう明らかとなる。ある所与の集合の特徴は、必ずしもその諸要素の特徴の総計ではない。たとえばbが善を表すものとすると、たいていの場合、$b(x+y)$は$b(x)+b(y)$とは確実に異なっている。ケインズは、いくつかの著作のなかで有機的統一性の原理について議論している。とくに「倫理学雑考」という表題をもつ一九〇五年の七月から九月のあいだに書かれた一組の覚書があり、そこでケインズは経済理論に言及している。当時、彼は偉大な経済学者たちの著作を体系的に読みはじめていた。

この原理について私が理解するところでは、その原理によって、われわれは、諸部分の価値を考察することから全体の価値についての何らかの結論を引き出すことができなくなる。全体の善はその諸部分の善の合計ではなく、また諸個人からなる集団の価値は、必ずしも彼らを個別にとりあげた価値の合計と同じではない。……効用がこの部類に属するという事実は、経済学の純粋理論における困難をもたらすのである（1905-1, pp.20-1）。

審査論文から書物へ

一九〇七年十二月、ケインズは『確率の原理』という表題をもつ論文の最初の版を、フェロー資格の獲得を希望してキングズ・カレッジに提出した。この著作は、一九二一年の著書に見出されることになる多くのものを含んでいる。彼は冒頭から、この著作は数学ではなく論理学の見地から問題を扱っていると断言している。彼はラプラスに影響を受けた確率の見方に全面攻撃を浴びせ、「学者たちが依然として〈確率〉の論理を探し当てているその甚だしく未成熟な状況」（1907-1, p.3）を強調している。ラプラスの論理にしたがうと、重力の法則と同じくらいたやすく、神の存在を論証することができる。たとえば、「ピアソン教授の理論に反駁して、彼の法則を嘲ること」（*ibid.*, p.228）は難しいことではない。帰納法の定義と解釈を取り巻く混乱は、これまで決して消し去られることはなかった（*ibid.*, p.260）。これらの問題に関して、コンドルセ、ラプラス、ポアソン、クールノー、ド・モルガン、ブールの主要な結論は明らかに誤っていると論証することができる（*ibid.*, p.336）。彼の参考文献目録に登場している四四五文献のうち、今なお一読の価値があるのは百に満たない、とケインズは「憂鬱な気持ち」で書いている。すなわち、「公認された削除文献が存在するおかげで、可能な場合はいつでも、研究の労力が軽減されるようになる時代が急速に近づいている」（*ibid.*, bibliographical annex, p.5）。

二十四歳の若者から提出されたこの論文が、数人の年長者の気分を害したであろうことは驚くに当たらない。A・N・ホワイトヘッド(30)は、フェロー資格採決の投票人たちに対する報告書で、その主題の論争的性格によって候補者はいくつかの誤りを犯すことになった、と強調した。ホワイトヘッドは、ヴェンやクリスタル学派に対するケインズの批判は皮相的であると見なした。しかしながら彼は、自分自身はケインズが拒絶した頻度学派を支持しているので、自分の判断にはおそらく偏りがあるだろう、と注意ぶかく付け加えている。ケインズに対してしばしばなされるようになる批判を先取りして、彼はこう書いている。「彼はつねにさまざまな議論を、それらのもっとも拙劣な点ばかりに目を向けて考察しており、彼自身の何らかの明敏さを付け加えることによって、その理論をうまく働かせようとは決して試みていない。要するに、彼はその理論をもっとも独断的で説得力のない方法で棄却しているのである」(KP, TP/4/2)。奇妙なことに、ホワイトヘッドはケインズの研究はすばらしいものであると結論した一方で、その哲学的部分がもっとも弱く、純粋数学的な貢献がもっとも有意義であると見なした。もう一人の審査員であるW・E・ジョンソンは、ホワイトヘッドよりも好意的であった。それにもかかわらず投票人たちは、ケインズ以外の候補者をフェローに選んだ。そのことは、ケインズの審査論文が却下されたことを意味するものではなかった。その論文の修正版を翌年に再提出することは彼の自由に任された。ケインズは、この再提出を行なった。論争的な調子は弱められていた。しかしながら論争を避けることは難しい、とその候補者は強調した。新しい報告書で、ホワイトヘッドは、ケインズの論文には明白な改善が認められると書き、彼の理解は深まっていると付け加えた。実際、ホワイトヘッド自身の将来の著作は、彼の共同執筆者であるラッセルの著作のように、ケインズからいくらかの影響を受けることになった。「したがって、今では私は、確率を「頻度」の概念だけから導き出すことができず、それは多かれ少なかれ心のなかに曖昧なかたちで存在しているという彼の主張を受け容れている」(KP, TP/4/8)[31]。さらに、ホワイトヘッドはケインズの著作を「魅力的な文学的文体」と称賛する一方で、彼は文学的文体と、論理学および哲学に適した文体とを混同していると非難した。

ケインズは審査論文の第二版にもとづいて、キングズ・カレッジのフェローに任命された。彼は数カ月前にインド省での職を辞しており、フェローの地位を得ることが確実ではないままにケンブリッジで教え始めていた。一九一〇年に彼は、自分の審査論文の改訂版を出版する契約を、ケンブリッジ大学出版局と結んだ。その契約は一九一二年にケインズの意向で取り消され、彼はそれ以降、自分のすべての著書をマクミラン社から出版することになった。彼は論文の改訂にかなりの努力を捧げたが、その努力は人々との意見交換のなかで一歩一歩進められていったのである。彼のその後の諸著作と同じように、この努力は一人でなされたものではなかった。ケインズは自分の書いた諸章を友人や同僚に送り、それらについて議論した。とりわけラッセルは、それに貢献した。ケインズは審査論文の執筆のさいに友人〔ラッセル〕の『数学の原理』に大きな刺激を受けたと述べている一方で、ラッセルは一九一二年に出版された『哲学の諸問題』において、初めてケインズの審査論文の存在を公にした一人であった。「G・E・ムーアとJ・M・ケインズの未刊行の著作からは、貴重な支援を受けた。ムーアからは感覚与件《センス・データ》と物質の関係について、ケインズからは確率と帰納に関してである」(Russell 1912, p.5〔邦訳七頁〕)。ケインズは、一九一四年七月十九日に父に宛てて書いた。

金曜日には五時間半をジョンソンとすごし、いくつかの実に有益な批判と示唆を得ました。ラッセルやブロードとの会話からは、それほど多くのものを得られませんでした。ジョンソンとラッセルが私の帰納理論を受け容れてくれたことは、私を大いに勇気づけてきました。彼らは二人とも非常に称賛してくれます。私はこれを二、三年前に仕上げましたが、今まで誰もそれを読んでいません。

ラッセルは、彼の自伝で次のように書いている。自分は、ケインズの政治的・経済的な仕事に関しては彼との接触がなかったが、「彼の『確率論』には非常な関心をもった。そして、その多くの部分について詳細にわたって彼と論じ合った」(Russell 1967, p.71〔邦訳八二頁〕)。ムーアもまた、夏の小旅行中に、その本の校正刷の修正を手伝った(一九一四年七月二十六日付の父宛の手紙)。ケインズが自分の原稿に最後の手を入れていた当時に彼と同じ家に住んでいたクライブ・ベルは、次のように回想している。「そしてあの戦争が終わり、彼が、本にするという目的で自分の昔の審査論文の原稿にふたたび取りかかり始めたとき、……『僕がそれで何を意味しようとしたのか、君、思い出せるかい』と言いながら、彼は、……訂正のたくさん入った原稿用紙をときどき私に手渡したものである」(Bell 1956, p.59)。

『確率論』

ケインズの『確率論』は、確率理論の教科書ではない。その著者が一九〇七年の最初の版で主張するところでは、それは論理学の書物であり、そのおもな目的は、知識と「思考の法則」(1921-1, p.144、強調はケインズによる)を行為との関係において考察することである。ケインズが最初に霊感を受けたのは、ライプニッツであった。ライプニッツは二十三歳のとき書いた論文で、確率を論理学の一部門と見なした。この意味において、ケインズは父によって一八八四年に開始された考察を推し進め、そして父と同様にそれを経済学に適用するところまで進んだ。もっと正確に言うならば、確率は「合理的ではあるが結論を確証しえない議論 **argument** を扱う論理学の一部分」(*ibid.*, p.241)をなしている。これらの議論の大部分は、帰納法とアナロジーから生じる。ほとんどすべての経験科学だけでなく、私的にも公的にも毎日の生活で行なわなければならない意思決定もまた、この類型の議論にもとづいている。したがってその適用領域は広大なのである。

確率とは、頻度説の解釈が意味しているのとは異なり、客観的な自然的事実などではない。それは、一組の命題 h に照らして、一組の命題 a に対して持つに理にかなった信念の度合を表すものである。すなわち、「所与の条件のもと、抱くに合理的な信念の度合にそれは関わっている」(*ibid.*, p.4)。蓋然的であるとは、われわれの知識に照らして信じるのが理にかなっていることである。「それゆえ、この点において、確率は主観的と呼ばれるかもしれない。しかし、論理学に大いに関係しているという意味において、確率は主観的ではない。すなわち、それは人間の気まぐれに従うものではない」(*ibid.*)。それは個人の心のなかに明示された、二つの命題間ないし二組の命題間の論理的な関係である。それは言明と現実のあいだの関係ではない。すなわち、「確率は、確率とともに始まり確率とともに終わる」(*ibid.*, p.356)。確率関係は「*a* / *h*」という記号によって表すことができる。「*a* / *h* =1」である状況の知識は確実 certain であり、「*a* / *h* =0」の状況の知識は不可能 impossibility であるとされる。この数値は〇と一のあいだに置かれる。そして大多数の事例において、数値は序数的な意味しかもっていない。これによってケインズが意味していることは、二つの確率を数値的に比較することは不可能であるということ、またたとえば、一つの事象が生起する見込みはもう一つの事象が生起する見込みの *x* 倍高いといった主張を行なうことは、しばしば不可能であるということである。さらに、二つの確率が比較不可能であるということもありうる。すなわち、「一つの結論に対するわれわれの合理的信念の度合が、別の結論に対するわれわれの信念の度合に等しいとか、あるいはより大きいとか、より小さいとか、必ずしも言うことができるわけではない」(*ibid.*, p.37)。そして人は、社会や人間にかかわる現実において、またおそらく自然界においてさえ、確率はほとんどの場合において数値化できず、同一尺度では測れないと考えがちである。人間理性のかぎられた能力によって人々は制約を受けているので、なおさらそうである[32]。個々の確率が数値的に測定可能なときでさえ、数学的推論において、それほど遠くまで進むことはできない。確率の考察から直覚と直接的判断を取り除くことは、それに輪をかけて難しい(*ibid.*, p.56)。このような困難のために、大数の法則にもとづいた頻度的確率の範囲は限定される。自然科学の領域においてさえ、直覚とアナロジーが、統計的頻度の操作よりも重要な役割を果たしているのである。

　この章の冒頭での引用——それは一九〇七年という初期の版のなかにも見出せる——は、このことの証拠をあたえている。コンドルセ、ベルヌーイ、ベンサム、ラプラス、エッジワース、およびその他の何人かの偉大な思想家たちは、等確率に由来する原理をモラル・サイエンスに適用することが可能であり、したがって社会的現実を数学的に数量化・測定・定式化することができると考えた点において過ちを犯している、とケインズは考えていた。倫理学の領域では、正しい行為の問題は直覚的な判断から生じているのに反して、「善の程度は数値的に測定可能で、算術的に加算可能である」（*ibid.*, p.343）と人々は信じさせられた。この「数学的いかさま」をケインズは非難した。それは、一世紀のあいだ理論統計学に害をもたらし（*ibid.*, p.401）、そして統計的推論に対する全幅の信頼によって支持されていた。経済学においては、このような誤りは、数値化の幻想によって支持されていることが分かるだろう。それによれば、効用のようなものは数値化・測定・加減計算できるとされているのである。このような誤りは、現実を数値的に描写するための手段として、予測の道具へと自らの姿を変えた統計学の濫用をもたらしている[33]。

審査論文を出版するさいに追加された多くのことの中でも、とりわけ一つのことが彼の経済分析においてふたたび現れることになる。すなわち、「議論の重み」**weight of argument** の問題である。ケインズは、それを一組の命題が依拠している証拠の量と定義した。それは、結論にとってより有利であるとか、より不利であるとかいった証拠の特徴、すなわち厳密な意味でのそれらの確率とは区別されなくてはならない。したがって誤りを犯す確率は、議論の重みが増すにつれて必ずしも低下するわけではない。確率と同様に、議論の重みは一般に測定することができない。『確率論』におけるこの要素は、『一般理論』（1936-1, p.148）が明示的に言及することになる唯一のものである[34]。しかし、経済学におけるケインズの研究に対して『確率論』が及ぼした影響は、この問題だけにとどまらない。リスクの原理のような他のいくつかの要素も含まれる。それによれば、より低い確率をともなうより大きな善よりも、より高い確率で得られるより小さな善をめざしたほうが、より合理的であるということになるだろう[35]。しかし、もっと全体的に見るならば、問題とされているのは、知識についてのビジョンなのである[36]。

批判と修正――ラムゼイとウィトゲンシュタイン

『確率論』は奇妙な運命をたどることになった。その書物はケインズ革命が解き放たれるずっと前に出版されたので、出版当時は少数の経済学者しかそれに注目せず[37]、ほとんどの経済学者に顧みられないままであった。この状況は一九七〇年代まで続くことになる。『ケインズ全集』の編集者たちは、ケインズの他の七つの単行本について行なったように年代順ではなく、この書物を第八巻として刊行することに決めた。彼らは、『確率論』が経済学者にとって近づきやすいものとなるように、哲学者でケインズの友人でもあったR・B・ブレイスウェイトの署名入り編者序文をそれに組み入れた。一九八〇年代初めには、スキデルスキー（Skidelsky 1983）、ベイトマン（Bateman 1987）、キャラベリ（Carabelli 1988）、フィッツギボンズ（Fitzgibbons 1988）、オドンネル（O'Donnell 1989）[38]の著作が現れることによって、状況が変化した。彼らは、ケインズの哲学的ビジョンの連続性だけでなく、ケインズにおける哲学と経済学の関係をも研究する一群の研究を開始したのである[39]。

これとは反対に、数学者や哲学者のあいだでは大きな関心を引き起こした。刊行の数カ月後には、多数の批判的書評が出ていた。ケインズの著書は、「過去五五年のあいだに確率の論理的基礎に関して英語で書かれた最初の体系的著作」（ブレイスウェイト「編者序文」、1921-1, p.xv に所収）であり、今日に至るまで参照される文献となった。ブレイスウェイトの見るところでは、「ケインズのアプローチの独創性は、確率は、その根本的意味において、命題間に成立している論理的関係――〔演繹〕理論的帰結のそれよりも弱いながらも、それに似た――であると主張しているところにある」（*ibid.*, p.xvi）。一九六七年に公刊された著名な『哲学辞典』の「確率」の項目には、次のように書かれている。「現在における論理的アプローチの隆盛は、その批判者たちに抗してケインズがそのアプローチを雄弁に擁護したことに負うところが大きい。彼は、「前提」と「結論」のあいだの究極的関係を定義不可能なものとして扱うことを望んだ」（Black 1967, p.475）。ブラックは、その主題に取り組もうとする者にとっての必読文献六冊のうちの一つとして、ケインズの著作を挙げている。すなわち、「『確率論』は、その主題を本格的に研究する者すべてによって読まれなくてはならない。それは、フォン・ライトの著書のように、その著作の歴史的注目のゆえに価値あるものでもある」(*ibid.*, p.478)。ウォーリーは、『非厳密確率をもちいた統計的推論』という表題をもつごく最近の著書において次のように書いている。「非厳密確率 imprecise probability に関する理論を構築しようとする最初の主要な努力は、ケインズ(一九二一年)によってなされた。ケインズは、確率を「合理的信念の度合」であるとする論理的な解釈にもとづいて、帰納論理を発展させることをめざした。……ケインズ以降、非厳密な認識論的確率の数学と解釈に関する多くの文献が生じている」(Walley 1991, pp.44-5)。

確率を命題間の関係であると見なす確率の非頻度説的な概念もまた、批判の的となった。バートランド・ラッセルは次のように断言した。この書物は、「これまで長いあいだに現れたなかでも、疑いなく確率に関するもっとも重要な著作」(Russell 1922, p.119)であり、いくら称賛してもしすぎることはない、と。たとえラッセルが、確率が定義不可能で多くの場合において非数値的であるということを認めていなかったにせよ、である。彼によれば、確率は数学の一部門を構成するのであり、ケインズが考えるように論理学の一部門ではない。彼は、自分が『プリンキピア・マテマティカ』の単独の著者として紹介されていることについて、ケインズを非難した。その本の文章のすべては、彼自身とアルフレッド・ホワイトヘッドとの共同研究から生じているのだ、と彼は述べた。もっとも詳細な書評の一つにおいて、C・D・ブロードは次のように書いた。ケインズの長く待たれた本は、「その主題の論理的基礎に関するもっとも優れた体系書としての地位をただちに獲得することだろう」。そして、「本質的に彼に同意する」と自らの立場を表明した(Broad 1922, p.72)。

もっとも深刻な批判の一つは、若き天才数学者で、ケインズが大いに称賛していたフランク・ラムゼイ(40)から発せられた。ラムゼイは、ケインズが確率関係の存在とその知覚を混同していると非難した。すなわち、その二つのあいだには何の必然的な対応関係も存在しないというのである。

しかし、われわれは二つの命題のあいだに実際に成立している関係に関心をもっている。そして、この関係を――正確にであれ不正確にであれ――知覚する能力のことを洞察力――それが完全であろうと不完全であろうと――と呼んでいる。ケインズ氏の主張は、われわれの洞察力が全く誤っているかもしれない可能性があるために、実際に成立している関係について語るべきではなく、成立していると思うに足るだけの理由をわれわれが持っているような関係について語るべきであるというものである（Ramsey 1922, p.4）。

ラムゼイは、ある会合でこの攻撃に立ち戻り、一九二六年に〈ケンブリッジ・モラル・サイエンス・クラブ〉で「真理と確率」を口頭発表した。それは、死後の一九三一年に公刊された。ラムゼイにとって、確率とは命題間の客観的な関係に関するものではなく、むしろそれは信念の度合に関するものである。また確率の計算とは、信念の度合の体系が首尾一貫した体系となることを可能にするような一組の規則を確立することにある。ケインズによって述べられたような確率関係は存在しない。

私はそれらを知覚しないし、それらが存在すると納得するには議論によらなければならない。しかも、私以外の人々もそれを知覚していないのではないかと私は抜け目なく疑っている。なぜなら、人々は二つの所与の命題のあいだにどのような確率関係が成り立っているかについて、ほとんど何の合意に達することもできないからである（Ramsey 1926, p.161〔邦訳八二頁〕）。

ケンブリッジでの批判に関して、ケインズは一九二二年一月三十一日にブロードに宛てて書いた。

しかし私が本当に重く見ているのは、もちろん一般的な哲学理論です。あなたが概ねそのことに同意しておられるのは誠に心強いことです。しかし、ラムゼイや他の若いケンブリッジの連中はまったく強情で、確率というものが、おそらく頻度に関係していて、明らかに測定可能な実体であるか、あるいは、たんに心理的な重要性をもつにすぎず、まったく非論理的なものであるかのいずれかであると依然として信じているようです。彼らがその方向で私にきわめて破壊的な批判を加えうることは認めます。しかし、それでもやはり彼らは誤っているという強い確信を抱いています。しかしながら、〈認識論〉の理論全体との関係において〈確率〉の取り扱いに大きな進歩がなされるまでは、私たちは決してその問題を適切に解くことはないでしょう（KP, TP/1/1）。

当時ケンブリッジで転換が生じていたのは、まさにこの一般的な哲学上のビジョンであった。ケインズが言及したケンブリッジの人々は、その頃、一人の若いオーストリア人哲学者に影響を受けていた。彼は、一九一一年から一九一三年にかけてケンブリッジに住み、とりわけラッセル、ムーア、ケインズに強い感銘をあたえていた。ルードヴィヒ・ウィトゲンシュタインその人である[41]。彼は一九一二年十一月にアポスルに選ばれながらも[42]、そのグループの雰囲気に耐えることができず、その年が終わる前に退会を決意した。それにもかかわらず、一九二九年にケンブリッジに彼が戻ってきたとき、アポスルズの「天使」の地位に昇ることを認められた[43]。第一次世界大戦中にはオーストリア軍に志願兵として入隊し、前線でそして軍隊の長期休暇中に一冊の本を書いた。彼は、ラッセルに対してそれを次のように紹介している。「『論理哲学論考』*Logisch-Philosophische Abhandlung*と題する本で、この六年間の私の仕事のすべてを含んでいます。私は、われわれの問題を最終的に解決してしまったと信じています」（一九一九年三月十三日付の手紙、Wittgenstein 1974, p.68)[44]。彼はイタリアの捕虜となる二カ月前、一九一八年八月にその本を書き終え、それは彼の生存中に出版された唯一の著書となった。それは〔イギリスでは〕一九二二年に *Tractatus Logico-Philosophicus* という書名で出版された。その書名は、スピノザの『神学政治論考』*Tractatus Theologico-Politicus* になぞらえてムーアが提案したものであった[45]。彼は、この書物において論理学と哲学の双方の主要問題を解決してしまったと主張した。一九一九年六月に、彼はラッセルに原稿の写しを送り、そして八月十九日の手紙でその主要メッセージを次のように要約した。

主要な論点は、命題によって——すなわち言語によって——語りうる **gesagt** こと（また、同じことになりますが、思考しうること）、および命題によっては語れず、ただ示されうる **gezeigt** ことについての理論にあります。私が思うに、これこそが哲学の最重要な問題なのです（*ibid.*, p.71）。

ラムゼイは、この著作の英訳者二人のうちの一人であった。その書物は現代哲学にその足跡を残し、形而上学的な言明は無意味であると述べることによって、ウィーンにおける論理実証主義の誕生に貢献した。ただしウィトゲンシュタイン自身は、まもなくそのような立場から距離を置くようになった。明白な真実の存在を疑問に付すことによって、哲学は現実に到達すると主張することができないと断言することによって、恒真は無意味なトートロジーであると記すことによって、ウィトゲンシュタインは、ケインズのようにムーアから霊感を受けた人々の思想だけでなく、ムーアの中心的思想のいくつかに根本から異議を唱えた。ウィトゲンシュタインにとって、論理は真実を記述することができず、すなわち倫理は善を記述することができない。言語と現実とのあいだの関係を疑うことによって、彼は、言語哲学に、また二十世紀の最後の数十年間に展開された構造主義の見解に貢献した。ウィトゲンシュタインにとって、哲学は言語に対する批判となる。なぜなら、思考とは言語にほかならないからである。
対人関係の繊細さを少しも持ち合わせていなかったウィトゲンシュタインは、捕虜として収容されていたカッシーノから一九一九年六月十二日にケインズに宛てて次のように書いている。

同封の手紙をラッセルの住所に転送していただけないでしょうか。私はどうにかして彼に会えないものかと思っています。というのも、私が事細かに説明しなければ、彼は私の本を理解することが絶対にできないと思いますし、その説明を手紙ですることは不可能だからです。あなたのほうでは、確率についての研究は進んでいますか。私の原稿〔『論理哲学論考』〕はその主題に関する数行の議論を含んでいますが、私はそれが本質的な問題を解決していると信じています(Wittgenstein 1974, p.112)。

この短評は、ラムゼイの批判ほどにはケインズを動揺させなかったようである。ケインズは、平凡だと見なした者を冷酷に打ちのめし傷つけることができた一方で、彼はまた、優れた知性の持ち主であると判断した人物には敬意を払った。そのことは、ウィトゲンシュタインの場合に明白に当てはまった。ウィトゲンシュタインについて、彼は一九二四年五月四日にリディア・ロポコヴァに宛ててこう書いた。「フランク・ラムゼイから、狂気の哲学者、天才ウィトゲンシュタインについての手紙をもらいました。彼の兄のうち三人は自殺したようです。だからおそらく、それほど賢くならず、哲学的にならないほうがよいのでしょう」。ウィトゲンシュタインが、近々ケンブリッジを訪ねる旨を知らせたとき、ケインズは一九二八年十一月十八日に妻に宛てて書いた。「彼は、……約二週間ここで私と滞在するために来たいそうです。私は十分にもちこたえられるでしょうか。今からそのときまで全く仕事をしなければ、たぶん大丈夫でしょう」。客人の到着後、一九二九年一月十八日に彼は書いた。「さあ、神が到着しました。私は、五時一五分の列車でやって来た彼に会いました。彼はケンブリッジに永住する計画をもっています。私は疲労で今にも体が壊れてしまいそうです。しかし、彼には一日に二、三時間以上私とは話をさせないようにしなければなりません」。二十日に彼は付け加えた。「私の客人とあなたの客人を喜んで取り替えるのに！ ——もっとも、私たちは本当にうまくやっているので、不平を言ってはいけないのですが。それでも、ときどき疲労でほとんど耐えがたくなります」。

じっさいケインズは、ある時期にはウィトゲンシュタインの後見人であった。ウィトゲンシュタインは、父からの莫大な遺産の相続を放棄していた。ウィトゲンシュタインが一九一九年にイタリアで捕虜になっていたときには、ケインズは、彼が文通したり原稿を送受したりできるように手を回した。またケインズは、ラムゼイがオーストリアの村——ウィトゲンシュタインは、一九二〇年代にはそこの小学校で教えていた——にいる彼に会うことができるように旅費を払ってやった。[46] 一九二五年には、彼は、ウィトゲンシュタインがケンブリッジに来ることを助けるために送金した。その訪問のさいウィトゲンシュタインは、新婚のケインズが夏のあいだ借りていたアイフォード——ルイースの近く——にある別荘に滞在した。[47] 彼は一九二九年にウィトゲンシュタインがケンブリッジに復帰することを計画し、[48] また一九三九年にウィトゲンシュタインがムーアの後任として哲学教授に選出された際には、その主な提唱者であった。そのときには彼自身も選挙人であった。彼はまた、ウィトゲンシュタインがイギリスの市民権を取得する過程においても彼を支援した。

ウィトゲンシュタインが一九二九年にケンブリッジに戻ったのちには、ケインズとウィトゲンシュタインは数多くの機会に会っている。[49] これらのさいの議論の内容は知られていないけれども、ケインズが、ウィトゲンシュタインの哲学的ビジョンの転換、論理実証主義の再評価、および言語ゲーム論の展開を助けた主要な人物の一人であった可能性はある。これ以降、言語は社会的実践として理解され、言語ゲームはわれわれの言明の根本原理を解明するために設計された新しい哲学上の技術として理解された。ウィトゲンシュタインの「後期哲学」は、とくに個人の直覚との

関係において規則や慣行が演じる役割に関して、『一般理論』のケインズに重要な影響を及ぼしたと考える者もいる。(50)

ケインズの返答

ケインズがラムゼイの批判に対して公に返答し、確率の主観的性格に関して、彼の批判が部分的に正しいことを認めたのは、ようやくラムゼイの死後においてであった。

かくして、確率の計算は形式論理学に属している。しかしわれわれの確信の度合――あるいは先験的確率と呼び習わされているもの――の基礎は、われわれの人間的装備の一部であり、おそらくは単に自然淘汰によって与えられ、形式論理学よりもむしろわれわれの知覚や記憶に類似した装備にほかならない。ここまでは私はラムゼイに承服する――私は彼が正しいと考える。けれども、「合理的な」信念の度合と信念一般とを区別しようとした点では、彼はいまだ完全には成功していなかったと思う（1931-26, p.339〔邦訳四四八頁〕）。

ラッセルの最初の仕事に関係して形式論理学の領域でラムゼイとウィトゲンシュタインによってなされた重要な進歩を認めつつ、それでもケインズは、次のように考えていた。「その形式的取り扱いが漸次完成を見たことが、……しかしながら徐々にその内容を空虚なものにして、ますますそれをただの無味乾燥な骨組みに帰することになり、ついにはそれは結局、いっさいの経験を排除するのみでなく、ふつうに論理的なものと見なされていた、理にかなった思考の原理の大多数をも排除するように思われた」（*ibid.*, p.338〔邦訳四四七頁〕）。ウィトゲンシュタインが哲学を一種のナンセンスと見るようになった一方で、ラムゼイはウィトゲンシュタインの嫌ったプラグマティズムにたどり着いた。ケインズは、自分が初期に抱いていた哲学上の直観のすべてが棄却されるべきものであるということを容易に認めようとしなかった。宗教上および政治上の確信が大戦とともに消え去ったとしても、このことは、あらゆる共通目的、あらゆる客観的原理を捨て去る理由にはならなかった。ケインズは、『マンチェスター・ガーディアン・コマーシャル』紙のために彼が編集した一連の論説の最後のものに次のように書いた。「進歩とは、石炭の埃と火薬にまみれて黒く汚れた信条である。しかし、われわれはそれを捨て去ってしまったわけではない。われわれはそれを信じたり信じなかったり、また信仰を疑念と混ぜ合わせたりしている。……われわれの最新のスピノザは、冷ややかな慰めをあたえてくれるのである」(1923-3, pp.448-9)。ここでケインズは『論考』の一節を引用している。また彼は、『論考』の議論を一九二五年十一月にアポスルズに説明しようと試みたが、うまくいかなかった。「昨晩、ルートヴィヒの哲学を私の〈ソサエティ〉で説明しようと試みました。けれども、それは私の頭から抜け出して、半分しか思い出せませんでした」(一九二五年十一月十五日付のリディア宛の手紙)。

ケインズは、ウィトゲンシュタインに宛てて一九二四年三月二十九日に次のように書いた。私はあなたの手紙に返事を書くまでに一年を要したが、それはあなたの本を理解できるようになりたかったためである、と。「しかし、私の心は今では根本的な問題からあまりにも遠ざかってしまい、そのような問題について理解することは不可能です。私はいまだに、あなたの本について何と言ってよいのか分かりません。ただそれが並はずれて重要で、天才の仕事であるということだけは確かだと感じています」(Wittgenstein 1974, p.116)。ケインズは、これと同時に彼に送った『確率論』についてはこう書いた。「あなたはそれが気に入らないのではないかと思います」(*ibid.*)。これは、不当な心配ではなかった。ウィトゲンシュタインは、ケインズの政治的・経済的な著作——とくに『平和の経済的帰結』と『ロシア管見』——のほうをより高く評価した。[51]

ラムゼイへの追悼論文において、ケインズは次のように書いた。もっと長く生きていたならば、ラムゼイは、「精神が自分で自分の尻尾を捕らえようとするような、思考と心理学との基礎に関するやっかいな作業を捨てて、われわれ自身の意にもっともかなうモラル・サイエンスの部門――そこでは理論と事実、直観的想像力と実際的判断力とが、人間知性にとって心地よく融合している――の愉しい途を進んだ」(1930-6, p.335〔邦訳四四三頁〕)ことであろう、と。それでは、このようなモラル・サイエンスについて考えることにしよう。

三　アルコール中毒と錬金術――統計的推論に対する批判

『確率論』の最終第五部は五つの章から成っており、それは統計的推論についての議論に充てられている。その内容のほぼすべてが、一九〇七年と一九〇八年のフェロー資格審査論文ののちに苦心して作りあげられた。審査論文は、倫理学と確率のあいだの関係に充てられた章で終わっていたのである。『確率論』では、この章、すなわち第二六章「行為への確率の適用」は第五部の前に置かれている。本章の冒頭における引用は、ここからのものである。ケインズの見るところでは、統計学は二つの役割を果たす。第一は記述的な役割であり、大量現象のある決定的特性を凝縮した方法で記述するために用いられる数値的・図式的な技術である。第二は帰納的な役割である。すなわち、「それは、観察された事象のある特性についての記述を、まだ観察されていない他の事象の対応している特性へ拡張しようと努めている」(1921-1, p.359)。彼が統計的推論と呼ぶのは、この二番目の役割である。それは先験的確率に関するベルヌーイの定理にもとづいており、それによってわれわれは、「個々の特定のケースについては不確実であるにもかかわらず、大量現象のなかから一般的法則を」(*ibid.*, p.369)引き出すことができるようになる。ケインズは、「観察された数値的頻度から確率の数値的測定への移行を可能としてくれるような何らかの直接的で単純な方法」(*ibid.*, p.400)が存在するとは考えていなかった。彼は、すでに審査論文の第二版において、このような方法を政治的問題に適用することの危険性を強調することによって、この点における彼の懐疑を表明していた。「統計的相関は、ある種の証拠を要約する価値ある方法をあたえてくれる。しかし、高い統計的相関が観察されたこと以外には根拠をもたない結論が、政治あるいは科学の実際的問題の解決策として提案されているときは、それらを軽率に受け入れてはいけない」(1908-4, p.252)。

自然界を含めて、あらゆる事象の集合においては、それに付随する可能性のある事柄があまりにも多いので、正確で確実な結論を導き出すことはできない。「諸原因が再起するために、自然はそれ自らの傾向をもっているとしても、それらは一般性をもつが不変ではない」(1921-1, p.402)。ケインズはライプニッツの一節に賛意を表して、それを引用している。「数学的な巧妙さよりも、むしろあらゆる状況についての正確な言明」が求められるのである、と(*ibid.*, pp.401-2)。統計学は、観察から生まれる。「統計理論の究極的基礎は、かくして数学的ではなく観察的なものである」(*ibid.*, p.413)。したがって、「数学的方法を、……統計的推論の一般的問題に」(*ibid.*, p.419) 適用するのは妥当ではない。偉大な統計学者のなかでも、ウィルヘルム・レキシス、ラディスラウス・フォン・ボルトケヴィッチ、アレクサンダー・チュプローは、彼が提起した問題に気づいていたと、ケインズは考えている。他の者たちは、「ぞんざいな思考の子供にして大ぼら吹きの両親である」(*ibid.*)。ある帰納推論の確率を正確に測定することができ、そしてわれわれの予測の確実性を宣することができるという主張は、「それを行なった者たちが、数学の迷宮のなかで、そのようにうまく自らの姿を常識の目から隠すことができなかったならば」(*ibid.*, p.424)、大多数の場合において、とうの昔にあまねく却下されていたであろう。ケインズが一連の方法論上の論争において用いていた考えとは、このようなものである。それらの論争のなかでケインズは、審査論文の執筆からその死に至るまで、多くの同時代人たちと対立する立場に置かれることになった。

一九〇九年三月十六日にキングズ・カレッジのフェローに任命されたのち、ケインズは物価指数に関する論文に取りかかり始めた。その主題は、一九〇五年に経済学を学ぶ学生としてマーシャルに提出した最初の論文においてすでに彼が扱っていたものであった。彼は、一九〇九年四月七日から二十一日にかけてヴェルサイユでの休暇中に、この長大な論文を書き終えた。そしてアダム・スミス賞の公募にそれを提出し、その賞を獲得した。『ケインズ全集』で公にされるまでは未公刊であったその論文「一般的交換価値の測定に特別に関連した指数の方法」(1909-4)は、『確率論』や『貨幣論』において、その内容の一部が利用されることになる。[52] 一九〇四年以来の知識や確率に関する彼の考察に触発されて、この論文は、経済学における数量の性質、およびそれらの測定に関連する方法論上の問題を扱っている。しかしその問題は、大きな困難なしには諸要素を測定することができない全ての社会科学に当てはまる。まもなくケインズは、自らの考察をピアソンとの論争において用いる機会を得た。それは彼がすでに審査論文のなかで批判していたことであった。[53]

ケインズのピアソン批判

経済学は、統計的推論の数多くの応用領域の一つにすぎなかった。この方法は、自然と社会の双方の領域において決定論的な世界観が確率論的な世界観に道を譲ったのと時を同じくして、十九世紀半ば以降に普及した。フランシス・ゴルトン、フランシス・Y・エッジワース、ジョージ・U・ユール、カール・ピアソン[54]は、社会科学における統計学の利用に対してもっとも重要な貢献を行なった人々のなかでも際立った存在である。

一九一〇年五月に、フランシス・ゴルトン国民優生学研究所は、カール・ピアソンの支援を受けて、エセル・M・エルダートンによって作成された報告書を発行した。それは、マンチェスターとエディンバラの人口標本にもとづいて、両親のアルコール中毒が子供の身体的・知的特徴に及ぼす影響を扱うものであった。世間一般の直観に反して、その報告書は二組のデータのあいだに有意な関係は何ら存在しないと結論していた。要するに、アルコール中毒患者の子供たちは、そうでない子供たちよりも、生まれたときから不利な立場に置かれているわけではない、と。この研究は『タイムズ』紙の五月二十一日号で簡単に紹介され、新聞紙上でも活発な論争を引き起こした。ピアソン、ケインズ、マーシャルが論争の主役であった。アルコールの害と親のあたえる影響の重要性を信じていたマーシャルは、『タイムズ』に「アルコール中毒と能力」に関する手紙を書き、それは七月七日に掲載された。ピアソンは、それに七月十二日に返答した。手紙のなかでマーシャルは、誰か自分よりもっと能力のある者がその研究の方法論を批判することを希望した。ケインズが携わったのは、まさにこのことである。ケインズは二通の手紙を『タイムズ』に送ったが、それらは掲載されなかった（1910-3, 1911-1）。彼は、その研究についての批評を『ジャーナル・オブ・ザ・ロイヤル・スタティスティカル・ソサエティ』七月号で発表した（1910-4）。マーシャルは、ケインズの著述を利用して、二度目の手紙を『タイムズ』八月二日号に発表した。ピアソンは、それに対して八月十日に返答した。マーシャルは八月十九日にこの論争への最後の介入を行ない、親のアルコール中毒が子供の劣化に対して何ら影響を及ぼしていないことをピアソンは決定的に示してはいないと主張した。ピアソンは九月に、「ケンブリッジの経済学者たちへの返答」という副題をもつ二六頁に及ぶその報告書への補論のなかで、マーシャルだけでなくケインズに対しても返答した。ケインズは十二月に、『ジャーナル・オブ・ザ・ロイヤル・スタティスティカル・ソサエティ』への手紙（1910-7）で返答した。そしてケインズは、一月のピアソンによる最後の意見表明——そこにおいて彼は、この論争におけるマーシャルの先入観について書いた——に対して一九一一年二月に応酬した（1911-3）。

ケインズの攻撃は、その報告書の執筆者たちによる統計学の利用法に向けられたが、それはまた、彼の確率に関する審査論文の主要な結論にもとづくものでもあった。すなわち、確率、議論の重み、リスクなどについての評価は判断にもとづかなくてはならず、判断によってわれわれは、直観にしたがいデータを選択・決定・分類することができるようになるのである。そのことは事実についての問題ではなく、用いられている議論の性質と妥当性についての問題である。目下の事情では、エルダートンとピアソンの結論は、判断と常識にまったく反している。ケインズによると、たとえばアルコール中毒は潜在所得を著しく減少させることが知られている。その研究が依拠している議論は、環境は個人の性格にほとんど影響をあたえないと確定的に結論を下しているけれども、その議論は、不十分であるだけでなく貧弱な構成しかもっていない。彼らのすべての統計編集の努力は、無益なものに終わっている。その研究は、「その真の特性が不十分にしか説明されておらず、かつ当該の問題に実際には適していない初期データに、不必要に複雑な数学的装置を適用」（1910-4, p.195）した顕著な一例である。したがって、「『訓練を積んだ人体測定学の統計学者』の方法は、経済学者が扱わなくてはならない複雑な現象に適合したものにまだなっていない時には、ここで示されている以上の配慮と慎重さをもって利用する必要がある」（*ibid.*, p.205）。

ケインズの攻撃の力強さは、方法論的考察の結果であるだけでなく、ヴィクトリア朝の世界および「ハーヴェイ・ロードの前提」に係留された彼の先入観の結果でもあることに疑いはない。それによると、下層階級のアルコール中毒は遺伝的欠陥であるとされる。彼は、アルコール購入に反対する運動を行なった経済学者のアーヴィング・フィッシャーを高く称賛した[55]。そしてケインズ自身も、アルコール購入を禁止するという考えを弄びさえした。「アルコール飲料および賭博営業の禁止は有益であろうと、私は期待している」（1925-17, p.303〔邦訳三六四頁〕）。

ケインズのティンバーゲン批判[56]

ピアソンとの論争のいくつかの要素は、ほぼ三〇年ののちに、今日では計量経済学の創設者の一人として著名な経済学者であるヤン・ティンバーゲンとの論争において再現される。新たに創設された計量経済学会の学会誌に一九三五年に発表された景気循環理論に関する長大な論文において、ティンバーゲンは、ケインズとハイエクの体系を「開かれた体系」と特徴づけた。すなわちそれらの体系は、たとえ特定の仮説や関係が数学的な精確さをもって定式化されうるとしても、十分な数学的置き換えには至っていない。議論されている変数の数は、精確かつ明確に提示されている諸関係の数よりも多いのである（Tinbergen 1935, p.264）。[57] ティンバーゲンは「マクロ動学的に閉じた体系を形成し、数学的に形式化された景気循環理論」（*ibid.*, p.268）をもって、このような類型の体系に反対した。フリッシュやカレツキの研究のように、彼自身の研究はこの第二のグループの一部分であり、それはティンバーゲンにとって将来の方向を示すものであった。

一九三〇年代の終わりに、国際連盟の要請により、ティンバーゲンは景気循環理論の実証的検討に着手した。その結果は一九三九年に全二巻のかたちで出版された。その第一巻は彼の実証的検討の方法を紹介し、第二巻はアメリカ経済についての最初のマクロ経済モデルを紹介している（Tinbergen 1939）。ケインズは、ティンバーゲンの第一巻に対する論評を依頼された。彼の反応は敵意に満ちたもので、『エコノミック・ジャーナル』誌上にきわめて批判的な論文を生み出した（1939-9）。それにティンバーゲンが返答し（Tinbergen 1940）、そののちにケインズから最後の一撃（1940-3）が加えられることになる。ティンバーゲンの計量経済学での仲間たち、とくにクープマンス（Koopmans 1941）とハーヴェルモ（Haavelmo 1943）は、ケインズがその新分野に無理解であると非難するために筆を執ることになる。ケインズは、経済学および社会科学一般における統計学の誤用に対してだけでなく、計量経済学においてのちに広まっていくことになるような悪習に対して、敵意に満ちた攻撃を効果的に浴びせた。

ケインズにとって、その問題はもともと根本的に方法論的な問題であった。彼は、「多重相関の方法を、まだ分析してない経済的素材——われわれが知っているように、それらは時間を通じて同質的ではない——に適用する論理」（一九三八年八月二十三日付のテイラー宛の手紙、JMK 14, pp.285-6）を否定した。ティンバーゲンは経済の将来の状態が過去の統計の結果として計算されうると仮定している、とケインズは彼を非難した。その結果、経済的・社会的現実の本質的要素をなす不確実性が視野から消え、「発明・政治・労働紛争・戦争・地震・金融危機といった」（*ibid.*, p.287）数量化することのできない諸要因——彼が論文のなかで「政治的・社会的・心理的な諸要因」（*ibid.*, p.309）

と呼んでいるもの——を考慮に入れることができなくなっている。ケインズは、ティンバーゲンの著書についてカーンに対して、「わけの分からない計算でまったく混乱しています」（一九三九年八月二十三日付のカーン宛の手紙、JMK 14, p.289）と述べている。彼は九月二十一日にハロッドに宛ててこう書いている。「T〔ティンバーゲン〕の称賛すべき率直さにもかかわらず、何もかも全てが大ぼらです」（*ibid.*, p.305）。

すべての経済問題のなかでも、景気循環の問題は、ケインズにとって最も統計的・数学的な取り扱いに適していなかった。このような方法を棄却することは、投資決定の場合にはとくに妥当なものとなる。『一般理論』において投資決定の演じる中心的な役割については、のちほど検討することにしよう。しかしより一般的に言うならば、ケインズの見解によると、ティンバーゲンの誤りは、他の対象のために考案された分析方法を経済学に適用したことにあった。経済データは、適切な分析を行なうために必要とされる持続性や安定性を欠いているのである。ある所与の状態の原因となっている諸要素について、漏れのないリストを作成することはできない。いくつかの根本的な諸要素は、測定することすらできない。たとえ測定することが可能であったとしても、測定単位は必ずしも同質的ではない。ある結果がそれに引き続いてその原因に反作用する可能性があるときには、誤った相関と、解明できない複雑さに直面することになる。ティンバーゲンは、彼のモデルにおいて、諸変数が線型的な依存関係——それは現実とは一致していない——にあると仮定することを余儀なくされている。「まったく、ばかげた話である」（1939-9, p.312）。次のようなケインズの結論は、ほとんど驚くに当たらない。「景気循環のように途方もなく複雑な問題にこの方法を成功裡に適用することは、われわれの知識の現状から見てとりわけ見込みのない企てであるように思われる」（*ibid.*, p.317）。

ケインズが自らの初期の確率研究に公に言及している数少ない一例が、ここに見出されることは重要である。ティンバーゲンは論理の迷宮よりも算術の迷宮を好んでいるとケインズは叱責しながら、自分自身をそれとは反対方向の途をたどる統計理論を好む者として描いている（*ibid.*, p.307）。そして彼は、もっとはっきりと付け加えた。「三〇年前、私は、統計的記述から帰納的一般化に移行するという捉えどころのない問題を、単純相関の事例で検討することに取り組んでいたものである。そして今日の多重相関の時代においても、私は、この点において技能に大きな改良が施されたとは思わない」(*ibid.*, p.315)、と。ティンバーゲンの丁重な返答に応えて、ケインズは次のように書いている。「この種の統計的錬金術が、科学の一部門となるための機が熟している」ということに、自分は疑いをもっている。「しかし、ニュートン、ボイル、ロックもみな、錬金術に手を染めていたのだ。だから彼にも続けさせておけばよい」(1940-3, p.320)[58]。

統計学を称賛して

ティンバーゲンの計量経済学を批判したものの、それでもケインズは、その六、七年前の創設当初から計量経済学の学会とかかわりをもっていた。一九三三年に彼は〈計量経済学会〉の三〇名の発起人の集団に加わることを受諾し、翌年にはその理事会のメンバーに任命された。彼はまた、その機関誌である『エコノメトリカ』の編集委員会の一員でもあった。そしてついに一九四四—五年には、その学会の会長になった。このような拒絶と参加の交錯は、その人物の複雑さを例証している。

計量経済学会は、その創設文書において自らを次のように規定している。「統計学および数学と関連させて経済理論を前進させるための国際学会である。……その主な目的は、経済問題に対する理論的・数量的接近と経験的・数量的接近との統一をめざした研究を促進するとともに、自然科学で支配的となった思考に類似した建設的で厳密な思考に貫かれた研究を促進することである」(*Econometrica*, vol. 1, 1933, p.1 からの引用)。いまやケインズは、少なくとも部分的にはこの目的に同意した。他の分野においてと同様に経済学においても、統計学は、現象の記述において重要な役割を演じるべきであると彼は考えた。また彼は、全生涯にわたって、統計収集の方法を改善するための戦いを決してやめなかった。彼の著作には統計データが豊富に用いられている。一九〇八年十二月十八日、インド経済を主題にして彼の最初の学術論文を執筆していたとき、ケインズはダンカン・グラントにこう打ち明けている。統計の作成は、「僕をすさまじい興奮状態に陥れてくれる。実験結果を観察している科学者の興奮のような。……これほど魅惑的なものは、ほかには性交以外にはない」(BL, 57930A)。ケインズの統計への関与には、心理的次元のものがある。彼は、あらゆることを記録する習慣を父から受け継いだ。すなわち、金銭勘定、労働時間、読書時間、ゲームの結果など。彼は、統計的手法を用いて自分の性的活動についての複雑な記録を付けようとさえ試みていた[59]。

一九二〇年代および一九三〇年代には、ケインズは、アメリカの状況と比べてイギリス経済に関する統計データが不足していることについて、一人で、また他の仲間たちといっしょに不平を言うことをやめなかった。アメリカでは、ウェズリー・クレア・ミッチェルによって一九二〇年に創設された〈全米経済研究所〉やその他の諸機関がこの仕事を遂行していた。一九一九年にはケインズは、統計の収集および公表の方法についての調査を要求する王立統計学会の首相宛の請願書に署名している。

できるかぎり完全で信頼できる情報を公衆に伝えることは、自由党綱領の重要な要素の一つであり、一九二〇年代には、そのためにケインズは保守党の綱領に反対していた。統計は経済の合理的な支配にとって欠くことのできない道具であると彼には思われた。一九二三年に彼が、仲間のヒューバート・ヘンダーソン、ウィリアム・ベヴァリッジ、アーサー・ボウリーといっしょに〈ロンドンおよびケンブリッジの経済サービス〉を設立したのは、このような必要に応えてのことであった。それは、統計シリーズのようなものが何も存在していなかった時代に、実業家たちの意思決定を助けるような情報を彼らが利用できるようにしようと試みるものであった。この企画は、大西洋の反対側の全米経済研究所においてウェズリー・クレア・ミッチェルとその同僚たちが追求していた目的に類似していた。ケインズと彼の仲間たちによって創設されたその集団は、新しい経済諸指標をつくり出し、月報や特別報告書の図表においてそれらを公表した。一九三八年までその〈サービス〉の仕事に積極的に関与したケインズは、原材料品の在庫に関する七つの詳細な覚書（JMK 12, pp.267-647）を執筆している。

ケインズは、翌年の選挙を見込んで一九二八年一月に発表された「自由党イエロー・ブック」たる『イギリス産業の将来』において、統計収集を支持する運動を主導した。(60) 彼は、自らがその主要な執筆者の一人であった一九三一年の〈マクミラン委員会報告〉において、公的統計制度の創設を求めた。また彼は〈経済諮問会議〉において、サイモン・クズネッツとならび国民経済計算統計の確立における先駆者であったコーリン・クラークといっしょに運動を進めた。一九三一年にマクドナルド首相は、経済諮問会議の下部組織として〈経済情報委員会〉を設置した。一九三八年にケインズは、新設の〈国立経済社会研究所〉の評議会のメンバーおよびその議長に任命された。その翌年に彼は、研究所の所長ノエル・ホールに対して、まだ集められていない統計を収集するように、適切な方法で政府に圧力をかけることが急務である、と書き送っている（Stone 1978, p.84）。この研究所は〈ケンブリッジ研究機構〉を創設し、それはケインズによって統括された。彼は、イギリスの経済的変容の過程を研究するという意図で詳細な統計的研究に乗り出した。

『一般理論』は若干の統計データを含んでいる。それらはクラークやクズネッツの著作から引用されたもので、ケインズは、それらを用いて自らの直観のいくつか、とくに乗数の大きさに関係した直観を例証しようと努めた。ケインズが苦心して作り上げた諸概念――消費関数、投資関数、乗数、貨幣需要――は、統計的検証を必要とし、また国民経済計算の枠組みを構成するものである。経済学者たちは、急いでこの仕事に取り組みはじめた。ケインズ自身は、一九四〇年に公刊された著書『戦費調達論』においてこれに貢献した。彼は自らの戦費調達案を裏づけるために、アーウィン・ロスバースから統計上の助力を得てイギリスの潜在所得を推計し、その結果を一九三九年十二月発行の『エコノミック・ジャーナル』に発表した（1939-14）。

一九四〇年からは、ケインズはイギリスの戦争努力に密接に関与した。とくに戦後再建の条件を含む、すべてのその経済的側面に関与した。[61] 同年の六月には、ケインズの親友であるジェームズ・ミードが戦時内閣の経済情報部に入り、ケインズによって与えられた分析枠組みで国民経済計算表を作成しはじめた。八月にはリチャード・ストーンもそれに加わり、そして二人は十二月に彼らの仕事をケインズに送った。ケインズは、それを見てことのほか喜んだ。そして、ケインズによって執筆された戦争のための財源の分析と、ミードとストーンによって作成された国民所得と支出の表を含む、予算に関する有名な白書が発行されたのは、一九四一年のことであった。多くの人々にとって、この日付がイギリスにおけるケインズ革命の本当の始まりを示している。[62]

一九四四年に〈雇用政策白書〉が発行されたとき、ケインズは、「「統計を通じての喜び」（私は皮肉で書いているのではない）という新しい時代が始まるのである。理論的な経済分析は、いまや応用するのに適した地点に到達している」（1944-1, p.371〔邦訳四二四―五頁〕）と書いた。それと同時に、ケンブリッジでは応用経済学部が設立された。この学部の設立はケインズが一九三九年に提案したものであり、それは数量的経済学に焦点を合わせていた。その新学部の初代学部長であるリチャード・ストーンが、計量経済学に対するケインズの態度について述べたものがここにある。

理論の役割に関する彼の愛憎半ばする感情、そして経済学における数学の利用に対する彼の敵意は、私が思うに、彼の経歴や若き日の経験の結果であり、また彼自身のなかにいる批判がましい傍観者の存在を反映しているのである。彼が修辞的な文体を使ったがために、でたらめとは言わないまでも、やりすぎている引用文を見つけることは難しいことではない。しかし、それらは若きケインズ自身を表しているのであり、年をとった彼自身の行為とは矛盾している。多くのきびしい言葉にもかかわらず、私の考えでは、彼が計量経済学の恩人のなかに数えられるべきであるということに疑いはない（Stone 1978, p.88）。

四　経済学――モラル・サイエンス、芸術、言説

ケインズは、経済科学の性格と方法についてほとんど何も書いていない。彼の主要な考察は、手紙や彼の著書のなかの短い一節に、とくに彼の古典派経済学批判のなかに見出される。彼の暗黙的な見解は、本章ですでに論じた著作のいくつかから引き出すことができる。非常に早い時期に主張され、そして絶えず繰り返された初期の確信は、経済学を自然科学と混同してはならない、ということである。経済学は社会科学、あるいはもっと古い名称を使うならばモラル・サイエンスなのである。

> 私はまた、経済学はモラル・サイエンスであるという点を大いに強調したいのです。以前に私は、経済学は内観と価値判断を取り扱うものだと言いました。それに加えて経済学は、動機・期待・心理的不確実性を取り扱うものだと言ってもよかったのです。……言ってみれば、あたかもリンゴが地面に落下することが、リンゴの動機に依存したり、リンゴが地面に落ちることに価値があるかどうかや、地面がリンゴの落下することを望んでいるかどうかに依存したり、そして地球の中心からの距離についてのリンゴの側での誤算に依存しているようなものなのです（一九三八年七月十六日付のハロッド宛の手紙、JMK 14, p.300）。

ケインズは、自然科学で用いられる方法をモラル・サイエンスに適用することはできないという事実を確信していた。「経済学は論理学の一部門、思考の一方法であるように私には思われます。そして、あなたは経済学を擬似自然科学

に変えてしまおうとするシュルツ流の試みを、断固として退けるには到っていないように思われます。……経済学は本質的にモラル・サイエンスであって、自然科学ではありません。すなわち、経済学は内観と価値判断を用いるのです」(一九三八年七月四日付のハロッド宛の手紙、JMK 14, pp.296-7)[63]。ここでケインズが論じているのは、ハロッドが一九三八年八月に英国科学振興協会F部会[64]で行なう予定になっていた「経済学の領域と方法」と題する会長講演——それは、『エコノミック・ジャーナル』九月号に掲載された——についてである。ハロッドは、七月六日に返事を書いた。「経済学を自然科学と見なす見解に対する先生の強い反対に、私は全面的に同意できるかどうか確信がもてません」(JMK 14, p.297 からの引用)。この点に関しては、ケインジアンの陣営のなかでも、全員一致にはほど遠いのが通例であった。

モラル・サイエンスにおいては、分析単位は人間であり、そして人間は歴史の霧のなかで活動している。経済学者は「あまりにも多くの点で、時間を通じて同質的でない」(一九三八年七月四日付のハロッド宛の手紙、JMK 14, p.296)素材に価値判断を用いて取り組んでいるので、父のジョン・ネヴィルが定式化した実証経済学と規範経済学との区別は棄却されなくてはならない。時間が中心的な位置を占めているのである。将来は不確実で未決定である。第5章で見るように、貨幣と流動性選好の分析においては、期待・苦悩・不安が決定的な役割を演じる。ケインズの初期の諸著作を見ると、彼が早くから決定論を拒絶していたこと、変化が社会的・人間的現実の本質をなしていると確信していたこと、人生と心の状態が移ろいやすい性質をもち、人間的・社会的現実が不安定であると信じていたことが分かる[65]。これらの見解は、決してケインズに固有のものではなかった。それらは、とりわけブルームズベリーの友人たちによって共有されていた。

われわれの行為の帰結は、直近のものでさえ、確実性をもって予測することはできない。経済学においては諸結果は遠い将来に生じるので、この学問を自然科学の方法によって取り扱うことはとりわけ不適切となることが、いまや理解されるであろう。

しかしながら、実際には、われわれは概して行為の結果について、そのもっとも直接的なものを除いて、非常に漠然とした考えしか持っていない。……ところで、このようにもっぱら遠い将来の結果に関心を払うことによって影響を受ける人間活動のうちでもっとも重要なものの一つが、偶然にも経済的な性格をもっているもの、すなわち富である。富の蓄積の全目的は、比較的、ときには無期限に遠い日時における諸結果、あるいは潜在的諸結果を生み出すことである。このように、将来についてのわれわれの知識は動揺し、またそれは漠然とした不確実なものであるという事実が、古典派経済理論の方法の対象として、富を特別に不適当な問題としているのである（1937-4, p.113〔邦訳二八一頁〕）。

ケインズが『一般理論』のこの方法論的な追記において語るには、不確実な知識というものを、確実なもの certain と蓋然的なもの probable との区別を考慮することだと考えてはならない。

この意味において、ルーレットの勝負は不確実性のもとにあるわけではないし、戦勝公債の償還の見込みもまた同様である。あるいはまた、寿命に対する期待もほんのわずかに不確実であるにすぎない。天候でさえやや不確実なものであるにすぎない。私が使っているその言葉の意味は、ヨーロッパ戦争の見込みが不確実であるとか、あるいは、二〇年後の銅の価格や利子率、ある新発明の陳腐化、一九七〇年の社会制度における個人的富の所有者の地位が不確実であるとかいうことである。これらの事柄に関しては、何らかの計算可能な確率を形成するための科学的な基礎は何ら存在しない。単にわれわれは知らないのである（1937-4, pp.113-4〔邦訳二八二頁〕）。

『一般理論』においてケインズは、経済的意思決定、とくに投資決定を特徴づける不確実性――それは、費用と便益の合理的計算にもとづくことができない――に関して次のように書いた。「私は「きわめて不確実」very uncertainということを、「蓋然性のきわめて小さい」very improbableと同じ意味で用いていない」(1936-1, p.148〔邦訳一四六頁〕)。それにもかかわらずわれわれは、生活の他の領域におけるのと同じように、経済においても、「合理的経済人として面目を保つやり方で」(1937-4, p.114〔邦訳二八二頁〕)活動しなくてはならない。このことをわれわれは、次のような方法で行なう。すなわち、現在は将来の有益な指針であると仮定したり、世論の現在の状態は将来についての正確な見込みにもとづいていると仮定したりすることによって、あるいは大多数の人々の行動にしたがうことによって、である。「各人が他人のまねをしようと努めている諸個人からなる社会の心理は、慣習的判断と厳密に名づけられるものになる」(*ibid.*〔邦訳二八三頁〕)。いまや、これには「薄弱な基礎しかないので、……突然の激しい変化にさらされる」(*ibid.*)。現実の世界で生じることは、正統派経済理論が思い描いているような過程の結果ではない。

新しい不安と希望とが、警告なしに人間行動を支配するであろう。幻滅の力が、突然、価値判断の新しい慣習的基礎を押しつけることになるかもしれない。きれいに鏡板を張った重役室や、巧妙に規制された市場のために作られた、これらすべての見事で洗練された技術は崩壊を免れない。漠然とした恐慌の不安、およびそれと同様に漠然として理由のない希望が現実に静まることは常になく、ただ一本の細々とした道があることを除いては、それらの不安と希望は常に人々の心の内面に横たわっている。……古典派経済理論それ自体が、将来のことはほとんどわからないという事実を捨象することによって現在を扱おうとする見事で洗練された技術の一つであるがために、私はそれを批判するのである(1937-4, pp.114-5〔邦訳二八三―四頁〕)。

さらに、古典派の理論は、それを信じている人の心の中にしか存在しないような架空の人間を仮定している。このような人間は、ベンサムの想像上の経済人《ホモ・エコノミクス》であり、ケインズによれば、それは経済学者の暗黙の哲学である功利主義の要石となった。ベンサムの見るところでは、人間の行動は、快楽と苦痛、利益と不利益を計算することによって影響を受け、「確実性それ自体と同じくらい計算可能な状態にまで不確実性を低減することができると想定されている」(*ibid.*, pp.112-3〔邦訳二八一頁〕)。古典派経済学者たちは、「限界理論の当初の諸仮定が、功利主義的倫理学および功利主義的心理学とどこまでその運命を共にするかについて」(1926-10, p.260〔邦訳三四四頁〕)考えようとしない。ケインズはこのようなビジョンに反対して、人間は、その本能や衝動、「血気」によって動機づけられるというビジョンを対置する。「われわれの積極的活動の大部分は、精神的・快楽的・経済的を問わず、数学的期待値に依存するよりも、むしろ自生的な楽観に依存している」(1936-1, p.161〔邦訳一五九頁〕)。

因果関係とモデル化

しかし、正統派経済理論の無力さを非難して満足すべきではなく、現実には何が起きているかを説明しようと試みるべきである。ケインズは、素人向けの著作、理論家あるいは専門家向けの著作、それら双方の多くにおいて、このことを行なおうとした。ここでも再び、彼は自らの方法を長々と説明することはせず、むしろそれを実行に移した。それは主に、ハロッドの説明を肯定的に借用しながら、「われわれのシステムの実際の働きについての注意ぶかい観察」(一九三八年七月四日付のハロッド宛の手紙、JMK 14, p.296)と彼が呼んだものに基づいている。(66) われわれは、自らの時代の現実から出発しなければならないのである。(67)

ケインズは、二十世紀にしだいに支配的となった無時間的な一般均衡の観点から経済を概念化することに反対して、歴史的時間に刻まれた因果関係という観点にもとづくアプローチを用いた。歴史的時間は、物理学の論理的時間に対立する。歴史は不可逆的である。過去とは、過ぎ去ったものである。経済分析はあたえられた具体的状況にもとづかなくてはならず、そこにおいて諸主体は、過去に行なった意思決定の結果による制約を受ける。このことは、たとえば投資支出について当てはまる。経済発展の各々の新しい局面において、過去を取り消すことはできないのである。

　分析の主要な道具の一つはモデルである。「経済学は、現代の世界に適合したモデルを選択する技術《アート》と結びついた、モデルに則して思考する科学なのです」（一九三八年七月四日付のハロッド宛の手紙、JMK 14, p.296）。モデルを作ることは、「半永久的な要因ないしは相対的に不変な要因や、それらが特定の場合に生み出す時間的継起について理解するための論理的な思考法を展開するために、一時的な要因ないしは変動的な要因をそれらから分離する」（*ibid.*, pp.296-7）ことを意味している。経済学の進歩とは、モデルの選択における漸次的な改善に関係しているのである。ケインズは、よいモデルを選ぶ技術とは、ごくわずかな者にしか与えられていない才能であると考えていた。彼は、自分自身がそのような恵まれた才能を授けられた幸運な少数の者のうちの一人であると考えていたと言っても間違いはない。

　モデルとは、別々のたがいに独立した原子を並置したものではない。それは有機的統一体である。その統一体の特徴、とくに数量化が可能な特徴は、それを構成する諸要素の特徴の総和ではない。「物理学であれほど見事に作用している原子仮説は、心理学では崩壊する」（1926-10, p.262〔邦訳三四六頁〕）。このような有機体のビジョンは、たとえば『一般理論』のモデルにおいては、貯蓄のパラドックスにおいて示されている。それによると、人々がそれぞれの所得のなかから行なわれる貯蓄を増やそうとすると、そのことは有効需要の減少を引き起こし、国民所得の減少と、したがって経済全体での貯蓄の減少をもたらすことになるのである。[68] ケインズは、すでに一九〇五年から「倫理学雑考」において、有機的統一によってつくり出される経済学上の困難について強調していた。したがって効用は、全体の価値がその諸部分の価値とは異なるという性質をもっているこのような集合の一部分である。確率に関する審査論文の第二版において、ケインズは、このような見解によって、より平等な所得分配をどのように正当化できるのかを示している。その問題について、のちに彼は消費性向に関する理論を携えて立ち戻ることになる。「それは、すべての平等原理の根本にある。それは、平等な財の分配はきわめて不平等な分配よりもよいという数多くの議論の背後にある。もしこのことが正しいとすれば、共同体の各部分の財の総和は固定されているので、各部分のあいだで財がより平等に分配されるほど、全体の有機的善は大きくなるということになる」(1908-4, pp.352-3)。

数と直観

モデルを有益で一般的なものとするためには、諸変数を現実の値に置き換えるだけでは十分ではないとケインズは感じていた。統計の有用性は、「予測を行なううえで欠けている諸変数を充填することよりも、むしろそのモデルの適切性と妥当性を検証することにあるのです」(一九三八年七月四日付のハロッド宛の手紙、JMK 14, p.296)。統計は、ケインズにとって間違いなく重要かつ有用であり、そして先に見たように愉快なものでさえある。しかしそれは、彼の経済的ビジョンにおいては、計量経済学、そしてより一般的には数理経済学におけるのと同じような役割を演じるのではない。ケインズにとって統計データは、実業家・組合指導者・政府が賢明な意思決定を行なうことを助けるうえで不可欠のものである。しかしそれらは、代替的な意思決定の諸結果を確実に予測することを可能にしてくれるものでは決してない。経済理論に関するかぎり、統計はモデルを例示することはできるが、ケインズによると、統計によりモデルを予測の道具に変えることはできない。経済モデルを数量的定式化に変えることは、その有用性を破壊してしまうのである(*ibid.* p.299)。統計の誤用に加えて、ケインズは「経済分析の体系を定式化する記号による擬似数学的方法」(1936-1, p.297〔邦訳二九七頁〕)を非難している。「最近の「数理」経済学のあまりにも多くの部分は、それが立脚している最初の想定と同じように不正確な、単なるつくり事であって、著者はもったいぶった、役に立たない記号の迷宮のなかで、ともすれば現実世界の錯綜関係と相互依存関係を見失ってしまうのである」(*ibid.*, p.298〔邦訳二九七頁〕)。[69]

賢明なモデルを選ぶさいには、直観、想像力、そして研究者の常識が主要な役割を演じるべきである。ケインズの直観的なアプローチに関して、オースティン・ロビンソンが次のような驚くべき説明をあたえている。「私は長年そう思っているのだが、ケインズの経済学上の思考は、実際には、精確で秩序だっており細心の注意が払ってあるというよりも、むしろ直観的・印象的であり、またある意味においては女性的であった」(A. Robinson 1964, p.90〔邦訳一〇八頁〕)。これと同じように、多くの経済学者たちは、理論的厳密さが欠けているという理由でケインズを非難してきた。ケインズは、自らのアプローチが、自然科学も含めて、すべての偉大な科学者たちのものと同じアプローチであると信じていた。次の三つの例は、この主題に対する彼の立場が、初期の哲学的著作からその生涯の終わりまで変化しなかったことを示している。

『確率論』においてケインズは、ダーウィンが彼の仮説——すべての生存している種は、生命が最初に宿った少数の原始的形態から進化したのだという仮説——に到達したのは、論理的過程や統計的推論を通じてではなく、むしろ直観を通じてであったと書いた。「主要な議論においてだけでなく、多くの補助的な議論においても、帰納とアナロジーの念入りな結合が、統計的頻度についての狭くて限定的な知識に重ね合わせられている。そしてこのことは、何らかの程度の複雑さに関するほとんどすべての毎日の議論にひとしく当てはまるのである」(1921-1, pp.118-9)。ダーウィンによって研究された長期における自然の進化を実験室で検証することはできないし、またそれを論証的論理によって記述することも不可能である。

われわれは先に、補章1で「シーラ」と署名された論文を引用した。そこにおいてケインズは、一連の革新的な見解――直観と経験にもとづいた見解――を生み出すことのできたフロイトの天才的な科学的想像力を称賛している。フロイトの諸仮説の妥当性は帰納的検証にはほとんど依存していないとケインズが書いている次の一節を、われわれはそこでは引用しておかなかった。

自らの見解を例証するために、また自らの見解が読者の心にいっそう鮮明に映るようにするために、フロイト教授がこれまで公表したすべての症例を完全に捏造していたことが万一認められたとしても、現段階でフロイト理論に有利な主張が弱められることはほとんどないであろう、と私はあえて言いたい（1925-19, p.393）。

ケインズの晩年の著作の一つは、ニュートンを取り上げている。一九三六年にケインズはニュートンの手稿のいくつかを手に入れた。[70] そのなかでケインズは、「自然科学《ハード・サイエンス》」の領域も含めて、科学的な研究において直観の演じる根本的な役割に関する自らの主張を展開しつづけた。ニュートンの実験は「いつでも、発見の手段ではなくて、常に、彼がすでに知っていることを検証するための手段であったのではないかと思う」（1947, p.366〔邦訳四八三頁〕）。そして彼は、こう結論している。ほかの多くの人たちは、ニュートンによる錬金術の研究と彼のまじめな科学的研究のあいだにギャップがあると見ているが、そのようなギャップは存在しないのだ、と。フロイトにとってと同様にニュートンにとって、そしてケインズにとってと同じくダーウィンにとっても、帰納よりもむしろ直観が知識の過程における第一歩なのである。

要するに、何人かの学者が言うように、たとえケインズの認識論上の立場が実在論的 realist であると見なすことができるとしても、[71] それはプラグマティズム――それによると、理論の価値はその結果の価値と関連し、また理論から引き出される予測の価値と関連している――と関係づけられないのと同様に、経験主義とも関係づけることができないことは確かである。[72] 一九三〇年代以後、プラグマティズムに由来する道具主義は、ケインズがしだいに距離を置くようになった標準的な経済理論を特徴づけるものとなった。

芸術と言語

ケインズは、『貨幣論』出版のさいに感じた失望を母に説明しながら、彼女に、「それは、美的観点から見て失敗しています」(JMK 13, p.176) と告げた。一九〇九年にアポスルズ・ソサエティのために書いた論文 (1901-2) において、彼はもし自分に才能があれば、科学者よりも芸術家になりたかったと書いた。[73] しかし彼によれば、現実を理解するための芸術的方法と科学的方法のあいだには、相違点以上に類似点があるという。そして、彼はときどき経済学を一つの芸術《アート》と定義した。[74] とくに、想像力と直観は両方の世界に属している。美術や文学の作品において描写される世界は、伝記作家や心理学者によって取り扱われる世界のように、変化してやむことのない不安定な世界であり、そこではもっとも重要な意思決定が不確実性のもとで行なわれる。それは、個人的・主観的な諸経験がないまぜにされては分解され、諸個人が合理性によって導かれることのない世界である。物事についてのこのようなビジョンは、毎日の生活と芸術的な創造の双方に当てはまり、また社会的相互作用と経済現象にも当てはまる。このような理由のために、社会と経済を描写しようと努める者は、直面している素材に対して、伝統的な科学の言語を適用することはできないのである。

さらに、ラッセルとウィトゲンシュタインをはじめとする何人かの者が示したように、言語と現実は、形式と内容のように、二つの分離した実体をなしているのではない。言語は現実のなかにあり、そして現実それ自体は言語を通じて理解される。これに加えて、世紀転換期にイギリスおよびその他の場所で展開された世界・社会・人間についての一つの考え方が存在する。それは時に「モダニズム」と称せられ、その明確な特徴については、ブルームズベリーに充てられた補章において検討した。美術と文学は協同して、それらが描写する世界を変革する。プルースト、ジョイス、ムージル、ウルフによって展開された物語体のように、ポスト印象主義が新しい世界に適応する形態として出現した。ケインズが自らの言語を彫琢したのは、このような文脈においてであった。ケインズの言語は、その内容と同じく文体によって、社会的・経済的現実を変革しようとする彼の闘いにおける一つの道具であった。[75]ヴァージニア・ウルフは、スペイン内戦で死亡した彼女の甥のジュリアン・ベルを悼むケインズの覚書に関して、一九三七年十二月二十三日に彼に宛てた手紙で彼の文学上の才能を称賛した。

ジュリアンに関する覚書がとても気に入りました。……あなたが引き続きすべての人物像を描いて下さればいいのに。その方面でのあなたの才能を認めることは、神が私に数学の才能を何も与えてくれなかったのは明らかなように思われるので、気が進むものではないのですけれど。どうぞ考えておいてくださいね。人物描写は経済学にくらべて難しい仕事ですか（V. Woolf 1975-80, vol. 6, pp.192-3）。

注

（1）しかし、この章でのちに見るように、計量経済学に対するケインズの態度は両義的なものであった。
（2）二十世紀の初めのケンブリッジで、モラル・サイエンスと呼ばれていたものは、四つの科目を含んでいた。すなわち、道徳・政治哲学、論理学、心についての哲学（事実上、心理学であった）、経済学である。したがって以下では、「モラル・サイエンス」と「社会科学」は同じ意味で用いられるであろう。
（3）「正統派」という用語は、もちろん注意ぶかく用いなくてはならない。それは、時と場所により異なっている。
（4）ディーンの伝記 Dean（2001）を参照せよ。Machlup（1957）、Moore（2003）、Tilman and Porter-Tilman（1995）も参照せよ。
（5）一九一一年一月一日付の彼の日記の書き込みには、次のように書かれている。「昨年の労働時間二〇六八。日曜日を除き、五週間の休暇を差し引くと、これはその年の残り一日当たり丸八時間労働ということだ」(Deane 2001, p.279)。

(6) ケンブリッジには三一のカレッジがある。そのほとんどは数世紀の歴史をもち(十九世紀の終わりには二三のカレッジがあり、そして八つは一九五四年以降に創設された)、フェローたちはカレッジごとにまとまっており、各カレッジで生活し、そこの「ハイ・テーブル」で食事をすることになっている。学生たちは、大学——学位を授与する権限をもつ唯一の組織体である——の学部で教育課程を履修し、試験を受ける。しかし彼らの勉学はチューターによって監督され、チューターは学生たちが所属しているカレッジのフェローである。ケンブリッジで勉学するためには、学生は必ずカレッジへの入学を許可されなければならない。大学の教授は一般にカレッジに所属しているが、必ずしもそうであるわけではない。逆に、フェローは必ずしも教授ではない。ケインズの場合がそれにあたる。

(7) シジウィックについては第1章を参照せよ。ハーバート・フォックスウェル(一八四九—一九三六年)は、ケンブリッジでケインズの両親の隣人であった。熱狂的な書籍収集家(彼は七万冊の本を所蔵し、それはハーバート大学の有名なクレス・ライブラリーの基盤となった)であったフォックスウェルについて、彼はマルクスの重要性を評価した最初のイギリス経済学者の一人である、とケインズは書いた(1936-9, p.271)。彼は初期のイギリス人社会主義経済学者たちの研究に取り組み、つねに異端派——とくに制度主義——に対する共感を示した。富と貧困の両方を生み出す資本主義の不安定性を確信しながらも、社会革命を恐れて、彼は国家の介入を提唱した。フォックスウェルは、経済学を論理学あるいは数学の一部門とみなす考えに反対した。マーシャルが、一九〇八年にケンブリッジの経済学講座の自分の後継者にフォックスウェルではなくピグーを選んだのは、そのような理由によるものであったのかもしれない。フォックスウェルは、そのことを決して許さなかった。フォックスウェルは、一八八一年にロンドン大学ユニバーシティ・カレッジの経済学講座をジェヴォンズから引き継いでいた。

(8) のちに王立経済学会となる学会。

(9) オックスフォードの教授であったエッジワース(一八四五—一九二六年)は、マーシャルの主要な対抗者の一人と見なしてよいだろう。彼らの個人的な対立はオックスフォードとケンブリッジのあいだの関係を象徴している。『数理心理学——モラル・サイエンスへの数学の応用についての一試論』(一八八一年)の著者である彼は、『倫理学の新方法と旧方法』(一八七七年)においてシジウィックの議論を批判した。ケインズは一九一一年にエッジワースの後を受けて『エコノミック・ジャーナル』の編集長となったが、一九一五年からはケインズの戦時活動のため、エッジワースが編集者として彼を助けた。「私は彼の共同編集者として、彼の死の知らせを受けてから後に、この雑誌の用件について彼から最後の手紙を受け取った」(1926-10, p.255〔邦訳三三八頁〕)。ケインズはエッジワースを、モラル・サイエンスの数学化を促す主要な推進者と見なしていた。「四〇年にわたって、エッジワースが、彼みずから『数理心理学』と名づけた世界――社会科学に準数学的方法を精密に幅広く適用すること――において、最も傑出し最も多産的な代表者であったことは、争う余地がないものと私は思う」(*ibid*., p.256〔邦訳三三九頁〕)。

(10) 自伝のなかで、バートランド・ラッセルは次のように書いている。「私が若かった頃、ケインズの父はケンブリッジで旧式の形式論理学を教えていた。論理学における新しい発展がどの程度まで彼の講義を変えたかそれは分からない。彼は道徳を第一とし、論理を第二とする熱心な非国教徒であった」(Russell 1967, p.71〔邦訳八二頁〕)。

(11) この一節は初版にはなく、一八八七年の第二版にわずかに異なるかたちで現れている。Lalande (2002, p.573) を参照せよ。

(12) ネヴィル・ケインズの著書の改善を助けた批判者たちのなかの一人として、ジョンソンは序文において謝辞を贈られた。メイナード・ケインズはジョンソンの追悼記事で次のように書いている。「彼は多年のあいだケンブリッジにおける最も鋭い哲学者の一人として認められてきた。また彼は討論と談話を愛好したために、それを通じて過去四〇年のほとんどすべてのケンブリッジのモラル・サイエンスの学者たちに測り知れない影響をあたえた。……彼は、論理学の認識論的側面、すなわち、論理学と思考の心理学との結びつきを強化しようとした最初の人であったと言えよう」(1931-7, p.349〔邦訳四六〇頁〕)。

(13) 数学と論理学の統合における先駆者であったオーギュスト・ド・モルガンは、『形式論理学』において論理学を次のように定義した。「推論が形成される方法に依存しているような推理の部分について考察すること。また、議論を構成するための一般的格率と規則を研究すること。その結果、前提においてあらかじめ誤りが示されていなければ、結論にはいかなる誤りも含まれなくなるだろう」(De Morgan 1847, p.1)。

(14) 『偶然の論理学』の著者であるヴェンは、『研究と演習』の最初の書評を『マインド』誌に書いた。その書物はジェヴォンズの『演繹論理学の研究』(一八八〇年) からの決定的な前進を示していると、彼は考えた (Deane 2001, p.117)。ネヴィル・ケインズは、ジェヴォンズの本を、自分の本と優劣のつけがたい好敵手であると見なしていた。

(15) 限界革命の三人の創始者のあいだの相違点は、彼らの共通点と同じくらい重要である (Jaffé 1976 を参照せよ)。今日のメンガーとワルラスの弟子たちのあいだの隔たりは、ワルラシアンと、マルクスあるいはヴェブレンの後継者たちのあいだの隔たりと、明らかに同じくらい大きい。

（16） たとえば、一九三五年八月二十七日付のケインズのハロッド宛の手紙を参照せよ。「古典派に対する私の攻撃は、弱められるよりむしろ強められるべきです」（JMK 13, p.548)。

（17） ヘンリー・フォーセット（一八三三―一八八四年）は、一八六三年以降ケンブリッジ大学の経済学教授であった。一八六四年から自由党下院議員を務めた彼は、ジョン・スチュアート・ミルの弟子であった。彼の『経済学提要』（一八六三年）は、ミルの目を通してスミスの経済学を教えるものである。フォーセットは新しい限界主義経済学には関心がなかった。彼の妻ミリセントは、一九二九年まで生きて彼より長生きし、一八九七年に女性参政権協会全国同盟を設立した（補章2を参照）。

（18） メイナードがケンブリッジに戻ったときは、待遇がもっと良いものとなった。なぜなら彼は、一九〇九年から上級課程を教えることになったからである。

（19） イギリスには、強力な歴史主義のグループが存在していた。

（20） ケインズがスミスを初めて読んだのは、一九一〇年にギリシャとトルコを旅行した折であった。「アダム・スミスをほぼ半ばまで読みました。すばらしい本です」（一九一〇年三月二一日付の父宛の手紙）。

（21） ネヴィル・ケインズは、経済学を「社会学的な思索を行なう領域」と見なしていた（1891, p.14)。

（22） もちろん、その本が本当に読まれたのか、それとも読書リストに載せられただけなのかを確かめることは難しい。

（23） しかしすべての人がこれに同意しているわけではない。とくにBateman（1996）を参照せよ。ケインズは『貨幣論』を執筆していた時期には不確実性概念の使用を拒絶し、その後、ふたたびそれを使用するようになったのだと、彼は論じている。

（24） 次章で、これらの初期の諸考察に立ち返る。

（25） 表題をもたないその論文がいつ書かれたのかは明らかでない。Skidelsky（1983, p.152）とO'Donnell（1989, p.10）は、それが一九〇四年一月二十三日であったと主張している。他方でMoggridge（1992, pp.131-6）は、その二年後に書かれた可能性もあると考えている。

（26） 確率のいくつかの意味については、Nadeau（1999）を参照せよ。経済学における確率についてはHamouda and Rowley（1996）を参照せよ。

（27） 一九〇五年以降、頻度説の考え方に重大な変化が生じた。フランス・ソ連・アメリカの数学者たちが、頻度の極限を確率の基礎とするという不適切な点を取り除こうと試みたからである。ケインズがこれらの展開に遅れずについていったようには思えない。他方で、直覚の考え方や頻度説以外の考え方については、多くの文献がある。たとえば、Walley（1991）を参照。

(28) 十七世紀の初めにヤコブ・ベルヌーイにより定式化された大数の法則とは、いかなる偶然事象においても、その事象が繰り返し生起するとき、実際の結果は計算された結果に、すなわち想定された結果に等しくなる傾向があるであろう、と述べるものである。言い換えるならば、長い時間にわたって繰り返される行為は、われわれが求めている結果を生み出すということである。ケインズの言葉で言うならば、ベルヌーイは、「ア・プリオリな確率が完全に知られているならば、そのときには、……長期において、ある確定的な生起の頻度が予想されうる」（1921-1, p.365）ことを示した。

(29) カール・ピアソンについては、彼とケインズの論争を紹介する次節を参照せよ。

(30) 数学者・哲学者であったアルフレッド・ノース・ホワイトヘッド（一八六一―一九四七年）は、ケンブリッジ・ロンドン・ハーバードを渡り歩いて教えた。彼はアポスルズの会員であった。バートランド・ラッセルとの長い共同研究の結果、数学の論理学的な基礎づけを行なった彼らの有名な『プリンキピア・マテマティカ』（一九一〇―一三年）が誕生した。『自然の概念』（一九二〇年）では、自然の知覚と科学によるその分析――夕日の赤みがかった輝きと、それを説明する分子と波の動き――を統合しようと努めた。

(31) このことは、ホワイトヘッドがケインズの論理的確率の概念を受け容れたことを意味するものではない。その当時、頻度説は、新たに発展していた確率の公理化とエルゴード理論によって斥けられていた。

(32) この見解については、ケインズの思想のほかのいくつかの諸要素と同じく、ヒュームの影響が重要である。彼は、自らの著書のなかで、その偉大なスコットランドの哲学者により未解決のままに残された問題を解こうと努めた。ケインズは、ヒュームの懐疑主義が導く結論を受け容れることができなかった。

(33) これらの問題については、Porter（1986, 1995）を参照せよ。

(34) この主題に関するヒュー・タウンゼントとの往復書簡も参照せよ（JMK 29, pp.289-94）。

(35) われわれは、このような見解がケインズの政治的ビジョンにおいて演じる重要な役割について見ることにする〔第3章を参照〕。不確実性とリスクの関係についてはLavoie（1985a）を参照せよ。

(36) フランク・ナイトの『リスク、不確実性と利潤』は、ケインズの『確率論』と同じ年に刊行された。二人の著者のあいだには、ナイトが「リスク」と呼んだ測定可能な確率と「不確実性」と呼んだ測定不可能な確率の区別に関して、いくつかの類似点がある。しかしながら彼らは、経済分析のレベルではまったく異なる結果を導き出した。シカゴ学派の創始者であるナイトは、自由放任を提唱し、長期においては経済競争が不確実性の有害な結果をなくすであろうと考えていた。Greer (2000)、Netter (1996)、Schmidt (1996b) を参照せよ。

(37) たとえば Pigou (1921) を参照。彼は、次のように書評を結んでいる。「ケインズ氏は手をつけた問題について、すばらしく明晰なやり方で明らかにしただけでなく、それを大きく前進させた。経済学者たちは、自分たちの仲間の一人が異分野において成し遂げたことを誇りをもって認めるであろうし、自分自身の分野における彼の次なる論文を、さらなる関心をもって期待するであろう」(Pigou 1921, p.512)。ピグーの『一般理論』に対する批評は、はるかに小さな称賛しかあたえていない。

(38) オドンネルの著書は、一九八二年にケンブリッジ大学で仕上げられた博士論文に加筆・修正したものである。したがってこの学位論文は、アーカイブズの調査にもとづき、ケインズの哲学・経済学・政治学のあいだの関連について初めて包括的に検討したものである。

(39) たとえば Backhouse and Bateman (2006)、Bateman (1996)、Bateman and Davis (1991)、Benetti, Dostaler and Tutin (1998)、Cottrell and Lawlor (1995)、Davis (1994a, 1994b)、Dow and Hillard (1995)、Fitzgibbons (1998)、Gerrard and Hillard (1992)、Lawson and Pesaran (1985)、Marzola and Silva (1994)、Muchlinski (1996)、O'Donnell (1991)、Parsons (1997)、Runde and Mizuhara (2003)、Verdon (1996) を参照せよ。いくつかの重要な論文は、Wood (1994) に再録されている。ケインズと確率に関しては、とりわけ Carvalho (1988)、Cottrell (1993)、Dow (2003)、Favereau (1988a)、Gillies (2000)、Lawson (1985)、McCann (1994)、Meeks (1991)、Muchlinski (2003)、O'Donnell (1990a)、Rotheim (1988)、Schmidt (2003) を参照することができよう。

(40) 貯蓄と課税に関する二つの影響力のある論文の著者であるラムゼイは、ケンブリッジの学生、アポスル、一九二四年からはキングズ・カレッジのフェローであったが、一九三〇年に二十六歳で亡くなった。ケインズの見るところ、彼は、「長年のあいだ哲学と数学の境界領域に現れたなかで、確実に群を抜いてもっとも聡明な学部生」(一九二二年一月三十一日付のブロード宛の手紙、KP, TP/1/1) であった。ラムゼイに関しては Gaspard (2003)、Newman (1987) を参照せよ。

(41) 一八八九年にウィーンのブルジョアジーの裕福な家庭に生まれたウィトゲンシュタインは、工学を学んで航空機エンジンの設計を始めた。その後、数学の論理学的基礎に関心をもつようになってフレーゲに面会し、彼から、ケンブリッジでラッセルとともに研究することを勧められた。彼に対するケインズの第一印象は好ましいものではなかったが、その後、ケインズは一九一二年十一月十五日にダンカン・グラントに宛てて次のように書いている。「ウィトゲンシュタインはとてもすばらしい人物だ。君と前に会ったとき、彼について話したことはまったく違っていた。そして彼は並はずれて感じがよい。僕は彼といっしょにいることが途方もなく好きだ」(BL, Add. MS 57931)。ウィトゲンシュタインの仕事は膨大な第二次文献を生み出し、また彼の複雑な個性は数多くの作品――伝記、回想録、小説、そして映画にさえなった――で描かれてきた。Monk (1990) は、彼の生涯と思想への最良の入門書であろう。

(42) 彼の選出運動を主導したのはケインズであった。他方でラッセルは、そのグループのなかでウィトゲンシュタインは居心地が悪いだろうと強調し、そして、そのことはすぐに明らかになった。しかしケインズとその友人たちは、ラッセルが「ウィトゲンシュタインを独り占め」したがっており、彼がムーアの影響下に入ることを妨げようとしているのだと考えた。ムーアとラッセルの関係はしだいに張りつめたものとなっていた。

(43) ウィトゲンシュタインの〈ソサエティ〉への再入会を計画したのは、またしてもケインズであった。

(44) 彼はこの仕事を一九一一年にケンブリッジで始め、ノルウェーの村でそれを続けた。そこには、一九一三年十月に彼が見つけた人里離れた隠れ家があった。一九三六年八月に彼はノルウェーに戻って、自分で建てた湖畔の一軒家で暮らすことになる。

(45) ドイツ語版の初版は、一九二一年に *Logisch-Philosophische Abhandlung* という書名で刊行された。しかし、〔あまりにも誤植が多かったため〕ウィトゲンシュタインはこの版を見ていやになり、彼はそれを「海賊版」であると見なした。それ以降、彼は一九二二年の英語版を自著の真の初版と見なした。

(46) 一九二四年にラムゼイは、ケインズに手紙を書いて次のことを知らせている。当時ウィーンに住んでいて、ムーアおよびラッセルとは気まずい関係にあったウィトゲンシュタインは、ケインズ、ハーディそしてたぶんジョンソンと会うためにであればケンブリッジに来るだろう、と (Wittgenstein 1974, p.117)。

(47) この家の数多くの客人の一人であったシェパードに宛てて、ケインズは八月二十二日に次のように書いている。「ウィトゲンシュタインがここにいる! 予想していたよりも二日遅れてやって来たので、その結果、彼は水曜日まではここにいるだろう。彼は君を発狂させるだろうと思う。だから君は、水曜日までは来ないほうが断然よいだろう。けれども、もし火曜日に来るほうが都合がよいなら、それでも構わないし、君はその一日を生き延びることができるだろうと言っておこう」(J. T. Sheppard Papers, JTS/2/112)。

(48) ウィトゲンシュタインは、哲学博士の学位を取得するために一九二九年六月に『論考』を提出した。審査員の一人であったムーアは、次のように書いている。「ウィトゲンシュタイン氏の学位論文は天才の仕事だというのが、私の個人的見解である。いずれにせよ、それがケンブリッジの哲学博士号に必要とされる水準に十分達していることは確かである」(Monk 1990, p.272〔邦訳二八九頁〕による引用)。

(49) ケインズとウィトゲンシュタインの関係については、Wittgenstein (1974) に再録されている往復書簡に加えて、Coates (1996) および Monk (1990) を参照せよ。後者によると、二人は、たとえばウィトゲンシュタインとスラッファのあいだに存在していたほどの密接な友人関係にはなかった。そのことは、ケインズには好都合であった。なぜなら、「ウィトゲンシュタインの友人でいることは、ケインズが与えることのできたか、あるいは与える用意があったよりも多くの時間と労力を必要とした」(Monk 1990, p.262〔邦訳二七八頁〕)からである。ラムゼイ、ウィトゲンシュタイン、スラッファ、そしてケインズが、『確率論』について議論するために一同に会した記憶にとどめるべき昼食会が開かれたことがある (Newman 1987, p.42)。

(50) Favereau (1985)、Davis (1994a)、Lavialle (2001) を参照せよ。ウィトゲンシュタインの死後に出版された『哲学探究』の〈序文〉での叙述によると、ケインズの親友であった経済学者ピエロ・スラッファからの批判が、彼の仕事にとって最も重要な刺激となった。スラッファとウィトゲンシュタインは、一九三〇年代初めから一九四六年まで、少なくとも週に一回は議論をするために会っていた。ウィトゲンシュタインが大いに落胆したことに、その後スラッファは二人の面会を終わりにしようと決意した。これら二人の著述家の関係については Marion (2005) を参照せよ。

(51) ウィトゲンシュタインは一九三〇年代にソ連に肉体労働者として移住することを思い描き、ケインズに助力を求めつつ、これを実行するための手続きを開始しさえした。ケインズの著書『ロシア管見』が、彼の決意において一つの役割を果たした。この企てが成し遂げられることはなかった。ソ連に滞在中、労働者としてではなく哲学教授として迎えられるということが彼に知らされたからである。

(52) ケインズは、ここからその第二付録を、「主要な平均値、およびそれらをもたらす誤差法則」という表題で『ジャーナル・オブ・ザ・ロイヤル・スタティスティカル・ソサエティ』に発表することになる (1911-2)。

(53) 第5章で、この論文と、ケインズによる貨幣数量説批判のあいだの関係に立ち返る。
(54) カール・ピアソン（一八五七―一九三六年）は、ケンブリッジ大学キングズ・カレッジで学んだ。一八八四年に、ロンドン大学ユニバーシティ・カレッジの応用数学と力学の教授に任命された。彼は、一八九〇年代に生物測定学の領域における研究を開始した。彼はまた心理学の研究にも着手した。彼は、広く読まれた『科学の文法』（一八九二年）の著者であり、また評論誌『バイオメトリカ』の創刊者の一人である。一九一一年には、フランシス・ゴルトンの死にともない、ゴルトンのロンドン大学への寄付によって設立された優生学講座の初代教授となった。世界初の大学の統計学部であるロンドン大学ユニバーシティ・カレッジの応用統計学部を一九一一年に創設した彼は、その世紀の主要な統計学者の一人であった。彼は活動的な論客であった。デイヴィッド・ガーネットは、ピアソンが両親の友人であったので、彼のことをよく知っていた。ガーネットによる両親の描写は興味ぶかい。「二人とも〈合理主義者〉であった。そのために何らかの理由から、地獄の業火という神罰を目の当たりにした古いタイプの清教徒よりも、さらに厳しい道徳的基準で生活する必要があると感じていた」(D. Garnett 1953, p.113)。
(55) アメリカでは一九二〇年から一九二三年にかけて禁酒法が施行された。フィッシャーはその廃止に反対し、精力的な運動を行なった。
(56) Dostaler and Jobin（2000）を参照せよ。以下の二つの項は、そこからいくつかの要素を借用している。
(57) ここで言及されているのは、『一般理論』ではなく『貨幣論』である。『一般理論』はまだ公刊されていなかった。しかしながら、この論評は『一般理論』にも等しく当てはまる。
(58) ケインズとティンバーゲンの論争に関係する文献、およびより一般的に計量経済学とケインズの関係については、Bateman（1990）、Bodkin *et al*（1988）、Hendry（1980）、Patinkin（1976b）、Rima（1988）、Rowley（1988）、Stone（1978）、および Lawson and Pesaran（1985）に所収されている諸論文を参照せよ。
(59) KP, PP/20A を参照せよ。その一部は、Mogridge（1992）の図版九と一〇に再録されている。
(60) この段落に関係する出来事の政治的文脈については、補章2を参照せよ。マクミラン委員会については、第6章で立ち返る。
(61) これについては第7章を参照せよ。
(62) ケインズと国民経済計算に関しては、Stone（1978）、Klotz（2003）、Suzuki（2003）を参照せよ。

(63)『需要の理論と測定』(1938年)の著者であるヘンリー・シュルツ(一八九三―一九三八年)は、ロシアに生まれ、一九二六年にシカゴ大学で教職についた。彼は、数量的方法および計量経済学の発展における先駆者であった。一九一九年には、ロンドン大学ユニバーシティ・カレッジにおいてカール・ピアソンのもとで学んだ。

(64)英国科学振興協会は、一六六〇年に設立された威厳ある王立学会のエリート主義的・保守主義的傾向に幻滅を感じた科学者たちによって一八三一年に設立された。F部会には経済学者が集まっていた。

(65)次章を参照せよ。

(66)経済学の方法に関するマーシャルのビジョンは、たとえばワルラスのビジョンとはきわめて異なっているので、おそらくマーシャルは、このことに同意したであろう。ここにおいてもまた、ケインズは彼の先行者に対して正当な敬意を払っていない。

(67)したがってケインズは、フリードマンのビジョンには根本的に異議を唱えたことであろう。フリードマンのビジョンによると、科学的理論の仮説の現実性は、その仮説から実証的に検証可能な予測が引き出されうるかぎり、何の重要性ももたないとされる(Friedman 1953)。

(68)第6章を参照せよ。

(69)ケインズによる数学の解釈と使用については、O'Donnell(1990b)を参照せよ。

(70)ニュートンの子孫がいくつかのニュートンの文書をロンドンで競売に付し、そのなかには錬金術を扱っているものも含まれていた。ケインズは、「ケンブリッジに残すべきものはほとんど全て」買った。「買った物のなかには、アイザック・ニュートン卿のデスマスクもあります。それはとびきり興味ぶかいものです」(一九三六年七月十五日付のケインズから父宛の手紙、JMK 21, p.382)。

(71)たとえばLawson(2003)を参照せよ。

(72)ムーアは一九〇八年にウィリアム・ジェームズのプラグマティズムに対する批判を発表し、ケインズはその批判に賛成した。それとは反対にフランク・ラムゼイはプラグマティズムの議論を支持したが、この点に関して、ケインズはラムゼイにしたがわなかった。ケインズとプラグマティズムの関係に関する異なる見解についてはBerthoud(1998)を参照せよ。

(73)われわれは、芸術を扱う最終章でこの論文を再び取り上げる。そこでは、ケインズの芸術の概念について分析する。

(74)画家であり美術評論家でもあった彼の友人のロジャー・フライもまた、科学的な素養を持ち合わせており、芸術と科学は密接に関連していると考えていた。

(75) この主題については、Dostaler (2002a)、Johnson (1978a)、Marzola and Silva (1994)、O'Donnell (2004) を参照せよ。ケインズとウルフの著作との関係についてはWicke (1994) を参照せよ。『一般理論』の言語、およびケインズの言葉の用法が不正確であると批判する者たちに対する彼の返答については、第6章で立ち戻る。

3

政治

自由主義と社会主義を超えて

私が思うには、将来の真の社会主義は、個人的本能と社会的本能のあいだで適切な棲み分け分野を発見し、この姉妹的な本能のあいだの実りある協力の条件を発見するための無限に多種多様な実験から出現するであろう。

――「失業には思い切った対策が必要か」(1924-14, p.222〔邦訳二四四―五頁〕)

私は、平均的な労働党支持者にくらべても保守的傾向が少ないほうだと確信している。また、私の心中では、たとえばシドニー・ウェッブ氏とかトーマス氏、ホィートリー氏らが抱いているような最近の哲学の枠内で生じる変動よりも大きな社会的変動の可能性に思いを馳せてきた。私の想像上の共和国は、聖なる空間の最左翼に位置を占めている。

――「自由主義と労働党」(1926-8, pp.308-9〔邦訳三七一頁〕)

問題は、私たちが十九世紀の自由放任国家から脱却してリベラル・ソーシャリズムの時代に移行する用意があるかどうかということです。私が意味するリベラル・ソーシャリズムとは、私たちが共通の目的のために、また社会的・経済的公正を促進するために、組織された社会として行動することができるが、他方で、個人――彼の選択の自由、彼の信仰、彼の精神とその表現、彼の企業と彼の財産――を尊重し、擁護するような体制のことです。

――「民主主義と効率性」(1939-1, p.500)

倫理は、主として個人の行動にかかわり、善の性質と適切な行為の規則について考察するものである。G・E・ムーアとブルームズベリー・グループにとって、倫理とは、友情、親密な関係、美の観照、真理の追求を通して、意識の善き状態を獲得するという問題である。もちろん、人生はそこで止まるのではない。人間は政治的動物である。個人的な幸福に加えて、集団的な幸福を達成するために必要とされる条件を実現するという問題も存在する。その二つは、たがいに関連している。意識の善き状態を獲得することと生活術を改良することは、貧困の世界――暴力、不正義、自由の欠如、多数者に対する少数者の支配、戦争を通じた国際摩擦の解決などによって特徴づけられる――においては不可能である。ケインズにとって、階級戦争や国際戦争が終わりを迎えたときにのみ、世界は幸福な場所となるだろう。階級の問題はこの章で論じられ、国際関係については次の章で論じられる。

こうしてわれわれは、倫理から政治へと目を転じる。政治もまた、ケインズの主要な戦場の一つである。彼が展開した経済理論――「政治経済学《ポリティカル・エコノミー》」としてより適切に知られている――は政治に従属するとともに、実際問題の解決を目的としていた。それは、すでに脆弱となっている文明を飲み込もうとしている反動と革命のわなを避けるために社会を改良するという問題であった。アメリカ大統領のフランクリン・D・ルーズベルトに宛てた一九三三年十二月三十一日付のケインズの公開書簡は、このような側面をとくによく表している。

閣下はみずから進んで、既存の社会組織の枠内での筋道の通った実験によって、われわれの時代の害悪を取り除こうとする各国の人々の寄託者となられました。もし閣下が失敗すれば、理性的な改革は世界じゅうで毛ぎらいされ、正統主義と革命とが最後まで戦い抜くことになるでしょう。しかし、もし閣下が成功すれば、新しいいっそう勇敢な方法が各所で試みられることになり、われわれは、新しい経済時代の第一章が閣下の就任の日に始まると記録することになるでしょう(1933-31, p.289)。

ケインズの生涯は、進歩と幸福を保証するために不可欠な改革を実行することの緊急の必要性を、同国の市民たちに説得しようとする不断の努力によって特徴づけられる。逆説的なことに、政治一般に、すなわち統治の技芸・技術・わざ・実践に明示的かつ完全に充てられたケインズの著作はほとんど存在しない。もちろん、彼の著作は政治的性格の刻印に満ちている。しかしこれらの文章は、たいがいが簡単な論評や付随的な意見であった。一つの例外は、一九〇四年、彼が二十一歳のときに書いたエドマンド・バークに充てられた論文である。

実のところ、ケインズの政治への関与は、イートンでの若き日々から上院の議員席での最後の日々まで決してとだえることがなかった。彼の政治的関与は、意思決定者に対する助言や活字媒体での介入にかぎられなかった。たしかに、これらの活動には彼の時間と精力の多くが費やされた。しかし彼の関与は、実践のレベルでの政治活動や仕事をも含んでいた。

彼の立場は、きわめて多様な、しかもたがいに矛盾する解釈にさらされてきた。ある者にとっては、ケインズは政治的スペクトルの極左に位置している。多くの保守派は、彼を隠れ共産主義者であると見ていた。他方で共産主義者やマルクス主義者は、ケインズが自らを労働者階級の友であるかのように見せかけ、保守党の政策を批判していただけになおさら、彼を保守的であると見なしていた。これら二つの特徴づけの中間に、想像可能な全範囲の立場が見出される。ある者にとっては、ケインズは、ニュー・リベラル、進歩的、急進的であり、またある者にとっては、もっとも正しい信念をもつ中道のリベラル派である。彼自身は、ときどき自らを適度に保守的であると述べ、またある時は労働党よりも左派的であると述べることによって、事態を混乱させることを楽しんでいたように思われる。彼は、次のように述べることによって一つの論文を終えている。自分は、保守派、リベラル派、穏健な社会主義者、および革命派を満足させることに成功していることを望んでいる!(1930-3, p.16)。

ケインズの政治思想は、多くの源泉によって育まれた。それは、彼の伝記作家ハロッドが「ハーヴェイ・ロードの前提」――エリート主義と急進的自由主義とが、非国教主義と伝統への愛着とが、また合理主義と芸術的感性とが混じり合ったもの――と呼んだものによって特徴づけられる家庭的な背景に由来している。ケインズは、ブルームズベリーの友人たちと同様に、裕福な中産階級の出自であり、終生その階級の価値観を保持した。彼の時代の出来事、すなわちヴィクトリア女王の治世とエドワード七世の治世の終わりを刻する経済的・社会的な動乱は、ケインズが固執した自由主義よりも左派的なビジョンに勢いをあたえるとともに、ある程度までケインズを労働党の友とし、保守党とは断固として対立させた。ケインズのビジョンの形成においては、ジョン・スチュアート・ミルとニュー・リベラル派の理論家たちに次いで[1]、バークが重要な役割を演じた。それゆえケインズの政治哲学についての我々の説明は、その起源に対して、すなわち二十歳代のときに一人の青年として彼が展開した思想に対して重要な位置づけをあたえるであろう。バークに関して、もっとも偉大な社会思想家たちは自らの政治哲学を三十歳になる前につくり上げたのだ、とケインズは書いた。このような評価は、ケインズ自身にも同様に当てはまる。本章につづく補章は、一八八三年から一九四六年までのイギリス政治史と、そのなかにおけるケインズの位置についての簡潔な概観をあたえる。

一　政治哲学の起源(2)

歴史とその先人たち

ケインズが一八九七年から一九〇二年まで学んだイートン校のカリキュラムは、古典と数学を中心にして進行していた。ケインズは数学に秀でていた。カリキュラムのごく小さな部分を構成するにすぎないけれども、ケインズは歴史にも深い関心をもっていた。その若き日の関心を、彼は生涯を通じて追求した。彼は、古代史と現代史、中世、宗教改革とルネッサンス、実際の歴史と歴史の理論、偉人や各国の歴史、制度や構造の進化に関心をもった。一八九四年、十一歳のときに彼は、スタンリー・ワイマンは「すばらしい歴史小説作家」(KP, PP/34/5) だと日記に書いている(3)。若きケインズは、プルタルコスの『シーザーの生涯』、トレヴェリアンの『アメリカ独立革命』、レッキーの『十八世紀の歴史』などのようなより重要な著作ばかりでなく、きわめて多くの歴史小説を読んだ。一九〇〇年八月七日の日記に、彼の父は、「まったくもって歴史は、彼にとって大きな魅力をもっているように思われる」(KP, PP/43/161) と書き込んでいる。一九〇〇年にメイナードは、ケインズ家の家系に関する調査を始めた。彼は多年にわたってそれを追跡し、ウィリアム征服王の時代にまで彼の家系を遡ることになった(4)。彼の初めて公刊された(無署名の)一九〇三年の日付をもつ著作物は、『ケンブリッジ現代史』第七巻の書評 (1903-6) である。一九〇六年の文官試験に備えて、彼は歴史的文書に没頭した。一九二〇年から一九二六年までには、彼は貨幣の歴史と古代通貨に関する包括的な研究を行ない、その研究は『貨幣論』に関する仕事を遅らせることとなった(5)。また彼は、短い伝記、とくに経済学者の、しかしまた政治家や科学者のそれを著述する術を修得した(6)。

ケインズの初期の論文の多くは、スチュアート朝やクロムウェル、ヴィクトリア女王のような歴史的主題を扱っている。決定論の否定のように、のちの著作において重要となる着想がすでにそこには存在している。歴史は循環的あるいは反復的なものではないし、それはまた与えられた目的に向かって進むのでもない。社会や経済において自然的な法則が存在しないのとちょうど同じように、歴史においても進化の自然的な法則は存在しない。このような主題はただちに、ケインズを多くの経済学者たち――ケネーをはじめとする経済学の創設者たち以来の、人間社会の諸問題において自然的な法則が一つの役割を演じると考える人々――と対立させることになる。(7)

決定論の否定は、歴史やその他の場所における不確実性の存在とその役割に関する彼の主張と密接に結びついていた。それは、彼の経済思想における主要な主題となった。一九〇〇年には、スチュアート朝を扱った論文で彼は、「過去を研究する歴史家、現在を観察する政治屋《ポリティシャン》、未来に目を向ける政治家《ステイツマン》をひとしく困惑させる諸事象におけるそのような不確実性」(1900-1, p.1) について書いている。(8) もし歴史家・政治屋・政治家たちが不確実性に困惑させられるとしたら、ふつうの人々が将来を過去の延長とみなすことに驚きはない。「たいへん不思議なことに、人間の知力では諸事の状態の変化が生じる前にそのような変化を予想することができないので、ほとんどの人にとって、平和から戦争への転換のような大きな転換は、実際にそれが起こるまではほとんどありそうにないことに思われる」(1901-2, p.2)。これに先立つ文章において、ケインズは二十世紀初めのヨーロッパの政治的・経済的風土について記述して、戦争は、大部分の人々が考えているよりもはるかに差し迫っている、と結論している。とくにドイツとフランスにおいては、革命的反乱の脅威も存在していた。「フランスについて予言することは、つねに危険をはらんでいる。……しかし大衆の感情が一部の革命運動によって刺激されていることが確かであるとするならば、一八七〇年の場合と同様の人気回復のための乱暴な企てのなかで、政府が戦争へと動くことはありそうにないことではない」(*ibid.*, p.7)。将来は不確実性に覆われているので、過去は予測にとっての唯一の基礎であるということになる。「歴史は、予言のための基礎と見なされるべきである。またわれわれは、過去によって将来を判断するべきである」(1900-2, pp.4-5)。

確定した将来をもたない歴史には自然的法則が存在しないのであるとすれば、個々の主体が重要な役割を演じているにちがいない。これらの主体は意思決定者である。政治家は遠い将来に関心を抱き、政治屋は当座の問題に関心を抱く。いずれの集団とも、哲学者や社会思想家の思想に影響を受け、またそれによって誘導される。事象の成り行きを変化させることのできるような地位にある個人の心理的特徴は、歴史においてかなりの重要性をもっているのである。一六〇三年から一七一四年にかけてイギリスを支配したスコットランドの王朝であるスチュアート朝の歴史は、このような事実を示している。「イングランドの王座に就いたスチュアート朝の最初の三人の［原文のまま!・］見本は、知的能力に恵まれていなかったのでもなければ、危険な野心に取りつかれていたのでもなかった。しかし一人目は彼の威信を失い、二人目は彼の頭を失い、三人目は彼の名声を失った。そして四人目は王冠を失った」(1900-1, p.1)[9]。ケインズは、『平和の経済的帰結』において描いたパリ講和会議の参加者たちの名高い肖像を予示するようなかたちで[10]、論文のなかで歴史的・政治的・心理的な考察を結びつけながら、この悲劇的な結末を想起している。たとえ王朝が石に刻まれるものではないとしても、家系はそれ自らの役割を演じるのである。「運命とは、多くの人が思い描いているような気まぐれな女神などではない。不幸な人間には、たいていの場合、不運を論理的に導くような何らかの特徴があるものである。……だから不幸なスチュアート朝は、さけがたく不運を導くような何らかの特徴をもっていたように思われる」(*ibid.*, p.9)。

政治家の仕事は、多くのことの中でも、とりわけ階級闘争を乗り越え、革命を防ぐことにある。ケインズによれば、チャールズ一世とルイ十四世は、悪い人たちではなかったけれども凡庸な政治家であった。個人の「道徳的特徴」と「歴史的特徴」を区別することが重要なのである。のちにケインズがヴェルサイユ条約の失敗をアメリカ大統領ウィルソンの心理的なひ弱さに着せ、またより一般的に、自然の惨禍でも神の報いでもない破局・恐慌・戦争を政治家たちや政治屋たちの凡庸さに着せたのと同じような方法で、彼はスチュアート家の欠点の悲劇的な帰結を描いた。偉大な政治家として、ルーズベルト大統領は反動と革命という二つのわなを回避し、そのことによってウィルソンの欠点の悲惨な結果に対する埋め合わせを行なった。これに対してスチュアート家は、イギリス史における重要な移行期の統治者として、また責任ある政治家として統治を行なうことができなかった。

第二に、彼らはイギリスの歴史の移行段階に登場し、そして潮が満ちてきたときに浜辺で自分の場所を移すことを拒む者が常に見舞われるような宿命に苦しめられていた。もっとも偉大な政治家といえども、動乱を防ぐことができなかったであろうというのは事実である。しかし、王政復古があったことを思い起こさなくてはならない。最小の見識や兵力しかもたない王朝でさえ、名誉革命を防ぐことができたはずである（1900-1, p.12）。

このようなことは、クロムウェルには当てはまらない。彼は、「全歴史のなかでもっとも有能な独裁者」、「近代的戦略の創始者」であり、「カトリック教徒を除くすべての宗派に対して」寛容を示すとともに、「イギリスに自由をあたえなかった政府は、いかなる真の安定性も達成することができなかったという事実を決して見落とすことがなかった」（1901-1, pp.3, 5, 6）。彼の業績における唯一の汚点は、チャールズ一世の処刑であった。「しかし、彼自身の追随者たちからの制御することのできない圧力のもとにおいてでなければ、彼がかかる行為をはたらいたと考えることは不可能である。……便宜主義の観点からは、その時代のもっとも有能な政治家が、彼自身の自由意思でそのように無作法な手段をとったのだということは信じられない」（*ibid.*, p.6）。ここで注目に値するのは「便宜主義」expediencyという言葉であり、バークの政治哲学におけるその中心的位置については、以下で検討される。

歴史は、長期のかなり安定的な進歩の時代、危機の時代、移行の時代から成っている。移行の時代はしばしば数十年か、あるいは何世紀かにわたってさえ持続する。「近代文明」(1905-3)において、ケインズは、キリスト教の始まり、ローマ帝国から中世への移行、そして中世の終わりは移行の時代であったと書いている。そのような時代には、人々は急速な変化に適応しなくてはならない。もしそうでなければ、ケインズの表現を用いると、満ち潮の前に移動することができなくなるという危うい状態に自らをさらすことになる。偉大な人物はどの方向から風が吹いているのかに気がついて、通常は既成の秩序に反対する。

人間の歴史には、ある種の時期が存在しているように思われる。すなわち、不満の精神や、既成のものに対する反発と抵抗の精神がいたるところに広がるとき、人々がいかに生まれながらの気質や環境において異なっていても、現行の宗教や道徳に対してであれ、あるいは市民の権力の確立に対してであれ、新しい大胆不敵な言葉を使いはじめるときが存在しているように思われるのである。

このようにルネッサンスというものは、十二世紀のもっとも顕著な特徴を示しているのである(1902-1, p.33)。

ベルナール・ド・クリュニーとアベラールは、まさにそのような人物であり、若きケインズは、彼らのために相当な研究を捧げている。(11) 二人とも、当時の政治的・宗教的正統派の反感を買ったし、またそのことのために高い代価を払った。二人は、十二世紀の頃のような移行の時代において主要な役割を演じた重要な「歴史の底流」(*ibid.*, p.31)の見本として役に立つ。ベルナール・ド・クリュニーは、暗黒時代の生活を知っていた。彼はまた、宗教改革とルネッサンスを育む土壌となった古代の文明・芸術・文学・哲学を高く評価していた。ルネッサンスは、古代の諸伝統へと立ち返るものである。ただしそれらの伝統の精神は、中世の修道院において生きつづけていた。「ルネッサンスと宗教改革の精神は、一見そう見えるような親なし子などではない。その精神は決して絶えることがなかった。それはこれらの中世の修道院において生きつづけていたし、またこのベルナールの風刺のなかの声をつくり出したのは確かにこの精神であったのだ」(*ibid.*, p.31)。

ケインズは、中世に対する全面的な非難が行き過ぎであると見なし、その恐怖や不正義にもかかわらず、「それでも中世の世界に対して、壮大で穏やかな美しさを否定することはできない」(*ibid.*, p.33)と考えていた。古代の諸伝統に対するこのような興味と関心は、一般に、成熟したケインズと結びつけられている。けれども我々はここで、それがはるかに早く現れていることを知ることができる。十二世紀は、ヒルデベール、アベラール、ピーター・ザ・ヴェネラブル、アダン・サン・ヴィクトール、ベルナール・ド・クリュニー、ベルナール・ド・クレルヴォーと結びついて、フランスにとって重要な時代であった。[12] しかしながらケインズは、これらの偉人たちが、「困窮という事実と、このような生活に関する悲観主義を――それを許している神に対して、あるいは神を弁護し赦免している神学上の教義に対して、ヨブのような感情の爆発を見せることなく――完全に甘受していたこと」(*ibid.*, pp.65-6)を非難した。ケインズはまた、彼らの「進歩とこの世界の将来に対する絶対的で完全な不信」を理由に、彼らを叱責した。そこからは、「この世界が生み出すあらゆることは全く無意味であるという感情、人間のすべての活動は無益であり絶望的であるという感情」(*ibid.*, pp.65-6)しかもたらされないのである。現代の世界は、このような問題に対する自らの接近方法を改めた。「過去を知って評価することができ、無限の将来を予期している時代は、自らの教条を修正することを、あるいは少なくとも、自らの先祖が疑いをもつことなしに向き合っていた問題を軽く片づけることを、自然に強いられてきた」(*ibid.*, p.66)。

移行の局面がどんなに長いものであろうとも、それに続いて安定の時代がやって来る。ヴィクトリア時代は、そのような時代の一つである。一八一五年にウィーン会議がナポレオン戦争を終結させ、一世紀もの長きにわたるヨーロッパの平和の到来を告げた。とはいえ、このことにもかかわらず、地域的な戦争や災難の拡大、規則的な経済恐慌の発生、および社会的闘争の激化がなくなることはなかった。これらのいくつかは、暴動や革命の原因となった。これらのすべてから完全に免れていたのではなかったけれども、イギリスは、大陸に比べると小さな影響しか受けなかった。第1章で言及した論文（1899-1）において、ケインズは、このことをヴィクトリア女王の統治の安定性によるものであるとしている。しかし彼はまた、彼の母国の本来的な特徴を想起することによって、そのことを説明している。一九〇〇年頃に執筆された論文「イギリスの国柄」において、彼は次のように書いている。「大陸の隣国に比べて、イギリス人は政治問題により大きな知的関心をもっている。平均的なイギリス人は、おそらく平均的なフランス人よりもドレフュス事件についてよく知っていた」（1900-3, p.3）[13]。イギリス人は、「歴史と制度の際立った連続性」のために、また「このような穏健さに対する健全な政治的態度のおかげで」、進歩と安定をより多く好んでいる。「その典型的な国民は、反動的でもなければ急進的でもない」（*ibid.*, p.2）。ウィリアム三世を即位させた革命でさえも、たんなる憲法の改正であるかのように穏健なものであった。

> イギリス人の全体的な政治的見地は、次のような感情に影響を受けている。すなわち、イギリスの制度はともあれ時間の是認を得ており、またそれらは軽々しく廃止されるべきでないとしても、それにもかかわらず時間の経過とともに改良を必要とする、という感情にである。その結果、イギリス人はリベラルではあるが急進的ではなく、急速な変化には反対する。しかしいちど変化の必要性を納得したならば、それを受け入れる（1900-3, p.2）。

一九〇〇年の大部分の知識人と同様に、ケインズは、東洋に対する西洋の優越性を信じていた。ブレトン・ウッズ交渉のような彼の職業生活の多くの機会に、彼は、議論の核心を理解するためのある代表団の能力に関して、ほとんど人種差別になりかねないような論評を行なっているのを目撃されている。「東洋と西洋の違い――それはいつかなくなるのか」において、彼は、民主主義の生誕地であり個人が最重要である西洋と、大衆が支配し専制政治と独裁政治が広がっている東洋とを対比した。「このような個人の人格の蹂躙から、われわれは、通常の東洋的な停滞から時々ぱっと現れるそのような人間性の欠如とそのような忌まわしい残虐さの原因を明らかにすることができるだろう」(1900-2, p.2)。また、アジアとヨーロッパのあいだで翻弄された人々に関する記述も存在する。

ユダヤ人は何百年にもわたってヨーロッパに散らばっていた。彼らは、とにかく現代においては、自分自身をヨーロッパ人から区別できないようにするために精一杯のことを行なってきた。そして彼らは著しく失敗した。反ユダヤ主義者が生まれるのは、ユダヤ人が伝統的に罪に問われた民族であるからではない。それは、ヨーロッパ人に対して敵対的な、そしてそれゆえに冷淡な本能が、ユダヤ人のなかに深く根ざしているからである。そしてわれわれのあいだでの彼らの存在は——民族的特徴を消し去ろうとするさいに生じるような、あるいは猫に犬を愛させようとするさいに生じるような——、克服することのできない困難の生きた例である(1900-2, p.3)。

この種の論評は、メンバーのなかにレナード・ウルフのようなユダヤ人を含んでいたブルームズベリーであたえられたような環境においてさえ、当時においては普通のものであった。ケインズの親友の何人か、すなわちメルヒオル、スラッファ、カーン、モンタギュー、ウィトゲンシュタインは、ユダヤ人であった。ケインズはまた、ひとたびヒトラーの迫害が始まると、ユダヤ人亡命者の受け入れにきわめて積極的に関与した。しかしこのことにもかかわらず、彼は生涯の最後まで時おり反ユダヤ的な意見を表明していたのである。(14)

哲学的な補論——時間の性質　歴史の問題は、時間の問題と結びついている。ケインズの世界観において、とくにその経済的次元において、時間は中心的な位置を占めている。われわれが以下で見るように[15]、彼は、貨幣を現在と将来のあいだの架け橋であると定義した。期待と不確実性は、時間と密接に関係している。

一個人としてケインズは、時間の経過の心理的次元と、あらゆるものの不確かさに鋭く気づいていた。彼は、このような意識をブルームズベリーの友人たちと共有していた。ヴァージニア・ウルフの見るところ、時間とは作家にとって第一の題材である。彼女は「現代の小説」において、作家は「月曜日の生活や火曜日の生活」を忘れなくてはならず、また「その外観はたとえどんなに支離滅裂であろうとも、……微分子が精神に落ちてくるままを、落ちてくる順序どおりに」描写しなくてはならないと書いている（V. Woolf 1925, pp.160-1〔邦訳一三一―四頁〕）。あたかもこのような直観が引き起こした苦悩と闘うためであるかのように、ケインズは、運を天に任せる余地をまったく残さず、その活動の多くを記録しながら自分の時間を念入りに管理した。ケンブリッジ、ロンドン、ティルトンのあいだで分割された彼の生涯は、時計のような正確さで組み立てられていた。彼はいつも時計に目をやっていた。不活動の状態にとどまることができずに、そしておそらく骨を休めることすらできずに、彼はこう確信していた。ものごとを成し遂げるために、人はすみやかに、きわめてすみやかに行動しなくてはならない。人は明日死ぬかもしれないのだから。

ケインズの時間との関係は、彼の個人的な経験に根ざしている。しかしそれはまた、若いときからの哲学的考察の対象でもあり、彼の多くの著作にその痕跡が見出される。彼は、時間の問題を明示的に扱った一つの論文を残している。それは、おそらく彼の初めての哲学的論文であり、パレーシアスト協会 Parrhesiasts Society での一九〇三年五月八日の発表のために書かれた二〇ページの原稿から成っている。ケインズが所属していた数多くのクラブの一つであるパレーシアスト協会は、キングズ・カレッジ――彼はその論文を書いた最初の年にそこにいた――の学生によって構成されていた。この論文を執筆するにあたり、ケインズは、H・シジウィック『時間と常識に関する対話』、ヘイスロップ『時間と空間についてのカントの理論』、カルキンズ『因果関係と空間に関係するものとしての時間』、マッキンタイア『時間、および諸事象の連続』、シラー『時間過程の形而上学』を読んだ。彼は当時、時間は非実在的であると宣言したマクタガートの講義に出席していた。「マクタガート博士の講義に出席したとき、私は、ふつうの生活から形而上学へと入り込むことは極めて暴力的なことであると感じた。世界に対する弁証法的な視点を維持するための知力を集中させるのに、いつもかなりの時間を要した」(1903-2, p.3)。彼の講義ノートには、次のように書いてある。「時間のなかにある事物が非実在的である状態とくらべて、無時間の状態において解決を見出すことができるのだろうか。そこでは、あらゆる経験が一度に完全なものとして経験されるのかもしれない」(1903-5, p.47)。「おそらく時間は一つの実在であり、一般に思われているほど意識内容から独立してはいない」(*ibid.*, p.62)。

ケインズは、次のような仕方で発表を始めた。「私に先立つ三つの論文において、われわれは、生と死の両岸、そしてこの二つをつなぐ性という橋について論じてきた。今宵は、両岸のあいだを流れる時間という雑音について考えることにしよう」(1903-2, p.1)。彼は時間について、「あらゆる形而上学的体系における最大の躓きの石の一つ」(*ibid.*, p.2) であると述べる。彼のおもな論点は、「時間尺度の本質的な相対性、またとくに、……時間と変化という概念の相互連関性」(*ibid.*, p.7) を扱っていた。時間の測定は、ある種の二つの再発する事象のあいだの間隔は相等しいという、証明することのできない仮説にもとづいている。変化と密接に結びついている時間の概念においては、絶対的なものは何も存在しない。「もし変化の余地のない虚の時間という背景の存在を諸君が認めるならば、諸君は、私が最後の二つの単語を発するあいだに何百万年もが経過したという可能性を否定する権利をもたないことになる」(*ibid.*, p.8)。時間についてのカントのビジョンを棄却しながら、ケインズは、時間の常識的な観念は錯覚であると付け加えた。現実には、ケインズの時間の概念はヘーゲルよりもカントに近い。内主観的な時間を不確実な歴史の進行と調和させることは、そのことによって心理の推移の問題を歴史に近づけているという意味においてカント的である。それは、主体にとって外在的な歴史的時間と心理的な時間とを統合するという問題である。変わることのない観念的なものと変わりゆく物質とのあいだの懸隔を橋渡ししようとする試みのなかで、カントは、諸現象の先験的《ア・プリオリ》な形式的条件としての、また理解のカテゴリーとしての時間の概念を考案したのだった。

たとえ人間が因果的な歴史の連鎖のなかの一つの環であるとしても、人間はまた自らの行為の原因でもあるということを示すために、カントは、因果性の原理と人間の自由とを調和させようと試みた。その結果、主体は歴史において第一義的な役割を演じることになる。このような見方がケインズの政治的ビジョンを、前項で論じられたような諸主題へと、そしてまたこれから扱う諸主題へと導いたのである。人間がひとたび自らの運命を引き受けることができるようになるならば、そしてひとたび世界における自らの位置が、ある種の神の超越性や、自然の静的なものごとの秩序のなかで永遠に変わらないものによって定められるのでなくなるならば、人間は、政治的存在として、市民的動物として立ち現れることになる。(16)

バークに対する称賛と批判

アイルランド出身のエドマンド・バーク(一七二七―一七九七年)は、十八世紀イギリスのもっとも重要な著述家・政治家の一人である。彼は、経済問題においては自由主義者であり、友人であるアダム・スミスの見解を初めてイギリス議会に紹介した者の一人である。ジョージ三世(一七六〇―一八二〇年)の統治のもとでのイギリスの植民地政策に反対しながらも、彼は同時にフランス革命の厳しい敵対者であった。彼は『フランス革命についての省察』(一七九〇年)において、それを批判した。(17) ホイッグ党の党員であった彼は、多くの面で政治的には保守的であった。彼は、人間がものごとの秩序にしたがう伝統的な社会構造が衰退したことを嘆き、また啓蒙運動と抽象的な人権に基礎をおく近代的な秩序が台頭したことを嘆いた。あらゆる保守派の思想家と同様に、理性によって社会を統治することができるという主張について彼は懐疑的であった。それにもかかわらず彼は、イギリスの政治的自由と権力分立という、自由主義の一定の基本的原則を固守した。ヴィクトリア女王お気に入りの首相（一八六八、一八七四―八〇年）であった自由主義的な保守派のベンジャミン・ディズレーリは、バークの精神的な弟子の一人と見なされるだろう。

一九〇一年にメイナードは、全一二巻のバークの著作集を購入した。一九〇二年二月に彼は、弁論大会で時代衣装を着て東インド法案に関するバークの演説を朗読した。ケンブリッジでの二年目の一九〇四年には、彼は八六ページのタイプ打ちの論文「エドマンド・バークの政治学説」を作成した。それによって彼は、英語論文を対象とする大学会員賞を獲得した。アベラールやベルナール・ド・クリュニーに関する諸論文の場合と同じように、彼は自らの主題を展開するために膨大な量の研究を捧げた。それは、政治哲学に関してケインズがこれまでに書いたなかでも最長で最重要な論文であった[18]。彼の意図は、きわめて矛盾をはらんだ人物であるバーク――保守的であると同時に自由主義的であり、また自由貿易論者にして帝国主義者、イギリス革命の支持者にしてフランス革命の敵対者であった――に固有の「首尾一貫した矛盾のない一連の政治理論」（1904-2, p.1）を描き出すことであった。ケインズの見解もまた、しばしば矛盾していたように見える。

ケインズによれば、政治哲学に対するバークのおもな貢献は、彼の「便宜主義」の理論である。「統治の技術についての格言と規範において、便宜主義は至上の地位を占めなくてはならない」（*ibid*, p.36）。「政治においては常に行なわれるべき特定の行為というものは存在しない、と彼が主張したことは正しい。このなかには、彼の主張に名声をもたらすべき少なからぬ部分がある」（p.9）。政治には、究極的な目的というものは存在しないのである。

彼は、政治的考察によって究極的な善を確立することを期待しているのではない。彼が求めているものは別のところにある。政治学は彼にとって手段についての理論であり、その枠組みの理論的部分は、社会の個々の構成員による様々な私的善の達成を促進することを意図している。「形而上学的推測」、「抽象的考察」、「哲学者の普遍性」

やこれに類するものに対する彼の不断の攻撃を引き起こしているのは、普遍的で本来的に望ましく政治的性格を有する一定の諸目的が存在すると主張している人々に対する彼の敵対心である。しかし、彼がこれと同様の敵対心を見せてはいない別の種類の一般的諸原則が存在している。すなわち、全体の幸福という目的を除いて、政治には普遍的な目的は存在しない。しかし広範な妥当性をもつ多くの一般的な原則や格言は存在し、それらを確立することが政治学の任務なのである（1904-2, p.6）。

バークの見るところ、政治とはさまざまな目的を達成するための手段にかかわるものであり、それらの目的の一つが最大多数の幸福である。ケインズは、バークを政治的功利主義者であると見なした。幸福は、物質的快楽、安全、自由に関係している。

身体的平穏・物質的快楽・知的自由は、とりわけ、これらの善きものにとって最大かつ不可欠の手段である。しかしそれらはまた幸福のための手段でもある。そして統治されている人々の幸福を自分自身よりも重く見る政府は、その政府がどのような倫理理論から霊感を引き出していようとも、善き目的のために役立つであろう（*ibid.*, p.81）。

このような目的は、暴力的で苦痛に満ちた変革を通じては達成されない。「民族とは、遠い将来における何らかの偉大で輝かしい目的に向かって血と炎のなかを行軍するものだとは、彼は考えなかった。彼の見るところ、現在の努力や現在の犠牲によって助長・促進されるべき偉大な政治的千年王国など存在しない」（*ibid.*, p.86）。ここに、『フランス革命についての省察』からの特徴的な一節がある。

フランスの恣意的な国民議会が彼らの改革計画をまず全面的な廃止と破壊から開始するように追い込まれたのも、この難局と格闘する能力の欠如である。だが技量が発揮されるのは、破壊と打倒においてであろうか。貴国の暴徒も、国民議会と少なくとも同程度にはこれを果たしうる。もっとも浅薄な知性、もっとも粗暴な腕力もこの仕事を充分にこなせる。憤怒と狂乱は、慎慮と熟考と先見性が百年かけて築き上げるものを、ものの半時間で引き倒すだろう。古い体制の誤謬と欠陥は、目に映り手で触れられる。それらを指摘するのには、大した能力は要らない。絶対的権力が存在すれば、悪徳と体制をもろともに全廃するのには一語で充分であろう〔Burke 1790, pp.279-80〔邦訳（下）六四頁〕〕。

この引用のなかに、ケインズの政治思想の中心的見解、すなわちマルクス主義と共産主義に対する彼の敵意の源泉にある考えを見出すことができる。あらゆるかたちの暴力的な社会変革と同様に、革命は否定されなくてはならない。その理由は、暴力は悪いものであり、統治のために必要とされる才能をもたない人々を権力の座につける恐れがあるからだけでなく、また不確実性の性格を考慮すると、将来の善のために現在の幸福を犠牲にすることには危険がともなうからでもある。ケインズは、このような見解の源泉がエドマンド・バークにあるとしている。しかしその見解は、彼のムーアの読解、および確率に関する彼の研究にも依拠している。

われわれの予測の能力はごくわずかなものであり、遠い将来の成り行きについての我々の知識はきわめて不確実であるから、将来の疑わしい利益のために現在の便益を犠牲にすることは全く賢明さを欠いている。バークはかつて、そして正当にもこう主張した。国家の安寧を一つの世代のために犠牲にしたり、社会全体を困窮に陥れたり、あるいはかなり遠い将来の想像上の千年王国のために有益な制度を破壊したりすることは、ほとんどの場合、正当ではありえない、と。われわれは、機会をうまくとらえるために十分な知識をもつことは決してできないし、また過去の大洪水がときどき持続的な恩恵をもたらしたことは、大洪水一般に対する弁護とはならないのである(1904-2, pp.14-5)。

たとえ政治には最終的な目的がないとしても、それにもかかわらず政府が尊重しなくてはならない諸原則は存在する。これらの原則は倫理的考察と関連しており、バークの場合には、それは次のようなものであった。「彼が真理よりも平和を優先したこと。将来の利益のために現在の弊害を持ち込むことにおける彼の極度の臆病さ。きわめて稀な場合を除いて、人間が正しく行動することについての彼の不信――なぜなら、彼らはそのように行動することが正しいと判断したにすぎないからである」(*ibid.*, p.10)。政府の原則は、四つの大きなカテゴリーに分類されている(*ibid.*, pp.82-3)。

一 「あまりに遠い先を見通すことは賢明ではない。われわれの予測の能力はわずかなものであり、遠い将来の結果に対するわれわれの支配力は微小である。……動機において理性が演じる役割はわずかである」。

二 とくに経済問題において、個人的自由が尊重されなくてはならない。「この領域においては、個人はまったく束縛を受けない状態に置かれなくてはならない」。

三 私有財産が尊重されなくてはならない。「すべての科学において、私有財産と法規の神聖さの規則と同じほど厳格に守られるべき規則は存在しない」。

四 「政府の特殊な諸形式や諸機構」を扱いながら、規則の多様性が尊重されなくてはならない。政体の確立と尊重、世論を考慮に入れること、独裁政治と腐敗に対する戦い。

ケインズは、バークの第二の論点に対してもっとも批判的であった。その主張は、「自由放任によって支配された」経済的思考に典型的なものである。「しかしバークは、たしかにこう主張した。いかなる口実にもとづいてであろうとも、それを超えてどの個人も干渉を受けてはならないような一線が存在するとともに、絶対的に、かつ例外なしに、個人の活動に委ねられるべき一定の領域が存在する。とりわけ財産と商業の領域においてはそうである、と」(*ibid.*, p.20)。ケインズは、バークが不平等を正当化したことと、自由放任を弁護したことを批判した。

ほとんどの私有財産権の擁護者には、きわめて不平等な分配が弊害をともなうことを認める用意がある。しかしこのような難問は、バークには何の疑いも引き起こさなかった。彼は、分配関係がどのように変わっても目に見えるほどの財の増加をもたらすことはないと断言し、また不平等であることは私有財産の本質的な性格であると主張した。これが、バークが過度に愛好し、また彼をいくつもの誤った見解に導いた議論の筋道である(1904-2, pp.22-3)。

ケインズの立場に関して言えば、国家は民衆が餓死することを放置してはならない。バークが敵対したフランス革命の栄光の一つは、貴族に対する農奴の従属を終わらせるとともに、フランスのいなかにおける貧困の度合いを緩和したことであった。貧困は暴力を生み出すのだ。

改革は、暴力なしに行なわれなくてはならない。そして権力の賢明な行使は、世論にかかっている。しかし世論は本来的に賢明であるわけではなく、このことを理由に、バークは自治と民主主義を批判するようになった。バークの見解を完全に支持することはなかったものの、ケインズは、重大な政治問題を理解するための民衆の能力についての懐疑を彼と共有した。バークの見るところでは、「民衆は、行政と立法の機能を引き渡す必要がある」(*ibid.*, p.51)。

なぜならば、「通常の状態のもとでは、生起するあらゆる政治の問題に対して、民衆が彼らの移ろいやすい意思とあいまいな判断を行使する地位に就くことは、もっとも危険なことである」(*ibid.*, p.53)。政府は民衆を虐げてはならず、その代わりに、いつも世論に影響を及ぼそうと試みつつ、それを尊重しなくてはならない。政府は国民に対して寛容であるべきだが、「特定の手段と政策の選択は、国民の能力をまったく超えたことであるに違いない」(*ibid.*)。

ケインズは、民主主義の教育的な力を主張すると同時に、バークの思想の行き過ぎた性格を批判した。しかし彼は、バークの分析の一部に同意した。ケインズは、次のように確信していたし、またつねに確信したままでいたように思われる。すなわち、知的エリート——彼は疑いなしに自分自身をその有能な一員であると見ていた——だけが、経済学と政治の複雑な仕組みを理解することができ、したがって幸福を達成するために必要とされる改革を、あるいは少なくとも反乱の動機を取り除くために必要とされる改革を実行することができるだろう、と。[19] バークに関する論文を書いてから二〇年後に、ケインズはこう書いた。

将来、これまで以上に、社会の経済的枠組みに関する問題こそが、政治的な争点のうちでも群を抜いてもっとも重要なものとなると私は考えている。その正しい解決には、いくぶんか無教育な投票者大衆の頭上をはるかに抜きんでていなくてはならない、知的で科学的な構成要素が必要になると私は考える。……強力な指導部があれば、主要な政策原理とは区別された政策上の技術は、十分指図を受けることができるであろう (1925-17, pp.295-6〔邦訳三五四—五頁〕)。

二　ケインズの政治的ビジョン

ケインズの政治的ビジョンは、何を支持したのかよりも、何を否定したのかという点においていっそう明瞭である。一方においてケインズは、保守主義へと変形した古典的自由主義に対する闘いを主導した。その極端なかたちが、ファシズムとナチズムであった。他方において彼は、社会主義の急進的な形態であるボルシェビズムと共産主義を否定した。われわれは、反動と革命のあいだを進んでいかねばならない。そのようなことが、「第三の道」――それは、ニュー・リベラリズム、ソーシャル・リベラリズム、あるいはリベラル・ソーシャリズムと互換的に表現される――の使命であり、ケインズは自らにその伝道者としての役柄を割り当てた。[20]

自由放任と保守主義

おそらくケインズは、制度主義の伝統に連なるヴェブレンやその他の経済学者たちの著作を読んでいた。これらの思想家はケインズに霊感をあたえたが、ケインズのほうでは彼らの影響を認めていなかった。ジョン・R・コモンズは、このルールについての一つの例外であった。[21] いくつかの機会に、とくにソ連で開かれた一九二五年の会議で(1925-22)、ケインズは、西洋社会の長期的な進化を明らかにするコモンズの図式を紹介し、それに賛同した。コモンズは、この進化における三つの段階を区別した。第一は欠乏 scarcity の時代であり、それは、「個人の自由は最小限に抑えられ、反対に物質的強制の前に共産主義的支配や封建的支配、政治による支配が最大限に発揮される」(1925-17, p.304〔邦訳三六五頁〕で引用されているコモンズの文章)という状態をもたらす。この時代は、暴力、非効率性、絶え間のない戦争、迷信の支配、伝統の重みによって特徴づけられる。その時代は、人類の起源から十五世紀ないし十六世紀まで続いた。第二の段階は豊富 abundance の時代であり、それは十六世紀における資本蓄積の始まりをもって幕を開けた。またケインズが言うには、その時代は、「当初は物価の上昇とそれによってもたらされた利潤とに起因していたのであり、スペインが新世界から旧世界に運び入れた金銀財宝による帰結であった」(1930-17, p.323〔邦訳三九〇頁〕)。この時代は、「個人の自由は最大限に発揮され、政府による強制的支配は最小限に抑えられる。また個人間の〔自由な〕取引が配給制に取って代わる」(1925-17, p.304〔邦訳三六五頁〕で引用されているコモンズの文章)という状態をもたらしつつ、自由放任と古典的自由主義の勝利とともに十九世紀イギリスにおいて、その絶頂に達した。イギリス帝国はそれ以後、大きな苦痛を生み出す経済的移行の最初の局面に入った。第三の段階は安定 stabilization の時代であり、そこでは、「個人の自由は縮小される。この縮小を強制するのは、一部分は政府の許可であるが、しかし大部分は、製造業者や商人、労働者、農民、銀行業者などの、協会・法人・組合その他の集団的行動による、非公然、半公然、公然の協調であるか、あるいは調停による協調であるか、そのいずれであれ、協調的な行動をとることによる経済的規制である」(1925-17, p.304〔邦訳三六六頁〕で引用されているコモンズの文章)。この時代は、政治機構のレベルでは、一方におけるファシズムと他方におけるボルシェビズムという両極によって特徴づけられる。

ケインズが考えるに、一連の例外的な環境が、イギリスの支配のもとでヨーロッパが繁栄し経済的に安定することを半世紀にわたって保証していた。「西ヨーロッパが過去半世紀のあいだそれによって生活してきた経済組織のもつ、極度に異常で、不安定な、錯綜した、頼りにならぬ、一時的性質を、心底から理解している者は、われわれのうちのよくよく一部でしかない」(1919-1, p.1〔邦訳一頁〕)。自由放任は、当時のイデオロギーであった。バークに関する論文が示しているように、早くからケインズは、このイデオロギーと距離をおいていた。E・G・ハワースとM・ウィルソンによって編集されたウエストハムにおける社会・産業問題に関する研究についての一九〇八年の書評において、彼はこう書いている。

このような問題において拘束なき個人主義と自由放任が地域社会の発展に対して及ぼす影響に関心をもつ者は誰でも、当面の利潤のための資本をほとんど、あるいはまったく持たずに仕事をし、しかも条例や整然とした開発計画によって活動を妨げられていない多くの中小建設業者の窮状についての、本書であたえられている説明に注意を向けるべきである（1908-1, p.174）。

ハロッドによれば、キングズ・カレッジの学生でアポスルズの一員でもあったジョン・シェパードは、「自由放任に激しく反対」していたケインズが、自由党の集会で行なった演説で、保守党員と自由党員について次のような定義を提案したことを目撃している。「いま住民が貧乏と困窮の状態のなかに生活している一つの村があるとする。この村を見せられて典型的な保守党員は、『非常に悲惨だ。しかし不幸にも、救うことはできない』と言い、自由党員は、『これは何とかしなければならない』と言う。これが彼の自由主義者である理由であった」（Harrod 1951, p.192〔邦訳二二一頁〕）。

一九二四年のオックスフォードでの会議と一九二六年のベルリンでの会議に由来し、『自由放任の終焉』としてホガース・プレスによって公刊されたパンフレットには、自由放任と古典的自由主義に対するケインズのもっとも有名な批判の一つが見られる。ここでは、後者は保守主義と同一視されている。リカードがその主な代表者である古典派経済学の基礎である自由放任の経済学は、保守的個人主義と民主的社会主義あるいは平等主義という二つの思想潮流が結合するなかから生まれた。この明白な矛盾語法によって、経済学者たちは私的利益と公共善とを結びつけることができるようになった。こうして個人主義と自由放任は英国国教会となり、ケインズの時代においても依然としてそうであった。このような神話の力は、それが企業の利益に合致していたことに加えて、それに反対する議論、すなわちマルクス派社会主義と保護貿易主義のさまざまな欠陥にも由来していた。けれども、それは一つの神話にすぎない。多くの経済学者たちによって是認された物価と雇用の自動調整についての「拡散の原理」principle of diffusion——ケインズがそう名づけたような（1925-22, p.440〔邦訳五三〇頁〕）——は、これらの経済学者たちの頭のなかを除いては決して存在していなかった。

> 折にふれ、自由放任の論拠とされてきた形而上学的原理ないし一般的原理は、これをことごとく一掃してしまおう。個々人が各自の経済活動において、永年の慣行によって公認された「自然的自由」を所有しているというのは本当ではない。〈持てる者〉、あるいは〈取得せる者〉に永続的な権利を授与する「契約」など存在しない。世界は、私的利益と社会的利益とがつねに一致するように、天上から統治されてはいない。実際問題として両者が一致するように、この地上で管理されているわけでもない。啓発された利己心が、つねに公益のために作用するというのは、経済学の諸原理から正しく演繹されたものではない（1926-1, pp.287-8〔邦訳三四四頁〕）。

要するに、当時の一般的な理解や、また今日の一般的な理解とは異なって、アダム・スミスの見えざる手は存在しないのである[22]。「何の干渉もなしに作用する諸個人の利己心がつねに最善の結果を生み出す、という古い見解は正しくない」（1923-29, p.149〔邦訳一六一頁〕）。二十世紀に入る前には、自由党員と保守党員は、自然主義的誤謬 **naturalistic fallacy** にもとづいて自由放任に対する信奉を共有していた。しかしながら保守党員は、国際貿易の領域においては保護主義を支持していた。それから自由放任は、賃金を切り下げるために意図的に失業を増やすような政策に正当性をあたえつつ、保守党の教義となった。

ケインズは青年期には急進的であり、年をとると、保守的ではないとしても、より穏健的になったとしばしば彼の友人たちに思われている。[23] しかしながら次の補章で見るように、このことは疑わしい。ケインズは、初期にそうであったように、彼の職業生活の終わりにおいても断固として自由放任を非難していた。彼は、一九四一年にこの主題について書いている。「われわれが自由放任の方法を信用しさえすれば、均衡維持のための自動調節機能が円滑に機能すると考えるのは、その背後に健全な理論の裏づけをもたず、歴史的経験の教訓を無視する空論家の妄想である」(1941-1, pp.21-2〔邦訳二五頁〕)。

しかしながら一九二〇年代までのケインズは、自由貿易は前世紀におけるイギリスの繁栄の欠くことのできない要素であり、それを維持することが重要であると信じていた。「私は、そこからの脱却は同時に愚挙や暴挙であると考えていた。ほぼ百年にわたって維持されてきたイギリスの揺らぐことのない自由貿易の信念は、イギリスの経済的覇権についての人々の前での説明であると同時に、神々の前での弁明であると思っていた」(1933-22, pp.233-4)。一九三一年における彼の自由貿易問題に関する見解の変化は、彼の矛盾を告発することにつながる要素の一つである。状況が変わったときには、あるいは自分が間違っていることを誰かが納得させたときには、自分の見解は変わるのだ、と言うことによって彼は返答した。この場合には、自由貿易はそれ自体が目的と見なされるべきではなく、むしろ、特定の状況のもとでは負の影響を及ぼすことがありうる一つの手段にすぎないのだということを、彼は理解した。「自由貿易も保護貿易も、実際問題において至高性を主張するための権利を自らに与えるような理論的根拠を示すことはできないのである」(1932-17, p.210)。彼の見解は、一九三三年の世界経済会議ののちに急進的となった。その会議のあいだにケインズは、彼が個人主義的資本主義 individualist capitalism と呼んだものの構図を描いた。「退廃した、国際主義的ではあるが個人主義的な資本主義、その手中でわれわれは大戦を経験しており、それは成功していない。それは知的ではない、それは美しくない、それは公正ではない、それは道徳的ではない。そしてそれは、期待にかなうものではない」(1933-22, p.239)。

失業を生み出すこのような資本主義はまた、「いなかの美しさをも破壊する。なぜならば、一個人に占有されていない自然の輝きは、経済的な価値をもたないからである」(*ibid.*, p.242)。いまや、「自由放任資本主義の観念的な諸原理――もしそう呼ぶことができるとすれば――にもとづいて何らかの一様な均衡を達成している、あるいはそれを達成しようと試みている世界の諸力」(*ibid.*, p.240)から、われわれ自身を解き放つことが重要である。金融市場に対する規制が国家的でありつづけることは、とりわけ重要である。技術進歩の存在を考えると、リカードの比較優位説の適用可能性はますます小さくなっている。したがって、国家的自給の余地を要求することは、後退的・保守的であるどころか進歩的なことであり、モンテスキューの「商業」doux commerce 以上に世界平和に寄与するのである。それ自らの芸術と農業、発明と伝統をあたえることのできないような国は、そこに住むには値しない国である。

保守主義からファシズムへ　一九二〇年代における主要な抗争は、ボルシェビズムとブルジョア資本主義とのあいだの対立であるように思われていた。しかしケインズの見るところでは、これは正しくない。たしかにこの対立は重要であるけれども、十九世紀中葉から相争っている次のような抗争に比べると、それは二次的なものにすぎない。

一方には、政府と対外政策のおもな目的が、平和、貿易と通商の自由、経済的な富にあると見る自由主義あるいは急進主義と呼ばれる世界観があり、他方には、力、威信、国家あるいは個人の名誉、文化の押しつけ、遺伝的・人種的偏見という観点からものごとを考える軍国主義的な、あるいはむしろ外交的なもう一つの見解がある(1922-3, p.373)。

世界の主要な政治的闘争が資本主義と共産主義のあいだの対立となったのは、自由主義の勢力が勝利した後のことにすぎない。少なくとも一九二〇年代と一九三〇年代には、文明に対する真の脅威は、明らかに軍国主義と国家主義の側からやって来た。

自由主義および社会主義と同様に、保守主義は、さまざまな潮流と底流をもつ複雑な星雲である。それは、〔第一次世界大戦につづく〕戦後の経済的困難の時期に過激化に向かう傾向をもっていた。ケインズはしばしば、このような過激化を「反動」と呼んだ。このようなことは、ドイツ・ナチズムにつづいて起こった、イタリア・ファシズム、および世界中での類似の諸運動についての事実であった。イギリスにおいては一九三二年に、かつては労働党員であり、またケインズの弟子の一人であったオズワルド・モーズリーによって、〈英国ファシスト同盟〉が結成された。[24] ケインズにとって、この政治運動はまさに悪の権化であった。そして失業と経済的困難に由来するこの害悪は、人口のますます多くの部分が左右両翼の過激主義へと結集しているがゆえに、真に危険なものであった。もちろんイギリスのファシズムは、たとえばフランスの場合と比べてみても、周辺的な現象にとどまっていた。しかしファシズムに対する闘いは、ケインズにとって絶対的な優先事項となった。一九三七年十一月十日に書かれた手紙では、ヒトラーとその同盟者の側にとって好都合となる天使のような平和主義を理由に、キングスリー・マーティンを叱責している。第一次世界大戦中には彼自身、平和主義者であり良心的兵役拒否者であったものの、ケインズはファシズムとナチズムに対する武力抵抗の支持者となり、宥和条約を非難した。これは、ケインズが若いときにバークから借用した「便宜主義」の原則のいまひとつの例証である。

マルクス主義とボルシェビズム

ケインズとマルクス　ケインズは、マルクスが亡くなる三カ月少し前にケンブリッジで生まれた。マルクスが彼の著作のほとんどを生み出したのは、ロンドンにおいてであった。ケインズは、たとえマルクスを読み、ときどき彼から刺激を受けることがあったとしても――彼は『一般理論』において、有効需要の重要性を認めた数少ない異端派の一人にマルクスを位置づけている――、ほとんどマルクスを評価していなかった。[25] マルクス主義は、自由放任経済学と同様に、ベンサム的な功利主義に起源をもっていると彼は考えていた。[26] マルクスはリカードから霊感を受け、その経済的決定論を採用した。「実際、マルクス主義は、資本主義的個人主義は現実にはどうしても機能することができないという極めてもっともらしい推論を、リカードの経済学から引き出している」(1934-10, p.488)。自らを異端派だと宣言したラジオ放送にもとづいて書かれたこの論文において、ケインズは、マルクス主義は正統派の一形態であると主張した。保守主義と同様に、共産主義は、「経済問題の重要性を途方もなく過大評価している。経済問題は難しすぎて解決できないということはない。私に任せてもらえるならば、私が面倒を見てあげよう」(1934-9, p.34)。

さらに共産主義者と保守主義者は、〔十九世紀末大不況に先立つ〕一八七〇年以前にそうであったように、一九三〇年代においても資本主義は機能しつづけると考えていた。ただし共産主義者は、暴力革命だけがブルジョアジーを打倒することによって経済問題を解決することができると信じていた。上述の諸理由からケインズはあらゆる形の暴力的な社会変革に反対していたという事実に加えて、彼は、十九世紀以降には権力の所有者が変わったと考えていた。権力は、産業の統率者 captains of industry から賃金稼得者の階級へと移った。けれども、それはプロレタリアートではない。「ウェルズの言うとおり、革命は時代遅れとなっている。なぜなら、革命とは個人的な権力に反対するものであるからだ。今日のイギリスでは、だれも個人的な権力をもってはいない」(1934-9, p.34)。共産主義者の企ては、政治的なレベルで誤っていると同時に、まちがった理論的基礎にもとづくものでもあった。

時代遅れの経済学の教科書――これが科学的に誤りであるだけでなく、現代世界にとって何の興味も適用性もないものであることを、私はよく知っている――を批判の許されないバイブルとして推挙するような教義を、どうして私は受けいれることができようか。変わり者よりも卑しい者を好むために、どのような欠点があろうとも、生活面で優れた素質をもち、全人類の進歩の種子をたしかに携えているブルジョアジーやインテリゲンチアよりも上位に、粗野なプロレタリアートの地位を高めるような信条を、どうして私が採用できるだろうか（1925-2, p.258〔邦訳三〇六頁〕）。

一〇年後の一九三四年十二月二日のジョージ・バーナード・ショウ宛の手紙で、ケインズは『資本論』を『コーラン』になぞらえた。

『資本論』についての私の感情は、『コーラン』についての私の感情と同じです。それが歴史的に重要であることは知っていますし、また多くの人々が、それを一種の『千歳の岩よ』〔賛美歌の一つ〕と見て、それが霊感を宿していると考えていることも知っています。しかも、彼らがみな馬鹿だというわけではありません。しかしその本をざっと眺めると、それがこのような効果をもちうることが、私には不可解に思われるのです。……これらの本のいずれもが、どのようにして世界の半分に炎と剣を持ち運ぶことができたのでしょうか（JMK 28, p.38）。

一九四二年にジョーン・ロビンソンが『マルクス経済学』——学問上の権威の一人によって書かれた、マルクスに好意的な初めての著作の一つ——を公刊したとき、ケインズは八月二十日に彼女に宛てて、こう書いた。

私は、それ［マルクスに関するあなたの本］がまことに魅惑的であると思いました。……実際には意味のないものを理解しようとする試みには、本来的に何か人を退屈させるものがあるという事実にもかかわらず、そうなのです。……彼は鋭く独創的な眼識をもっていたけれども、実際にはきわめて貧弱な思想家であったという印象が、私には残りました。このような印象は、少ない証拠にもとづいてではあれ、以前から私がもっていたものです。そして彼が続巻を公刊できなかったことは、彼自身がこのことに無自覚ではなかったことを、おそらく意味していたのです（KP, L/42）。

これらの所見にもかかわらず、ケインズは、マルクスの重要な洞察のいくつかを一再ならず強調したのだった[27]。

ケインズとソヴィエト連邦　これと同様に、マルクスの企図を実践に移したと主張するソヴィエト共産主義に対するケインズの関係も揺れ動いた[28]。さいしょ彼は、ボルシェビキ革命に喝采を送った。革命について、一九一七年三月三十日に母に宛てて次のように書いている。「私は、ロシアのニュースを聞いて大いに喜び、興奮しました。それは、これまでのところ戦争がもたらした唯一の価値ある成果です」。政府が食糧配給法案を発表した後の十二月二十四日には、彼は母に宛ててこう書いた。

クリスマスに際しての私の考えは、現在のような事態の進展のために戦争がいっそう長引くことは、これまで私たちが馴染んできた社会秩序の消滅をおそらく意味している、ということです。いくらかの名残惜しさはありますが、概して残念には思いません。金持ちを根絶することはむしろ一つの楽しみであり、いかなる形においてであれ、彼らに当然の報いをあたえることになるでしょう。私がもっと恐れているのは、全般的窮乏化の見込みです。向こう一年のうちに、われわれが新世界において設定した請求権は没収され、その代わりに、この国はアメリカの抵当に入るでしょう。

やれやれ、私に残された唯一の道は意気揚々とボルシェビキになることです。そして私が朝ベッドの中に横たわり、大きな満足をもってしみじみ思うのは、われわれの支配者は気が狂っていて邪悪であるのと同時に無能でもあるので、ある特定の種類の文明の、一つの特定の時代はもうほとんど終わってしまったのだ、ということです（JMK 16, pp.265-6）。

一九一九年二月二十三日に、ケインズはふたたび母に宛てて書き、ロシア政府が彼に勲章を授与したことを知らせた。「しかしながら、ボルシェビキになることは、断ったほうがより適切であると考えました」（JMK 16, p.267）。それと同時に彼は、アレクサンドル・コルチャークのロシア白軍による進撃と同盟諸国からの武力介入ののちに、アルハンゲリスクで自由ロシア政府〔反革命政府〕が樹立されたことに、ブルームズベリーの友人たちが狂喜していることを怒った。コルチャークの敗北と処刑ののちに、彼は自らのこのような態度が誤っていたことを認めた。(29) 一九二一年には彼は、ヨーロッパの労働者階級が非常に大きな希望を託していたボルシェビキの実験の失敗を宣告した（1921-12, pp.269-70）。しかし翌年ケインズは、ソ連の外相であるチチェーリンと面会して彼を称賛するとともに、ソ連の経済状態について詳細に研究した後にこう書いている。

社会主義の途方もない実験は、発展の過程にある。上に橋をつくるための堅固な基盤が存在しているだろうと、私は思う。革命はお上品な事業ではない。とくにロシアにおいてはそうである。しかし、単なる嫌悪や道徳的な義憤——それらは、事実を発見するための好奇心さえ持ち合わせていない——は、決してそれだけでは、大きな歴史的事件に対する正しい反応ではありえない（1922-15, p.408）。

これと同じ新聞において四月十日に発表された論文からの以下の言葉が示しているように、彼はゴーリキーに宛てて、ボルシェビズムに対して正しい感情的および知性的反応を示すことは難しいと書いている。「ボルシェビズムとは、陶酔した理想主義と、スラブ人とユダヤ人の苦難および彼らに特有の気質の双方から生じた知的誤りとによって作り出された興奮状態のようなものである」（1922-3, p.373）。一九二五年に、ケインズとリディア・ロポコヴァは、新婚旅行のためにソ連――リディアの家族は、ペトログラードに住んでいた――を訪ねた。彼はまた、ロシア科学アカデミーの二百周年記念祭にケンブリッジ大学の代表として招待されていた。彼はそこで講演を行ない、自らのニュー・リベラリズムの限界について述べるとともに、ボルシェビズムの積極的な側面として、貨幣愛を人間行動の動機ではなくさせたという事実を認めた。「西欧のわれわれは、われわれがあなた方から学びうる何かを見出すことを希望して、あなた方がなさることを共感と鋭い関心をもって見守ることでしょう」（1925-22, pp.441-2〔邦訳五三二頁〕）。

帰国直後に、彼は三つの論文を書き、それらは十二月に『ロシア管見』という表題でホガース・プレスによってパンフレットとして刊行された。そこでは彼は、科学アカデミーの前においてよりも小さな外交的配慮しか見せていない。彼は、レーニン主義を、宗教・神秘主義・観念論の混合物として描いた。ソ連は狂信的な少数者によって指導されている。そして彼らの政策は、宗教的な熱情をもって採用されている。ケインズは、農民にとって深刻な問題を予言した。それにもかかわらず彼は、ソ連経済はそれ自らの改革によって存続することが可能であると考えた。たとえばソヴィエトは、財やサービスの経済的計算と分配のためには貨幣が不可欠であるために、それを廃止することはできないのだということを理解している。また価格についての問題は、「ブルジョア経済学の教訓」が「共産主義国家にも同様に適用できる」（1925-2, p.265〔邦訳三一五頁〕）ことを示している。その体制は疑いなく存続するであろうし、なんらかの形の政治的・経済的安定性を獲得するであろう。なぜならそれは、メシア的・迫害的な宗教に頼っていることに加えて、一つの経済的実験でもあるからである。そしてレーニンは経済問題における実践的な実験者であり、新経済政策（NEP）によって示されるように、自らの信念の基本的原則に変更を加えることを恐れていない（1922-21, p.437）[30]。

ロシアの聴衆に向けてケインズが説明したように、現代のもっとも重要な道徳問題の一つ——すなわち貨幣愛の問題、貨幣が成功の尺度であるという事実——を資本主義が解決するのを、ボルシェビズムが助けることができる一つの次元が存在する。「しかるに将来のロシアにおいては、金儲けに従事したという経歴そのものが、立派な青年には、単に可能性のある就職口として現れることがないのみならず、これは強盗紳士や偽造、横領の技能を習得した経歴の場合と同様と見なされるように目論まれているのである」（1925-2, p.260〔邦訳三〇八—九頁〕）。「現代資本主義は、絶対的に非宗教的であり、そこには内的な団結もなければ、強い公共心もなく、しばしば——必ずしもつねにではないが——〔富を〕持てる者と〔富を〕追い求める者との単なる集合でしかない」（*ibid.*, p.267〔邦訳三一七頁〕）のに対して、貨幣に対するこのような態度の変化は「とてつもない新機軸」（*ibid.*, p.261〔邦訳三一〇頁〕）である。

明らかに、この実験の費用、すなわち政治的抑圧と自由の欠如の双方をともなう暴力革命は許容することのできないものであり、西欧は自らの道徳問題をほかの手段によって解決することを望まなくてはならない。年を経てボルシェビズムがスターリニズムへと転化すると、ケインズはソ連に対してますますアレルギー反応を示すようになり、しだいにスターリニズムをファシズムと同じ陣営に置くようになった。リベラルで進歩的な雑誌『ニュー・ステイツマン・アンド・ネーション』の取締役会会長であった彼は、編集者のキングスリー・マーティン、およびジョージ・バーナード・ショウのような他の友人たちを、彼らがスターリンとボルシェビズムに対して満足を覚えているという理由で、さまざまな機会に批判した。一九三四年八月十一日に、彼は『ニュー・ステイツマン・アンド・ネーション』に書いている。「マルクス主義者は、現存の経済秩序を変革するために個人の政治的自由を犠牲にする用意があります。ファシストとナチスもそうです。……私自身の目的は、政治的自由主義という方法による経済的改革であります」（1934-7,

pp.28-9)。

一九三七年七月二五日にマーティン宛の手紙で、ケインズは彼に、スターリンが旧来の共産党を破壊していること、すなわち党員の二四パーセントが処刑・逮捕・流刑・除名されたことを想起させた。そして彼はこう付け加えた。「スターリンの立場は、すぐに他の独裁者たちのそれと区別できなくなってしまうでしょう。そして彼の外交政策が機会主義的となるであろうことは、まったくその性格に合ったことであるように思われます。また彼とドイツのあいだでの最終的合意は、もしそれが彼にとって好都合なものになるとすれば、決して問題外のことではないのです」(JMK 28, p.72)。ケインズは、政治的予言においてしばしば間違いを犯した。しかしここでは彼は、注目すべき先見の明を独ソ不可侵条約の二年前に示している。全体主義国家の類似性が増していることを強調することによって、彼はこの手紙を結んでいる。

しかしケインズはソヴィエト共産主義に対する敵意をもっていたにせよ、共産主義者の共鳴者たちの言論の自由を支持しただけでなく、アポスルズや〈レフト・ブック・クラブ〉[31]において彼が交際した若い共産主義者たちには共感を覚えてもいた。ロンドン・スクール・オブ・エコノミクス教授で労働党員のハロルド・ラスキ――彼は、一九四五年に労働党議長になった――が、ソ連で行なった共産主義に好意的な論評の結果として降格や減給の危機に瀕したとき、ケインズはそのような非道な考えに憤慨し、自らと対立する人物を断固として擁護した。

あまりにも多くの左翼の若い人々が、自由に対する反動的な攻撃を撃退するさいに安らかな心を得るために、マルクス主義の見解を弄んできました。したがって右翼の考えと左翼の考えは、最小限度の自由の侵犯にはとどまらない点で同様であるのですが、それらの考えを議論の引き合いに出すことの重要性は、自由の要塞のなかでは認められるべきでありましょう(1934-6, p.27)。

ニュー・リベラリズムと社会主義

ケインズの見るところでは、保守主義と共産主義は文明の将来を著しく危険にさらす二つの袋小路をなしていた。そこには自由主義という、ただし抜本的に刷新された自由主義という唯一つの道が残されていた。「自由主義《リベラリズム》」という用語は、人間行動の少なくとも三つの要素を指している。すなわち、道徳の領域の内部に存している個人的自由、政治的自由、経済的自由、がそれである。第三の要素がもっとも疑わしいものであるのに対して、第一の要素はもっとも重要なものである。『自由論』においてジョン・スチュアート・ミルは、貿易の理論は個人的自由の原理とは同じ根拠に基礎をおいていないことを説明している[32]。彼は、権利を奪われた人々を援助するための公的介入を提唱し、私有財産が制限・限定されることを認め、相続税と労働時間の規制を支持し、また形成期の協同組合運動を支援した。もしもこれらの修正を取り入れてさえ、経済的自由が繁栄と公正を保証するための最も効率的な手段ではなくなったことが明らかとなるならば、そのときにはミルは、社会主義が正当化されるであろうと考えた。

ミルの思想は、イギリス自由主義の急進的な流れに属しており、それは宗教においては非国教主義と結びついている。自由党のなかでは、このような急進的な流れは、ホイッグ主義——自由党員の元来の名称——のより保守的な自由放任の伝統によって反対を受けていた。また、これらの二つのあいだに、一つの穏健的ないしは中道的な潮流が存在していた。十九世紀の終わり頃には、急進的自由主義は「ニュー・リベラリズム」として知られるようになり、『自由主義』(一九一一年)の著者であるレナード・ホブハウス(一八六四—一九二九年)、『近代資本主義発達史論』(一八九四年)と『帝国主義』(一九〇二年)の著者であるジョン・A・ホブソン(一八五八—一九四〇年)、『貧困——都市生活の研究』(一九〇一年)の著者であるシーボーム・ラウントリー、『マンチェスター・ガーディアン』紙——ケインズは、一九二〇年代にはそこに定期的に寄稿していた——の編集者であるC・P・スコット、およびグラハム・

ウォーラスといった思想家たちによって提唱されていた。[33]

このようなニュー・リベラリズムにとって、個人的自由はもはや究極的な価値ではなかった。個人的自由は社会的自由へと、そして最終的には社会的公正へと転化し、それはその第一の目的となった。ホブハウスの見るところでは、オールド・リベラリズムの任務は政治的民主主義の実現であり、ニュー・リベラリズムの任務は社会的民主主義の実現であった。後者にとっては、私有財産権、自由放任、そして自由貿易さえもが、もはや絶対的で争う余地のない教義ではなかった。〈ニュー・リベラル派〉の思想家たちは、市場の絶対的な効率性に信を置いてはいなかった。社会問題の増大、経済恐慌、失業、所得と富の深刻な不平等、貧困と困窮に直面して、彼らは自由放任の終焉を宣言し、のちに〈福祉国家〉と結びつくことになる諸方策と変わらないような介入主義的諸方策を提唱した。ときどき「大不況」として記述される一八七三年から一八九五年にかけての時期は、組合や労働者政党の健全な台頭にとって好都合であったように、これらの主張の出現にとっても都合のよい時代であった。それは、経済的自由主義を根本から転換するという問題であった。経済的自由主義は、ヴィクトリア時代において高い社会的費用を引き起こすとともに、労働者階級の反乱を誘発するような危険を冒していたのである。ニュー・リベラル派は、社会主義・集産主義・マルクス主義に対する代案として登場した。ニュー・リベラル派は、社会変革の動因としての階級闘争を否定する。彼らは、社会民主主義的——少なくともこの表現が、第二次世界大戦の始まりにおける労働者階級諸政党の分裂後にもつようになった意味において——と呼んでもよいようなリベラル・ソーシャリズムの一形態を信奉していた。

もちろん、このニュー・リベラリズムは、今日において新自由主義《ネオ・リベラリズム》として知られているものとは正反対のものである。それは、何にもましてケインズ的な介入主義に対するウルトラ自由主義的な反動である。ケインズの政治的信念は、ニュー・リベラリズムと密接に結びついていた。彼は、ホブハウスをどこにも引用していないけれども、[34]しばしばニュー・リベラリズムに言及している。「経済的無政府状態から、社会的公正と社会的安定のために経済力を制御し指導することを計画的にめざすような体制への移行は、技術的にも政治的にも、はかり知れない困難を伴うことであろう。それにもかかわらず、〈ニュー・リベラリズム〉の真の使命は、それらの困難の解決に立ち向かうことにあると、私は主張したい」(1925-17, p.305〔邦訳三六六頁〕)。

ケインズは、自由主義の伝統的な諸目的はすでに達成されたと考えていた。すなわち、「私的独占の打破、地主制と保護貿易に対する戦い、個人的・宗教的自由の発展、国内とイギリス帝国全体での民主的政府の発達」(1927-1, p.638〔邦訳七八四頁〕)がそれである。貨幣を理性的に運用するとともに、それ自らの自由なはたらきに委ねることのできない経済に対して規制を行使するべき時代が到来したのだ。第6章で論じられるケインズのプログラムは、経済に対する国家介入の多様な政策から成っている。だがそれはまた、投資の社会化と金利生活者の安楽死を要求してもいる。しかしケインズの考えでは、このような経済的側面は彼のプログラムのもっとも重要な要素ではなかった。「これまでは個々人や偶然に任されていた多くのほかの事柄があり、それらは、将来は意識的な国家政策と集権的な国家管理の対象となるにちがいないと、私は考えます」(1925-22, p.441〔邦訳五三一―二頁〕)。政策を立案するさいの主要な問題は、国家の責任とするべきことと、個人の創意に委ねられるべきことを区別することである。ベンサムはそれらを、公権力のなすべきこと agenda となすべからざること non-agenda と呼んだ。『自由放任の終焉』では、このような見解を支持してバークの言葉が引用されている。「立法上のもっとも微妙な問題のひとつ、すなわち国家が自ら進んで公共の英知にしたがって指揮監督すべきものは何であり、国家があたうかぎり干渉を排して個々人の努力に委ねるべきものは何であるかを決定する問題」(1926-1, p.288〔邦訳三四四―五頁〕)。

「私は自由党員か」においてケインズは、ニュー・リベラリズムのプログラムにとっての重要事項の優先順位の五番目に、そして最後に経済問題を位置づけている。第一の問題は平和問題であり、それについては次の章で立ち返る。彼いわく、「極力、平和主義者たることにしよう」(1925-17, p.301〔三六二頁〕)。第二は政府機構にかかわり、ケインズはそれについて分権化が実現することを望んだ。『自由放任の終焉』で彼は、大学・鉄道会社・イングランド銀行がそのモデルである「半自治的組織体」semi-autonomous bodies を思い起こしている。要するにわれわれは、ケインズ的な管理がしばしば擬せられている集権的官僚制とはかけ離れた所にいるのである。また彼が「性問題」として記述した第三の問題は、「最大の社会的重要性をもっている」。

産児制限と避妊用具の使用、婚姻法規、性犯罪と性倒錯の処理、女性の経済的地位、家族の経済的地位――以上の諸問題のすべてにおいて、法律および通念の現状は今なお中世風である――それらの問題は開明的な見解や洗練された実践とは全然没交渉であるし、諸個人が教養の有無を問わず、お互いに私的な場で語り合っている内容ともまったく触れ合っていない（1925-17, p.302〔邦訳三六三頁〕）。

そして麻薬問題がある。これには、ケインズにとって常に最大の関心事であった飲酒と賭博の問題も含まれる。彼は自らに問うている。「退屈と苦しみに悩む人類にとって、逃避、興奮、刺激、気分転換はどの程度までの可能性ならば、時おり許されてもよいものか――それこそ重大問題なのだ。……適当な営業許可、サトゥルヌスのお祭り騒ぎ〔無礼講〕の許可、カーニヴァルの是認などが、可能になるのだろうか」（*ibid.*, p.303〔邦訳三六四頁〕）。

このプログラムは、社会主義のプログラムではない。共産主義者や社会主義者でなくとも、計画化を支持することは可能であったのである（1932-7, p.84）。しかしながら、このことにもかかわらず、ケインズは『自由放任の終焉』において、こう書いている。「際限のない私的利潤〔の追求〕に反対する〈社会主義〉の闘いは、時々刻々、細部にわたって勝利を収めつつある」（1926-1, p.290〔邦訳三四七頁〕）。彼は一再ならず、「半社会主義」について、あるいは将来の真の社会主義――そこにおいては、公的領域と私的領域の境界が明確には画されない――についてさえ言及した。「しかしながら、われわれは、この半社会主義の諸形態について柔軟な考えをもちつづけなければならない」(*ibid.*)。国家社会主義に反対して、彼はリベラル・ソーシャリズムを提唱した。一九三九年一月二十八日に『ニュー・ステイツマン』誌に発表されたキングスリー・マーティンとの対談において、ケインズは、現状に対する唯一の実行可能な解決策は「私的資本主義と国家社会主義の合成」(1939-1, p.492)であると語っている。また一九三一年十二月十三日に開かれた社会主義研究宣伝会〔フェビアン協会の一組織〕の会議から抜粋された「現代社会主義のジレンマ」において、彼はこう書いている。

私としては、社会主義者のプログラムを、後には経済的に不健全なものを与えるに足るほど社会が豊かになるために、最初は経済的に健全なことを行なうべきであるという考えを抱きつつ、政治権力の獲得をめざすものと定義したい。

私の目標とするところは、このような理想である。私の〔既成の社会主義者に対する〕異議は、それが経済的考慮を後景に押しやっている点にある。しかし、経済的・社会的進化の現時点での私の方法は、経済的に健全なことの実行に専心することによって目標に進むというものである(1932-10, p.34)。

遠い将来　ニュー・リベラリズムとは、遠く、そして望むべくは輝かしい未来に向かっての移行のプログラムであると見なすことができる。ケインズは、大不況の最悪の時期に発表された「わが孫たちの経済的可能性」と題する叙情的な論文において、この主題に関する自らの見解を述べている。大不況は、「経済的悲観論という悪質な発作」(1930-17, p.321〔邦訳三八七頁〕)を思い起こさせた。しかしながら、それは老人性リューマチという事態ではなく、むしろ単なる成長期神経痛である。革命家と反動家の悲観論は、恐慌の根本的原因に対する洞察の欠如によって説明することができる。一九三〇年代に経験したことは、きわめて急速な技術進歩の過程における一時的な中断にすぎない。「以上のことは、あげて長期的には、人類が経済問題を解決しつつあることを意味している」(*ibid.*, p.325〔邦訳三九二頁〕)。ケインズの考えでは、ここでの長期とは一世紀に相当する。われわれは、基本的な欲求が充足され、人々の精力が非経済的な目的のために捧げられるような世界を思い描くことができるだろう。そのときわれわれは、誰もが神経衰弱を引き起こす恐れのある問題に、すなわち、いかにして自らの自由を一番うまく利用するのかという問題に直面することになるだろう。なぜなら人々は、生活の基本的な欲求を充たすために要する物を、一日あたり三時間で生産することが可能になっているであろうからである。

かくて人間の創造以来はじめて、人間は真に恒久的な問題――経済上の切迫した心配からの解放をいかに利用するのか、科学と指数的成長によって獲得される余暇を賢明で快適で裕福な生活のためにどのように使えばよいのか、という問題に直面するであろう。……しかしこの豊かな時代が到来したときに、その豊かさを享受することができるのは、活力を維持することができて、生活術そのものをより完璧なものに洗練し、生活手段のために自らを売り渡すことのないような国民であろう(1930-17, p.328〔邦訳三九五頁〕)。

ブルームズベリーは、ケインズにとって疑いもなく、このような将来のエデンのための実験室であった。このエデンに住まうのは、「物事のなかに直接のよろこびを見出すことができる人、汗して働くことも紡ぐこともしない野の百合のような人」(*ibid.*, p.331〔邦訳三九九頁〕)である。経済は二次的な問題となり、経済学者は、「歯科医たちと同じ位置にとどまって、控えめで有能な人」(*ibid.*, p.332〔邦訳四〇〇頁〕)となるだろう。これと同じ頃、彼は『説得論集』の序文にこう書いた。

そしてここには、まさしく私の一貫した中心的な主題が、より一層はっきりした形で現れている。すなわち、経済問題——簡単にそう呼んではいるが、〔実は〕欠乏と貧困および階級間・国家間の経済闘争の問題——が、目もあてられないような混乱状態、しかし一時的で不必要な混乱状態に陥っているという強い確信がそれである。なぜならば、西欧世界は現在のところ、まさにわれわれの精神的・物質的エネルギーを吸収しつくしているこの経済問題を二義的な重要性しかもたない位置にまで引き下げうるに足りる十分な資源と技術を——ただしそれらを完全に使用するための組織を創造することができたとしての話だが——すでに手中に入れているはずだからである（1931-1, p. xviii〔邦訳 xxiv 頁〕）。

それゆえに、ケインズ的なユートピアについて語ることが可能であり、それは、ケインズが敵対したマルクス的なユートピアと似ていなくもない。マルクスは、人間が一日あたり二、三時間で基本的な欲求の充足にとって欠かせない物を生産するような未来世界を描写した。共産主義社会は、「私は今日はこれを、明日はあれをし、朝は狩をし、午後は漁をし、夕方には家畜を追い、そして食後には批判をすることを可能にする」（Marx and Engels, 1845-6, p.169〔邦訳六七頁〕）。もちろんマルクスの気晴らしは、ケインズのそれとは類似していなかった。それにもかかわらず、この二人の著述家は、アリストテレスによって非難された貨殖術 chrematistics が追放され、経済が社会と文化に埋め込まれた世界の出現を予見していた。経済問題の解決は、自由の拡大、社会的な諸制約と階層性の解消、搾取と抑圧の解消、「われわれ自身の生産物がわれわれを制御する一つの物象的な強制力と化すこうした凝固——それはわれわれの統制をはみ出し、われわれの期待を裏切り、われわれの目算を無に帰さしめる——」（*ibid.*〔邦訳六九頁〕）の解消を可能にするであろう。

科学と技術の発展は、このようなユートピア――それは、直ちに着手されるべき変革の過程の最終的な結果である――の実現を可能にしているように思われる。現存の社会構造と結びついている様々な障害こそが、貧困と低開発の問題、拡張・恐慌・不況の局面変転の問題の解決を妨げているものの正体なのである。ケインズとマルクスが袂を分かつのは、変革の手段に関してである。マルクスの見るところ、階級闘争は「必要性のない混乱」などではなく、歴史の動因である。資本主義においては、このような階級闘争は、変革の主体であるプロレタリアートにブルジョアジーを対置させる。プロレタリアートに権力をあたえる暴力的な動乱だけが、階級なき社会のための道を開くであろう。それゆえケインズとマルクスの長期の目的には若干の類似点が存在する一方で、彼らは相対立する二つの変革の戦術を支持しているということになる。

変革への道――政党

ケインズは、彼の両親および彼の教育からエリート主義の態度を受け継ぎ、生涯の最後までそのような態度をもちつづけた。ひとたび知的貴族が国事に責任を負うようになれば、事態は改善することであろう。しかし現実には、権力は職業政治家によって行使され、知識人によって行使されることは滅多にない。したがって、権威と強い指導力を知性の鋭敏さと頂上部で結合して、それらが共存するように努めなくてはならない。補章で見るように、これは、ロイド＝ジョージやウィンストン・チャーチルのような有力な政治家と交際したり、彼らに助言をあたえたりすることによって、ケインズが全生涯を通じて果たそうと試みた任務である。それと同時に、自らの知性の力を確信し、居丈高で自信に満ちあふれていたケインズは、その輝きと象徴性のゆえに政治権力に魅せられていた。また明らかに彼は、内外の意思決定者と交わることを楽しんでもいた。

しかしながら政治生活は、君主とその助言者だけに限られているのではない。選挙民もまた存在し、権力を行使する者の身分は彼ら次第なのである。意思決定者たちばかりでなく、世論にも変革の必要性を納得させなくてはならない。「たとえ経済学者と専門家が秘密の救済策を知っていたとしても、彼らが政治家を説得するまでは、それを用いることはできない。そして耳をもつが目をもたない政治家は、大多数の公衆からの共鳴として彼らにその反響が返ってくるまでは、説得に耳を傾けようとはしないのである」（1922-19, p.427）。

絶対君主制の廃止以後、政治のゲームは、イデオロギー・原理・世界観にもとづく諸政党の競争を通じてもっぱら演じられるようになった。「私は、政党間の意見の伝統的な大きな差は深く、かつ現実的なものであると信じます。すなわち、この差は深遠な原理にもとづいているのであり、状況の変化に応じて絶えず再現するものであると考えます」（1922-30, p.1〔邦訳二頁〕）。全体の幸福のことで我を忘れている人間、そして〈君主〉の助言者でさえも、政党に属するのを避けることはほとんど不可能である。

もしも人間が生まれながらにして政治的動物だとすると、政党に所属しないということは、まったく不愉快なことである。それは、寒々として寂しく、つまらないことだ。諸君の属する政党が強力で、その綱領その哲学が、人々の共感を呼んでおり、しかも集団本能、実践本能、知的本能を同時にことごとく満足させているならば、それはなんとも愉快なことであるに違いない！　――多額の献金に応じ、ひまな時間をすべてつぎ込むに足る価値あることに違いないだろう――もっとも、それも諸君が政治的動物であるとしたならば、の話だが（1925-17, p.296〔邦訳三五五―六頁〕）。

もしどの政党もある者の熱情を引きつけないとしたら、その者は消去法によって先に進まなくてはならない。ケインズの置かれた状況は、そのようなものであった。彼は初めから、「食料も飲み水も与えてくれない――すなわち知的な慰めも精神的な慰めも与えてはくれない」（*ibid.* p.296〔邦訳三五六頁〕）保守党を除外した。もちろん保守党はさまざまな分派を含んでおり、それらのうちの幾つかは他の諸分派よりも開明的である[35]。労働党は明らかにいっそう魅力的である[36]。ケインズの親友の何人かは、その党員や共鳴者であった。しかし、労働党もまたさまざまな分派を含んでいる。彼がかなりうまく折り合いをつけていた穏健な社会主義者のほかに、サンディカリストや、とりわけボルシェビズムに魅惑されていた過激主義者がいた。この後者の「破壊党」**party of catastrophe** は、暴力革命を要求し、しかも労働党に対してかなりの影響力をふるっていた。ケインズは、金融問題に関心をもっていないという理由で労働党を批判した。すなわち、そのことのために労働党は、ひとたび政権に就くと、保守党の政策と類似した正統的な政策を実行するようになるだろう、という批判である。また労働党は、依然として階級政党である。

> まず、それは階級政党であるが、その階級は私の所属する階級ではない。とにかく階級的利益を追求するのだとすれば、私は自分自身の利益を追求するだろう。もしも階級闘争ということになれば、私の偏狭で個人的な忠誠心も、他の人々と同じように——一部の不快なまでに熱狂的な人々は別であるが——、私自身の環境によって支配されるだろう。私が、自分にとって正義であり、良識であると思われるものから影響を受けるというのは、ありうることである。しかし、階級戦争が起これば、私は、教養あるブルジョアジーの側に立つことになるであろう（1925-17, p.297〔邦訳三五六―七頁〕）。

他の選択肢が消えたことによって、残された唯一の政党が存在する。「消極的テストにしたがえば、私の気持ちは、自由党こそ、やはり将来の進歩のための最善の手段だという信念に傾くほかはない——ただし、自由党が強力な指導力を発揮するとともに、正しい綱領を備えている限りにおいてのみのことだが」（*ibid.*, p.297〔邦訳三五七頁〕）。すでに見たように、この党もまた、ホイッグ派によって舵取りが行なわれながらも、穏健的な分派〔ホイッグ派〕と急進的な分派〔急進派〕をもっていた。ケインズは自らを後者と見なし、また理想的な政治路線は、急進的自由主義と労働党穏健派のあいだのどこかに位置しているに違いないと考えていた。「ホイッグ派とは、完全に分別のある保守党員です。急進派とは、完全に分別のある労働党員です。自由党員とは、完全に分別のある人のことです」（1926-20, p.542〔邦訳六七〇頁〕）。

ケインズはしばしば、「階級間のことについて公平であり、また相互にぶち壊し合っている頑迷な保守主義と破壊主義の双方の影響から免れて、自由に未来の建設にあたるような政党」（1925-17, p.300〔邦訳三六一頁〕）を夢見ていた。また彼は、「イギリスの進歩勢力が、絶望的にも、自由党と労働党の二つに分裂している」（1926-8, p.307〔邦訳三七〇頁〕）ことを嘆かわしく見ていた。

人類の政治問題は、次の三つの要素を結合することである——つまり、経済的効率性と社会的公正と個人的自由、この三つである。第一の経済的効率性は、批判的精神と警戒心と技術的知識を必要とする。第二の社会的公正には、普通の人間を愛するような利己的でない情熱的な精神が必要である。第三の個人的自由は、多様性と独立性という美点に対して寛容で、鷹揚な、正しい理解を必要とし、何よりもまず、例外的な人や高い望みを抱いている人に、妨げられることのない機会を与える道を選ぶものである。第二の要素は、プロレタリアートの大政党がもっともよく備えているものである。しかし、第一の要素と第三の要素は、伝統と昔からの共感によって、経済的個人主義と社会的自由の本拠地であったような政党の、すぐれた資質を必要としているのである（1926-8, p.311〔邦訳三七四—五頁〕）。

一九二三年五月五日にケインズは、『ネーション・アンド・アシニーアム』誌の創刊号に、取締役会会長として次のように書いた。

われわれは非常に自由党的とはなりましょうが、労働党的とはならないでしょう。初期の編集部の目算からどういう結論が出るにせよ、いかに穏健なものであろうと保守党の見解とは何のつながりもない、〈自由主義〉に賛同する言論の場が究極的には存在すべきであると、われわれは固く信じているのです。労働党の〔主張の〕教条主義的な部分は、われわれが今抱えている難題を解決するにはまったく不適切であるとわれわれは信じてはいるものの、再三の不況と失業に起因する当然避けられる苦難というべきものを最小にするために、既存の経済機構を改善し、かつ修正しようと望んでいる点で、労働党にとりわけ共感するところがあります（1923-9, pp.122-3〔邦訳一五〇頁〕）。

最初の短命の労働党政権を終わらせた一九二四年総選挙ののち、一九二四年十一月八日に彼はこの雑誌にこう書いた。

急進派と労働党員とが仲間争いによって共倒れになることをやめ、彼らの同意する実際的措置を実施するために、そのときどきに共同行動をとることに同意するのでないかぎり、有効な立法をすることのできる左翼進歩政権が成立することは、将来長い期間にわたってありえないことである（1924-29, p.327〔邦訳三八五頁〕）。

また一九二三年十一月十七日には、彼はこう書いている。「現在のところ、労働党は、労働党の路線に沿ったものというよりは、自由党の路線に沿ったもの以外は何事も達成しえない」（1923-27, p.145〔邦訳一五六頁〕）。

一九一八年にはケインズが希望を託していた政党は衰退状態に陥り、そのことによって、二つの大きな階級政党が正面衝突するようになった。

もし〈自由主義〉が衰退する定めにあるとすれば、〈富および保守主義〉の代表である党と、それに対立する〈労働および不満〉の代表の党しか、われわれには残されないことになります。どの政府も永久に存続することはありません。そしてわれわれ全てにとって考えうる最悪のことは、〈持てる者〉と〈持たざる者〉とのあいだの階級戦線における一進一退の闘争です（一九二四年十月十八日付のF・R・ソールター宛の手紙、JMK 19, p.324〔邦訳三八二頁〕）。

そして補章で見るように、ケインズの恐れていたことが起こった。一九二〇年代における自由党の衰退は労働党と保守党を対峙させ、その状況は今日にいたるまで続いている。しかしながらこのような対峙が、階級闘争を激化させることはなかった。一九二四年に、そして一九二九年から一九三一年にかけてふたたび、労働党政権は、ケインズが非難したいくつかの正統的な経済政策を次々と実行した。したがってケインズはたびたび、自らが自由党のみならず、労働党よりも左に位置していることに気づくこととなった。

このことが物語るように、ケインズの政治的立場を見きわめることは容易ではない。バークの場合と同様に、ケインズのビジョンは複雑で、しかもときどき矛盾している。社会変革の手段としての暴力の否定はそのおもな信条の一つであり、それはボルシェビズムに対するのと同様に、ナチズムとファシズムに対する彼の非難の基礎をなしていた。彼はまた、ときどきストライキを支持することがあったにせよ、過激な労働組合活動には警戒の目を向けていた。それと同時に彼は、自由放任を否定した。彼はそれを時代遅れのものと見なし、政府は、完全雇用、および所得と富のより平等な分配を保証するための抜本的な策を講じることを躊躇すべきでないと考えていた。『一般理論』では彼は、金利生活者の安楽死と投資の社会化までも奨励していたように思われる。その生涯を通じて彼は、共産主義者――その同伴者の何人かと、彼はかなり親しく交際した――に向けたのと同じくらいの激烈さをもって、道徳・社会・経済のすべての次元で保守主義を批判した。しかしこのような立場をとっていたにもかかわらず、彼は、保守党政府と労働党政府の双方に助言をあたえることを拒まなかった。ケインズは、人間は環境に適応するべきであって、自分自身の目的を達成するためには、ありうる最悪の方針が採用されることを避けなくてはならないと考えていた。自らのエリート主義のために彼は、いくぶん政党の路線の外にいる才能ある知識人たちによって、社会・経済問題が解決されるであろうと信じるようになった。彼は、このようなエリート主義を彼の家族から受け継いだ。その考えは、ブルームズベリー・グループに浸透していたとともに、ある種の家父長主義や、勤労大衆に対するいくらかの軽蔑と結びついていた。ケインズは、彼らが自分自身のことを処理できないと考えていた。

注

（1）ニュー・リベラリズムに関しては、本章の以下の記述と次の補章を見よ。
（2）この分析の最初の版は、Dostaler（1996）において提示された。
（3）一八九六年二月十六日に、彼は日記にこう書いている。「僕は今日、作家名とあわせて、自分が読んだおもな本のすべてのリストを作りはじめた」(KP, PP/34, p.8)。同じ年の四月五日には、「僕が読んだ本のリストは、今では一三三冊になった」(p.10) と彼は書いている。
（4）ケインズの母もまた、この種の調査を行ない、息子の発見を利用している。「初期のケインズ家についての説明は、私の長男であるケインズ卿によって、彼が在学中にイートン校の図書館において、また学部学生として遂行された研究におもに依拠している」(F. A. Keynes 1950, p. vii)。
（5）これらの著作の断片は、JMK 28, pp.223-94 において公表された。

(6) これらの論文の大部分は、JMK 10に所収されている。
(7) もちろん、ケインズの生涯の多くの時期に大きな影響を及ぼした歴史学派は、このような自然的法則についての見解を否定した。
(8) この論文の別の文章は、彼のさまざまな見解はたがいに矛盾しているという、しばしば彼に向けられた非難に対する前兆的な返答となっている。「問題の一面しか見ることのできない者は、片目が見えないままで人生の闘いに入っていくことになる」(1900-1, p.12)。
(9) もちろん、「最初の四人の見本」と理解するべきである。
(10) 次の章を見よ。
(11) ベルナール・ド・クリュニー(ベルナール・ド・モーレとしても知られている)は、十二世紀の前半に生きたベネディクト会の修道僧である。聖歌の作曲家、風刺作者、詩人であり、彼は、有名な『世界の観照について』*De contempu mundi* を書いた。それは、彼の時代の道徳秩序に対する辛辣な風刺であるとともに、教会を大胆に攻撃していた。彼の生涯については、ほとんど知られていない。
(12) 神学者でシトー会の修道僧であるベルナール・ド・クレルヴォー(一〇九〇—一一五三年)は、アベラールの危険な教えに反応したとの嫌疑を受けた。
(13) ケインズ自身は、一八九四年から一九〇六年にかけてフランスを二分したドレフュス事件を注視していた。
(14) ケインズが反ユダヤ主義的であると言い立てられた件に関しては、Chandavarkar (2000)、および Reder (2000) を見よ。
(15) 第5章。
(16) カントとケインズの関係に関する見解は、「経済思想における時間」に関する会議(ヨーク大学、トロント、一九九六年六月)で Dostaler and Marcil によって発表された論文で展開された。Muchlinski (1996) も見よ。
(17) 彼の友人にして論敵であるトマス・ペインの反応は、共和主義と普通選挙を支持する熱烈な訴願である『人間の権利』(一七九一年)のなかに見られる。
(18) Skidelsky (1983) はこの論文に関心を払っている。それは、Fitzgibbons (1988)、Helburn (1991)、Moggridge (1992)、O'Donnell (1989) によっても分析されている。
(19) ヴィクトリア女王の統治に関する論文において、彼は次のように書いている。「自分自身のことを考え、さらに自分自身の外部の事柄に興味をもつように労働者に勧めるのは、とてもよいことである。しかし彼の「わずかな知識」が原因となってストライキが起こるときには、それは危険なことだと認められなくてはならない」（1899-1, p.2）。

（20）これらの思想のもっと初期の表現については、Dostaler（1987）を見よ。ケインズ、自由主義と自由放任に関しては、Berthoud（1989）、De Brunhoff（1990）、Herland（1998）、Lagueux（1998）、およびThirlwall（1978）に収められた諸論文を見よ。彼の社会主義との関係に関しては、O'Donnell（1999a）とPotier（2002）を見よ。

（21）ケインズとコモンズのあいだの関係については、Atkinson and Oleson（1998）を見よ。

（22）実のところ、『道徳感情論』の著者であるアダム・スミスにとって、見えざる手が、自由放任の正当化という、一般にそれに付与されている意味をもっていることは決して自明ではない。このことに関しては、Viner（1927）を見よ。

（23）クウェンティン・ベルは、ブルームズベリーの友人たちによって非難された結婚ののちに、ケインズが「社会的にはより野心的に、政治においてはより反動的に」（Q. Bell 1995, p.97〔邦訳一四七頁〕）なったと判断している。彼の伝記作家であるスキデルスキーの見るところでは、一九三〇年代のケインズは、知性的には急進的となったが、社会的・政治的にはより保守的となった（Skidelsky 1992, p.437）。これはまた、ジョーン・ロビンソンの見解でもある（J. Robinson 1975, p.128〔邦訳一七七頁〕）。

（24）この物語の詳細については、次の補章を見よ。

（25）第6章を見よ。

（26）たとえば、第1章で「若き日の信条」から引用された文章（1938-12, p.446〔邦訳五八一頁〕）、および一九三五年一月一日にケインズがジョージ・バーナード・ショウに宛てた手紙（JMK 28, p.42）を見よ。

（27）第5章と第6章で、これらの問題に立ち返る。

（28）もちろん、マルクス、マルクス主義、マルクス主義のイデオロギーを主張する諸政党、「真の社会主義」は、それぞれまったく異なるものである。ケインズは、当時においては普通のことであったように、それらのすべてを一まとめにした。

（29）この主題については、D. Garnett（1979, p.138〔邦訳一五五頁〕）、およびQ. Bell（1995, p.78〔邦訳一一六―七頁〕）を見よ。ベルは、「彼特有の政治論議にそのときも我を忘れ」、ケインズがガーネットと大喧嘩したことについて記述している。反ボルシェビキ戦争の戦費を調達するためにケインズによって立案された金融的メカニズムについては、Ponsot（2002）を見よ。

(30) 一九二二年にケインズは、レーニンに宛てて書き、ソ連に関する一連の諸論文——『マンチェスター・ガーディアン・コマーシャル』紙のために彼が編集していた——への序文を執筆するよう彼に依頼した。しかしレーニンの健康状態が悪かったため、彼はそれを執筆することができなかった。
(31) 次の補章を見よ。
(32) それゆえにミルは、ミルトン・フリードマンのような現代の多くの自由主義思想家によって固守されている見解、すなわち経済的自由なくして政治的自由はないという見解には、反対したことであろう。
(33) ニュー・リベラリズムに関しては、たとえばClarke (1978) やFreeden (1978, 1986) の研究を見よ。ただし、それぞれの著者の解釈や、ケインズをこの伝統に結びつける方法は相異なっている。
(34) 彼は『一般理論』において、ホブソンの過少消費説を称賛している。
(35) たとえば、バルフォア前首相が亡くなった後の、ケインズの彼に対する丁重な言葉 (1930-14, p.43〔邦訳五四頁〕)、あるいは病気のために退官を余儀なくされたボナ＝ローに対する言葉 (1923-14, p.33〔邦訳四一頁〕) を見よ。それらの引用文は、補章に掲載されている。
(36) ケインズの労働党との関係については、Durbin (1988) およびR. Toye (1999) を見よ。

補章2　ケインズの時代のイギリス政治史

これから見ていくように、政党とイデオロギーとのあいだに一対一の対応関係はない。政党とは権力を追求する人々の集団であり、イデオロギーとは彼らを結びつけるものである。たとえほとんどの政党が国民全体を代表していると主張しているとしても、一般に政党というものは、社会の特定の部分の利益を擁護しているものである。政府の言説と実践とのあいだに存在するギャップは、しばしば極めて大きなものである。政治活動のために集結した諸個人は、多様でたがいに矛盾する利害と意見をもっている。すべての自由主義者が自由主義政党の党員であるわけではないし、また自由主義政党は自由主義者だけを糾合しているわけでもない。これと同じ不完全な組み合わせは、社会主義者にも当てはまる。「自由主義」および「社会主義」という言葉は、複数の意味をもっている。それらの言葉は世界観、とくに個人と社会の関係、イデオロギー上の立場、綱領、政策、そして経済理論を指している。政治的イデオロギーとは、さまざまな思想潮流が交差する複雑な集合体である。それら諸潮流のあいだの境界は決して明確ではなく、また乗り越え不可能なものでもない(1)。

一　帝国主義の勝利

十九世紀以降、イギリスの政治史は二つの大政党のあいだでの政権交代によって特徴づけられてきた。トーリー党を引き継いで一八三〇年代に保守党がこの名を名乗り、他方でホイッグ党は一八六〇年代に自由党を名乗った。これら二つの政党の成立の起源は、清教徒革命と名誉革命の起きた十七世紀にまで遡る。ホイッグ（謀反人あるいは馬泥棒に由来する）は、スチュアート家の復活に敵意をもつ者たちに最初にあたえられた名前である。彼らは、ロックの信奉者であり、〈権利宣言〉に賛成し、絶対王政に反対するとともに、議会の支持者であった。彼らの多くは、富裕階級および非国教徒であった。土地もちの郷士階級と結びついていたトーリー（無法者を意味するアイルランド語に由来する）は、王権と国教会の支持者であった。これらの用語は、自由党と保守党を指すために今日でも通称として用いられている。

ケインズが生まれたときには、ウィリアム・イワート・グラッドストーン（一八〇九―一八九八年）に率いられた自由党が政権に就いていた。彼は一八三二年にトーリーとして政界入りしたのち、一八六五年以降は自由党党首の座にあった。彼は一八六七年から一八七四年にかけて首相になったのち、手強い政敵であった保守党の指導者ベンジャミン・ディズレーリに敗れた。ディズレーリは保護貿易主義と帝国主義の擁護者であり、中産階級に対抗して土地貴族と労働者階級の同盟を推進していた。グラッドストーンは一八八〇年、イギリスが五年以上に及ぶ経済的下降――それは一八九〇年代の半ばまで続くことになり、歴史家のなかには〈大不況〉と呼ぶ者もいる――に苦しんでいたときに政権に復帰した。その頃がイギリス帝国の絶頂であり、これ以降イギリス経済は相対的に衰退しはじめる。世界の工業生産におけるイギリス経済のシェアは、一八七〇年から一九〇〇年のあいだに三二パーセントから二〇パーセントに低下したが、それは主にアメリカとドイツの発展によるものであった。

厚い信仰心をもつとともに道徳的理想に導かれて、グラッドストーンは社会改革と議会改革の政策および自由貿易を追求した。彼はまた、ナショナリストの指導者チャールズ・パーネル(2)との交渉によってアイルランド問題を解決しようと努めた。これらの交渉は失敗し、また予算に関する問題についてアイルランド国民党と保守党が協力した結果、彼の政権は一八八五年六月に倒壊した。それを受けてヴィクトリア女王は、ソールズベリー卿で保守党党首のロバート・セシルを首相に任命した。一八八五年十一月に実施された総選挙では、自由党は過半数を獲得したものの、保守党とアイルランド国民党の合計とほぼ同数の議席であった。アイルランド国民党は、保守党を打ち負かすため自由党に協力した。保守党はアイルランドとイギリスとの連合の維持を主張していたからである。

ふたたび首相に任命され、グラッドストーンは、アイルランドに自治権をもつ議会制度を設立すること——アイルランド自治法として知られている——を支持する精力的な運動を主導した。この企ては自由党に分裂を引き起こし、自由党下院議員の九三名が商務院総裁ジョゼフ・チェンバレンの周りに再結集し、保守党と協力して一八八六年七月七日にそれを否決した。グラッドストーンは辞職し、一八八六年七月に行なわれた総選挙では、新たに結成された自由統一党の運動(3)と連携した保守党が大勝した。ソールズベリー卿がふたたび首相に就任した。

これに続く一八九二年七月の総選挙では、保守党と自由党は事実上引き分けであった。グラッドストーンは、アイルランド国民党の協力を得て四度目の首相に就任した。一八九三年に彼は、アイルランド自治法の成立をめざす二度目の試みを行なった。議会で投票が行なわれ、その法案は上院で否決された。この失敗によって、グラッドストーンは一八九四年に政界から引退することになった。ローズベリー卿のアーチボルト・フィリップ・プリムローズが、彼の後を継いで首相となった。ローズベリーは「自由帝国主義者」として知られる自由党内の運動組織に属しており、その組織は強いイギリス帝国の維持を支持していた。一八九五年七月の総選挙では、保守党が大差で勝った。ふたたび首相となったソールズベリー卿は、ジョゼフ・チェンバレンを植民地相に任命した。この肩書きのもとにチェンバレンは侵略的な帝国主義を推進し、ボーア戦争――一八九九年に宣戦され一九〇二年に終結した――を指揮した。[4]〈カーキ選挙〉[5]として知られる一九〇〇年十月の総選挙では、自由統一党と提携した保守党が圧倒的多数を獲得した。高齢と病気のために健康を害したソールズベリー卿は、一九〇二年七月に甥のアーサー・バルフォア[6]*に政権を譲った。同年には、エドワード七世の戴冠式の準備が、その前年における母ヴィクトリアの逝去を受けて行なわれた。植民地相としての成功によって力をつけたジョゼフ・チェンバレンは、関税にもとづく帝国特恵を支持する精力的な運動を開始した。一八八六年に自由党を分裂させたのち、今度はチェンバレンは、保護貿易か自由貿易かという問題をめぐって保守党の分裂を引き起こした。一九〇四年五月に、自由貿易の提唱者であった保守党下院議員ウィンストン・チャーチルは、反対派に加わって自由党に移籍した。チェンバレンは、関税改革運動を自由に行なうために一九〇三年九月に内閣を去った。彼の政治生活は、一九〇七年に心臓発作のために終わった。[7] 一九〇五年十二月四日に、党の分裂、および労働組合や教育をめぐる難局に直面して、バルフォアは首相を辞任した。彼は一九一一年まで党首の座にとどまり、それからアンドリュー・ボナ＝ロー*に交代した。一八九九年以来自由党の指導者であったヘンリー・キャンベル＝バナマン*は、新内閣を組織することを要請された。彼は、自由貿易を争点にして一九〇六年一月十二日に総選挙を行なった。圧倒的な大勝利が新たに統一した自由党にもたらされた。保守党の保護主義キャンペーンと、雇用主と司法による反労働組合攻撃[8]を保守党政府が黙認したことが致命的な一撃となった。これと同時に、一つの新しい政党が誕生しようとしていた。

二　労働党の出現

ほとんどのヨーロッパの国々においてそうであったように、一八八〇年代は、イギリスにおいても活発な労働運動によって特徴づけられる。ロンドンを永住の地としたカール・マルクスの思想や、無政府主義者およびその他の社会主義運動の思想は、しだいに影響力を増していった。ロンドンは長らく、ヨーロッパ一円の社会主義指導者たちの主要な結集地であった。第一インターナショナルとして知られる〈国際労働者協会〉は、一八六四年にその地で設立された。[9]一八六八年にイギリスのさまざまな労働組合を糾合して誕生した〈労働組合会議〉〔TUC; Trades Union Congress〕は、組合の権利を拡大するための闘争を指導し、一八九〇年には一五〇万人の組合員を擁していた。それは、サンディカリズムと呼ばれる、より過激な傾向をその内部に宿していた。サンディカリストは〈労働代表連盟〉を創設し、一八七四年に二人の社会主義者の下院議員を当選させることに成功した。彼らは自由党議員団の一員となり、かくして「リブ・ラブ」Lib-Lab として知られるようになった。一八八一年には自称マルクス主義者であるヘンリー・ハインドマンが〈民主連盟〉を設立し、[10]それは一八八四年に〈社会民主連盟〉となった。無政府主義に近かったウィリアム・モリスは、社会民主連盟の同盟員となったのち、一八八五年に〈社会主義同盟〉を創設した。その前年には、〈フェビアン協会〉が誕生している。その協会は、暴力革命ではなく、むしろ漸進的な変革を通じて到達される非マルクス主義的な社会主義を確立しようと努めていた。[11]その有力な会員には、ジョージ・バーナード・ショウ[12]のような有名な芸術家や知識人が含まれていた。彼はその宣言書を執筆し、またのちにケインズの友人となる。ベアトリスとシドニーのウェッブ夫妻は、協会のなかで指導的な影響力をもち、彼らもまた様々な機会にケインズと出会うことになる。[13]

スコットランドの炭鉱夫で労働組合会議の活動的な組合員であったケア・ハーディは、〈スコットランド労働党〉

を設立した。彼は一八九二年に下院議員に当選し、一八九三年一月に〈独立労働党〉を創設した。それは、フェビアン協会、社会主義同盟、社会民主連盟の支援を受けたもので、彼らはブラッドフォードで開かれた会議に集結した。一九〇〇年にこれらの運動は労働組合会議と合同して、〈労働代表委員会〉を結成した。その委員会の書記長は、将来の首相であるラムゼイ・マクドナルド*であり、委員会は一九〇〇年の総選挙で二人の候補者を当選させることに成功した。一九〇三年にマクドナルドと自由党院内幹事長のハーバート・グラッドストーンは二党間の選挙協定を取り結び、それは〈進歩派連合〉と呼ばれた。この協定のもとで、自由党は五〇の選挙区で代表委員会の候補に対立候補を立てないことになった。自由党が保守党から政権を奪還した一九〇六年の総選挙では、委員会は五〇人の候補者のうちマクドナルドを含む三〇人を当選させることに成功した。彼らのほとんど全員が選挙協定による恩恵を受けていた。三〇人の当選者のうち七名は独立労働党の急進派に属していたが、残りは穏健派であった。委員会は〈労働党〉を名乗った。とどまるところを知らない上昇が始まった。その上昇のなかで、労働党の同盟者である自由党がやがてその主な犠牲となるのである。

三　ケインズの家族と政治

ジョン・ネヴィル・ケインズとフローレンス・エイダはともに自由主義者であったが、二人は同じ方向に向かったのではなかった。父にはホイッグ的な保守主義に向かう傾向があった一方で、母は労働党の考えに魅せられており、断固として急進派の陣営にいた。他の場合と同様にここでも、息子は父よりも母に近かった。それにもかかわらず、父からは、礼儀正しさを好むこと、伝統を尊重すること、高位の人物との交際に魅惑されることを受け継いだ。のちにメイナードが首相とトランプをしたことを自慢するようになるのと同じように、ジョン・ネヴィルは、かつてグラッドストーンと昼食を共にしたことを誇りにしていた。アイルランド問題に関しては、父は連合主義者であったので、一八八六年には、彼はグラッドストーンを支持することをやめて保守党に投票することになった。そしてボーア戦争中には、彼は自由統一党の支援に馳せ参じ、チェンバレンの立場を擁護した。ただし息子は、そのことに反対した。父は、あらゆる形態の社会主義に徹底的に反対した。自分の息子が、シドニー・ウェッブの社会主義に関する活動を支持すると述べていたために、フェビアン協会員に近づいているように思われたとき、父はずっとして、一九一一年九月の日記に次のように書きとめた。「メイナードは、自分は社会主義者であると公言し、財産の没収を支持している」(Moggridge 1992, p.190 における引用)。

しかしながら、父と母、そして息子の考えが一致していた一つの問題があった。すなわち女性参政権の問題であり、それはボーア戦争あるいは保護貿易主義の問題と同じくらい激しくイギリスを二分していた。一八八五年の選挙法改正で、いくつかの制約がありながらも、投票年齢に達したすべての男性に投票権が拡大された一方で、女性はその過程からまったく除外されていた。一八九七年のヴィクトリア女王の即位六〇周年記念祭の年に、ミリセント・フォーセットが〈女性参政権協会全国同盟〉を設立した。これは「女性参政権論者」suffragists と呼ばれた運動である。一九〇三年には、エメリン・パンクハーストおよび娘のクリスタベルとシルヴィアが、その運動は穏健的にすぎると考えて〈女性社会政治連合〉を設立した。彼女たちは、参政権に加えて男女間の完全な平等を要求した。この運動は「女性参政権運動」suffragette として知られていた。参政権獲得のための女性たちの闘い――ケインズや彼のブルームズベリーの友人たちも、それに密接にかかわっていた――は、大々的な形をとり、警察との衝突を引き起こすようになった。女性たちはついに一九一八年にこの権利を獲得したが、しかしそれは三十歳以上の者にかぎられていた。女性たちが二十一歳になったら投票できるようになるまでには、あと十年待たなければならなかった。

メイナードが公的問題について討論する手ほどきを受けるとともに、彼の政治思想が形成されたのは、イートンにおいてであった。ボーア戦争と保護貿易主義は、彼の二つの論戦の領域であった。彼は初めからためらうことなく、ボーア戦争賛成で保護主義反対であった。[14] 彼は、政治的討論を外側から観察するだけでは満足しなかった。彼は、一九〇一年十二月に「カレッジ・ポップ」と呼ばれるイートンのクラブの会員に選ばれた。彼は、そこでさまざまな政治問題について演説を行なった。一九〇二年秋にケンブリッジに入学すると、彼は〈ケンブリッジ・ユニオン・ソサエティ〉と〈大学自由党クラブ〉に加入した。彼は両方の団体の会長になった。こうして彼は、一八九五年の分裂によって弱体化した自由党のなかで生じていた諸変化について知っていた。自由放任・均衡予算・金本位制に固執するグラッドストーン流の古典的な経済的自由主義とは対立するニュー・リベラリズムが興隆しているのを、彼は目の当たりにしていた。彼は、一九〇六年の選挙運動に積極的に参加した。

四　自由党の諸改革

二十世紀の初めには、〈ニュー・リベラリズム〉を支える主要な思想家であるレナード・ホブハウスとジョン・ホブソンは、自由党の党員であった。この派閥に属する者たちは「青年自由党員」として知られ、そのなかにはウィリアム・ベヴァリッジがいた。彼は、第二次世界大戦中にケインズ革命において重要な役割を果たすことになる。[15] 彼らはマルクス主義的社会主義には反対したけれども、経済問題を解決するため、そして社会正義を実現するために、積極的な国家介入を提唱した。一九〇六年一月の総選挙で、自由党が六七〇議席のうち四百議席を獲得するという目ざましい大勝利を遂げたとき、自由党を支配していたのはこの急進的な派閥であった。その頃は、自由党と労働党のあいだで、もっと詳しく言うならば、前者の急進的派閥と後者の穏健的派閥のあいだで、政治的にだけでなく、イデオロギー的にも密接な同盟が形成されていた時期であった。[16]

キャンベル‐バナマンが首相に任命されて組閣したが、そのなかには、ホイッグ派・穏健派・急進派という三つの自由主義の派閥が存在していた。その内閣には、将来の首相である三人の主要な人物がおり、ケインズはのちに彼らと密接にかかわることになる。すなわち、ハーバート・アスキス*、ケインズが一九二〇年代にその主要な助言者となるデイヴィッド・ロイド＝ジョージ*、そしてケインズが一九二〇年代に厳しく批判したのち、第二次大戦中にはその助言者となるウィンストン・チャーチル*である。

キャンベル‐バナマンは、病気のため一九〇八年四月五日に辞任を余儀なくされた。ハーバート・アスキスが後を継ぎ、彼はロイド＝ジョージを蔵相に任命した。ベヴァリッジは彼の主要な助言者の一人であった。一連の経済的・社会的改革の実施が加速された。それは一九〇六年から始められ、ニュー・リベラリズムから大きな影響を受けていた。一九〇六年には、労働争議法によって、ストライキ中に生じた損害の法的責任を労働組合に負わせることが禁じられ、また労働災害補償法によって、労働災害が発生した場合に補償金を支払うことが規定された。同年に学校給食法により、地方自治体が小学生に無償で給食を支給すること――それまでは違法とされていた――が認められるようになった。一九〇八年には、児童法によって児童労働が規制された。他方で炭鉱夫八時間労働日法は、その名が示すとおり、炭鉱での一日の労働を八時間に制限した。老齢年金法は、七十歳以上のすべての者に所得を保証した。この所得は、週一シリングから五シリングのあいだで異なり、所得が一二シリング未満の者のみに支払われた。労働党員たちは、それが普遍性を欠いていること、給付額の水準が不十分であることを批判した。一九〇九年には住宅・都市計画法が、スラムの根絶と労働者の住宅の改善を規定した。賃金委員会法は、労働者のうちでも最も弱い立場にある者に最低賃金を支払うことを定めた。他の諸措置も労働組合の力を強化させた。

老齢年金法は、その推進者であるロイド＝ジョージの考えでは、もっとも貧窮している人々を救貧院に追いやる救貧法に対する戦いを視野に入れたものであった。その資金をまかなうために、ロイド＝ジョージは一九〇九年四月二十九日に「人民予算」を提案し、高額所得者に対する増税によって、税収を八パーセント、年あたり一六〇〇万ポンド増加させることを求めた。年あたり三千ポンド以上の所得を得ている者には一ポンドあたり一シリング二ペンスを支払うことが求められる一方で、課税最低限所得には一ポンドあたり九ペンスの割合で課税された。ロイド＝ジョージはさらに、年間所得が五千ポンド以上の者に対する一ポンドあたり六ペンスの超過税、富裕な土地所有者の相続税の引き上げ、土地の所有と売却から生じた利益に対する高率の課税を提案しさえした。

この予算は、保守党が多数を占めている上院によって十一月三十日に否決された。保守党員たちは、富の再分配のためのこれらの措置に反対した。ロイド＝ジョージは、労働者階級の居住地区で遊説し、貴族や「有産者」がわずかな年金――それは「正当に」彼らのものである――のための支払いを拒んでいることを告発することによって、精力的に人民予算を擁護した。そしてアスキスは、それを選挙で問うことを決意した。一九一〇年一月十四日の総選挙では、保守党と自由党はほとんど互角であった。自由党は、労働党とアイルランド国民党の協力を得てようやく政権をとることができた。

その国は、上院が政府と対立する憲法上の難局にあった。それを解決できるのは制度改革だけであった。それに認可をあたえるために、エドワード七世――彼の後を継いで、五月六日にジョージ五世が王位に就いた――は新たな選挙を求め、それは十二月二日に実施された。自由党と保守党はちょうど同数の議席を獲得した。ケインズはこれら二度の選挙の運動に積極的に参加して、何回かの演説を行なった。そのうちの一つは、一二〇〇人の人々を前にしてのものであった。

労働党とアイルランド国民党の協力のおかげで、アスキスは政権をとって議会法を成立させることができ、それは一九一一年八月に国王によって認可された。これによって、上院の権限は縮小された。また、失業と疾病に対する保険制度を確立した国民保険法の採択への道が開かれた。十六歳から七十歳までのすべての賃金稼得者〔正確には、すべての肉体労働者と、年収一六〇ポンド以下の非肉体労働者）は、健康保険制度に加入することを求められた。各々の賃金稼得者は週四ペンス、雇用主は週三ペンス、国家は週二ペンスの拠出金を支払った。薬代を含めて医療費は無料になった。この基金に保険料を支払っている労働者は、失業したときには、一年のうち一五週のあいだ週七シリングの給付を受けることになっていた。アイルランドにいくらかの自治権をあたえたアイルランド自治法は、一九一二年九月二十八日に下院によって可決された。その法案は一九一三年一月三十日に上院によって否決されたが、それにもかかわらず上院の拒否権を縮小させた議会法のおかげで、一九一四年九月十八日に国王によって認可された。その施行は、大戦が終わるまで延期された。

五　戦争と自由党の分裂

一九一四年に戦争が勃発したとき、ケインズは官吏としての経歴――それは、一九〇六年から一九〇八年にかけてインド省勤務ですでに始まっていた――に加えて、「〈君主〉の助言者」としての経歴を開始した。[17] 彼の経歴のこの点については、政治家で自由党大臣のエドウィン・モンタギュー*が決定的役割を果たした。彼は、一九一四年二月から大蔵省金融担当次官であった。彼が亡くなったとき、ケインズはリディア・ロポコヴァに宛てて一九二四年十一月十六日に次のように書いた。

エドウィン・モンタギューが亡くなり、私は少し悲しい気持ちです。やや驚くべきことに、私は自分の人生のほとんど全ての歩みを彼に負っていました。……戦時中の一九一五年に、私を大蔵省に呼び出してくれたのは彼でした。その年の二月に最初の連合国間の金融会議のために私をパリへ連れて行き、私を戦時業務に就かせたのは彼でした。私を有名人に紹介してくれたのは彼でした（私は彼の家での有名な四人の晩餐会で初めてロイド＝ジョージに会い、私は彼を通じて初めてマッケナに会い、私は彼の家の晩餐でマーゴット〔アスキス首相夫人〕の隣に座り、初めて彼女に会ったのです）。戦争の初期に開かれた閣僚たちの晩餐会に私を招いてくれたのは彼でした（閣内相および主要な閣外相たちの私的な会合で、彼らは秘密の情報を交換し、夕食後には戦争の重要な問題について議論しました）。彼は、講和会議の初期に私が責任を負っていた大臣でした（1989-1, p.256）。

こうしてケインズは、ブルームズベリーの世界と対立することはないとしても、それとは異なる別の世界に入った。すなわち、政治の上層の世界にである。ある程度まで彼は、二重の生活を送った。彼はすぐに何人かの大臣と、とりわけハーバート・アスキスと親しくなった。ケインズは、オットライン・モレルが開いた晩餐会の一つで彼と出会った[18]。アスキスは友人のヴェネティア・スタンリーに宛てて、彼が統括する食料価格に関する委員会について二月十一日に次のように書いた。「ケインズという名の、頭のよい若いケンブリッジの教師を事務局長にしている。明日の短い報告書は彼に頼んでいる」（Asquith 1982, p.425）。一九一五年の秋から、ケインズは、首相とその妻マーゴット――彼女は、ケインズのことをとても気に入っていた――から、ダウニング・ストリート一〇番地〔首相官邸の所在地〕、あるいは彼らの別荘の〈ザ・ワーフ〉に定期的に招かれた。彼はまた、レジナルド・マッケナ夫妻とも交際した。彼はエリート社会での交際を楽しんだ。両親への手紙のなかで、彼はそれについて詳しく述べている。一九一五年十月十五日には、彼は父に不平をこぼしている。「疲れ果ててしまいました。……仕事と興奮とが組み合わさっていました。……週のほとんどを極めて上層の生活のなかで活動していたのです。……そして首相といっしょに週末を過ごしています」。これらの著名人たちがケインズに注意を払ったことによって、彼の自尊心は満たされた。*

戦争の勃発にともない、アスキス内閣は、ほとんどの自由党員、大多数の保守党員と労働党員――当時、ラムゼイ・

マクドナルドに代わって、サンディカリストのアーサー・ヘンダーソンに率いられていた――から支持されていた。マクドナルドは、何人かの労働党員および自由党員といっしょに、平和主義の立場を擁護して〈民主的統制連合〉を設立し、国際協調を通じた平和を提唱していた。一九一五年五月二十五日にアスキスは、自由党員、保守党員、および労働党党首ヘンダーソンからなる連立内閣を発足させた。ヘンダーソンは教育院総裁に任命された。アスキスはロイド＝ジョージを軍需相に任じ、マッケナが蔵相になった。一九一六年六月五日に陸軍相キッチナー卿がロシアへ向かう途中、彼の乗った巡洋艦が機雷に触れて死亡した後を受けて、[19] ロイド＝ジョージが陸軍相になった。彼は全面的勝利を得ることを決意した。彼は、徴兵制を支持する運動を開始した。アスキスとマッケナ、そして穏健的な自由党員たちは徴兵制に反対していた。内閣の大多数が十二月二十八日に徴兵制を支持することを決定し、一九一六年一月二十七日にそれは実施された。[20]

ロイド＝ジョージと、戦争を遂行する強い意志に欠けると責められたアスキスとのあいだの緊張が高まった。十一月八日の下院での投票は、保守党の大多数が政府に反対していることを示した。他方で、ロイド＝ジョージ、保守党党首ボナ＝ロー、およびアイルランド国民党党首は、アスキスを除いた少数の者からなる戦争委員会をつくることを目論み、秘密裏に話し合いをもった。自らの地位を維持することができなくなったアスキスは辞任し、労働党の大多数と自由党下院議員一二〇名が結束して、ロイド＝ジョージが十二月六日に首相に任命された。他の一五〇人の自由党下院議員はアスキスに対する忠誠を保ち、アスキスは自由党党首にとどまった。新しい連立内閣からは、マッケナを含む主だった自由党の指導者たちが排除された。アスキス派自由党員と連立内閣支持派自由党員のあいだの分裂は、のちに自由党にとって致命的なものとなる。ボナ＝ローは蔵相の座を得て、マッケナに次いでケインズの上司となった。

たとえ自分自身の権限が強くなろうとも、ケインズは、十二月六日に任命された新内閣にまったく感銘を受けなかった。彼とアスキスとの関係は良好であった一方で、彼とロイド＝ジョージとの関係は険悪であった。彼は母への手紙（一九一八年四月十四日付）でロイド＝ジョージのことを「ペテン師」と述べ、ベアトリス・ウェッブへの手紙（一九一八年三月十一日付、JMK 16, p.295 に所収）では「独裁的首相」と述べている。それにもかかわらず、彼はボナ＝ローとはうまくやっていけた。ボナ＝ロー自身は、部下の若い官吏〔ケインズ〕をますます信頼するようになっていった。彼らはいっしょにブリッジを始めた。一九二二年にボナ＝ローがロイド＝ジョージの後を継いで首相になったとき、ケインズはボナ＝ローに反対する運動を行なっていたにもかかわらず、彼はケインズに助言を求めた。

十二月十六日にロイド＝ジョージは、彼とアーサー・ヘンダーソン（無任所相）、ボナ＝ロー（蔵相）、カーゾン卿（上院議長）、ミルナー卿（無任所相）で構成された、五名からなる戦時内閣を発足させた。毎日のように閣議が開かれ、この内閣は権力の真の重心となった。一九一九年十月まで、それは存続した。ケインズは、一二年後にそれらの出来事について書いた。アスキスについては、次のように書いている。「戦争遂行をめぐる論争は一九一六年末の第一次連立内閣の倒壊にまで至ったのであるが、その論争において概してアスキスは正しいと当時の私は考えていたし、今もそう考えている」(1928-3, p.39)。

一九一七年の七月に、ケインズは〈火曜クラブ〉の創設に加わった。それは数十年にわたって、毎月第三火曜日にロンドンのカフェ・ロイヤルに、シティの金融家、政治家、官吏、ジャーナリスト、学者を集めた会合であり、会員の一人が行なう発表に続いて、政治・経済問題について議論した。ケインズは一九四二年まで会員であった。彼は一四回の機会に議論の口火を切り、仲間の意見をよく知っておくためにだけでなく、さまざまな主題に関する自分の見解を試すための演壇としてもこれを利用した。ケインズはチャーチルの政策に対する反対運動を行なったにもかかわらず、チャーチルが自由党下院議員であったときに彼と保守党下院議員のフレデリック・スミスによって、党派を超えて政治問題を議論するために設立された〈アザー・クラブ〉への入会が、一九二七年に認められることになる。(21) ケインズは、これらの会合を、権力の座にある者たちと親しくなり、また彼らに影響を及ぼすための重要な手段であると見なした。

九月には、アスキスが政府に与することを拒否し、そのことによって自由党の分裂は正式なものとなった。これを受けてロイド゠ジョージとボナ゠ローは、自由党反主流派である連立内閣支持派と保守党のあいだの選挙協定に署名した。ただし保守党の少数の者は、この協定に反対した。休戦日の三日後の一九一八年十一月十四日に、首相は十一月二十五日に議会を解散し、十二月十四日に総選挙を行なうことを発表した。その選挙では、ドイツ問題が中心的争点となった。ケインズは、この無益な選挙運動に厳しい判断を下した。彼の見解によれば、それは、ロイド゠ジョージの個人的野心や政治的機会主義を満足させるために、「自分自身の真の衝動からではなく、一時的に自分を取り巻いているもっと粗っぽい雰囲気が発散するものから自己の主要な霊感を引き出している人のもつ、本質的な弱さについての悲惨な劇的な物語」(1919-1, p.87〔邦訳一一一頁〕)として求められたものであった。

ドイツに過大な賠償金の支払いを課すことで合意しているという理由で、ケインズは、アスキスの独立派の自由党とロイド゠ジョージの連立派の双方を斥けた(*ibid.*, p.91〔邦訳一一五―六頁〕)。この選挙では、ロイド゠ジョージの連立が七〇七議席のうちの四七八議席を得た。そのうち、保守党は三三五、自由党は一三三、労働党は一〇であった。連立に反対した労働党員は六三議席、「正式な」アスキス自由党員は二八議席を獲得した。はじめて女性が、シン・フェイン党の旗印のもとに当選したが、彼女はウエストミンスター議会に出席することを拒否した。これらの結果にケインズは落胆し、十二月十六日に母に宛てて、こう書いている。「たとえむなしい結果に終わろうとも、この不名誉な連立政府に反対して、あらゆる声が挙げられるべきです」。一九一九年一月十日にロイド゠ジョージは、一二人の保守党員、七人の自由党員、一人の労働党員を含む新内閣を組織した。オースティン・チェンバレン*が蔵相になり、ボナ゠ローは王璽尚書に任命された。年金相で労働党のジョージ・バーンズは、一九二〇年一月に健康上の理由で辞任した。

ケインズは、補欠選挙でケンブリッジ大学の労働党候補者になってほしいと、シドニー・ウェッブから次のように話をもちかけられた。[22]

あなたがその考えを退けないことをあえて希望します。もしあなたが断固としてそれを退けないのであれば、何人かのケンブリッジの人々があなたに要請書を手渡そうとするでしょう。若者たちのきわめて多数がそれに署名するだろうと私たちは確信しています。もちろん、私たちはあなたが選出される(!)とは予想しておりません。しかし、あなたは少数ながらも相当な数の票を確実に得ることでしょう。そのことは、雰囲気をかなりよくしてくれるでしょう(一九一八年一月十四日付の手紙、JMK 16, p.266)。

彼はすでに一九一六年四月二十七日にも、「学界の若手であまりトーリー的ではない人々の代表となること」を要請されていた(一九一六年四月二十七日付の手紙、JMK 16, p.267)。一九二〇年には、新たな圧力が加えられた。「現在、私の本の出版『平和の経済的帰結』は、内閣の半数から祝福を受けています。そして三つの党から、下院に立候補するように誘われています」(一九二〇年四月十八日付のノーマン・デイヴィス宛の手紙、JMK 17, p.40)。〈イースト・ウォルサムストー中道リベラル〉と〈急進派協会〉が、一九二〇年三月二日の補欠選挙でジョン・サイモン卿の後継候補となるよう彼に依頼した。以下の文章は、『タイム・アンド・タイド』誌の一九二一年七月八日号に描かれている当時のケインズの人物像である。

現在彼はケンブリッジに戻り、いかなる種類の政治的活動からも手を引いている。かつて彼が労働党に加入することを望んだ人々は、その人物のことを知らなかった。……ケインズ氏は、非常に深い裂け目によって、すなわち彼の道徳的態度という裂け目によって、労働党から隔てられている。……彼は、社会主義者の経済理論を認めていない。そしてさらに重要なことには、彼らの人道的な要求、価値基準の変更に対する彼らの信念、彼らの楽観主義を、彼は拒否している。……彼が、社会的親近感をもち、はるかに大きな知的共感をもっているのは自由主義である。しかし自由党の巻き添えを食うことは、彼がかかわりたいと望んでいるような類のことではない(JMK 17, p.240 における引用)。

六　保守党の統治と労働党の興隆

ドイツに重い制裁を科すヴェルサイユ条約を一九一九年六月に締結したパリ講和会議を取り仕切ったのち、ロイド＝ジョージの人気は絶頂に達した。それだけに、彼の没落はなおさら激しいものとなった。それは、アイルランド自由国――のちにエール共和国に改称――の建国によって引き起こされた。保守党下院議員の大多数は、この決定に敵意を抱いた。彼らは一九二二年十月十九日に〈カールトン・クラブ〉で集会を開き、ロイド＝ジョージに対する支持を取り下げることを決定した。ロイド＝ジョージは、首相の座を降りるほかなかった。保守党党首のボナ＝ローが十月二十三日に彼の後を継ぎ、もっぱら保守党員のみからなる内閣をつくり、総選挙の実施を求めた。その選挙は、彼に絶対多数をあたえた。この日付が、保守党による統治の開始を刻するものとなった。保守党の統治は、単独政権であれ他党との連立政権であれ、イギリスの運命を第二次世界大戦の終わりまでほぼ持続的に決定することになる。この選挙で生じたもう一つの主な出来事は、労働党が一四二名の下院議員を擁して、〈公式反対党〉としての新しい地位に就いたことであった。他方で、ロイド＝ジョージとアスキスの自由党が獲得したのは、それぞれ五四議席、六二議席であった。

ケインズはこの選挙に関与しなかったが、かつての上司である新首相に十月十九日に会い、十月二十三日に賠償問題を解決するための計画を彼に提出した。ボナ＝ローは咽頭癌を病み、一九二三年五月に辞任した。カーゾン卿[23]が彼の後を継ぐものと予想されていたが、彼は下院議員ではなかったので、国王は、蔵相のスタンリー・ボールドウィン*のほうを望んだ[24]。五月二十四日に、ケインズは友人のメルヒオルに宛てて書いた。新しい首相は「きわめて善良で分別のある人物で、つねにうまく、しかも公平に行動するでしょう（私は、個人的に彼をよく知っています）」。他方で賠償問題の解決に関して、「カーゾン卿は悪影響をあたえています」（E. Johnson 1978b, p.55〔邦訳七〇頁〕における引用）。五月二十六日に、ケインズがよく知っているもう一人の人物であるレジナルド・マッケナが蔵相に任命された。五月三十日にケインズはボールドウィンおよびマッケナと別々に会ったのちに、賠償金問題に決着をつけるためのイギリスの提案に対してドイツ側が返答を用意することを助けるため、クーノ首相、フォン・ローゼンベルク外相、およびメルヒオルに会いにドイツへと旅立った[25]。

ロイド＝ジョージの没落にともない、自由党内の分裂は、七年間の内紛ののちに鎮静化しはじめた。自由党の再統一は、アスキスの主導のもとで一九二三年十二月に成し遂げられ、ロイド＝ジョージは分裂後に自らが蓄えた資金を党が利用できるようにすることを受け容れた。戦前の〈ニュー・リベラリズム〉は、再生するとともに変容した。その主な方向の一つは〈自由党夏期学校〉であり、それは、現代的で進歩的な討論の場を党にあたえるために一九二一年に開設された。ホブソンやベヴァリッジのみならず、ケインズも、グラスミアで開かれた最初の集会に関与した。夏期学校は、ケンブリッジとオックスフォードで交互に一九三九年まで開かれることになる。一九二〇年代には、ケインズの講演はそれらの行事のなかの頂点であった。一九二三年一月に、ケインズは夏期学校にかかわっていた自由党員のグループとともに、一九〇七年に創刊された進歩的でリベラルな週刊誌『ネーション』の編集権を掌握した。

それは、一八二八年にまでその歴史をさかのぼる『アシニーアム』を吸収した。彼は、その取締役会会長となった。またヒューバート・ヘンダーソンが編集長、レナード・ウルフが文芸担当編集者となった。『ネーション・アンド・アシニーアム』の創刊号は一九二三年五月五日に刊行され、リットン・ストレイチーとレナード・ウルフの論説が掲載された。それは政治と経済学とブルームズベリーを寄せ集めることになった。ケインズは取締役会の統率と資金援助に加えて、数多くの論文を寄稿した。そのうちの幾つかは匿名か、あるいはシーラ Siela のペンネームで発表された。[26]一九二三年十一月十七日に、彼は「自由党」という表題の論文（1923-27）で、ついに統一した自由党が、保守・労働両党の穏健派を引き寄せて、選挙に勝つだろうという希望を表明した。しかし、この希望は裏切られることになる。一九三一年にその雑誌は、ショウやウェッブのようなフェビアン協会員によって一九一三年に創刊された『ニュー・ステイツマン』と合併し、『ニュー・ステイツマン・アンド・ネーション』となった。ケインズは取締役会会長の地位を保持しつづけ、キングスリー・マーティンが編集長となった。

労働党の興隆は、自由党の衰退と数年にわたり同時進行していた。ホブソンを含む何人かのかつての「ニュー・リベラル派」は、労働党の陣営に加わった。戦前は密接な同盟関係にありながらも、両党は同じ選挙民からの支持を取り付けようと競争していたために、彼らの敵対関係はなおさら厳しいものとなった。ウェッブによって執筆された労働党の宣言書『労働党と新しい社会秩序』は、社会主義を自由主義と対立させていた。ロイド＝ジョージの側では、労働党と自由党を隔てる溝を強調して、保守党に接近した。反対にアスキスにとっては、自由主義と労働党の間にいかなる論理的対立も存在していなかった。

一九二三年十月二五日に、ボールドウィンは財政改革を発表した。そのことは、一九二二年のボナ＝ローの公約に反していたので、選挙民にその是非を問うことを余儀なくした。十二月六日の総選挙は、再統一した自由党の敗北を明白なものとする結果となった。一五九議席を得た自由党は、一九一議席を獲得した労働党の後塵を拝して第三党となった。それは、イギリスの政治史における大きな転換であった。これ以降、政権は保守党と労働党のあいだで交代することになる。保守党は二五八議席で、絶対多数を失った。自由党がボールドウィンの保護主義的な主張を支持することを拒んだので、ボールドウィン内閣は、一九二四年一月二十一日に下院で打ち負かされた。国王ジョージ五世は、労働党党首のラムゼイ・マクドナルドに組閣を要請した。その内閣は結局、五名のサンディカリスト、数名の労働党左派の党員を含んでいたが、かつての自由党員も数名含んでいた。蔵相のフィリップ・スノードンは、緊縮財政と金本位制復帰という、まさにグラッドストーン流自由主義の支持者として登場した。ケインズは、その政策に強く反対した。

譴責決議ののち、労働党内閣は一九二四年十月に倒壊した。それは、ストライキ中の労働者に対して実力行使を行なわないように軍に要求した共産主義新聞の編集者J・R・キャンベルを告訴することを、政府が拒んだことによって引き起こされた。これと同時にジノヴィエフの偽造書簡――そのなかで、共産主義インターナショナルの指導者が、イギリスの共産主義者に蜂起を呼びかけた――が、保守党の勝利に貢献した。一九二四年十月二十九日の総選挙後、労働党一五一議席、自由党四〇議席に対して、保守党は四一五議席を獲得し、十一月四日に政権を取り戻した。[27] ふたたび首相の座に就いたボールドウィンは、保守党の陣営に戻ってきたばかりのウィンストン・チャーチルを蔵相に任命した。一九二五年五月にチャーチルが発表した戦前の平価での金本位制復帰は、ケインズが予測したように――とくに『チャーチル氏の経済的帰結』において――、輸出の減少と失業の増加をもたらした。[28] 炭鉱労働者が賃金切り下げと労働時間延長を受け容れることを拒んだのちに、一九二六年五月一日、炭鉱主たちはロックアウトを通告した。炭鉱労働者を支援して、五月三日にゼネラル・ストライキが開始され、九百万人の労働者が動員された。それは、所期の結果を手に入れることなく五月十二日に終結した。炭鉱労働者は、数カ月にわたってロックアウトされつづけたのち、十一月に賃金切り下げと一日当たり労働時間の延長を受け容れた。その翌年、保守党政府は、労働組合の特権に大きな制約を加えることを決定した。

ゼネラル・ストライキは、違法ストに対する強硬な方策を支持したアスキスと、労働組合に対する懐柔的な態度を維持したロイド゠ジョージとのあいだに、新たな、そしてきわめて厳しい対立を引き起こした。アスキスの支持者たちがストライキ中の労働者に対して行なった煽動的な言動に反対して、ロイド゠ジョージは影の内閣の閣議に出席することを拒否した。彼は、除名すると脅された。七月十九日に『ネーション・アンド・アシニーアム』誌に掲載された手紙においてケインズは、ロイド゠ジョージが政治的経歴のなかで幾つかの過ちを犯したことを認めながらも、彼の明らかに優れた特質を認めている。「彼は生まれながらにして、また気質的に急進的であって、巡り合わせによって自分が左派の側にいるときに最も幸福なのです。……彼は偉大な政治家です。すなわち、大衆のための力のエンジンなのです」(1926-18, p.538〔邦訳六六五頁〕)。ロイド゠ジョージの除名に反対して、ケインズは長い関係のなかで初めて、ロイド゠ジョージの政治姿勢――それは、自由党の急進化、および労働党との和解を含意していた――に賛意を表明した。アスキスによって代表されるホイッグ派とロイド゠ジョージによって代表される急進派が同じの党のなかで共生することができたとき、自由党は最強であった。その手紙はケインズとアスキスのあいだの不和を引き起こし、二人がふたたび会うことはなかった。アスキスの別荘を五月二十八日に訪問するようにとの招待は、すでに取り消されていた。アスキスは六月十二日に軽度の脳卒中の発作を起こしたのち、自由党党首を辞任する決意を固めた。彼は、この決意を一九二六年十月十五日に公開された手紙において公表した。彼は、その一六カ月後に亡くなった。ケインズが『ネーション』誌に書いた追悼記事によって、彼とマーゴット・アスキスとの関係は修復した。

ロイド゠ジョージは自由党党首となった。自由党は、ケインズと彼の夏期学校の友人たちに大いに触発された急進的なプロジェクト――公共事業を含む――によって政権を取り戻そうと努めた。七月にロイド゠ジョージは、〈自由党産業調査会〉を創設するために資金を提供した。それは、党の新しい綱領を起草するという目的をもち、ウォルター・

レイトンによって統括された。ケインズはその調査会の執行委員会の一員であり、産業組織と金融組織に関する委員会の座長であった。一九二七年の終わりまで会合がもたれ、それらのうちの幾つかはロイド゠ジョージの別荘で開かれた。自由党の〈イエロー・ブック〉と呼ばれる、調査会の報告書『イギリス産業の将来』は、一九二八年二月二日に公刊された。それには、ケインズの思想が強く刻印されている。彼は多くのページを執筆し、他のページにも影響をあたえている。彼から、〈経済参謀本部〉──それは、一九三〇年に労働党政府によって変更を加えられたかたちで実行に移されることになる──と、公共投資の管理と民間投資家の支援に関して広範な権限をもつ〈国家投資委員会〉を設立するという提案がなされた。彼はまた、政府の予算勘定の改革をも提案した。ただし、それは一九四五年まで実現することがなかった。その報告書はまた、インサイダー取引の規制を勧告していた。[29] 公的あるいは半公的な企業の新たな管理方式や、電気、鉄道、ロンドン地域の公共交通機関を管理するための公企業の設立もまた提案された。要するに、ケインズ政策が、それを裏づける理論が苦心して作り出される以前に、体系的に述べられていたのである。

この報告書は、党の選挙綱領の基礎となった。五月一日に開かれる大臣や自由党候補者の集会に先立ち、ケインズは、ロイド゠ジョージに完全雇用をめざして真剣に取り組むように説得した。ケインズが属していた特別委員会は、『われわれは失業を克服することができる』という表題をもつパンフレットを発行することによって、この取り組みを具体化した。それは、〈オレンジ・ブック〉として知られるようになった。一九二九年五月十日に、ヒューバート・ヘンダーソンとケインズは、自由党の選挙運動を支援して『ロイド゠ジョージはそれをなしうるか』(1929-1)を発表した。ケインズはそれ以降、自由党綱領の背後に控える主要な着想の源泉となった。自分に仕えている専門家の名を明かすようボールドウィンに求められ、ロイド゠ジョージは、ケインズ、レイトン、サミュエルの名を挙げた。

一九二八年の冬のあいだ、ケインズはふたたびケンブリッジ大学の自由党候補となるように話をもちかけられた。

彼は最初は断ったものの、友人と両親の圧力のもと、のちにその問題を考え直すことを受け容れた。最終的には、一九二八年十月十四日付のF・A・ポッツ宛の手紙で彼は断った。「多くの観点から興味がそそられ、決断を下すのに私の心がこんなに揺れ動いたことはありません」(JMK 19, p.773〔邦訳九四二頁〕)。彼は自らの決断を、『貨幣論』を仕上げるために必要とされる仕事に触れて説明した。それにもかかわらず彼は、運動中に何回かの演説を行なうことになる。ある演説では、自由党綱領を起草するために、ロイド＝ジョージといっしょに長い時間を費やし、四年のあいだ働いてきたことを主張した。最終的には、ヒューバート・ヘンダーソンが、ケンブリッジ大学選挙区の二議席のうちの一つの候補者となった。

七　労働党内閣から挙国一致内閣へ

労働党員はケインズの提案に当惑させられ、それをめぐって意見が分かれた。そして、明快ではっきりした経済政策をもつことなしに、一九二九年の総選挙を迎えた。彼らは選挙に勝利したが、ふたたび絶対多数には及ばなかった。自由党の得票率は一九二四年総選挙の一七・八パーセントから二三・六パーセントへ推移したけれども、五九議席しか獲得することができなかった。労働党は、今度は自由党の庇護のもとから逃れることを望んだ。ふたたび自由党に賭けていたケインズは、多くの金をすった。もっともウィンストン・チャーチルから一〇ポンドを巻きあげたのではあったが。この些細な出来事は、彼らの意見の不一致にもかかわらず、二人のあいだの個人的関係が悪くなかったことを示している。ケインズは、きわめて多大な努力を投じて希望を託した運動の結果に明らかに失望した。「選挙のことでは、かなり気が滅入った状態に落ち込みました。もしかすると何か満足のいくものがそこから生じることがありうるのか、私には分かりません。ともかく、下院でそれに巻き込まれることにならなくて良かったです」(一九二九年六月三日付のリディア宛の手紙)。

マクドナルドとスノードンの二人組は、一九二九年六月に政権を取り戻した。それは未曾有の経済恐慌[30]が勃発する数カ月前であった。十一月五日に政府は〈金融および産業に関する調査委員会〉、通称〈マクミラン委員会〉を設立し、ケインズもその一員であった。十二月二日にケインズは首相との昼食に招かれ、それ以降、彼と数回面会した。一九三〇年一月二十四日には〈経済諮問会議〉が創設された[31]。その会議は首相によって統括され、そのメンバーのなかにケインズがいた。こうしてケインズは、イギリス経済を徹底的に調査する初めての委員会において、また経済問題に関する助言を政府にあたえる任務を負った初めての組織において中心的な位置を占めた。彼はまたマクドナルドを説得して、一九三〇年六月に、経済諮問会議のなかに、経済学者からなる小さな委員会を設置させた。彼が当時、有力者の意見と公衆の意見の双方に影響を及ぼそうと努めたのは、とりわけマクミラン委員会を通じてであった。そこにおいて彼は、多くの時間を費やし、また証人として長時間に及ぶ陳述を行なった。その場において彼は、一九三〇年十月に出版された『貨幣論』の議論を開陳した[32]。その委員会は、ケインズ、マッケナ、および労働組合指導者のアーネスト・ベヴィン[33]の三人組によって取り仕切られていた。

国際的な規模でも国内的な規模でも恐慌が深刻化したことによって、これらの組織は効果的な手を打つことができなくなり、またそのことは労働党政府にとって致命的となった。政府は恐慌を克服することができずに、ケインズの提案とは反対に、正統的な政策にしたがった。三月七日にケインズは、『ニュー・ステイツマン・アンド・ネーション』誌の反響を呼んだ論説(1931-9)——その校正刷は首相と蔵相の両者に送られた——において、関税障壁を高めることを提案した。『イブニング・スタンダード』紙の四月二八日号では、彼はスノードンの予算を厳しく批判し、「初の社会主義者の蔵相は、本物の厳格な自由放任主義の最後の信奉者でもある」(1931-16, p.523)と書いた。

一九三一年五月八日に、オーストリア最大の銀行であるクレジット・アンシュタルトが破産し、イギリスにとっても破壊的なものとなる国際的な金融恐慌が牙をむき出しにした。夏のあいだ、ポンド・スターリングは非常に強い圧力を受けた。二月に政府は、財政状態についての調査委員会を設置した。プルーデンシャル保険会社のジョージ・メイが、その議長を務めた。五月三十一日に公表された〈メイ委員会報告〉は、公的支出と社会事業の大幅な削減、とくに失業手当の二〇パーセント切り下げを提案した。首相からこの報告について意見を求められたケインズは、八月五日にティルトンから返信を送った。賃金と俸給の切り下げを提案することは、「社会正義のはなはだしい曲解」(JMK 20, p.590)に等しいものである、と。

外国からの信用供与を受けるためには、賃金や俸給の切り下げを行なうことが必要であると、マクドナルドは党と組合を納得させることができず、彼は八月二十四日に辞任した。ジョージ五世は同日、彼に挙国一致内閣を組織するよう要請した。この行動は労働党に分裂を引き起こし、内閣には三人の閣僚しか残らなかった。アーサー・ヘンダーソンがマクドナルドの後を継いで労働党党首となった。そして、挙国一致内閣を支持したり、あるいはそれに加わったりした全ての者といっしょに、マクドナルドは党を除名された。その内閣は、八月二十七日に、失業手当の一〇パーセント切り下げとともに、増税および支出削減の計画を実行することを決定した。九月六日の議会の議事録によると、ケインズは、「私の見解では、政府の計画は、私の生涯のなかで議会が故意に犯した最も誤った愚かなことの一つでありますす」と断言した(1931-21, p.608)。彼は敗北感を感じながらも、公的な問題に対する自らの影響をこう評価した。「過去一二年間、まったくと言ってよいほど政策に影響をあたえてきませんでした。しかし、カサンドラの役割においては、予言者としてかなりの成功を収めてきました」(*ibid.*, p.611)。この間、金の流出が続き、九月二十一日にポンドの兌換は停止された。その後、十一月には保護貿易主義の諸方策が採用された。

ケインズは、選挙を延期するようにマクドナルドの説得に努めていたにもかかわらず(JMK 20, pp.617-9)、一九三一年十月二十七日に総選挙が実施された。ロイド゠ジョージに宛てて、彼は十月一日に次のように書いた。「このばかげた政府が、いかなる形においてであれ物事を無理に選挙にかけるならば、貴下が自由党、あるいはその左派を、労働党との名誉ある同盟のなかでの戦いへと導いてくれることを私は望んでおります」(JMK 20, pp.619-20)。結果は労働党にとって厳しいものであり、獲得した議席は五二議席であった。「彼らにとっては、ふたたび魂を見つけるために、しばらく荒野を行くのも良いことでしょう」(一九三一年十一月二日付のウォルター・ケース宛の手紙、JMK 21, p.110)。ヘンダーソンは、党首の座をジョージ・ランズベリーに譲った。自由党は三つのグループに分裂し、全体で七二議席を獲得した。すなわち、ジョン・サイモンに率いられ保守党寄りの挙国一致自由党(三五議席)、ハーバート・サミュエル――彼は、一九三二年に挙国一致内閣を去る――に率いられた本来の自由党(三三議席)、ロイド＝ジョージ――彼は、挙国一致内閣に反対して一九三五年に第二のグループに加わる――の独立自由党(四議席)の三つである。マクドナルドは、自らを「挙国一致労働党」と位置づけている少数の元労働党員、自由党員、および大多数の保守党員からなる挙国一致内閣を組織した。以前の労働党の同僚たちによる激しい攻撃を受けるとともに、彼の健康が悪化したために、マクドナルドは政権を保守党党首のスタンリー・ボールドウィンに譲り、彼は一九三五年六月に首相になった。彼は十月二十五日に議会を解散し、十一月十四日に総選挙を実施した。保守党が決定的な勝利を収めた。挙国一致内閣は、実際には保守党内閣であった。

ソヴィエト共産主義がヨーロッパに拡大するのを恐れて、ボールドウィンはフランコの反乱に共感を示し、フランスの首相であるレオン・ブルムに、スペイン共和国を支持しての干渉をやめるよう圧力をかけることに成功した。ボールドウィンは、ソ連・ドイツ・イタリアを含む二七カ国を不干渉協定に署名させることに成功した。ただしこれらの三カ国は、その協定を尊重しようとしなかった。スペイン内戦――その犠牲者の一人は、ヴァネッサの息子でケインズがとてもかわいがっていたジュリアン・ベルである――は、『ニュー・ステイツマン』誌のコラムで激しい論争を引き起こした。ケインズは当初干渉に反対したが、彼の友人の何人かは干渉を支持しており、最終的には彼らの意見に同意した。彼は、政府の一部の者たちがスペインの民主主義を犠牲にして、ヒトラーおよびムッソリーニとの密接な関係を求めているのではないか、と疑った（1937-9, p.74）。さらに彼は、日本が中国を侵略したことを受けて、日本に対して経済制裁を科すことを支持すると表明した。「積極的平和計画」という表題の『ニュー・ステイツマン』の論文（1938-5）において、彼は、消極的平和主義が積極的軍国主義に対して勝利を収めるだろうと、ほかの人々とともにこれまで信じていたことを認めた。

エドワード八世の退位にいたる危機をうまく切り抜けたのち[34]、ボールドウィンは、ジョージ六世の戴冠式を直前に控えた一九三七年五月に首相を辞任した。ネヴィル・チェンバレン*が彼の後を継いだ。彼はスペイン不干渉政策を続行した一方で、ブルゴスにあるフランコ側の指導部に特使を始終送っていた。一九三八年五月に[35]、ブルムがふたたびフランスの不干渉政策を放棄する意向を表明したとき、チェンバレンと外相は、フランスの動きを注意ぶかくそして興味ぶかく観察するようになった。フランスでは、右派勢力が首相を追い落とそうとしていた。首相は、最後にはエドアール・ダラディエに取って代わられた。彼はスペイン干渉に反対し、またドイツとの宥和を支持していた。チェンバレンの政策〔宥和政策〕に反対して、外相のアンソニー・イーデンが一九三八年二月に辞任し、ハリファックス卿がその後任となった。ヴェルサイユ条約に違反して、ナチス・ドイツによるオーストリア併合が一九三八年三月十三日に宣言されたことを受けて、イーデンとチャーチルは、ヒトラーに対してより強い措置をとるようチェンバレンに要請した。一九三八年九月に、チェンバレン、ダラディエ、ヒトラー、ムッソリーニがミュンヘン協定に署名した。それにしたがいチェコスロヴァキアは、ズデーテン地方を譲渡してナチスの手に渡すこと、および国境の軍備を解除することを強いられた。イギリス人の大多数は、その条約はイギリスとドイツの戦争を回避させるものだと考えていた。イーデンあるいはチャーチルの意見はそうではなかった。二人は、「彼らは平和のために不名誉を受け容れた。しかし彼らは戦争と不名誉の両方をもたらすことになるだろう」と断言した。ケインズは、そこではイギリスのナチス支持者の陰謀が一つの役割を果たしたのだ、と条約を非難した（一九二八年十月一日付のキングスリー・マーティン宛の手紙、JMK 28, p.122)。

ヒトラーは、一九三九年三月十五日にチェコスロヴァキアに侵攻した。八月に独ソ不可侵条約を宣言したのち、ドイツ軍は九月一日にポーランドに侵入した。チェンバレンはポーランドの独立を保障する誓約を行なっていたので、三日にはドイツに対する宣戦布告に署名することを余儀なくされ、第二次世界大戦が始まった。チェンバレンの運命は、第一次世界大戦のときのアスキスのそれに似ていた。チェンバレンは、紛争への対処が軟弱にすぎるという理由で非難された。一九四〇年五月に、自由党と労働党の党員たちは、挙国一致内閣に加わるようにという彼の提案を拒絶した。彼は辞任し、ウィンストン・チャーチルが彼に取って代わった。チャーチルは彼を枢密院議長に任命したが、病気のために彼はこの地位をやむなく退き、十一月九日に亡くなった。そのときチャーチルが組織した連立内閣は、その前の内閣よりも左派寄りであり、とりわけ、そのなかには将来の労働党政権の首相であるクレメント・アトリーも含まれていた。彼は、一九三五年にランズベリーから労働党党首の座を引き継いでいた。そして一九四二年には副首相に任命されることになる。

自由党と労働党のあいだのケインズ

一九三〇年代は、労働党にとっては大きな変化の時代であり、自由党にとっては継続的衰退の時代であった。イギリスの選挙制度は、二大政党制を生み出す仕組みになっている。自由党は、イギリスの政治生活を支配していたときには選挙方法の変更を拒否したのだったが、いまやその犠牲者となった。労働党の変容は、ケインズの思想の影響が増大したことによって特徴づけられた。経済学者のエヴァン・ダービンとヒュー・ゲイツケルは、二人ともケインズの政治的見解には批判的であったにせよ、ケインズ主義を労働党の原則に導入することに貢献した。(36) 一九三一年にG・

D・H・コールとヒュー・ドールトンによって設立された〈新フェビアン調査局〉のメンバーには、ゲイツケルとダービンはもちろんのこと、コーリン・クラーク、ロイ・ハロッド、リチャード・カーン、ジェームズ・ミード、ジョーン・ロビンソン、レナード・ウルフといったケインズの友人たちが含まれていた。この調査局は、労働党の綱領を刷新しようと努めた。

一九三四年に労働党は、新しい綱領『社会主義と平和のために』を採択した。そのもっとも急進的な側面は、一九三五年総選挙での敗北後に削除されることになり、一九三七年には『労働党の緊急綱領』として知られるようになる新綱領が採択された。後者は、いくつかの要素をケインズのアプローチから借用した。しかし、完全雇用という目的とそれを実現するためにケインズによって提唱された方法が労働党によって最終的に採用されるようになるのは、ドールトン、ダービン、およびゲイツケルによって起草された『完全雇用と財政政策』と呼ばれる文書が採択される一九四四年まで待たなければならなかった。それは、選挙で最初の圧勝を収める前のことであった。

自由党にとって、一九三〇年代は分裂と衰退によって特徴づけられた。自由党の大臣たちは、一九三一年に挙国一致内閣に一時的に加わったが、関税問題に異議を唱えて、彼らは一九三三年に辞職した。二〇名の自由党候補者が一九三五年総選挙で選出された。ケインズは自由党の分裂に関して厳しい論評を行ない、そのことが一九三〇年代に彼を自由党から遠ざけ、労働党にいっそう接近させる原因となった。彼はしばしば、労働党の見解を『ニュー・ステイツマン・アンド・ネーション』誌において支持した。一九二九年の選挙運動は、ケインズが積極的に参加した最後のものであった。彼はまた自由党夏期学校に出席するのをやめた。一九三一年には、彼はそれまで副会長を務めていた〈青年自由党員全国同盟〉への資金援助をやめた。自由党下院議員のハーバート・サミュエルが一九三五年総選挙のための資金援助を求めてきたとき、ケインズは十月二十三日に次のように返答して断った。「しかし、ああ、私はどこに立っているのかほとんど分かりません。自由党と労働党のあいだのどこかだと思います。ある面では労働党の左ですが。……次の国会で上の二つの党のいずれかから、より多くの代表が送られているのを見ることができれば嬉しく思います」（一九三五年十月二十三日付のハーバート・サミュエル宛の手紙、JMK 21, pp.372-3)。彼は労働党候補者で経済学者のコーリン・クラーク[37]に寄付を行ない、生涯で初めて労働党に投票した。

自由党は、一九三六年に再建しはじめた。一九三八年四月四日にケインズは、その党首のアーチボルド・シンクレアに宛てて次のように書いた。新しい状況を考慮するならば、たとえ労働党が支配的集団となっていても、自由党は進歩的勢力の重心となることが必要である。実際には労働党は、「一般的見地から見て、しだいによりリベラル」（JMK 28, p.108）になっている、と。

共産主義者とファシスト

イギリスの政治状況は、保守党・労働党・自由党の三党にかぎられていたわけではない。一九二〇年七月に設立された共産党は、レーニンによって創設された第三インターナショナルの加盟政党であった。一九二二年、一九二四年、一九三五年の総選挙では、一人の下院議員を当選させるのに成功した。党員と活動家の数は決して大きなものとはならなかったが、選挙における限定的な存在にはとどまらないほどの影響力をもっていた。一九三〇年から『デイリー・ワーカー』紙を発行し、不況が悪化するにつれて、それは労働者のあいだで幾らかの共感を呼ぶようになった。共産党は、知識人や大学の世界においてだけでなく、労働組合の世界においても一角を占めていた。その影響力は、アポスルズにまで及んでいたことが分かる。一九三〇年代には、アポスルズにも数名の共産主義者がいた。ブルームズベリーの若い世代でさえも、その影響を受けた。ケインズが長いあいだ積極的に活動してきたソサエティの内部で起きたこのような革命は、彼に反感を抱かせるどころか、彼はそれを歓迎した。

今日の政治には、自由党員の仲間のほかには、三十五歳以下の戦後世代の知識人共産主義者を除いて、わずかな価値をもつ者すら誰もいません。私はまた、彼らのことを好きだし尊敬しています。たぶんその感情と本能において、彼らは、神経質な非国教徒の英国紳士の典型——彼らは、十字軍の遠征を行ない、宗教改革を行ない、清教徒革命を戦い、われわれに市民的・宗教的自由を勝ち取らせ、前世紀には労働者階級を洗練させました——の現代版にもっとも近いのです（1939-1, pp.494-5）。

のちにケンブリッジ大学の八人の学生が、ソ連のスパイとして採用されていたことが明らかになった。そのうちの四人、アンソニー・ブラント[38]、ガイ・バージェス、レオ・ロング、ミカエル・ストレイトはアポスルズであった。ケインズは最初の二人と親しく、彼はまた〈レフト・ブック・クラブ〉の共産主義者たちとも交際していた。彼は、そのクラブを、「現代の最もすばらしく、活気に満ちた運動の一つ」（*ibid.*, p.496）と述べた。このクラブに関して、ケインズは一九三九年二月九日にスタッフォード・クリップスに宛てて次のように書いている。「労働党に説得を試みるうえで、自由党員とレフト・ブック・クラブの会員が自発的に集まることは、心理的にこのうえなく良い方法であると思います」（JMK 21, p.502）[39]。

政治の場のもう一方の極では、オズワルド・モーズリーが一九三二年に英国ファシスト同盟を設立した[40]。この出来事は、きわめて独特な行路の到達点であった。一九一八年から一九二二年まで保守党下院議員であったモーズリーは、一九二二年に無所属で当選し、それから一九二六年には労働党員となった。一九二七年に労働党全国執行委員会のメンバーになった。労働党が一九二九年に政権の座に就いたとき、彼はランカスター公領相に任命された[41]。労働党に自分の主張を押し付けようとしたケインズのように、彼は政府の経済政策に反対した。彼は、それが穏健的にすぎると考えていたのである。彼は、ケインズの見解に近い社会・経済改革に関する急進的な覚書を提出した。彼の提案は労働党指導部によって却下されたので、彼は一九三〇年五月に離党して、〈新党〉を設立した。それは一七人の下院議員および何人かの知識人からの支援を得た。リットン・ストレイチーの従兄弟であり、もう一人の労働党離党者で、のちに共産党に移ることになるジョン・ストレイチーも支援者の中にいた。

モーズリーは一九三二年に統領《イル・ドゥーチェ》〔ムッソリーニ〕に会って眩惑され、彼の新党を〈英国ファシスト同盟〉へと衣替えした。最初はムッソリーニのイタリアから資金援助を受けていたが、やがて同盟はナチス・ドイツに近づいていった。モーズリーはしだいに公然たる人種差別主義・反ユダヤ主義・反議会主義の立場を擁護するようになり、ゲッベルスやヒトラーと親しくなった(42)。同盟は「黒シャツ」隊を結成し、ロンドンの貧民街であるイースト・エンドに住むユダヤ系移民に対する暴力的な襲撃を組織した。ケーブル・ストリートの暴動ののち、一九三六年に政府は、これらの集団の暴力行為を鎮圧するために公共秩序維持法を公布した。

モーズリーは、集会で数千人の聴衆に向かって演説した。彼は、イギリス上流階級のなかで幾らかの支援を得ることができた。とくに、エドワード八世として短いあいだ統治したのちにウィンザー公となった人物の支援を得た。モーズリーはまた、ハリファックス卿――インド総督、数度の閣僚、戦時中の駐米イギリス大使を歴任した――の保護を頼ることができた。その党は一九四〇年五月三日に解散し、モーズリーは一九四三年十一月まで妻とともに拘留された。戦争が終わると二人はフランスに立ち去ったが、〔すでにフランスに居住していた〕友人のウィンザー公爵夫妻から離れることはなかった。イギリスでは、ほかの国においてと同じように、さまざまな過激派グループが群をなしていた。しかし、かなり多くの支持者を得たものは一つもなかった。ファシスト同盟でさえ、深刻な脅威となることは決してなかった。

八　労働党の勝利

ケンブリッジ大学の議席をめぐる一九四〇年の補欠選挙の準備が進められるなかで、ケインズはふたたび候補者となることを要請された。それは、三つの党による支持を受けていた。彼は躊躇し、主治医に相談した。そして以下のように返答して、最終的には断った。その返答は、直接に政治的な活動と、戦時中に彼が熱心に従事したような種類の仕事との関係についての彼の見解に光を当てるものである。「活動的な政治生活というのは、私にとって適切な本来なすべき活動ではありません。私は、実際にはきわめて活動的な政治評論家です。そしてそのことが、まさに困難のもととなっています。私は、ウエストミンスターの日々の影響から離れているならば、有益な仕事をし、自分の影響力を十全にふるうことができるという境遇にあるのです」（一九三九年十一月二十四日付のA・B・ラムゼイ宛の手紙、JMK 22, p.38）。一九四二年にケインズは貴族に列せられて〈ティルトンの男爵〉になり、上院で自由党側に座ることを選んだ。上院で彼は、アメリカで彼が主導した交渉、とくにブレトン・ウッズでもたれた交渉を支持する二、三回の重要な演説を行なった[43]。

一九四四年十月三十一日にチャーチルは、一九三五年以来となる総選挙を、ドイツが降伏したのちに実施することを発表した。一九四五年五月二十三日に労働党が連立政府から離脱したのち、彼は七月五日に選挙を実施した。保守党綱領は、国有化と介入主義に反対して、個人主義と私企業を擁護していた。労働党綱領『将来に目を向けよう』はそれとは反対に急進的で、「英国社会主義連邦」を実現するために、経済の計画化、重要領域の国有化、広範な社会計画を提唱していた。自由党綱領は両者の中間に位置し、断絶よりもむしろ連続性を主張していた。ケインズは、自由党候補者のバイオレット・ボナム‐カーターに宛てて五月十六日に次のように書いた。「主要政党のどちらが圧倒的勝利を収めても、私なら大きな警戒心をもってそれを見るでしょう」(JMK 28, p.210)。

チャーチルは、かつての同盟者を激しく攻撃するという愚かなキャンペーンの先頭に立った。労働党員たちは教条的な社会主義者であり、その党首のクレメント・アトリーは組合の操り人形である、と非難したのである。労働党の側では、戦時中のイギリスの指導者に対する敬意から、チャーチルに対立候補を立てないことを決めた。保守党が有利であったので、七月二十六日に結果が公表されると、多くの者に驚きをもって受けとめられた。労働党は四八パーセントの票と三九八議席を得て、明白な勝利を手に入れた。自由党は、九パーセントの得票、一二議席で惨敗した。他方で保守党が獲得したのは、三五パーセントの得票、一九七議席であった。クレメント・アトリーが首相に任命され、経済学者のヒュー・ドールトン——ロンドン・スクール・オブ・エコノミクスの教授で、労働党内におけるケインズの理論の擁護者であった——が蔵相になった。

新しい政権からの委託を受けて、ケインズは、イギリスの債務を削減するとともに、資金援助を得るためのアメリカ代表との交渉を、ねばりづよく、死に物狂いの力で主導しつづけた。一月三日のキングスリー・マーティン宛の手紙において、彼は、こうした努力を行なう動機の一つは、アメリカと断絶したら持ちこたえられないであろう労働党政府に望みをあたえるためであると説明した。彼は、一部の者の非妥協的な態度の裏には、何か隠された意図があるのではないかと疑った。

もし交渉が決裂し、借款が得られなかったならば、労働党政府は一年もちこたえることができたとは思いません。……このことが協定に固執する追加的な理由であると、個人的には感じていました。万一、労働党政府が対外的な資金状況から二度目の崩壊を見ることになったとすれば——彼らにその主要な責任があると見なすことはほとんどできません——、本当に大惨事であっただろうと私には思われます(JMK 28, p.220)。

ケインズは、労働党政府が彼の名を冠した革命を実行に移すのを目にするまで長く生きることはできなかった。歴史の策略により、半世紀後にサッチャリズムの余波のなかでケインズの遺産を部分的に清算しようとしたのは、ニュー・レイバー〔新しい労働党〕であった。トニー・ブレア首相と彼の助言者たちが唱えた「第三の道」は、実際にはケインズのニュー・リベラリズムとはまったくかけ離れたものである。

人物伝

ASQUITH, Henry Herbert（ヘンリー・ハーバート・アスキス、一八五二―一九二八年）

法廷弁護士であったヘンリー・アスキスは、一八八六年に自由党下院議員に選出された。一八九二年から一八九五年のあいだ、グラッドストーン内閣の内相を務めた。一八九九年から一九〇一年にかけて彼は、ボーアに対するイギリスの戦争を支持する「自由帝国主義者」のグループに属していた。一九〇五年から一九〇八年にかけて蔵相を務め、一九〇八年にキャンベル゠バナマンの辞任後、首相となった。議会法とアイルランド自治法の立案者であり、女性参政権には反対した。一九一五年五月に連立内閣を組織し、一九一六年十二月にロイド゠ジョージに首相の座を譲ることを余儀なくされたが、分裂した自由党の党首にとどまった。一九一八年の選挙で落選し、一九二三年の選挙で議席を取り戻した。一九二六年に自由党党首の座をロイド゠ジョージに明け渡した。オックスフォード卿となり、一九二八年に亡くなった。同年に『追憶と内省』が公刊された。ケインズは、彼とその二番目の妻であるマーガレット・テナント（「マーゴット」、一八六四―一九四五年）と親しかった。ケインズから見ると、アスキスは生まれながらにして保守的な人物であった。彼は、自らの政権の八年のあいだ、「彼の世代の、正しい判断にもとづく〈急進的な〉計画の遂行に力を尽くした完全なホイッグ党員」（1928-3, p.39〔邦訳四八頁〕）であることを身をもって示した。

ATTLEE, Clement Richard（クレメント・リチャード・アトリー、一八八三―一九六七年）

ブルジョア家庭に生まれ、オックスフォード大学で学び、一九〇六年に法廷弁護士になったクレメント・アトリーは、一九一三年にロンドン・スクール・オブ・エコノミクスで教えはじめた。戦争で重傷を負う。労働党員であった彼は一九一九年にステップニー市長に選出され、次いで一九二二年に下院議員となった。一九二二年の労働党政権の陸軍次官、次いで一九二九年に郵政長官となった。一九三一年にラムゼイ・マクドナルドの挙国一致内閣にしたがうことを拒否しながらも、一九三五年に労働党党首となる。スペイン内戦ではフランコに反対しての干渉を提唱し、前線の国際旅団を訪問した。一九四〇年から一九四二年まで王璽尚書、一九四二年から一九四三年まで自治領相を務めた彼は、一九四二年には副首相に任命され、一九四三年から一九四五年には枢密院議長を務めた。一九四五年には初めて過半数を占めた労働党政権の首相となり、国有化計画、社会保障、およびイギリス帝国の一部独立を実行に移した。一九五一年の総選挙で惜しくも敗北して野党党首となり、一九五五年に辞任するが、亡くなるまで上院で活動を続けた。

BALDWIN, Stanley（スタンリー・ボールドウィン、一八六七―一九四七年）

ラドヤード・キプリングの従兄弟であり、実業家で農場経営者のスタンリー・ボールドウィンは、一九〇六年に保守党員として議会に入る。大蔵省金融担当次官（一九一七―二一年）、商務院総裁（一九二一―二二年）を務めた彼は、一九二二年に蔵相、一九二三年に首相となる。一九二四年の労働党内閣の崩壊後にこの地位に復帰し、一九二五年から一九二九年までその職にあって労働組合との対決政策を指揮した。一九三一年から一九三五年まで枢密院議長を務め、一九三五年にはラムゼイ・マクドナルドに取って代わり首相となり、ヒトラーへの宥和政策、スペイン内戦への不干渉政策を主導したのち、一九三七年に辞任する。彼は、離婚歴のある庶民と結婚すると言い張ったエドワード八世の退位を強いた。一九二三年から一九三七年まで保守党を率いた。

BALFOUR, Arthur James（アーサー・ジェームズ・バルフォア、一八四八―一九三〇年）

一八七四年に保守党下院議員に選出されたバルフォアは、一八八七年にアイルランド相、一八九二年に第一大蔵卿、および同年に下院院内総務に任命された。アイルランド自治法に断固として反対し、アイルランド・ナショナリストに「血のバルフォア」として知られるようになった。一九〇二年、叔父のソールズベリー卿の後を継いで首相となった。保護貿易主義の問題をめぐる保守党の分裂を受けて、一九〇五年に辞任するが、一九一一年まで党首の座にとどまる。一九一五年にアスキス率いる連立内閣の海軍相に任命された。その翌年、ロイド＝ジョージによって外相に任じられ、一九一九年にその職を辞した。彼は一九一七年十一月二日の「バルフォア宣言」の起草者であり、パレスチナにユダヤ民族の母国を建設することを求めた。一九二五年から一九二九年までは枢密院議長の地位にあった。義理の兄となるシジウィックの学生であったバルフォアは、哲学者にして経済学者でもあり、王立経済学会の初代副会長を務めた。ケインズは、彼に対する追悼の覚書のなかで、彼が自由放任と保護貿易主義の間でためらっていたことについて述べ、彼のことを、「博識きわまりない、才気縦横の弁証にたけた、しかも過去と未来のあいだに完全に釣合の取れた、偏見のない保守主義者」と表現している（1930-14, p.43〔邦訳五五頁〕）。

BONAR LAW, Andrew（アンドリュー・ボナ＝ロー、一八五八―一九二三年）

カナダ生まれのボナ＝ローは、スコットランドとアルスターに起源をもつ長老派教会の会員であった。彼は、断固として保護貿易主義、および英国とアイルランドの連合を擁護した。一九〇〇年に下院議員に選出され、一九〇二年に商務院総裁に任命された。一九〇六年の選挙で落選し、一九一一年に野党保守党の党首になる。その後、一九一五年に組織された挙国一致内閣の植民地相に任命され、次いで蔵相(一九一六―一八年)、王璽尚書(一九一八―二一年)を歴任した。一九二二年にロイド゠ジョージの後を受けて首相となるが、咽頭癌のため一九二三年五月にやむなく辞任した。その数カ月後に彼は亡くなった。ボナ゠ローの死に際して、ケインズは次のように書いている。「あのように偏見のない保守党の指導者というものは、またと容易に見つかりはしないだろう。……しかし、その実、彼には保守的原理が欠けていたと言ってよい」(1923-14, p.33〔邦訳四二頁〕)。

CAMBELL-Bannerman, Henry(ヘンリー・キャンベル‐バナマン、一八三六―一九〇八年)

実業家のヘンリー・キャンベル‐バナマンは、一八六八年に自由党下院議員に選出された。一八八四年にグラッドストーンによってアイルランド相に任命され、一八八六年に陸軍相として閣僚の地位を得る。一八九八年に下院院内総務に、そして一八九九年に自由党党首となる。ボーア戦争に反対し、強制収容所での捕虜の取り扱いを激しく批判したため、党内に緊張をもたらした。エドワード七世は、バルフォアが一九〇五年に辞任したことを受け、彼に内閣を組織するよう要請した。一九〇六年の自由党の勝利後、彼は社会改革の野心的計画を実施しはじめたが、病気のため一九〇八年四月四日にやむなく辞任した。

CHAMBERLAIN, Joseph Austen(ジョゼフ・オーステン・チェンバレン、一八六三―一九三七年)

ジョゼフ・チェンバレンの息子で、ネヴィル・チェンバレンの異母兄にあたる。一八九二年に自由統一党下院議員に選出され、保守党の陣営で父と行動を共にする。一九〇三年と一九〇六年に蔵相になり、その後一九一九年から一九二一年にかけてこの職務に復帰する。一九二一年三月から一九二二年十月までは保守党党首を、一九二四年から一九二九年までは外相を務めた。一九三一年にマクドナルド挙国一致内閣の海軍相に任命され、総選挙には立候補しないことを決めた。ヴェルサイユ条約によって定められた国境を、すべての関係国が尊重することを保証するロカルノ条約の締結における彼の外交努力が認められて、一九二五年にノーベル平和賞が授与された。

CHAMBERLAIN, Arthur Neville（アーサー・ネヴィル・チェンバレン、一八六九—一九四〇年）

ジョゼフ・チェンバレンの息子で、オーステン・チェンバレンの異母弟であるアーサー・ネヴィル・チェンバレンは、バハマで父のプランテーションの一つを七年にわたって経営し、それからイギリスの銅産業に進出した。バーミンガム市長（一九一五—六年）を経て、一九一八年に保守党下院議員に選出された。郵政長官（一九二二年）、蔵相（一九二三—四年）、保健相（一九二四—九年）、そして一九三一年から一九三七年にはふたたび蔵相を務めた。一九三七年五月、スタンリー・ボールドウィンの後を継いで首相となる。ダラディエ、ヒトラー、ムッソリーニとともにミュンヘン協定の調印者で、イギリスの参戦を統括した。しかし、自由党と労働党が挙国一致内閣の首相として彼を認めることを拒否したのち、一九四〇年五月に辞任を余儀なくされた。

CHURCHILL, Winston Leonard Spencer（ウィンストン・レナード・スペンサー・チャーチル、一八七四—一九六五年）

貴族のマールボロー家生まれのウィンストン・チャーチルは、二十世紀のもっとも著名で華麗な政治家の一人であった。軍事教育を受けたあと、インドとスーダンで従軍した。一八九九年に除隊し、『モーニング・ポスト』紙のアフリカ通信員となる。その地でボーア人側の捕虜となり、果敢な脱出を画策した。一九〇〇年に保守党下院議員に選出されたのち、党の保護貿易主義的な姿勢に異議を唱えて一九〇四年に自由党の陣営に加わる。一九〇六年にも当選し、その後、植民地次官（一九〇六年）、商務院総裁（一九〇八年）、内相（一九一〇―一一年）、海軍相（一九一一年）を歴任した。一九一五年の失敗に終わったダーダネルス作戦に、彼は海軍相として責任を負っており、五月に辞任を強いられた。一九一六年に発足したロイド＝ジョージの連立内閣では、軍需相・陸軍相・空軍相を歴任した。一九二二年の総選挙に落選し、また自由党の分裂に失望したチャーチルは、保守党に戻って一九二四年に当選した。彼は蔵相に任命され、一九二五年にイギリスの金本位制復帰を決定した。一九二九年の落選後は、政界から引退して著述に専念する。その後、イギリス政府の対独宥和政策に対する反対世論を先導した。戦争が勃発すると、彼はふたたび海軍相に任じられた。ネヴィル・チェンバレンの辞任後、一九四〇年五月十日にチャーチルは、ジョージ六世から、労働党の指導者たちが重要な地位を占める連立内閣を組織するよう要請される。五月十三日に彼は、「私は、血と労苦と涙と汗のほかに差し出すものを持っておりません」と議会に対して宣誓した。戦勝後、チャーチルは一九四五年の総選挙で敗北し、初めて過半数を占めた労働党の内閣に対する野党党首となる。一九五一年の総選挙で彼はふたたび政権を取り戻す。一九五五年に、健康上の理由により政治生活からの引退を余儀なくされた。一九五三年のノーベル文学賞受賞者、および才能ある画家であり、酒と葉巻を愛好したこの非凡な人物には、並はずれた活動力が備わっていた。ケインズはときどき政治問題で彼と対立したが、彼を尊敬し、とくにチャーチルが一九一一年に設立したアザー・クラブにおいて、彼としばしば会った。

LLOYD GEORGE, David（デイヴィッド・ロイド＝ジョージ、一八六三―一九四五年）

ウェールズ人のナショナリストであるデイヴィッド・ロイド＝ジョージは、法廷弁護士としてその職業生活を開始した。土地改革を提唱し、またフェビアン協会からの影響を受けた彼は、一八九〇年に最年少の下院議員となる。非国教会の牧師としての教育を受けていた彼の雄弁家としての類まれな才能、および彼のポピュリズム的な急進主義を、自由党指導部は不信の目で見ていた。彼はボーア戦争に反対した。一九〇六年にヘンリー・キャンベル‐バナマンは、彼を商務院総裁に任命した。一九〇八年に、首相に就任したアスキスの後を継いで蔵相となる。一九〇九年には、社会的諸施策の重要な計画の資金を調達するために、「人民予算」を提案した。最初は戦争に反対していたものの、彼は見解を変え、一九一五年に軍需相となり、次いで一九一六年には陸軍相となった。彼は保守党と提携してアスキスを辞任に追いこみ、自由党に分裂を引き起こし、一九一六年十二月に連立内閣の首相となる。一九一九年六月のヴェルサイユ条約の調印に至るパリ講和会議では、アメリカ大統領ウィルソン、フランス首相ジョルジュ・クレマンソーと並び、三人の偉大な立役者のうちの一人であった。一九二一年のアイルランド自由国の建国に不満を抱いた保守党によって、彼は一九二二年十月に辞任に追い込まれた。一九二六年にはアスキスに代わって自由党党首となり、ジョン・メイナード・ケインズによって着想をあたえられた綱領にもとづいて、一九二九年の選挙運動を指揮する。しかし、その運動は失敗に終わった。ロイド＝ジョージは一九三一年に引退して、回想録を書いた。また一九四〇年には、内閣に加わってほしいとのチャーチルの提案を断っている。その政治的活力と多くの恋愛上の冒険の双方にちなんで、彼は「ヤギ」のあだ名を頂戴した。ケインズは一九二〇年代にはロイド＝ジョージの支持者となったのだが、第一次世界大戦中には、その好戦的態度ゆえに彼をひどく嫌っていた。「ケインズは、彼の煽動が大嫌いだった。ケインズがフランスの新聞を切り抜いていたことを覚えている。……夜会服で正装し、体中を綬章でいっぱいにして、パリの晩餐会で演説している「ヤギ」の写真であった。彼は、ロイド＝ジョージのことをいつもそう呼んでいたのだった。そしてその写真の下に、「埋葬前の正装安置」と彼が書き込んでいたことを覚えている。彼は、ゴードン・スクウェア四六番地のダイニング・ルームの壁にそれをピンで留めていた」(C. Bell 1956, p.47)。

MACDONALD, James Ramsey（ジェームズ・ラムゼイ・マクドナルド、一八六六―一九三七年）

慎ましい家庭に生まれた非嫡出子で、スコットランドのジャーナリストであったジェームズ・マクドナルドは、フェビアン協会で政治生活を始め、一八九四年に独立労働党の陣営に加わった。一九〇〇年に労働代表委員会の書記長に任命され、その組織は一九〇六年に労働党となった。同年に彼は下院議員に選出され、一九一一年に労働党党首になる。しかし彼の平和主義的な立場のために党内で疎んじられ、一九一四年に辞任を余儀なくされた。一九一八年の選挙で落選したが、一九二二年にふたたび当選する。一九二四年一月には労働党少数内閣の首相となったものの、同年十一月にその内閣は崩壊した。一九二九年にふたたび首相となった彼は、一九三一年に党内の危機に直面し、それに続いて八月からは保守党が優位を占める挙国一致内閣を率いた。このことによって彼は労働党を除名される。一九三五年六月に彼は首相を辞任し、また十一月の選挙では議席を失った。一九三七年の補欠選挙でふたたび当選したものの、南アメリカへの船旅の途中で亡くなる。第二インターナショナルの活動的メンバーであったマクドナルドは、ベーベル、ジョレス、アドラー、レーニンらと親交があった。彼には、『社会主義と社会』を含む何冊かの著書がある。

McKENNA, Reginald（レジナルド・マッケナ、一八六三―一九四三年）

数学の教育を受けた銀行家であるレジナルド・マッケナは、一八九五年に自由党下院議員に選出された。一九〇五年にキャンベル‐バナマン内閣の大蔵省主席担当官に、次いで教育院総裁（一九〇七年）、海軍相（一九〇八―一一年）、内相（一九一一―一五年）、蔵相（一九一五―一六年）に任命された。徴兵制に反対し、一九一六年に内閣を去る。アスキスに忠誠を誓った彼は、一九一八年に議席を失って政界を去り、一九一九年から亡くなるまでミッドランド銀行の頭取を務めた。ケインズは、『タイムズ』紙の一九四三年九月十一日号で、「彼のはかり知れない親切、彼のために働いていたある人たちに示した本当の親密さ」（1943-9, p.58〔邦訳七五頁〕）を強調している。

MONTAGU, Edwin Samuel（エドウィン・サミュエル・モンタギュー、一八七九―一九二四年）

一九〇六年から一九二二年まで自由党下院議員であったエドウィン・サミュエル・モンタギューは、インド担当次官（一九一〇―一四年）、大蔵省金融担当次官（一九一四―一六年）、軍需相（一九一六年）、およびインド相（一九一七―二二年）を務めた。彼は、アイルランド独立を支持するとともに、イギリスの広大な植民地にいくらかの行政上の自治権をあたえた一九一九年のインド統治法の責任者であった。シオニズムに反対し、バルフォア宣言を修正させることに成功した。『ネーション・アンド・アシニーアム』誌の一九二四年十一月二十九日号に掲載された追悼記事（1924-30）において、ケインズは、彼が躁鬱病のように思われることについて魅力的な描写を行なっている。モンタギューは、イギリスの政界におけるケインズの主な庇護者であった。

注

（1）ここでたどっていく物語の異なる諸側面については、以下の著作で扱われている。Bogdanor（1983）、Clarke（1978, 1996）、Durbin（1985）、Freeden（1978, 1986）、Wilson（1966）、Winch（1969）。いくつかの出来事は、他の章、とくに第4章においてより詳細に述べられる。

（2）イギリス系プロテスタントの家庭の出身であるチャールズ・スチュアート・パーネル（一八四六―一八九一年）は、一八七四年に下院議員に選出され、〈アイルランド自治党〉の党首および〈アイルランド国民土地同盟〉の代表であった。彼は「アイルランドの無冠の帝王」と呼ばれた。

（3）自由統一党の運動は一九一二年に保守党と合同することになる。

（4）次章を参照せよ。

（5）軍服の色を暗示し、ボーア戦争問題がこの選挙の争点であったという事実を指している。

（6）＊印は、本補章末尾の人物伝で紹介されている人物の名前の初出時に付せられている。ブルームズベリーの人物伝ではケインズの個人的な友人を取り上げたのに対して、本補章の人物伝はケインズが公的生活で交際した人々についてのものである。そのうちの何人かは彼の友人でもあった。

(7) 彼は一九一四年に亡くなった。彼の息子オーステンは、一九〇三年に蔵相に任命された。別の息子のネヴィルは、一九二三—四年および一九三一—七年に同じ職務に就き、その後首相となった。

(8) たとえば、タフ・ヴェール鉄道会社が合同鉄道従事者組合に対して起こした一九〇一年の訴訟では、裁判所は、労働争議において組合員の行動によってもたらされた損害について労働組合が責任を負うことがありうる、という判決を下した。

(9) 無政府主義者とマルクス主義者のあいだの対立に引き続いて、その本部がアメリカに移されたのちに、第一インターナショナルは一八七六年に解散した。今日なお存続している第二インターナショナルは、一八八九年にパリで設立された。

(10) カール・マルクスの娘エレノア・マルクスも同盟員であった。しかしながら、マルクスとエンゲルスはこの運動に関係することを拒絶した。

(11) フェビアン協会は、〈のろま〉あるいは「持久戦家」として知られているローマの政治家ファビウス(前二七五—前二〇三年)からその名を取った。彼のあだ名は、ハンニバルに対する消耗戦によるものである。

(12) アイルランド人であるショウ(一八五六—一九六〇年)は、一九二五年のノーベル文学賞受賞者であり、経済理論にも関心をもっていた。

(13) 経済学者のシドニー・ウェッブ(一八五九—一九四七年)は、ケンブリッジにおけるアルフレッド・マーシャルの教育に伍するために、一八九五年にロンドン・スクール・オブ・エコノミクスを創設した。彼は一九一五年に労働党の全国委員会の一員となった。彼の妻ベアトリス、旧姓ポッター(一八五八—一九四三年)もまた経済学者であった。歴史の皮肉の一つであるが、ロンドン・スクールは、ある時期にはロビンズとハイエクを擁して、ケインズ的な介入主義に反対する自由放任の闘いの中心地となる。

(14) 次章で、ボーア戦争のエピソードの詳細に立ち戻る。

(15) Culter, Williams and Williams(1987)を参照せよ。

(16) とくにニュー・リベラリズムは、フェビアン主義とは近かった。しかしそれは、帝国主義と自由貿易の問題をめぐってフェビアン主義と見解を異にした。ショウのような何人かの主要なフェビアン協会員は、イギリス帝国主義と保護主義の提唱者であった。彼らの目には、それがイギリスにおける社会改革の促進を可能にするものと映っていたのである。

(17) ケインズの戦時中の活動の詳細に関しては、次章を参照せよ。
(18) この晩餐を通じて、オットライン・モレルは、首相の注意をブルームズベリーに向けさせることを望んでいた。首相のほうでは、その機会に同じく出席していたバートランド・ラッセルとの面会に興味を示していた。
(19) ケインズはこの派遣団に加わることになっていたが、土壇場で他の仕事のために呼び出された。ジョン・ネヴィル・ケインズは、六月六日の日記に次のように書いた。「キッチナー卿とその一団がロンドンからの旅の途中、オークニー諸島沖で死亡したというニュース。メイナードが彼と一緒でなかったことは偶然にすぎない。心からそう思った」(Deane 2001, p.290 における引用)。母の回想による話、F. A. Keynes (1950, p.88) も参照せよ。
(20) この問題については次章を参照せよ。
(21) チャーチルも、火曜クラブの会員であった。
(22) 最重要ないくつかの大学から下院議員を選出することは、イギリスの選挙制度の特徴であったが、一九五〇年に廃止された。
(23) 一八八六年以来の保守党下院議員であるジョージ・カーゾン(一八五九―一九二五年)は、インド総督(一八九九―一九〇五年)、王璽尚書(一九一五―一六年)、枢密院議長(一九一六―九年、および一九二四―五年)、外相(一九一九―二四年)を務めた。
(24) ヴィクトリア女王の例にならい、ジョージ五世はほとんどのイギリスの君主に比べて、より多く政治的な役割を演じた。彼は、内政と外政の両面において、とくに緊張を静めるために断固とした態度をとることをためらわなかった。
(25) この主題については第4章を参照せよ。
(26) 一九二三年から一九三一年まで、彼は個人的にこの雑誌の経費七千ポンドを負担した。
(27) 労働党は議席数を減らしたものの、得票数を伸ばした。
(28) 第7章を参照せよ。それらの出来事は、そこで詳細に述べられる。ケインズはチャーチルに反対したにもかかわらず、彼を大いに称賛していた。そのことは、チャーチルの著作『世界危機――一九一六―一九一八年』の論評(1927-5)および『世界危機――続編』の論評(1929-7)における称賛によって示されている通りである。「チャーチル氏の知性はおそらく、内部の事実ならびに事件の主導者たちの内奥の思想について知識を持ち、終始近い所から戦争を見ていた最も鋭敏な、集中的な知性であっただろう」(1927-5, p.46〔邦訳五八頁〕)。

(29) その報告書の数節――ほぼ確実にケインズによって書かれた――において、実業界の主導者たちによる情報操作が非難されている。そのことは、現在の状況に照らしてみると極めて印象的である。
(30) それらの出来事についてはSkidelsky (1967) を参照せよ。
(31) これに関してはHowson and Winch (1977) を参照せよ。また戦間期イギリスの金融政策の歴史に関してはHowson (1975) を、そして金融政策についてのケインズの見解――一九一〇年から亡くなるまでの――に関してはMoggridge and Howson (1974) を参照せよ。
(32) それらの出来事、とくにケインズの関与の内容については、第6章でふたたび立ち返る。
(33) アーネスト・ベヴィン(一八八一―一九五一年)は、その当時、運輸一般労働組合の書記長であった。チャーチルの戦時内閣のもとで労働相および徴兵相となり、ポツダム会議にはイギリス代表として参加した。その後、戦後の労働党内閣の外相となった。
(34) エドワード八世は、一九三六年一月に逝去した父ジョージ五世の後を継いだ。彼は、二度の離婚歴をもつアメリカ人のウォリス・シンプソンと結婚したい旨を首相に伝えた。ボールドウィンは首相として、国王が離婚歴のある庶民と結婚することを認めない権限を有していた。彼は、キリスト教徒および君主制主義者としての信念にもとづいて、その権限を行使した。エドワード八世は退位を選び、ウィンザー公となった。彼の弟がジョージ六世として後を継いだ。
(35) ブルムは、一九三六年六月五日に政権の座につき、一九三七年六月二十一日に辞任した。そして一九三八年三月に元の地位に復帰した。
(36) ダービンは、一九三〇年代にはLSEの教授陣の一員であった。
(37) コーリン・クラークは、国民経済計算の先駆者であった。ケインズは、『一般理論』のなかで彼の著書を利用している。
(38) ブラント、および彼とケインズとの関係については、Carter (2001) を参照せよ。
(39) 労働党左派のメンバーでのちに蔵相(一九四七年)となるスタッフォード・クリップスは、一九三九年に党から除名され、国際情勢に焦点を合わせた運動を始めようと試みた。彼はケインズに、請願書に署名するとともに、資金援助をあたえてくれるように求めて手紙を書いた。ケインズは、政党と提携しない新しい運動を始めることに関して懐疑を表明しながらも、依頼を承諾した。
(40) モーズリー(一八九六―一九八〇年)に関してはSkidelsky (1975) を参照せよ。

（41）ランカスター公領相は、内閣の一員で、受け持ちの省庁をもたず、国王の代理であった。

（42）モーズリーは、一九三六年に親友ヨーゼフ・ゲッベルスの家でダイアナ・ミットフォードと結婚した。ヒトラーも結婚式に参列した。彼女は、ヒトラーをとりまくサークルに加わる前には、ブルームズベリー・グループの人々と交際していた。彼女は、ヒトラーのことを次のように語った。「私は、とくに彼のユーモアのセンスがすばらしいと思いました。彼はとても魅力的で知的でした」（追悼記事、『ル・モンド』二〇〇三年八月十五日号）。ダイアナは五人の有名な姉妹をもっていた。そのなかの一人であるユニティもまた、ナチスの指導者たちを定期的に訪ねていた。他方で、ジェシカは社会主義者であった（Lovell 2001 を参照）。

（43）第7章を参照せよ。

4

戦争と平和

ボーア戦争からヴェルサイユまで

私は、兵役に就くというような極めて重大な問題に関する判断の自由を引き渡すことに対しては良心的な拒否の立場をとっていますので、無条件の兵役免除を要求します。私が自ら進んで兵役に就くような状況が存在しないとは考えておりません。しかし、現在のすべての状況を勘案しますと、志願することは私の義務ではないと私は確信しております。そして私は、この問題について当局に判断を委ねることへの私の拒否は真に良心にもとづくものであることを、兵役免除審査局に対して厳粛に主張いたします。私は、このような問題に関して、何が私の義務であり義務でないのかを判断する権利を他の誰かに引き渡す用意はありませんし、私はそうすることは道徳的に誤っていると考えています。

――ホルボーン兵役免除審査局への申請書、一九一六年二月二十八日（1916-2）[1]

ところが現状は、人々が自己自身ならびにお互いを窮乏化させるさまざまな方法を案出して、個人の幸福よりも集団の怨恨の方を優先させているのである。

——『平和の経済的帰結』(1919-1, p.62〔邦訳七九頁〕)

外交政策の第一の義務は、戦争を回避することである。その第二の義務は、もし戦争が起こったならば、われわれの大義にとって最も有利な状況をできるかぎり確保することである。

——「イギリスの外交政策」(1937-8, p.63)

戦争と平和の場合ほど、多数派の権利が最優先事項とされる問題はほかにないのです。

——キングスリー・マーティン宛の手紙、一九三七年十一月十日(JMK 28, p.94)

『説得論集』の序文において、その書物の大半は、「過去十年のあいだ私が何ものをも忘れて没頭してきた三つの大論争、すなわち、講和条約と戦時債務、デフレ政策、および金本位制への復帰に関する論争」を扱っており、「これらのうち後の二つの論争は、そして実際にはある点で三つの論争のすべてが、たがいに密接に関連しあっている」(1931-1, pp. xvii-xviii〔邦訳xxiv頁〕)とケインズは書いている。実際のところ、戦争、金、そして雇用の問題にケインズは没頭していたのであり、生涯を通じて彼は、それらの問題に精力を傾けた。平和は、よりよい世界の到来を保証するための必要条件である。そして戦争は、人間活動における病弊のおもな兆候である。それゆえ、この社会的病理が彼の聖戦の第一の標的となったのは当然のことである。若きケインズが政治にめざめ、彼の父親がその影響を受けがちであった愛国的・軍国的な正統的見解に対する異議を表明したのは、ボーア戦争のさなかであった。第一次世界大戦によって、彼は政治権力と密接な関係をもつようになり、一九一三年には自分はケンブリッジの外では無名であると思っていた人物は、その名を国際的に知られる人となった。この章では、そうした出来事に焦点を当て、とくに伝記的考察を重視することにしよう。

一　ボーア戦争

若きケインズは、一八九七年九月に、イギリスでもっとも誉れ高いパブリック・スクールの一つであるイートン校に入学した。十五世紀にヘンリー六世によって設立されたその学校は、イギリスの支配階級にとって主要な鍛錬の場の一つでありつづけてきた。第二次ボーア戦争は、彼がイートン校の三年生のときに勃発した。ボーア人、すなわちアフリカーナーは、一六五二年にケープ植民地を設立したオランダ農民の血筋を引いており、一八一四年のパリ条約にもとづいてイギリスに帰属させられた。(2) ケープ植民地の大部分を放棄したのち、彼らは三つの新しい国――ナタール、トランスバール、オレンジ自由国――を設立し、このうち、ナタールは一八四四年にイギリスに併合された。トランスバールに豊富な金の鉱床があることが発見されると、英米による世界支配の称賛者であったケープ植民地首相のセシル・ローズは、イギリスのいくつかのアフリカ植民地を統合するとともに、まだ独立していたボーア人の領土を併合しようと努めるようになった。トランスバール共和国大統領ポール・クルーガーの指導のもとに結束していたボーア人は、イギリスの帝国主義的な企てに抵抗した。トランスバールは、オレンジ自由国と同盟を結んで、一八九九年十月にイギリスに宣戦布告した。イギリスの部隊は、きわめて機動力の高い戦闘部隊と衝突することになった。彼らは、イギリスの部隊よりも自分たちのほうが遥かによく知っている土地でゲリラ戦を展開したのである。トランスバールの首都であるプレトリアは、一九〇〇年六月に奪取された。しかし、ボーア人がキッチナー総司令官に降伏し、フェリーニヒング条約が調印されたのは、ようやく一九〇二年五月になってのことであった。その条約は、ケープ、オレンジ自由国、ナタール、トランスバールを統合して、一九一〇年に南アフリカ連邦を創設することを予定していた。この戦争で、イギリス軍は二万二〇〇〇人、ボーア軍は七千人の犠牲者を出した。ボーア人側は、強制収容所――この戦争で初めて使われた用語である――に抑留されていた男性・女性・子供の総計二〇万人のうち、三万人が死亡したと推計した。これらの収容所の建設は、少し前の有刺鉄線の発明によって容易になっていたのである。こうした抑留は、イギリスや諸外国で激しい抗議を引き起こした。

この戦争には、イギリス人のナショナリズムや愛国心に火をつけ、帝国主義的な主張の人気を高めるという効果があった。ただし少数のイギリス人、および一部の国際世論は、ボーア戦争は小国の民衆に対する巨大な帝国主義強国による侵略行為であるとして、アフリカーナーたちの闘いを支持した。反ボーア人の側では、この人種差別的な社会の反動的で退行的な性格を強調した。イギリス人の愛国心は、とりわけイートンのようなところで強かった。ケインズは、自分が厄介な立場にあることに気づいた。いくつかの矛盾――それは、彼の人生をしばしば特徴づけることになるのだが――が、すでに前面に出てきたのである。こうして彼は、ヴィクトリア女王に関する論文において、「われわれが帝国の責任を自覚し、被支配諸民族に対するわれわれの責務を認識しはじめたのは、現在の治世になってからのことである。われわれは、イギリスが高貴な運命と偉大な未来を前にしているのだということを認識するようになったのである」(1899-1, p.4) と賛美しながら、イギリス帝国主義を受け容れたのであった。ヴィクトリア女王は、エリザベス女王の遺産を受け継いでいた。すなわち、「その弱々しい外交政策によって、彼［ジェームズ一世］は、イギリスをエリザベス女王の治世に保持していた栄光の地位から、諸国家のなかでもまったく凡庸な位置へと引き下げたのである」(1900-1, p.3)。

ケインズは、イギリス帝国を不可避の現実であると考えていた。彼は生涯の終わりに至るまでこのような立場を固守した。しかし彼は、反帝国主義者ではなかったとしても、きわめて早い時期から反軍国主義者であることを宣言していた。容易に理解できるように、軍事力や戦争を伴うことなしに、いかにして一つの帝国が建設され、維持されるかということは、依然として考察されるべき問題として残っている。彼が一八九四年以来つけていた日記（KP, PP/35）が証明しているように、そのイートンの学生〔ケインズ〕は南アフリカでの出来事を注視していた。一八九九年八月二十三日には、次のように書いてある。「新聞は、ドレフュス事件やトランスバールでの窮境でちょうど面白いところだ」。十月五日には、彼はこう書いている。「トランスバールでの戦争は、いまやとても避けられそうにないようだ。……僕には事の真相がはっきりとは分からない」（*ibid.*）。十月十六日、「これまでのところ、戦争は驚くほど平穏である」。十月二十日、「グレンコーの戦いについてのニュースによると、ついに戦争が本当に始まったように思われる。野党のいろいろな連中に対するチェンバレンの答弁は実によかった」（*ibid.*）。十一月一日、彼はイートン志願准尉であるメイヤー・マイヤーズの死亡を知り、次のように書いた。「僕が記憶するかぎり、これはイギリスが深刻な損失を受けた最初の戦争だ。……われわれは毎朝、新聞で死傷者のリストを見ている」。十二月十六日には、彼はこう書いた。「南アフリカからのニュースは、いまやひどいものだ。ほかの二つの敗北ののち、ビューラー〔イギリス軍の指揮官〕の敗北はあまりに早かった。われわれは、百年前の半島戦争〔スペイン独立戦争〕ではより大きな敗北と損失に耐え、最後には成功を収めたと考えることによって、自分たちを慰めている」（*ibid.*）[3]。

メイナードは、十月八日に父親に宛ててこう書いている。「僕はこのトランスバールの件についてどう考えるべきか分かりませんが、自分がますます戦争反対に傾いているように思います」。多額の戦債を購入した彼の父は、十月一日に彼に宛てて次のように書き送った。「イギリスが正義の戦争を行なおうとしていると、われわれは完全に確信することはできない」。十二月十七日の手紙で、メイナードは父に、情報がすばやく伝わる世界においては、イギリスの損失を相対化する必要があることを説明した。情報の伝達が速くなるとなおさら、わずかな損失が、過去の戦争で被った甚大な損失以上に破壊的に見えてしまうのである。すなわち、「南アフリカからのニュース、とくに最近のバトラーの敗北はひどいという点については、お父さんと同じ意見です。しかし、われわれの損失と敗北を取るに足らないものと思わせる歴史によって、われわれは慰められます。……七〇人の人間が戦闘で殺されたということは彼らの家族にとっては恐ろしいことですが、三千万人の国家にとってはわずかな損失にすぎません」。

一九〇〇年の初め、学校指導部は、南アフリカで戦っている部隊の志願兵に加わることが義務であると生徒たちに通知した。メイナードは、一九〇〇年一月二十九日に父に宛てて書いた。「僕は参加すべきでしょうか。僕は進んで参加したいとは思いませんし、訓練は嫌なものでしょう。しかし、参加するべきであるならば、僕は申し分のないように自ら進んでそうするつもりです。ほとんど自分一人だけが射撃をしないことになるのは不愉快なことでしょう」。ケインズの両親は、自分たちの信念と、息子を失うかもしれないという不安とのあいだで悩まされた。両親が安堵したことに、メイナードは「学校をとらえてきたこの驚くべき好戦的情熱」のサイレンを無視することに決めた。「志願兵について言えば、僕は参加しませんでした。……愛国心は使い物にならないイートン射撃隊に参加することさえ求めているのだと言う人もいますが、僕にすれば、それはユニオン・ジャックを振りまわす人間を求めるような類の愛国心であるように思われます」(一九〇〇年二月四日付の父宛の手紙)。キンバリーでのイギリスの勝利や、とくに二一八日間の包囲攻撃ののちに解放されたマフェキングでの勝利に引き続いて現れた熱狂の爆発や排外主義的な示威行動を、彼は皮肉まじりの冷淡さでもって観察していた。

国全体が、イートンでわれわれが呼ぶところの組織的ないたずらに加担してきたことは明白です。……私は、われわれがここですっかりそうした偽善者であるとは思いません。われわれのほとんどは、マフェキングが丸一日の休日のための、またあらゆる秩序を振り捨てるための輝かしい口実であることを知っています。私たちは、気が狂うほど喜んでいたから窓を割ったのではなく、こうした状況のもとでは窓を割っても刑罰を受けることはないと思っていたから、そうしたのです（一九〇〇年五月二十日付のケインズの父宛の手紙）。

ボーア戦争がイギリス人兵士の命を脅かしていたのと同時に、世界の反対側では、一七七〇年頃に設立された中国人秘密結社「義和団」が中華帝国における西洋の勢力に反発して、一八九八年に義和団事件 Boxer Rebellion を起こしていた。北京での外国人公使の虐殺ののち、ドイツのヴァルデルゼー元帥に率いられた国際遠征軍が動乱を鎮圧し、義和団を支持していた清朝政府にはヨーロッパ諸国に対して多額の賠償金を支払わせた。この反乱に関して、ケインズは一九〇〇年七月八日に父に書き送っている。「僕は強固な義和団支持派です。ところで、未知数 x を取り除いたら、Boxer は何になるでしょうか〔ボーア Boer になると暗示〕」。

二　大戦の勃発

十九世紀末から一九一四年にかけて、ヨーロッパは二つのブロックに分かれていた。すなわち、一八八三年に形成され、ドイツ、オーストリア＝ハンガリー、イタリアを結びつけた〈三国同盟〉、および、一八九三年から一九〇七年までのあいだにイギリス、フランス、ロシアを結びつけた非公式な同盟である〈三国協商〉である。[4] 派生的な諸同盟、植民地をめぐる抗争、領土的な野心――とりわけバルカン半島におけるオーストリアの野心――の衝突、人口圧力、経済的困難、社会的対立、そして労働運動と社会主義運動の高揚といった複雑なゲームはすべて、ヨーロッパを火薬庫へと変えることを助長した。フランスはドイツと紛争中であったが、ドイツは一八七一年にアルザスとロレーヌの一部を併合し、賠償支払いを課していた。一九一二年と一九一三年のバルカン戦争では、ある国はギリシャを支持し、またある国はトルコ・セルビア・ブルガリア・アルバニアのいずれかを支持するというように、西欧の列強はそれぞれ異なる国に手を貸すことになり、その戦争は全面対決の前奏曲となった。

> 私の見解では、戦争が生じた状況について、ある一つの国にすべての責任を負わせることはできない。少なくとも部分的には、十九世紀後半における国際政治や国際的対立の基本的特徴、どこにでもある軍国主義（ドイツやオーストリア＝ハンガリーにおいてだけでなく、ロシアにも確実に存在する）、そして広く実行されている経済帝国主義の政策によって、戦争は引き起こされた。それは、近年のヨーロッパの歴史の深部に自らの種子をもっている（1920-4, p.52）。

一九一四年六月二十八日、一人のセルビア人によって、オーストリア王位継承者であるフランツ・フェルディナンド皇太子がサラエボで暗殺されたことは、対立に火をつける火花となった。七月二十四日の最後通牒ののち、オーストリアは七月二十八日にセルビアに宣戦布告した。その日付は、最初はヨーロッパ紛争の公式な開始日であったが、一九一七年四月にはアメリカも参戦したので、歴史上初めての世界大戦の開始日となった。ドイツは八月一日にロシアに、次いで三日にはフランスに宣戦を布告した。その翌日、イギリスは、一八三一年のロンドン条約で保証されていたベルギーの中立をドイツが侵害したことを受けて、ドイツに対して宣戦を布告し、戦いに加わった。一九一五年五月には、領土移譲の約束――終戦時には遵守されないことになる――ののちに、イタリアが三国協商に加わった[5]。これらの宣戦布告につづいての殺戮は、六五〇〇万人もの兵士の戦いとなり、そのうち八五〇万人が死亡し、二一〇〇万人が負傷することになった。また一千万人の民間人が、戦争の直接的または間接的な結果として死亡したと推計されている。

戦争が開始したとき、ブルームズベリーは、事態に驚いていたイギリスの大衆にポスト印象派の絵画を見せたのち、ディアギレフの「バレエ・リュス」を登場させた。ケインズは確率に関する自らの書物の校正に没頭しており、楽観主義が常態であった。一九一四年七月十四日に彼は、フローレンスと一緒に休暇中にフランス・イタリア・スイスに出かけていた父に、こう書き送った。「私はいま、確率にとても夢中になっていて、楽しくやっています」。彼はいなかでムーアとブリッジをしたり、母と一緒に下見したキングズ・カレッジの自分の部屋の装飾を不満に思っていたりした。七月二十一日に、母は彼に宛ててこう書いている。

あなたから手紙をもらってとても嬉しく思います。とくに、あなたが私たちの古くからの友人である「確率」について、よい知らせを届けてくれたことについてです。あなたが本当に楽しくやっていると聞くのはいい気分です。ほかの課題の多くに比べ、この課題に取り組む場合、真の困難は落ち着いて仕事をできるかどうかにあると私には思われますが、それはまた、あなたが休憩をとらなければならないときは、多くの時間が失われるということを意味するでしょう。ですから、あなたがあまりに早く住所を変えることのないように望みます。見知らぬ場所でも落ち着いて仕事に取り組めるというあなたの並々ならぬ能力をもってしても、キングズの静けさの中でやれるほど、ほかの人の家でそれをうまく成し遂げることはできないと思います。

結局、事の次第は、彼が母の忠告に従えなかったということに相成った。七月三十日に、彼は母に宛てて書いている。「私は仕事をしようとしているのですが、戦争のニュースに非常に当惑しており、そのために、何かほかのことを考えるのが難しくなっています」。三十一日には彼は、戦争の勃発に際して、両親にできるだけ早くイギリスに帰るように忠言しており、さらにこう付け加えている。「私は、このような状況が仕事の大きな妨げになっていることを認めます。私は、十分に心を落ち着けることができないでいます」。その四日後に、イギリスは宣戦を布告したが、それは彼とブルームズベリーの友人たちのほとんどの不意をついた出来事であった。そのことは、一九二九年の大暴落や一九三九年の戦争勃発の場合と同じであった。クライブ・ベルの回想によれば、ケインズは戦争が長期間続くと推測したことについてベルを責め、また一九三九年には戦争は不可避であると述べたことについてベルの悲観主義を非難したという。「本当のことを言えば、もちろん、メイナードの判断が本当に公平なものであったとすれば、彼の知性が強力であったのと同じくらいに、彼の判断もしっかりしたものになったであろうということである。しかし、メイナードは頑固な楽観主義者であった」(C. Bell 1956, pp.45-6)[6]。

ケインズの両親の休暇は突然に短縮され、それに伴い彼らは一九一四年八月五日にケンブリッジに戻った。ネヴィルは息子の著作の校正刷を修正することに没頭した一方で、フローレンスはいくつかの戦争に関連した委員会に参加するようになった。彼らの息子のジェフリーは〈英国軍医団〉に参加し[7]、メイナードは一九一四年の六月初めに金準備管理の問題に関して中央銀行や商業銀行家たちに反対して論争に加わることによって、金融面で戦時業務を開始した。八月一日に、大蔵省のバジル・ブラケットは彼に宛てて書いた。「私はあなたの頭脳を国の利益のために使いたいし、あなたもその成り行きを楽しむことができるだろうと考えています」(JMK 16, p.3)。ケインズはこの手紙を八月二日の日曜日に受け取ったが、それはバートランド・ラッセルおよびチャーリー・ブロードといっしょに確率に関する自らの書物の校正刷を修正している最中であった。このことは、最終的に出版された『確率論』の書評で、ブロードがその出来事について一〇年後に述べている通りである。

評者は、ケインズ氏やラッセル氏と過ごした一九一四年の長期休暇において、前半部の校正刷を検討したことをよく覚えている。こうした無邪気な喜びのなか、ケインズ氏は正貨支払停止や外国為替に関してロンドンの当局に助言をあたえるべく、突如として馴染みのサイドカーで自分を送らせた(Broad 1922, p.72)。

こうしてケインズは、戦争の問題に没頭するために確率の問題から無理やり引き離されたのであった。彼は、一九一三年に妹と結婚していたアーチボルド・ヒル(8)に頼んで、彼のオートバイのサイドカーに乗ってロンドンまで急いで連れて行ってもらった。彼は即座に仕事に取りかかり、政治上の権力者たち、とりわけ当時の大蔵大臣であったロイド＝ジョージに、正貨支払停止に賛成している銀行家たちからの圧力に屈しないように説得した(9)。八月三日の日付をもつ文書のなかで、彼は「戦時と平時の状況には大きな違いがあり、そのことは、おそらく過去には十分に認識されていなかった」(1914-3, p.8) ことを強調し、「重要な点は、金支払いの対外的義務を履行することが物理的に不可能になるまでは、われわれはその履行を拒むべきではないということである」(*ibid.*, p.13) と付け加えた。八月五日の覚書において彼は、手形引受業者によって保有されている債券を保証しないよう政府に強く求めた。しかし彼自身と父は割引市場で資金を貸し付けていたので、その要求は二人の利益には反するものであった (1914-4)。

彼は、金融状況と戦争に関する一連の三つの論文を発表した。すなわち、「戦争と金融制度、一九一四年八月」(1914-8)、「ロンドンのシティとイングランド銀行、一九一四年八月」(1914-12)、「貨幣についての展望、一九一四年十一月」(1914-13) である。それに加えて、同じ主題に関して新聞にいくつかの公開書簡を発表している。第一の論文において彼は、「もっとも早く現れた戦争の影響の一つは、海外送金システムの完全な崩壊であろう」(1914-8, p.245) と書いている。彼は、株式銀行が信用供給を控えるとともに、自分たちの金を手元に置き、イングランド銀行の金に大量の買い注文を出していることを、パニックを拡大させる行為であるとして批判した。すなわち、「彼らの行動は、自分たちの当面の安全性、さらに付け加えるべきであろうが、自分たちの金銭上の利益についての考慮が、一般的利益やより遠い将来についての考慮よりも圧倒的に優先されていることを暗示していた」(*ibid.*, p.252)。しかしながら、イングランド銀行や大蔵省が示した賢明さに鑑みて、金融の将来については確信をもって展望することができるだろうとケインズは考えていた。もちろん、戦争は貯蓄や経常収入を奪うであろうし、消費財のストックを減少させることにつながるだろう。しかし、広くそう思われてはいるものの、戦争が国の資本を破壊するだろうと考えるのは誤りである。

三　大蔵省に入る

戦争が勃発して以来、ケインズは大蔵省で職を得たいと望んでいた。そのことが実現するまでには時間がかかったけれども、それにもかかわらず彼は大蔵省の業務に積極的に関与した。彼は八月四日に義理の弟にこう書いた。「私は大蔵省でほとんどの時間を費やしていますが、この仕事はとても面白いものです」(JMK 16, p.15)。その二日後に、彼は自慢げに父に書き送った。「彼ら［銀行家たち］は正貨支払いの停止を阻止するうえで私が重要な役割を果したと考えていることを、私はほんの今聞きました」(*ibid.*, p.16)。ケンブリッジでの講義を続けながら、彼は大蔵省と連絡を取りつづけ、金融状況について覚書や所見を送った。一九一四年の十二月、彼はヴェルサイユの軍病院にいる弟を訪ね、フランスの金融についての情報を集めた(10)。一月に帰国すると、彼はロイド＝ジョージの特別顧問であったジョージ・ペイシュ卿の助手の職を年俸六百ポンドで打診された。このおかげで彼は、『エコノミック・ジャーナル』の編集を続ける一方(11)、ケンブリッジでの教育と行政の責任から離れることが可能になった。彼は一月十八日に新たな職に就き、彼の雇い主は一週間に一日、ほかの仕事に自由に取り組むことのできる日を彼にあたえた。一月六日に彼は、一七人のブルームズベリーの友人をカフェ・ロイヤルでの夕食に招いて、新しい職への就任を祝った。それに続いてヴァネッサ・ベルによって企画されたレセプションが、ゴードン・スクウェア四六番地で開かれた。

大蔵省に入って四日後に、ケインズは父に宛てて書いた。「のんびりと始まったのち、私は首相によって統括されている内閣の秘密委員会の事務局長となり、今はとても忙しくなっています」(JMK 16, p.57)。彼は、大蔵大臣、大蔵省金融担当次官、イングランド銀行総裁といっしょに、一九一五年二月二日から五日にわたってパリで開かれた第一回の連合国間金融会議[12]に参加した。それは連合国間負債システムを設立し、また戦後期にきわめて重きをなすようになる会議であった[13]。ケインズは徐々に、この複雑な組織と、それが生み出す数多くの二国間交渉を取り仕切るようになる。イギリスはそのシステムの核心に位置し、連合国が財を購入するための信用を利用可能にする国であった。

ケインズはまた〈小麦と小麦粉の供給に関する省庁間委員会〉の大蔵省代表にも指名され、大蔵省に入って最初の数カ月はこれらの問題に多くの時間を費やした。彼は週末の一九一五年五月十五日を、イングランド銀行総裁と二回目の戦債について議論して過ごした。第一回の戦債は一九一四年十一月に銀行によって引き受けられた。五月十四日の日付をもつ覚書では、生産力を減退させないように課税によって公衆の購買力を削減する必要があることを、なぜ今公衆に呼びかける必要があるのかについて彼は説明している(1915-2)。彼は、第二次世界大戦の開始のさいに、『戦費調達論』においてこれらの見解に立ち戻ることになる。

ケインズは、桁外れの速さで書簡・報告書・覚書を作成した。イートンでは、彼は一九〇二年二月九日に父に宛ててこう書いていた。「お父さんと同じように、僕も委員に選ばれると、いつもきまって全ての仕事を任されるということが分かってきました」。会議の場を離れるとすぐに、彼は議論を要約するための口実として、いつも自らの見解を示した文書――しばしば長大な――を書くようになる。彼はこうして議論の流れを制御したのであり、その概略はすでに文書のなかに示されていたのであった。

一九一五年には、ジョージ・ペイシュの退任にともない、大蔵省での彼の責任が急速に大きくなった。五月に彼は、大蔵省の金融課に異動となった。九月一日には、銀行、通貨、為替、および連合国間金融を担当している大蔵省副次官補マルコム・ラムゼイの第一助手となった。一九一六年三月十五日に、彼は海軍本部委員会でこう宣言した。「毎日毎日、連合国間の金融関係をうまく処理することが私の任務であります」(1916-3, p.187)。彼は、一九二三年に次のように言うことになる。「私は戦時中ずっと大蔵省にいて、われわれが貸借したお金はすべて、私の手を通り抜けていきました」(JMK 16, p.3)。父が一九一五年九月十八日の日記に複写した手紙では、ケインズは自分の生活様式を次のように描いている。

私は、ここ二週間ほど激しく働いたことはこれまでなかったのではないかと思います。しかし、すべてが驚くほど順調に運んでいます。……仕事はこのうえなく面白いものでした。私は三つの覚書を書きましたが、その一つは閣議で回覧されました。またあらゆる種類の主題に関する一ダースもの小さな覚書を書きました。それに加えて、信用の議決額と予算についてラムゼイ氏を補佐し、日常業務をこなして、夕方には『エコノミック・ジャーナル』の仕事をしました (JMK 16, p.128)。

六月には、彼はちょうど連合国側から参戦したばかりのイタリアの蔵相と会談するために、マッケナ蔵相に随行してニースに出かけた。彼は駆逐艦に乗ってイギリス海峡を渡り、このことをとても喜んだ(一九一五年六月一日付および七日付の父宛の手紙)。帰国するとすぐ、彼は十二日に急性虫垂炎の手術を受けることになり、彼の仕事は中断された。これに続いて肺炎にもかかった。オットライン・モレルの看病を受けて、彼はガーシントンで回復した。八月二十日、彼は、アメリカに借款を求めることを決めたブローニュでの国際会議に参加した。この会議のために作成された覚書において、彼は、フランスとロシアは自らが蓄えている金準備を使わなければならないと書いた (1915-4)。九月に彼は、アメリカからの借款を維持するために自国の金を使う見返りとしてイギリスの資金を要求したロシアとの交渉に取り組み、交渉は九月三十日に協定が調印されたことで終了した。一九一五年十一月から、彼はカンリフ卿

〔イングランド銀行総裁〕の指導のもとに蔵相によって設立された為替委員会の運営に責任を負うようになった。また彼は、〈ケンブリッジ戦争倹約委員会〉によって発表された貯蓄の呼びかけを母といっしょに書いた。「戦争は、後期段階においては主として資金面での闘いになるでしょう」(1915-9, p.141)。彼は金本位制の停止に反対する運動を続けた。「「正貨支払の停止」は、内外の大衆の耳には不穏な響きをもっている。われわれの信用は、事実だけにではなく、言葉にもかかっている。「停止」は、最大の不信をもたらすものである」(1915-10, pp.143-4)。彼は、この政策を支持する銀行家たちとの戦いを主導した。彼は、当時は大蔵省金融担当次官であったエドウィン・モンタギューの家で毎週金曜日に官僚のトップが集まって開かれる幻の内閣《ゴースト・キャビネット》に出席していた。一九一五年の十一月および十二月には、彼はイタリアへの借款に関する議論に加わった。彼はアルバニアにいるセルビア軍の運命を決定する責任を負っている陸軍省委員会の委員に任命され、十二月十日に母にこう書き送った。「軍事に直接かかわるのは初めてなので、とても興味ぶかく感じています」(JMK 16, p.150)。十一月と十二月には、ロンドン大学のユニバーシティ・カレッジで「大陸列強の戦時金融」と題する六回の連続講義を行なうだけの時間を捻出した。

四　ブルームズベリーと大蔵省のあいだで

徴兵問題が議論されはじめたのは、一九一五年の六月であった。志願動員数が予想に満たない一方で、陸軍相ホレイショ・ハーバート・キッチナー[14]は、戦闘を続けるために七〇個師団の投入を要請した。当時蔵相であったマッケナは、七〇個師団もの軍隊を維持するとともに、イギリスの連合国を資金的に援助することは不可能であろうと考えていた。ケインズは、一九一五年八月に設立された戦時政策に関する閣僚委員会に向けて彼の主張を用意した。すなわち、「イギリスの労働力は有用な業務に目いっぱい従事しているので、労働者のかなり多くをさらに兵役に就かせることは、軍隊以外の諸手段――それによってイギリスは、連合国側の大義を支えている――に対する代替的な活動であって、追加的な活動ではない」(1915-5, pp.110-1)。第二次世界大戦の開戦のさいに展開することになる考えを表明しながら、彼はこう付け加えた。「生産に対するのと同程度に抜本的な方法で消費を統制することなしには、生産を統制することはできない。……民間所得の徴発という政策を採るのでないとすれば、軍備のかなりの拡大と連合国への資金援助の継続は、二者択一的な選択となる」(*ibid.*, pp.114-5)。政府文書として回覧された九月九日の日付をもつ文書(1915-8)において、ケインズは、ドイツの金融状態――その国は、賃金凍結という手段によって労働者階級に膨大な税金を課すことに成功していた――と比較して、イギリスの金融状態についての悲観的な構図を描くことによって、この推論を展開した。これらの議論は、徴兵制を含め、可能ないかなる手段を取ってでも七〇個師団を維持することを提案していた委員会を納得させるものではなかった。その意見は、軍需相ロイド＝ジョージによって率いられていた閣僚の大多数のものであった[15]。徴兵制は、一九一六年一月二十六日に公布された。

補章1において、われわれは、ほとんどすべてのブルームズベリーの人々――最初は戦争に驚き、どのような立場を取るべきか躊躇していた――が、自らが良心的兵役拒否者であることを宣言しながら、平和主義の大義に賛同して、徴兵を拒否したことを論じた。ブルームズベリーの人々に加えて、ピグーのようなケインズのほかの友人たちも、戦争が長引けば長引くほど、戦争に必要とされる人命の犠牲はますます正当化されなくなるだろうと考えていた。ケインズはこうした信念を共有していた。父が大いに狼狽したことに、彼は大蔵省での職を辞任しようかと考えたが[16]、一月十三日に母に宛てて次のように書いたように、最終的には仕事を続けることに決めた。「事態はあてもなく流れつづけていきます。そして、私はいましばらくここに留まるつもりです。たぶん、彼らが私の友人の一人を拷問にかけはじめるまでは」。「ポリティカス」Politicus というペンネームで彼は、一九一六年一月六日の『デイリー・クロニクル』紙に、軍事力の拡大と徴兵制を批判する書簡を発表した。

連合国に対するわれわれの義務は、もっとも効果的に彼らを助けることではなく、現実的に見て可能なかぎり多くのイギリス人を死亡させたり負傷させたりすることによって、自己犠牲による高潔さで彼らに感銘をあたえることにある……と信じている者たち、あるいは愛国心の主要な試金石は、最大限に可能な割合で国家の資源を浪費しようとする熱意にあると信じている者たちは、強制的兵役に大きな道徳的慰めを見出すことであろう（1916-1, p.161）。

彼はふたたび筆を執り、同じテーマ、同じペンネームで、彼の友人ジェラルド・ショーブの平和主義的な月刊誌『戦争と平和』の一九一六年四月号に寄稿した。彼はまた、徴兵制を快く思っていない下院議員や閣僚たちに対して議論に加わるように圧力をかけた。

ブルームズベリーの彼の友人たちは、ケインズが頑固にその職にとどまることは彼の気質を損なうであろうと考え、なぜ彼がそうするのか理解できなかった。[17] リットン・ストレイチーは、一九一五年十一月四日に彼に宛てて、「君は夜でも物が見えるのか。さもなければ永遠に真っ昼間にいるのか」と書いた。それに対して、ケインズは翌日に返答した。「そんなところにはいないが、測りしれないほど深く仕事に埋もれている」、と。おそらく友人たちに対して自分自身を正当化する方法を探しつつ、一九一六年一月十六日に彼はこう書いた。「僕は、フィリップ[18]に一つ二つの提案を送ったところだ。僕はそれが遅すぎないことを望んでいる。けれども僕は、あまりにも仕事に追われていたので、今日までそれを書くことができなかった。……僕の国！　僕の国！　僕たちは戦いがもっと激しくなる前に、メイフラワー号〔一六二〇年、イギリスからアメリカに初めて清教徒移民が渡ったときの船〕を借り上げたほうがよいだろう」。二月二十日にリットンは、友人に短いメッセージを書いた。「どうして君はまだ大蔵省にいるのか」。そのメッセージには、エドウィン・モンタギューが徴兵制に賛成して、議会で好戦的な宣言を行なったことを伝えている『オブザーバー』誌の切り抜きが添えられていた。リットンは、ケインズ自身とヴァネッサ・ベル、ダンカン・グラント、デイヴィッド・ガーネットと一緒にゴードン・スクウェアで夕食をとったときに、このメッセージをテーブルのメイナードの席に置いたのだった。二人の友人を対立させる激しい議論が起こったが、そこでケインズは、

職にとどまっている理由の一部が、仕事をとてもうまくやれることから得られる喜びにあると認めた。彼はまた、一週間に何百万もの節約を行なうことによって、国に対して大きな奉仕を行なっていると考えているように思われる。……彼は、辞める必要があると考えるようになる時が来るだろうということを最後には認めた。しかし、その時がいつになるのかを言うことはできなかった（リットンからジェームズ・ストレイチーへ、一九一六年二月二十二日、BL, SP, Add 60711）。

徴兵制に反対する闘いのなかで、ケインズはブルームズベリーの友人たちの何人かが活動していた〈徴兵制に反対する国民会議〉(19)に五〇ポンドを提供した。しかし、左派的な自由党員たちと穏健派の労働党員たちによって、イギリスの軍国主義に反対して創設された〈民主的統制連合〉には参加しなかった。彼はのちに、〈一九一七年クラブ〉という反戦知識人のためのソーホーにある集会所に出入りするようになった。彼は、とりわけジェームズ・ストレイチー、ダンカン・グラント、バニー・ガーネット、ジェラルド・ショーブといった良心的兵役拒否者の友人たちを支持する証言を行なうという形で、運動に関与した。彼は、大蔵省での自分の特権的地位が彼らを投獄から守ることに役立つと考えていた。これが、リットンへの彼の返事であった。彼は一九一六年七月十八日にデニス・ロバートソンに宛てて、友人たちの美徳と誠実さを支持して証言することに自分の時間の半分を費やしたと書いている。

ガーネットは、法廷でのケインズの態度を次のように描写している。

メイナードは、最初の瞬間から攻撃的なやり方をした。国王の組字が付いていて鍵のかかった大きなかばんを持ってきて、自分はこの審理に出席するために最高度の国家的重要性をもつ仕事を中断してきたのであり、一刻も早く大蔵省に戻らなければならないのであるから、われわれの申請はできるかぎり迅速に審理されるべきであると要求した（D. Garnett 1955, pp.121-2）。

グラントとガーネットだけが申請を認められ、チャールストン——そこで彼らはヴァネッサ・ベルと一緒に暮らし、ケインズも一部屋をもっていた——の近くのサセックス州の農場で働いた。ケインズは戦争の最後の三年間にはしばしばそこで週末を過ごし、大蔵省から持ってきた書類の束に目を通したり、草取りや庭仕事をしたりした。

彼は借りた車をルイースから走らせて、パンパンに膨らませた大蔵省のかばんを持って、週末の夜疲れきって到着し、翌日のランチタイムまで床の中にいた。そのときまでに屑籠は、彼が処理した書類でいっぱいになったものだった。

……チャールストンで彼が得意にしていた仕事のひとつは、道の雑草とりだ。……この草とりは健康維持のための運動であり、大蔵省の仕事でたまるストレスから、彼を精神的に蘇生させるものだった（D. Garnett 1979, p.136〔邦訳一五二頁〕）。

良心的兵役拒否

一九一六年二月二十三日に、ケインズは、大蔵省兼任事務次官のトマス・ヒースから、三月二日からの六カ月間の兵役免除と、それが彼の仕事の国家的重要性によるものである旨を知らせる書簡を受け取った。それにもかかわらず彼は、良心的兵役拒否を含めて、もし異なる免除の理由を表明することを望むのであれば、兵役免除審査局に出頭するという選択肢をあたえられた。二月二十八日に、彼はこの章の冒頭で引用した手紙を書いた。それはホルボーン兵役免除審査局宛となっており、彼の良心的兵役拒否について詳細に説明している（1916-2)。彼は三月二十八日五時の出頭を求めるはがきを受け取っているので、彼が地域兵役免除審査局に出頭するつもりであったことは明らかであるけれども、この手紙が送られることは決してなかったようである。彼は二十七日に、もっと差し迫った用事があるために出頭することができないと書き送った。彼は二十九日に返答を受け取ったが、そこでは大蔵省によってすでに六カ月の兵役免除がなされているので出頭する義務はないと述べられており、そのことは彼の申請が本人不在のままで審理されたということを意味している。大蔵省による兵役免除は、八月十八日に無期限に延長された。

戦争や徴兵制に対するケインズの態度は、活発な論争を引き起こした。彼の最初の伝記作家であるロイ・ハロッドによれば、ケインズは平和主義者ではなかったし、彼の友人のバートランド・ラッセルのような政治的信念にもとづく反軍国主義者でも決してなかった[20]。ラッセルはケンブリッジでの職を失い、一九一八年には禁錮六カ月の刑を言い渡された。ラッセルとケインズは、D・H・ローレンスも参加していた一九一五年三月八日のケンブリッジでの夕食会で、この問題をめぐって互いに対立した。ラッセルは、オットライン・モレルに宛てて次のように書いている。「ケインズは勤勉で、聡明で、不誠実です。……彼は、魂の苦悩と不調和を覆い隠すために知性を用いているのです」(Russell 2001, p.34)。ハロッドによれば、ケインズがブルームズベリーの友人たちに「自分は良心的兵役拒否者ではないけれども、強制的兵役には良心的に反対である」（Harrod 1951, p.214〔邦訳二四六頁〕）と告げたのは、彼らをなだめるた

めであった。しかしながら彼は、審査局に呼び出されると、忙しすぎて出頭できないと書き送って弁解したのである。(21)

戦時中、ジョン・シェパード、ヘンリー・ノートン、そしてケインズとともに一つの家を共有していたクライブ・ベルは、彼の回顧録のなかで次のように書いている。すなわちケインズは、「独特の、そして思うに、もっとも理にかなった種類の兵役拒否者であった。彼は平和主義者ではなかった。彼は、いかなる状況のもとでも戦うことを拒否したのではなかった。彼は戦わされることに反対したのだ。彼はよき自由主義者であったがために、徴兵を拒否したのである」(C. Bell 1956, pp.46-7)、と。ハロッドは、ベルの著作の書評においても自らの見解を維持した。「ケインズが第一次世界大戦中に良心的兵役拒否者であったことについて、特別な考え、あるいはその他の考えがあったとは思わない。……ケインズが国家にとって最高に重要な仕事をしていなかったならば、そしてまた、有能な兵士となるだけの肉体的能力をもっていたならば、招集されたときには、彼はそれに応じたであろうと私は思う」(Harrod 1957, p.696)。ハロッドは、ベルによって公表された出来事を否定しないが、(22) そのことを、「ブルームズベリーの友人たちに対する単なる宥和のそぶりにすぎず、そのことによって誰にも害を及ぼすことはなかった」(*ibid.*, p.697) と説明している。

王立経済学会の要請にもとづいて『ケインズ全集』を準備する仕事に取りかかっていたエリザベス・ジョンソンが、この章の冒頭で引用された手紙を発見したのであり、彼女の判断によれば、その手紙はハロッドの見解よりもベルの見解を支持するものである。

したがって、ベルの言葉を用いると、まさにケインズが「独特の、そして思うに、もっとも理にかなった種類の」良心的兵役拒否者であったことを、彼自身の書類が示しているように思われる。……彼の態度は、当時における最も正直で誠実な自由主義者の多くのものであり、それは今日ほとんど忘れ去られている個人の権利に関する自由主義的な見解を反映している（E. Johnson 1960, p.165〔邦訳五六―七頁〕）。

彼女は、その手紙を再録して戦時中のケインズの態度についての覚書を執筆し、それをハロッドが編集者を務めていた『エコノミック・ジャーナル』に発表するべく投稿した。二人の当事者に加えて、ケインズの弟のジェフリー、彼の文字通りの遺言執行人であるリチャード・カーン、『エコノミック・ジャーナル』の共同編集者であったオースティン・ロビンソンをも巻き込んで、異例な手紙のやり取りが続けられた。ハロッドは、利益相反であるとして非難されることのないように、ジョンソンの覚書を掲載することに反対ではないと知らせた。しかしながら彼は、ケインズの弟に、彼が相続した文書の公表を許可しないよう遠まわしに依頼した。エリザベス・ジョンソンは王立経済学会からの委託を受けているとともに、これらの文書を研究することによって報酬を得ており、そのことは彼女がそれらの文書を用いて彼女の望むように自由に研究することができないことを意味していると、ハロッドは強調した。自分自身を「メイナードの名声のための闘士」と称しつつ（一九五八年六月十四日、KP, PP/7/23）、ハロッドは、これを公表することは「メイナードを傷つける」であろうし、「あなたの母上に多くの苦痛をあたえる」ことになるだろうと考えた（*ibid*., PP/7/24）。実際、ケインズの母は、彼が友人たちを助けたという事実を認めていた一方で、ほかの友人たちが戦場で瀕死の状態にあるときに、良心的兵役拒否を申請することが許されてよいものかどうか疑っていると伝えるために彼に手紙を書いていた（Harrod 1951, pp.215-6〔邦訳二四七―八頁〕による引用）。ジョンソンの論文に続く評釈において、ハロッドは、ケインズの大量の文書のなかには、自分が見落としたものも幾らかあるかもしれないと認めた[23]。彼はまた、ケインズが友人たちと連帯して自ら審査局に出頭しようとしばらくのあいだ考えていたことはありうるが、しかし友人たちが兵役から免れるためにそれが必要でないことが最終的に分かると、この考えを直ちに捨てたことを認めた。こうして彼は、ケインズが良心的兵役拒否者ではなかったという見解を維持した。「そして私は、次のように思っている。すなわち、友人関係において非常に思いやりのある彼の最初の衝動も、また最終的な行動がとられる前に、論理の事実に鑑みて彼がそれを抑制したことも、ともに彼の名誉につながるものであると、ほとんどの人は考えるであろう、と」(Harrod 1960, p.167)。

一つのことは確かである。それは、ケインズにとって、良心的兵役拒否と戦闘に加わる決意とのあいだには何の矛盾もなかったということである。いずれの決意も、個人的判断の問題である。彼は、クライブとヴァネッサの息子であるジュリアン・ベルがスペイン内戦中に死亡したのちに、このことについて説明している。

ジュリアン・ベルには、命をかけて抗議する権利があった。彼の行動は、状況が違っていたならば彼がおそらく良心的兵役拒否者となっていたであろうという事実と決して矛盾するものではない。それどころか、それは根本的に首尾一貫したことであり、どちらの場合も、個人的な判断と義務という奪うことのできない権利を行使することになるのである(1937-9, p.77)。

ここにおいてケインズは、あらゆる点で、第1章において明らかにされた倫理的立場と整合的である。彼は、一九一四年の開戦時に、彼の友人であるフェレンク・ベカッシー――ハンガリー人の詩人でアポスルであった――がロシアと戦うために母国に戻ると決めたときにも同じ態度をとった。ケインズは、彼を思いとどまらせようと試みたのち、彼に旅の資金を渡した。デイヴィッド・ガーネットは、ケインズが敵国を助けると同時に、友人を死地に送っているとして彼を非難した。「メイナードは激しく否定した。彼は次のように語った。自分は、ベカッシーが戦争に行かないように、あらゆる論法を用いて説得した。しかし、彼を説得することはできなかった。助力をせずに力ずくで自分の考えを押しつけるのは友人のすることではない、と」(D. Garnett 1953, pp.270-1)。ガーネットがケインズに、自殺のために毒薬を買う人にお金を貸すかどうかと尋ねたとき、彼は、「もしそれが、やむにやまれぬ理由によって、相当な熟考ののちに正気の人間によってなされた自由な選択であるならば」(*ibid*., p.271)、自分は頼みに応じるだろうと語った。友人が一九一五年六月二十五日にブコヴィナで殺されたことを知ったとき、ケインズは、ベカッシーが出発する前に最後に会ったときのことに触れつつ、七月二十四日にダンカン・グラントに宛ててこう書いた。

僕はとても落ち込んでいたが、彼は興奮しており、それほど落ち込んでいなかった。彼は言った。「われわれのうちの生き延びた者にとって、それは非常にすばらしい経験になるだろう」、と。彼は必ず死ぬと思っていたのだ。僕が思うに、人が彼のことを考えるときに思い出すのは、彼の善ではないだろうか。しかし、彼のことを話しても無駄だ。僕は、できるだけ早くこれらのことを忘れたほうがよいと思う(BL, Add. MS 57931)[24]。

ガーネットは次のように書いた。「友情についてのメイナードの高邁な理想は、実際には、彼の友人の命を犠牲にした」(D. Garnett 1953, p.271)。若い戦争犠牲者たちについて、ケインズは一九一四年十一月二十七日にリットン・ストレイチーに宛ててこう書いている。

自分としては、まったく完全に荒涼とした気分だ。毎日毎日、若者が最初は退屈と不愉快へ、それから殺戮へと立ち去っていくのを見るのは本当に耐えがたい。このカレッジでも、学部生や卒業したばかりの五人がすでに殺された。君も新聞で目にしたことと思うが、とても悲しいことに、そのなかにはフレディ・ハードマンも含まれている[25]。

五　金融危機と戦争の世界化

一九一六年には、連合国の支出の大部分をまかなっていたイギリスの資金状態がますます悪化し、他方でアメリカへの依存が増大した。十月三日、その状況を検討するために、ユースタス・パーシーによって統括される省庁間委員会が設立された。ケインズは大蔵省の代表であった。警告にみちた二つの報告書（1916-6 および 1916-7）において、彼は、イギリスの運命がまもなく以前の植民地〔アメリカ〕に左右されるようになるだろうという事実について注意を促した。「このまま事態が進むならば、来年の六月かそれよりも早くに、アメリカ共和国の大統領が、もし望むならば、彼自身の思うままをわれわれに命じることのできる立場に就くだろうと、あえて私は確信をもって言っておく」(1916-7, p.201)。彼は、ドイツがそうした状況に気づいていないことを幸いに思った。ケインズは、シティが依然として世界の銀行であり、当時ニューヨークがその地位を切望していたという事実を考慮に入れて、一九一七年一月にふたたび金本位制を維持するように訴えた（1917-2）。そうしなければ、ドイツに、敵国は絶望的な金融的困難にあるということが分かってしまっただろう。

一九一七年一月にアスキスに代わってロイド＝ジョージが首相となったのち、大蔵省金融局は二つの課に分割された。ケインズは、対外金融を担当する新設の「A」課の課長に昇進した。「私は、対外金融のすべての問題を扱う新しい課の長に正式に任命されて、部下をもつことになり、この数日間に、たいへん大きくて確実な利益を獲得することができました」（一九一七年二月十一日付の母宛の手紙）。終戦時には、彼はその配下に一七人の部下をもつことになる。彼は、臨時上級事務官の地位を得た。彼の上司は、大蔵省兼任事務次官のロバート・チャーマーズ、および新しい蔵相である保守党のボナ＝ローであった。

一九一七年四月六日のアメリカの参戦は、決定的な転換点であった[26]。アメリカの中立を維持するという約束によって一九一六年十一月に大統領に再選されたウッドロー・ウィルソン[27]は、十二月八日に講和の諸条件を明記することを交戦国に呼びかけ、そして一九一七年一月二十二日には「勝利なき平和」を提案した。そうした状況を覆したのは、ドイツが潜水艦戦を開始したことであった。ケインズはそのとき、イギリスと新たな参戦国〔アメリカ〕とのあいだの金融関係に責任を負っていた。これらの複雑な交渉においては、両国間の不合意に加えて、各国の内部にも意見の対立があった。ケインズは、そのような問題を抱えながら、どうにかうまくやっていかなくてはならなかった。たとえば、蔵相とイングランド銀行総裁カンリフ卿とのあいだで小ぜり合いが起きた。カンリフ卿はケインズを嫌っていて、彼を免職するためにボナ＝ローの助けを得ようとしたのである。一九一八年四月に辞任を余儀なくされたのはカンリフのほうであり、そのことは、ケインズとボナ＝ローをいっそう親密にさせるという効果をもった。ケインズがたいそう意気消沈したことに、一九一六年の秋から一九一七年の夏のあいだの時期に、経済的・金融的な覇権が大西洋の向こうに渡った。彼は生涯の終わりまでこの動きを逆転させようと試みることになったが、無為に終わった。第二次世界大戦中にもそうするように、あらゆる場合に彼は、さまざまな立場で、アメリカに対するイギリスの金融的な依存を軽減しようと努めるようになる。たとえば彼は、アメリカがフランスやイタリアに対して直接に貸付を行なうときにも、イギリスを素通りしないように説得した。これによって、イギリスはこれらの債務のすべてに責任を負うようになるのである。けれども彼は、アメリカの資金援助なしにはイギリスはこの戦争を遂行することができないといつも繰り返し述べてもいた。アメリカの明らかな目的は、戦後世界における指導国の地位につくことであった。

一九一七年九月七日、ケインズは、高等法院首席裁判官のリュフス・ダニエル・レディングに率いられた金融使節団の一員として、はじめてアメリカを訪れた。その旅の目的は、新任の大蔵省金融担当次官であるハードマン・レバーとアメリカの財務長官でウィルソン大統領の義理の息子でもあるウィリアム・マカドゥーとのあいだの意見の相違を解消するとともに、イギリスに対する寛大さのもたらす利益をアメリカ側に説得することにあった。ケインズの仕事は、英米間の金融関係についてレディングに教えることであった。彼は十月六日までアメリカにとどまった。使節団の一員であったバジル・ブラケットは、一九一八年一月に蔵相の私設秘書に宛てて次のように書いた。交渉者としてケインズは、「無礼で、押し付けがましく、思いやりに欠けています。……こちらでは、彼の無礼さはひどく不評を買っています」(JMK 16, p.264)、と。ケインズは、その国に好意をもつことなく、十月十七日にダンカン・グラントに次のように書き送った。「アメリカにおいて、唯一心から気に入った目新しいものといえば、黒人たちだ。彼らは魅力的だ」(BL, Add. MS 57931)。

彼はまた、両国の代表や専門家のあいだで交渉された協約にとって、アメリカ議会が主要な障害となっていることを理解した。彼は、イギリスを押さえつけようとするアメリカの意図を批判したり――第二次世界大戦中にはよりいっそう批判を強めることになる――、それを非難したりすることを決してやめなかった。ワシントンにいる当時の大使のレディング卿に宛てた蔵相からの個人的な秘密の電報――ケインズによって書かれ、一九一八年五月八日に送られた――から抜粋された文章のなかでは、次のように書かれている。

> 彼らはほとんどまるで、われわれを完全な金融的困窮と従属の状態に陥れることに満足を覚えているかのようである。そのような状態においては、短期資金がわれわれの首を絞める縄となるのであり、将来においてわれわれの債務が満期を迎えるときにはいつでも、われわれは、彼らが押し付けようとするいかなる条件にも従わなければならなくなるだろう (JMK 16, p.287)。

ロイド＝ジョージの政府と全面勝利への彼の邁進ぶりに反感を抱いて、ケインズは十二月十五日にダンカン・グラントに書き送った。「僕は自分が軽蔑している政府のために働き、自分が犯罪的だと考える諸目的のために働いている」(BL, Add. MS 57931)[28]。それにもかかわらず彼は、数多くの連合国間会議に参加しつづけけた。とくに十一月には、パリでの会議に参加した。彼は、十二月に創設された新たな組織である〈連合国間戦争物資購入・金融会議〉に大蔵省の代表として出席した。そして彼は、グラントに宛てた上述の手紙のなかで、その会議を「新しく建てられた猿小屋」だと述べた。

一九一八年一月八日、ウィルソン大統領は議会での演説において、ヨーロッパおよび世界において公正かつ持続的な平和を維持するために必要とされる一四カ条を提示した。彼は、民族自決の原則にもとづいた領土紛争の解決を保証しようと努め、また海洋の絶対的安全を保障するとともに、国際連盟を創設しようと努めた。大統領は、二月十一日、四月十六日、七月四日、九月二十四日に行なわれた四つの演説において、いかなる領土併合も懲罰的な賠償金も生じないことを約束し、この取り決めについて明確に述べた。八月には、風向きがドイツに不利な方向に変わったことが明らかとなった。ドイツは、九月二十四日のイギリスの反撃に苦しんだ。十月五日、マックス・フォン・バーデンの新政府がウィルソン大統領の一四カ条にもとづいて休戦を求めた。連合国は、これら一四カ条が意味するところについての合意を得るために、十月二十六日から十一月三日にかけてヴェルサイユに集まった。十一月五日にウィルソン大統領は、休戦の条件を明記した覚書をドイツに対して送付した。十一月九日には皇帝ヴィルヘルム二世が退位し、ドイツは共和制をとることを宣言した[29]。休戦協定は、ドイツ側のマティアス・エルツベルガー[30]と連合国総司令官マーシャル・フォッシュによって、十一月十一日にルトンドの列車のなかで調印された。その協定は、戦後の新しい構図について議論するためにパリで会議を開催することを求めていた。ケインズはそのとき、フランスとの金融交渉に没頭していた。その七日後、アメリカの有権者は共和党に、上院では二議席差の多数を、下院では三九議席差の多数をあたえた。

六　カルタゴの平和[31]

ドイツの戦争犯罪人に関するうわさ——しばしば誇張を含んだり、あるいは単に想像によるものであったりした——によって、すでにドイツに対してきわめて敵対的となっていたイギリスの世論は、一九一八年十二月に選挙運動が開始されたときには、猛々しいものとなっていた。候補者たちは、ドイツに対して厳しい懲罰を用意していることを強調した。ロイド＝ジョージによって率いられた連立内閣が大勝利を収めたことに伴い、ケインズは、パリ講和会議への参加が彼の最後の仕事となることについて大蔵省と合意した。彼は、一九一八年十一月二十一日に母に宛ててこう書いた。「私はいま、講和会議に向けて金融問題の主要な責任を負わされたところです」。実際には彼は、ドイツに対して課されるべき賠償金の支払いに関するイギリス大蔵省の見解を立案する責任を負っていた。

一九一八年九月に彼は、連合国間の経済問題に関してオックスフォード大学ベイリオル・カレッジで開かれた会議に参加した。一九一七年一月には彼は、バーミンガム大学の経済史家W・J・アシュリーとともに、戦争の賠償金の効果に関する覚書（1917-1）に署名していた。この文書は、一九一八年十一月における戦時内閣で利用された。ロイド＝ジョージは、一九三八年に公刊された『講和条約の真実』において次のように主張している。「ドイツの支払能力に関して、戦後に計算されたすべての過大な推定値」に依拠したのは、アシュリーとケインズを信頼してのことであった、と。

あらゆる地位のドイツ人労働者をこれから四〇年のあいだ隷属状態に置いたままにしておくという見込みにもかかわらず、これら二人の経済学者は自らの予言的な展望を弱めたり、途方もない熱望を和らげたりすることはなかった。彼らは、ドイツが戦争を起こしたのだから、同国が能力の限界まで賠償金を支払わなくてはならないという、ふつうのイギリス人の自然な感情を共有していた（Lloyd George 1938, p.448）。

これらの激しい言葉は、勘定の支払いに似ていた。

『デイリー・テレグラフ・アンド・モーニング・ポスト』紙に掲載されたロイド＝ジョージの近刊からの抜粋を読んだのち、ケインズは、大蔵省事務次官のウォーレン・フィッシャーに対して、それらは完全な事実の歪曲であると書き送った。彼は、一九三八年十月三十日の『サンデー・タイムズ』紙に書簡を発表した。「それは、ロイド＝ジョージ氏の側での、実に大胆ではあるけれども、きわめて賢明さに欠けた考えである。彼は自分が利用できるあらゆる機会に、私からの影響を、彼が知っているのとは反対のものとして示そうと試みているのである」（1938-15, p.335）。実際には、アシュリーとケインズの論文は、賠償問題についての歴史的概観であり、とくに一八七〇―一年の普仏戦争後の問題を扱っていた。その著者たちは、さまざまな仮説、財やサービスの移転、あるいは現金の移転、即時的影響、あるいは長期にわたる波及について、いずれかの国に肩入れすることなしに検討している。しかしながら彼らは、戦勝国が賠償金から最大の利益を引き出すためには、賠償金は一括してではなく、分割して支払われなくてはならないことを明らかにした。

一九一八年十一月二十六日に、戦時内閣は、ドイツが連合国に対して有害な副作用を伴うことなしに支払うことのできる金額を算定するために、オーストラリアの首相ウィリアム・ヒューズ(32)によって統括される〈賠償委員会〉を設立した。ケインズは、質問に答えるために送られた大蔵省の代表として、十一月二十七日から十二月二日までのあいだに開かれた四回の委員会のうちの三回に出席した。その最終報告書――それに対して、ケインズは何の影響もあたえなかった――において、委員会は、二四〇億ポンドと推定される連合国の戦費のすべてをドイツは支払うことができ、さらに年あたり一二億ポンドの支払いが、受取国に有害な影響を及ぼすことなしに可能であるという判断を下した。ヒューズは、内閣に対して報告書を提出しながらも、ドイツからそれほどの額の賠償金を得ることは無理だろうと認めていた。その報告書は、最後には棚上げされることになる。

ケインズは、ドイツの支払い能力に関して、彼自身の手による大蔵省覚書の作成に取りかかった。彼は、ヴェルサイユ会議期間中の十月三十一日に蔵相のために「賠償金に関する覚書」を作成し、そのなかでこの問題を研究したのであった。連合国は一〇億ポンドの即時賠償支払いを物的資産のかたちで、さらに一〇億ポンドを三〇年以上にわたる年賦払いで要求することができると、彼は推計した。それ以上を要求することは、ドイツの将来の経済生活を破綻させる結果をもたらすだろう。そして、飢饉や無政府状態を回避するために、連合国は資金を貸し付けることを余儀なくされることになるだろう（1918-1, p.341）。大蔵省の最終報告書「賠償およびその他の請求権として敵国勢力が支払い可能な賠償金に関する大蔵省覚書」（1918-2）は、まったくもってケインズの手によるものであり、そのなかの文章を、彼は『平和の経済的帰結』でふたたび用いた。覚書は、ドイツが支払うことのできる最大額を三〇億ポンド、より穏当には二〇億ポンドと定めた。したがって、すべての戦費を償うだけの賠償金を期待することなどは論外であった。短期的にドイツから金を搾り取ったうえで、長期的に定期的な支払いを望むことは不可能であった。すなわち、「すでに概略を示した方法によってドイツを窮乏化させ、またそれと同時に戦前の生産能力にもとづいて算定された賠償金を取ることは実際には不可能である」（1918-2, p.369）。さらに、年々の支払いを行なうためには、ドイツは連合国を犠牲にして貿易黒字を生み出さなくてはならないだろう。「労働者たちに十分な食料があたえられないのであれば、ドイツ産業の生産性の向上を求めることなどほとんど不可能である」（*ibid.*, p.373）。ドイツ経済が破壊されるならば、ドイツからの年々の支払いを期待することはできない。「もしドイツから「搾り取る」つもりならば、何よりもまず、ドイツを荒廃させてはならない」（*ibid.*, p.375）。「ドイツの人々に希望を失わせるほどの巨額な賠償金は、わが身を滅ぼすことを免れない」(*ibid.*, p.382)。

パリ会議とヴェルサイユ条約

会議は一九一九年一月十八日に開始された。フランス首相のジョルジュ・クレマンソー[33]を議長として二七カ国が参加した。それは五二の委員会という構成で始まり、各委員会は〈十人会議〉、別名〈最高会議〉に作業の結果を伝えた。最高会議は、クレマンソーに加えて、アメリカ大統領ウィルソン、イギリス首相ロイド=ジョージ、イタリア首相オルランド[34]、それらの諸国の外相、および二名の日本代表から構成されていた。三月二十四日に日本代表と各国外相が最高会議のメンバーから外されたので、それは〈四巨頭会議〉になり、重要な局面に入った時には、そこが本当の交渉と意思決定の場となった。さらに、一九一五年にイタリアに対してなされていた約束にもかかわらず、ダルマティア地方の都市フィウメ——その住民の大多数はイタリア語を話している——を、新たに建国されたユーゴスラヴィアにあたえると決定したことによって、四月二十四日にオルランドが最高会議を離れたので、それは今や三人にまで減った[35]。二月八日には〈最高経済会議〉が設立された。それはウィルソンによって提案されたものであり、金融、食糧と原材料の配送、運輸、その他の経済問題を管轄するすべての組織を統合するものであった[36]。ウィルソン大統領の主張にもとづいて、ドイツとの交渉が計画された一方で、大統領は論議からはずされた。ドイツ代表団は四月十九日に面会を受けて、講和条件について知らされた。それは、彼らの意見にしたがって修正された。

ケインズは、イギリス代表団の大蔵省首席代表として一月十日にパリに到着した。彼は、少なくとも四回にわたって十人会議の会合に出席した。彼はまた、最高経済会議でのイギリス代表となった。彼の最初の仕事は、アメリカから追加的な金融援助を取り付けようとすることであった。当時、アメリカの戦争借款は戦時中にかぎって憲法で認められていた。彼の交渉相手はアメリカ財務省次官補のノーマン・デイヴィスであり、彼の上司にあたる次官はカーター・

グラスであった。ケインズは、大蔵省兼任事務次官のジョン・ブラッドベリーに一月十四日に書き送っているように、自らの目標を達成することができると確信していた。「したがって彼らがもっともやりたくないことは、金銭をめぐって、われわれと早計にも口論することです」(JMK 16, p.388)。イギリスに追加的借款をあたえるようにデイヴィスがグラスを説得していたので、彼の希望には根拠があったのである。

一月十二日、それ以前には〈救済・補給最高会議〉として知られていた最高経済会議は、ヴェルサイユ条約で明記されたとおりに船舶を引き渡すという条件で、ドイツに食糧を供給することを決定した。しかしフランス蔵相のルイ-ルシアン・クロッツは、積荷の供給に対する支払いの方法をめぐる議論において非妥協的な態度を示した。二回目の休戦協定更新に関するフォッシュとエルツベルガーのあいだの交渉に関係して、ケインズは金融代表団の団長としてドイツのトレーヴまで旅行した。彼は、ドイツの代表団と金融問題について議論した。とりわけ、左翼マルクス主義者の運動である〈スパルタクス団〉――のちにドイツ共産党となる――に率いられた騒乱のなかで、ドイツの準備の安全性を評価することが問題とされた。一九一九年一月に始まったスパルタクス団の蜂起は、社会民主党の国防相グスタフ・ノスケによって鎮圧され、さらに団の創設者であるものの武装蜂起には賛成していなかったローザ・ルクセンブルクとカール・リープクネヒトが暗殺された。[37] スパルタクス団員は、二日間、印刷工場を占拠することに成功した。一九二〇年三月の〈カップ一揆〉と呼ばれる極右によるクーデターの企てののち、ウェストファリア地方やルール地方でも共産主義者たちによる別の反乱が起こることになる。

ドイツ代表団のなかに、「非常に小さな男」がいた。

彼は、申し分なく清潔で、身なりはしごく立派できちんとしており、……きらきらする目をまっすぐにわれわれのほうに向け、その中には異常な悲しみがたたえられていたが、それにもかかわらず、追い詰められた誠実な動物に似ていた。これこそ、その後数カ月間、私がこの世でもっとも奇妙な親交を結ぶことになった、そして非常に風変わりな経験のいくこまかを持つことになった人にほかならなかったのである（1921-4, p.395〔邦訳五一二頁〕）。

この男は、弁護士にして銀行家のカール・メルヒオルであった。ケインズとメルヒオルはすぐに打ち解け、事態を打開するために一対一で協議してもよいとの許可をそれぞれの代表団から得た。「彼と私は、思うに、大戦の後にたがいに敵陣からやってきて出会い、平和的で高潔な相互交流を果たすことのできた正に最初の二人の文民であった」（1932-3, p.47）。ケインズは、彼のもっとも魅力ある著作の一つである「メルヒオル博士――敗北した敵」でこれらの出来事について述べることになる。それはこの段落の初めに引用されているものであり、一九二一年二月に〈ブルームズベリー・メモワール・クラブ〉の前で朗読されたものである。そしてそれは、ケインズの没後に、彼の求めにしたがって「若き日の信条」とともに一九四九年に出版された。メルヒオルとケインズは、一九三三年に前者が亡くなるまで連絡を取り合っていた。(38) これらの議論を通じて、メルヒオルと彼の同僚たちは、金での支払いを要求しないように連合国を説得しようと試みた。そのことは、ドイツの金融状況に対して悲惨な影響を及ぼすだろうからである。他方で彼らは、「それゆえ連合国は、支払手段に関してはわれわれの手中にある」（1919-2, p.398）ことに気づいていた。「ドイツ代表団の一般的な態度は、著しく宥和的であり、従順でさえあった。……メルヒオル博士自身は、諸手続の指揮を執るのに大きな能力を発揮した」（*ibid.*, p.402）。最終的に三月十四日にドイツへの食糧の輸送を認可するために、トレーヴ、スパ、そしてブリュッセルでと、あと三回もの会議を開くことになったが、そのときにはドイツは飢餓に脅かされている状態であった。ケインズとメルヒオルが一対一で議論する許可を得たのは、スパにおいてであった。彼らとほかの一人のイギリス代表団員とのあいだの会合によって、最終的な解決が可能になった。ケインズはメルヒオルだけでなく、ほかのドイツの代表団員たちとも、こうした接触を取りつづけた。その当時、飢餓の脅威にさらされていたオーストリアへの援助の提供を目的とする交渉を成功させるために、彼は大きな責任を負うことになる。ケインズが中心的役割を果たすことになるもう一つの複雑な論議は、フランス側からの金融援助の要請に関係していた。アメリカがフランスへの援助を拒んだために、この問題が生じたのである。ケインズもまた、実質的にフランを支えることを意図した大規模な援助には気が進まなかった。そのことは、すでに困難な金融状態にあったイギリスに不利な影響を及ぼすからである。戦後に出版された著作のなかで、クロッツ（Klotz 1924）は、フランが下落したのはケインズのせいであるとした。ケインズは、『タイムズ』紙の一九二四年二月二十七日号に掲載された記事のなかで、それらの出来事についての彼自身の説明をあたえている。イギリスは、アメリカがフランスに貸し付ける金をアメリカから借りなければならなかったと、彼は説明した。すなわち、「フランスの求めるものを何でも与えていたとすれば、われわれは破産していたに違いないし、おそらくアメリカが参戦してくる前に戦争に負けていただろう」（1924-6, p.409）。この記事に対する三月十一日の回答で、クロッツは、ケインズの「膨れ上がった慢心、……誇大妄想にも似た自己の肥大」について語っている。

それこそが、私が過去に非難し、今も非難しつづけているケインズ氏である。私は何度でも言うが、……ケインズ氏は、一九一九年二月十九日のフランスに対する残虐な行為 acte atroce に関与したのであり、そのとき彼は自らの金融的誇大妄想の勝利を確信していたのである。しかしそれは、世界全体に降りかかっていた金融的破局の真の原因でありつづけていた（JMK 16, pp.413-4 からの引用[39]）。

実際には、七年後にようやく終息することになる通貨危機を引き起こしたのは、フランス銀行が信用供与の見返りに金を売却することを拒否したことであった。

一九一九年二月二十四日、蔵相のオーステン・チェンバレンは、最高経済会議の議長に対して、ケインズが自らの代理であるという事実を知らせるために手紙を書いた。彼は、「私が出席する場合に有するのと同等の資格、すなわち、演説と意思決定についての全ての権限をもつ正式なメンバーとしての資格」（JMK 16, p.415 における引用）で自分を代理する、と。それに加えて、ケインズはその会議の金融委員会における二人のイギリス帝国委員のうちの一人であった。彼の責任は非常に大きなものであった。パリで大蔵省からの増援を要請しながら、彼は二月十七日のブラッドベリーへの返信にこう書いた。「仕事量が減ることはなく、そのせいで私たちは朝食から真夜中まで働きづめです」（*ibid.*, p.405）。彼はそのとき三十五歳であった。彼は、自分の仕事、権力の中枢への関与に、疲れ切っていたとともに、興奮を覚えていた。彼は三月十六日に母に宛ててこう書いている。

私は最高経済会議では蔵相の代理人で、意思決定のすべての権限を委ねられています。私はまた、講和会議の金融委員会ではイギリス帝国代表の一人であり、ドイツとの休戦交渉における連合国間金融代表団の議長であり、パリにおける大蔵省首席代表でもあります。

彼は、三月三十日には父に次のように書き送った。

私は依然として息の切れそうな生活を送っています。最近、旅行はありませんが、ほとんど毎日、一二時間働いています。ここ一〇日では、首相の近くで仕事をするという新たな経験をし、またかなりの頻度でウィルソンやクレマンソーにも会いました。実際のところ、Ll. G.［ロイド＝ジョージ］は、少なくともしばらくの間、天国の平和へと近づき、地獄の平和から遠ざかっていました。そのために、私の努力がいつものようにこの人とまったく合わないということはありません。何もかもが、とても心身をすり減らすとともに、とても刺激的なことでしたが、仕事をこなしていく力はまだ弱っていません。

このとき、ケインズは賠償金を計算する仕事に取り組んでおり、連合国間の債務を帳消しにすることになる案を支持するための文書を執筆していた。すなわち、「連合国間の債務を完全に帳消しにするという案は、この国と世界の幸福を増進しそうであるがゆえに提示されるのである」(1919-3, p.421)。早くも一九一六年から、彼は連合国間の負債を帳消しにするという考えを提唱していた。戦争によって作り出された膨大な債務を有効なままにしておいたり、それをさらに悪化させたりすることは、資本主義の存続にとっての脅威となっていた。

わが国の資本主義は、多くの地域の共感を得ており、毎日の生産過程で現実の役割を演じている。そして現存の社会組織は、主としてその安定性に依拠している。だがそのようなわが国の資本主義でさえきわめて堅固なものではない。しかし、たとえそうであろうとも、ヨーロッパの不満をいだいた人々が、次の一世代ほどにもわたって、彼らの毎日の生産物のかなりの部分が外国への支払いに充てられるような生活を自ら進んで送ろうとするであろうか。その支払いの根拠は、ヨーロッパとアメリカとのあいだであれ、あるいはドイツとそれ以外のヨーロッパとのあいだであれ、彼らの正義や義務の感覚から抑えがたいものとして生じているのではないのである(1919-3, p.427)。

アメリカが負債の帳消しという考えを拒絶して以降、ケインズは、「ヨーロッパ復興のための大計画」(40)(一九一九年四月十七日付の母宛の手紙)と呼んだものを苦心して作り上げた。この計画は、ジャン・スマッツとの会話ののちに作り上げられた。スマッツは、最近訪れたハンガリーの住民の破局的な状態について彼に話したのであった。その計画は、信用が一時的に損なわれて経済が行きづまった国々に対して、国際連盟の主導のもとに、アメリカやもっとも豊かな諸国によって保証された貸付を行ない、それを基礎として国の再整備を進めるとともに、経済を再出発させることを可能にするというものであった。それは蔵相の支持を得て、蔵相はそれを首相に推奨した。首相から政府の他の高官たちに送られることになる書簡の草稿において、ケインズはこう書いた。「要するに、ヨーロッパの経済機構は苦境に陥っている。……資本は消滅した。国内外の生産の複雑な機構は、多かれ少なかれ粉砕されている。生産は大部分が停止されている」(1919-4, p.433)。そして、破局を回避し、世界をボルシェビズムの脅威から守るべき立場にいたのは、民間企業ではなかった。「それにもかかわらず、金融の局面においては、ヨーロッパを再建するという問題は民間企業だけで取り組むには、ほとんど確実に大きすぎる。……ある国が疲弊し、ボルシェビズムに近づくほど、おそらくその国はますます援助を求めるようになる。しかし、民間企業が援助をあたえることはありそうにない」(*ibid.*, p.434)。

ケインズは、ヨーロッパ経済を再出発させるための彼の計画——それは、アメリカの貸付に基礎を置いていた——の意義をアメリカ側の交渉相手に説得しようとしたが、うまくいかなかった。アメリカは戦後に創設された新しい国々に対して資金援助を行なう用意があっただけで、その他の諸国に対してはそうでなかった。彼は、五月四日に蔵相に宛てて書いた。「全般的状況は、当てはずれで落胆すべきものです」(JMK 16, p.440)。ウィルソン大統領はロイド＝ジョージ首相に対して、五月三日付の書簡において次のことを指摘した。すなわち、アメリカ財務省がヨーロッパの債券を保証することを議会は承認しないだろうということ、および、ドイツの現在の資本が戦勝国によって引渡請求を受けている一方で、当のドイツに新たな資本を提供しようという要望はほとんど理解できないということである。ヨーロッパの問題の解決策を見出すべく、ウィルソンの提案にもとづいて五月九日に新たな委員会が設置された。ケインズは、委員会の二人のイギリス側委員のうちの一人であった。この委員会は何の成果ももたらさなかった。「アメリカ側は、実際に何かをしようという意図をもってはいませんでした。それに加えて、パリの現実ばなれした雰囲気のなかでは、効力を持つことのできる具体的な提案を生み出すことすらできませんでした」(一九一九年五月二十二日付のジョン・ブラッドベリー卿宛の手紙、JMK16, p.447 に所収)。結局、ケインズは彼の計画を『平和の経済的帰結』の最終章で発表することになる。

これと同時に、賠償金とドイツの支払能力に関する議論が進行していた。それは、一九一九年の一月半ばに会合が始まった〈賠償委員会〉のなかで開始されたものであった。[41] ロイド゠ジョージは、三人のもっとも保守的なイギリス代表団員であるヒューズ、カンリフ、サマーによって持ち出された法外な提案――一九六一年まで、毎年六億ポンドの支払いを求めていた――に対抗するために、ケインズに新たな文書を作成するよう依頼した。三月十八日にケインズは、彼が出席していた政府高官たちの会議に、ドイツの支払能力を評価するために世界中の専門家が集まることを提案した。

四月から六月にかけて、ケインズはしばしば四巨頭会議の議論に参加した。その会合はウィルソンやロイド゠ジョージがパリで居住していた邸宅で開かれ、ときにはフランスの陸軍相や外相の部屋で開かれることもあった。[42] ケインズは、理性的で満足のいく解決の可能性について、しだいに悲観的になった。彼は、こうした状況を五月四日に蔵相に説明した。「しかしながら、いま示されているような賠償条項が、実際に現状のようにほとんどすべての面において相当な愚かさを露呈したまま、もしかすると問題の解決法として存続することができるかもしれないとは、私には一時たりとも考えることができません」(JMK 16, pp.452-3)。「実際、私とここにいる者のほとんどは、ひどく悲観的になっています。会議は、われわれを泥沼に引き入れました。われわれをそこから救い出すためには、われわれをそこに引き入れるために要した巧妙さ以上に大きな政治的手腕が必要とされるのです」(*ibid.*, p.456)。

五月七日、連合国はドイツに対して条約案を提示し、ドイツが回答について熟慮するために一五日間の猶予をあたえた。その核心は第二三一条[43]にあり、そこにはこう書かれていた。

ドイツおよびその同盟諸国の侵略によって課された戦争の結果、連合国ならびに協同国政府、およびその国民が蒙ったすべての損失および損害を生じさせた原因が、ドイツおよびその同盟国にあることを、連合国ならびに協同国政府は確認し、またドイツはそれを受け入れる。

このような論理にもとづいて、第二三二条は次のように規定している。

しかしながら連合国ならびに協同国政府は、それら諸国のそれぞれが連合国もしくは協同国としてドイツと交戦していた期間中に、連合国ならびに協同国の民間人ならびにその財産に対して加えられたいっさいの損害に対して、ドイツが補償を行なうことを要求し、またドイツはそれを引き受ける。

条約の起草者は、これらの損害のなかに、兵士の家族に支払われた手当、および病気や死亡に関して現在あるいは将来において支払われるべき年金を含めた。その結果、請求額は三倍になった。その条約はドイツの全債務の正確な額を定めることなく、最初の支払い期日を一九二一年五月一日と規定しただけであった。こうして講和条約は、条約のこの部分の執行に責任を負っている賠償委員会にこの問題を委ねた。条約はまた、ヨーロッパの国境の再画定および国際連盟の設立を考慮に入れていた。委員会は、数ある仕事のなかでも、とりわけ、ドイツの商船隊のほとんど、海外領土のすべて、およびアルザス＝ロレーヌ地方でドイツ人によって所有されている財産の引き渡しを管理することになっていた。条約はまた、ドイツの工業化の基盤であった鉄と石炭の主要な産出地帯を連合国が取得することを規定していた。輸送の領域においては、ドイツは鉄道車両の一部を引き渡さなくてはならなかったし、そのうえ河川交通網のかなりの部分の管理権も失い、それ以後は他国の機関によって運営されることになっていた。

ケインズは、このような文言を見て驚き、憤慨した。彼によれば、それは、ドイツの人々を飢餓に追いやることなしには到底実行できないばかりか、ウィルソンの一四カ条の意図やドイツと調印した休戦条件にも反している。五月十四日に、彼は母とダンカン・グラントに大蔵省を辞める決意を伝えた。それらの二つの手紙には、次のような同じ文章が含まれていた。「講和条約は非道で、不可能で、不幸をもたらすものでしかありません。……もし私がドイツ人の立場にあったならば、このような講和条約に調印するよりも、きっと死を選ぶことでしょう」(JMK 16, p.458)。彼は母にこう書いた。「さて、私はこれらすべての邪悪なことや愚かなことの共犯者であったように思いますが、それもうすぐ終わりです」(*ibid.*)。ダンカン・グラントに宛てて、彼は次のように付け加えた。

僕は、何時間も自分の部屋に座って新しい国々の代表団を迎えているが、彼らは誰も食糧や原料を求めず、何よりもまず隣国に対抗するための殺人道具を求めるのだ。それに加えて、このような講和条約が根本とされるのだから、僕はどこにも希望を見出すことができない。

生じうる最善の事態は無政府状態や革命であり、それが起きるならば早いに越したことはない。嬉しいことに、僕はもうすぐここから解放される。この悪夢を忘れ去るのに何週間もかかることはないだろう。できれば六月一日で、何があっても六月十五日までには僕の職を解いてもらうように、大蔵省に手紙を送っているところだ。

もっともつらく失望したことは、各国を自立させるための僕の〈大計画〉が挫折したことだ(BL, Add MS 57931)。

彼は、五月十八日にシェパードにこう書き送った。「これは地獄だ。しかし、僕が思うに、彼らは調印しないだろう。それがせめてもの慰めだ。条約の全文は、彼らが予測していたものと比べてさえはるかに悪いものだ」(Sheppard Papers, King's College, Cambridge, JTS/2/112)。その前日に彼は、キングズ・カレッジ副学寮長のウィリアム・マコーレーに手紙を書いて、ドイツとの交渉で大きな方向転換がなければ大蔵省を辞職する用意があることを知らせた。彼は自分自身を、ドイツに対してなされた不正で無分別な提案によって疲労困憊し、落胆し、うんざりしていると描写した。彼の辞表はすでに消失しているが、五月十九日の日付をもっていたようである。五月二十一日付の手紙で、チェンバレン蔵相は、彼にとって不可欠な存在であったケインズに、しばらくのあいだ職にとどまるよう強く求めた。五月二十六日にケインズは、合意に根本的な変化の見通しが生じるという特別の条件で、あと二、三週間とどまってもよいと言って彼に返答した。もっともケインズは、そのような見込みはほとんどありそうにないと考えていた。

われわれの眼前にあることの重大さを私がどれほど痛感しているかを私は言い表すことができませんし、また私は完全に手を空けておかなくてはなりません。……首相は、われわれすべてを破滅の泥沼に引き入れつつあります。彼がヨーロッパのために提案している解決策は、ヨーロッパを経済的に崩壊させ、何百万人もの人口を減らすことになるに違いありません(JMK 16, p.460)。

その翌日、彼はジョン・ブラッドベリーにこう書き送った。「とにかく、私は進行中のことに本当にうんざりしており、ほとんど限界に達しています。したがって、貴下はいつも電報による私からの辞任の知らせに備えておかなければなりません」(*ibid.*, p.464)。最後に彼の我慢が限界を超える要因となったのは、講和条約のなかのオーストリアに関する条項であった。それは、ヨーロッパでもっとも高い乳児死亡率をもつ国に対して、一定数の乳牛を引き渡すことを強制するものであった。「これは残酷で愚かな要求だと、私には思われます」(フィリップ・カー宛の手紙、JMK 16, p.466)。彼は、神経が参って五月三十日から床に伏していたけれども、母に宛ててこう書いた。「金曜日にはベッドから這い出して、ウィーンをめちゃめちゃにしないように、賠償委員会の前で最後の抵抗を行ない、いくらかの改善を見ることができました」(*ibid.*, p.470)。ロイド＝ジョージの要請に応えて、六月二日にケインズは、賠償金支払いの代替的な諸方法に関する最後の覚書を彼に提出した(1919-5)。ついに六月五日、ケインズはロイド＝ジョージに次のように書き送った。

私が土曜日にこの悪夢の現場から抜け出すことを、私は閣下にお知らせしなくてはなりません。私はここではもはや何の役にも立ちません。私はこの最近のひどくいやな数週間においてさえ、閣下が何とか条約を公正で適切な文書とするための何らかの方法を見つけてくださるだろうという望みを抱いていたのです。しかし、いまや明らかに手遅れです。闘いは敗れました。私はあの双生児に、ヨーロッパの荒廃を見てほくそ笑むなり、イギリスの納税者に残されるものを査定するなり、好きにやらせておくことにします(JMK 16, p.469)[44]。

アメリカ側の交渉相手であるノーマン・デイヴィスにも同じことを述べて、ケインズは同じ日にこう付け加えた。「あなたがたアメリカ人は折れた葦であって、私は、状況の実質的な改善に何の期待も持っていません」(JMK 16, p.471)。それにもかかわらずケインズは、金融問題について論じるための最後の会合を彼に提案した。ケインズは、ブラッドベリーにも同じような言い方で六月六日に辞意を伝えた。いまや彼は好きなように自分の意見を述べることができ、また「政治評論家」としての役目を何の遠慮もなしに引き受けることができた。六月七日に彼はパリを発ち、新たな職業生活を開始するために、まっすぐにキングズ・カレッジに向かった。

ドイツは、提案された条約案に対して五月二十九日に回答した。七日間の返答の遅延があったため、五月七日の案にわずかな修正を加えた代替案が六月十六日に示された。ドイツからの新たな回答ののち、条約は六月二十八日にヴェルサイユで調印された。講和会議に出席し、ケインズとともに辛酸をなめた外交官のハロルド・ニコルソンは、日記にヴェルサイユでの式典の様子を生き生きと描写している。それは、次のような言葉で締めくくられている。「それからホテルでの式典。納税者の払ったお金でシャンパン飲み放題。とてもまずいシャンパン。……ベッドへ、人生がいやになった」(Nicolson 1933, p.371)[45]。

『平和の経済的帰結』

帰国したのち、ケインズは一九一九年六月二十五日に母にこう書き送った。

……月曜日に、私は新しい本を書き始めましたが、その仕事をやり続けられるかどうかまだ定かでありません。その本は、現在のヨーロッパの経済状態に関する一般的な評論あるいはパンフレットであり、講和条約に対する厳しい批判と将来に向けた私の提言を含むものです。私はそれを、英語・フランス語・ドイツ語・イタリア語で同時に、十月のはじめまでには出版しようという考えをもっています。しかし、それはとてつもない骨折り仕事になるでしょうし、私にはまだその企画がどうなるか分かりません。私は、月曜日の出来事に対して感じずにはいられないような深く激しい羞恥心をかき立てられており、その仕事をやり遂げるほど十分に気持ちが落ち着いてはいないようです。

彼はこの仕事において、とりわけマーゴット・アスキス、スマッツ、ロバート・セシルからの励ましを受けた。彼は六月十二日にチャールストンに着いた。ちょうど三カ月ほどの間にその本のほとんどを書いたのは、そこにおいてであった。ヴァージニア・ウルフは、彼の心理状態を次のように描いている。

自分は失望している、と彼は言う。すなわち、彼はもはや自らが望んでいる物事の安定を信じていない。……これらの結論は、講和会議の陰鬱で品のない光景を見て、彼が引き出さざるをえないものであった。そこでは、人々が何の恥じらいもなしに、ヨーロッパのためにでもなければ、イギリスのためにでさえなく、次の議会選挙で自分自身が再選されるために行動していたのである（V. Woolf 1977-84, vol. 1, p.288）。

この書物は、歴史、経済分析、統計的説明、政治評論、および心理的な人物像といった、いくつかのジャンルにまたがっている。そのもっとも有名な部分は第三章であり、その章はパリ会議について物語っている。前章において若々しい文体で提示された諸見解を再検討しながら、彼は自らの主張を擁護している。それによれば、この会議の混乱は、それを設計した政治家たちの道徳的および心理的な欠点の結果であるとされる。

私は、読者が次のことを想起して私を許されるものと思いたい。すなわち、もし自らの運命を理解したいのだとすれば、世界は、今なお決着のつかぬ人間の意欲と意志との複雑な闘争に、たとえ部分的で不確実にせよ、光の投じられることを非常に強く求めているのであり、この意欲と意志は、かつてその比をみなかったような仕方で、現実の人間である四人の個人に集中した形で現われ、この四人を一九一九年初めの何カ月かのあいだ人類の縮図と化させていたのだ、ということを、である（1919-1, p.17〔邦訳二〇頁〕）。

「非国教会派の牧師、それもおそらく長老教会派《プレスビテリアン》の牧師」(*ibid.*, p.26〔邦訳三二―三頁〕)にも似て、ウィルソンは、ロイド゠ジョージ、またとくにクレマンソー――一八七一年の敗戦の復讐をし、最後にはドイツを破壊しつくすつもりでいた――の手腕に対抗するだけの知的素質を持ち合わせていなかった。「大統領の挫折こそが、歴史上決定的な精神的事件の一つだったのである」(*ibid.*, p.23〔邦訳二九頁〕)。

大統領は、英雄でもなければ、予言者でもなかった。彼は哲学者ですらなかった。彼は、ただ、寛大な意図をもつ一人の人間だったのであり、他の人々と同様に多くの弱点をもっていたし、また、さまざまな力や人格とのすさまじい激突によって会議場での顔をつき合わせての当意即妙のやりとりゲームにおける並ぶ者ない勝利の名手にのし上がってきた、油断も隙もならぬ、険呑な雄弁術に長けた相手と渡り合うためには、それなくしてはならなかったはずの、あの威圧的な知的装備にも欠けていた――そのようなゲームは、いまだかつて彼は経験したこともなかったのである(1919-1, pp.24-5〔邦訳三〇―一頁〕)。

ケインズは、大統領の心理的な人物像を描くことによって、またフロイトのいうコンプレックスまでも引き合いに出すことによって、このような挫折を説明した。(47) 彼はまた、ウィルソンが対峙した二人の魔術師のうちの一人で、「四巨頭会議中の他をはるかに抜きんじたもっとも卓越した人物」(*ibid.*, p.18〔邦訳二二頁〕)であったクレマンソーの人物像を描いた。クレマンソーは、「ペリクレスがアテネについて感じたと同様のことを感じていた――フランスは無比の価値があり、他の何物も問題ではない、というのである。しかし、彼の政治理論はビスマルクのそれだった。彼には一つの幻想があった――フランスであった。そして彼には一つの幻滅があった――人類であり、それにはフランス人も含まれる」(*ibid.*, p.20〔邦訳二四頁〕)。アスキスの忠告——それは、まったく見事なものであった——にもとづいて、ケインズは、ロイド＝ジョージについて、クレマンソーには自由に彼の計略を実現させることを許しておく一方で、ウィルソンを誘惑するために現れた妖婦《ファム・ファタル》であると描写した部分を本のなかに含めることを断念した。彼は、最終的にその部分を一九三三年に『人物評伝』で発表した。

大統領と、虎と、ウェールズの魔女とが六カ月のあいだ一室に閉じ込められていて、そうして条約はあのとおりのものになったのである。さよう、ウェールズの魔女——というのは、イギリスの首相はこの三者間の陰謀に女性的な要素を寄与したからである。私はウィルソン氏を非国教派の牧師と呼んだ。読者はロイド＝ジョージ氏を妖婦の姿に描いてほしい。世故にたけた老人、妖婦、それに非国教派の牧師——これがわれわれの劇中の人物なのである。……クレマンソーは、あの年齢で、ウェールズからきた淑女の魅力に欺かれるにしては、あまりにもシニカルで、あまりにも経験に富み、またあまりにも教育がありすぎた。……大統領の男性的な特徴がかえって首相の女性的な誘惑や、鋭敏さや、敏捷さや、思いやりなどの完全なとりこになったのである(1933-4, pp.22-5〔邦訳二八—三二頁〕)。

ケインズの見るところ、ヴェルサイユ条約の破局的な性格は、戦前のヨーロッパの経済組織が、「極度に異常で、不安定な、錯綜した、頼りにならぬ、一時的な」(1919-1, p.1〔邦訳一頁〕)性質のものであったという事実によって、さらに強められていた。いまやこの組織は、勝利者たちの非道な意思決定によって、全面的に破壊されるという危険にさらされている。その組織は、とりわけ、資本蓄積や貯蓄を統制する集団心理に基礎を置いていたのであり、そのことが富の不平等の正当化を可能にしていたのであった。のちにケインズが「自由放任の終焉」と呼ぶものによって、これらの信念は、時代遅れのものになるという危険にさらされていた。すなわち、「戦争はすべての人に消費の可能性を明らかにし、多くの人に禁欲の空しさを明らかにした。こうして威嚇《ブラフ》は正体を見破られたのである」(*ibid.*, p.13〔邦訳一六頁〕)。このような心理的不安定性に加えて、中央ヨーロッパとロシアでの生存手段に対する強い人口圧力によって作り出された人口上の不安定性が、戦争や革命の主たる要因となった。食料輸入や原材料のやり繰り——ヨーロッパの存続はそれにかかっていた——もまた不安定であった。戦争が勃発して、大陸の多くを貧血状態とし、緊急輸血を必要とさせるに至る事態が生じたのは、半世紀ものあいだ爆発寸前にあった、こうした状況においてであった。

この大惨事が生じた際に重要であったのは、「将来の危機は、国境や主権にではなく、食料や石炭や運輸面にある」(*ibid.*, p.92〔邦訳一一七頁〕)と気づくことであった。いまやパリにいる戦勝国の代表者たちは、ヨーロッパの経済再建をもたらす代わりに、自国の政治世論をなだめるために、政治的な恨みを晴らし、戦争犠牲者の仇を討つ道を選んでいる。すなわち、「よい面でも悪い面でも、何よりもまず彼らの心を占めていたのは、国境と民族、勢力の均衡、帝国の拡大、強力で危険な敵国を今後弱体化させること、報復、そして戦勝国の耐えがたい財政的負担を敗戦国の肩に移すこと、などと関係していた」(*ibid.*, p.35〔邦訳四五頁〕)。このような振る舞いによって、彼らは一九一八年十一月十一日にドイツとのあいだで調印された休戦協定を破ったのである。「これほど後世の人びとが大目にみる理由をもたない事件は、歴史上ほとんど存在しない——国際間の約束の神聖性の擁護のためと称して戦われた戦争が、そのような約束のうちでも可能なかぎり最も神聖なものを、勝利を収めたこれらの理想の擁護者がはっきりと破ることをもって終わりを告げたのである」(*ibid.*, p.91〔邦訳一一六頁〕)。ケインズの著作の最大の役割は、「戦勝列強が敗れた敵国の経済的征服に乗りだした際の完璧を期す精神」(*ibid.*, pp.49-50〔邦訳六二頁〕)を示すことにある。彼は、条約の経済的条項と、それらがドイツ経済にもたらす破局的な帰結を詳細に分析した。彼は、世論からの圧力のもとで、いかにしてドイツがすべての戦費を支払わされることになったのかを示している。しかもその戦費には、兵士の家族に対する手当の支払いや年金が非道にも加算され、それによって賠償金の額は、すでに支払いが不可能であった額の三倍に増やされたのである。「私の判断によれば、ドイツが多少ともこの額に近いものを支払うことができないことは、もうすぐ私が詳しく説明する諸理由からみて、絶対に確実である」（*ibid.*, p.105〔邦訳一三二頁〕）。連合国が蒙った損害の範囲はひどく誇張されていた。ドイツの負債総額を定めずに、これを賠償委員会――その「権限を、……ドイツの商業および経済組織を破壊するために用いることもできる」（*ibid.*, p.49〔邦訳六一頁〕）――の裁量に委ねたことについて言えば、このことは、ドイツばかりでなく、連合国をも不確実性のなかに陥れる効果をもった。のちに見るように、このことはケインズの経済分析の中心的な主題となっている。けれども根本的な問題は、経済計算の問題でもなければ、政治秩序の問題でもない。それは本質的に道徳の問題である。

ドイツを一世代にわたって奴隷状態に陥れ、何百万という人間の生活水準を低下させ、一国民全体から幸福を剥奪するような政策は、おぞましく、また憎むべきものである――もし仮にそれが可能だとしても、もし仮にそれがわれわれを豊かにするとしても、もし仮にそれがヨーロッパの全文明生活の荒廃の種子を播かないとしても、おぞましく、また憎むべきものである。この政策を、一部の人々は正義の名において説いている。人類史の大事件においては、諸国民の複雑な運命を解きほぐすに際しては、正義は、それほど単純ではない。また、もし仮に正義が単純だとしても、諸国民は、宗教によっても、また天賦の道徳律によっても、敵国の子孫に対して、その親や支配者たちの悪事に報いることを許されてはいないのである（1919-1, p.142〔邦訳一七七頁〕）。

こうして一九一九年のヨーロッパは、ケインズが自著の最後から二番目の章で述べたように、社会的爆発に脅かされて、きわめて悲惨な状態にあった。すなわち、「講和条約は、ヨーロッパの経済的復興のための条項を何一つ含んでいない」(*ibid.*, p.143〔邦訳一七八頁〕)。「われわれの眼前にあるのは、内紛と国際的憎悪、闘争、飢餓、略奪、虚言によって引き裂かれた、無能な、失業者を抱えた、混乱をきわめたヨーロッパにほかならない」(*ibid.*, p.157〔邦訳一九四―五頁〕)。一部のヨーロッパの国々は、すでに飢餓に脅かされている。人間はいつもおとなしく死んでいくわけではない。「そして、これらの人々は、その苦難のあまりに、組織のわずかな残りの部分をも覆し、個人の打ち克ちがたい欲求を必死に満足させようとする企てのなかに、文明それ自体をも埋没させてしまうかもしれないのである」(*ibid.*, p.144〔邦訳一七九―八〇頁〕)。幾世紀にもわたる進歩が無に帰そうとしていた。

もしわれわれが故意に中央ヨーロッパの窮乏化をめざすとすれば、私はあえて予言するが、容赦なく復讐がやってくるだろう。そうなれば、反動勢力と絶望的な革命の痙攣とのあいだでの最終的な内乱を非常に長期にわたって引き延ばしておくことは、何者にも不可能であるし、この内乱の前では今次のドイツ戦争の恐怖も影うすれて無と転じ、また、誰が勝利者になろうとも、この内乱は文明とわれわれの世代の進歩とを打ち砕いてしまうに違いないのである(1919-1, p.170〔邦訳二一〇頁〕)。

ケインズは、この絶望的にも見える状況に対して救済策を提案することに最終章を充てている。それらの救済策の大部分は、彼が大蔵省にいたときに作成した報告書から取られていたが、そのことによって彼は高官たちから非難されることになった。連合国間のすべての負債を帳消しにし、ヨーロッパの再建を助けるためにアメリカの資金を配分するという提案によってもまた、彼は非難を受けた。さらに彼は、ドイツの債務を大きく削減し、「ドイツの領土内に希望と企業意欲が再生するのを可能に」(*ibid.*, p.168〔邦訳二〇八頁〕)するような仕方で、ヴェルサイユ条約の諸条項を抜本的に改訂することを提案した。彼は、ドイツと中央ヨーロッパ諸国がロシアとのあいだで正常な通商関係を回復し、そうすることによってドイツがこの非常に不安定な地域における安定化勢力としての役割に復帰することが認められなくてはならないと考えた。また、国際連盟の支援のもとに自由貿易同盟が結成されるべきであり、その国際連盟には敗戦国も加盟するべきであるとした。

『平和の経済的帰結』は一九一九年十二月十二日に公刊された。発売当初の売れ行きは好調ではなかったものの、その本は世界中で並はずれた成功を収めた。公刊の六カ月後には、イギリスとアメリカでの売り上げは一〇万部を超え、すでに一ダースもの言語に翻訳されていた。これ以後の彼のすべての著書がそうであったように、ケインズは、すべての利益を自分のものとし、利益の一〇パーセントに相当する権利料を彼の本の出版社であるマクミランに支払うことにして、印刷・流通・広告の費用を自分で負担することにした。こうして彼は巨額の富を得た。そのことによって彼はまた、自分の望む人、とくに政治指導者や組合指導者、ジャーナリストや企業家に、多くの部数を送ることができた。

この本は、『雇用・利子および貨幣の一般理論』と並んで、ケインズのもっとも影響ある本となった。この本によって、彼は国際的に有名な人物となった。またこの本によって、彼はブルームズベリーと和解することになった。以下は、十二月十六日にリットン・ストレイチーが彼に書き送った手紙である。

君の本がきのう届いて、僕はそれを一気に読んだ。僕は、その本がこの上なく良くできていると思う。第一に、それはきわめて荘厳だ。誰も無視することができないと思われるような厳かな雰囲気がある。僕は、チャールストンで、それがあまりにも極端なものだと思われるのではないかとかなり心配していたのだが、心配は当たらなかったと思う。クレマンソーとウィルソンへの批判を少し和らげたことは、本のあたえる印象がよくなったことに加えて、修正する前にくらべると著しい改善になっているように思われる。それに、非常に多くの情報があるのが嬉しい。……その主張について言えば、それは確かにこの上なく圧倒的で、この上なくすさまじいものだ。……僕が思うに、理想的なのは、いっさいの賠償をやめることだろう。しかし、もちろんそんなことは現実的な政治ではない。

彼はまた、いくつかの批判の的になった。政治指導者のなかには、機密情報を利用したことについて彼を非難した者もいた。彼の本は、イギリスとアメリカの関係を害することになるとも考えられた。しかし、もっとも敵意に満ちた批判はフランスから寄せられたのであり、ケインズは反仏派であり、親独派であるとして非難された。[48] ごく当然のこととして、その書物はドイツやオーストリアではきわめて好意的に迎えられた。のちにケインズの思想に対するもっとも厳しい批判者となるフリードリッヒ・ハイエクは、当時ケインズは、彼とその友人たちにとって英雄であったと書いている。ケインズはまた、アメリカの上院が条約を無条件で批准するのを拒んだことに力を貸したとして非難された。しかし、採決は一九一九年十一月十九日に行なわれたのであるから、このような批判はほとんど当たらないだろう。[49] ウィルソン大統領が九月二十六日に倒れたのは、この採決のための運動中のことであり、その後、十月二日に深刻な心臓発作に襲われた。彼は病から完全に回復することはなかったし、またそのことを考えると、ケインズが彼について描いた人物像を彼が読んだということはありそうにない。このことに関して、ケインズは一九二〇年四月十八日にノーマン・デイヴィスに宛てて次のように書いている。

私が大統領について言わなくてはならなかったことに対し、あなたが大変に反感をもたれているのは残念です。私は去年の七月、彼が病気になる前にそれを書きました。もし彼が倒れた後に書いたのであれば、私は、心から共感を抱いていたとともに、四巨頭のなかで万難を排して正しいことをなそうとした一人であった、不憫で悲劇的な人物について、もっと穏やかに語ったはずです（JMK 17, p.41）。

この手紙でケインズは、いまや自分の考えは政治家たちの考えとはあまりにもかけ離れているので、彼らに協力することはできないという意味のことを言った。彼はまた、たとえ各国政府が条約を破棄することはないとしても、それは来たるべき事態を切り抜けて存続することができないであろうと確信していると述べた。

ケインズの書物が出版された数カ月後に、王党派であり、〈アクション・フランセーズ〉のシャルル・モーラスの戦友であった、フランスの歴史家ジャック・バンヴィルが、ケインズを模倣して『平和の政治的帰結』を公刊した。バンヴィルは、ヴェルサイユ条約がもっとも有害なものとなるのは、経済的レベルよりも、むしろ政治的レベルにおいてであると考えた。なぜなら条約は、一国――必ずや自らを増強し、遅かれ早かれ宿敵フランスに反撃するだろう――の統一を温存したからである。バンヴィルの見るところ、「ケインズの名著は、一見したところでは、そこに満ち溢れている逆説によって、好奇心と反感の対象として成功を収めつつある科学的なパンフレットである」（Bainville 1920［2002］, p.292, N・B・マンによる英訳）。ケインズが示したように、たとえ条約がドイツの経済的な力を取り除いたとしても、条約はドイツを六千万人もの住民によって支えられている国家としてそのまま残したのである。それにもかかわらずバンヴィルは、たとえば、「債務を返済するために、三〇年もしくは五〇年ものあいだ働くことを自らに強いるような条約を破ろうとする敗戦国の自然な欲求」（*ibid.*, pp.357-8, N・B・マンによる英訳）について想起していることに見られるように、ケインズと類似した結論に至った。

エティエンヌ・マントゥーは、ケインズの書いた本に対するもっとも手厳しい批判者であった。ただし彼は、ケインズに対して経済学者として最大限の敬意を払っていた。『カルタゴの平和、あるいはケインズ氏の経済的帰結』は一九四六年に出版された。それはケインズが亡くなった年であり、またその著者が戦場で亡くなった一年後であった。

エティエンヌ・マントゥーは、四巨頭会議に通訳として参加していた歴史家ポール・マントゥーの息子である。ケインズがこれらの会議に出席していなかったという父の主張に立ち戻ることはしなかったものの、彼は、挑発的で事実無根の主張に満ちたケインズの本が、約束を守らなかった連合国のなかに罪の意識をつくりあげることで、その後に起こるさまざまな出来事に有害な影響をあたえたと考えた。こうしてドイツは、国境や主権は何の重要性ももたないとするケインズの見解によってお墨つきをあたえられた領土拡張政策に邁進するようになったのである。マントゥーの見るところ、「賠償は、経済的な可能性の範囲を超えるものではなかった」(Mantoux 1946, p.156) のであり、一九二〇年代のドイツの急速な経済成長はケインズの破局的予言の誤りを示すものであった[50]。

一九二三年に、ケインズはノーベル平和賞の三〇人の候補者集団のなかに入っていた。ノルウェー国会のノーベル委員会の一員であったウィルヘルム・クレイルホーは、パリ会議への参加に関する正確で詳細な情報を求めて、一九二三年十月二十四日にケインズに手紙を書いた。またクレイルホーは、ポール・マントゥーの主張が事実かどうか懸念して、四巨頭会議の事務局長であったモーリス・ハンキーだけでなく、マントゥーにも手紙を書いた。ハンキーはケインズの主張が正しいことを認め、マントゥーは当初の主張を訂正した。クレイルホーは、一九二三年十二月二十八日にケインズに手紙を書いて、次のように述べている。「それらの政治家たちが彼［ケインズ］の助言にもとづいて行動していたならば、今日、われわれはもっと幸福な日々を過ごし、真の平和の恩恵のもとで働くことができたはずであると信じるに足る十分な理由が存在する」(JMK 17, p.109 における引用)、と。結局、その年には誰もノーベル賞を受賞しなかった。

賠償の終結

一九二〇年一月十日に批准されたヴェルサイユ条約に続いて、そのほかの敗戦国とのあいだで四つの条約が結ばれた。すなわち、一九一九年九月十日にオーストリアとのあいだでサン＝ジェルマン＝アン＝レー条約が、一九一九年十一月二十七日にブルガリアとのあいだでヌイイ条約が、一九二〇年六月四日にハンガリーとのあいだでトリアノン条約が、そして一九二〇年八月十日にはトルコとのあいだでセーブル条約が締結された。セーブル条約が施行されることはなく、それは一九二三年にローザンヌ条約に取って代わられた。連合国の最高会議は、それらの条約について議論するために存続された。

賠償問題は、ヴェルサイユ条約で終結したのではなかった。その問題は、一九三〇年代の初めまで、二〇回ほどの会議、および専門家や政治家たちによる多数の会合の議題とされたのであり、戦勝国と敗戦国のあいだの関係を悪化させたのと同じくらい、戦勝国間の関係を悪化させた(51)。その展開は、ケインズの懸念を確証することになった。一九一九年十一月におけるアムステルダムでの金融会議の場で、ケインズは、債務帳消しやヨーロッパ経済の再出発のための国際借款といった自らの提案を携えて力強く応酬した。一九二〇年の初め、何人かの有力者が賛同したものの、アメリカはこの計画を棄却した。一九二〇年三月にフランスは、フランクフルトとダルムシュタットを占領することを単独で決定した。一九二〇年七月のスパ会議で、ロイド＝ジョージは、ケインズが提案したのと同額、すなわち二〇億ポンドに賠償金の額を定めることを提案した。一九二一年三月七日、第一回ロンドン会議の終了にさいして、ロイド＝ジョージは連合国の名においてドイツに最後通牒を突きつけ、それに続いてドイツの三つの都市、デュースブルク、ルールオルト、デュッセルドルフが占領された。一九二一年四月二十七日、誰もが驚いたことに、賠償委員会はドイツの債務総額を一三二〇億金マルク〔六八億五〇〇〇万ポンド〕に定めた。ケインズが『平和の経済的帰結』において一三七〇億金マルク〔七一億二〇〇〇万ポンド〕という算定数字を示していた後であったので、このことは衝撃をもって迎えられた。五月には、第二回ロンドン会議が三〇年間の支払スケジュールを決定した。新たな最後通牒は、ドイツのもっとも重要な炭田があるルール地方を占領するという脅しを含んでいた。ドイツはそれに屈服した。

ケインズは、ほかにも多くの活動を行なっていたにもかかわらず、これらの出来事を綿密に注視し、公的および私的に干渉することをやめなかった。[52] 彼の本の出版社は『経済的帰結』の改訂版を出すことを求め、それは結局、一九二二年一月に『条約の改正』という表題をもつ新しい書物として刊行された。そこにおいて、ケインズは次のように書いている。「私は、基本的論点に関しては、何もとくに新しく付言するものを持たない」(1922-1, p. xv〔邦訳 xxiii 頁〕)、と。他方で彼は、戦争犠牲者の禁欲や、さまざまな事実によって強いられた条約の修正のおかげで、条約によって引き起こされる恐れのあった衝撃をヨーロッパが切り抜けたことを認めた。二つの著作のあいだの論調の変化は、彼が批判者に対して回答を行なっている論文で書いたように、一九一九年には彼は少数派の見解をとっていたけれども、それ以後、「大まかに言えば、ほとんどすべての人が、私の見解へと意見を変えた」(1922-13, p.300) という事実から生じていた。その書物には、彼が外部的な意見および内部的な意見と呼んだものについての議論が含まれていた。内部的な意見とは、公益のために真実を犠牲にしなくてはならない政治家たちの意見のことである。ケインズは、第二回ロンドン会議の議論を尊重することはできないと確信して——たとえそれがもっと穏当なものであったとしても——、ドイツに対する制裁を「優越的な軍事力の保有のみにもとづく恣意的な無法行為」(1922-1, p.26〔邦訳三〇頁〕)であると非難した。

犯罪者たちを自白させるために暴力を使用することは、たとえわれわれが彼らの有罪を確信しているときですら、文明国では異例のことである。ましてや、異端審問官のやり方にしたがって、われわれ自身がそう信じていることを理由に、信仰条項に忠誠を強いるため暴力を行使するのは、さらに野蛮なことである。しかるに連合国は、ドイツに対してこの卑劣で不正な方法を使い、彼らが虚偽であると信じていることをその代表者たちの口を通じて暗唱させるという決定的な屈辱を、銃剣につきつけてドイツ国民に強いてきたように思われたのである

（1922-1, p.27〔邦訳三一頁〕）。

ヨーロッパ経済の再出発について議論するために、ドイツとロシアを含む国際会議が一九二二年四月十日から五月十九日までジェノバで開催された。フランスが帝政ロシアの債務の存在を認めさせることに固執したことが一因となって、ラパッロで独ソ間の国交回復――ソ連にとって初めての国交回復――が実現することになり、両国は、その会議のほかの参加国に通告することなしに、債務をたがいに帳消しにすることを四月十六日に決めた。ドイツでは、その年の半ばからハイパー・インフレーションが進行していた。安定化計画を提案するために、十一月にケインズをはじめとする専門家たちが招かれた。十二月に彼は、保守党の新首相ボナ＝ローに、一月にパリで開かれる予定の会議に備えて賠償金と債務の清算計画を提示した（1922-34）。ドイツは支払いの予定を守ることができなかったので、一九二三年一月十一日にフランスとベルギーは、ルール地方を占領するという脅しを実行に移した。占領に対してドイツは消極的な抵抗を示したが、しかし、そのことはまた、フランスおよびベルギーの兵士とドイツの労働者とのあいだでの乱闘を引き起こした。ケインズは数度にわたって、不当な性格をもつフランスの占領を激しく非難した。一九二二年十一月にヴィルヘルム・クーノ――ケインズは、パリ会議で専門家として彼に会ったことがある――が、カール・ヨーゼフ・ヴィルトの後を継いで首相となったが、彼は一九二三年八月までしかその地位にとどまることはなかった。それに続いて起こったのは、ケインズがつねに接触を保っていたカール・メルヒオルが重要な役割を演じるという一風変わった話である。イギリス外相はドイツに対して自らの清算案を提出するよう求めていたが、それに対するドイツ首相の回答の内容および論調について示唆をあたえたのは、事実上ケインズであった（1923-13）。

一九二三年十月にドイツ政府は、破産とすべての支払いの停止を公式に宣言した。ドイツの財政状況を検討するために会議に次ぐ会議が招集され、その結果、一九二四年四月に〈ドーズ案〉が発表され、それは八月三十日にロンドンで採択された。ドーズ案はドイツの債務返済を先送りにするとともに、一九二五年の支払い再開を予定していた。〈ロンドン計画〉と同様に、「その計画案は、それ自体の実行不可能性を暴露するだろう」（1924-26, p.259〔邦訳三一七頁〕）とケインズは考えていた。彼の見るところでは、ドーズ案は、時間をかせぎ、ルール地方の占領をやめさせる一つの方法でしかなかった。それは、最終決着については何も触れていなかった。アメリカの実業家のオーウェン・D・ヤングによって統括される新しい委員会が一九二八年九月に設立され、一九二九年二月にパリで会合を開始した。ケインズは、この委員会があまりにも早く招集されすぎたと考えた。一九二九年八月と一九三〇年一月にハーグで議論された〈ヤング案〉は、一九八八年までの新たな支払い方式を決定した。その支払いは、ドイツを激しく襲った一九二九年の大恐慌によって中断された。

一九三一年六月二十一日に、アメリカ大統領のハーバート・フーヴァーは、賠償金支払いと連合国間の債務について一年間の支払猶予を提案した。一九三二年一月九日にブリューニング首相は、フーヴァーの支払猶予期間が終了しても、ドイツは支払いを再開することができないだろうと発表した。一九三二年の六月と七月に、アメリカが欠席して開かれた〈ローザンヌ会議〉は減額された賠償金の新たな支払い方式を決めたが、支払いが再開されることは決してなかった。結局ドイツは、一九二一年に賠償委員会によって定められた額の約一五パーセントを支払ったと推計されている。ケインズは、労働党のラムゼイ・マクドナルド首相に宛てて一九三二年七月十二日に次のように書いた。

私が一九一九年六月に腹立たしくも苦渋に満ちた精神状態でパリのイギリス代表団を辞して以来、長い時間がたちました。この間の年月にわたる浪費は莫大なものでした。しかし、ついにそれがすっかり片付くというのは心地よいものです。といいますのは、アメリカがどういうやり方をするにせよ、この問題はどのみちドイツに関するかぎりは終わりとなるからであります（JMK 18, p.379〔邦訳四六五頁〕）。

これに対し、マクドナルドは次のように返信した。「貴下が一九一九年六月になさったことの正当性は、実際これまでに繰り返し証明されたことになります」(*ibid.*, p.380〔邦訳四六六頁〕)。フランスとベルギーからの要求にもかかわらず、アメリカは賠償の終結を無視して、戦争借款の返済を要求しつづけた。最終的には、一九三三年にイギリスから形だけの支払いがなされた後に、そしてルーズベルトが大統領に就任したときに、負債は帳消しにされた。一九三三年一月三十日には、アドルフ・ヒトラーがドイツの首相となった。彼は、権力の座に登りつめるまで、ヴェルサイユの有無を言わさぬ命令はドイツのあらゆる苦難の元凶であると断言することを決してやめなかった。最終的に一九三〇年にフランス軍が撤退したラインラントを再武装したのは、彼の最初の大きな挑発的行為であった。こうして新たな戦争が始まるための条件が整ってきた。第二次世界大戦中のケインズの活動については、第7章で検討することにしよう。

ここでケインズの経済的ビジョンに目を転じるならば、それはすでに、ヴェルサイユ条約に対する彼の批判のなかに部分的に現れていた。戦争の問題であれ経済恐慌の問題であれ、耐乏生活を押しつけることによって――とりわけ社会のなかでもっとも弱い立場にある人々に――、それらを解決することがあってはならない。のちに見るように、経済がどのように機能しているかについての彼の見解は、世紀転換期から第二次世界大戦の終結にいたるまで進化しつづけた。しかし、この基本的な見解は変わらなかった。また、「長期的にみると、われわれはみな死んでしまう」という彼の宣言にもかかわらず、将来に向けての準備に彼が没頭したことにも変わりがなかった。彼は、第一次世界大戦での教訓を第二次世界大戦で活かすことになった。けれども第二次世界大戦のさいには、彼はまた、自らの有効需要の理論、および自らの見解をもっと容易に押しつけるために必要とされる名声の双方を自在に用いることができた。最初から彼は、イギリスが繁栄のうちに戦争から抜け出すことができるように、経済的・金融的条件を確保することに没頭していた。たとえこのことが、初期の段階においては消費水準を犠牲にして戦費を調達することを意味していたとしても、である。彼は、〈マーシャル・プラン〉の実行を目の当たりにするまで長く生きることはなかった。それは、第一次世界大戦の終結のさいに彼が提案したことと合致していた。しかし少なくとも彼は、初めての労働党単独多数内閣が彼の提案の一部を実行に移すのを見ることができた。

注

(1)「道徳的に」という言葉は、この手紙のもとの原稿に手書きで加えられた。

(2)「ボーア」とは、オランダ語で「農民」を意味している。その用語はまた、南アフリカにおけるドイツ系、スカンディナヴィア系、フランス系の移民をも指していた。第一次ボーア戦争は、一八八〇年十二月十六日から一八八一年三月二十三日まで、イギリス人とトランスバールのボーア人が交戦した。その戦争は、イギリスの監督のもとでトランスバールにおけるボーア人の自治を認めるという講和条約によって終結した。

(3) 半島戦争は、一八〇八年から一八一四年にかけて、イベリア半島においてイギリス軍とフランス軍のあいだで戦われた。それは、ナポレオンの最終的敗北にとって重要な意味をもっていた。

(4) 三国同盟は、一九一四年の開戦時において、イタリアが中立的立場を保持しようとしたことによって崩れた。一八九四年の露仏同盟、一九〇四年の英仏協商、一九〇七年の英露協商に由来する三国協商は、ソヴィエト・ロシアと中欧同盟諸国とのあいだでブレスト＝リトフスク条約が結ばれたことにより一九一八年に消滅した。

(5) 一九一五年四月二十六日に署名されたロンドン条約は、イタリアが参戦する代わりに、イタリアは、スロヴェニアの大部分とダルマティア沿岸の北部を受け取ることを規定していた。

(6) ほかの何人かのブルームズベリーの友人たちは、ケインズの楽観主義をからかっていた。たとえば、D. Garnett (1979, p.134〔邦訳一四九頁〕)を参照。

(7) 兄のメイナードは、彼を説得して思いとどまらせようとしたようである。

(8) 一九二二年のノーベル医学・生理学賞受賞者。

（9）金本位制に対するケインズの見解については、第7章でさらに詳しく立ち返る。
（10）「フランスの金融に関する覚書」を参照。そこにおいてケインズは、フランスの信用制度は依然としてきわめて未発達な状態にあり（1915-1, p.46）、貨幣の退蔵が膨大であると述べている。
（11）一九一五年十月に、彼はエッジワースにその雑誌の編集を手伝うように依頼した。
（12）「もっとも厳選された一団」、とケインズは一月二十九日に父に書き送っており、こう付け加えた。「即座に助言を与えることができるように、向こう二、三日のあいだに考えなければならないことの多さを思うと、ぞっとします」。
（13）このとき彼は、ロイド＝ジョージに向かって、フランスの金融に関する彼の見解が「ばかげた」ものであると発言したことが記録に残っている。このことによって確実に、二人の関係は長期間にわたって冷ややかなものとなったのであるが、それにもかかわらず彼らは一九二〇年代には親密に連携するようになる（Harrod 1951, p.201〔邦訳二三二頁〕）。
（14）ボーア戦争のときに、ボーア人を打ち負かし、また著しい残忍さ――女性や子供を抑留し、農園を焼き払った――を見せたのと同一人物。
（15）ロイド＝ジョージによる戦争の回顧録で、彼はケインズを厳しく批判している。「マッケナ氏の神経は、彼の主要な助言者であったJ・M・ケインズ氏のこれらの予言によって乱されていた。ケインズ氏は、大きな非常事態においては、あまりにも気が変わりやすく衝動的な助言者であった。彼は軽業的なたやすさで、結論へと突き進んだ。彼が同じような機敏さで反対の結論へと突進したことは、事態を何も改善しなかった」（Lloyd George 1933, p.684）。ケインズは、一九三三年十一月二十八日の『タイムズ』紙への書簡で返答している（1933-28）。
（16）ネヴィル・ケインズは、一月六日の日記にこう書いた。「メイナードが大蔵省での職を辞めると言っており、われわれは彼のことをとても心配している」（JMK 16, p.157）。この決意は、彼の上司のマッケナが、徴兵制に賛成するという内閣の多数決に反対して、一九一五年十二月二十九日にアスキスに対して辞意を表明したこと――最終的には、その意思を押し通すことはなかった――とおそらく関連していた。
（17）一九一八年五月二十八日付の彼の日記で、デイヴィッド・ガーネットは、友人の気質の悪化に関するブルームズベリーの人々のあいだでの会話を書き残している。すなわち、「彼が急速に悪魔になろうとしつつあるのではないかという広範な不安が生じてきている」（Skidelsky 1983, p.350〔邦訳五七〇頁〕）。そこでは、彼の気取りぶり、この世界の要人たちの近くにいることを彼が鼻にかけている有様、さらには彼の下品なテーブル・マナーについてさえも、描き出されている。

ダンカン・グラントは、彼を正気に戻すように命じられた。
(18) ケインズは、オットラインの夫で徴兵制に反対していたフィリップ・モレル下院議員に言及している。
(19) それは後に、〈市民的自由のための国民会議〉になった。
(20) これはまた、スキデルスキーの意見でもある。すなわち、「メイナードは初めのうちは、強い反戦意識を抱いてはいなかった。彼は平和主義者ではなかったし、戦争の政治的原因についても興味を抱いていなかった。……戦争の魅力と恐怖の双方が、かくのごとく彼の想像力の範囲を超えていたため、戦争に対する最初の彼の反応は相当に冷淡なものだった」(Skidelsky 1983, p.295〔邦訳四八二―三頁〕)。
(21) 長大な追悼論文において、オースティン・ロビンソン (A. Robinson 1947) はこの問題について何の言及も行なっていない。
(22) ベルは、「ロイ・ハロッドは、事実を隠そうとしたのではない」(C. Bell 1956, p.46) と書いている。ここで言う事実とは、良心的兵役拒否の問題ではなく、ケインズが兵役免除を申し立てるために審査局による呼び出しを求めたことである。
(23) スキデルスキーは、ジョンソンによって公表された文書についてハロッドはよく知っていたが、ケインズの同性愛を隠したのと同じように、彼はその文書を故意に無視したのだと考えている (Skidelsky 1983, p.320〔邦訳五二二頁〕)。
(24) D. Garnett (1979, pp.132-4〔邦訳一四八―九頁〕) も見よ。モグリッジは、ガーネットの説明が信憑性に欠けると考えている (Moggridge 1992, pp.240-1)。ケインズの勧めにもとづいて、ベカッシーの詩集がホガース・プレスから公刊された。
(25) ハードマンはケンブリッジの経済学部生であった。ケインズは彼に手紙を送ったが、それは、受取人が亡くなっていたために返送されてきた。この手紙のなかで、彼は学生数の減少について嘆いていた。「私は、黒人と女性に講義をしています」(一九一四年十月二十五日付の手紙)。
(26) アメリカは、連合国のそれまでの諸協定に束縛されないように、それらとの「同盟国」というよりも、むしろ「協同国」と自らを位置づけた。
(27) 長老派牧師の息子であるトマス・ウッドロー・ウィルソン (一八五六―一九二四年) は、一九一〇年にニュージャージー州の民主党知事に選出されるまでは、法学および経済学の教授であり、プリンストン大学の学長であった。彼は一九一二年に第二八代アメリカ大統領に選出され、一九一六年に再選された。彼は一九二〇年に女性参政権を認めるなど、多くの改革を始めた。一九一九年にはノーベル平和賞を得ている。ウィルソンの心理的な人物像については、Keynes (1919-1) に加えて、Freud and Bullitt (1966) を参照。戦時中および和平交渉のさいのウィルソンの役割については、Baker (1923)

を参照。

(28) ケインズは年始の一月十四日に、彼に次のように書き送った。「僕はひどく働きすぎで、休暇が必要であり、新政府に対する絶えることのない軽蔑と嫌悪の気持ちでいっぱいだ。まったくもって、それから逃げ出したいものだ。……僕は、決定的な金融崩壊が起きるようにと祈っている（そして、まだ僕はそれが起こらないように努めている。だから、僕がすることはすべて、自分の考えていることと矛盾しているのだ）」（BL, MS 57931）。

(29) ヴィクトリア女王の孫息子にあたるヴィルヘルム二世（一八五九―一九四一年）は、一八八八年にプロシア王およびドイツ皇帝となった。退位ののち、彼はオランダに定住し、その地で亡くなった。一九二二年一月にオランダは、彼を戦争犯罪人として引き渡すことを拒否した。

(30) ワイマール政府の外相であった彼は、ヴェルサイユ条約に賛同したという理由で、超国家主義者たちによって一九二一年に暗殺された。

(31) ローマとカルタゴのあいだで戦われた第二次ポエニ戦争の末期の前二〇二年に、ハンニバルは、ザマでスキピオに敗れた。きわめて苛酷な条件が敗者に課せられ、カルタゴは、領土の多く、艦隊、象を奪われるとともに、多額の賠償金を払わされた。ハンニバルは、経済的・政治的・軍事的改革によって状況を立て直し、ローマとの戦いを続けようと試みた。しかし彼は、保護を求めた味方のビテュニア王プルシアス一世に裏切られ、前一八三年に毒殺された。

(32) 労働党員のヒューズはまた、かつては労働組合の指導者であった。

(33) ジョルジュ・クレマンソー（一八四一―一九二九年）は医師であった。一八七一年に急進党の代議士となり、一八七六年から一八九三年まで議会の最左翼に座を占めた。彼は「トラ」と呼ばれた。彼は、ゾラの『余は弾劾す』を発表した日刊紙『オーロール』の社主であった。一九〇六年から一九〇九年、および一九一七年から一九二〇年にかけて、首相を務めた。一九二〇年のフランス大統領選挙で彼は敗北した。最初の夫人がアメリカ人であったクレマンソーは、英語を完璧に身につけていたので、パリ会議ではそのことが大きな利点となった。

(34) 法学者であったヴィットリオ・エマヌエーレ・オルランド（一八六〇―一九五二年）は、一八九七年に代議士に選出された。戦時中に何度か大臣を務めた彼は、一九一七年に首相になった。一九一九年六月に彼の政権が崩壊した後にはムッソリーニを支持したが、一九二五年に彼と決別した。一九四六年に、代議士および憲法制定議会の議長として政治生活に戻り、一九四七年には上院議員となった。一九四八年に共和国大統領の候補者として、ルイジ・エイナウディに敗北した。

(35) オルランドは、五月五日にパリに戻った。ヴェルサイユ条約でイタリアはチロル地方を獲得した。残りの係争中の地域については、イタリアとユーゴスラヴィア——終戦時に成立した——のあいだで直接に交渉が行なわれた。これらの出来事は、一九一九年以降にイタリアで生じた危機の原因となった。その危機は、ベニート・ムッソリーニと彼の率いる国家ファシスト党が一九二二年十月のローマ進軍後に権力を掌握することによって終わった。一九二四年にムッソリーニはフィウメを奪取したが、その土地は一九四五年にリエカの名でユーゴスラヴィアに返還された。リエカは、現在ではクロアチア共和国の一部である。

(36) ウィルソン大統領は、技師のハーバート・フーヴァー（一八七四—一九六四年）を〈アメリカ救済委員会〉の委員長に指名した。その委員会は、戦時中にヨーロッパに対するアメリカの食糧援助の再配分を担当していた。共和党員のフーヴァーは一九二八年にアメリカ大統領に選出されたのち、一九三三年にフランクリン・デラノ・ルーズベルトに敗北した。ケインズは、「フーヴァー氏は、パリの試練から名声を高めて姿を現した、ただ一人の人であった」（1919-1, p.174〔邦訳二一五頁〕）と書いている。

(37) フリードリッヒ・エーベルトが党首であったドイツ社会民主党の指導部は、左翼および極左の勢力を鎮圧するために、一九一八年十一月十日に旧帝国軍の指導部と秘密の協定を結んだ。

(38) 回顧録にケインズは次のように書いた。「ある意味で、私は彼にほれ込んでいた」（1921-4, p.415〔邦訳五四五頁〕）。ケインズに話を聞いた一人であるヴァージニア・ウルフは、その文章をきわめて高く評価し、日記にこう書いている。「私たちは笑ったけれども、彼は真剣であったと思う」（V. Woolf 1977-84, vol. 2, p.90）。E. Johnson（1978b）を参照。

(39) ケインズもやられっ放しではなく、クロッツを次のように描写している。「背の低い、まるまると肥った、口髭の濃いユダヤ人で、身だしなみがよく、きちんとした服装をしていたが、目はきょろきょろして落着きがなく、本能的に哀願するように両肩を少し落としていた」（1921-4, p.422〔邦訳五五三頁〕）。

(40) 哲学者、法律家、そして政治家であった南アフリカ人のスマッツは、ボーア戦争を戦った経験をもつ。南アフリカの蔵相（一九一〇—九年）および首相（一九一九—二四、一九三九—四八年）を務めた彼は、パリ会議でイギリス帝国の代表であった。彼はドイツに対して取るべき処置についてケインズと意見を共有していた。第二次世界大戦中にチャーチルの親密な助言者であった彼は、国際連合憲章の前文を執筆した。

(41) 「賠償」indemnity と「補償」reparations は、ケインズによる議論を含めて、これらの議論においてしばしば混同されていた。

「賠償」が戦勝国から請求された総額を意味し、それは必ずしも物的損害の置換や補償と結びついていないのに対して、「補償」は戦争被害の償いを意味している。イギリスの首相がこれらの表現の違いを消そうと努めたのに対して、アメリカのウィルソン大統領は、ドイツからの補償支払いの請求に議論を制限することを主張した。

(42) 当時これらの会議の通訳であった歴史家のポール・マントゥー(P. Mantoux 1955, pp.9-10)によって、またアメリカ代表であったC・H・ハスキンによって疑問に付されたにもかかわらず、ケインズが少なくとも八回は出席したことがアメリカの公式文書によって証明されている(JMK 17, pp.101-9に所収されている文書を参照)。この件について、ケインズは、彼の著書への反応についての論説を書いたアロンゾ・E・テイラーに宛てて、一九二九年十月二十日に次のように書いている。「私が四巨頭会議に出席しなかったとマントゥーが言って以来、私は、自分が本当にパリにいたのだろうか、そしてすべてのことは結局、悪夢ではなかったのか(!)と疑いはじめました」(JMK 17, p.85)。

(43) レンティン(Lentin 1984, p.74)によれば、ケインズとジョン・フォスター・ダレスは、この条項を起草するのに貢献することになる。「戦争贖罪条項は、その起草を手伝ったケインズやダレスといった人たちには、原則的には好ましくないものであるにせよ、実際にはまったく無害であるように思われた」。この条項について、ケインズは次のように書いた。「これは、巧みに、また注意ぶかく起草された条文である」(1919-1, p.95〔邦訳一二一頁〕)。

(44) 「双生児」とは、前イングランド銀行総裁のカンリフ卿、および賠償委員会のイギリス代表のサマー判事であり、彼らはドイツに対して厳しい態度をとることを主張していた。

(45) ブルームズベリーのメンバーではなかったけれども、ニコルソンと彼の妻ヴィタ・サックヴィル＝ウェストは、グループのメンバーたち、とりわけヴァージニア・ウルフの親友となる。

(46) 一九一九年六月十三日付の手紙で、前首相夫人はケインズに対する一つのお願いとして、主要な登場人物の肖像を描いたパリ会議の解説を書くように依頼している。

(47) 補章1の、ブルームズベリーと精神分析学との関係についての節〔第五節〕を参照せよ。そこでは、ケインズの著作がフロイトとウィリアム・ブリットに対してあたえた影響に言及している。彼らは、ウィルソン大統領を心理学的に研究した書物を共同で執筆した。ブリットは、パリ講和会議のアメリカ代表団の一員であり、ケインズと同じ理由で辞職した。

(48) ケインズの著作に対するフランスの反応については、Crouzet(1972)を参照。とくに、Clemenceau(1921)とポアンカレ(一九二一年十一月十四日および二十八日の『ル・タン』誌の論説、および十一月二十日と十二月一日のケインズからの返答、十二月一日付の返答は公刊されなかった、JMK 17, pp.287-9）を参照。ケインズが、彼の著書のなかで、イギリスが賠償金を放棄することを提案しているのは注目に値する。ただしフランスは、より多くの賠償金を受け取ることになっていた。

（49）一九二〇年三月に二回目の採決があった。どちらの場合も、ウィルソン大統領は、共和党員のいくらかの支持を取り付けることのできるような変更について考慮することを拒んだ。したがって、条約が採択されるために必要な三分の二以上の賛成を得ることはできなかった。

（50）パリ会議とヴェルサイユ条約に関するほかの説明や分析については、ポール・マントゥーの覚書（Mantoux 1955）に加えて、Baruch（1920）、Boemeke et al.（1998）、Brenier（1921）、Burnett（1940）、De Gmeline（2001）、House and Seymour（1921）、Lentin（1984）、Lévy（1920）、Nicholson（1933）、Poulon（1985b）、Riddell（1934）、Tardieu（1921）、および、ケインズが親独派であるとする非難を取り上げている Ferguson（1998）を参照せよ。ロイド＝ジョージの曽孫娘であるマーガレット・マクミラン（Macmillan 2001）の最近の著作もまた、これらの「世界を変えた六カ月間」、そしてその影響を今日でも依然として感じとることのできる六カ月間について、きわめて魅惑的で行き届いた説明をあたえている。彼女は、ケインズの不当な判断——とりわけロイド＝ジョージに関するもの、およびフランス人の行動に関するもの——のいくつかを批判している。

（51）初回はサンレモ（一九二〇年四月）で、その後は、ハイス（一九二〇年五—六月）、ブローニュ（一九二〇年六月）、ブリュッセル（一九二〇年七月）、スパ（一九二〇年七月）、ブリュッセル（一九二〇年十二月）、パリ（一九二一年一月）、ロンドン（一九二一年二—三月、四—五月）で開催された。

（52）『全集』の第一七巻および第一八巻に所収されている文書を参照。

5

貨幣
経済的原動力にして社会的病理

貨幣の重要性を過大評価するなんて、ほとんど不可能だ。

——リットン・ストレイチー宛の手紙、一九〇七年七月五日

お金とは不思議なものです。現行の制度が今後も許容されつづけると考えることは不可能であるように思われます。ほんのわずかの余分な知識と、特殊な経験の成果として、お金は簡単に（そして、いかなる意味においても不当に）転がり込んでくるのです。

——フローレンス・エイダ・ケインズ宛の手紙、一九一九年九月二十三日

貨幣は、それが購買する物のゆえに初めて重要なのである。

――『貨幣改革論』(1923-1, p.1〔邦訳一頁〕)

人生の享受と現実のための手段としての貨幣愛と区別された――財産としての貨幣愛は、ありのままの存在として、多少いまいましい病的なものとして、また、震えおののきながら精神病の専門家に委ねられるような半ば犯罪的で半ば病理的な性癖の一つとして、見られるようになるだろう。

――「わが孫たちの経済的可能性」(1930-17, p.329〔邦訳三九七頁〕)

ケインズの経済理論の進化は、三つの書物によって区切りをつけることができる。すなわち、『貨幣改革論』(1923-1)、『貨幣論』(1930-1)、『雇用・利子および貨幣の一般理論』(1936-1)がそれである。第一の著作は新聞の論説として書き始められた一方で、二番目の著作は初めから学術的な著作であり、前著に含まれていた見解の一部を深めたり修正したりすることを目的としていた。ケインズは二番目の著作にも満足せず、これを修正することで三番目の著作が始まった。最後の著作を公刊した後にも、ケインズは『「一般理論」への注釈』を公刊しようと考えていた(JMK 14, pp.133-4)(1)。

三つの著作の表題には、「貨幣」や「貨幣的」という言葉が現れている。貨幣はケインズの経済的なビジョンにおいて中心的な役割を占めている。彼は、貨幣の性格、機能、経済における役割に対して多大な考察を捧げた。ケンブリッジの入学試験に向けて、彼は貨幣に関する小論を書いた。他方で貨幣はまた、彼の人生においても重要な役割を演じた。彼は、財産を蓄えるのに多くの時間と労力を注ぎ込んだ。彼の財産は、一九四五年十二月二十一日には四三万一二三八ポンドと確認されているのである(2)。それは、今日では約一二〇〇万ポンドに相当する(3)。マルクスは、一八五九年一月二十一日、『経済学批判』の草稿を書き上げた後にエンゲルスに宛てて次のように書いた。「これほど貨幣の足りないなかで、「貨幣」について本を書いた者が今までにいただろうか。この〈対象〉を論じた者はたいてい、〈その研究対象〉とたいそう仲がよかったものだ」(Marx and Engels 1983, p.250〔邦訳(二九)三〇一頁〕、〈 〉はドイツ語原文でも英語で書かれている)。ケインズは、ほとんど確実にその研究の主題と近しい関係にあった。それと同時に、彼は金持ちを芸術家や科学者の下に置いて、「金利生活者の安楽死」(1936-1, p.376〔邦訳三七八頁〕)を願い求めるとともに、貨幣愛を一つの病理と見なした。それにもかかわらず、貨幣愛は資本主義において最も強力な動機となっていた。

ケインズの貨幣概念について考える前に、彼の金融資産の運用を記述することから始めることにしよう。われわれは、最初に貨幣概念の無視されてきた側面、すなわち貨幣愛の心理的な側面について検討する。そのことは、ケインズとフロイトを結びつけるだろう。次に貨幣に関する古典派の見解、とくに貨幣数量説について紹介するとともに、とりわけかなり初期の諸著作におけるケインズの数量説批判について紹介する。そして最後に、『貨幣論』から『一般理論』にかけてケインズが「生産の貨幣理論」monetary theory of production と呼んだもの――それは、流動性選好の概念で終わる――を苦心して作り上げたことについて論じる。ケインズの貨幣理論は、次章で紹介する彼の雇用理論と不可分であるから、ここではその側面のすべてを考察するのではなく、いくつかの要素については次の章で立ち返ることにしよう。

一　ケインズの個人的財政

ケインズは、決してお金に困ることのない裕福な家庭の出身であった。(4) ジョン・ネヴィルの父であるジョン・ケインズは園芸業で財をなした。一八七八年に彼が亡くなったとき、その資産は四万ポンドにのぼり、当時においてはかなりの額であった。ジョン・ネヴィルは一万七〇〇〇ポンドを相続し、これによって、あまり儲からないがもっと興味ぶかい職業を思い描くことが可能になった。彼はきわめて注意ぶかく遺産を投資した。こうして自分が学者として稼ぐことの可能であった額よりも多くの所得を得た。一八八一年に彼は、ケンブリッジのハーヴェイ・ロード六番地にとても住み心地のよい家を建てた。彼は亡くなるまで妻と一緒にここに住み、またそこはケインズの人生における一つの重要な固定点となったのである。住居は、両親と三人の子供に加えて、三人の使用人と三人の客人を収めるには十分に大きかった。その後七〇年間を通じて、ケインズ家はつねに金銭的に恵まれていた。ネヴィル・ケインズがつけていた正確な簿記によると、一八九〇年代には彼の総所得の六〇パーセントが投資によってもたらされていた。二十世紀の初めには、彼の資産は二万四〇〇〇ポンドに増えていた。彼は、家族や友人、さまざまな団体に気前よく寄付をした。息子のメイナードがケンブリッジで教えはじめたときには十分な所得を追加してやり、またメイナードが投機で失敗したのちに損失を独力で取り戻すのを助けてやった。

収入

早くもイートンに入学したときから、ケインズは、自らの財務状態を詳細に記録するという父の習慣を取り入れた。彼は、収入、支出、投資、ポートフォリオの価値、配当、貸付、賭博の勝利金、その他さまざまな取引を持続的かつ詳細に記録した。彼はすべての金融上の記録を保管しておいた。学生として、父親からの仕送りやイートンとケンブリッジで勉学するために獲得された奨学金に加えて、彼は多くの学術奨励金を受けた。大学を出たのち、彼の年間所得は三八〇ポンド（一九〇八―九年）から一万一八〇一ポンド（一九四五―六年）に増加し、『一般理論』を出版した翌年に一万八八〇〇ポンドでピークに達した。[5] 一九二三年以降、学術的活動による報酬はしだいに彼の所得の重要な部分ではなくなり、所得のほとんどは金融的活動によってもたらされた。[6] 著書の売上からと同様に、新聞論説からの所得もかなりに上った。とりわけ『平和の経済的帰結』は、彼に破格の報酬をもたらした。

一九〇五年七月にケインズは、「特別基金」と呼ぶものを使って初めて株を買った。この基金は奨学金や誕生日の祝金のなかから父が貯めておいたもので、成人に達したときに彼にあたえられた。所得が増えたことによって、一九一〇年に彼はこのような活動にさらに深くかかわるようになった。一九〇五年末には二二〇ポンドだった彼の純資産は、一九一九年には一万六三一五ポンドになっていた。ケインズは、賃労働奴隷となることや、講義や学生の指導で働きすぎになることはもはや問題外であると決意して、この時期から、自らの基金および友人や共同出資者の基金の双方の大きな部分を投資した。「彼は、きまりきった日常の仕事によって、ヨーロッパの救済に彼の主たる精力を注ぐことができなくなるほど、もみくちゃにされてはならなかった」(Harrod 1951, p.286〔邦訳三二五頁〕)。一九二〇年から彼の教育負担は、年あたり八回の講義へと減らされた。彼は、賃金稼得者の骨折り仕事から逃れるために、自らが天職と感じていた使命を全うするために、そして快適な生活を導くために、かなりのお金を必要とした。

> ケインズには、月給取りの骨折り仕事には逆戻りしないという決心がついていた。彼は金融的には独立独歩でなければならなかった。彼はこのような独立独歩を正当化するものを彼自身のうちにもっていると感じていた。彼は国民に語るべき多くのものをもっていた。そして彼は十分な資力が欲しかった。彼は欲するときにはいつでもロシア・バレエの一等席を取ることができなければならなかった——そして、彼の気が向いたときには、舞踏家たちをもてなすことができなければならなかった。彼は友人たちの絵を買うことができなければならなかった——しかもそれに気前よく払ってやることができなければならなかった(Harrod 1951, p.297〔邦訳三三七頁〕)。

ケインズとの会話に関連して、フリードリッヒ・ハイエクは、同じ人物が「金利生活者の安楽死」を要求するとともに、「自立して暮らせる資産をもつ人間がイギリスの政治的伝統において有していた重要性」について彼に同意することができたことに驚いた。

私に反駁するどころか、ケインズは、有産階級によって担われた役割についての長々とした賛辞をやり始めた。彼は、この階級が立派な文明の保存にとって不可欠であることの多くの例証を示したのである（Hayek 1952, p.230）。

一九一九年夏にケインズは、通貨市場に参加するようになった。当時はすべての通貨が変動的であった。大蔵省にいたあいだに得たインサイダー情報を利用したとして、彼を非難する者もいる。ハロッドは、この問題に関してふたたび彼の弁護に回っている。「われわれは、いやしくも彼をよく知る人にはこの非難はまったく途方もないもののように思われることを、つけ加えておいていいだろう。彼は金融上のあらゆる問題において几帳面で高潔であった」(Harrod 1951, p.298〔邦訳三三八頁〕)。友人にして大蔵省の同僚であり、また〈火曜クラブ〉の仲間でもあったO・T・フォークとともに[7]、ケインズは〈シンジケート〉を創設した。それは、一九二〇年一月に活動を開始した。彼は、ブルームズベリーの友人たちや家族から集められた資金も用いた。その夏、為替レートが自らの予想に全く反して変動したとき[8]、ケインズは自らが深刻な金融的困難に陥ったことを理解した。一九二二年末までに彼は、もっと幸運な投機を通じて資産状態を立て直すのに成功した。しかしこのことは、『平和の経済的帰結』の売上からの予想していなかった所得と、父からの資金援助のためでもある。このときから著書の売上は、かなりの報酬を彼にもたらした。出版社と著者のあいだの慣習的な関係を逆転させたのちには、なおさらそうであった。本の製作費を負担して、出版社に権利料を払うことにしたのは彼であった。

一九二二年にケインズは、金儲けのための新しい方法を発見した。すなわち、ジャーナリズムである。戦後ヨーロッパの経済と金融の状況に関する一連の一二の付録を刊行するように、『マンチェスター・ガーディアン』紙から委任を受けたときのことであった。この活動はすぐに彼の第二の収入源となった。第一は投資であり、第三は教育である。彼は自分の論説の値段について容赦なく交渉するとともに、それらの翻訳と世界中への配達のための複雑な仕組みをつくり上げた。

一九二三年に『ネーション・アンド・アシニーアム』誌の編集権を掌握したのちに、彼はそのなかで「金融と投資」と題する毎週の連載を執筆し、そこで投資の助言を行なった。その翌年には、〈ロンドンおよびケンブリッジの経済サービス〉の『月報』が公刊された。この雑誌はケインズが、ウィリアム・ベヴァリッジ、アーサー・ボウリー、ヒューバート・ヘンダーソンとともに創刊したものである。その目的は、実業家たちの意思決定に役立つような経済情報を提供することにあった。

投資家としてケインズは大きな利得を得たが、また深刻な挫折も味わった。彼の成果は、一九四〇年代よりも一九三〇年代のほうが一般に良好であった。株や外国通貨のほかに、彼は、綿・鉛・錫・銅・生ゴム・小麦・砂糖・石油・黄麻といった原材料品をも投機の対象とした。この活動に関連して、一九二三年から一九三〇年のあいだに彼は、『月報』のために「原材料品の在庫」と題する七つの長い論文を執筆した (JMK 12, pp.267-647)。この領域での取引によって、彼は一九二八年に深刻な困難に陥った。それゆえ一九二九年の株式市場の暴落のさいには、もはや失うべきものを多く持っていなかったのである。一九三六年にケインズは、イギリスの消費量の一カ月分にほぼ等しい量の小麦を所有していることに気がついた。それはアルゼンチンから船で運ばれてきて、ケインズはそれを受け取るように求められていた。彼はキングズ・カレッジの礼拝堂を測定し――それは現実にはゴシック様式の大聖堂なのだが――、その小麦の半分を備蓄することができると見定めた。彼は、船積みのときに小麦の品質を念入りに検査するべきである

と主張して時間をかせぎ、積荷を受け取る前にそれを売却することに成功した。(9)

彼の資産は、一九三〇年から一九三六年にかけて七八一八ポンドから五〇万六五二二ポンドへと目ざましく増加していた。しかし一九三七年と一九三八年にウォール街で投機を行なっている間に、彼は資産価値の三分の二を失ってしまった。一九三七年五月に患った心臓発作のために、すべての戦線における彼の活動は縮小したが、投機的活動はそれによって長く中断されることはなかった。一九三八年三月二十九日、ケインズはリチャード・カーンに宛てて手紙を書き、心配と熱狂という彼の情勢の変化について述べている。「電話を使って気がかりな仕事を続けているので、健康にはまったく良くない」(JMK 12, p.29)。これと同じ時期の手紙は、彼の投機に対する見解を示すとともに、運命の変転に関しての彼の冷静さを説明している。

> 市場が底を打ってもまだ株をもっていることについて、私には何の恥じらいもありません。……冷静な心で自分を責めることなく持株の減価を甘受することは、時には真面目な投資家の義務であると言うべきなのです。それ以外の方針は反社会的であり、信頼を破壊するとともに、経済体系のはたらきとは両立しないものです。投資家は長期的な成果を第一の目的としているし、またそうするべきであるのです。そして投資家は、それらによってのみ判断されるべきであるのです。……市場の底では他人にすべてを売り払い、自分は現金以外に何も持たないようにするべきだという考えは、非現実的であるだけでなく全体系を破壊するものです(一九三八年三月十八日付のF・N・カーゾン宛の手紙、JMK 12, pp.38-9)。

『一般理論』において、ケインズは、資本主義の不安定性は部分的に次のような事実から生じると説明した。すなわち投資家は、「われわれの将来を蔽い隠している時間と無知の暗い圧力を打ち破る」(1936-1, p.155〔邦訳一五三頁〕)

ために予定された賢明で社会的に有益な投資を実行する代わりに、他人を犠牲にして、できるかぎり手早く金持ちになろうとしているという事実である。ケインズは、このような状況から生じる弊害に対する独自の解決を提示した。「投資物件の購入を、あたかも結婚のように、死とかその他重大な原因による以外には解消することのできない恒久的なものにすることが、おそらく今日の害悪を救う有効な方策となるであろう」（*ibid.*, p.160〔邦訳一五八頁〕）。

ケインズのポートフォリオは、つねに少数の企業の株式によって占められていた。ときには四つ以下の企業だったのである。一九三四年八月十五日に彼は、F・C・スコット[10]に宛てて書いた。「人間の知識と経験は明らかに限られており、十分な信頼をおくことができると私自身が個人的に感じている企業は、どんな時でも二つか三つ以上であることは滅多にありません」(JMK 12, p.57)。八月二十三日に、彼はふたたびスコットに書き送った。「市場の変動によって投資物件をつねに再評価しようとすることは、われわれ全てにとって極めて有害なことです」（*ibid.*, pp.58-9）。一九三八年六月七日にも、スコットに宛てて書いている。「すべての秘訣は、状況に応じてポートフォリオの重点と重心を変化させることです」（*ibid.*, p.68）。

個人的な投資活動――たいてい午前中にベッドのなかで行ない、通例は株式仲買人のバックマスター・アンド・ムーアと取引した――に加えて、ケインズはいくつかの金融機関で重要な地位を占めていた。彼は一九一九年九月からナショナル相互生命保険会社の取締役に就いていたが、一九二一年五月から一九三八年十月まではその会長を務めた。しかし自らの健康状態のために、彼はこの職を辞することを余儀なくされた。「暫定的にしか仕事に戻れない以上、何を諦めるのが最も賢明かを決めなくてはなりません。その場合、もっとも満足感が小さい活動の部分を選ぶことは当然でしょう。そして現在の状況では、それはナショナル相互であると感じています」（一九三八年十月十一日付のフォーク宛の手紙、JMK 12, p.47）。会社の年次総会における彼の演説――多くの部分が出版物に再録されている――は、シティでの生活における重要な行事であった[11]。一九二三年一月二十一日に行なわれた二回目の演説は、個々の投資家と投資社会とのあいだの関係についての彼の見解を示す記述を含んでいる。

うまく運営されている共済組合に比べて、自分の貯蓄の面倒を見るさいに、明らかに平均的な投資家は絶望的なまでに不利な立場にあるに違いありません。そのような人が自分で投資を行なうことは、自分で自分の医者や弁護士になるのと同じように軽率なことと見なされるべきなのです。中産階級のほどよい貯蓄の大部分は、最良の相互会社を通じて投資されるべきであると私は考えています（1923-5, p.125）。

一九二三年十二月、ケインズはプロヴィンシャル保険会社の取締役になり、亡くなるまでその会社に積極的に関与した。O・T・フォークとともに、ケインズは三つの投資会社の創設に寄与した。〈A・D投資信託〉はおもに大蔵省A課の同僚たちによって一九二一年七月に設立されたが、彼は一九二七年にそこを去った。〈インディペンデント投資会社〉は一九二四年一月に創設された。〈P・Rファイナンス会社〉は一九二三年一月に設立され、その株主のなかにはブルームズベリーの何人かのメンバーやケインズの家族がいた。ケインズは、この三番目の会社で一九三二年から一九三六年まで会長を務めた。こうした活動によって、彼はロンドンの金融センターであるシティの著名で尊敬を受ける一員となった。彼の金融界での経歴は、一九四一年九月十八日にイングランド銀行の理事に選出されることによって最後を飾った。このことは、この組織に対する批判を決してやめなかった人物にとって、少なからず逆説的なことであった。ケインズは、九月六日に母に宛ててこう書いている。「こうした立派な地位には、むしろぞっとします！　イートンでフェローになって以来、このような感覚に襲われるのは、私がヨークの主教や司祭になるときだけのことだと思っていました」。

自分自身の資金と自分が経営している会社の株主の資金を運用するほかに、ケインズは母校の財政にも関与した。

一九〇九年の着任時に、彼はキングズ・カレッジの会計監査人に任命された。一九一九年には副会計官《セカンド・バーサー》――これは、彼のために設けられた役職である――に、そして一九二四年には正会計官《ファースト・バーサー》に任命され、彼は亡くなるまでその仕事を引き受けた。彼はこれらの仕事に対してきわめて積極的であり、カレッジの財政をかなり豊かにさせた。また彼は、その投資先を分散させた（JMK 12 p.91を見よ）。一九四〇年にイートン校のフェローに任命されると、ケインズは彼が最初に入った学校の財政に積極的に関与した。一九四四年三月にケインズは、ジャスパー・リドリー――ケインズがこの仕事でしばしば交際した銀行家であり、ケインズは彼の慎重さを批判した――に宛てて書いている。「投資についての私の中心的な原則は、一般的な意見の反対を行くということです。その根拠は、皆が一般的意見の長所に同意してしまうと、投資はあまりにも割高となり、魅力的ではなくなってしまうということです」（JMK 12, p.111）。ケインズはまた、王立経済学会の財政も管理した。

支出

このようにケインズは、お金に不自由することはなかった。思想の普及者として活動することを可能としたり、文明の存続にとって不可欠な改革の必要性を、同時代人たちに、とりわけ政治的・経済的な指導者たちに説得したりするために、彼にとってお金は欠かせないものであったように思われる。ケインズはその財力によって、自らの思想を普及させることを可能にしてくれるような出版機関を支配下におくための手段をもつことができた。第二次世界大戦中には彼は、その収入上の独立性のために、俸給をもらうことなしに国家の任務に身をおくことができた。彼は公務員の守秘義務に服していなかったので、言論の自由を維持していた(12)。

お金はまた、両親が自分を育ててくれたような生活水準を彼が維持することを可能にしてくれた。ケインズは、自らの支出に綿密に目を配りつづける一方で(13)、自分自身の楽しみを奪うようなことは決してしなかったし、ある面では贅沢に暮らしていた。彼は、美食、高級ワイン、上品な衣服を享受した。また彼は、定期的に大レセプションを催した。パーティはブルームズベリーで頻繁に行なわれ、「もっとも豪勢だったのは、ゴードン・スクウェア四六番地でメイナードとリディアのケインズ夫妻によって開かれたものであったと思う」(D. Garnett 1962, p.63)。当時の中産階級の人々すべてと同じように、ケインズは何人かの使用人を雇っていた。庭仕事を除いて、彼がしばしば台所や家計の雑事にかかずらっていたということはなさそうである。彼は定期的にレストランやショーを訪れた。とりわけバレエは、彼の大のお気に入りであった。また彼はしばしば旅行し、ときには旅仲間の支出の大部分を彼が負担した。彼の旅行は、たいていは大きな買い物の機会であった。一九二〇年春にヴァネッサ・ベルおよびダンカン・グラントとともにイタリアへ二カ月以上に及ぶ旅行をしたときには、正真正銘のお大尽旅行となった。ケインズは四月十六日に父に宛てて、ほぼ一トンの商品を買ってしまったと書いている。

当時においては普通のことであったように、ケインズは住居を所有したことが全くなかった。きわめて長期の賃借が標準的であり、ロンドンの住まいであるゴードン・スクウェア四六番地がそうであったし、一九二五年からはティルトンの農家も賃借した。これらの場所に住む前、彼は、自分の部屋の家賃に加えて、ブルームズベリーの友人たちの賃借料の大部分を払っていた。何人もの借家人はそれぞれ異なる状況にあり、これらの取り決めはしばしば複雑だったので、ときどき揉め事が生じた。ケインズは、一九一六年から一九二六年まで自分が部屋を借りていたチャールストンの賃借料の一部を払っていた。彼は、リットン・ストレイチーがドーラ・キャリントンと同居していた家の家賃を払うのを援助してもいた。彼は、ゴードン・スクウェア四六番地でも、またとくにティルトンでも、何回も費用のかかる修理と増築を実行した。ティルトンでは農場経営にも乗り出し、とくに養豚とベーコン生産を通じて、そこから利益を得ることに成功した。彼はまた、狩猟も企画した。

友人たちへの資金援助は、ケインズの支出の別の側面を説明する。何人かのブルームズベリーの人々や、そのほかにもベカッシー、シッカート、ウィトゲンシュタインといった人々が、こうした気前のよい援助の恩恵を受けていた。何人かは、多かれ少なかれ持続的に小遣いをもらっていた。このことは、デイヴィッド・ガーネットとくにダンカン・グラントに当てはまる。ケインズは遺言状で、彼の秘書であるスティーブンス夫人[14]に対するのと同様に、グラントにも毎年の収入を保証するとした。この遺言状によると、リディアの税引き後の年間所得は一五〇〇ポンドを下ることは決してなかった。リディアの死後、書籍や絵画を含む彼の残りの資産は、キングズ・カレッジに遺贈された。

最後に芸術の後援者として、ケインズはさまざまな企画や組織に重要な貢献をなした。ロンドン芸術家協会、カマルゴ協会、ケンブリッジ芸術劇場がそれである。最後のものは、彼にとって特に大きな費用がかかった。ケインズの生涯のこの側面については、絵画や稀覯本の収集家としての重要な活動についてと同様に、最終章で詳細にわたって立ち返ることにする。もちろん、セザンヌの絵やニュートンの手稿などの購入は、支出と見なすことはできず、それらはむしろ投資である。しかしながらケインズは、これらの物を投機のために買ったのではなく、楽しみのために買ったのである。その生涯を通じて、彼が手放した絵画はほとんどない。

二　貨幣愛——アリストテレスからフロイトへ[15]

よき生活を送るため、友人たちを助けるため、芸術を奨励するため、そして政治評論家として活動するべく自由の身となるためには、貨幣が不可欠であるとケインズは考えていた。しかし貨幣は、それ自体が強欲の対象であるわけではない。貨幣愛に対する非難は、その起源を聖書にもつ長い伝統の一部である。「銀を好む者は銀に飽くことなし、豊富ならんことを好む者は得るところあらず、是また空なり」(「コヘレトの言葉」五章一〇節)。アテナイ人の負債を免除したソロンは、自らの改革を支えるために創作した詩の一つにおいて、次のように書いている。

富により貪欲を満足せしむる者
富の蓄積や保蔵にもかかわらず
食らうに十分な貧しき者にして
神の授けし衣にてその亡骸を包める者より豊かにあらず

ケインズが最大の称賛を捧げたアリストテレスは、[16] 貨殖術 chrematistics、すなわちそれ自体を目的として富を追求することを非難した。[17] その哲学者は、貨幣とは危険な発明品であって、不節制という最も悪い行ないの種子をその内に宿していると考えていた。貨幣は、交換を促進する手段から人間活動の最終目的へと変化してきた。交換とは使用価値を変形する手段であったが、余分な貨幣を獲得するための手段となった。慣行として発生し、したがって自然的な制度というよりも法的な制度である貨幣は、富――それは、無制限に蓄積することが可能である――を測定するための標準となった。貨幣は、富と混同されてきた。そして貨幣は、現実の世界、すなわち自然からは根絶されてしまった。ミダス王の神話においてのように、貨幣は人を死に至らせることすらありうる。[18] アリストテレスの言葉は、金儲けを非難するさいに激烈になる。「金儲けの術において、目的に際限はない。その目的とは紛い物の富、つまり貨幣の獲得なのである」(Aristotle 1905, p.43〔邦訳三三頁〕)。商業よりももっと悪いのは、貸付に対して支払う利子である。単にある期間にわたり貨幣を引き渡すという事実のみによって、貸し手は一定額の貨幣からより多くの額の貨幣を手に入れることができるのである。これは自然に反する利得である。

高利貸しの術が憎悪されるのは、何にもまして当然な理由がある。それは貨幣そのものから利得を得ているのであって、貨幣の自然な利用法から利得を得ているではない。というのも貨幣は、利子分だけの貨幣を増やすためにではなく、交換において用いられるはずのものであるからだ。そしてこの高利貸しという用語――それは、貨幣から貨幣が生まれることを意味している――は、貨幣の増殖にも適用される。なぜなら子は親に似るからである。それゆえに富を獲得するあらゆる方法のなかでも、この種のものは最も自然に反するものである（Aristotle 1905, p.46〔邦訳三六頁〕）。

貨幣それ自体のために貨幣を求め、この基準にしたがって全てを測る者の獰猛さには際限がない。アリストテレスは、貨幣が社会を内側から腐食させることによって、それを破壊することを恐れていた。キリスト教も、この主題をもちつづけている。寺院の商人たちに対する有名な怒りのなかで、イエスは地上に慰めを見出す金持ちに警告した。神と富の両方に仕えることはできない。富はつかの間の所有にすぎない、と。「汝らおのがために財宝《たから》を地に積むな、ここは蟲と錆とが損ない、盗人うがちて盗むなり。汝らおのがために財宝《たから》を天に積め、かしこは蟲と錆とが損なわず、盗人うがちて盗まぬなり」（「マタイ伝」六章一九―二〇節）。聖アウグスティヌスの見るところでは、人間は三つの大きな衝動によって動機づけられている。すなわち、貨幣、政治権力、情欲の三つである。トマス・アクィナスは、利子に対する非難を正当化するために一つの理論を展開した。それは、のちにケインズが「古典派経済学者」[19]に抗して用いることになるビジョンを先取りするものであった。ケインズは、中世教会の主張について、その教義が「復興や尊敬に値する」と書いている（1936-1, p.351〔邦訳三五一頁〕）。その不道徳主義者〔ケインズ〕は、貨幣愛を非難しつつ、道徳への道を再発見したのである。

したがって、われわれは宗教と伝統的な徳に関する最も確実な原則のうちの幾つかのものに向かって自由に立ち戻ることができると私は思う。すなわち、貪欲は悪徳であるとか、高利の強要は不品行であり、貨幣愛は忌み嫌うべきものであるとか、明日のことなど少しも気にかけないような人こそ徳と健全な英知の道をもっとも確実に歩む人である、とかいった原則にである（1930-17, pp.330-1〔邦訳三九九頁〕）。

ケインズの初期の著作、とくにアポスルズの前で発表した諸論文には、貨幣的な富を保有することの儚《はかな》さに関する考察と、貨幣愛を軽蔑した表現が見られる。これらの見解は彼の最初の講義ノートに見出される。「われわれが現在の状態を純粋に過渡的と見なさないかぎり、富の倫理的価値は容易には正当化されない」（KP, UA/6/15, p.45）。ボルシェビズムにきわめて批判的でありながら――それが自由を蔑ろにしている点に、ケインズは反感を抱いた――、彼は、宗教と事業というこの新しくて奇妙な結合のなかに一つの美徳を認めた。すなわち、資本主義においてそれが占めていた中心的な位置から貨幣愛を追放してしまったという美徳である。ソヴィエトの共産主義者は、「アッティラ〔フン族の王〕に率いられた初期キリスト教徒たちが、異端審問所の施設やイエズス会の伝道施設を用いて、新約聖書の字義どおりの経済学を押しつけようとしているかのように、描かれることができよう」（1925-2, p.257〔邦訳三〇五頁〕）。ロシアでは、金銭的動機は社会的活動の主たる梃子ではなくなった。これとは反対に、資本主義ではそうなっていない。

いずれにせよ、私にとって日々ますます明らかになりつつあるように思われる点は、われわれの時代の道徳問題にかかわってくるのは貨幣愛であり、生活活動において十中八九まで金銭的動機に習慣的に訴えているということであり、個人の経済的保障を主要な努力目標として全面的に努力することであり、建設的成功の尺度としての貨幣を社会的に是認することであり、そして家族と将来のために必要な準備の基礎としての財産保蔵本能に対して社会的に訴えることである（1925-2, pp.268-9〔邦訳三一九頁〕）。

それと同時に、富を追い求めることは、攻撃的で加虐的な衝動という人間の一定の危険な傾向を別の方向に向けるためにおそらく不可欠である。それによって一部の者は、ほかのことを自らの目的とするようになるのである。

その上、金儲けと私有財産の機会が存在するために、人間の危険な性質を比較的害の少ない方向へ導くことができるのであって、それらの性質は、もしこの方法によって満たされないとすると、残忍性とか、個人的な権力や権勢の無謀な追求とか、その他さまざまな形の自己顕示欲にはけ口を求めるようになろう。人が暴君となるならば、仲間の市民に対して暴君となるよりも、自分の銀行残高に対して暴君となる方がよい。後者は前者への手段に他ならないとして非難される場合もあるが、少なくとも時には後者は前者の代わりになる（1936-1, p.374〔邦訳三七七頁〕）。

こうした考察は、深層心理学の領域に属するものである。すでに見たように、ケインズとブルームズベリーの友人たちはフロイトの仕事についてよく知っていた。フロイトの側でも経済思想をよく知っており、若いときにはJ・S・ミルの著作を翻訳したこともある。ミルは、富の追求を非難するさいに、アリストテレスの論調を取り入れるとともに、ケインズの論調を予示してもいる。

けれども、人間本性にとって最善の状態はどのようなものかといえば、それは、誰も貧しくないと同時に、誰ももっと裕福になりたいとも思わず、また他の人たちの抜け駆けしようとする努力によって押し戻されることを恐れる理由もない状態である。

　人類のエネルギーはかつては戦争における努力に使用されてきたが、いまは富を獲得するための努力に使用されていること、しかもそのような状態が、より優れた精神を持つ人々が他の人々を教育してよりよき状態へ移らせることに成功するまで続くということは、人類のエネルギーが鈍りよどむよりも、疑いもなくはるかに結構なことである。人間の精神が粗野であるかぎり、それは粗野な刺激を必要とする。そこでそれにこのような刺激をもたせなければならぬ（Mill 1848, vol. 2, p.262〔邦訳（四）一〇五―六頁〕）。


『貨幣論』のなかの文章において（1930-1, vol. 2, pp.258-9〔邦訳三〇三頁〕）、ケインズは、フロイト、フェレンツィ〔ポーランド系ハンガリー人の精神分析家〕、ジョーンズ〔精神分析家、フロイトの伝記作家〕の貨幣に関する著作に言及している。フロイトとその友人たちが確証した肛門愛と保蔵性向のあいだの関連について、また貨幣と排泄物との同一視についてケインズはよく知っていた。したがってフロイトの見るところでは、倹約とは、「肛門愛を昇華することとの最も手近な、そして最も不変の結果」（Freud 1908, p.75〔邦訳三六七頁〕）の一つであった。また、「金銭への関心のコンプレックスと排便のコンプレックスは、一見かけ離れて見えるが、それらのあいだの結びつきが明らかになる場合が非常に多い」（*ibid.*, p.76〔邦訳三七〇頁〕）。フェレンツィはさらに進んで、資本主義の基礎にある衝動について記述した。「しかしながら資本主義の性格――それは、純粋に実際的であり功利主義的であるのではなく、情欲的であり非合理的である――は、この段階においても裏切られる。子供は疑いなく集金そのものを楽しんでいる」（Ferenczi 1914, p.85）。またそれは、ジョーンズの見るところでは、「しかしながら金属貨幣、とりわけ金は、排泄物の無意識の象徴である。またそれは、われわれの所有の感覚のほとんどが、子供時代にそこから導き出される素材である」（Jones 1916, p.129）[20]。

　フロイトやフェレンツィほどには議論を進めなかったにせよ――ケインズは、彼らの主張を非常によく知っていた

――、ケインズは、『一般理論』において貨幣を不浄なものと結びつけた。

もし大蔵省が古い壺に銀行券を詰め、それを廃炭坑の適当な深さのところへ埋め、次に都会のごみで表面まで一杯にしておき、幾多の試練を経た自由放任の原則に基づいて民間企業にその銀行券を掘り出させることにすれば、……もはや失業の存在する理由はなくなる（1936-1, p.129〔邦訳一二八頁〕）。

さらにケインズは、保蔵や貨幣を蓄積する衝動の非合理で病理的な性格にしばしば立ち戻った。本章の冒頭で引用した一九三〇年の文章は、この点においてきわめて明快である。理想社会では、これらの病理に対する手当は、精神病の専門家に委ねられる。このような専門家とはフロイトや彼の弟子たちのことであり、彼らのうちの何人かはメイナードの親友であった。資本家の行動は、あまりにも活発な情欲《リビドー》の昇華と関連しているのである。

実際家が公然たる陰謀に加担するよりも、金儲けに楽しみを見出すのはなぜだろうか。……それゆえに、彼らは科学者や芸術家になるという幸運をつかむのでないかぎり、それに代わる大きな動機、完全な代用品、つまり実際にまったくこのような幸運を何一つ欲しない人々のための鎮痛剤――貨幣――に頼ろうとするのである。……クリソルドと彼の弟で広告の専門家であるディッコンは、自分たちのあり余るリビドーを結びつけるべき何ものかを探し求めて、世界中をうろつき回っている。しかし、彼らはその何ものかを見つけられなかった。彼らは使徒たらんと強く希ったのかもしれない。しかし彼らは使徒たりえなかった。彼らは相変わらず企業家にほかならなかった（1927-2, pp.319-20〔邦訳三八五―六頁〕）。

ケインズの世界観においては、企業家は劣った地位にある。かなりの精力をあたえられながらも、彼らはその野卑な衝動を超越するための道徳的・知的能力を欠いており、愛・美・真理よりも貨幣を追い求めている。

ここには、時間に関係する問題もある。ケインズのビジョンが自らを古典派のそれと区別するのは、不確実性および貨幣と同様に、時間を考慮している点においてである。これらの三つの要素はたがいに関連している。貨幣の蓄積は、将来についての恐れ、不確実性についての恐れと、死の不可避性を否定することから生じる。貨幣を保有することは、将来の危険に対する最適の反応である。

なぜなら、貨幣の重要性は本質的にはそれが現在と将来を結ぶ連鎖であることから生ずるからである。……貨幣はその重要な属性においては、何にもまして、現在と将来とを結ぶ巧妙な手段であって、われわれは貨幣に基づく以外には、期待の変化が現在の活動に及ぼす影響を論じ始めることすらできない(1936-1, pp.293-4〔邦訳二九三—四頁〕)。

貨幣は、将来や不確実性についてのわれわれの恐れ、不安定性についての恐れ、要するにわれわれの不安を、将来に移してくれるのである。

その理由は、部分的には合理的な理由により、部分的には本能的な理由により、富の貯蔵所として貨幣を保有しようとする我々の欲求は、将来に関するわれわれ自身の計算と慣行とに対する不信の程度を示すバロメーターであるということである。たとえ貨幣に関するこうした感情それ自体が慣行的あるいは本能的であるとしても、いわばそれは、われわれの動機の深層において作用するものである。より重要な慣行、より不安定な慣行が弱まるとき、貨幣はしばしば暴走する（1937-4, p.116〔邦訳二八五頁〕）。

貨幣は、死を恐れている者に不死の幻想をあたえる。ケインズは倹約や貯蓄をヴィクトリア朝の道徳と結びつけた。こうした「消費支出行為そのものに対する不合理かつ執拗な抑制心」（1936-1, p.108〔邦訳一〇七頁〕）は、自立して暮らせる富裕者をさらに豊かにすることを保証した。ケインズは、『一般理論』の最後で彼らの消滅〔金利生活者の安楽死〕を予言した。これは公的救済の仕事であり、無限に先送りされた満足の代わりに現在の快楽を可能にするだろう。

> 目的意識に富む人はつねに、自分の行為に対する関心を将来に押し広げることによって、自らの行為に対する見せかけでごまかしの不朽性を手に入れようとしている。彼が可愛がろうとしているのは、自分の猫ではなく、その仔猫、いや実際にはその仔猫ですらなく、仔猫の仔猫、というふうに猫族が果てるまで永遠に求めつづけていくのである。彼にとってジャムは、そのジャムが明日のジャムの問題であって決して今日のジャムの問題ではないというのでないかぎり、ジャムではないのである。このように自分のジャムをつねに将来へ将来へと押しやることによって、彼はジャムをつくるという自分の行為に不朽性を手に入れようと奮闘するわけである（1930-17, p.330〔邦訳三九七―八頁〕）。

三　古典派経済学における貨幣

ケインズは、自らの経済学の著作を、彼が古典派理論と呼んだものとの対決として提示した。「古典派経済学者」という用語がマルクスによって、リカード、ミルとその先行者たちを特徴づけるために用いられてきたことを想起しつつ、ケインズはこの用語を、「(たとえば）J・S・ミル、マーシャル、エッジワース、ピグー教授を含め、リカード経済学の理論を採用し完成した」(1936-1, p.3〔邦訳三頁〕）リカードの継承者たちに当てはめた。こうしてケインズは、伝統的に古典派と見なされてきた人々に加えて、新古典派経済学者をこの大きな集団に含めた。多くの問題に関して、両者の理論的立場は大きく異なっている。しかしながら貨幣数量説[21]に固執している点において、両者は共通する。

貨幣数量説は、現実にはむしろ一つの概念やビジョンであって、それは、ますます洗練された様々な理論的定式化がなされることを通じて、何世紀にもわたって代々伝えられてきた。その基本的な考えは単純である。すなわち、経済における貨幣量[22]が変化するときには、物価水準が同じ方向に、また同じ割合で変化するというものである。したがって因果の連鎖は、貨幣から物価へと向かうのであり、物価から貨幣へと向かうのではない。この見解によると、貨幣は外生的であるとされる。その数量は、当該体系にとって外在的な諸要因の結果である。これに対して、貨幣は内生的であると考える伝統も存在する。すなわち、貨幣は体系の内部で創造され、その数量は物価水準に適応するという見解である。数量説によれば、貨幣は中立的である。このことは、貨幣量の変化が経済に対して、すなわち相対価格や生産や雇用に対して実体的効果をもたないということを意味している。それは、名目値に影響を及ぼすだけである。インフレーションは純粋に貨幣的な現象であり、もっぱら流通貨幣量の増加によって発生する。

このような見解は、経済的考察の誕生と同時に出現した。それはすでに、大昔の中国の書物においてだけでなく、紀元前四世紀にアリストファネスの喜劇『蜂』においても定式化されていた。天文学者のコペルニクスは、一五一七年に書かれた貨幣の鋳造に関する書物のなかで数量説を思い起こしている。一五六八年には法学者にして哲学者であったジャン・ボーダンが、『M・ド・マレストロワ氏の逆説への回答』のなかで、当時のフランスで生じていた大きな物価上昇のもっとも重要な原因は、何をおいても、ポルトガルとスペインを通じてアメリカ大陸から貴金属が大量に流入してきたことにあると主張している。ボーダンによれば、それは単に特定の時と所にかぎられた現象ではない。貨幣量の変化が物価水準に及ぼす影響は、あらゆる時代と場所に当てはまる法則である。このような確信は、ボーダンからミルトン・フリードマンに至るまで、数量説の大家すべてに見られる。彼らは、貨幣ストックの変化と物価水準のあいだの関係は実証的な関係であって、その関係が有する「斉一性は、思うに、自然科学の基礎を形成している多くの斉一性と同一の道理をもっている」(Friedman 1956, p.21) と断言している。ペティ、ロック、カンティロンののち、一七五二年にはデイヴィッド・ヒュームがこの理論に有名な定式化をあたえている。

貨幣は正確にいえば、商業の実体の一つではなくて、商品相互の交換を容易にするために人々が承認した道具にすぎない。それは交易の車輪の一つではない。それはこの車輪の動きをより円滑にたやすくする油なのである。われわれがある国をそれだけとって考察するならば、貨幣量の多少がなんら問題でないことは明白である。なぜなら、商品の価格はつねに貨幣の量に比例するからである (Hume 1752a, p.281〔邦訳三二頁〕)。

このように貨幣は、交換を促進するうえで役立つにすぎない。同じ著作においてヒュームは、短期においては――経済において貨幣が注入される場所に依存しながら――、貨幣は営利や商業を刺激する効果をもつことがありうることを認めつつ、自らの見解を明らかにしている。こうして貨幣は実体的効果をもちうるのであり、数量に作用を及ぼすことがありうるのである。しかしひとたび再調整が行なわれ、ひとたび均衡が実現したならば、貨幣量の変化は、同じ方向と同じ割合での物価水準の変化を引き起こす効果をもつにすぎない。これが貨幣の長期的中立性である。

ケインズはリカードを、ヒューム――ただしケインズは、彼の哲学を称賛していた――に対する以上に厳しく批判した。リカードは、理論においても実際においても断固として数量説を擁護した。[23] 一七九七年にポンド・スターリングの金兌換を停止したのちのイングランド銀行による紙幣の過剰発行が、ナポレオン戦争中の激烈なインフレーションの原因であると、リカードは考えていた。政府によって設置された委員会が一八一〇年に〈地金委員会報告書〉を作成したが、その大部分においてリカードの主張が採用されていた。「反地金主義者」は、これと反対に銀行券は信用の現れであり、商人の為替手形と引き換えに銀行が発行するものであると考えた。地金委員会報告書の支持者と反対者のあいだでの論争は、それに続く数十年のあいだに、通貨主義の提唱者と銀行主義の提唱者のあいだでの論争に変わっていった。これは、マネタリストとケインジアンのあいだでの論争を先取りするものであった。マネタリストにとっては、因果連鎖は貨幣から物価へと向かう。ケインジアンにとっては、それは物価から貨幣へと向かうのであり、貨幣量は経済の必要に順応するのである。

それまで、ほとんどの古典派経済学者によって用いられていた堅苦しい文章で定式化されていた貨幣数量説は、十九世紀末以降には数学的な言い換えが盛んに行なわれるようになった。もっとも有名なものの一つは、アーヴィング・フィッシャー『貨幣の購買力』（一九一一年）によって展開された。それについてケインズは、『エコノミック・ジャーナル』に書評（1911-6）を発表している。フィッシャーの方程式は次のとおりである。

$$MV = PT$$

ここでMは貨幣ストック、Vは流通速度、Pは物価水準、Tは総取引量である。

フィッシャーの分析は、取引アプローチとして知られている。これと同じ時期に、マーシャルとピグーは所得アプローチを展開していた。それはケンブリッジ方程式とも呼ばれ、ケインズは学生のときに、マーシャルからその手ほどきを受けた。[24] このアプローチは、取引の同時性よりも、売りと買いの分離を強調する。貨幣は、売りと買いのあいだの一時的な価値の保蔵所である。所得を受け取る個人は、そのすべてを直ちに支出することはなく、一部を流動的なかたちで取っておくことを選ぶ。このようにして貨幣は、さまざまな資産のなかの一つの選択肢として、一つの資産のようなものとなりうる。したがってこのアプローチは、支払の諸形式や制度的仕組みを考慮しているのである。それは、次のように定式化することができる。

$$M = kPNy$$

ここでMは貨幣量、kは諸個人が所得のうち流動的なかたちで保有することを望む比率、Pは物価水準、Nは人口、yは一人あたりの所得である。

ケインズと貨幣数量説

ケインズは、貨幣数量説を熱烈に支持する立場から、たとえ部分的にであったとしても、それに対して異議を唱える立場に移ったと多くの論評者が考えている。ケインズは『一般理論』において、数量説は完全雇用のときには成立するけれども、非自発的失業が存在する状態においては妥当しない、と書いている。この理論に関して、『貨幣改革論』には次のように書いてある。「この理論は基礎的なものである。それが事実に適合するものであることには疑問の余地がない」（1923-1, p.61〔邦訳六一頁〕）。二十世紀中葉に数量説を復活させたミルトン・フリードマンが、この本をケインズの最高のものであると考えていることは驚くに当たらない。「ケインズは、ケインジアンになるずっと前には数量説論者であったし、ケインジアンになったのちも数量説論者でありつづけた。『一般理論』の多くの部分は、初期の関心と信念の継続である」（Friedman 1972, p.159〔邦訳一二三頁〕[25]）。

しかしながら、もっと注意ぶかくケインズを読むならば、問題はもっと複雑になる。貨幣量の変化は、物価水準だけでなく、銀行が流動的な形態で保有している負債の比率とともに、貨幣の流通速度をも変化させることができると、ケインズは説明していた[26]。一般に、公衆の慣習と銀行政策のあり方は、しばしば予測することのできない諸事象と歩調を合わせて修正される。数量説が示唆するような仕方で貨幣量と物価水準が変化すると結論してもよいのは、これらすべての要因が一定であると仮定したときだけである。この理論は、長期においては妥当する。しかし、「長期的にみると、われわれはみな死んでしまう。嵐の最中にあって、経済学者に言えることが、ただ、嵐が遠く過ぎ去れば波はまた静まるであろう、ということだけならば、彼らの仕事は他愛なく無用である」(1923-1, p.65〔邦訳六六頁〕)。要するに貨幣数量説は、経済における短期の動向の研究においては、あまり有益なものではない。

実際にはケインズは、彼が公言していた信念――それはマーシャルに対する孝行心から生じていたのかもしれない――にもかかわらず、この理論に関してかなり早い時期から懐疑的だった。ケインズは、「インドにおける最近の経済事情」という初めての学術論文において、物価水準の上昇と貨幣量の増加とのあいだにある見かけ上の統計的一致に過大な信頼を置いてはいけないと強調していた(1909-1, p.8)。こうした懐疑は、『確率論』をはじめとする諸著作で彫琢された方法論上の立場と密接に結びついている。彼の講義ノートには、他の事情が等しいかぎり数量説は正しい、としばしば書いてある。

しかし他の事情が等しいということは滅多にない。そしてこれらの他の事情は、通貨量の変化よりも、たいていの場合、もしかすると一般に、重要である。いわば、物価水準は数多くの独立的な諸要因に依存しており、これらの諸要因のいずれかが変化するならば、それは変化することになる。貨幣量は、それらの諸要因の一つにすぎないのである(KP, UA/6/22, p.4)[27]。

さらにケインズは、新たな貨幣の流入がどのような波及メカニズムによって物価に影響を及ぼすのかを説明していないとして、講義ノートのなかでフィッシャーを非難している[28]。

とくに解決が求められていたのは、測定という複雑な問題である。ケインズは物価指数に関する長大な論文でこの問題に取り組んだ。第2章で想起したように、確率に関するフェロー資格審査論文が完成したのちの一九〇九年春に、彼はそれを執筆したのであった。この論文において、彼は経済学における数量の測定という問題を提起した。「対象の性質に起因して、あるいは統計の欠如に起因して、経済学で扱う数量には、測定の困難性と関係するものが非常に多い」(1909-4, p.55)。このことは、価格の場合にとりわけ明白である。「つねに認識されているわけではないが、きわめて厳密な意味では数値的に測定可能ではないという価格関係の基本的特徴そのものから、矛盾が生じるのである」(*ibid.*, p.57)。物価水準の場合には、なおさらそうである。「特定の交換価値の集合体として定義された一般的な交換価値は、ふつうは測定することができない」(*ibid.*, p.95)[29]。

測定の問題のほかに、争点となっていたのは帰納的推論の問題であった。「そのような理論の帰納的検証は、明らかに困難である。われわれは、さまざまな有力な原因をたがいに分離することはできないし、また実験を準備することもできない。それゆえ、ありうる原因の一つを、発生した事柄の唯一の原因であると指摘する論客に反駁することは常に困難である」(KP, UA/6/22, p.25)[30]。第一次世界大戦以前の講義ノートにおいてケインズが何度も主張していたように、貨幣数量説を実証的に検証することは、不可能ではないとしても、きわめて難しい。もちろんこのような主張は、当時出現しつつあり、今日ではおおむね支配的である見解——それによれば、実証的な検証によって、経済学における論争を解決することができるとされる——に逆行していた。「[数量]説の信奉者による帰納的検証は、思うに、その反対者によるそれと同じく、ほとんど誤りであった」(一九一二—四年の講義ノート、MK 12, p.765)。ケインズが学生たちに向かって断言したように、大論争が決して事実によって解決されなかった理由はここにある。その論争は、ボーダンをマレストロワと、モンテスキューをヒュームと、地金主義者を反地金主義者と、銀行主義の提唱者を通貨主義の提唱者と、そしてさらに追加するならば、ケインズの弟子たちをフリードマンの弟子たちと、何世紀にもわたって対立させてきたのである。

そのノートのなかには、長期に関する有名な叙述があることが既に知られている。「もちろん、「長期においては」という限定をほとんどつねに付け加えなくてはならないことは事実である。しかし長期とは超長期のことを指して、それがあまりにも長いので最終的な結果を予見することができないときには、この理論はその重要性のほとんどを失ってしまうのである」(JMK 12, p.752)。明らかに、この問題に関する何人かの論評者の見解に反して、ケインズは決して貨幣数量説の熱烈な信奉者ではなかった。そしてこの時期から、そのほかの分析用具を用いて、好況と不況が交互に現れる循環の原因についての考察を始めた。たとえば、一九一三年十二月三日に〈ロンドン経済学クラブ〉で発表された論文「恐慌と不況の交代に銀行家はどれほど責任があるのか」(1913-5)が、そのことを立証している。

四　貨幣と不安定性――『貨幣論』

『貨幣論』(31)の最初の文で、ケインズは計算貨幣を、「それによって債務や価格や一般購買力を表示するもの」(1930-1, vol. 1, p.3〔邦訳三頁〕)と定義した。これは「貨幣理論の本源的概念」(*ibid.*〔邦訳三頁〕)だと、彼は付け加えている。このような価格や債務の一覧表は、口頭で述べられ、岩に刻まれ、紙に書き留められる、あるいは今日ならばコンピュータに入力される、と彼は付け加えたことであろう。したがって貨幣は、まず第一に計算単位なのである。それに次いで貨幣は、交換手段、および価値の保蔵所となる。すなわち、「貨幣それ自体は、債務契約および価格契約がその引き渡しによって履行され、一般的購買力の貯えがその形をとって保有されるものである」（*ibid.*〔邦訳三頁〕）。これらの特性は、計算単位の特性に由来している。価格や債務は、まず計算単位によって表示されなくてはならない。「本来の貨幣は、この言葉の完全な意味内容からいって、ただ計算貨幣とのかかわりでしか存在することはできない」（*ibid.*〔邦訳四頁〕）。このことは、当初には実物価格を用いる実物経済が存在しており、そこに、交換を容易にするために貨幣が付け加えられたのではないということを意味している。経済的な数量は同時に貨幣的なものであり、このことは太古の昔からずっと真実であった。

すでに見てきたように、貨幣は心理的な要素をもっている。それはまた、社会的および政治的な要素をももっている。計算貨幣を決定する権限を有するのは国家である。「契約と付け値とに言及することによって、すでに我々はそれらを履行させることのできる法律あるいは慣習を導入している。すなわちわれわれは、国家あるいは共同社会を導入しているのである」（*ibid.*, p.4〔邦訳四頁〕）。したがって貨幣は社会的な制度であり、「文明にとって不可欠な他のいくつかの要素と同様に、われわれが数年ばかり前までそのように教えられて信じてきたものよりも、はるかに古い制度である」（*ibid.*, pp.11-2〔邦訳一四頁〕）。貨幣の心理的な要素に加えて、貨幣についてのこのようなビジョンによって、貨幣とは他のあらゆるものと同様に一つの財であると考える人々からケインズは隔てられている。もちろんケインズは、貨幣・国家・権力のあいだの連鎖を強調した最初の人物でもなければ最後の人物でもない。ウェーバーのような歴史家、ヴェブレンのような制度主義者、ジンメルのような分類不可能な理論家は、このような要素について力説してきた。貨幣は、経済のその他のものが同じくそうであるように、自然の創造物ではなく、それは社会および国家の産物なのである。

このときマーシャルとケンブリッジの伝統の影響を受けて、ケインズはまた、貨幣が――他の諸資産と代替的に――需要の対象となりうる一資産であると述べた。所得を受け取る諸個人は、最初に、どれだけを消費しどれだけを貯蓄するかを決める選択を行なわなくてはならない。それに次いで彼らは、どのようなかたちで貯蓄を保有するのかを決めなくてはならない。このようにして、ケインズは流動性選好説の概要を述べた。この理論については以下で論じられるが、それは『一般理論』の構造の本質的要素である。

『貨幣論』においてケインズは、預金の二つの類型を区別した。すなわち、現金預金と貯蓄預金である。前者はさらに二つの範疇に区分される。第一は所得預金であり、これは所得の受取とその支出との間隔をつなぐために保有される。第二は営業預金であり、これもまた受取と支出のあいだの間隔と関連している。これとは反対に、貯蓄預金は必要な支出と関係しているのではなく、それを使う機会が訪れるまで保有しておくことのできるものである。『一般理論』においては、これらの範疇は貨幣需要の四つの動機に変形された。すなわち、所得動機、営業動機、予備的動機、投機的動機である（1936-1, pp.195-6〔邦訳一九三―四頁〕）。最後の著書を公刊したのち、ケインズは金融動機を付け加えた。それは、事業資金を調達するために企業が必要とする流動性のことである[32]。

現金預金は『貨幣論』においてケインズが産業的流通と呼ぶものに対応し、貯蓄預金は金融的流通に対応している。この区別は、資本主義の内部での制度的変化と結びついている。それは金融部門の自立化をもたらし、現代経済の不安定性の決定的な要因となった[33]。経済を均衡へと導くような自動的な推進力は存在しない。このことからケインズは、価格安定性と雇用を保証するように行動する中央銀行の必要性を導き出した。しかしながら『一般理論』では、予算政策と公共投資に強調点が置かれている。そのことは、安定化のための金融政策の必要性を否定するものではない。それと同時に、このような見解の変化は、ケインズの関心が、経済変動の問題から、高失業率の持続という問題に移ったという事実に関係している。

『貨幣論』においてケインズは、「貨幣価値についての基本方程式」を用いて貨幣数量説に反対した。マルクスと同様に、ケインズもまた、投資財を生産する経済部門と、消費財部門とを区別した。ただし、この区分は『一般理論』

では放棄された。二つの基本方程式は、消費財の物価水準と、産出物全体についての物価水準をあたえてくれる。いずれの場合においても、物価水準は次の二つの項目の合計である。すなわち、生産物一単位あたりの生産費――ケインズは「能率収入の水準」と呼んだ――、および新投資の費用と現行貯蓄量との差額である。したがって産出物全体についての物価水準は、次のようになる。

$$P=\frac{E}{O}+\frac{I-S}{O}$$

ここでPは物価水準、Eは総貨幣所得（あるいは支出）、Oは総産出量、Iは新投資財の増加量の市場価値額、Sは貯蓄額である。

数量説の方程式と同じように、これらの方程式も恒等式であることをケインズは強調した。しかしそれらは、別の意味も示している。まずそれらの方程式は、投資と貯蓄がたがいに異なる次元のものであって、相異なる諸個人によって行なわれる活動であるので、両者が等しくなる保証は存在しないということを述べている。これは『貨幣論』のもっとも重要なメッセージの一つであり、次章で見るように、〈マクミラン委員会〉でそれを紹介したときには、大きな驚きをもたらした。とくに貨幣に関する事柄では、二つの基本方程式は次のことを示している。物価水準とその変動、すなわちインフレーションとデフレーションは、貨幣量の変化によって決まるのではなく、平均生産費――本質的には賃金水準――、および投資と貯蓄との差額によって、したがって企業家の行動によって決まってくる、ということである。投資と貯蓄の差額は、意外の利潤あるいは意外の損失として表されている。それらは投資変動の過程を解き放ち、それに続いて同じ方向での物価の変化が生じるのである。ここでケインズはヴィクセルによって霊感を受けており、彼から自然利子率と市場利子率の区別を借用している。前者は投資と貯蓄の均等を保証する利子率であり、後者は銀行によって設定される利子率である。したがってこれらの基本方程式は、最終的には、貨幣的過程と実体的過程とを統合するための手段である。しかし、貨幣は現実的なものであり、経済的現実は貨幣的なものであるのだから、このような二分法はばかげている。ケインズは、一九三〇年代にこのことについて深く探究した。それは彼が有効需要の理論を苦心して作り上げたのと同じ時期であった。彼はまた、自らの分析のなかに期待と不確実性を組み入れた。これらはケインズの世界観の基本的な要素でありながら、不思議なことに『貨幣論』ではほとんど登場していなかった。(34)

五　生産の貨幣理論

一九三〇年代にケインズは、貨幣の役割についての自らの見解を古典派の見解から隔てるギャップをますます強調するようになった。彼は、毎年秋に「貨幣の純粋理論」と題する一連の講義を行なっていた。これは『貨幣論』第一巻の表題でもある。(35) 一九三二年十月十日、秋学期の初回の講義のさいに、ケインズは学生たちに向かってこう宣言した。「みなさん、この講義の題目を「貨幣の純粋理論」から「生産の貨幣理論」に変更したことが重要なのです」(L・ターシス「一九三〇年代におけるケインズ革命」、Skidelsky 1992, p.460 において引用されている未公刊の草稿(36))。当時この題目は、のちに『雇用・利子および貨幣の一般理論』となる書物にあたえようと決めていたものである。彼はまた、その翌年にアーサー・シュピートホフ記念論文集において発表された短くとも重要な論文(1933-3)にも、この題目をあたえている。

ケインズは学生たちに、貨幣経済 monetary economy における産出水準を説明することが今後の自らの目的であると説明した。この表現は、物々交換経済と貨幣経済という通例の区別を指しているのではない。後者の区別では、貨幣は交換を行なうための手段にすぎない。ケインズが認識していたところによると、マルクスは商品の流通と資本の流通とを区別することによって、このような誤謬を免れていた。すなわち、「共同体経済 co-operative economy と企業家経済 entrepreneur economy の区別は、カール・マルクスによる含蓄に富む所見といくらか関係している」(1933-32, p.81)。この主題に関して、ケインズは一九三三年十月二十三日に学生たちに次のように語っている。マルクスの理論には「一片の真理」(1989-2, p.93〔邦訳一〇六頁〕)があり、「それゆえマルクスの見解は、当を得たものである」(*ibid.*, p.95〔邦訳一〇七頁〕)、と。(37)

通例の区別とは異なって、貨幣経済とは、貨幣が経済過程に対する実体的な効果を生み出し、積極的な役割を演じるような経済のことである。われわれが暮らしている経済は貨幣経済である。したがって、物々交換経済や貨幣的交換経済――ケインズは、それらを実物交換経済 real-exchange economy という一般的な用語で再区分した――を分析するために考案された理論は、現代経済を理解するために修正することはできないのである。そのような理論においては、経済学一般の著作も、また貨幣に関する著作でさえも、貨幣経済を扱ってはいない。

貨幣を用いるが、しかしそれを実物財や実物資産のあいだの取引の単なる中立的な連結環としてしか用いず、貨幣が動機や決意に入り込むことを許さないような経済は、よりよい名称を欠いているけれども、実物交換経済と呼んでよいだろう。これとは対照的に、私が切望している理論は、貨幣がそれ自らの役割を演じ、動機や決意に影響を及ぼし、要するに、貨幣が状況を左右する諸要因の一つとなるような経済を取り扱うものである。したがってその理論は、最初の状態と最後の状態との間における貨幣の動きに関する知識なしには、長期においてであれ短期においてであれ、事象の成り行きを予測することのできないような経済を扱うものである。そして、われわれが貨幣経済について語るときに意味するべきであるのは、このことである(1933-3, pp.408-9)。

ロリー・ターシスは、十月十日とその後の数週間のあいだ、自分と仲間たちが特別な瞬間を生きているという印象をもっていたことを物語っている。「私は初回の講義に出席し、おのずから畏敬の念に打たれたものの、困惑した。数週間がすぎると、誰もかれもが［講義の］生み出す興奮の高まりに反応するようになった」（Skidelsky 1992, p.460における引用）。ターシスによれば、一九二九年に始まる大不況の底でケインズ革命が始まったのは、まさにこの瞬間であった。効果的な解決法が何かを理解し、それを提案することができなかったのは、生産の貨幣理論が存在していなかったためである。経済における意思決定は、貨幣価格、とりわけ貨幣賃金を用いて行なわれるということが依然として理解されていなかった。企業家と労働者のあいだの賃金交渉は、労働者が受け取る財の束を決定するのではなく、貨幣の総額を決定するのである。消費財価格が上昇したために実質賃金が下落したのであれば、労働者はストライキを行なわない。また全体主義国家の政府を除いて、一夜にして貨幣賃金の二〇パーセントの全般的切り下げを押しつけることのできる政府は存在しない。

実物交換経済においては、恐慌・好況・不況は想像することのできないものである。「私が述べているのは、好況と不況は、ある重要な意味において――ここで正確に定義しようとは思わないが――貨幣が中立的ではない経済に特有の現象である、ということである」（1933-3, p.411）。この言明が行なわれている論文の最後で、ケインズは、「自分が時間を浪費していることはないというかなりの確信をもって」（*ibid.*）、生産の貨幣理論の彫琢に目下取り組んでいることを発表した。この努力は、『雇用・利子および貨幣の一般理論』として結実することになる。そこでは、貨幣は中心的な役割を果たし、不確実な世界における予想と、産出および雇用の水準との連結環となっている。

それに対して、本書は、全体としての産出量および雇用の規模の変化を決定する諸力の研究を主とするものにまで発展している。また、貨幣は本質的かつ独特の仕方で経済機構の中に入り込むことが示されているが、貨幣に関する技術的な詳細は背景に退いている。後になって分かるように、貨幣経済は本質的に、将来に対する予想の変化が雇用の方向だけでなく、その量をも左右することのできる経済である（1936-1, p. xxii〔邦訳 xxvii 頁〕）。[38]

六　流動性選好と利子

ケインズが一九三六年に公にした理論的な構築物のなかで、流動性選好の概念は、消費性向、および資本の限界効率に次いで中心的な役割を演じている。これは、「三つの基本的な心理的要因」（1936-1, pp.246-7〔邦訳二四五頁〕）の問題である。ケインズは、最初に消費性向を発見して、それから利子の概念を展開し、最後に資本の限界効率を見つけたのだと主張した。実際には、まさにわれわれが見たように、流動性選好の概要はすでに『貨幣論』においても示されていた。われわれは次章で『一般理論』におけるこれら三つの概念の相互関係についてもっと詳しく見るので、ここでは二、三の意見を述べるにとどめておく。[39]

流動性とは、ある商品が他のすべての商品に対して交換されうる容易さ、およびそれが損失や費用をともなうことなしに支払手段に転化されうる速さのことを指している。貨幣は容易に生産できず、また普遍的に所望されるので、とりわけ大きな流動性を示す。したがって貨幣によって、他のあらゆる財を手に入れたり、賃金や所得を支払ったり、債務を清算したり、あるいは当初の貸出額の返済を確信したりすることが可能となる。「貨幣の特徴は、その収益がゼロであり、その持越費用は無視しうるほど小さいが、その流動性プレミアムはかなり大きいという点にある」（1936-1, p.226〔邦訳二二四―五頁〕）。

流動性に対する選好は、諸個人の不安や将来についての恐れと関連した心理的な性向である。そのような不安や恐れによって、諸個人は、自らの財産のかなりの部分を多かれ少なかれ流動的なかたちで保有するようになる。「現実の貨幣の所有は、われわれの不安を鎮めてくれる。そして貨幣を手放すことの代償としてわれわれが必要とするプレミアムは、われわれの不安の程度を測る指標である」(1937-4, p.116〔邦訳二八五頁〕)。このプレミアムが利子率である。古典派の見解によれば、利子は節欲に対する報酬であり、利子率は資本に対する需要曲線と供給曲線が交差する点で決まる。ケインズによれば、利子率は流動性を放棄することに対する報酬である。そして利子率は、流動性に対する需要の強さ、および貨幣当局によって決定される貨幣供給の二つによって決まる。

利子率は高度に心理的な現象である。それはさまざまな予想にさらされており、予想の形成においては、模倣の過程が一つの役割を演じる。このことをケインズは、『一般理論』第一二章において美人投票の例を用いて記述している。すなわち各人は、百枚の写真のなかからもっとも容貌の美しい六人を選ぶ。そして他のすべての投票者の選択の平均にもっとも近い選択を行なった者が勝者となる。したがって問題となるのは他人がどう考えているのかを推測することであり、このゲームにもっとも熟達している者は、三次元、四次元の推測を行なっている者である。これと同様に利子率は、最終的には、人々が利子率の動向をどう考えているのかによって決まる。いかなる場合でも、利子率の客観的あるいは自然的な水準——時間を通じた諸主体の選好や資本の生産性によって決まる——というものは存在しない。[40] このことは、ナショナル相互生命保険会社の取締役会長〔ケインズ〕が、一九三五年二月二十日に社員たちに向かって次のように宣言したとおりである。「現在の長期利子率は高度に心理的な現象であり、それは、将来の利子率に関してわれわれがどのような予想を抱いているのかに、必然的に依存しているに違いないのです」(1935-1, p.212)、と。

こうしてケインズは自らが、先行する経済学者たちの見解、とりわけモンテスキューの見解を復活させているだと考えていた。すでに見たように、トマス・アクィナスは高利貸しに対する自らの非難を正当化するために、利子を貨幣の賃貸料と定義していた。貨幣を保有しないことに関連している流動性プレミアムは、重大な結果をもたらしていた。

人々が数千年間にわたってたゆまず貯蓄したあげくの果ての世界が、蓄積された資本資産の中にあって現状のように貧しいという事実は、私の考えでは、人類の思慮に乏しい性向によっても、また戦争による破壊によっても説明されるものではなく、かつては土地の所有に対して付与されていた高い流動性プレミアムが、今では貨幣に対して付与されていることによって説明されるべきである（1936-1, p.242〔邦訳二四〇頁〕）。

短期的な結果は、まさに深刻なものである。とくに失業——これについては、これから次章で論じる——は、貨幣的現象と密接に関連している。「言ってみれば、人々が月を欲するために失業が生じるのである。——欲求の対象（すなわち、貨幣）が生産することができないものであって、それに対する需要も簡単に抑制することができない場合には、人々を雇用することはできないのである」（1936-1, p.235〔邦訳二三四頁〕）。

『一般理論』のフランス語版序文において、ケインズは、利子論が自らのアプローチの中心的かつ独創的な要素であることを強調した。「利子率の機能は新投資財の需要と供給とのあいだの均衡を維持することではなく、貨幣の需要と供給とのあいだの均衡、すなわち流動性に対する需要とこの需要を充たす手段とのあいだの均衡を維持することである」（*ibid.*, p. xxxiv〔邦訳 xxxviii 頁〕）。この発見は、「かつて私が陥った〈貨幣数量説〉の混乱から最終的に離脱したこと」（*ibid.*〔邦訳 xxxix 頁〕）と関連している。

これは、ケインズが『一般理論』の公刊後に何度も立ち返った唯一の問題であった（1937-1, 1937-7, 1937-11, 1938-7）。その大多数の場合が、批判者たち、とくにヒックス、オリーン、ロバートソンに対する回答であった。彼らは、ケインズの利子論とその問題に関する正統派の見解とのあいだの相違が、実際にはさほど大きくないことを示そうと努めていた。彼らによれば、「貯蓄というかたちでの信用の供給が、投資というかたちでの信用の需要と等しくなる水準で利子率が決まる」(1937-7, p.206)。これに対してケインズは、相違を強調することにこだわった。

以上の見解は、私の主張とはまったくかけ離れたものである。実際に現金を保有することの利益と、現金に対する請求を繰り延べることの利益を均等化させるのは、貨幣それ自体の自己利子率であるという特別の意味において、利子率(略してこう呼んでいるような)は厳密に言えば貨幣的現象であると、私は主張しているのである。(1937-7, p.206)。

ケインズが貨幣需要の新しい動機を導入したのは、これらの論争においてであった。その動機は、「投資決意はときどき、それが実行される以前に一時的な貨幣需要を生み出すであろう。それは、進行中の投資活動の結果として生じる活動残高需要とはまったく異なる」(*ibid.*, p.207)という事実と関係している。資金に対するこのような需要は、投資を貯蓄からいっそう乖離させることさえある。銀行組織によって供給される流動性によって、貯蓄が現れる以前に、投資プロジェクトの事前的な資金調達を行なうことが可能になる。「新投資のペースを規制するのは、かなりの程度まで「金融的」サービスである」(*ibid.*, p.210)。次章で説明するように、貯蓄と投資の事後的な均等をもたらすのは、利子率ではなく所得の変動なのである。

こうした新たな発展とともに、ケインズは貨幣創造の内生説に立ち戻った。その見解は、銀行組織が主要な役割を演じる『貨幣論』において既に現れていた。『一般理論』においてケインズは、貨幣供給が貨幣当局によって決定されると仮定することによって、利子率の分析を完成させた。それゆえに貨幣供給は外生的と見なすことができる。ケインズの新古典派的な解釈者たちは、ヒックスにしたがって、このように考えるだろう。他方で、ポスト・ケインズ派は、対照的に貨幣の内生性を強調するだろう。[41] ともあれ、われわれはケインズからケインズ主義へと議論を進めてしまった。ケインズ主義については〈結論〉で立ち返ることにしよう。ここではふたたび、ケインズの見解は変わりやすいものであり、また彼は矛盾を背負うことを決して恐れなかったと記しておけば十分である。次章においてと同じく、この章においてもわれわれは、ケインズが「古典派経済学」と呼んだものを彼が定義した方法に厳密にしたがってきた。われわれは第2章において、ホワイトヘッドが、確率に関するケインズのフェロー資格審査論文についての報告書においてその著者を――自らが批判している人々の議論の「もっとも拙劣な点」を示すことによって彼らを戯画化しているとして――非難したという事実に言及した。ケインズには、自らの主張を押し通そうとしてわら人形をつくる傾向があった。もちろん「古典派理論」は、ケインズがあたえた構図よりももっと複雑で多様なものである。いわゆる「古典派」経済学者のなかには、ケインズ理論のいくつかの要素を先取りしていた者もいる。次章を読むさいには、このことに留意しておく必要がある。[42]

注

(1) ケインズの最初の書物である『インドの通貨と金融』(1913-1) はすでに、彼がのちに展開していくことになる貨幣と国際金融体制に関する見解を含んでいる。Dimand (1991) と Ferrandier (1985) を見よ。
(2) 絵画や古書のコレクションを含む。これらは二万ポンドと推定された。KP, SE/11/7/94 を見よ。
(3) 今日 (二〇〇六年六月) の為替レートで、およそ二一〇〇万米ドルになる。
(4) ミルトン・フリードマンは、この点がケインズの誤りを、すなわち放漫財政を支持するという彼の立場を説明すると考えている。ケインズは貨幣の獲得には実際にどのくらいの費用がかかるのかを決して理解することがなかった。Blaug (1990) の所見を見よ。
(5) これらの数字や以下に出てくる数字は、ケインズの金融的な状態についての一般的で大まかな見解をあたえるに過ぎない。もっと正確に見るためには、物価指数の変化を考慮しなくてはならないだろう。そうすると一九一三年の一〇〇を基準とした消費財物価について、一九四五年にはその指数は二〇二・八になる。それは一九二〇年には二五〇まで上昇し、一九三五年には一四四・四まで下落した。

(6) 投資家としてのケインズの経歴については、JMK 12, pp.1-113を見よ。またMoggridge (1992, pp.348-52, 407-11) も参照のこと。

(7) これらの活動のほとんどを、ケインズはフォークと共同で行なった。しかし一九三〇年代には、友人である両者の仕事上の関係は悪化した。

(8) ケインズは、ポンド売りとマルク売り——ドルに対するそれらの価値は安定したままであった——の投機を行なった。彼は以前にも一九一九年秋にマルク売りの投機によって一万三二三五ポンドを失っていた。

(9) JMK 12, pp.10-2とMoggridge (1992, p.586) を見よ。

(10) フランシス・クレイトン・スコット(一八八一—一九七九年)は、オックスフォードの卒業生で、プロヴィンシャル保険会社の社長であった。

(11) それらは、JMK 12, pp.114-239に再録されている。

(12) 第7章を参照。

(13) ケインズをよく知るハロッドは、次のように書いている。「彼は生涯を通じて、ささいな金銭問題に慎重であった」(Harrod 1951, p.304〔邦訳三四三頁〕)。ケインズがたいへん気前よくもてなしてやった友人たちは、ときどき、自分たちを迎えるときにケインズはけちけちしていると非難した。たとえばリットン・ストレイチーは、ティルトンで迎えられたのち、一九二五年九月二十五日にキャリントンに宛てて次のように書いた。「信じられるかい。一滴の酒も出てこなかったんだよ。チャールストンの連中は、イル・グラン・ポッツォが今ではすごい金持ちだと断言している。たぶん年収一万ポンドだ。そうに違いないのに、水、水、水ばかりだった! これが金持ちになった結果だ」(Strachey Papers, BL, Add 60721)。ポッツォ・ディ・ボルゴは一八一四年から一八三四年までロシアの駐パリ大使であり、一九〇八年にストレイチーがケインズに付けたあだ名である。

(14) 「ミジー」こと、スティーブンス夫人は、ケインズの死に先立つ一二年のあいだ彼の秘書であった。ケインズにしたがって大蔵省に入り、しばしばアメリカにも彼と同行した。ロイ・ハロッドがケインズの「公認された伝記」の執筆に着手する前に、彼女はケインズの文書を整理していた。〔ケインズの生前に〕手稿をタイプし、著書の校正刷を修正したのも彼女であった。

(15) 以下の議論の一部は、Dostaler（1997）とDostaler and Maris（2000）において展開されている。フロイトとケインズの関係に関しては、Bonadei（1994）、Castex（2003, vol. 3）、Mini（1994）、Parsons（1997）、Winslow（1986, 1992）を見よ。

(16) ケインズは、一九〇六年一月二十三日にストレイチーに次のように書いた。「君は、すばらしいアリストテレスの『倫理学』を読んだことがあるか。もっとも偉大な作品であり、愚劣なところはほとんどなく、すべての批評家が彼のことを信頼しているように見える。このように思慮に富んだことが語られたのは、その前にも後にも全くない」。

(17) クレマタ Chrémata は、ギリシャ語で貨幣的富を意味している。

(18) 伝説によると、前八世紀のフリギア――金と鉄の鉱山が豊かな国――の王であったミダスは、バッカスから、さわる物すべてを金に変える力を授けられた。しかし渇きと飢えによる死の恐怖にさいなまれ、ミダスはこの特殊な能力から自分を解放するよう神に祈った。この祈りは、パクトロス川で沐浴することによって叶えられた。その後、パクトロス川は砂金を運ぶようになり、リディア王のクロイソスをたいそう裕福にした。

(19) ケインズがこの用語によって何を意味していたのかについては、以下で考察する。古典派にとって利子は節欲に対する報酬である一方で、ケインズにとっては流動性を放棄することの報酬、すなわち貨幣の賃貸料である。

(20) われわれは第7章で、金本位制復帰に関するジョーンズの驚くべき予言に立ち返るであろう。

(21) 貨幣数量説に関して、またさらに一般的に貨幣理論の歴史に関しては、Blaug *et al.*（1995）、Bridel（1987）、de Boyer（2003）、S. Diatkine（1995）、Laidler（1991）を参照のこと。

(22) 貨幣とは正確には何を意味しているのかという問題は、ここでは脇に置いておく。ただし、ジャン・ボーダンやデイヴィッド・ヒュームの時代においてよりも、その形態がはるかに多様化していることは明らかである。

(23) ケインズの貨幣理論とリカードの貨幣理論との関係については、Deleplace（1998）を見よ。

(24) マーシャルは、一八七一年の日付をもつ手稿「貨幣に関する一論」（Marshall 1975, vol. 1, pp.164-76 に所収）において、その最初の定式化をあたえている。それは、長いあいだ公刊されなかったが、ケインズは間違いなくそれについてよく知っていた。

(25) フリードマンとケインズの収斂を強調する文献としては、Frazer（1994）およびDostaler（1998）を見よ。

(26) 貨幣量の変化と貨幣の流通速度の変化のあいだの関係についてのこのような分析は、他の文献、とくにFisher（1911）

にも見出すことができる。

（27）一九〇九年から一九二三年のあいだに書かれ、つねに手を加えられ、再利用されたこれらの講義ノートの日付を確定することは困難である。

（28）ただし、ヴィクセルにとってと同様に、フィッシャーにとっても、数量説は、貨幣量の変化と物価水準とのあいだの機械的かつ即時的な関係を想定するものではなかった、ということは認めておかなくてはならない。ケインズと同じく、彼らは、これらの二つの事象のあいだの一時的な期間の分析に没頭していたのである。

（29）これらの講義を行なっていたときに、ケインズは、ルートヴィッヒ・フォン・ミーゼスによる『貨幣及び流通手段の理論』（一九一二年）の書評（1914-6）を発表した。しかし、測定に関する自らの見解とミーゼスの見解の類似性については言及も強調もしていない。ケインズおよび古典派経済学における価値の測定に関しては、Seccareccia（1982）を見よ。

（30）JMK 12, p.701 も参照せよ。

（31）『貨幣論』に関しては、Bauvert（2003）、Dimand（1986）、Friboulet（1985）、Hanin（2003）、Hicks（1967）、Pineault（2003）、Rymes（1998）を見よ。

（32）Davidson（1965）、および Graziani（1987）を見よ。

（33）この主題に関しては、Vicarelli（1984）、Minsky（1975, 1977）、Tutin（2003）を参照のこと。

（34）Bateman（1996）の見るところでは、ケインズの分析に不確実性が組み入れられたことは、確率に関する彼の研究とは何の関係もないことである。そのことは、むしろ投資家や政府顧問としての彼の経験に負っている。

（35）トーマス・ライムズは、「代表的学生のノート」（1989-2）として、これらのノートを転写して再構成した。Rymes（1986）も見よ。

（36）ロリー・ターシスはカナダ人の学生で、一九三二年から一九三五年までケインズの講義に出席していた。他の学生たちのノートとともに、彼のノートも Keynes（1989-2）において復元されている。Tarshis（1978）、Hamouda and Price（1998）を見よ。ターシスは、おそらく最初のケインズ的な教科書である『経済学要論』（一九四七年）を書いている。この書物は、翌年にポール・サミュエルソンの『経済学』が刊行されたことによって影が薄くなってしまった。

（37）次章でこの問題に立ち返る。

（38）この引用の最初にある「それに対して」とは、ケインズがちょうどそこで批判している『貨幣論』を指す。

（39）利子率と流動性選好の理論については、数多くの論争や解釈がなされてきた。とりわけ、Brossard（1998）、de Boyer（1982, 1998）、Deleplace（1988）、Le Héron（1986）、Léonard and Norel（1991）、Milgate（1977）、Moore（1988）、Orléan（1988）、Tortajada（1985）、Winslow（1995）を見よ。

（40）すでに触れたようにケインズは、『貨幣論』以後、資本の生産性と関連したヴィクセルの自然利子率の観念を放棄した。

（41）この問題に関しては、Élie（1998）、Lavoie（1986）、Moore（1984）、Wray（1990）、および Deleplace and Nell（1996）に所収されている諸論文を見よ。

（42）この点に関しては、Eshag（1963）、Bridel（1987）、Laidler（1999）を参照のこと。

6

労働

失業との闘い

しかし、すべての人がより多くの財を望むにもかかわらず、労働者がときとして完全に失業するという馬鹿げたことは、一つの混迷に由来しているにすぎず、それはわれわれが明快に考え、行動するならばなくすことができるはずのものである。

——「通貨政策と失業」(1923-21, p.113〔邦訳一一八頁〕)

逆説は、一戸でも多くの住宅の供給がわれわれの最大の物質的要求である時に、イギリスでは二五万人の建設労働者が失業しているという事実のなかにある。われわれが本能的に疑うのは、健全財政を政治的知恵のもとで機能させながら、これらを両立させる手段は全然ないと語る人の判断である。

——『繁栄への道』(1933-2, p.336〔邦訳四〇五頁〕)

われわれの生活している経済社会の顕著な欠陥は、完全雇用を提供することができないことと、富および所得の恣意的で不公平な分配である。

――『雇用・利子および貨幣の一般理論』（1936-1, p.372〔邦訳三七五頁〕）

「労働」という言葉はつねに骨折りや疲労という観念と、ときには懲罰という観念とさえ結びつけられてきた。伝えられるところでは、エデンの園で歴史が始まり、アダムとイブが善悪の知識の木の実を食べたのち、神は二人に額に汗して働くように宣告した。聖パウロは、テサロニケ人たちに向かってこう説いた。「人もし働くことを欲せずば食すべからずと命じたりき」（「テサロニケ人への第二の手紙」三章一〇節）。ギリシャの市民は、このような呪いからうまく逃れた。なぜなら、自らの物質的必要を充たすために奴隷を雇っていたからである。アリストテレスは、奴隷は先天的に劣っていると主張することによって奴隷制を正当化した。一方、一二人の労働者〔使徒のこと〕に取り囲まれていた大工の息子イエスは、肉体労働の価値を認めた。十三世紀にトマス・アクィナスは、今もなお効力をもつ教会教義を確立した。その教義は、奴隷制を非難するとともに、労働を自由人――働くことによって罪を免れ、邪悪な考えを遠ざける――の自然な活動として描いている。しかしこのような教義にもかかわらず、まさにいくつかのキリスト教国において何世紀にもわたり奴隷制が容認されてきたのである。(1)

ウィリアム・ペティ（『租税貢納論』一六六二年）にしたがって、ほとんどの古典派経済学者は、労働を商品の交換価値の基礎とした。たとえばアダム・スミスは、「それゆえ、労働はすべての商品の交換価値の真の尺度である」(Smith 1776, vol. 1, p.24〔邦訳（一）五二頁〕）とし、このような労働を「自分の肉体の労苦」と結びつけている。さらに、労働の報酬である賃金は、「その職業がやさしいか苦しいか、清潔であるか不潔であるか、名誉であるか不名誉であるか、によって異なる」（*ibid.*, p.80〔邦訳（一）一〇二―三頁〕）。リカードは、「ある商品の価値、すなわちこの商品と交換される他の何らかの商品の分量は、その生産に必要な相対的労働量に依存する」（Ricardo 1821, p.11〔邦訳（上）一七頁〕）と主張した。マルクスは、「すべての労働は、生理学的意味における人間労働力の支出である。そしてこの同一の人間労働、または抽象的に人間的な労働の属性において、労働は商品価値を形成する」（Marx 1867, p.54〔邦訳（一）八七頁〕）と論じた。

すべての古典派経済学者が労働を価値の基礎としているのではない。たとえばセイは、限界革命を先取りしており、効用を価値の原因とすることによって新古典派のアプローチを予示している。しかしながら限界主義的な見解においても、労働は一つの生産要素として存在したままであり、それは不効用という観念と結びついている。「この理論のもっとも重要な部分は、一物の所有から受ける快楽とその獲得上に遭遇する苦痛との精密な均等――符号に関係なく――の上にかかるであろう」（Jevons 1871, p.97〔邦訳二五頁〕）。ケインズもまた、彼の経済的ビジョンにおいて労働に中心的な位置をあたえた。

> したがって私は、すべての物は労働によって生産されるという古典派以前の学説に同感である。……労働――もちろん、それは企業者およびその助力者の個人的用役を含む――は、あたえられた技術、自然資源、資本設備および有効需要の環境のもとで作用する唯一の生産要素と見るのが望ましい。このことは、なぜわれわれが、貨幣単位および時間単位以外に、労働単位を経済体系において必要とされる唯一の物的単位として採用することができたかを説明する理由の一つである（1936-1, pp.213-4〔邦訳二一一―一二頁〕）。

したがって『一般理論』においてケインズは、貨幣価値の量および雇用の量を測定の単位として用いている。賃金は、これら双方のあいだのギャップを橋渡しする。時間、日、週ないしは年で測られる労働単位は、貨幣賃金に対応している。この貨幣賃金をケインズは賃金単位と呼んだ。そして、経済における雇用量が測定されるのはこの単位によってである。

一　ケインズ以前の失業

以上のように、労働を骨折りや苦痛と結びつける背景には長い伝統がある。それでもなお、仕事を奪われることは大きな不幸ですらある。この現代的な奴隷制の形態から逃れることのできるほどの所得を有していないかぎりは、そうである。大部分の人々にとって、雇用は、所得を得るための、それゆえ消費を行なうためのほとんど唯一の手段である。失業は悪であり、経済的・社会的・政治的な問題と見なされている。一八八七年および一八八八年に設置された〈王立金銀物価委員会〉のために作成された論文において、アルフレッド・マーシャルは「雇用の不規則性」の増大を、「近代的な産業形態」の発展と関連づけた（Marshall 1926, p.92）。「失業」unemployment という言葉が初めて使われたのは、一八九六年に公刊されたジョン・ホブソンの『失業者問題』においてであると思われる。

のちに、非自発的失業が自発的失業から区別されるようになる。自発的失業者とは、たとえば、賃金が低いという理由で就業可能な職に就くことを拒否する者のことである。失業はまた、転職のさい職探しに必要となる期間とも関連づけることができる。これは摩擦的失業であり、その大きさは、たとえば、経済における情報の利用可能性によって決まる。摩擦的失業が短期的なものである一方で、構造的失業は、労働者の能力と仕事の性質とのあいだの不整合や、経済の変化によって引き起こされた不均衡によって生じる。構造的失業はまた、労働市場の制度的特徴とも関連している。構造的失業について、一つの新しい言葉がミルトン・フリードマンによって一九六八年につくり出された。

「自然失業率」という言葉がそれであり、その水準は、労働市場の構造的特徴、労働組合の性格、失業保険、情報収集の困難さといった実物的な諸力によって決定される[2]。農業・漁業・建設業のような経済活動においては、季節的失業というものも認められる。

つねにそうであるように、現実を言い表すための言葉が見つけ出される以前に、現実はすでに存在している。失業は有給労働と同時に現れたのであり、したがって資本主義の誕生以前に現われたのである。ローマや中世都市にも失業した人々は存在していた。しかし、その現象が広範囲に現れるようになったのは、十六世紀における資本の蓄積にともなってのことである。当初から失業は、それを観察する人々のあいだで互いに矛盾する反応を引き起こした。失業は困窮と怠惰の源であった。この点において失業は、すべての重商主義の思想家たちが気づいていたように、庶民階級における社会的な混乱と不安という危険を意味していた。農民一揆は、まだ人々の記憶に新しかった。一六一五年にアントワーヌ・ド・モンクレティアンは、彼の『経済学概論』において、繁栄する王国では人々は活動的であるとともに相互に協力しなければならないと書いている。彼は、怠惰の危険性を強調しながらも、保護貿易主義は一国の雇用を刺激するという事実によってそれを正当化した。一国の真の富は、その国が所有する金の量と関連づけられるのではなく、しばしば重商主義と結びついた見解とは反対に、労働と生産に関連づけられた。

しかし重商主義者たちは、雇用刺激策を提案したのと同時に――ケインズは『一般理論』の終わりで、そのことによって彼らを称賛した[3]――、完全雇用が商人と製造業者の繁栄にとって好ましくない賃金の上昇圧力をもたらすという事実にも気づいていた。このことが、彼らが人口増大の熱心な支持者であった理由である。人口増大は当時の侵略的な外交政策を遂行するために不可欠である兵士たちの徴集を保証するという事実に加えて、それは賃金の下方圧力をもたらす一つの手段でもあった。このことは、マルクスやケインズにおいてだけではなく、現代経済理論の構築物の一つであるフィリップス曲線においても中心的な見解となっている。

古典派の時代

十八世紀末の産業革命の到来とともに、失業はますます大規模かつ一般的な現象となった。循環的な経済変動の繰り返しが認識されはじめ、変動のあいだじゅう失業者数は他の経済諸指標と連動して変化した。ますます精巧な機械が導入されたことによって、不適格な労働者は大量に解雇され、彼らは職を見つけることができなかった。こうした状況は、労働者が機械を強奪し破壊するという反乱を引き起こした。ラッダイト運動はこうした動きの一つであった[4]。その運動は一八一一年にノッティンガムで最初に起き、一八一六年までにはイギリス全土に広がった。当初デイヴィッド・リカードは、一八一七年に公刊された『経済学および課税の原理』の初版において、生産の機械化が失業の主な原因であると信じている点において労働者たちは間違っていると考えていた。彼はのちにこの見解を修正し、一八二一年の第三版において機械についての新しい章を追加した。そこで彼は次のように明言している。「だが、私は今は、機械を人間労働に代用することが、労働階級の利益にとってしばしばきわめて有害である、と確信している」(Ricardo 1821, p.388〔邦訳(下)二八四頁〕)。彼の友人と弟子たちはこの突然の転向によって狼狽させられた一方で、マルクスはこの「ブルジョア」経済学者の科学的誠実さを称賛することになる。

セイ法則

スミス以降、古典派経済学者たちは失業という現象を説明するのに骨を折り、その現象にはまだ名前もあたえられないままであった。一八〇三年の『経済学概論』において、ジャン‐バティスト・セイは、彼の名を冠した有名な法則の最初の定式化を発表した。それは「販路法則」とも呼ばれ、それによれば、経済全体の規模でみれば、供給はそれ自らの需要をつくり出す[5]。この法則にはいくつかの定式化があり、セイによるもののほかに、ジェームズ・ミル、リカード、およびその他の者たちによるものもある。それらのなかの一つによれば、「生産物に対して販路を開くのは生産である」(Say 1803, p.133〔邦訳(上)二九九頁〕)。主要な批判者であったマルサスに回答して、セイは次のように書いている。「私の最初の手紙で、生産物は生産物によってのみ購入されることを証明したと私は考えています。したがって、生産物に対する市場を切り開くのは生産であるという説を放棄するいかなる理由も見当りません」(Say 1821, p.24)。この命題は、貨幣が交換手段としての役割しか果たさないとする貨幣数量説にもとづいている。すなわち、「貨幣は単に価値の移転の媒介物でしかない」(Say 1803, p.133〔邦訳(上)三〇一頁〕)。たとえ貨幣が退蔵されるとしても、「その究極の目的はつねに、何かの生産物の購入のさいにそれを使用することである」(*ibid.*〔邦訳(上)三〇〇頁〕)。生産の目的は、自らの財の販売から得られた貨幣を他の生産物と交換すること以外にはない。生産は、他の生産物に対する需要となる。すなわち、生産の増大は所得を増加させ、それは次いでそれに等しい量の支出の増加をもたらすのである。すべての貯蓄は、将来の消費を増加させるという目的で投資へと転化される。人為的に需要を刺激することは無駄である。「単なる消費の奨励は、商業にとって利益にならない」(*ibid.*, p.139〔邦訳(上)三一七頁〕)。

この見解にしたがえば、過剰生産や一般的供給過剰などといった現象はありえないものとなる。各部門内での需要と供給の不均衡だけがありうることになる。セイ法則を受け容れたリカードは、恐慌が「貿易経路上の突然の変化」[6]によって引き起こされると考えていた。したがって、一八一五年のナポレオン戦争の終結が導いた深刻な経済的混乱は、たとえば、兵士の復員によって引き起こされた失業の大幅な上昇として説明された。セイとその同時代人たちは、完全雇用の概念も失業の概念も持ち合わせていなかった。しかし彼らのアプローチは、現代の用語を用いると、均衡にある経済は、外的ショックや市場の機能不全がなければ、完全雇用へと向かう傾向をもつ、という主張に則して解釈することができる。

こうしたマクロ経済学的な主張は、セイを、スミスおよび友人のリカードと対立させる原因となった新しいミクロ経済学的概念によって補強された。セイの見るところでは、価値は労働に由来するものではなく、むしろ効用に由来するものであった。それは、市場における需要と供給の相互作用によって決定されるものであった。このような価値の決定は、企業家によって生産される財だけでなく、経済諸主体から企業家に賃貸される生産要素にも当てはまる。これらの生産要素には、労働も含まれる。労働サービスの価格が賃金であり、したがってそれは需要と供給とによって決定される。セイはこのことを厳密には論証してはいないが、もし賃金が実際にこのように決定され、さらに企業家・求職者・従業員のあいだの交渉を妨げるような障害がないとすれば、需要と供給の均衡は、非自発的失業が存在しないことを、つまり完全雇用を意味することになる。

したがってケインズが、『一般理論』の第二章「古典派経済学の公準」において、セイ法則、貨幣数量説、および労働市場における賃金の決定を結びつけたことは驚くに当たらない。古典派理論は「摩擦的」失業および「自発的」失業については認めるけれども、「古典派の公準は、私がのちに「非自発的」失業と定義する第三の種類の可能性を認めないのである」(1936-1, p.6〔邦訳六頁〕)。

マルサスのセイ批判

しかしながら通常は、セイやリカードの同時代人たちのあいだで全員の意見が一致することは決してなかった。何人かの経済学者や社会思想家は、大量の売れ残りの財や、飢餓を避けるためにいかなる賃金でも働く用意のある失業者たちを目の当たりにして、彼らに対して示された議論を受け容れることができなかった。そうした人々のなかに二人の著名な人物がおり、一人は政治的スペクトルの右側に、もう一人は左側に位置していた。トマス・ロバート・マルサス師とシモンド・ド・シスモンディの二人は、マルクスとケインズの議論を先取りするような議論を展開して、販路法則と古典派の分析に異議を唱えた。

マルサスは、リカードとは対照的に、価値と分配についてはセイと見解を共有していた。彼は、セイと同様、生産要素の報酬は財の価値と同じように決定されると考えていた。そして財の価値は、「その供給と比較した、それに対する相対的需要によって決められる」(Malthus 1820, p.62〔邦訳(上)九七頁〕)。しかし彼は、セイによって定式化され、リカードによって採用された販路法則には徹底的に反対した。生産物のための市場を保証するためには、「有効需要」**effectual demand** が必要とされると彼は考えていた。彼はそれを、「現行の状況のもとで必要とされる量の継続的な商品供給を実現するために、需要者が払わなくてはならない犠牲」(*ibid.*, p.80〔邦訳未収録箇所〕)と定義した。購買力が存在することだけが重要なのではなく、購入しようとする意欲、すなわち、「商品にたいして適当な価格を支払う能力と意思とをもつ人々による需要」(*ibid.*, p.328〔邦訳(下)一九一頁〕)もまた重要なのである。

スミス以来、資本蓄積と経済成長の原動力として理解されてきた高い貯蓄水準は、そのときから逆に生産に対する障害となった。セイの見るところ、生産の拡大は自動的に需要を増加させるものであった一方で、生産の拡大には需要の増加が必要であると見なされるようになったのである。したがって、豊富な財の中での人々の貧困という逆説によって示される過剰生産恐慌が生じる可能性がある。それを克服するために、マルサスは、公共事業、外国貿易および非生産的支出の刺激を提唱した。とりわけ貴族・地主・僧侶による非生産的支出を奨励した。

それゆえに、ケインズがマルサスを自らの先駆者と見なしたことはほとんど驚くに当たらない(7)。何度か書き直されたケインズによるマルサスの人物像は、彼が書いたもっとも有名な経済学者評伝のなかでも際立っている。ケインズはマルサスを「ケンブリッジ経済学者の始祖」と表現した。彼の人物像の最初の版は、一九一四年五月二日に〈オックスフォード政治哲学・科学クラブ〉で発表され、そののち一九二二年の〈ロンドン経済学クラブ〉での報告のために改訂された。最後の版は、一九三三年に公刊された彼の『人物評伝』のために執筆された。貯蓄、投資および有効需要についてのマルサスの見解に関する幾つかの節は、一九三三年の初めにその本の校正刷に追加された(8)。

のちに見るように、このときまでにケインズは、すでに彼の有効需要の理論の主な諸要素を展開していた。これと同じ時期にケインズは、リカードの著作集を編集していたスラッファのおかげで、マルサス――スラッファが一九三〇年にその手紙を発見した――とリカードとのあいだの往復書簡、すなわち「経済学の全発達史を通じて最も重要な学術上の文通」(1933-5, p.96〔邦訳一三二頁〕)を利用することが可能となっていた。ケインズが『一般理論』で繰り返し述べたように、二人の論争においてリカードがマルサスに対して勝利を収めたことは、一世紀ものあいだ、経済理論を誤った道へと導き、災難をもたらした。彼がマルサス百年祭記念講演で説明したように、過剰貯蓄が生産に対して有害な影響を及ぼすことをマルサスは完全に理解していた。

彼の生涯の後半には、当時初めて恐るべき規模で姿を現した、戦後の失業問題に専念した。そうして彼はその説明を、有効需要の不足と呼んだものの中に見出したのであり、それを救治するために、大量の支出、公共事業、拡大主義政策の精神を要求した。……偉大なリカードに対する強力な、反駁しえない攻撃を、いささかなりとも共感と理解とをもって読む人が出てくるまでには、百年が経過しなければならなかった(1935-3, p.107〔邦訳一四四頁〕)。

『一般理論』においてケインズは、こう付け加えた。マルサスは観察事実に訴える以外に、説得力のある代替的な説明を提供することができなかったために、有効需要が不足することはありえないとするリカードの主張に反駁することができなかったのだ、と。このことが、「リカードは、宗教裁判所がスペインを征服したのと同じように、完全にイギリスを征服した」(1936-1, p.32〔邦訳三三頁〕)ことの理由である。リカードや古典派経済学者たちに取って代わる説明を提供する仕事は、ケインズに残された。

シスモンディ――マルクスとケインズの先駆者

ケインズには無視されたが、スイスの経済学者であり歴史家でもあったシモンド・ド・シスモンディは、マルサスの一年前に彼の『経済学新原理』（一八一九年）において異端的な資本主義分析を提示した。それは、経済の循環的変動が過少雇用と貧困を生みだすことを強調している。彼の最初の著作『商業的富について』（一八〇三年）ではスミスの信奉者であったシスモンディは、のちに古典的自由主義の徹底的な批判者、およびセイ法則の断固たる反対者となった。彼は、不均衡の観点からのマクロ経済分析と、はじめて代数的に定式化された成長モデルをセイ法則に取って代えた。シスモンディの見るところでは、資本主義とは富裕層の利害とプロレタリアートの利害とが衝突する、一時的かつ矛盾した歴史的体制であった。シスモンディは、生存のための手段として賃金所得しか得ていない社会階級を特徴づけるために、プロレタリアートという言葉を最初に用いた一人であった。彼によれば、プロレタリアートの窮乏化に向かう不可避の傾向が存在している。セイとリカードに反対して、マルサスとともにシスモンディは、経済において商品の一般的過剰生産が生じうることを主張した。

他方でイギリスのマルサス氏は、大陸において私が明らかにしようと試みたように、消費は生産の必然的な帰結では決してないと考えた。また、人間の欲求や欲望はたしかに無限であるが、しかしそうした欲求や欲望は、それらが交換能力と結びついていないかぎり、消費によって満たされることはないと考えた。われわれが主張してきたのは、こうした欲望や欲求をもつ者の手に消費財を引き渡すためには、そのための交換手段をつくり出すだけでは全く不十分であるということである。すなわち、社会において交換手段が増加すると同時に、労働に対する需要、あるいは賃金が減少するということがしばしば生じるのである。そのときには一部の人々の欲望や欲求は満たされず、それゆえ消費もまた減少する。そして最後に、われわれは次のことを主張した。社会の繁栄の明白な兆候の一つは、富の生産の増加ではなく、労働に対する需要の増加、あるいは労働に対する報酬として支払われる賃金の増加である、と（Sismondi 1824, pp.617-8）。

右の引用で注意すべきは、「労働に対する需要」という表現である。すなわち、恐慌は過少雇用を生み出すのである。シスモンディの見るところでは、実業家たちが非常によく知っている現象を、リカード、セイおよび彼らの信奉者たちが認識できないのは、彼らが時間の概念を捨象しているからである。恐慌がたびたび生じるのは、生産と消費のあいだの一時的な不均衡と、社会における富の不公平な分配とが結びつくことによってである。プロレタリアートは、十分な有効需要を保証するに足るほどの所得を受け取っていないのである。

マルクスと産業予備軍

シスモンディは、ケインズの先駆者であると同時に、マルクスの先駆者でもあった。ケインズとは対照的に、マルクスは一再ならずシスモンディの議論を紹介しているが、しかしそれはたいてい批判の対象としてであった。マルクスが、ジュネーブ出身の歴史家に対する以上に、多大な敬意をもってリカードを遇しているのを見ると奇妙な印象を受ける。いわばマルクスは、マルサスおよびシスモンディとともに、セイ法則の主要な反対者のトリオを形成している。ケインズはマルクスの仕事に対してアレルギーを抱いていたが[9]、それにもかかわらず、マルクスがセイの誤りを今日まで伝承してきた功績については認めていた。「マルサスが取り組んだ有効需要の大きな謎は、経済学の文献の中から消え去った。……それは辛うじてカール・マルクスやシルヴィオ・ゲゼルやダグラス少佐といった地下世界において、表面には現れずにひそかに生きのびることができたにすぎない」（1936-1, p.32〔邦訳三三頁〕）。けれどもケインズのこのような認識は、マルクスを二人のあまり知られていない経済学者と同列に置いているために、ユダの接吻〔うわべだけの行為〕のようなものである[10]。

不可避的に消滅することを運命づけられた一時的な経済・社会体制の諸矛盾を例証しながら、失業を完全に経済分析に組み込み、それを資本主義の主要な現象の一つとして描いたのはマルクスであった。失業とは、決して偶然的なものではなく、それと結びついた経済恐慌と同様に必然的なものであり、資本主義の基本的な特徴である。『賃労働と資本』において、マルクスは、「資本家たち相互間の産業戦、……この戦いの特色は、労働者軍の募集によってよりもむしろ解雇によって勝利が得られるということである」(Marx 1848, p.266〔邦訳八一頁〕)と主張した。『資本論』第一巻が刊行される約二〇年前に、「軍」という言葉が用いられていることは注目に値する。失業を「産業予備軍」として描写するのは、マルクスのもっとも有名な隠喩《メタファー》の一つである。[11] それは、すでに重商主義のなかに存在し、ケインズと彼の弟子たち[12]のなかにも見出すことのできる考え方、すなわち、賃金に対する圧力と失業との関係についての考え方を要約している。マルクスの見るところでは、産業予備軍は利潤率を維持するために、それゆえ資本主義の存続そのものにとって必要不可欠なものであった。

> しかし、過剰労働者人口なるものが、蓄積の、または資本主義的基礎の上での富の発展の、必然的産物であるとすれば、この過剰人口は、また逆に、資本主義的蓄積の槓杆となる、いな実に、資本主義的生産様式の一存在条件となる。それはあたかも資本自身の費用で育成されたかのように、全く絶対的に資本に属する、自在に動かしうる産業予備軍を形成する。それは、資本の変転する価値増殖欲望のために、つねに利用に応じうる人間材料を、現実の人口増加の制限から独立につくり出す(Marx 1867, p.693〔邦訳(三)二二〇—一頁〕)。

労働者階級の一部が、部分的なあるいは完全な失業の状態へと絶え間なく転化されることは資本蓄積にとって不可欠な要因である。「資本の膨張力が発展させられるのと同じ原因によって、利用されうる労働力が発展させられる。したがって、産業予備軍の相対的大きさは、富の諸力とともに増大する。……これが資本主義的生産様式の絶対的一般的法則である」（*ibid.*, p.707〔邦訳（三）一二三〇頁〕）。産業予備軍は、景気の動向に応じて増減し、それゆえ賃金を調整する役割を演じる。資本過剰と過剰蓄積がもたらす利潤率の低下によって引き起こされる恐慌は、資本の減価、遊休、ときには部分的な破壊を通じて、その本質をあらわにする。それによって引き起こされる失業の増加は、同時に利潤の回復を可能とし、そのことはその後の生産の拡大を導く。こうして産業予備軍は、蓄積の成り行き次第で増減するという状態に保たれる。「したがって、相対的過剰人口は、労働の需要供給の法則が運動する際の、その背景をなしている」（*ibid.*, p.701〔邦訳（三）一二二二頁〕）。マルクスは、資本主義の発展とともに、人口に占める産業予備軍の割合が増加するだろうと考えていた。「したがって、一極における富の蓄積は、同時に対極における、すなわちそれ自身の生産物を資本として生産する階級の側における貧困、労働苦、奴隷状態、無知、粗暴、道徳的堕落の蓄積である」（*ibid.*, p.709〔邦訳（三）一二三一―二頁〕）。資本主義の転覆と社会主義への移行が、この難局を脱する唯一の道である。

経済理論におけるケインズの主要な努力は、新古典派のアプローチに挑戦する代替的な説明をあたえることによって、失業問題を資本主義の枠内で解決できることを示そうとすることにあった。[13]この取り組みにおいて彼は、マルクスの仕事に対する否定的な見解にもかかわらず、ときどきマルクスを用いた。彼は、マルクスが商品流通の形式C―M―Cと資本流通の形式M―C―M′とを区別している――ここでMは貨幣を、Cは商品を表している――ことをもって、マルクスが実物経済と貨幣経済のあいだの相違をよく理解していたことを認めていた。ケインズは、『一般理論』の草稿の一つにおいてマルクスの定式を借用してさえいる。そのさい彼は、M′とMとの差額、すなわち剰余価値が、不況および恐慌の期間には負になると説明していた。[14]「しかしながらマルクスは、彼が次のように付け加えたさいに半ば真理に近づいていた。すなわち、連続的なM′の超過は、しだいに激烈さを増していく一連の恐慌、すなわち企業家の破産や過少雇用によって不可避的に中断され、その期間にはおそらくMがM′を上回ることになるにちがいない、と」（1933-32, p.82）。彼は自分自身の理論が、マルクスと、ダグラス少佐のような過少消費論者とを和解させるもの

と確信していた。(15)

『マルクス経済学』（一九四二年）の著者であるジョーン・ロビンソンは、もしケインズが正統派理論からではなく、マルクスから出発していたならば、彼はもっと早く有効需要の理論に到達していたであろうと考えていた。彼女の見るところでは、カレツキは幸運にも古典派の理論にまったく接触したことがなく、マルクスとローザ・ルクセンブルクだけを知っていた。このことが、ケインズの理論に類似し、さらにいくつかの点ではそれよりも優れていた理論――それは、一九三三年にポーランド語で最初に発表された――に、カレツキがすみやかに到達した理由である。

カレツキは、ケインズに対し、一つの重大な強みをもっていた。つまり彼は、正統派経済学を学んだことがなかったのである。……彼が学んだ唯一の経済学は、マルクスの経済学であった。他方でケインズは、マルクスに関してはさっぱり理解できなかった。……しかし、マルクスから出発していたら、彼は、多くの苦労をせずに済ますことができただろう。われわれが一九三一年に『貨幣論』について議論していた「サーカス」で、カーンは資本財産業の周囲に非常線を想定し、次に資本財産業と消費財産業のあいだでの取引を研究することによって、貯蓄・投資の問題を説明した。彼はマルクスの表式を再発見するために苦心していたのである。ところがカレツキは、その地点から出発していたのだった（Robinson 1964-5, pp.95-6〔邦訳四七―八頁〕）。

新古典派の時代

われわれは前章で、いかにしてケインズが「古典派経済学者」という言葉をマルクスから借用し、その定義を修正したのかを見た。すなわちケインズの定義には、ジェヴォンズ、メンガー、ワルラスが主導した一八七〇年代の限界革命によって誕生し、一九〇〇年頃には新古典派理論と呼ばれていたものも含まれているのである。(16) 古典派と新古典派のあいだの裂け目は、主として価値と分配の理論の次元に存在している。もっとも、古典派世界の何人かの著名な人物は、限界主義者たちと同様に、価値は効用に関連しており、需要と供給のメカニズムによって決定されると考えていた。マクロ経済の次元、あるいは当時、貨幣理論と呼ばれていた理論の次元において、ケインズは古典派と新古典派のあいだに連続性があると考えていた。古典派の理論は、次の二本の支柱にもとづいている。すなわち、貨幣数量説とセイ法則である。そして古典派は、セイ法則によって非自発的失業の存在を否定することになった。

これに加えて新古典派理論は、限界効用逓減および限界生産力逓減という仮説にもとづいて、また経済主体は計算を通じて快苦の釣合をとる快楽主義的かつ合理的な経済人であるという理解にもとづいて、市場のはたらきを表現した。こうした表現がとりうる一つの形式は、抽象的で形式化・数理化されたモデルであり、そのモデルを用いる者は、経済におけるすべての市場のあいだの関係を統合しようと努めている。一八七〇年代のワルラスによる一般均衡モデルの場合がそうである。そのモデルの輪郭はすでにケネーとセイに見出すことができ、またそれは二十世紀において支配的なアプローチとなった。もう一つのありうる形式は、マーシャルの部分均衡モデルである。

これらのさまざまな市場のなかで、われわれがここで関心を寄せるのは労働市場である。ここでは、賃金が上昇すれば労働供給を増加させる労働者と、賃金が上昇すると労働を資本で代替しようとする企業家とが互いに向き合っている。したがってわれわれは、正の傾きの労働供給曲線と、負の傾きの需要曲線をもつことになる。これら二つの曲線は通常はある一点で交わり、そこで実質賃金と雇用の均衡水準が決定される。マーシャルの見るところでは、もしこれらの曲線が、企業家と労働者の合理性を表現し、いま述べたような傾きをもつのであれば、均衡から離れるようとするいかなる動きも、均衡を回復させようとする諸力を解き放つことになる。要するに、それは安定的均衡である。このことは、労働市場の場合、もし市場の自由なはたらきに対する障害が存在しないとすれば、完全雇用の水準で需要と供給とが等しくなるということを意味している。そのとき、賃金は労働の限界生産力に等しくなる。労働の限界生産力とは、一単位の労働の追加によってもたらされる総生産量の増加分のことである。したがって賃金率は生産に対する労働者の貢献を測る一方で、利子率は資本のそれを、地代は土地のそれを測ることになる。アメリカの経済学者ジョン・ベイツ・クラークは、それぞれの生産要素が自ら生み出した価値を正確に受け取るという体制の正当性を徹底して主張した(17)。この理論を独立に展開していたクヌート・ヴィクセル(18)は、このような分配様式は決して公平と公正を保証するものではないと考えていた。ワルラスの見るところでは、最適な状態は、「生産の領域における自由競争」という状況のもとで試行錯誤の過程を通じて達成される。「この自由競争とは、一方において、企業者が利益があるときは生産を拡張し損失を受けるときはこれを縮小しうる自由であり、他方において、地主、労働者、資本家と企業者とが用役および生産物をせり下げつつ売り、せり上げつつ買う自由を指している」(Walras 1874-7, p.255〔邦訳二五〇頁〕)。

均衡賃金より高い賃金を集団的に要求する労働組合の存在や、最低賃金を定める政府の決定は、このような自由競争に対する障害であり、失業の一因である。こうした見方にしたがうならば、失業の解決策は賃金を切り下げることである。この解決策は、一九一三年に公刊された『失業問題』でピグーによって提案されている。ケンブリッジの経済学教授をマーシャルから継承したピグーは、当時、ケインズの同僚であり友人でもあった。不況の底にあった一九三三年にピグーは、はるかに重要な著作である『失業の理論』において同じ解決策を提案した。またそこでは、よりいっそう洗練された労働の限界生産力説が提示されていた。当時ケインズは、彼自身の失業の説明に取り組んでいた。そして、ちょうどその頃、刊行されたばかりのピグーの本が届き、それはケインズが古典派理論の欠陥を例証するうえで役立った。ピグーは、『一般理論』においてケインズのスケープ・ゴートとなる。『一般理論』では、『失業の理論』について、「主として、非自発的失業は存在しないと仮定して、何が雇用量の変動を決定するかに関する研究である」(1936-1, p.190〔邦訳一八七頁〕)と記述されている。ピグーはケインズの攻撃に激しく反発したが、そのことによって彼らの友情が壊れることはなかった[19]。その後、ピグーは『雇用と均衡』（一九四一年）においてケインズの見解へと近づき、とりわけ、彼が引退してから数年後の一九五〇年に刊行された講演録である『ケインズ「一般理論」――回顧的考察』では、そうした見解を示している。いまや彼は、短期均衡状態における高水準の失業の可能性を認めていた。それは、古典派の理論では説明することのできないものであった。このことは、その人物の知的誠実さを証明している。一九三〇年代にはケインズに対する断固たる反対者であったライオネル・ロビンズもまた、生涯の終わりに近づくにつれ、これと同様に自らの見解を修正していくことになる。

ケインズの古典派批判

いわゆる古典派の雇用理論は、セイとリカードからマーシャルとピグーにいたるまでに構築されたとして、それを批判することから『一般理論』は始まっている。ケインズの見るところ、その大きな罪は、それが説明を要するもの、すなわち雇用と生産の水準を所与と見なしていることにある。リカードとは対照的に、経済学の主要な目的は、一国の富の分配ではなく、何がその水準を決定するのかを説明することなのである。こうした一般的な文脈において、古典派理論の雇用についての見方は、二つの公準に基礎をおいている。第一の公準は「賃金は労働の限界生産物に等しい」ことを主張し、第二の公準は「一定の労働量が雇用されている場合、賃金の効用はその雇用量の限界不効用に等しい」ことを主張する（1936-1, p.5〔邦訳五頁〕、強調は原著者のもの）。第一の公準は、企業の労働需要曲線を導出することを可能にし、第二の公準は、労働者の労働供給曲線を導出することを可能にする。二つの曲線の交点において、「雇用量は、……限界生産物の効用が限界雇用の不効用と均衡する点において決定される」（*ibid.*, p.6〔邦訳七頁〕）。このモデルは、摩擦的失業と自発的失業の存在は認めるが、ケインズによれば、非自発的失業の存在は認めない[20]。

このような理論構成は支持しがたいものである。というのも、古典派の理論によって仮定されているような労働供給曲線は存在しないからである。ケインズは、古典派の第一公準の存在を認めたが、第二公準については認めなかった。労働者は、古典派のモデルにおいてのように実質賃金をめぐって交渉を行なうのではなく、貨幣賃金をめぐって交渉を行なう。貨幣賃金は、労働者――ほとんどの場合、組合を結成している――と企業とのあいだの交渉の結果として決まる。賃金稼得者は、「彼らの実質賃金を、その賃金のもとで使用者によって提供される雇用量の限界不効用と一致させることができる」(*ibid.*, p.11〔邦訳一一頁〕)という立場にはない。それに加えて古典派経済学者は、労働者が完全雇用に対応する実質賃金率を決定することのできる立場にあるとさえ仮定している。現実は、それと反対であることが分かる。すなわち、貨幣賃金の切り下げではなく、物価の上昇によって実質賃金が下落したならば、古典派の第二公準に反して、労働供給は減少しないであろう。この分析の結論は、失業を抑制するための古典派経済学者の政治的処方箋を無効にする。

このようにして幸いにも、労働者たちは、無意識にではあるが、本能的に古典派よりもいっそう合理的な経済学者である。……あらゆる労働組合は貨幣賃金の切り下げに対しては、それがいかに少額であっても、なんらかの抵抗を示すであろう。しかし、いかなる労働組合も、生計費の上昇するたびごとにストライキを行なおうなどとは夢にも思わないから、彼らは総雇用の増大に対して、古典派によって彼らに責任があるとみなされているような障害をつくり出してはいないのである(1936-1, pp.14-5〔邦訳一四―五頁〕)。

古典派理論の誤りの原因は、知識についての誤った考えにある。

古典派の理論家は非ユークリッド的な世界にあって、一見したところ平行な直線が経験上しばしば交わることを発見し、……まっすぐになっていないことの責任は線にあると非難するユークリッド幾何学者に似ている。しかし、本当は、平行の公理を放棄して、非ユークリッド幾何学を構築するよりほかに救済策はないのである（*ibid.*, p.16〔邦訳一七頁〕）。

ここで求められている非ユークリッド幾何学とは有効需要の理論のことであり、それについては以下で立ち戻る。それは、一世紀以上にわたって人々の考えを支配した古典派理論の構成要素の大部分――すなわち、貨幣の中立性、セイ法則、貯蓄と投資による利子率の決定――に正面から異議を唱えるものである。このことによって問題とされることになるのが、「伝統的経済理論の名高い楽天主義」である。

そのおかげで、経済学者は、あたかも現世から逃避して自分の畑の耕作に明け暮れ、すべては放任しておけば、ありとあらゆる世界の中の最善の世界において、最善の結果になると教えるカンディードに似ていると見られてきた。……古典派理論は、われわれがこうあって欲しいと希望する経済の動き方を示すものであるといってよいであろう（*ibid.*, pp.33-4〔邦訳三四頁〕[21]）。

二　ケインズと失業

ケインズの非ユークリッド理論に進む前に、回り道が必要であろう。この理論は一九三二年に明確なかたちを取りはじめた。それは、ほとんどの主要な工業国で失業率を二〇パーセント以上に押し上げた恐慌が勃発した三年後のことであった。これ以前でさえ、一九二〇年代のイギリスにおける失業者数は決して百万人を下ることがなかった。失業という現象は、当時のケインズの目には、資本主義が直面する主要な問題の一つであると映った。彼は、大部分の経済学者――ケインズは、まだ彼らを「古典派」と呼んでいなかった――によって失業を克服するために提案された手段を否定した。彼自身は異なる手段を提案し、それらを実行させるための政治的領域での闘いを主導した。しかし彼は、これらの手段を理性的に支持するための、完成された満足のいく理論を欠いていた。すなわち彼は、正統派の理論と戦うための効果的な武器を欠いていたのである。このことは、経済理論と、それと結びついた政治的な提案との関係が、一見そう見えるほど単純ではないという事実をよく例証している。失業の克服を目的とするケインズ政策は有効需要の理論の応用であると見るよりも、むしろ、その理論はこれらの政策を基礎づけるための試みであると考えるべきである。したがってわれわれは、ケインズの雇用理論の起源を、その歴史的文脈のなかに置くことによって再構成することにしよう。

一九二〇年代――理論以前の政策

第一次世界大戦が終わると、イギリスは経済的に弱体で社会的に動揺した状態に置かれた。短い陶酔的熱狂《ユーフォリア》ののち、一九二〇―二一年に経済は深刻な不況に陥り、一九二一年の春には失業率が二〇パーセントを超えていた。一九二三年にはその不況が終わりを告げたにもかかわらず、一九二四年の短い期間を除き、一九二〇年代を通じて失業率が一〇パーセント以下に低下することは決してなかった。賃金を引き下げようとする雇用主の努力は、当時六五〇〇万人の組合員を擁していた「労働組合会議」(TUC)の側での凄まじい抵抗に遭った。一九一九―二二年のあいだには、ストライキ活動が増加した。その最大のものは、一九二一年四月十五日に炭鉱夫・鉄道員・運輸労働者の組合によって宣告された。この運動はロシア革命の影響によって勢いづけられ、そしてそれは、他の西側諸国においてもそうであったように、イギリスの支配階級を「赤」の恐怖に陥れた。

ケインズは、一九二一年の八月と九月に『サンデー・タイムズ』紙上で発表された「ヨーロッパの経済的見通し」という概括的な題目をもつ五回にわたる連載論説の第三回と第四回で、これらの問題について考察した。これらの論文は、ヨーロッパだけでなくアメリカにおいてもセンセーションを巻き起こした。不況について彼は、その原因は複雑で多岐にわたっており、またその進展においては期待と不確実性が大きな役割を演じていると書いている。

現代世界の経済組織の特徴の一つは、消費者と生産者のあいだに一連の商人と仲買人が存在していることである。これらの商人と仲買人は、全体として見れば、売ったり売り契約を行なったりする前に、買ったり買い契約を行なったりするのである。さらに、彼らは、貨幣と引き換えに財を買う契約を取り結ぶのである。それゆえ彼らの事業では、消費者需要と貨幣価値（すなわち、物価の成り行き）という二つのものを予測することが求められる。彼らが予測を大きく誤ったときには、努力は水の泡となり、富は失われ、組織は混乱する。要するに、景気は低迷するのである（1921-11, p.261）。

これらの論評がまもなく『確率論』を出版することになる著者によってなされたものであることを考えれば、それは驚くに当たらない。その著作でケインズが、将来に対する不確実性が意思決定と合理的行動にとっての障害になってはならないという考えを擁護したことは、今後も記憶されつづけることになるだろう。不況と失業に関する彼の見解も、これと同様のものである。公的当局、とりわけ銀行監督当局は、不確実性の影響を食い止めるために合理的な規制政策を適用する義務を負っている。利子率と賃金に関しては、ケインズはかなり正統的な見解を擁護した。一九二〇年の実質賃金は戦前の水準と比べると著しく高くなっており、それはとりわけ、労働週の長さが二年間にわたって一三パーセントも短縮されたからである。ところで、不況の只中で設定された賃金水準に恒久的な性格をあたえることを避けなくてはならないのと同様に、好況期に許容されていた水準を永続させることも避けなくてはならない。『サンデー・タイムズ』紙の論説の一つでケインズは、労働者の指導者たちが、賃金切り下げに抵抗することによって、「これまで彼らの影響力・理想主義・資源を、不可能な企てに対して注いできた」(1921-12, p.269) と書いている。一九二二年に『マンチェスター・ガーディアン・コマーシャル』紙に発表された諸論文から成る『貨幣改革論』において、彼は一九二一—二二年の不況についてこう書いている。「不況期には、労働者階級は、実質賃金の切り下げよりも、むしろ失業という形で痛手をこうむってきた」(1923-1, p.28〔邦訳二九頁〕)。

一九二二年十二月五日の銀行研修所での講義において、彼は、貨幣賃金は物価よりも硬直的であり、それゆえ、それを急速に大きく修正しようと努めることによって経済均衡を再び達成しようと試みることは無駄であるという考えを展開した。「賃金を一定の水準に切り下げるとか、その種のことで均衡に達することはほとんど絶望的であるか、そうでなくとも長い時間がかかります」(1922-31, p.66〔邦訳六八頁〕)。こうした見解にもかかわらず、彼は、失業の持続が高すぎる実質賃金水準と関係していると考えていた。けれども、いまや彼は、貨幣賃金を切り下げる試みによって失業は減少させることはできないと確信していた。実質賃金の下落は、物価の上昇によってのみ達成することができる。実質賃金との関係において為替相場や物価水準を調整しなくてはならないのであって、その逆ではないのである。

このような見方は、正統派経済学の理解とは対立する所得概念と結びついている。正統派においては、所得は、ある生産要素の生産性、ならびにそれと他の生産要素との代替の可能性によって決定される。ケインズの観点からは、「その状況はまず第一に歴史的影響によって決定され、そして徐々に現代の社会的・政治的諸力によって修正されていく」(1930-3, p.6)。革命的な大変動の時期を除いて、あらゆる社会において所得はゆるやかに変化していくのである。ボルシェビキやファシストの政府だけが、二〇パーセントもの規模の賃金削減を突然に課すことができる。民主主義国でこうした選択をとる政府は、選挙で敗北するか、さもなければ革命勃発の危険を冒すことになる。所得が公正の規範にしたがっていないと人々が判断するとき、その体制は脅威にさらされるのである。

気概のある者は、上流階級が、賭運がよかったために財を成したのだと思えば、自らが貧しいままでいることを容認する気にはなれないであろう。企業家を悪徳利得家に変ずることは、資本主義に打撃を加えることになるであろう。なぜなら、それは、不平等な報酬の永続を許容する心理的均衡を破壊してしまうからである。あらゆる人が漠然と認めている正常利潤の経済学説は、資本主義正当化の必要条件である（1923-1, p.24〔邦訳二五頁〕）。

一九二三年の夏には、失業率は労働力の一一・四パーセントにまで達し、一三〇万人の労働者に影響を及ぼした。七月七日にイングランド銀行は、公定歩合を三パーセントから四パーセントに引き上げた。ケインズはこの措置を非難した。「イングランド銀行は、弱体な経済に刺激をあたえるよりは、対ドル為替相場を数ポイント引き上げることのほうが重要であると考えているのである」（1923-17, p.101〔邦訳一〇五頁〕）。八月八日に彼は、自由党夏期学校で「通貨政策と失業」と題する講演を行ない、それは十一日に『ネーション・アンド・アシニーアム』誌に発表された。またそれは、のちに『一般理論』で発展させられることになる幾つかの直観を凝縮したかたちで含んでいた。失業は、もはや市場の不完全性や高すぎる賃金に関連づけられていなかった。それは「現存の社会の経済組織」（1923-21, p.113〔邦訳一一九頁〕）の機能障害の兆候であって、社会主義者はそのことをよく理解していたのである。

現代資本主義の主要な欠陥は、それが失業問題に対する解決を見出してこなかったという点にあった。ふたたびケインズは、失業のおもな原因の一つとして、不確実性、および将来に対する確信の欠如を挙げている。この確信の欠如には多数の原因があり、経済的なものもあれば政治的なものもある。経済的な原因のなかでは、貨幣価値の大きな変動が重要な役割を演じる。貨幣価値を理性的な管理のもとに置くことによって、そのような変動を抑制することは、公的当局の主要な任務の一つであらねばならない。

失業は資本主義体制の機能障害の結果でもあり、それはまた根絶することが可能なものでもある。理性的な貨幣管理に加えて、人口の管理も行なわれなければならない。なぜなら、「失業問題は部分的にはすでに人口問題になっている」(1923-6, p.79〔邦訳八三頁〕)からである。このようにケインズは、マルサスの有効需要についての見解だけでなく、彼の人口論にも関心を寄せた。ケインズは、たとえ理性的な経済政策によって失業が減少させられたとしても、技術進歩や農産物の入手可能性の現在の状態では、十九世紀のような水準の人口増加を支えることができないだろうということを確信していた。それ以来、経済的領域において自由放任を放棄するだけでは十分でなくなった。産児制限に反対していたウィリアム・ベヴァリッジに返答しながら、ケインズは『ネーション・アンド・アシニーアム』誌のコラムで次のように書いている。

自然の自由な成り行きを歪め、基礎的な本能の働きを社会的統制のもとに置こうとする特定の方法は、嫌悪感を引き起こし、そのような提案は恐怖を生むということは理解しやすいことである。しかし、われわれの世代にとっての問題の存在を無視したり、それを否定したりするというのは奇妙なことである(1923-24, p.124〔邦訳一三二頁〕)[22]。

公共事業の登場　一九二四年三月の二十五日から二十七日にかけて、国際連盟は失業に関する会議をロンドンで開催し、その地でケインズは講演を行なった。そこで彼は、心理的要因と結びついた貨幣的要因の重要性を認めた。物価下落の期待が失業を引き起こすというのである。一九二四年四月十二日、労働党が束の間ながらも初めて政権に就いたとき、ロイド＝ジョージは自由党員たちに、イギリス経済の将来について、とりわけ生産を刺激する方法について熟考するように求めた。ケインズは、『ネーション・アンド・アシニーアム』誌の五月二十四日号に発表された論文「失業には思い切った対策が必要か」[23]において回答した。そこで彼は、自由党のロイド＝ジョージ、保守党のスタンリー・ボールドウィンおよび労働党のシドニー・ウェッブと、「自由放任主義の余地はない」（1924-14, p.220〔邦訳二四二頁〕）という事実について同意していることを明言した。失業の治療法は、貨幣改革だけでなく、「相対的に不毛な海外投資から、国内で国家の促進する建設的企業への国民貯蓄の転換」（*ibid.*, p.223〔邦訳二四五頁〕）に見出された。公共事業の考えが初めて登場した。ケインズは、住宅建設ならびに輸送・電力システムの刷新を提案した。このような刺激が「累積的繁栄を始動させる」（*ibid.*）ことを彼は強調した。これは、ケインズが一九三三年に取り入れることになる言葉、すなわち乗数の概念の最初の登場である。ハロッドの見るところ、この論文は、一九二四年にはケインズが明らかに「その後彼の名と特別に結びつけて考えられている公共政策」（Harrod 1951, p.350〔邦訳三九三頁〕）の概要をすでに述べていたことを示している。彼の論文に対して提起された批判に応えて、ケインズは、賃金の大幅な切り下げが失業に対する実際的な解決にはならないことを繰り返し述べるとともに、それ以来彼が異説と呼んだ主張を唱えた。すなわち、「私は国家を持ち込む。私は自由放任を棄て去る」（1924-17, p.228〔邦訳二五二頁〕）。一九二四年十一月六日には、オックスフォードでの〈シドニー・ボール協会〉の年次総会において、「自由放任の終焉」と題した講演を行なった。一九二六年六月にベルリン大学でふたたび行なわれたその講演は、同じ年に、レナードとヴァージニアのウルフ夫妻の出版社であるホガース・プレスから公刊された。このパンフレットの政治的内容は第3章で扱ったが、それは、私的利益と社会的利益とのあいだの一致は今日では存在しないし、これまでにも決して存在しなかったことを主張している。ケインズは、失業を含む多くの経済悪が、「危険と不確実性と無知の所産である。……しかし、その治療法は、個人の手の届かないところにある」（1926-1, p.291〔邦訳三四九頁〕）と繰り返し述べた。失業を減少させるとともに、他の経済問題を緩和することが可能となるのは、貨幣と信用、貯蓄と投資、情報の普及を管理することによってである。

この時期には、ケインズの失業との闘いは、金本位制への復帰に反対する闘い——これについては、次章で論じる——と密接に結びついていた。金本位制復帰という手段を公表した銀行家たちは、信用システムにおける諸問題が、欠乏のなかの失業という逆説の原因となっていることを理解していなかった。「イギリスの個人主義的資本主義は、単なる拡張の惰性に身を任せることがもはや不可能であるような時期に到達している。いまやこの資本主義は、その経済機構の構造を改善するという科学的な課題に取り組まなければならないのである」(1925-6, p.200〔邦訳二三五—六頁〕)。『チャーチル氏の経済的帰結』(1925-1) においてケインズは、金本位制復帰の背後に、貨幣賃金切り下げの手段として意図的に失業を増やすという政策がどのように隠されているのかを説明した。[24] 一九二五年十月十五日、炭坑での激しい衝突とゼネラル・ストライキ開始の六カ月前に、彼は『マンチェスター・ガーディアン・コマーシャル』紙で次のように断言している。「しかし労働者階級が実質賃金の全般的切り下げに抵抗することには私は同情する。近い将来に大幅な切り下げをするとすれば、それはその結果を誰も予想しえないような社会的闘争をともなうと私は確信する」(1925-24, p.444〔邦訳五三五頁〕)。イギリス政府が現在の政策をあと五年も続ければ、「われわれは革命の瀬戸際に立たされることになるだろう。かりにわが国で革命が可能であるとすれば、のことであるが」(*ibid.*, p.445〔邦訳五三六頁〕)。

自由党の大蔵省見解批判

ケインズの闘いは孤立したものではなく、自由党陣営に身を置いての闘いであり、とりわけ夏期学校においてはそうであった。彼は、一九二八年七月の『イブニング・スタンダード』紙に、失業を克服するための公共支出を支持する論文「繁栄の波をいかに組織するか」を発表した。そこで彼は、のちに「大蔵省見解」と呼ばれるようになるものを攻撃した。[25] それは当時「健全財政」と呼ばれ、古典派の正統的理論を経済政策の領域へ適用したものであった。「そして、大蔵省がいわゆる「節減」を求めて、自らの管轄下の資本拡張――電話、道路、住宅等々――を圧縮することに成功すればするほど、失業を増加させる確実性がここからも増大する」(1928-11, p.762〔邦訳九二七頁〕)。費用削減の手っ取り早い方法である、貨幣賃金に対する全面的攻撃について、彼は次のように書いている。それは、「政治的に不可能であるばかりではなく、不都合でもある。なぜならば、切り下げ攻勢にもっとも弱い賃金率は、交渉力の弱さのために、すでに相対的に低くなっている賃金だろうからである」(*ibid.*, p.763〔邦訳九二八頁〕)。乗数の概念の輪郭が、この論文にも見出される。「さらにまた、労働人口の完全雇用による購買力増大は、無数の産業と職業の繁栄に対して迅速に、かつ累積的に働きかけるであろう」(*ibid.*, p.764〔邦訳九二九頁〕)。

われわれは補章2において、自由党のイエロー・ブック(『イギリス産業の将来』)、オレンジ・ブック(『われわれは失業を克服することができる』)、および一九二九年三月一日のロイド゠ジョージの誓約の作成において、ケインズが果たした役割について論じた。ロイド゠ジョージの誓約とは、もし選挙で勝利したならば、ほんらい有益であることに加えて、「すさまじい数の失業者を一年以内に正常な比率まで減少させる」(1929-1, p.88〔邦訳一〇四頁〕における引用。また1929-8, p.804〔邦訳九七六頁〕も見よ)ために、公共事業計画に着手するというものであった。その目標は、失業率を一一パーセントから四・七パーセントまで減らすことであり、換言すれば七五万の職を創出することであった。

ケインズは、ケンブリッジ大学選出の下院議員候補となることを断ったものの、積極的に選挙運動にかかわった。一九二九年三月十九日に『イブニング・スタンダード』紙で自由党のオレンジ・ブックについて論評しながら、彼はふたたび公共投資の乗数効果を支持する議論を行ない、それを大蔵省の議論の知的貧困さと対比させた(1929-8)[26]。ひとたび公共投資が開始されると、それによって生じる繁栄は累積的なものとなる。一九二九年四月十九日に彼は、蔵相が公共支出に反対して下院で展開した考えに攻撃を加えた。大蔵省の専門家たちによれば、このような支出は失業を減らすうえで無力であるだけでなく、さもなければ民間投資のために利用できたはずの資金を転用することによって、失業を悪化させることになる。このことは、一九七〇年代に「クラウディング・アウト」と呼ばれることになる。ウィンストン・チャーチルは、一九二九年四月十五日の彼の予算演説でこのような見解を明確に述べた。すなわち、「それが政治的・社会的にどんな利点をもっていようとも、事実の点でも、一般的な法則としても、国の借入と国の支出によって作り出されうる雇用はごくわずかであり、それによる恒久的な雇用増はゼロであるというのが、正統的な大蔵省の定説である」(1929-10, p.809〔邦訳九八二頁〕において引用されたチャーチルの演説)。この定説は長い歴史をもつ。大蔵省におけるただ一人の専門の経済学者であり、またアポスルにしてケインズの友人でもあったホートレーは、一九二五年に発表された論文において、その定説に古典的な定式化をあたえた。彼は、借入によって賄われた公共支出が雇用を増加させることができるのは、現実にはありそうにない例外的な状況においてのみであることを論証しようと試みた。一九二八年にケインズと彼の友人たちの命題に関して助言をあたえるよう大蔵省に求められたホートレーは、そのインフレ的な性格を強調した(27)。ケインズおよび自由党の選挙戦での訴えと対立する見解――一九二九年五月の『白書』において提示された見解――を大蔵省が彫琢したのは、これに基づいてのことであった。

ケインズの見るところ、大蔵省見解は本質的に根拠のない主張であり、常識に反するものであった。「この定説が常識から引き出されたものでないことは確かである。それどころか、それは高度に洗練された理論である。近年に住宅計画がなかったとしても、それでも雇用の大きさはまったく同じであったであろうなどとは、普通の人間にとって、そのまま信じられるものではない」(1929-10, p.809〔邦訳九八二―三頁〕)。完全雇用を生み出すために十分に低い実質賃金水準がつねに実現していると想定することによって、「この理論は、研究対象である現象そのものが存在しないと仮定することを出発点としているのである」(*ibid.*, p.811〔邦訳九八五頁〕)。この定説とは反対に、貯蓄は必ずしも投資に転化するわけではない。そして、投資が貯蓄以下に落ち込むときには失業が生じる。ケインズが貯蓄と投資のあいだの不均衡についての自らの命題を発展させたのは、一九二八年の夏から一九二九年の冬にかけてであった。その命題は、『貨幣論』と『一般理論』の双方にとって中心的なものとなる。しかし、ヴィクセルや他の先行する論者たちにも存在していたこの考えはすでに、一九一三年十二月三日の〈ロンドン経済学クラブ〉で行なわれた講演で明確に述べられており、その講演については前章で言及した。「不況期から区別される……好況期の特徴の一つは、思うに、不況期には投資が貯蓄に満たない一方で、好況期には投資が貯蓄を上回るということである」(1913-5, p.6)。

ケインズは、ヒューバート・ヘンダーソンと共同で執筆したパンフレット『ロイド＝ジョージはそれをなしうるか』(1929-1)において自由党のプログラムを擁護した。彼らは、現実から切り離された学問的な議論を批判した。失業が生じるのは、企業家の投資プロジェクトと比べて貯蓄が多すぎるためである。貯蓄が生産的投資に転化するという保証は存在しない。信用の拡大は不可欠であるが、それは景気の回復を保証するには不十分である。したがって回復は、公共支出によって支えられなくてはならない。公共支出は、直接的雇用に加えて、間接的雇用を発生させる。繁栄の原動力は、不況の原動力と同じように、累積的な効果をもつ。彼らが付け加えたところによると、そうした二次的効果を正確に測定することは可能ではないが、それでもそれは相当なものであろう。だが、このように測定不可能性を認めたことは、公共事業に反対する議論をあおり立てることになる。

新しい理論を求めて

一九二九年五月の選挙は、労働党に相対多数をあたえた。したがって近代最悪の経済恐慌に直面したのは、ラムゼイ・マクドナルドによって率いられた労働党政権であった。ロイド＝ジョージが失業率の低下を公約していたにもかかわらず、選挙期間中には一〇パーセント以下であった失業率は、一九三〇年の一四・六パーセントから一九三一年には二一・五パーセントにまで上昇した。それは、一九三三年まで二〇パーセント以下に下がることはなかった。十一月五日に、金融と産業について調査するための〈マクミラン委員会〉が設立された。この決定がなされたのは、フィリップ・スノードン蔵相の説明によれば、「主として、先の選挙の前に自由党の〈イエロー・ブック〉で列挙された諸論点に関するケインズ氏の提案が世論にあたえた影響のためである」(Clarke 1988, p.103 において引用された一九三〇年四月八日付の覚書)。その委員に任命されたケインズは、一九二九年十一月二十五日にリディアに宛ててこう書いている。「あなたが言ったとおり、私はふたたび人気者になったようです」。首相は昼食のさいに彼をもてなしたが、しかしケインズは、恐慌に対処するために選択された正統的な対策を放棄するよう政府を説得することには成功しなかった。

ケインズは、経済状況について政府に助言をあたえるために一九三〇年一月二十四日に設立された〈経済諮問会議〉の委員にも任命された(28)。その会議は二月十七日の最初の会合で、ケインズの提案にもとづき、不況によって引き起こされた状況を診断するための〈経済展望委員会〉を設置した。その委員長としてケインズは、ピグー、ロビンズ、ヘンダーソン(29)、スタンプおよび彼自身からなる経済学者のグループを設置することを提案した。このグループは、経済状況に関する所見と、それに対して可能な治療法を一九三〇年十一月に報告することとなった。この〈経済学者委員会〉は苦しみながらも十月二十四日に報告書を作成した。それは、ケインズの見解と彼の同僚たちの見解との妥協の産物であった。ケインズは、保護貿易主義的な措置について合意を得るために、公共事業を断念した。こうした譲歩にもかかわらず、ロビンズはこれらの措置に断固として反対し、少数意見書に署名した。

マクミラン委員会は、一九二九年十一月二十一日から一九三一年五月三十一日まで開催された。ケインズはもっとも活動的な委員の一人であった。しかし、彼が本当に能力を発揮したのは証人としてであった。彼は、一九三〇年の二月二十日から三月七日まで五回の長い会合において尋問を受けた。『貨幣論』公刊のために準備されていた彼の議論の詳細な説明をあたえられ、他の委員たちは呆気にとられた。これらの議論は、『貨幣論』では高度に抽象的な方法で提示された一方で、委員会の同僚たちの質問に対する回答としては、はるかに具体的なかたちで提示された。ケインズは、当時広く推奨されていた賃金の切り下げが失業を減少させるための良い方法ではない、という主張に立ち戻ることから議論を始めた。賃金は一九二四年以来ほとんど変化しないままであり、それは何ら驚くべきことではなかった。「私の歴史についての見方によれば、何世紀ものあいだ、貨幣所得水準引き下げのいかなる事態に対しても激しい社会的抵抗が存在していた」(1930-4, p.64)。ケインズがその頃になってようやく光を当てた議論の核心は、貯蓄と投資のあいだの関係にかかわっていた。貯蓄決意と投資決意は、相異なる主体によって相異なる動機でなされるものであり、それらの均等を保証するメカニズムは存在しない。不況と失業を引き起こすのは、高い実質賃金や失業保険ではなく、投資が貯蓄に追いつかないという事実である。ケインズは、バナナだけを生産・消費する共同体における倹約キャンペーンを描いた「バナナ園の寓話」(*ibid.*, pp.76-7)を用いて彼の命題を例証しながら、貯蓄が、まったく反対に、社会的富を増加させないことを示した。投資だけが、社会的富を増やすことができるのである。われわれはここに、完全雇用に満たない水準で貯蓄が投資に調節されるという見解の輪郭を見ることができる。ケインズは、自らの理論を「精神における革命」(*ibid.*, p.87)と表現した。彼は、不況を終息させるための七つの方法を提案した。これらの最後のものは、政府の直接介入の有無にかかわらず投資を促進するというものであり、これは彼が好んだものであった。投資が不足している場合には、彼は、弊害の少ないものとして保護貿易主義的な措置に賛成することを明言した。ケインズはまた、それらの刺激策が累積効果をもつことを同僚たちに説明した。けれども、ヘンダーソンとの共著『ロイド＝ジョージはそれをなしうるか』でも書いていたように、この累積効果を測定する方法を彼はまだ見つけていなかった。

一九三〇年の夏、公債によって賄われた公共支出の拡大が雇用に及ぼす直接的および間接的な効果を測定する方法を見つけたのは、ケインズの若き同僚で以前の教え子のリチャード・カーンであった。彼は、そうした累積的効果と、新しく生み出された所得のうちから支出される割合との関連を強調した。四ページから成るその専門的な論文が最初に出回ったのは、一九三一年六月発行の『エコノミック・ジャーナル』誌に「国内投資の失業に対する関係」という題目で発表されることになる以前の一九三〇年夏である。一九三五年にケインズは、カーンによって記述されたその関係を「乗数」と呼ぶことになる。この概念は、『貨幣論』から『一般理論』への移行において大きな役割を演じた。こうした見解はすでに、最初はヴィクセルによって、その後ふたたび、ケインズの別の教え子であるF・ラヴィントンによっても見つけ出されていた。このほか、N・ヨハンセンとL・F・グリフィン、そして大蔵省見解を支持していた理論家のホートレーさえもが、それを見つけ出していた。ホートレーが乗数の概念を展開したのは、失業克服のための自由党の政策を批判していた大蔵省のために作成された論文においてであった。彼は、それをマクミラン委員会で紹介した(30)。

前章でわれわれは『貨幣論』について紹介した。その書物は、しばしば仕事が中断された七年間ののち、一九三〇年十月二十四日に出版された。それが執筆された環境についてケインズは不満を覚え、読者に次のように警告している。「私は、入り組んだ密林の中を無理矢理に切り抜けてきた人のような感じがしている」(1930-1, vol. 1, p .xvii〔邦訳xxvi頁〕)。疑いなく彼は、大量失業という新しい状況を説明するために必要なすべての理論的要素を手元に持ち合わせてはいないという気持ちをもっていた。この著作は、価格変動と貨幣的動学の説明に充てられており、雇用水準については明示的に扱っていない。けれども、価格変動を貯蓄と投資のギャップに結びつけることによって、また、過剰な貯蓄と投資家の心理に注目しながら不況を説明することによって、彼は『一般理論』への扉を開いた。「歴史的例証」と題された長い章で、ケインズは、倹約と、成長の原動力である企業的活動とのあいだの対立関係を強調して、人類の発展を描写した。「もし企業的活動が目覚めて起きているならば、倹約がどうなっていようとも富は蓄積され、またもし企業的活動が眠っているならば、倹約が何をしようとしていても富は荒廃する」(1930-1, vol. 2, p.132〔邦訳一五四頁〕)。

ケインズのもっとも親しい友人や教え子たちである、リチャード・カーン、オースティン・ロビンソン、ジョーン・ロビンソン、ピエロ・スラッファ、ジェームズ・ミードは、『貨幣論』を読んだのち、完全雇用が仮定され、また貨幣的変動に対する調整が価格変動によってなされるという理論的構築物の不適切性を彼に気づかせた。ホートレーとロバートソンは、いくつかの問題を提起した。彼の主要な論敵であったハイエクは、ケインズの資本・利潤・利子の理論に疑問を投げかけた。(31) ケインズは、『貨幣改革論』の公刊後に行なったように、これらの批判や、マクミラン委員会およびその他の人々によって提起された批判を考慮に入れて、ただちに彼の著作を修正しはじめた。これはもう一冊の別の書物に結実した。(32) その書物は、ケインズの熟考の努力の賜物であるとともに、彼の同僚たち、とりわけ、「サーカス」を形成した、この段落の冒頭で名前を挙げた友人たち――『貨幣論』について論じるために、一九三一年初めの何カ月かに会合をもったグループ――との共同作業の賜物でもある。〈天使ガブリエル〉とあだ名されたリチャード・カーンは、サーカスと、そこでの議論に参加しなかったケインズとのあいだの使者の役割を果たした。(33) その書物の執筆のあいだじゅう、彼はケインズの傍らにおり、とくにティルトンでの休暇期間中には、一連の版を改訂・修正したり、それについて議論したりした。その様子は、シュンペーターが、カーンはその本の共著者であると見なされるべきであると考えたほどであった(Schumpeter 1954, p.1172〔邦訳(下)七七九頁〕)。(34) ケインズに向かって物怖じせずに自分の意見を言うことのできたジョーン・ロビンソンは、「一般理論」(35) は共同研究と見なされるべきであると書いている(**Robinson 1948**)。一九三三年十月に『レビュー・オブ・エコノミック・スタディーズ』(36) の創刊号で発表された彼女の論文「貨幣理論と産出量の分析」は、ジェームズ・ミードが〈新フェビアン調査局〉(37) のために作成した文書『国際的側面からみた公共事業』とならび、『一般理論』の本質的な主張を初めて明快に述べたものの一つである。

マクミラン委員会報告の編集委員会の一員であったケインズは、五月二十九日に報告書の最後の仕上げを行なった。そして、いくつかの相容れない見解のあいだで妥協がなされたにもかかわらず、彼自身はそれに満足していると明言した。「それは多少長ったらしく、またあらゆる共同著作に見られる欠点をもっていますが、全体として、私はそれにかなり満足しています」(一九三一年五月二十九日付のカーン宛の手紙、JMK 20, p.310)。その翌日、彼は生涯で二度目のアメリカに向かって渡航した。彼は、ハリス財団の年次総会に参加するようにシカゴ大学に招かれていたのである。その総会の主題は「世界的問題としての失業」であった。論文「失業の経済的分析」(1931-2)において、ケインズは、マクミラン委員会においてそうしたように『貨幣論』の議論に立ち戻った。けれども、完全雇用に満たない水準で生産が安定する可能性を想起することによって、彼は『貨幣論』の枠組みから踏み出した。彼は、何人かのアメリカ人経済学者、とくにジェイコブ・ヴァイナーとシカゴ大学——数十年後には反ケインズ的な反動の中心地となる——の彼の同僚たちが、失業対策としての公共事業に好意的であることを見て驚いた[38]。

一九三二年十月十七日に、ケインズと四人のほかの経済学者——ピグーを含む——は『タイムズ』紙に書簡を発表し、現状では、「民間経済は、消費の節約分を国民所得が不変となるように投資へと転換していない」(1932-15, p.138)という事実を考慮して、公共支出および民間支出の重要性を強調した[39]。またしても、このことは政治的見解と理論的見解とが必ずしも一致するとは限らないことを例証している。なぜなら、その当時ピグーは、一九三三年の秋に公刊されることになる『失業の理論』を書き終えたところであり、それはケインズが『一般理論』で粉砕するものだからである。さらにこの書簡は、ハイエクとケインズのあいだの論争、より一般的にはロンドン・スクール・オブ・エコノミクスとケンブリッジ大学のあいだの論争を広く世に知らしめることになった。ハイエク、ロビンズと彼らの二人の同僚は、十月十九日の『タイムズ』紙のコラムに公共支出に対する彼らの反対意見を発表した(Hayek *et al.* 1932)[40]。この文書は、ケインズと彼の友人たちからの逆襲を食らうことになった。それは十月二十一日に発表され、ハイエクと彼の同盟者たちを、アダム・スミス以後に葬り去られながらも、しばしば蘇生させられた錯覚を支持するものであると非難した。「それは、われわれの行動とは独立にその量が固定されている、蓄えられた富のストックが存在すると考えているように思われる」(1932-16, p.140)。

一九三二年九月十八日にケインズは、母に宛ててこう書いている。「私は、貨幣理論に関する新しい本のほぼ三分の一を書き終えました」。彼は、秋学期の講義に「生産の貨幣的理論」という題目をあたえた。それに続く冬のあいだに、彼は有効需要の理論をつくり上げた。それによると、『貨幣論』においてのように価格変動によってではなく、生産の変動によって経済均衡が実現されるのである。[41] 以下に引用する一九三六年八月三十日付の手紙において、ケインズはハロッドに対して、彼の考えがどのようにして生み出されたのかを述べている。

それに気づいたのは、所得が増加するとき、所得と消費とのあいだの差額が拡大するという心理的法則を私自身が明確に把握してから後のことです。――この法則は、私自身の考えにとってはきわめて重要な結論でしたが、このような表現のままでは、他の人々にとってはあまり重要だとは思われませんでした。それからかなり後になって、利子が流動性選好の尺度であるという考えが浮かびましたが、この考えは、それが浮かんだ瞬間に、頭の中で非常に明確になりました。そして最後に、かぎりなく試行錯誤を繰り返し、何度も草稿を書き直したすえに、資本の限界効率に適切な定義にたどりつくことによって、いろいろなものが相互に結びつけられたのです (JMK 14, p.85)。

この手紙は、流動性選好と資本の限界効率の概念が一九三三年初めには整えられていたのだという、広く共有されている見解と矛盾している。三月にケインズは、のちに『繁栄への道』(1933-2) という表題をもつパンフレットとして再刊された一連の四つの論文を発表した。それは、そのときの理論展開の状態で、彼の理論を普及させようと試みたものである。彼が初めて「乗数」という用語を使ったのは、ここにおいてである。彼の多くの著作と同様に、これらの論文はいくつかの言語と国で刊行され、また学術的な性格のものではないということもあって、かなりの影響をもった。ケインズの議論を読むことによって、リチャード・ホプキンスやオットー・ニーマイヤーのような大蔵省の高級官僚が覚醒するという効果もあった。

一九三四年秋に彼は自著の諸章を印刷所に送りはじめ、その校正刷を一連の講義に用いた。その講義は、当時「雇用の一般理論」と呼ばれていた。一九三五年一月一日に友人のジョージ・バーナード・ショウに宛てて、マルクス主義に関して討論したさいに書いたように、彼は、自分の本が革命を引き起こすであろうという予感をもっていた。

しかしながら、私の心境を理解していただくためには、世界の人々の経済問題に対する考え方を――おそらく今ただちにではなく、今後一〇年のうちに――大きく変革するであろうと自ら信じている経済理論に関する本を私が書いているということを知っていただかねばなりません。私の新しい理論が政治や感情と十分に同化され混ぜ合わされたとき、その最終的な結果が行動と事態にどのような影響を及ぼすか、私はいま予見することはできません。しかし、大きな変化が起こるでしょう。とくに、マルクス主義のリカード的基礎は打ち壊されるでしょう。あなたにしても他の誰にしても、こうした事をにわかに信じることはできないでしょう。しかし私はただ自分の夢想を語っているわけではありません。私の頭の中ではもはや確実なことなのです（一九三五年一月一日付のジョージ・バーナード・ショウ宛の手紙、JMK 13, pp.492-3）[42]。

ヴァージニア・ウルフは、メイナードおよびリディアといっしょに昼食をとり、ケインズの仕事について語り合ったことを述べている。彼女は、一九三五年一月六日の日記に、友人の「途方もない自慢話」について次のように書いている。

M〔メイナード〕自身の手紙には、自分は経済学に革命を起こしたと信じていると書いてあった。彼が書いている新しい本のなかでのことだという。「一〇年待って、その当然の結果として生じる政治や心理などなどをそれと同化させましょう。そうすれば、古いリカード体系が打ち捨てられ、すべてのことが新しい基礎のうえに築かれるのをあなたは見ることでしょう」。こんなことを彼は多くの言葉で書いていた。途方もない自慢話。おそらく本当のことなのでしょう（V. Woolf 1977-84, vol. 4, p.272)。

ニューディール　ドイツでヒトラーが政権を握ろうしていたのと同じ頃、フランクリン・デラノ・ルーズベルトは、一九三三年三月四日にハーバート・フーヴァーの後を継いでアメリカ大統領に就任した。彼の名前と結びついているニューディールは、とりわけ彼の助言者であった制度派経済学者たちによって着想をあたえられた一連の臨時の措置から成っている。それがケインズの諸命題と類似しているだけでなく、一九三一年にスウェーデンで開始され、またリンダール、ミュルダール、オリーンといったストックホルム学派の経済学者たちによって着想をあたえられた政策とも類似していることは印象的である。一九三一年のアメリカへの旅行中に、ケインズが将来のニューディールの助言者たちに間接的に刺激をあたえたのかもしれないと考えることはこじつけではない。しかしながら、『一般理論』はまだ公刊されていなかったので、ニューディールをケインズ主義の応用と解釈することはできない。実際には、ケインズを明示的に参考にした最初の国の一つはカナダであった。そこでは一九三九年四月にケインズ的予算が採用された。大蔵副大臣補佐官であり、この予算のおもな立案者であったロバート・ブライスは、一九三二年から一九三五年までケインズの講義に出席していた。

ケインズは、これらニューディールの出来事に熱狂した。ルーズベルトが就任した三月から七月までのあいだに、工業生産は二倍になった。しかしながら、秋にはこの成長は勢いを失い、政府はどのような策をとるべきか躊躇していた。ハーバード大学の法学教授であり、ルーズベルトの助言者の一人であったフェリックス・フランクファーターが、ケインズに事態に介入するよう勧めたのは、このときであった。これに応えて彼は、一九三三年十二月三十一日の『ニューヨーク・タイムズ』紙に発表された有名な公開書簡において、大統領が正統主義と革命のあいだにある第三の道を提示することを望んだ[43]。

一九三四年五月九日にケインズは、リディアとともにアメリカに向かって渡航した。その目的は、公式にはコロンビア大学から名誉博士号を受けることであったが、しかし実際には、アメリカ政府を観察し、もし可能であれば、それに影響をあたえることにあった。五月二十八日に彼は、一時間ほどルーズベルトと会見した。二人はたがいに相手に魅了されたと明言したけれども、彼らのあいだで何があったのかを正確に知ることは難しい。アメリカとイギリスの経済が景気後退に苦しむなか、一九三八年二月一日にケインズはルーズベルトに長い手紙を送った。そのなかで彼は、公共投資――とりわけ、住宅建設・輸送・公益事業における――の必要性と、さらにもし避けられない場合には国有化によってそれを行なうことの必要性を大統領に納得させようと試みた。ルーズベルトから丁重な返事を受け取ったのち、ケインズは三月二十五日に大統領に対して自らの異議を繰り返し述べた。「閣下は非常に危険などっちつかずの道を歩んでおられます。閣下は企業にもっと多くの刺激をあたえるか、さもなければ、ご自身でそれらの機能の多くを引き受けなくてはなりません」(JMK 21, p.440)。

一九三四年六月六日に、彼は〈アメリカ経済学クラブ[44]〉で彼の有効需要と乗数の理論を紹介した(1934-4)。彼の論文は、彼がアメリカの政策決定者と議論するさいの道案内の役目を果たした。一九三五年二月には、ケインズはオックスフォードで彼の新しい理論を紹介したが、そこでは彼の盟友ヘンダーソンからの批判を受けた。六月にケインズの教え子であるロバート・ブライスは、ロンドン・スクール・オブ・エコノミクスでのハイエクのセミナーという敵地においてそれを紹介した（Bryce 1935）。『一般理論』の校正刷は、ハロッド、ホートレー、カーン、ジョーン・ロビンソンによって読まれ、論評された。ティルトンでのその書物の最後の修正には、その年の夏と秋の両方が充てられた。

『雇用・利子および貨幣の一般理論』

一九三六年一月十九日に『一般理論』はその著者の手を離れ、ケインズが自ら設定した安価な価格で二月四日に公刊された。その前日は、ケインズが多大な資金・時間・精力を捧げたケンブリッジ芸術劇場のこけら落としであった。(45)

『一般理論』は、二十世紀の経済学において、おそらくもっとも有名で影響力をもった著作である。それは膨大な量の文献を呼び起こした。一九三六年だけでも、一二五の書評が英語で書かれている。(46) 一九七〇年代までケインズに関する文献のほとんどすべてが、この一冊の書物に焦点を合わせていた。今日でさえ、人々はその本の論評・解釈・批判を続けているし、またケインズがその本で実際には何を言おうとしたのか疑問に思いつづけている。(47)

このことは、次の二つの理由からして驚くには当たらない。第一の理由は、その書物が、ケインズの時代から今日に至るまで社会が直面しつづけている問題を扱っているからである。たとえば失業と大きな所得不平等は、いまもなお大きな問題でありつづけている。第二の理由は、その書物が読者に驚きと動揺をもたらすよう意図的に構成されているという、それに独自の特徴と関係している。ケインズが経済学者仲間に向けて書いたという事実を除いて、『一般理論』はいかなる分類にもなじまない著作である。それは、たとえば『平和の経済的帰結』のような仕方で一般大衆に向けて書かれたものではなかった。しかしそれは、ケインズが理論家として自らの真価を証明した著作である『貨幣論』や『確率論』のような学術書でもない。それはまた教科書でもなく、ケインズはそれが決してそうならないことを望んでいた。彼は、「自分の理論の基礎にある比較的単純な基本的見解が、……論争の現段階において特定のかたちに固定化される」(1937-4, p.111〔邦訳二七九頁〕)ことを望んでいなかった。しかしながらこれらの見解は、とりわけ数学的言語で何度も「固定化」されてきた。そのような試みは今日に至るまで続いており、しかもそれらのどれもが彼の見解を正確に反映したものではない[48]。

たいていの経済学者、とりわけ現代の経済学者にとって、ケインズの著作は、たとえ不可解ではないとしても、風変わりで理解しがたいものである。『一般理論』は、混乱して、うまくまとめられておらず、繰り返しが多く、しかもその言葉は曖昧・不明瞭で理解しにくいうえに、とりわけ定式化するのが難しいと述べる者もいた。またある者は、それが不明確な仮説や曖昧で過度に文学的な議論に満ちていると書いた。『一般理論』が出版された直後に、ケインズは数学的な説明を放棄したという理由で非難された。また彼は、文脈に応じて定義や用語の意味がたびたび変化するなど、それらに関してぞんざいな態度をとっているとして非難された。ハイエクは、『貨幣論』についてすでにこのような批判を行なっていた。これに対するケインズの回答は、言語に対する彼の見方を明らかにしている。彼の見るところでは、ある表現とそれが指しているものとの間に一義的な対応関係は存在しない。したがって、他のモラル・サイエンスの場合と同じく、経済学においては、たとえば数学や物理学においてほど厳密ではない方法で技術的言語を用いることになるのである。「定義とはしばしば、かなり広い範囲のなかで曖昧となりうるものであって、たがいにわずかに異なるいくつかの解釈を可能とするのであり、それでもなお申し分なく有用なのである」(1925-10, p.36)。経済学はつねに、その用語を再定義する過程のなかにある。ケインズはまた、同じ現実を指す言葉や表現が変わることに審美的な利点を見出していた。読者を退屈させたり、眠くさせたりしてはいけないのである。読者を納得させ、彼らを理解へと導くためには、論理的な演繹的科学における定義上の諸制約を取り除くだけでなく、レトリックという道具、とりわけ隠喩《メタファー》を用いることを恐れてはならない。このような観点から見れば、『一般理論』は、ケインズの他の書物と同様に文学作品である。日常言語と文学的言語を同時に使用することによって経済学を記述するために、その著者は、物理学や数学の形式言語から距離を置いたのである。

その構成について見るならば、『一般理論』では連続的・規則的に議論が進められてはいない。その理論の核心は第三章で提示されている。長大で原則的に方法論に関する挿話（第二編「定義と基礎概念」）では、期待を含めて基本的な諸問題を扱っている。第三編と第四編は、それぞれ消費と投資を取り扱っており、それゆえ理論の中心に位置している。ここでもまた議論を何度も反芻することが好まれて体系的な説明は控えられ、第一八章において初めて理論の一般的な要約があたえられている。第五編は貨幣賃金と物価の変化を導入している。その一方で最後の第六編は一種の雑録であり、景気循環についての論評、経済思想史に関する覚書、社会哲学に関する考察から成っている。

その書物の主要な議論はすでにその起源についての物語で説明したので、ここでは、その主な諸要素について論じるだけで十分であろう。『一般理論』の最良の要約は、ジェイコブ・ヴァイナー、D・H・ロバートソン、ワシリー・W・レオンチェフ、F・W・タウシッグによって一九三六年十一月発行の『クウォータリー・ジャーナル・オブ・エコノミクス』誌において提起された批判に対する回答というかたちで、ケインズ自身によって提示された。一九三七年二月に発表されたケインズの論文は、批判者たちに対する回答というよりも、むしろ自らの書物に関する解説である。彼がその主要なテーマを提示した方法は、次のとおりである。

それゆえに、私が提示したのは、なぜ産出量と雇用がきわめて変動にさらされやすいのかについての理論である。それは、これらの変動を避け、産出量を確固たる最適の水準に保つ方法に関する出来合いの治療法を提供するものではない。ただしそれは、正確に言えば、雇用の理論である。なぜなら、それはあらゆる所与の状況において、雇用がなぜその水準にあるのかを説明しているからである。当然ながら、私は診断だけでなく治療にも関心をもっている。そして私の書物の多くのページが、治療のために充てられている。しかし治療についての私の提案――それは、明らかに完全につくり上げられてはいない――は、診断とは異なる次元にあると私は考えている。それらは確定的なものであることを意図されてはいない。すなわち、治療法はあらゆる種類の特殊な仮定に依存するものであり、また必然的にそれぞれの時代の特定の状況に関係するものである（1937-4, pp.121-2〔邦訳二九一―二頁〕）。

したがって、それは何が経済の雇用水準を決定するのかについての理論である。生産組織とわれわれの短期的視野に関して設けられた諸仮説を考慮するならば、雇用水準の決定は、同時に生産水準と総所得水準の決定でもある。しかし、雇用の決定がおもな目的であることは明らかである。ケインズは、本章の冒頭で引用された一節で彼の書物の最終章を始めている。それは、失業を現代経済の第一の欠陥としている。その分析は第一の欠陥に充てられ、第二の欠陥、すなわち恣意的で不公平な富の分配には充てられていない。けれども、これら二つの欠陥は密接に関連している。実際、いったん古典派のビジョン――それによれば、経済成長は貯蓄によってもたらされるのであり、それゆえ富裕者の倹約によってもたらされる――が否定されるならば、所得の不平等を経済学的に正当化することはできなくなる。彼は、所得と富の完全な平等を求めることは幻想的・空想的であると認めていた。他方で、このことにもかかわらずケインズは、当時の不平等がまったく許容しがたいものであることを認識していた。

ケインズによる診断と治療との区別は強調されなければならない。彼の書物はほとんどすべて診断に充てられている。彼は、資本主義によって引き起こされる弊害を修正するための、あらゆる時代と場所で有効なレシピを持ち合わせてはいないことを認めていた。したがって、『一般理論』を一組の経済政策の諸命題――『一般理論』はしばしば、それらの命題に単純化されている――と見なすことは誤りである。この点において、ケインズとマルクスのあいだには興味ぶかい類似点が存在している。マルクスは、「未来の飯屋のためのレシピ」（Marx 1867, p.21〔邦訳（一）二七頁〕）を書き与えておくことは自らの責務ではないと述べた。彼の任務は、むしろ現状を分析し、今後の動向を予測することにある。実際、二人はいずれも、生涯を通じて自らの政策選択を状況に適応させ、彼らの弟子たちの行動と思想とを特徴づける教条主義とは全くかけ離れた実際主義《プラグマティズム》を実践してみせた。たとえばケインズは、『一般理論』公刊の直後、イギリスの失業率が依然として高かったときに、インフレーションの危険について警告を発している(49)。

診断

医師は、患者の健康状態の短期的な推移に関心をもっている。長期においては死が避けられないことが理解されているからである。人の将来の健康状態は、この不可避の最期まで予測不可能である。しかしそれはまた、過去になされた行動と意思決定によってかなりの影響を受ける。もし人が数十年間にわたって喫煙・暴飲・暴食を続ければ、特定の器官は治療のできないほど悪くなりそうである。たとえ、この問題については確実性も一般法則も存在しないにはせよ、である。大酒飲みでチェーン・スモーカーであったチャーチルは九十二歳まで生きた一方で、虚弱でそうした不摂生に耐える力がほとんどなかったケインズは六十二歳で亡くなった。

経済学の領域においては、過去は、建物・機械・道具というかたちで一定量の資本をわれわれに与える。それらの利用条件は容易に変更することができない。また、容易に移動可能ではないという一定の制限をともなった利用可能な労働力が存在している。さらに、われわれが自由に使うことのできる有用な技術や情報、工業的・商業的・金融的な形態の組織、競争のルールが存在している。経済は、とりわけ富の分配に影響を及ぼすような社会構造に適合している。経済は階級として結合した諸個人から構成され、彼らはかなり固定的な慣習や嗜好を有している。もちろん、これらは一定不変のものではないし、また石に刻まれたものでもない。しかしケインズは、彼の分析が依拠する時間的視野をあたえられたものとして、これらの諸要素を所与と見なした。

こうした文脈において、「三つの基本的な心理的要因」（1936-1, pp.246-7〔邦訳二四五頁〕）の相互作用が、雇用水準と国民所得の水準を決定する。その三つの要因とは、「心理的消費性向、流動性に対する心理的態度、および資本資産から生ずる将来収益に関する心理的期待」（*ibid.*, p.247〔邦訳二四五頁〕）である。われわれはすでに流動性選好について知っており（本書第5章）、また、これらの概念がいつどのようにしてケインズの頭に浮かんだのかを彼が説明している手紙を先に引用した。これらの要因は、将来についての不確実性や諸主体の非合理的な期待と関係している。雇用主と従業員とのあいだの交渉によって決定される貨幣賃金の水準、および中央銀行によって決定される貨幣量が、モデルを完結させるために必要な「究極的な独立変数」（*ibid.*, p.246〔邦訳二四四頁〕）である。

消費性向は、個人が消費に充てる所得の割合である。それは、所得が増加するとき消費支出は増加するが、しかしその増加の割合は所得の増加よりも小さいという事実によって特徴づけられる。「この心理的法則は、私自身の考えの発展のなかで最大の重要性をもっており、思うに、私の著書で説明されている有効需要の理論にとって絶対に根本的なものである」（1937-4, p.120〔邦訳二九〇頁〕）。この法則は、個人についてとちょうど同じように、社会全体についても当てはまる。ある一定の所得の増加があったとき、富裕者は、貧者に比べてごくわずかな部分しか消費に充てないだろう。それゆえ富を生み出す社会は、その収入のますます多くの部分を貯蓄に充てる。こうして個人的美徳は公共の悪徳となる。すなわち、完全雇用を達成するための障害となる。一連の社会的・制度的要因によって決定される消費性向は、短期的にはかなり安定している。

需要の第二の構成要素は投資であり、それは、消費とは対照的にきわめて浮動的である。このことが、投資が資本主義の動態の原動力として作用する理由であり、またケインズが投資を、彼の著書の最大の部分である第四編の八つの章の主題とした理由である。「突然の大きな変動にもっとも陥りやすい要因を第一の原因と見なすことは、複雑なシステムにおいては通常のことである」(*ibid.*, p.121〔邦訳二九一頁〕)。他の二つの心理的要因が作用するのは、ここにおいてである。投資を行なう個人は、一定の時間的視野にもとづき一連の収益を得ることを望んで、そうするのである。彼が確信できることは何もない。彼は、確定的な収入と実際の費用とを比較することによって意思決定を行なうのではなく、蓋然的な収入と現実の費用を比較しているのですらない。「十分な結果を引き出すためには将来の長時間を要するような、何か積極的なことをしようとする」あらゆる決意と同様に、投資は、

血気——不活動よりもむしろ活動を欲する自生的衝動——の結果としてのみ行なわれるものであって、数量的確率を乗じた数量的利益の加重平均の結果として行なわれるものではない。……したがって、投資の見込みを推定するに当たっては、われわれは、投資がその自生的な活動に大きく依存する人たちの神経過敏性、ヒステリー性、さらには消化力、天候に対する反応といったようなものまでも考慮しなければならないのである(1936-1, pp.161-2〔邦訳一五九—一六〇頁〕)。

ここには、確率に関するケインズの考察が反映されている[50]。したがって、若きケインズがムーアに応酬して「倫理学の行為に対する関係」で書いたように、不確実性は意思決定を妨げるものではない。そのうえ経済の領域においては、あらゆる事情にもかかわらず、長期期待はかなり安定的でありうる。それを測定するために、ケインズは資本の限界効率という概念を持ち出している。この概念は、投資からの期待収益の流列を、資本資産の供給価格、すなわちその置換費用と比較するうえで役に立つ。「いっそう正確にいえば、私は、資本の限界効率とは、資本資産から存続期間を通じて得られると期待される収益によって与えられる年間所得の系列の現在価値を、その供給価格にちょうど等しくさせる割引率に相当するものであると定義する」

(1936-1, p.135〔邦訳一三三頁〕)。資本の限界効率は、しばしば見受けられるように、新古典派理論における資本の限界生産力と混同してはならない。後者は、他の生産要素の量を所与として、一単位の資本の追加が、逓減する水準で生産量を増加させるという仮説にもとづいている。それは実質タームで測られ、また「資本の物的単位の定義について困難を含んでおり、それは私の信ずるところでは解決不可能であると同時に不必要である」(*ibid.*, p.138〔邦訳一三六頁〕)。これとは対照的に、資本の限界効率は、貨幣の諸流列〔資本資産の供給価格とその期待収益〕――それらの一つは、予想されたものである――を比較することによって計算される。「顕著な事実は、われわれが予想収益を推定するさいに依拠しなければならない知識の基礎が極端にあてにならないということである」(*ibid.*, p.149〔邦訳一四七頁〕)。もし投資家の確信と活動力が何らかの理由で弱まるならば、資本の物的な生産性に何ら変化がないとしても、資本の限界効率は低下するであろう。

ケインズは、いかなる類型の資本であれ、それに対する投資が増加するときには資本の限界効率は低下すると考えており、それは二つの理由による。「一つには、その類型の資本の供給が増加するにつれて予想収益が低落するからであり、いま一つには、通常、その類型の資本を生産する設備への圧力がその供給価格を増加させるからである」(*ibid.*, p.136〔邦訳一三四頁〕)[51]。それぞれの資本財について、資本の限界効率と投資水準を結びつける曲線を描くことができる。そして、それらの曲線のすべてを集計することによって、資本の限界効率表が得られる。それはまた資本の需要表とも呼ばれる[52]。

ケインズがすでに『貨幣論』で主張していたように、また世紀の変わり目にヴェブレンをはじめとする制度派経済学者たちが明らかにしたように、現代資本主義のもっとも重要な特徴の一つは、資本の経営と所有の分離である。「今日広く行きわたっている所有と経営の分離にともない、また組織された投資市場の発達につれ、時には投資を促進し、時には経済体系の不安定性を著しく高める、きわめて重要な新しい要因が導入された」(*ibid.*, pp.150-1〔邦訳一四八頁〕)。

たいていの場合、投資家は資本財を取得するために資金を借りる。貸し手は慈善家ではなく、その見返りに利子を要求する。借り手は、資本の限界効率が利子率の水準に等しくなるような点まで、投資の量を増やすように駆り立てられる。「投資額は、投資需要表の上で資本一般の限界効率が市場利子率に等しくなる点まで押し進められるであろう」（*ibid.*, pp.136-7〔邦訳一三四頁〕）。

説明を完結させるために残されているのは、利子率が何に依存するのか理解することだけである。前章で見たように、利子率は、貯蓄と投資を等しくするのではなく、貨幣の需要と供給を等しくする貨幣的変数である。貨幣供給は貨幣当局によって固定される一方で、貨幣需要は、第三の基本的な心理的変数、すなわち流動性選好と密接に関連している。現代資本主義の病弊について、ここで次のような診断を下すことができる。

> 完全雇用を提供するに足る高い水準に有効需要を維持することが困難であるのは、慣行的でかなり安定的な長期利子率と、気まぐれで高度に不安定な資本の限界効率とが結びついているためであるということが、いまや読者には明瞭となったはずである（*ibid.*, p.204〔邦訳二〇一頁〕）。

その病状は、長期においては流動性選好が増大し、したがって利子率が上昇する傾向があるという事実によって悪化させられる。さらに経済が発展し、豊かになるにつれ、貯蓄性向は上昇する傾向にある。このことは、消費需要に対してだけではなく、投資が所得増加にあたえる効果に対しても影響を及ぼす。所得と投資のあいだの関連を示すのは投資乗数であり、それは、「総投資が増加した場合、所得は投資の増分の k 倍の大きさだけ増加するということを示している」（*ibid.*, p.115〔邦訳一一四頁〕）。ところで乗数は、限界消費性向によって決定される。所得が増加するときには、ますますもって諸個人は、そのいっそう小さな部分しか消費に充てないようになる。

貯蓄を国民所得と消費支出の差額として定義される会計単位と見なすならば、それは定義によって投資に等しい。しかしながらこのことは、貯蓄する意図と投資する意図については当てはまらない。国民所得の変化によって、貯蓄の水準が投資の水準に調節されるのである。このようにして、貯蓄という個人的美徳は公共の悪徳に変わる。「われわれが美徳に秀でていればいるほど、著しく節倹に富んでいればいるほど、国家の財政と個人の家計において頑固なほど正統的であればあるほど、利子が資本の限界効率に比して上昇するとき、われわれの所得はますます大きく低下しなければならないであろう」(*ibid.*, p.111〔邦訳一一〇頁〕)。

治療法　ケインズは、彼の分析から次のように結論している。現代の経済システムは、甚だしく不安定ではないけれども、「回復に向かうのか完全な崩壊に向かうのか明確な傾向を示すことなく、かなりの期間にわたって慢性的な正常以下の活動状態にとどまることもありうるように見える。そればかりか、現実が示すところによれば、完全雇用あるいは完全雇用に近い状態でさえ、稀にしか起こらず、長続きしないものである」(*ibid.*, pp.249-50〔邦訳二四八頁〕)。消費需要をC、投資需要をIとすると、雇用量と関連する総所得Yは、次のように表すことができる。

$$Y = C + I$$

これらの需要を自動的に完全雇用の水準にまで押し上げるようなメカニズムは存在しない。有効需要を刺激することは、公的当局の活動にかかっている。「われわれの最終的な課題は、われわれの実際に生活している種類の経済システムにおいて、中央当局が裁量的に操作したり管理したりすることのできる変数を選び出すことにあるといってよいであろう」(*ibid.*, p.247〔邦訳二四五頁〕)。ここでは、もっとも穏健的なものからもっとも急進的なものまで、あらゆる選択が開かれている。したがって、財政政策や移転支出を通じて富者から貧者に所得を再分配し、それによって消費需要を刺激することは可能である。こうして〈福祉国家〉の建設は、倫理的・政治的な理由によってだけでなく、経済的な理由によっても正当化される。失業者を支援することは、彼らが反乱を起こすことを防ぐとともに、経済を再出発させることにも役立つのである。

投資を刺激することもまた不可欠であり、実際われわれは、迅速かつ容易に操作可能な金融・財政その他の政策手段の一式を自由に利用することができる。利子率には貨幣供給によって影響を及ぼすことができる。しかし国家はまた、たとえば公共事業という状況において、購入者として自ら直接に行動することができる。したがって、項目G〔政府支出〕を国民所得の方程式に追加することができる。

$$Y=C+I+G$$

外国貿易もまた事態を改善するために利用することができ、輸出と輸入の差額Xがもう一つの需要の要素となる。

$$Y=C+I+G+X$$

経済の「微調整《ファイン・チューニング》」のためのこれらの道具は、第二次世界大戦ののちに大規模に整備された。また、その戦争自体がケインズ革命にとっての刺激となった。ケインズは、『戦費調達論』(1940-1)において近代的な国民経済計算を整備することの重要性を強調した。彼自身、ストーンおよびミードの作業を綿密に監督し、イギリスでのこれらの制度の創設において積極的な役割を演じた。しかしわれわれは、ここでケインズから離れて、ＩＳ―ＬＭモデルやフィリップス曲線のような分析用具の考案によって特徴づけられるケインズ主義の歴史に目を転じることにしよう。

こうしたケインズ主義はときに水力学的〔A・コーディントンによる表現〕であると見なされ[53]、より急進的なケインズ主義と対立している。急進的ケインズ主義の起源もまたケインズに見出されるが、とりわけ、金利生活者の安楽死と投資の社会化が主張されている『一般理論』の第二四章にそれが見出される。これまでわれわれは、資本主義のもとにおいてのみならず、人類の歴史を通じて、利子の演じる妨害的な役割について見てきた。利子は、何の犠牲も払わない者に対する報酬なのである。長期における利子の消滅は、雇用問題の解決策の一部分となるであろう。このことは、寄生的な社会階級の消滅、すなわち、「金利生活者の安楽死、したがって、資本の希少価値を利用しようとする資本家の累積的な圧力の安楽死」(1936-1, p.376〔邦訳三七八頁〕)を意味するであろう。ケインズにとって、この過程は突然に生じるものではなく、「最近われわれがイギリスにおいて経験している傾向の漸次的な、しかし長期にわたる継続にすぎず、なんら革命を必要としない」(*ibid.*, p.376〔邦訳三七九頁〕)ものであったように思われる。ここでもふたたび、ケインズの議論の一部と古典派の思想家たち――とりわけ、スミスとリカード――とのあいだの連続性に注目しなくてはならない。スミスは、金利生活者について記述したさいに、あらゆる社会において蒔かずして刈る者が存在することを強調した。またリカードは、地主の利害が産業資本家および労働者の利害と対立すると見ていた。

投資の社会化がめざしているのは、「一国の資本発展がカジノの活動の副産物となった」(*ibid.*, p.159〔邦訳一五七頁〕)――すなわち、株式市場の活動の副産物となった――社会において生じる問題を解決することである。そのような社会は、短期的な金融的利益の誘惑によって導かれる。資本の限界効率の不安定性、それゆえ投資の不安定性を克服するためには、国家の組織的な介入を必要とする。「私は、資本の限界効率を長期的な観点から、一般的・社会的利益を基礎にして計算することのできる国家が、投資を直接に組織するために今後ますます大きな責任を負うようになることを期待している」(*ibid.*, p.164〔邦訳一六二頁〕)。このことは、民間企業の抑圧を意味するものではない。公的当局は民間企業と協力しなければならない。このことはむしろ「投資のやや広範な社会化」を意味しているのであり、それは「完全雇用に近い状態を確保する唯一の方法になるだろう」(*ibid.*, p.378〔邦訳三八〇—一頁〕)。これは、戦後に確立されることになるケインズ主義的な経済管理とは遥かにかけ離れたものである。そうは言うものの、穏健なケインズ主義はいくつかの主要な国々において実践された。大戦が勃発する前にも、アメリカ・カナダおよびその他の諸国では、経済再出発の原動力として財政赤字を用いるという原則が一九三七—八年の景気下降ののちに採用された。

注

(1) このような状況は、いわゆる先進諸国においても決して根絶されることがなかった。

(2) Friedman (1968b) を見よ。自然失業を金融政策によって減らすことはできない。

(3) 『一般理論』第二三章「重商主義、高利禁止法、スタンプ付き貨幣および過少消費説に関する覚書」を見よ。

(4) その名称は、一七八〇年頃、繊維産業で使われていた機械を破壊したジョン・ラッドに由来している。

(5) 販路法則は、セイによる定式化以来、膨大な数の第二次文献を生み出した。とくに、Lange (1942)、Patinkin (1948)、Sowell (1974)、Kates (1998)、Denis (1999) を見よ。

(6) これは、彼の『原理』第一九章の題目である。

(7) マルサスとケインズのあいだの関係については、Lambert (1962)、Rutherford (1987)、Hollander (1996)、Martin (2003) を見よ。

(8) ケインズには、何度も繰り返して自分の本の校正刷を修正する習慣があった。印刷所の観点からはこれは悪癖であるが、このことが可能であったのは、彼が自分の著書の製作費用を自分で負担していたからである。

(9) 「時代遅れの経済学の教科書——これが科学的に誤りであるだけでなく、現代世界にとって何の興味も適用性もないものであることを、私はよく知っている——を批判の許されないバイブルとして推挙するような教義を、どうして私は受け入れることができようか」(1925-2, p.258〔邦訳三〇六頁〕)。彼は、エンゲルスのほうを高く評価していた。「しかし私は先週、ちょうど出版されたばかりのマルクス＝エンゲルスの往復書簡を読み、昔のK・M〔カール・マルクス〕にもう一度挑んでみました。もっとも、大した進歩はありませんでしたが。私は、二人のうちではエンゲルスのほうが好みです」（一九三五年一月一日付のジョージ・バーナード・ショウ宛の手紙、JMK 28, p.42）。

(10) クリフォード・H・ダグラス（一八七九—一九五二年）は、ポピュリストの〈社会信用〉運動を鼓舞した人物であり、その運動は、オーストラリア、カナダ、ニュージーランドでいくらか成功した。シルヴィオ・ゲゼル（一八六二—一九三〇年）は『自然的経済秩序』（一九一六年）の著者であり、「スタンプ付き」貨幣の発案者である。彼についてケインズは、「反マルクス主義的社会主義」の建設者であったと書いている（1936-1, p.355〔邦訳三五六頁〕）。

(11) しかしながら、この表現はマルクス以前にも存在していた。それは一八四〇年代にイギリスで生まれ、チャーティスト運動の文献で用いられた。

(12) 「失業は偶然ではなく、ある機能を有しているがゆえに、まさに難問になるのだということをケインズが示そうとしているのを私はすぐに理解した。要するに、ケインズは労働の産業予備軍という考え方、すなわち、私の指導教官〔ケインズ〕が以前にはきわめて慎重に遠ざけていた考え方を私の頭に叩き込もうとしたのである」（Robinson 1953, p.265）。

(13) 以下を見よ。

(14) これと類似した見解は、マルサスにも存在する。

(15) 本書全体を通じて触れてきたマルクスとケインズのあいだの関係については、とくに、De Villé and De Vroey（1985）、Duménil（1977）、Herscovici（2002）、Howard and King（1992）、Lagueux（1985）、Latouche（1985）、Mattick（1969）、Sardoni（1986）を見よ。

(16) ケインズによる古典派の取り扱いについては、D. Diatkine（1985, 1995）、Gislain（1987）、Verdon（1996）、および Ahiakpor（1998）に所収された諸論文を見よ。

(17) とくに『富の分配』（一八九九年）を見よ。

(18) 『価値・資本及び地代』（一八九三年）、および『経済学講義』（一九〇一、一九〇六年）を見よ。

(19) ケインズとピグーのあいだの論争については、Aslanbeigui（1992）、Béraud（2003）、Brady（1994）、Rima（1986）を見よ。

(20) ケインズが二つの公準を初めて提示したのは、一九三三年秋学期の初回の講義を行なった十月十六日である（1989-2, pp.85-6〔邦訳九七—八頁〕）。ここではケインズによる説明に議論を限定するが、当然のこととして、それは数多くの批判を引き起こした。たとえば、ケインズはにせの公準を用いて、まがい物の古典派理論を構築していると批判する者もいた。またある者は、古典派経済学では非自発的失業は均衡の外部に存在するのだと主張した。彼らの説明と救済策は、ケインズのそれとは異なっているというだけのことである。ケインズからニュー・ケインジアンにいたるまでの非自発的失業概念の変化についての詳細な説明としては、De Vroey（2004）を見よ。この概念に関する多様で相容れない諸定義、およびそれをめぐる論争が導いた袋小路を分析して、ド・ブルイは、非自発的失業の概念は「ケインズ理論にとって不可欠のもの」（p.250）ではなく、その概念を取り除いてもケインズの自由放任批判が疑問に付されることはないと結論している。その他の観点については、Brenner（1979）、Darity and Horn（1983）、McCombie（1987-8）、Smithin（1985）、Trevithik（1992）を見よ。古典派の公準については、Gislain（1987）を見よ。

（21）カンディードは、ブルームズベリーで称賛された作家の一人であったヴォルテールによる有名な哲学的寓話に登場する楽天的な英雄である。

（22）一九一四年以後の未公刊の講義ノートを再録したJ. Toye（2000）を除けば、人口に関するケインズの見解について書かれたものはほとんど存在しない。その主題は、ケインズがたびたび取り組んだものであった（おもに他の主題に充てられた刊行物のなかの数多くの文章を除くとすれば、たとえば、1922-25、1923-3、1937-6を見よ）。マルサスの経済理論に魅せられた彼は、彼の人口論にも魅せられ、ヴィクセルとともに〈マルサス主義連盟〉に所属していた。しかしながら、貧困者の出産を制限するための手段を提案するという連盟の決定に同意できなかったため、彼は一九四三年に連盟の副会長を辞任した。ヒトラーの実験は、フィッシャー、ヴィクセル、ミュルダールと共有していた優生学に対する彼の若き日の熱狂を冷ました。彼はまた、マルサスの人口学の議論からも距離を置き、人口増加を肯定的に考えるようになった。

（23）この論文が『全集』第一九巻に再録されるさいに、表題の誤りが生じた。そこでは、「失業」の代わりに「雇用」と書かれている。

（24）JMK 19, p.772〔邦訳九三九―四〇頁〕も見よ。さらに詳しくは次章を見よ。

（25）ケインズの見解と大蔵省見解のあいだの対立、および一九二〇―三〇年代の経済政策論争については、たとえば、Booth（1989）、Clarke（1988, 1998）、Middleton（1985）、Peden（1988）、Tomlinson（1981）を見よ。

（26）JMK 19, pp.822-3〔邦訳九九八―九頁〕、およびp.829〔邦訳一〇〇六―七頁〕も見よ。

（27）Clarke（1988, pp.52-3）を見よ。

（28）この委員会は、のちに〈経済情報委員会〉に改組されることになる。

（29）ヘンダーソンはすでにケインズの見解から距離を置きはじめており、のちに最も敵意に満ちた彼の批判者となる。

（30）Cain（1982）を見よ。

（31）『貨幣論』の受容については、Anyadike-Danes（1985）、Presley（1989）、Mizen and Presley（1995）、Poulon（1987）を見よ。ホートレーの『貨幣論』批判については、E. G. Davis（1980）を見よ。ケインズとハイエクのあいだの論争については、Cochran and Glahe（1999）、Dostaler（1991, 1999）、Hayek（1995）、Lawson（1996）、McCormick（1992）、Nentjes（1988）、Parguez（1982, 1989b）、Tutin（1988）を見よ。これらの論争に関するいくつかの文書・手紙・論文は、『ケインズ全集』第一三巻において見ることができる。

（32）『貨幣論』から『一般理論』への移行については、大部分の草稿、手稿、一連の計画案、および少なくとも七人のケインズの教え子の講義ノートが保存されていたという事実に促され、数多くの第二次文献が生み出されてきた。これらの資料の一部は、JMK 13、JMK 29、Keynes（1989-2）において見ることができる。第二次文献では、とくに、Cain（1979）、Cartelier（1995）、Castex（2003, vol. 3）、Clarke（1988）、Dimand（1988）、Hirai（2004）、Kahn（1984）、Kregel（1987）、Laidler（1999）、Lambert（1969）、Le Héron（1985）、Lerner（1974）、Marcuzzo（2001）、Meltzer（1988）、Milgate（1983）、Moggridge（1973）、Patinkin（1976a）、Patinkin and Leith（1977）、Vallageas（1986）を見よ。『貨幣改革論』から『貨幣論』への移行については、Hirai（2007）を見よ。

（33）ケンブリッジ・サーカスについては、JMK 13, pp.337-43、および Kahn and Robinson（1985）を見よ。

（34）このような所見は、シュンペーターの嫉妬によるものであるかもしれない。ケインズが『貨幣論』を公刊したために、彼は貨幣に関する書物の公刊を断念したことがあり、また彼の『景気循環論』は、『一般理論』の公刊後にはあまり注目されないようになった。これら二人の思想家の比較については、Arena（1985）、Larceneux（1985）、Minsky（1986）を見よ。カーンとケインズの共同作業については、Harcourt（1994）、Marcuzzo（2002）を見よ。

（35）彼女は、ケインズの『一般理論』と区別するために、意図的に「一般理論」と書いた。ケインズの著書は、「一般理論」という知の集大成の一要素にすぎない。この主題については、Asimakopulos（1991）を見よ。この場を借りて私は、卓越した教師であり、一九九〇年に若くして亡くなったトム・アシマコプロスに感謝を述べたい。ケインズ、ジョーン・ロビンソン、ピエロ・スラッファの著作について私に手ほどきをし、また後者二人との何回かの面会を可能にしてくれたのは彼であった。

(36)「子供雑誌」とあだ名されたこの雑誌は、ケンブリッジ大学およびロンドン・スクール・オブ・エコノミクス出身の若手経済学者たちによって、これら二つの機関のあいだの溝を埋めるという目的をもって創刊された。

(37) ケンブリッジの経済学者たちと他の諸機関の経済学者たちのあいだの複雑な関係について、ほとんど公開されていない彼らの往復書簡の分析を通じて、魅力的な説明をあたえている研究として、Marcuzzo and Rosselli (2005) を見よ。

(38) ケインズとシカゴ大学との関係については、Leeson (2003)、および Patinkin (1979) を見よ。

(39) ケインズを含む四一人の経済学者によって署名された別の書簡が、ハロッドとミードの主唱によって一九三二年七月五日の『タイムズ』紙に発表されている。

(40) LSEでの職に就く前に、ウィーンで教鞭をとっていたハイエクは、のちに『価格と生産』として公刊される一連の公開講義を行なっていた。彼はまた敵地ケンブリッジに乗り込んでいき、その地で一九三一年一月に自らの主張を開陳した。彼の主張は、多くの驚きをもって迎えらえた。最初は完全な沈黙が生じたが、それに続いてリチャード・カーンが思い切って次のような質問をした。「あなたの見解は、もし私が明日外出して新しいコートを買ったとしたら、それは失業を増大させることになるということですか」。これに対してハイエクはその通りだと答え、黒板を埋め尽くした彼の有名な三角図式を指し示しながら言った。「しかし、その理由を説明するには非常に長い数学的議論が必要になるでしょう」(Kahn 1984, p.182〔邦訳二七九頁〕)。

(41) ケインズが有効需要の理論をつくり上げた正確な時期については、これまでいくらかの議論の対象とされてきた。クラークとスキデルスキーはそれが一九三二年の夏であるとし、パティンキンとダイマンドは一九三三年中のいつかであるとし、ミルゲイトは一九三四年であるとしている。その理論の輪郭は、一九三二年の四月二十五日と五月二日の彼の講義に見出される。

(42) 一九三五年一月十五日に、ケインズは自分の考えについて、元労働党下院議員のスーザン・ローレンスに手紙を書いている。「このような考え方を実行に移すことができるようになる前に、あらゆる他の考え方とまったく同じように、それは政治や感情と混合されなくてはなりません。そしてその結果の性質は、私が詳細には予測できないようなものになるでしょう」(JMK 21, p.348)。ケインズが、ショウへの手紙やヴァージニア・ウルフとの会話で使ったのと同じ用語をここで使っていることは注目に値する。

(43) この書簡は、第3章の冒頭で引用されている。

(44) このクラブには、シュンペーター、ハンセン、ミッチェル、J・M・クラーク、バーリといった何人かの主要な人物が属していた。彼らが皆、ケインズの講演に出席していたかどうかは分からない。
(45) 第8章を見よ。
(46) Backhouse (1999) に再録されている四〇編の論文を見よ。
(47) 本書の参考文献一覧に収められているケインズに関する数多くの著作に加えて、以下は比較的最近の『一般理論』に関する刊行物のリストであり、それらは、ありうる解釈の多様性を例証している。Asimakopulos (1987)、Benetti (1998)、Boyer (1990)、Brown-Collier and Bausor (1988)、Clower (1989)、Cartelier (1988)、Dos Santos Ferreira (1988, 2000)、Favereau (1988b)、Frydman (1988)、Lavoie (1985b)、Parguez (1989a)、Patinkin (1990)、Shackle (1989)、Pressman (1987)。とくに労働と失業の問題を扱っている著作としては、Addison and Burton (1982)、M. Collins (1988)、Davidson (1980)、De Vroey (1997a, 1997b, 2004)、S. and D. Diatkine (1975)、Erhel and Zajdela (2003)、Harcourt (1985b)、Mongiovi (1991)、Seccareccia (1987)、Zouache (2003) を見よ。Rivot (2003) は、彼の政治的な著作物のなかでケインズの雇用政策について検討している。有効需要に関しては、Amadeo (1989)、Asimakopulos (1982)、Garegnani (1983)、J. Halevi (1984)、Kregel (1988)、Martin (1998) を見よ。『一般理論』における測定と量の単位の問題に関しては、Carabelli (1992)、S. Diatkine (1989)、Rosier (2003) を見よ。
(48) これらの問題については〈結論〉で触れる。
(49) この主題については、Hutchison (1981)、および Chorney (1987) を見よ。
(50) 第2章の冒頭で引用された『一般理論』の一節も見よ。
(51) ケインズはここで、アダム・スミスによって表明され、リカード、J・S・ミル、マルクスによって、さまざまな形態や表現を通じて展開された考え方に立ち戻っている。彼らの見るところでは、資本蓄積と成長は資本の収益性の低下を引き起こす。リカードは定常状態が不可避的に到来することに落胆していた一方で、ミルとマルクスは、それぞれ異なる理由からではあるにせよ、それを歓迎した。すなわち、ミルにとっては、最終的に人々が人生においてもっと素晴らしいことに没頭できるようになるからであり、マルクスにとっては、利潤率の低下が資本主義の崩壊を引き起こすからである。ケインズの立場は、ミルのそれに近い。
(52) ケインズは、『一般理論』ではこの曲線を描いていない。『一般理論』に含まれている唯一のグラフは、利子率についての古典派の理論を例示したものであり、それはハロッドによって示唆されたものである（1936-1, p.180〔邦訳一七八頁〕）。これについては、O'Donnell（1999b）を見よ。

（53）この主題に関しては、Beaud and Dostaler（1995）、本書の第5章および〈結論〉を見よ。また五〇年後のケインズ政策の評価については、Hamouda and Smithin（1988）に所収されている諸論文を見よ。

7

金
人類に奉仕する国際通貨体制

事実上、金本位制はすでに未開社会の遺物と化している。

――『貨幣改革論』(1923-1, p.138〔邦訳一四二頁〕)

フロイト博士は、われわれの潜在意識の深所には、とくに金が強い本能を満足させ、象徴として役立つような、特別の理由が存在すると述べている。

――『貨幣論』(1930-1, vol. 2, p.258〔邦訳三〇三頁〕)

ケインズは、第二次世界大戦中に彼が果たした役割のために、生涯の終わりになってようやく国際経済学に関心を抱くようになったとしばしば言われている。また彼の主著『雇用・利子および貨幣の一般理論』は、おもに閉鎖経済を扱っているという事実に関心が寄せられている。このことは、ケインズ主義の限界の一部を説明しているように思われる。すなわち経済のグローバル化の進展が、ケインズ政策の失敗のおもな原因の一つと見なされるというわけである。

しかし、このような見方は間違っている。その生涯を通じてケインズは、理論家として、そしてまた官吏・交渉者・投機家として、国際経済の諸問題、とりわけ貨幣的・金融的な性格をもつ問題に熱意を示していた。一九〇六年十月から一九〇八年七月のあいだのインド省在職中に、ケインズはインドの貨幣問題および国際通貨体制の機能の双方について研究した。彼の最初の著書である『インドの通貨と金融』は、彼のすべての著作――もっとも抽象的なものでさえも――と同じく、このような具体的な経験によって育まれたものである。一九一三年に公刊されたその著書は、国際通貨体制の改革に関する彼の見解――彼は、それを一九四〇年代に十全なかたちで展開した――の初期の定式を含んでいる。貨幣と経済の理性的な管理という、ケインズのビジョンにとって極めて根本的な見解は、すでにこの初期の著作においても示されている。(1)

ケインズの著作のすべてを通じて、一定の根本的な目標を見出すことができる。すなわち、国内均衡に優先性があたえられること、および為替の安定よりも政府による経済政策の自由な選択が第一に置かれること、がそれである。国際的な金融安定性は、完全雇用と物価の安定という国家目的を各国が追求できるような方法で達成されなくてはならない。そうは言うものの、改革のための具体的な提案においてケインズは実際主義《プラグマティズム》の立場をとり、そのために彼はつねに、ときには根本的に、自らの見解を修正するようになった。

以下のページは、ケインズ自身が熱心に関与した二つの闘いについての物語である。最初に、一九二〇年代の金本位制への復帰に抗する彼の聖戦について検討する。それに次いで、第二次世界大戦中の彼の活動について、より特定的には、新しい国際通貨体制の確立に対する彼の関与について考察する。それは、国内的および国際的な経済回復の本質的な基礎をなすものであった(2)。

一　第一の闘い――金本位制への復帰

黄金の子牛の支配

貴金属は、最古の文明以来、価値の標準として使用されてきた。十六世紀にスペインによってアメリカ大陸から持ち運ばれた金銀は資本の蓄積に寄与し、資本蓄積は十九世紀における自由主義的資本主義の勝利において絶頂に達した。

金本位制は、一国の計算単位が一定量の金に対応し、その比率で要求に応じて銀行券が兌換される制度である(3)。とくに国際収支赤字の決済は、債務国から債権国への金の輸送によって行なわれる。一七五二年にデイヴィッド・ヒュームは、各国間での金の移動と物価水準の変動を通じて貿易収支が自動的に調整されるメカニズムについての古典的な説明を発表した。この過程は、貨幣数量説によって説明される。この理論によれば、金の量の変化は、調整期間ののちに物価水準の比例的な変化を引き起こす。ある国から金が流出するのを防ごうとすることは、川が海に注ぐのを防ごうとするのと同様に無駄なことである (Hume 1752b, p.309〔邦訳六四頁〕)。自動的で自然的なメカニズムが、相異なる国々に貴金属を分配する。金本位制は、国際的な水準での貨幣的規律を保証する制度と見なされている。この制度は、一七一六年にイギリスで公式に確立された。その翌年に、造幣局長官のアイザック・ニュートンによって、ポンド・スターリングは二四分の二二カラットの金一二三・二四グレイン、すなわち金一オンスにつき三ポンド一七シリング一〇・五ペンスと定められた。これは、一九三一年まで公式の価値基準でありつづけることになる。

フランス革命戦争中の一七九七年に、イングランド銀行はその銀行券の金との兌換を停止することを決定した。このことは反論を呼び起こした。それらのなかでも、とりわけ注目に値する瞬間の一つは、一八〇九年にデイヴィッド・リカードが『モーニング・クロニクル』紙に三通の匿名の書簡を送ったときであり、そのなかで彼は、金価格の高騰は不換紙幣の過剰発行によるものであると説明した。この診断は、一八一〇年に設立された政府の委員会である〈地金委員会〉の報告書に記されている。一八一六年六月二十二日の法律は、金が価値標準および法的な支払手段であると定めた。戦前の平価でのイングランド銀行券の兌換の再開は一八一九年に布告され、一八二一年に施行された。一八四四年に、ロバート・ピールによって提案された銀行法によって、イングランド銀行は、通貨主義の支持者たちによって提唱された方向で改革された。すなわち、発券部は金属準備によってカバーされる範囲で銀行券を発行する一方で、銀行部は信用を発行するとともにその割引率を管理する。その法律は、すべての追加的な銀行券の発行についてイングランド銀行が完全に金属準備を保有することを義務づけていた。

イギリスのほかには、一八七〇年以前にはポルトガルだけが金本位制を採用していた。ほとんどの他の諸国は金銀の複本位制か、または銀本位制を採用していた。(4) 普仏戦争ののち、ドイツは一八七三年七月十二日に金本位制を採用し、フランス・ベルギー・スイス・イタリア・スカンディナヴィア諸国がこれに続いた。一八八〇年代には、金本位制は世界中で自らの支配を確立した。一八八八年のトランスヴァールでの金の発見は、複本位制の最後の痕跡を一掃した。最後に一団となって金本位制を採用した重要な諸国は、オーストリア＝ハンガリー（一八九二年）、ロシア（一八九六年）、日本（一八九七―八年）である。アメリカでは、金本位制は実際には一八七三年に採用されたけれども、ウィリアム・マッキンリー大統領の再選後の一九〇〇年に金本位法が制定されるまで、それは公式には是認されていなかった。金本位制の支持者であった彼は、同時に保護貿易主義の擁護者でもあった。(5)

すべての国が、成り行きに迫られて、協調や予備的計画なしに、徐々に金本位制を採用した。物価と為替相場が同時に安定することを可能にした十九世紀における金価格の安定は、一連の例外的な状況によって説明される。これらは、たとえば、一八四八年のカリフォルニア[6]と一八五一年のオーストラリアにおける金鉱の発見や、それに続く南アフリカでの金鉱床の採掘である。「十九世紀の変動の激しい世界にあって、金がその価値の安定にかなり成功したことは、たしかに素晴らしいことであった」(1923-1, p.132〔邦訳一三七頁〕)。金それ自体は何の価値ももたないとするケインズによれば、これらの状況は、この金属には内在的な価値があり、したがって「管理通貨」のリスクや危険を免れているという幻想をもたらした。アメリカは、国家による貨幣管理を最小化しようとして多大な犠牲を払っている――とくに一九〇七年の危機のさいに――と、彼は考えていた。一九一三年の連邦準備制度の創設は、理性的な貨幣管理が必要であることにアメリカ当局が気づいたことを証明するものである。

第一次世界大戦中の金本位制の停止よりもかなり前に、金本位制は、多くの議論や批判、代替的な提案を引き起こしていた。金融に関する国際会議は決して近年の現象ではない。そのような会議は、一八六七年、一八七八年、一八八一年、一八九二年にも招集された。金本位制が支配していた一八七〇年から一九一四年のあいだにも、その無条件の支持者はわずかしかいなかった。ジェヴォンズ、メンガー、マーシャル、ヴィクセル、フィッシャーといった当時のもっとも尊敬を集めた経済学者たちは、その制度に対して重大な留保を唱え、その若干の見直しを提案した。マーシャルは、亡くなる一年前に、彼の以前の学生〔ケインズ〕が『貨幣改革論』を送ってくれたことに感謝して、次のように書き送っている。「時が経つにつれて、国際通貨というものがなくてはならないことが、ますます明らかになりつつあるようです。そして、金が価値の「自然の」表象であるという迷信は、それ自体ばかげたものですが、これまで非常に役に立ってきたことが明らかにありつつあるようです」(一九二三年十二月十九日付のマーシャルのケインズ宛の手紙、JMK 19, pp.162-3〔邦訳一七九頁〕)。

ケインズは、最初の著書『インドの通貨と金融』において、金為替本位制は、貴金属の節約を可能にする点において、純粋な金本位制よりも進歩を示していると説明した。金為替本位制では、中央銀行は、金本位制の場合におけるように要求に応じて銀行券を金と兌換することはなく、金での価値が固定されている通貨で払い戻す。要求に応じて金と交換されなくてはならないのは、この国際的な準備通貨である。アメリカのドルが金と同等の通貨であるような第二次世界大戦後に創設されたモデルが、このようなものである。ケインズがこの著作を書いたとき、インドはこの種の制度をもっていた。ケインズは、このような制度は理想的なものではなく、いつか完全に金を廃貨して、理性的に管理された国際通貨に置き換える必要があると考えていた。

金本位制の基礎のうえに為替の機構を完成させたヨーロッパが、より合理的で安定的な基礎のうえに価値の標準を調整することが可能であることを知る時期は、それほど遠くないであろう。われわれが、われわれの経済的有機体のもっともな本質的な調節を、幸運な探鉱者や新しい化学的工程、あるいはアジアにおける考え方の変化に永久に委ねておくということはありそうにない（1913-1, p.71〔邦訳七五頁〕）。

第一次世界大戦によって、アメリカを除くすべての交戦国は金本位制の事実上の廃止を余儀なくされた。当時は、アメリカを含めて、購買力で見た金価格の不安定性のために物価の不安定な時期であった。この問題に関するケインズの態度は複雑であった。一方でケインズは、ポンドの兌換停止に反対の意思を表明した。というのは、一七九七年の悲惨な実験を想起したからである。それによってイギリスの国際的な威信は打撃を被り、したがって敵国〔フランス〕に対して弱点をさらけ出すことになったのである。実際、ポンドは開戦時には強かった。ポンドは米ドルに対しては下落したが、フラン、ルーブル、リラのような他のヨーロッパ諸国の通貨に対しては上昇した。数多くの講演・論文・報告書において、ケインズは戦後に金本位制を回復することを提案してさえいる。しかしながら彼は、金の崇拝を非難したり、国際通貨の理性的な管理の必要性を主張したりすることを決してやめなかった。

金がついにわれわれに対する専制的な支配から退けられて立憲君主の地位に格下げされることが、現在の苦闘の後続作用の一つであるということが明らかになるならば、歴史の新たな章が開かれるであろう。人間は、自己統治の達成、自分自身の希望にしたがって自らの運命を制御する力へと新たな一歩を踏み出すことであろう（1914-13, p.320）。

ケインズはまた、金を退蔵する一般的な傾向を批判した。金は、流通させなくてはならず、また為替相場を維持したり、海外の商品を購入したりするために用いられなくてはならないからである。銀行家たちは、古代インドの大王のように振る舞っていた。「金準備を溶解してイングランド銀行発券部長の巨大な黄金の像をつくり、それを決してふたたび降ろすことのできないほど高い記念碑の上に置くことは、金を退蔵するという考えと矛盾するものではない。一国の金融的安定性に関して何らかの疑問が感じられるようになったときには、人々がその像を仰ぎ見るならば信用は回復するであろうと考えられる」（*ibid.*, pp.313-4）。ほとんどの国々において、金準備の管理は理性的なものとはほど遠かった。金ではなく、生産物が諸国の富と力をつくるのである。アダム・スミスは、一国が自由に利用することのできる大量の金銀の準備をもつことなしに戦争を指導し、それに勝利することができることを示した。

通貨と為替の問題を研究するために戦後に設立された委員会である〈通貨と外国為替に関するカンリフ委員会〉[7]は、戦前の平価での金本位制への復帰を一九一八年に提案した。金本位復帰は、三九カ国が参加した一九二二年四月のジェノバ会議——ただし、アメリカは参加しなかった——でふたたび提案された。ケインズは、『マンチェスター・ガーディアン』紙の記者としてそこに参加した。[8]その会議の直前に、彼は「ヨーロッパの為替の安定化——ジェノバのための計画」と題する論説をその新聞に発表している。それは、国際通貨体制についての彼の最初の改革案であった。この論説は説得力をもつものであり、そのために彼はイギリス代表団の会合に招かれた。ジェノバ会議の参加者たちは、著しく減価した通貨をもつ諸国が金本位制に復帰することに関して不安を抱いた。

金本位制への復帰に抗する聖戦

金本位制を採用することに関心をもたなかった国々を含むほとんどの国を金本位制を採用するように導いたのは、シティの金融的な支配であった。金本位制の支配と、イギリスによる世界の経済および金融の支配とのあいだには密接な関係が存在していた。「戦前には、……実際のところ、イギリスは金本位制同盟諸国のなかで有力な地位にあった」(1925-6, pp.198-9〔邦訳二三四頁〕)。このことは、十九世紀におけるイギリスの経済成長のリズムがきわめて速かった一方で、二十世紀にはアメリカが先頭に立つことになるという事実に起因している。

一九二二年十月にロイド＝ジョージによって率いられた保守党と自由党の連立内閣が崩壊したのち、ケインズは、マンチェスターにある自由党協会での講演において、あらゆる形態の保護貿易主義と戦う必要があると主張した。彼は、この選挙運動の演説において、ポンド・スターリングのわずかな切り下げを提案した(1922-30, p.4〔邦訳六頁〕)。それに次いで彼は金本位制への復帰に賛成であることを明言したが、しかしそれは、戦前の平価には戻らないという条件つきでのことであった。

この間、ケインズはドイツへ旅行した。その国でケインズは、すさまじい財政的困難に陥っていた政府に助言をあたえた。この経験にもとづいて彼は、銀行研修所での一連の講義において、金本位制への復帰は自動的に物価の安定を回復させるものではないということを強調しつつ、イギリスの金融を改革するための適切な方法について説明した。ドイツのインフレーション(マルクは当時、戦前の価値の十分の一であった)は、人々が流動的な形態で保有している資産の割合が大幅に減少していることと結びついていた。このことは、「通貨価値は信認の問題である」(1922-31,

p.14〔邦訳一六頁〕）という事実を例証している。通貨に対する信認が失われると、それは速やかに財と交換される。これが、金本位制に関するケインズの見解の基礎である。あらゆる形態の貨幣と同様に、金は何の内在的価値ももっていない。貨幣の価値、すなわちその購買力は信認に依存し、またそれは政治と結びついているのである。

ある講義においてケインズは、大陸の中央銀行とイングランド銀行のあいだでの金に対する異なる態度に注目した。その相違が、イングランド銀行の卓越性を説明する。大陸では、「金は何らかの機会に用いるための準備として保有されるものではない」と考えられている。

これとは反対の見解が、過去百年以上にわたってイギリスでは伝統的に保持されてきました。私が信ずるには、わが国の金融的な安定の大きな基礎の一つは、金準備に関する正しい理論というこの単純な点にあったのです（*ibid.*, p.34〔邦訳三五―六頁〕）。

一九二六年七月のフランスの左翼連立政権の崩壊に続いて、一九二八年六月二十五日のポアンカレによる平価切り下げ、ジェルミナル・フラン〔一八〇三年にナポレオンによって導入された〕の廃止が行なわれた。フランスの金融的状況について論じた一連の論説と書簡のなかで、ケインズはフランス人とイギリス人のあいだの心理的な違いを強調した。「何とフランスは不変であることよ！　英仏海峡は何と広く果てしないことよ！　フランス人にとっては、金準備はつねに飾りのためのもので、使うためのものではない――家族の宝物である。イギリス人にとっては、それはつねに使用するためのもので、飾りではない――家族の現金である」（1926-4, p.459〔邦訳五五三頁〕）。

ジェノバ会議は次のような提案を行なった。すなわち、金本位制に復帰するためには、著しく減価した通貨が戦前の平価を回復する必要があるというよりも、むしろ平価の切り下げを必要とする、と。このことは、とくにフランス・

イタリア・ベルギーに妥当した。しかしこれらの諸国は、それを行なう意図なしに合意を受け容れた。金に対する通貨の切り下げは、戦前に生じた債権の保有者にとって不公平になると考えられたからである。「しかし、正義の物差しとして、通貨の購買力ではなくて、金の重さをとるということは、正義の非常に技術的な形式であると思います」(1922-31, p.45〔邦訳四七頁〕)。

これとは反対にイギリスは、ナポレオン戦争のときと同様に、戦前平価に復帰することができた。「二十世紀の最悪の戦争のあとに、わが国がふたたび以前の妥当だと思われる平価に戻ることができたならば、それはわが国にとっては大いに誇りうることであることは当然であります」(*ibid.*, p.61〔邦訳六三頁〕)。しかしながら、この誇りへの復帰の代価は、不況・失業・社会的抗争の点で高くついた。ポンドは再評価によって、その価値の七パーセントしか失わなかったので、海外市場でのイギリス製品の価格が上昇し、したがってイギリス製品への需要が減退することになった。イギリス製品の競争力を回復するためには、ポンド・スターリングで測った費用を削減することが必要とされ、そして削減することの可能な唯一の費用は賃金であった。この賃金の切り下げは、輸出部門に限定されなかった。輸出部門で始まった動きは一般化され、ストライキと社会的緊張を生み出した。したがってそれは、経済合理性に加えて、社会的公正の問題でもあった。賃金稼得者は、ばかげた手段によって引き起こされた調整の代価を払わされる破目になった。ケインズが『貨幣論』で書いているように、金は、「保守主義の機構の不可欠の要素となった」(1930-1, vol. 2, p.259〔邦訳三〇四頁〕)。

ケインズは、一九二三年からは『ネーション・アンド・アシニーアム』誌のコラムで自らの聖戦を続けた。五月に彼は、自由党の一群の闘士たちとともに、この雑誌の編集権を掌握した。ポンドの価値を維持するための試みとしてイングランド銀行が公定歩合を引き上げたことを受けて、一九二三年七月十四日に彼は、為替の安定、物価の安定、完全雇用という諸目標は今後は相容れないものになると書いている(1923-17)。金本位制は、為替相場の安定のために完全雇用と物価の安定を犠牲にすることになるであろう。またそれは、イギリスの経済的運命を、いまや世界経済において第一位を占めている国、すなわちアメリカと結びつけることになるであろう。金本位制への復帰は、独身者の個人的自由を厳しく制限する結婚を行なうのと同じようなものであろう。婚約者はアメリカ人であり、彼女の消費する生産物が、夫婦の食料の貯えにおいてますます重要な位置を占めるようになるだろう。「G嬢〔金本位制〕がたまたまアメリカ人であるために、彼にとって将来、グレープフルーツやポップコーンの値段のほうが卵やベーコンの値段よりも重要になりそうである」（1925-6, p.193〔邦訳二二七頁〕）。

一九二三年十二月十一日に、ケインズは『貨幣改革論』を公刊した。その一部は金本位制への復帰を扱っている。彼が、「事実上、金本位制はすでに未開社会の遺物と化している」（1923-1, p.138〔邦訳一四二頁〕）という有名な言葉を記し、また彼の反論の根拠を明確に述べているのは、ここにおいてである。

それゆえ私は、物価・信用・雇用の安定をもっとも重要なものと考え、また旧式の金本位制は昔のような安定性を少しもあたえるものではないと信ずるから、戦前のようなかたちでの金本位制復帰の政策に対して反対するのである（*ibid.*, p.140〔邦訳一四四頁〕）[9]。

十二月十三日の〈全国自由党クラブ〉での講演において、ケインズは、金本位制への復帰が調和的な金融制度を保証するという事実に対する信念は迷信から生じていると主張した（1923-30）。十九世紀においては、貨幣価値の長期的安定性を保証するという点で金はかなりうまく機能したが、信用循環と結びついた短期的変動に関してはきわめて貧弱にしか機能しなかった。二十世紀には、どちらの場合にも失敗している。ケインズは、商品バスケットに対して固定された価値をもつ標準を金に取って代えることを提唱した。

『チャーチル氏の経済的帰結』

一九二四年二月十八日に下院で、カンリフ委員会報告の勧告にしたがう意図があること、したがって戦前平価で金本位制に復帰することを発表したのが、労働党のラムゼイ・マクドナルド首相であったのは歴史の皮肉の一つである。ケインズは、他の政策に関してと同様に、この問題に関して、自分が労働党のフィリップ・スノードン蔵相よりも左派に位置していることを知って驚いた。これと同じ状況は、〔第二次マクドナルド内閣が成立する〕一九二九年以後にも繰り返されることになる。一九二四年七月十一日に、ケインズは〈政府紙幣発行とイングランド銀行券発行に関する委員会〉で証言するように喚問された。その場でケインズは、次のように断言した。「金本位制に対する重大な異議の一つは、時が経つにつれて、金を節約する方法とともに金が過剰になる傾向があると私は考えるということです。そして私が防ぎたいことの一つは、金の減価によるインフレーションです」(JMK 19, p.254〔邦訳二八六頁〕)。七月二十五日にケインズは、イングランド銀行の理事の一人であるチャールズ・アディスに宛ててこう書いた。「通貨と信用の管理についての革命的に改善された考え方を考慮に入れないことは、個人主義的資本主義の没落の種をまくことです。通貨革命のルイ十六世にならないでください」(JMK 19, p.272〔邦訳三二一頁〕)。テュルゴーがルイ十六世によって不十分にしか理解されなかったのと同じように、ケインズもまたイギリス当局によって理解されなかったように思われる。

労働党政府に対する譴責決議の後にやって来た一九二四年十月二十九日の保守党の勝利に続いて、ポンド・スターリングの価値は、十月三十一日の四・四九ドルから年末の四・七二ドルまで上昇した。金本位制への復帰の見込みがますます実現しそうになるにつれて、ケインズの運動はしだいに切迫したものとなった。彼は一九二五年三月二十一日に『ネーション・アンド・アシニーアム』誌に一つの論説を発表し、金本位制は決して自動的および自動調整的な制度ではないと主張するとともに、それはイギリスをアメリカの保護のもとに置くことになるとふたたび警告した（1925-8）。

金本位復帰の決定は、ボールドウィン首相、チャーチル蔵相、およびイングランド銀行のノーマン総裁による秘密の会合で、一九二五年三月二十日に既になされていた。その決定は、専門家委員会――一九二四年末に設置され、オーステン・チェンバレン、ブラッドベリー、ニーマイヤー、ピグーによって構成された――の勧告にしたがうものであった。委員会の報告書は、二月にチャーチルに提出された。その決定は、四月二十九日のチャーチルの予算演説において発表された。ケインズは、『ネーション・アンド・アシニーアム』五月二日号に、「チャーチル氏は期待どおりのことをやり、百年前の経験が繰り返された」（1925-11, p.357〔邦訳四二〇頁〕）と書いた。そして戦前平価への復帰は、「国内のすべての労働組合との貨幣賃金切り下げのための闘争」（*ibid.*, p.360〔邦訳四二三頁〕）を必要とするであろうと彼は予言した。

チャーチルは、自らの決定に十分な根拠があったのかどうかについて全く確信がもてなかった。彼はケインズの議論をひどく気にしており、自らの重要な決定のすべてについてケインズの助言を求めるように自分の助言者たちに頼んだ。『ネーション・アンド・アシニーアム』二月二十一日号の論説（1925-6）を読んだのち、その翌日にチャーチルは、大蔵省金融局長で彼の主要な助言者でもあったオットー・ニーマイヤーに宛てて次のように書いた[10]。

大蔵省は、ケインズ氏が「不足のなかの失業という逆説」と呼んでいるものの大きな重要性を決して直視してこなかったように思われます。またイングランド銀行総裁は、一二五万人が失業していると同時に、世界でもっとも優良な債権を保有しているイギリスの光景を見て完全な満足を示しています。……私はむしろ、〈金融〉をあまり誇りに思わず、〈産業〉のほうがより満足のいくものではないかと見ています（Public Record Office,

T172/1499, Moggridge 1992, pp.428-9 における引用)。
三月十七日の夕食のさいに、チャーチルは、戦前平価での金本位制への復帰に反対するケインズの議論に深夜まで耳を傾けた。しかし最後には、チャーチルはその反対側からの圧力に屈した。これらの出来事は多くの議論を引き起こした。

金本位制に復帰するという決定はチャーチルの人生における最大の過ちであり、大蔵官僚とイングランド銀行のあいだの邪悪な陰謀によって、彼はそのことを未熟な青二才の頃に無理強いさせられたのだという伝説が広まり、その伝説は、ウィンストン自身がほとんどそれを信じるようになったほどに流布した(Grigg 1948, p.180)。

スキデルスキー(Skidelsky 1969 and 1992, p.198)とギルバート(Gilbert 1976, pp.93, 99)は、チャーチルは金本位復帰に反対する考えをもっていたが、彼の反対は助言者たちによって覆されたのだと主張している。他方でモグリッジ(1972, pp.66-7 and 1992, p.432)は、これとは反対に、チャーチルはこの決定が十分な根拠をもっていることを常に確信しており、彼が助言者たちに反論を提出したという事実は、彼の意思決定の方法の一部であったと主張している。(11)

歴史はケインズが正しかったことを証明した。彼が『フランについての考察』の序文で書いたように、「最近の一〇年間に三つの主たる機会において、私はあえて当時の世論の流れに反対し、一般に予想されていたものとは反対の告発的予言をした。……第二の機会は、イギリスが金本位制に復帰する前においてであって、そのときに私は、イギリスの国内経済にもたらされる結果と、輸出産業に対する影響について予言したが、……全体としては予言のとおりになった」(1928-1, p.8; 英語版では JMK 19, p.740〔邦訳八九九頁〕に所収)。

戦前の平価での金本位制への復帰の決定は、一九二五年七月九日にケインズが〈産業と貿易に関する委員会〉で断言したように、「そのこと自体が、すべての人の賃金を一ポンドについて二シリング引き下げる決定」(JMK 19, p.390〔邦訳四六〇頁〕)である。イギリス当局は、経済学の教科書で描かれている競争的賃金と労働の移動性という時代遅れの仮定を信じて、賃金の低下が自動的に生じるだろうと考えていた。

ケインズは、金本位制への復帰の結果について一連の三本の論説を『タイムズ』紙に投稿した。この由緒あるロンドンの新聞によって却下されたのち、それらは『イブニング・スタンダード』紙において七月二十二日、二十三日、二十四日に掲載された。しばらくあとにケインズは、それらの増補版を『チャーチル氏の経済的帰結』という表題をもつパンフレットとして公刊した。チャーチルと保守党の経済政策に対する辛辣な攻撃であるこの著作は、ケインズの著作のなかでも最良のものである。[12] 約一〇パーセントのポンド・スターリングの切り上げは国際市場におけるイギリスの輸出財価格のそれに等しい上昇をもたらし、したがってこれらの部門において操業している企業の競争上の地位を弱める。これらの企業は、生産費、とくに賃金を切り下げる以外には自らの地位を回復する手段をもっていなかった。したがって四・四〇ドルから四・八六ドルへのポンド・スターリングの変更によって最初に影響を被ったのは、輸出部門の労働者であった。チャーチルの助言者たちは、国内物価の全般的な下落にともなう困難を過小評価していた。根本的に問題となっていたのは、経済・社会についての二つの見方であった。

実のところ、われわれは、経済社会に関する二つの学説の中間に位置している。一方の学説によれば、賃金は諸階級間で何が「公平」かつ「正当」であるかに関連して決定される。もう一つの学説――経済的不可抗力の理論――では、賃金は経済的圧力――別名、「厳然たる事実」――によって決定されるとされ、またわれわれの巨大な経済機構は、全体的な均衡だけを考慮してガタゴトと前進し、その行程が個々の諸階層にあたえる偶発的な成り行きには注意を払う必要はないとされる（1925-1, pp.223-4〔邦訳二六四頁〕）。

したがって「チャーチル氏の経済的帰結」は、失業を増大させて賃金に引き下げ圧力を加えるように計画された意図的な政策であった。炭鉱業がこれらの出来事によって最も厳しい打撃を受けた。労働者が賃金切り下げと労働時間延長を受け容れるのを拒んだことを受けて、一九二六年五月一日に使用者はロックアウトを通告した。炭鉱労働者との連帯のために〈労働組合会議〉によって五月三日に指令されたゼネラル・ストライキは、九日後に中止された。ケインズは、ストライキ参加者に共感を示した。「しかし、私の判断ではなくて、私の感情は、労働者と共にある。私は、労働組合会議が協議の相手とする前に壊滅されなくてはならない社会の意識的な敵であると感じるように扇動されることなどありえない」（1926-15, p.532〔邦訳六五八頁〕）。ケインズは、これらの出来事によって議会で労働党の勢力が増大することになるだろうと予測した。彼は、労働党に対して金融問題にもっと注意を払うように助言した。十一月に炭鉱労働者は、使用者によって定められ政府によって承認された条件で仕事に復帰した。

六月二十六日に、ケインズは「金本位制の最初の成果」を発表した。アメリカの生産活動が空前の高みに達していた一方で、イギリスは百万人以上が失業しているという不況のなかでもがいていた。「私の見解では、金本位制が獲得した一つの確実な利点、すなわち、国際資金を保有するセンターとしてのロンドンの地位の改善」（1926-19, p.555〔邦訳六八五頁〕）しか存在しない。彼は十月二十三日に書いている。「金本位制の回復によって、わが国の国際銀行業の利益はたぶん増加している」（1926-25, p.571〔邦訳七〇四頁〕）。要するに、炭鉱労働者たちは屈服するか飢え死にするかの選択を迫られていたとしても、新たな状況を利用して金をもうける術を覚えた者もいたのである。

金本位復帰の一八カ月後の一九二七年二月に、ケインズは『ネーション・アンド・アシニーアム』誌でその状況を概観した。彼は、この決定によって生み出された不均衡の大きさを正確に測ることは不可能であるけれども、それは是正されてはいないと主張した（1927-4, p.663〔邦訳八一一頁〕）。一九二七年六月に『エコノミック・ジャーナル』誌に掲載された論文において、ケインズはまた、この決定がどのようにしてイギリスの公的債務を増大させたのかを示した（1927-8）。ケインズが積極的に関与した一九二九年の選挙まで、彼は、イギリスの破滅的状況と金本位復帰との関連を人々に思い起こさせる機会を決して見逃さなかった。一九二九年一月十九日に『ネーション』誌において、ケインズは、金不足の危険を予想しなかった点で誤っていたことを認めた。彼は「金は物神である」ことを忘れていた（1929-2, p.776〔邦訳九四五頁〕）。中央銀行がかなり多くの不活動状態にある準備を保有することに固執するならば、「すべての国の労働者階級が、彼らの猛烈な抵抗にもかかわらず、より低い貨幣賃金を押しつけられる」（*ibid.*〔邦訳九四六頁〕）まで引き締め政策がとりつづけられることになるだろう。このようにしてケインズは、一九二九年四月三十日の『イブニング・スタンダード』紙への書簡において、これらの出来事を雇用に関する彼の提案と結びつけた。

私が言うことのできるのは、失業対策として国家的開発計画を私が主張しはじめたのは、四年またはそれ以上も前のことであるということだけです。実際それは、金本位復帰の結果として、わが国の貨幣賃金率が海外の競争相手に比べて高くなり、そのためにわれわれはかなりの時間にわたって、輸出産業で以前と同じくらい多くの労働者を雇用することを望めなくなった、ということに私が気づいてから直ぐのことです（1929-13, pp.812-3〔邦訳九八六―七頁〕）。

『貨幣論』においてケインズは、金本位制に対して一つの章を割いている。彼は、つねに人の心をとらえてきた金の不合理な魅力について説明しながらフロイトに言及した。[13] ケインズは、イギリスの精神分析運動の創設者であるアーネスト・ジョーンズの文章を引用している〔1930-1 vol. 2, p.259, 邦訳三〇四頁〕。この文章が金本位復帰のほぼ一〇年前の戦時中に書かれたという事実を考慮するならば、それは注目に値するものである。

したがって「貨幣」および金の観念に対しては、明確な心理学上の理由から、所有および富の観念が執拗に付着している。そして人々は、愚かしくも、貨幣を富と混同する「経済学者の誤り」を棄てないであろう。この迷信的な姿勢は、戦後になって、おそらくどんな費用を払ってでも金通貨を再導入しようという努力がなされるときに、イギリスにとっては、とくに多大の犠牲を必要とすることになるであろう（Jones 1916, p.129）。

この予言は、ケインズにとっては「精神分析学的方法の成功」（1930-1, vol. 2, p.259〔邦訳三〇三頁〕）と見なしうるものである。

ケインズは、このような不合理な魅力は消えつつあり、金は、「はるかに抽象的なもの——まさに価値の標準となった」（*ibid.*, p.260〔邦訳三〇五頁〕）と考えていた。彼は、金と同量の国際本位を発行する超国家的な中央銀行の設立を提案することによって、新しい通貨体制の概略を述べた。物価の安定を保証するために、金の価格は六二の基本的な生産物の物価指数と結びつけられることになる。つねに存在するとはいえ、こうして金は立憲君主の地位に格下げされるであろう。

このようにして、金はその伴侶である銀とともに、もともとは太陽と月のように天に配置されていたが、まず最初は、その神聖な属性を脱いで、専制君主として地上に降りてきたのであって、今後は銀行という内閣をもつ立憲君主の控え目な地位に降りてくるであろうし、そしてその場合にも、共和制を宣言する必要はまったくないであろう。しかし、まだそこまでには至っていない。発展はまったく別の道をとるかもしれない。金の味方である人々は、もし革命を避けるつもりならば、非常に賢明でまた穏健でなくてはならないであろう（1930-1, vol. 2, p.261〔邦訳三〇六頁〕）。

黄金の子牛の没落

一九二九年十月に始まった恐慌は、国際金融・通貨体制の重大な混乱をもたらした。金本位制が機能しているかぎり、ケインズは、イギリスがそれから利益を得るための最も効果的な方法を追求した。それまでは自由貿易の熱心な支持者であったにもかかわらず、[14] このことによってケインズは、ポンド・スターリングの平価を維持することを目的とする保護貿易主義的な諸手段を提案するようになった。その恐慌は、実際にはイギリスが世界の金融上の主導権を奪還するうえで役に立ちうる、とケインズは考えていた。

私は、イギリスの金本位制復帰に反対したし、また不幸にも、私のカサンドラ的予言がある程度は的中したと主張することができる立場にいるのだが、何にもまして、イギリスが、現在空席となっている世界金融界の指導者の地位に復帰するためには、イギリスの現在の為替相場の状態を断固として守り抜かねばならないと考えている（1931-9, p.236〔邦訳二八〇頁〕）。

このときケインズは、妄想をふくらませていた。そして次の戦争のさいにも、ふたたびそうするのである。活発な反応を引き起こしたこの論説を発表した六カ月後に、イギリスは金本位制を停止した。その数日後の九月二十七日の『サンデー・エクスプレス』紙において、ケインズは、雇用に対して有利な影響を及ぼすものとしてこの決定を称賛した。「われわれは、ついに分別のあることを行ないうる自由裁量を手にするようになったと感じている」（1931-25, p.245〔邦訳二九一頁〕）。この決定がなされたのは、イングランド銀行にほかの選択肢がなかったからである。すなわちイングランド銀行は、「イギリスの貿易をほとんど停止状態に追い込むほどの危険を冒してまでも、ドン・キホーテ的行為の極限まで、ゲームを」（*ibid.*, p.246〔邦訳二九二頁〕）行ない、数週間のうちに二億ポンドを金で支払っていたのである。ケインズは、専門家たちが予想しているよりも遥かに低い水準にまでポンドが下落するだろうと予想した。ポンドは一九三一年九月から十二月までに三〇パーセント減価した。このことによって、「社会のどの階層に対しても全く公平で、しかも生計費に何ら深刻な影響をあたえることがないような仕方で」（*ibid.*, p.246〔邦訳二九二頁〕）、経済は息を吹き返すことができた。

ほとんどの国がイギリスの例に続き、すなわち、黄金の子牛に忠実でありつづけている稀な国――それらのなかでも、フランスとアメリカに最初に――には「ミダス王の災い」（*ibid.*, p.248〔邦訳二九四頁〕）が降りかかるであろうとケインズは予想し、そして事態の成り行きは彼が正しかったことを証明した。一九三三年四月に、アメリカは金本位制を放棄した。一九三六年には、金本位制は世界のいたるところで終焉した。しかし、これによって問題が片付いたのではなかった。世界中での保護主義の台頭が、不況の長期化のおもな要因となっていた。いまや新しい国際金融秩序を構築するという任務に取りかかることが必要とされていた。

二　第二の闘い――新しい国際通貨体制に向かって

一九三七年五月十六日に、ケインズはバクテリア性心内膜炎による激しい心臓発作に襲われた。この病気は、休息が唯一の治療法であった。彼の病気の最初の兆候は、一九三〇年代の初め頃に現れていた。彼は、ルーシンの療養地で三カ月を過ごした。彼は、決して完全に回復することはなかった。ヴァージニア・ウルフは、一九三七年六月五日にリディアに宛ててこう書いた。「私たちは、メイナードが良くなっていると聞いてとても安心しました。私は、彼がこれ以上精神的に強くならないように望みます。彼の正常なときの強さで私にはまったく十分なのですから」（V. Woolf 1975-80, vol. 6, pp.133-4)。一九三九年三月には、ヤーノシュ・プレッシュが彼の主治医となった。[15] この時までに、ケインズはいくらか回復していた。しかし、第二次世界大戦中のイギリス人の生活と世界の諸問題において主要な役割を演じることになるのは、健康を損なった人物であった。

一九三八年三月のナチスによるオーストリア併合ののち、九月にはミュンヘン協定が結ばれた。このことは、ケインズの健康と志気に影響を及ぼした。どうしてチェンバレン首相はヒトラーとの合意を探ることができるのか、ケインズには理解できなかった。このことにもかかわらず、ケインズは、第一次世界大戦の開始時と同じように楽観的でありつづけた。他の多くの人々と同様に、ケインズは、ヒトラーは脅しをかけているのであって、西欧を攻撃する意図をもってはいないと確信していた。一九三九年八月二十九日にティルトンに着いたときの彼は、戦争が差し迫っているとは考えていなかった。九月一日、ドイツ軍はポーランドに侵攻した。そしてその二日後に、イギリスはドイツに宣戦布告した。

九月二十日に最初に、ケインズは、第一世界大戦以来の仕事仲間――ケインズは彼らを「老いぼれ犬《オールド・ドッグ》」と呼んだ――を呼び集めた。どうすれば戦争努力にもっともうまく影響をあたえることができるのかについて論じるためにである。彼の頭はすでに戦後の経済復興のことで一杯であり、彼は、戦後の経済復興によって、ヨーロッパ、とくにイギリスの国際収支が、アメリカに対して巨額の赤字となることはほぼ確実であろうと予想していた。しかし、彼にとってもっと差し迫った問題は、戦争努力のための資金をどのようにして調達するのかということであった。十月二十日に彼は、戦争資金の調達についての自らの見解を〈マーシャル協会〉で発表した。この発表に続いて、十一月十四日と十五日の『タイムズ』紙に二つの論説が発表された。それらは、一九四〇年二月二十七日に出版されたパンフレット『戦費調達論』に所収され、加筆されている。この著作で提案された計画は、『スペクテーター』誌十一月二十四日号のハイエクの論文も含めて、あらゆる立場の経済学者によって称賛された。その計画は、強制貯蓄あるいは繰延べ払い——それらは、戦後に行なわれる継続的な返済において利子つきで償還されることになっている——のメカニズムを通じて、戦争に資源を振り向けるために消費を制限することを提案するものであった。この計画は、労働党と労働組合によって快く迎えられなかった。このことによってケインズは、計画を修正することになった。彼らの支持を不可欠なものと見なしていたからである。[16] ケインズはまた、返済を進めるために戦後復興の好況時に資本課税を行なうことを提案したが、そのことによって実業界から疎んじられることになった。『戦費調達論』が出版された直後に、ジェームズ・ミードとリチャード・ストーンは、ケインズと協力して国民経済計算体系を創設した。[17]

一九四〇年五月十日にヒトラーは、ベルギー・オランダ・フランスを攻撃した。同じ日に、ウィンストン・チャーチルがチェンバレンの後を継いで首相となり、労働党および自由党とともに連立内閣を組織した。ケインズはしばしば、チャーチルによって一九一一年に創設された〈アザー・クラブ〉で彼と会った。それからケインズは、七月一日に設立された〈蔵相諮問会議〉の委員に任命される。しかし今度は、第一次世界大戦での彼の経験とは異なり、ケインズは、公務員あるいは従業員の地位を有していなかった。八月十二日から彼は大蔵省で、自由に使える部屋、秘書のサービス、およびベッドをあたえられたけれども、給与は受けなかった。八月十四日にケインズは、当時はキングズ・カレッジの学寮長であった友人のジョン・シェパードに宛てた書簡において、自らの健康状態とともに新たな境遇について次のように記述している。

二日前から、大蔵省における私の立場は根本的に変化した。そこにいる人々はずっと、多くの古くからの友人も含めて、手はずが整った状況のなかでは、ことのほか優秀で、しかも思慮ぶかい。私には何の日常的な義務もオフィス・アワーもないので、自分がやりたいと思う以上に熱心に働く必要はない。しかし私は一種の自由旅行権限をもち、さまざまな上級の委員会のメンバーでもあるので、私が何か役に立つことを言えると思うほとんど全ての方面に口をはさむことができる。いまや私は、あらゆる最高機密を知ることが許されている。今週までは、そうではなかった。そのような知識なしには、多くの目的のために助言を行なうことができないのだ。そして私には最高級官僚が秘書——彼は、私の下請け仕事もできる——として割り当てられるとともに、大蔵省で部屋をあたえられている。すべての事がどのように展開していくのかは、経験によって語ることができるにすぎない。しかし私の立場は、最初の頃には多くの面ではっきりしておらず、とても困惑させられたけれども、もはやそうではない。このことに加えて、昨日プレッシュが私の心臓が非常によくなったという報告書をくれた。それは、私自身の主観的な感覚と一致している(J. T. Sheppard Papers, King's College, Cambridge, JTS/2/112)[18]。

彼は単に「ケインズ」であって、自分が望む物事に対して、自分が望む人物に対して、自分が必要であると判断したときに攻撃を行なう自由があった。彼は公務員の守秘義務によって妨げられず、この特権を大いに利用した。彼は、事態が向かっている方向を変えるための土壌を用意するような仕方で情報を伝達するために、ジャーナリスト・議員・銀行家、およびその他の意志決定者たちと個別に面会した。アメリカ人およびその他の交渉相手とは、第一次世界大戦後のパリでの交渉のさいにカール・メルヒオルをはじめとするドイツ人たちに対してそうしたのと同じように、彼は公式なルートの外での関係を維持した。一九四一年一月に彼の地位が明確にされ、また蔵相の経済顧問に任命されたことによって彼の力は強められた。のちに彼は大蔵省のスポークスマンとなり、アメリカへの六回の訪問のさいには何回か代表団長を務めることになる。

一九四〇年十一月五日に、フランクリン・D・ルーズベルトがアメリカ大統領に三選された。アメリカの法律によって、アメリカが直接に交戦国を助けることは禁じられていた。このことは、十二月十七日に発表された〈武器貸与〉によって回避された。武器貸与は、その国の防衛がアメリカの防衛にとってきわめて重要であると見なされ、かつ「現物、財産、あるいは大統領が適切であると見なす他の何らかの直接的・間接的な便益の提供によって」返済を行なうことになっている国に、戦争物資を売却・譲渡・交換・貸与・賃貸する権限を大統領にあたえるものであった。武器貸与に関する議論は国際通貨体制をめぐる交渉と密接に結びついて、同じ人々によって主導されることになる。ケインズは、一九四一年一月にロンドンにおいて、ルーズベルト大統領の顧問であるハリー・ホプキンスとこの問題について話し合っている。この機会にケインズは、「新秩序」についてのドイツの約束に対する返答——外相であるハリファックス卿の要請によって作成された——について議論した。この文書において、ケインズは新しい通貨体制の概要について述べた。彼によれば、その体制は、「ある国が、輸出しうる商品をもっていないという理由ではなく、単に金をもっていないという理由だけで破産することがありえた昔の自由放任の国際通貨体制の弊害のいくつかを」(1940-11, p.12〔邦訳一四頁〕)回避するであろう。武器貸与法は一九四一年三月十一日に署名された。ケインズは、四月から八月までアメリカに滞在し、アメリカ側とそれについて協議しつづけた。彼は、この問題に関して五月にルーズベルト大統領と面会している。

ケインズ案と対立するホワイト案

一九四一年八月にアメリカから帰国するとすぐに、ケインズはティルトンで、国際通貨体制の改革に関する彼の案の最初の版を、二つの文書というかたちで書き始めた。それらは九月八日に完成し、それぞれ「戦後の通貨政策」および「国際通貨同盟の提案」と題されていた。序論的な〔第一の〕文書で、ケインズは、当時の主要な経済的困難の源泉に位置していた自由放任の教義を攻撃した。「われわれが自由放任の方法を信用しさえすれば、均衡を維持するための自動調整機構が円滑に機能すると考えるのは、その背後に健全な理論の裏打ちをもたず、歴史的経験の教訓を無視する空論家の妄想である」(1941-1, pp.21-2〔邦訳二五頁〕)。

金本位制は、この教義を完成させるものであった。ケインズの見るところでは、金の稀少性を考慮すると、金本位制は基本的にデフレ的な傾向をもっている。金本位制はまた、すでに豊かな国をさらに富ませ、貧しい国をさらに貧しくする一因となる。第二の文書において提案されたケインズの新しい体制についての基本的な考えは、国内的な銀行原理を国際的な水準へと拡張することであった。最終的な目的は、成長を促進するために必要な流動性を世界に供給することによって、拡張的なメカニズムをつくり出すことである。このことは、当座貸越という手段によって機能する国際的な手形交換所を創設することによってなされるであろう。したがってケインズが『貨幣論』において提案していたのは、世界中央銀行の概要であった。その案は、国際的な水準での経済的な取引相手のあいだの多角的な手形交換を推奨するとともに、加盟国の国際収支を安定化させるためのメカニズムを提案していた。第一の文書は、彼がこれまで三〇年のあいだ提唱し、なお傾倒しつづけている原則を提起していた。第二の文書は、国際清算銀行の約定や条項を提案していた。それらには交渉の過程を通じてかなりの変更が加えられ、もはやその原則が明らかではなくなってしまうようになる。

いつもの流儀で、ケインズはこれらの文書を広く配布した。それらは何回も改訂された。彼の最初の伝記作家で共同研究者のハロッドが強調したように、ケインズはそれらを修正するための諸提案を容易に受け容れた。「彼は、発案者であることの誇りから、しばしば生みだされるような種類の強情さをまったく持っていなかった」(Harrod 1951, p.533〔邦訳五九〇頁〕)。ケインズの国際通貨体制改革案の第二版は、とりわけリチャード・カーン、ジェームズ・ミード、R・G・ホートレーからの批判を受けて、十一月十八日に完成した(1941-3)。この版は、彼の最初の概要に実体をあたえた。それは、加盟国間の多角的な清算と、戦後の体制の恒久的な特徴として資本移動の規制を主張していた。デニス・ロバートソンは、一九二〇年代にはケインズと協力していたが、古典派体系に対するケインズの徹底的な批判を認めなかったために、『一般理論』の執筆中にケインズから遠ざかった。その彼は、この案を熱烈に支持した。このことは、二人の経済学者のあいだの密接な協力の新たな段階の始まりを示すものであった。ロビンズ卿は、ハイエクとともに、一九三〇年代の初めにはロンドン・スクール・オブ・エコノミクスの本拠からケインズと彼の弟子たちに対する闘いを主導していた。彼もまた、ケインズの文書を熱烈に支持した。この文書は、以前の版よりもさらに広く配布されていた。

いつものように、ケインズは迅速に作業を行ない、案の第三版は十二月十五日に完成した（1941-4）。バンコール**bancor**、すなわち金あるいは各国通貨と兌換することのできない国際通貨が登場したのは、ここにおいてであった。その通貨の価値は変化することがありうる。しかし、それは金の量によって規定されていた。伝統に由来する心理的な理由によって、新しい通貨の威信を保証するべく、金との結びつきが維持されることになっていたのである。新しい国際通貨体制においては債権国の責任を拡大させることが必要になるだろうと、ケインズは強調した。他の領域においてと同様に、この領域においても、主要な問題は、状況に合わせて、何を規則によって決定し、何を裁量的な判断によって決定するのかというバランスに関係している、と彼は付け加えた。彼自身は、裁量的な意思決定の方法を好んだ。

とりわけハロッドからの、しかしまた何人かの政府機関の構成員からの数多くの論評を受けて、ケインズは、一九四二年の一月二十四日と二十五日に自らの文書を書き改めて第四版とした。それは、国際的な経済・通貨問題に関する大蔵省の報告書の一部として出版された。それは、戦時内閣によって設立された復興委員会によって議論され、また批判された。その文書は、最終的に一九四二年四月十日にチャーチル政権によって受け入れられた。そのさいには、少数の小さな修正を未決定のままにしておくことが承認され、こうしてそれはイギリスの公式見解となった。五月十一日にケインズは、リチャード・カーンに宛てて次のように書いている。

初期の版であなたがご覧になった私の通貨案は、非常に多くの草案を重ねましたが、実質的に大きな変更はありませんでした。すべての段階を通過させるのはちょっとした仕事でしたが、ついにうまく仕上げました。……さて次はアメリカの同意を取り付けることが問題です。……あなたもそう考えていることでしょうが、それをここまでもって来られたことはむしろ離れ業でした。それはまだひ弱な苗木であって、どの方面からであれ、激しい言葉を浴びせられようものなら、簡単に枯れてしまうでしょう（JMK 25, pp.143-4〔邦訳一五二―三頁〕）。

実のところ、アメリカ側もまたこのような計画に取りかかっていた。七月八日に、大蔵省副事務次官のリチャード・ホプキンス[19]は、アメリカ財務省を代表するフレデリック・フィリップスから、アメリカ財務省によって準備された国際通貨改革案の草稿を受け取った。この案は機密とされ、ケインズだけが、それを読むことを許された。それは、ハリー・デクスター・ホワイト[20]によって執筆されたものであった。ブレトン・ウッズの交渉に関与した他の何人かのアメリカの専門家と同様に、ホワイトもケインズの考えを称賛した。その二人の人物は、一九四一年のケインズのアメリカ訪問中に短時間会った。その直後にホワイトは、ルーズベルトに宛てて、ケインズのことを、「われわれが直面している問題をもちろん完璧に理解している、きわめて有能で手ごわい交渉者」（Harry White Papers, Skidelsky 2000, p.324による引用）と記述している。ケインズとの一対一の議論のあとには消耗しきってしまうので、ホワイトはときどき交代要員を要求した[21]。

ホワイト案は、預託基金を基礎とする〈安定基金〉、および〈復興銀行〉の創設を提案していた。ホワイトは、長期的展望よりも、為替相場の安定化と制限的な諸慣行の廃止をよりいっそう重視していた。創設時に定められる基金の総額とその拡大の可能性は、ケインズ案に比べるとはるかに限定されていた。ホワイトは、基金に預けられた金の単なる受領証にすぎないユニタス unitas と呼ばれる計算単位の創設を提案した。ユニタスの役割は、バンコールのそれよりも遥かに重要性の小さなものであった。ケインズは、その文書を七月二十四日にティルトンで読み始めた。ケインズは、八月三日にフレデリック・フィリップスに宛てて書いた。「この文書ほど、私がひどく退屈させられ、同時に深い関心をもたされたものは稀です」(JMK 25, p.159〔邦訳一七二頁〕)。ケインズの意見によれば、この案は、よき意図をもってはいるものの、それが提案している諸活動は失敗する定めにある。しかしながら、彼の心のなかでは既に妥協がなされていた。それを読んだ直後に、ケインズはホワイト案についての覚書を書き下ろした。彼は、それをホプキンスとフィリップスに送るとともに、彼自身の案の第五版を執筆し、それを八月二十八日にホワイトに送付した。秋にモーゲンソーとホワイトがロンドンを訪問したさいに、ケインズとホワイトは数回会い、十月二十三日には二つの案について長時間にわたる議論を行なった。

ホワイト案は、一九四二年の夏以来七回にわたって書き直されたのち、一九四三年二月にイギリスに公式に送られた。それを受けてケインズは、二つの案の比較分析を行なった。それらの根本的な違いについて、ケインズは以下のように記述している。「アメリカの理念が「有限責任」の拠出による安定基金のかたちをとるのに対して、バンコール案は信用供与を広く利用する国際的清算を目的とする」(1943-1, p.225〔邦訳二四一頁〕)。四月七日に、二つの案は公式に発表された。ケインズ案の第五版[22]は、「国際清算同盟の提案」と題されていた。ケインズが署名していないにもかかわらず、この文書は、一般に「ケインズ案」と呼ばれている。[23] 文書の最初に、四点の概要が明確に述べられている。

一　通貨および為替の機構。

二　財貨の交換・関税・特恵制度・補助金・輸入規制、およびこれらに類する事項についての諸条件を規定する通商政策の枠組み。

三　近年の途方もない市況変動がもたらした損失と危険から生産者と消費者の双方を保護するための、一次産品の生産・分配・価格の秩序ある運営。

四　経済発展のために外部からの援助を必要とする諸国に対する中期および長期双方の投資援助（1943-3, pp.233-4〔邦訳二五二頁〕）。

これが、ブレトン・ウッズ交渉の本当の始まりであった。一九四三年五月十八日に、いまや〈ティルトンの男爵〉となったケインズは、上院での初めての演説を行なった。その主題は、国際通貨体制の改革であった。ケインズは、イギリス案とアメリカ案のあいだの類似性を強調した。「いずれの案も利己的動機などを隠してはおりません。二つの偉大な国の大蔵省と財務省は、共通の目的、および共通の計画という高い望みを持ったこれら二つの〈文書〉をたずさえて、世界諸国の前に登場したのであります」（1943-5, p.280〔邦訳三〇八頁〕）。アメリカ案は古い革袋に新しい酒を入れたようなものに思われると、彼は述べている。

ホワイト案は修正されつづけた。アメリカは、それについて他のいくつかの国々と協議した。一九四三年六月末に、ケインズは二つの案の統合案を作成した（1943-7）。ケインズは、拠出の原則、債権国の責任の限定、どの国もその意思に反してその通貨の金価値を変更するように強制されないこと、割当額と議決権の方式、および安定基金の一般的な形態についてアメリカ側に譲歩した。彼は、最終的な妥協はアメリカの主張する条件にしたがってなされねばならないだろうということを知っていた。

九月と十月に、イギリスの提案にもとづいて予備的で非公式な英米会談がアメリカで開催された。イギリスの代表団は外務次官補のリチャード・ローによって率いられ、そのなかには、ケインズ、ロビンズ、ミード、ロバートソンが含まれていた。ロバートソンはすでにワシントンに滞在していた。ホワイトは当然、アメリカ代表団の一員であった。彼は、〈復興開発銀行〉という提案を八月に発表したばかりであった。イギリス代表団の参加者によれば、ケインズは船上で、その提案を狂気の沙汰と評した。彼のかねての性格のとおりに、ケインズは非常に活動的であり、ワシントンでも多くの人々と会った。モーゲンソー財務長官もその一人であり、到着するとすぐに昼食を共にした。滞在のあいだじゅう、ケインズはしばしばホワイトと面会した。それは、とりわけユニタスを真の国際的通貨標準にするという問題で、ホワイトと話をつけるのを望んでのことであった。

一九四三年九月十五日から十月九日にかけて、両代表団は九回にわたって会談した。九月二十一日の第一回総会での演説において、ケインズは、戦後の経済問題は――雇用および生活水準の改善という問題の根本的な解決策を見出すという究極の目的をもって――、一括して取り扱われなくてはならないということを強調した。ケインズが「わが孫たちの経済的可能性」(1930-17) の諸主題にふたたび立ち戻ったこの演説について、代表団の一員であったジェームズ・ミードは、次のように述べている。「ケインズの演説は、絶対に第一級の熱弁であった。私は、これより優れた彼の演説をこれまで聴いたことがなかった。これ以上に見事で、説得力があり、機知に富み、あるいはその訴えが本当に感動的な演説はなかった」(Howson and Moggridge 1990, p.110)。しかしながら、会合を重ねて疲労が増してくるにつれて、ケインズはしだいに非妥協的で怒りっぽくなり、ほとんど交渉を中止するほどになってしまった。一連の会合は、ケインズとホワイトのあいだの言葉の争いによって支配されていた。これらの会合は、イギリスの参加者によって以下のように描写されている。

これらの論議は、狂気の沙汰そのものではないか！　ケインズとホワイトはおたがいに隣に座り、それぞれその横に自分自身の支持者の長い列をしたがえていた。議事日程もなく、これから何を議論するのかについて予め考えてくることもなしに、二人はお互いにとって耳ざわりな不協和音の二重唱を奏でた。双方の側での罵倒がしだいに高まったのちに、会合は紛糾し、私たちが代表団の会合のためにウィラードに戻るのに間に合わなくなる時間が来る頃になって、ようやく休会となった（JMK 25, p.364〔邦訳四一二頁〕における引用）。

ミードは、彼が当時つけていた詳細な日記にこう書いている。「しかし、これらの交渉が、ホワイトとケインズのような二人のプリマドンナの手からどうにかして抜け出すことができなければ、それは将来にとって良くない兆候である」（Howson and Moggridge 1990, p.133）。これらの議論において最終的な発言力をもっているのは、明らかにアメリカ側であった。彼らは文書の文言に関しては譲歩したけれども、いかなる基本的な譲歩も決して行なわなかった。また彼らは支配的な力をもっており、譲歩する動機もほとんどなかった。ケインズは時折この事実を忘れていたようであり、自らの議論の力だけで形勢を逆転させることができると信じていた。

会合は、一四項目から成る「国際安定基金の設立に関する連合国および準連合国の専門家による共同声明」の執筆で終わった。会合が始まる前に確認された一三の相違点のうち、六点が解消された。ただし、ほとんどの場合、アメリカの案にしたがってであった。他の諸点については一九四三年十月から一九四四年四月にかけて交渉され、その間、〈共同声明〉は何回も修正された。ケインズは、一九四三年十月十八日に母に宛ててこう書いた。「そして私たちは、私たちが成し遂げたことに深く満足しています。それは、私たちの最大の期待をはるかに上回るものでした。……私たちは皆、心底から戦後の世界のために、しっかりした経済の煉瓦づくりをしようとしているのです。たとえ政治上の問題が絶望的に困難なものであろうとも、です」。

ブレトン・ウッズ

アメリカで十月九日に署名された〈共同声明〉の七回に及ぶ修正、および厄介な議論――そのいくつかは、イギリスにおいて、ケインズの見解の支持者と反対者とのあいだで行なわれた(24)――を経たのち、一九四四年四月二十二日に「国際通貨基金の設立に関する専門家による共同声明」がアメリカとイギリスにおいて発表された。この声明は、ただちにイギリスの世論の各方面で強い反対を引き起こした。左翼の側はそれを完全雇用という目的に対する脅威と見なした一方で、右翼の側はそこにイギリス帝国にとっての危険を見て取った。銀行界は、それをシティの金融上の支配に対する脅威と見なした。ケインズは、世論に対する十分な準備なしに急いで文書を公表することのないよう当局に警告していたものの、自ら報道関係者と会い、すべての政党の議員と協議した。彼は、一九四四年四月十六日にジョン・アンダーソンに宛ててこう書いている。「しかしある点では、私が公務員ではなく、古聖所《リンボ》(すべての点で、そこは天国よりも地獄に近いのですが)に住んでいるという事実によって、このような仕方で私が仲裁に入ることがかなり容易になっているのです」(JMK 25, p.436〔邦訳四九五頁〕)。ケインズは、イギリス人の孤立主義的な傾向と反米感情のことで頭がいっぱいだった。三月に彼は、心臓の状態が悪くなったので、もっとゆっくりと仕事をすることを余儀なくされた。そのため、イギリスとその自治領諸国とのあいだの交渉に出席することができなかった。五月初めには、彼はヨーロッパの連合国との一連の会合でその計画について説明した。

ケインズは五月二十三日に上院で演説を行ない、自らがアメリカ側とのあいだで到達した妥協を弁護した。ケインズはそれを、「ある重要な点では、二つの原案という両親のいずれよりもかなりの改善をみた」(1944-3, p.10〔邦訳一四頁〕)子供と表現した。この立場は、金本位制への復帰となるものではなく、各国が自由に自らの国内政策を決定できるようにするものであるということを、彼は主張した。自らの理想を裏切ったと非難されて、彼は、一九二〇年以来、断固として擁護してきた見解と、この合意が補完的なものであることを強調した。

今日の偶像破壊主義者の多くがまだ〈子牛〉の崇拝者であったときに、「金は未開社会の遺物である」と書いたのは、私ではなかったでしょうか。これらの考えが勢いを得て、政府・議会・銀行・言論界・公衆、そして経済学者さえも、ついに新しい教義を受け容れて、まさに勝利を収めたそのときに、古い土牢のなかに我々をしっかりと繋ぎ止めておくための新しい鎖をつくる手助けに赴くほど、私は、不誠実で、忘れっぽく、耄碌したとでもお考えでしょうか。上院議員のみなさん、あなた方がそのようにはお考えにならないことを私は信じております(1944-3, pp.16-7〔邦訳二二頁〕)。

ニューハンプシャー州のブレトン・ウッズでの七月一日から開催される会議にルーズベルト大統領が四四カ国を招待したことを、モーゲンソーは五月二十六日に発表した。その会議に先だって、アトランティック・シティで小規模な会議が開かれることになっていた。その場所はケインズが過ごしやすいようにと選ばれたもので、彼の不安定な健康状態はよく知られていたのである。ノルマンディー上陸作戦、大統領選挙を見越しての共和党および民主党の党大会を考慮しなくてはならず、アメリカの当局にとって日程の選択は難儀であった。ルーズベルトの選挙運動という観点から、大統領選挙に最大の効果をあたえるように会議の最終日が決められた。その運動は、大統領が四選されることを期待していた。民主党大会は、ブレトン・ウッズ会議の直後の七月十九日に始まることになっていた。ケインズは、六月二十三日にリチャード・ホプキンスに宛てて手紙を書き、『ニューヨーク・タイムズ』紙で報道された通貨計画に対して共和党が反対していることに触れている。「ブレトン・ウッズに大掛かりな猿小屋をしつらえるのは、もちろん大統領としては、以下のように言うことができるようになるためです。四四カ国が基金と銀行の創設に合意し、自分はこの試みに反対する共和党およびその他の人々に戦いを挑んでいるのだ、と。この戦術は非常にうまくいきそうだと言うべきでしょう」(JMK 26, p.63〔邦訳七九頁〕)。

ケインズに率いられたイギリスの代表団には、D・H・ロバートソン、L・C・ロビンズ、N・ロナルド、R・H・

ブランド、R・オピー、W・イーディーが含まれていた。六月十六日から二十三日にかけて、イギリスおよび他の七カ国の代表と在英アメリカ大使館から派遣されたオブザーバー一名が大西洋を渡った。何回かの討議が船上で重ねられ、それぞれ〈国際通貨基金〉と〈国際復興開発銀行〉に関する二つの「船上草案」が作成された。この草案は、アトランティック・シティでアメリカ側に提示された。

イギリス側は、基金の機能は主として自動的・定型的なものとするべきであり、強力な常任の管理者によって監督されるべきではないと提案した。予備的な作業は、アトランティック・シティで六月二十三日に始まった。ケインズとホワイトは、そこに到着するとすぐに面会した。六月二十三日から三十日までの週は、その大部分が、イギリス側とアメリカ側のあいだの最終的な対立点を取り除くことに充てられた。ケインズは、六月二十五日にリチャード・ホプキンスに宛てて書いた。

それと同時に、ホワイトは、われわれとアメリカ側とは、どの代替案を落とし、どの代替案を推すかにつき、舞台裏で高度の合意に達しておくべきであることに同意しています。このようにして、ホワイトと私のあいだでは、できるかぎり最大限に合意した案文をもつことになるでしょう。けれども表面的には、かなり多くの案件が、これとは別のかたちで提示されることになるでしょう（JMK 26, p.61〔邦訳七七頁〕）。

したがって、最大限の予備的な決定を行なう一方で、ブレトン・ウッズ会議は既成事実であるという印象を各国代表団にあたえないようにすることが問題であった。六月三十日にケインズは、ホワイトと彼自身のあいだで何回かの舞台裏の会談があったと、ふたたびホプキンスに宛てて書いた。ケインズは、アメリカ側が法律家に相談するのをやめないことに不満を述べている。イギリス代表団の一員で、ケインズ政策のかつての反対者であったロビンズ卿は、日記に次のように記している。彼の日記は、これらの出来事についての貴重な情報源である。

ケインズの話しぶりは、きわめて明快で説得的な雰囲気を漂わせていた。そして、その効果は申し分のないものだった。そのようなとき、しばしば私は、ケインズはこれまでに生まれた最も非凡な人物の一人であるに違いないと自分が考えていることに気がつく。すばやい推論、鳥のような直観の急襲、生き生きとした想像力、深い洞察力、とりわけ言葉の的確さについての無比の感覚。これらの全てが結びついて、ふつうの人間が達成することのできる限界をいくらか超えた何物かをつくり上げている（Howson and Moggridge 1990, p.158）。

一九四四年七月一日に、各国代表団はブレトン・ウッズという小さな行楽地に到着した。その地のマウント・ワシントン・ホテルはスタッフが不足していて、代表団を受け入れる準備ができていなかった。各国の代表団が到着したとき、支配人はウイスキーのケースを抱えて姿をくらましたと言われている！ 夕方の開会式に参加する代わりに、つねに伝統を重んじる人間であったケインズは、ケンブリッジ大学キングズ・カレッジとオックスフォード大学ニュー・カレッジのあいだの友好協定の五百周年を祝い、長期間にわたって準備された晩餐会を開いた。[25]

ブレトン・ウッズ会議は、七月三日に作業に取りかかった。代表団員たちは三つの委員会に分けられた。第一の委員会はもっぱら国際通貨基金 International Monetary Fund（IMF）を扱い、ホワイトが議長であった。第二の委員会は国際復興開発銀行 International Bank for Reconstruction and Development（IBRD）を扱い、ケインズが議長であった。第三の委員会は金融的協力の他の形態を扱い、メキシコ人のエドゥアルド・スアレスが議長であった。ケインズは、開会演説において、次のように主張した。「一般的に申せば、賢明で慎重な貸付を行なうことにより、インフレーションとはまったく正反対の意味において、世界経済の拡張政策を促進することが銀行の義務となるでしょう」（1944-5,

p.73〔邦訳九二頁〕。

本委員会は頻繁には招集されず、基本的な作業は小委員会によってなされた。ケインズは同僚たちを小委員会に送った。彼はほとんど小委員会には参加せず、イギリスの代表団員たちを差配する司令部にとどまり、彼らに情報・助言・指示などをあたえた。アトランティック・シティにおいてと同様に、多くのことが舞台裏で決定された。作業時間は長く、しばしば深夜一二時過ぎまでもつれ込んだ。ケインズは、七月二十二日にリチャード・ホプキンスに宛てて書いている。「ただ一つ本当に厄介に思うのは、カクテル・パーティーが桁外れに多いことです」(JMK 26, p.110〔邦訳一三七頁〕)。彼は、七月二十五日に母に宛てて書いた。「人生のなかで、これほど続けて激しく働いたことはなかったと思います」。自らの健康を心配し、また体のあちこちの不調を感じていたので、彼は深夜の議論を避け、また常にリディアの監督のもとに置かれていた。七月十九日、モーゲンソーとの食事のあとに、彼は軽い心臓発作に襲われた。うかつにも新聞に洩れ、そのニュースはヨーロッパにおいて動揺を引き起こした。会議のあいだじゅう、ホワイトおよびモーゲンソーとのケインズの個人的関係は良好であった。しかし議論はやはり困難なものであった。とくに二つの機関の将来の所在地に関してはそうであった。ケインズは、各国の代表団員たちに必要な説明をあたえる時間をとらずに、猛烈な速さで委員会を運営したことを非難された。その結果、モーゲンソーが介入せざるをえなくなるほどであった。

会議は七月十九日に終わるように予定されていたが、二十二日まで延長された。作業は、四月の〈共同声明〉と異なっていないことが明らかとなった協定によって、七月二十日に終了した。しかしながら最後の仕上げは、さらに検討を要するものであった。すなわち、法になる前に各国政府によって承認されることが必要であったのである。したがって作業は、終わりにはほど遠かった。七月二十二日の夕方に、ケインズは会議の締めくくりとして協定承認を提案する演説を行なった。彼は、ホワイトとモーゲンソーを称え、弁護士や法律家——ケインズは、その存在が悩ましいものであることを理解した――に対してさえも若干の賛辞を贈った。「法律家は、あまりにもしばしば常識を違法なものとすることに精を出しています。法律家は、あまりにもしばしば詩を散文に変え、散文をたわごとに変えてしまう人々であります。ここブレトン・ウッズにおけるわれわれの法律家は、そうではありません。それとは反対に彼らは、われわれのたわごとを散文に変え、われわれの散文を詩に変えてくれたのであります」(1944-6, p.102〔邦訳一二七頁〕)。ロビンズ卿の日記は、この出来事を以下のように描写している。

終わりにあたりケインズは、彼のもっとも巧みな演説の一つによって議事を締めくくった。そして各国の代表団員たちは、何度も何度も立ち上がって拍手することによって彼を褒め称えた。ある意味では、これは彼の生涯における最大の勝利の一つである。自らが受けた指示に忠実にしたがい、疲労や病気と闘いながら、彼はこの会議を完全に支配したのである (Howson and Moggridge 1990, p.193)。

R・H・ブランドは、ホプキンスに宛ててこう書いた。「この会議が成功であったとお考えになることを希望します。ケインズは、疑いなく極めて傑出した人物であったと申し上げなくてはなりません。たしかに彼は驚異的な人物です」(JMK 26, p.113〔邦訳一四〇頁〕)。ケインズは、総立ちの拍手喝采とトラディショナル・ジャズ『彼はいいやつ』の合唱を受けて退場した。

アメリカの勝利

合意の解釈をめぐる問題は、会議が終わると直ちに生じた。七月三十一日にデニス・ロバートソンは、ブレトン・ウッズの最終文書に内部矛盾が存在することについてケインズに注意を促した。一見したところ取るに足りないこの問題は、それに続く数カ月の混乱を引き起こし、これまでの全過程を台無しにする恐れがあった。それは、ある加盟国の金と外貨準備が急速に減少している場合に、その国が支払い・資金移動・交換性に対して制限を課すことを、どの程度まで国際通貨基金が禁じることができるのかを確認するという問題であった。ケインズは、その決定は加盟国の権限であって、基金の権限ではないと考えていた。会議のあいだに、イギリスはこの問題に関してアメリカに譲歩していたが、ケインズは、その譲歩が自分の知らないまま行なわれたものであると信じていた。これに対してロバートソンは、ケインズが妥協に関する文書に目を通して、それを承認したのだと主張した。ロバートソンは、一九四五年一月にケインズに宛ててこう書いた。「しかしともかく、あなたの同意を得たとき、あなたがその意味を理解したかどうかを、私自身であなたに会って確認しておかなくてはならないという決断をしなかった点で、私は判断上の大きな誤りを犯しました」(JMK 26, p.160〔邦訳二〇二頁〕)。ケインズは、ロビンズに宛てて一月十九日に書いた。「会議が終わり近くになって、草案のいくつかの問題点についてイーディーが私のところにやって来たのを覚えています。しかし、それがこの問題に関するものであったかどうかは、記憶もなければ自覚もありません」(*ibid.*, p.174〔邦訳二一二頁〕)。ケインズとロバートソンのあいだの関係は、戦時中には心の通ったものであったが、ふたたび緊張したものとなった。その論争は、ケインズとホワイトのあいだでの新たな意見交換をもたらした。ケインズは、モーゲンソーに宛てた公式書簡を起草した。それは最終的に一九四五年二月に送られた。ケインズが望んでいた条件でその問題に決着をつけた返答は、ようやく六月八日になって到着した。

〈ブレトン・ウッズ協定〉は、銀行家と共和党員――ケインズは、彼らが狭い視野しかもっていないと同僚たちに述べた――を満足させるように修正されたうえで、アメリカ下院によって採択された。一九四五年四月にルーズベルトが亡くなったあとで、アメリカの政治的官吏の交代が行なわれた。とくにモーゲンソーに代わってフレッド・ヴィンソンが財務長官に就いたが、そのことは状況を複雑にした。他方でケインズは、蔵相に代わって代表団長に就いた。

その代表団は、九月から二カ月間アメリカに滞在し、その主な目的は〈武器貸与〉の返済条件について協議することであった。ケインズは母に対して、その任務を、「私がこれまで経験したなかで最も困難な仕事」(一九四五年十月二十一日)と述べた。「しかし、ロンドンをほどほどの妥協へと導くさいの困難は、ワシントンを動かすさいの困難にまさるとも劣らないものです。そして私たちの仕事は、全体として見ると、たいへんに複雑なものです」(一九四五年十一月四日付の母宛の手紙)。実際、ケインズとその代表団は、アメリカから贈与を得られず、また無利子借款すら得られなかった。合意は不可欠であり、それなしにはブレトン・ウッズの全機構が崩壊の危険にさらされてしまう。英米金融協定は十二月六日に署名され、イギリスにとっては文字どおりの降伏文書となった。要求した五〇億ドルの贈与の代わりに、イギリスは二パーセントの利子で三七・五億ドルの借款を受けることになった。

一九四五年十二月に、〈ブレトン・ウッズ協定〉はイギリス議会に提出された。そこでは、協定への反対が強かった。ケインズは、十二月十八日に上院議員たちの前で演説を行なった。彼は、その条件が不満足な性格のものであることを認めながらも、それに対する賛成票を投じるよう彼らに呼びかけた。「それでも私は、われわれにとって十分に満足ではありませんけれども、金融協定の結果は妥協を表し、アメリカ側が初めに妥当だと考えていたものからかなり大きく変更されていると信じてくださるよう、閣下たちにお願いしなくてはなりません」(1945-3, p.612〔邦訳六五四頁〕)。最終的に協定は、賛成三四三票に対して、反対一〇〇票、棄権一六九票で採択された。他の加盟国による採択も得て、国際通貨基金と国際復興開発銀行の設立総会が、一九四六年三月にジョージア州サヴァナで招集された。しかしながら、若干の未解決の問題がなお存在していた。とりわけ機関の本部の所在地と、理事の身分およびその俸給についての問題がそうであった。イギリスは、これらの機関がワシントンに置かれることに反対していた。そこはアメリカの政治権力にあまりにも近すぎるからであり、その代わりにニューヨークに置くことを提案していた。〔サヴァナ会議に先立つ〕ワシントンでの会合の終わりに、新しい財務長官のヴィンソンは、ケインズに対する何の配慮もなしに、アメリカが本部としてワシントンを提案したことを発表した。

　一九四六年二月十九日にケインズは、ブレトン・ウッズで創設された二つの機関であるＩＭＦとＩＢＲＤのイギリス側理事に任命された(26)。ケインズは、サヴァナでの開会演説において、新しい機関を妖精たちに囲まれた双子として描写した。第一の妖精は、子供たちが世界全体に属していることの証となるように、ジョセフの多色の上着をもってくる。第二の妖精は、きゃしゃな子供たちのためにビタミン剤の入った箱をもってくる。三番目の妖精は、賢明さと思慮分別の精神を表す。ケインズは、「意地悪な妖精、カラボス〔『眠れる森の美女』に登場する妖精の一人〕のいない」ことを望んだ。その呪いは、次のようなものになるだろう。「『おまえたち二人のガキどもよ、大きくなったら政治家にしてやるぞ。おまえたちの考えも行ないも、ことごとく腹黒いものにしてやるぞ』。……もしも、こんなことになろうものなら、もっともうまくいったとしても、そこで起こりうることといえば――そして、それが起こりそうに思われることなのですが――、子供たちは永遠の眠りにおちてしまい、二度と人間の広場や市場においてふたたび目を覚ますこともなければ、その噂を聞くこともないということでありましょう」（1946-2, p.216〔邦訳二七五頁〕）。ヴィンソンは自分自身が攻撃されたと感じたようであり、カラボスにたとえられたことに納得できなかった！

　これに続く議論において、イギリスは、新しい二つの機関の所在地についてのアメリカの選択を黙って受け容れた。それらは、ワシントンに置かれることになった。理事職に関しては、アメリカ側が常勤の官僚によって構成されないことを受け容れた。しかしながら、俸給の問題に関しては、アメリカ側が高給を望んだのに対して、ケインズは、そのような決定に対してイギリス代表団は反対票を投じると表明した。彼がこのような態度をとったのは、稀なことであった。アメリカ側に対してケインズが苦々しい思いを募らせていることは、あたかもケインズが彼らの隠された意図に突然気がついたかのように、会議の終わり近くになって明らかになった。彼は、一九四三年三月十三日にリチャード・カーンに宛てて次のように書いた。

アメリカ側はどのようにすればこれらの機関が国際問題を扱うことができるようになるかについて何の考えももっておらず、そしてほとんど全ての方面において彼らの見解はつたないものです。それにもかかわらず、彼らがわれわれその他の者を無視して、自分の考えをむりやり押し通そうとしていることは明らかです。……アメリカ側の上層部は、国際協調という考えをまったく欠いているように思われます。彼らは最大の共同出資者ですので、実際上のあらゆる点について指揮する権限を自分たちがもっていると考えているのです。もし彼らが音楽を解しているならば、そのことはさほど大きな問題とはならないでしょう。しかし、残念ながら彼らは音楽を分かっていないのです（JMK 26, p.217〔邦訳二七六頁〕）。

列車でワシントンに戻る途中、ケインズは激しい心臓発作に見舞われた。ヨーロッパに向かう船のなかで、彼は、アメリカの政策を激しく非難するとともにイギリス政府に協定を批准しないように助言する文書を書きはじめたと言われている。そしてイングランド銀行の顧問であるジョージ・ボルトンと大蔵次官補のアーネスト・ロウ-ダットンが、その文書を破棄するように彼を説得したとも言われている（Bolton 1972, Moggridge 1972, p.834 における引用。モグリッジは、このエピソードの信憑性を疑っている）。ケインズは、サヴァナ会議についての蔵相宛の報告書でこう書いている。「それにもかかわらず、その結果は、われわれの以前の希望に比べて落胆すべきものであり、新しい機関の効率的な働きを疑わせる前兆ではあるけれども、それは適切な観点から検討されなくてはならない」（1946-3, p.227〔邦訳二八七頁〕）。ケインズは、帰国直後にリディアおよび自分の両親といっしょにティルトンの家で復活祭《イースター》の休暇を過ごした。彼は、復活祭の当日、午前に六十二歳で亡くなった。戦時中に費やした多大な努力が、彼の命を縮めることにつながったようである。

敗北の教訓

国際通貨基金および国際復興開発銀行――今日の世界銀行――を誕生させた協定は、逆説的なものであった。われわれが見たように、ケインズは最初から最後までその主要な立案者の一人であった。しかしまた、その最終的な形態において協定は、新しい国際金融秩序を建設するためのケインズの最初の計画案で彼によって示されていた意図からは大きく離れていた。彼の案では、完全雇用と成長を促進するとともに、戦争のない世界をつくるために国際金融秩序が設計されていたのである。協定はヨーロッパの連合国の考えよりもアメリカの考えに近かっただけでなく、組織のその後の進化とそれらの活動は、組織をケインズの目的からさらに遠ざけてさえいる。

このことは、政治的・経済的・軍事的な権力抗争――これら三つの次元は、密接に結びついている――の支配を例証している。ケインズは、このことを非常によく知っていた。第一次世界大戦後に、あるいはすでにそれ以前に、世界の指導国の地位はイギリスからアメリカに移った。イギリスの経済的不況は、一九二九年以前に始まっていた。ケインズの議論のいくつかに着想をあたえたのは、一九三〇年代の危機よりもむしろ一九二〇年代の経済停滞であった。一九三〇年代の危機から世界を救い出すのに役立ったのは、ルーズベルト大統領のニューディールであって、『一般理論』ではなかった。第二次世界大戦はヨーロッパで戦われたにもかかわらず、その勝利は、大部分がアメリカの力によるものであった。アメリカが自らの新しい国際経済秩序を押しつけるのは当然のことであった。またドイツが自らの秩序を押しつけるのを防いだのもアメリカであった。したがってブレトン・ウッズ会議がこの事実を認めたことは、ほとんど驚くに当たらなかった。

ここで触れられた様々な出来事はまた、別の現実を例証してもいる。すなわち、選挙で選ばれたのではない専門家の力が増大したという現実――とくに国際金融関係の領域において――がそれである。実際にはブレトン・ウッズ会議は、ニューハンプシャー州のホワイト・マウンテンを背景とし、ワシントン山のふもとを舞台として見事に構成された一つの劇であった。そこではぜいたくなホテルが四五の代表団を受け入れ、その名を広めた。提示された原案をめぐって時には活発な議論が行なわれ、それは修正を受けた。しかし、本質的な諸問題はすでに決定ずみであった。代表団員たちは、ケインズ案とホワイト案のいずれを取るかを決める必要はなかった。ケインズ、ホワイト、および彼らの協力者たちがすでに相違点を取り除き、その結果、単一の英米案をブレトン・ウッズの代表団員たちに提示することができた。アメリカとイギリスの双方が、すでにこの案を連合国・友好国・保護国と協議していた。われわれがすでに見たように、ブレトン・ウッズ会議の前に、アトランティック・シティにおいて、アメリカとイギリスおよび他の二、三の代表団のあいだで予備的な会合が開かれてさえいた。それは、最終的な儀式の前に議題を整理し、長引いた論争を解決しておくために計画されたのであった。たとえ代表団員たちが、あたかも自分たちが何らかの決定を行なうために招集されたかのような印象を植え付けられていたとしても――とくにホワイトの主張に関して――、すでに劇の大部分は、アトランティック・シティの劇場の舞台で演じられていたのである。

このようなテクノクラートの権力は、国境を超えるものであった。専門家たち、とくに経済学者たちの真の『インターナショナル』〔革命歌の一つ〕は、ブレトン・ウッズ協定を導く物語にかかわっていた。[27] 逆説は、彼らのほとんどがケインジアンであったか、あるいは少なくともケインジアンを自称していたということである。このことはまた、最終的な合意の性格について説明してくれる。その言い回しは、たとえその署名者たちの意図を表明するためのものに過ぎなかったとしても、ケインズの意図の一部分を反映していたのである。

しかし、その先導者の行路を顧みるならば、ケインジアンたちがこの協定を誕生させたことは驚くに当たらない。ケインズは、いくつかの根本的な目的に終始一貫して忠実であった。すなわち、失業がなく、階級間および国家間の顕著な不平等もない世界をつくるという目的に。そして、このことは国家による経済の理性的な管理を意味していた。

国際的な金融協定は、これらの目的に到達するために不可欠のものであった。それらを成し遂げるために絶え間ない努力を重ねることによって、ケインズはますます大きな妥協を次々と強いられた。そうした妥協は、アメリカ側からの欠くべからざる同意を得るためには避けることのできないものであった。彼は、譲歩しても、協定の中身は保たれると考えていた。けれども彼の譲歩は、しだいに協定の中身を空っぽにした。とくに、利害関係者が二枚舌を使うときには、そうであった。ケインズは、人生の最後においてこのことを痛切に思い知らされた。こうした妥協によって、ケインズが思い描いていたものとは全く異なる政策が展開されていくことになった。しかし、それはまた別の話である。

注

（1）ケインズとインドに関しては、Chandravarker（1989）、および Dimand（1991）を参照せよ。

（2）本章は、Dostaler（1985, 1994-5）の記述を借用している。これらの問題に関しては、Chandravarkar（1987）、Élie（1989-90）、Ferrandier（1985）、Gardner（1975）、Perroux（1945）、Schmitt（1985）、Williamson（1985）、Thirlwall（1976）に収められた諸論文、および Moggridge（1969, 1972, 1986）の研究を参照せよ。

（3）金本位制に関しては、Merten（1944）、Bordo and Schwartz（1984）、De Cecco（1984）を参照せよ。

（4）「単本位」は、一つの貴金属が本位貨幣の役割を果たす制度を記述するために用いられる。これに対して「複本位」は、二つの金属、一般には金と銀がこの機能を果たし、両者のあいだの交換比率が安定的に定められなくてはならないような制度を指している。

（5）マッキンリーは帝国主義政策を主導し、米西戦争後にキューバを米軍の統治下に置いた。彼は一九〇一年に一人の無政府主義者によって暗殺された。将来、大統領となるフランクリン・デラノ・ルーズベルトの従兄弟にあたるセオドア・ルーズベルト副大統領が、マッキンリーの後を継いだ。

（6）カリフォルニアのゴールド・ラッシュ——そのときには金が幻覚を引き起こし、人々を狂気へと導いた——は、チャーリー・チャップリンの『ゴールド・ラッシュ』という傑作映画の一つに着想をあたえた。チャップリンは、ケインズが最大の称賛をあたえていた芸術家である。『モダン・タイムス』が現代資本主義における労働者の運命を描く一方で、『独裁者』はナチズムの残虐な愚かさを強調している。

（7）ウォルター・カンリフは、一九一三年から一九一八年までイングランド銀行総裁であった。金・雇用・戦争、これらはケインズの三つの主要な戦場であった。

（8）ケインズの諸論説（JMK 17, pp.354-425）を参照せよ。

（9）経済学の博士論文を一九二三年に書き始めたフリードリッヒ・ハイエクは、ケインズと同じ結論に独立に到達していたと主張している。ハイエクは、ケインズの著書が刊行されたのを知ったのちに、自らの発見を発表することを断念した。ケインズは、『平和の経済的帰結』の公刊により、ハイエクにとっての英雄の一人となった（Hayek 1994, p.89〔邦訳八八頁〕）。このような評価は、のちに変わることになる。

（10）ニーマイヤーは、一九〇六年の文官試験において僅差でケインズを上回った。その結果、ニーマイヤーは大蔵省の職を選ぶことができ、ケインズはインド省で満足しなくてはならなかった。もしケインズが大蔵省で彼の職業生活を始めていたならば、いったいどうなっていただろうか。ニーマイヤーは、大蔵事務次官のウォーレン・フィッシャーと衝突したのちに辞職し、一九二七年にイングランド銀行に入行した。それに次いでリチャード・ホプキンスが、彼の後任の金融局長となった。金融局次長のフレデリック・リース‐ロスとともに、これらの人々がチャーチルのおもな助言者であった。ニーマイヤーやリース‐ロスとのケインズの個人的関係は、決して打ち解けたものではなかった。その一方でケインズは、大蔵省を攻撃するときにもホプキンスをその対象から除いた。それにもかかわらず、これらの人々は皆、月に一度〈火曜クラブ〉で会っていたように思われる。

（11）Kersaudy（2000, pp.239-42）も参照せよ。

（12）この著作は、ニコラス・カルドアの『サッチャー夫人の経済的帰結』（一九八三年）の着想の背景となった。

（13）この章の題辞の二番目の引用を見よ。

（14）それにもかかわらずケインズは、自由貿易に対する自らの信奉は教条的なものではなく、それは状況に応じて修正されることがありうるとしばしば主張していた。

（15）ケインズは、このハンガリー人の医師——彼の患者のなかには、アインシュタインもいた——を高く評価していた。なぜなら彼は、非常に自信を持って診断書を提出し、それから次の週にはそれと同じくらい大きな自信をもって反対のことを言い渡すことができたからである。さらに彼は、難しい専門用語ではなく日常用語で自分の考えを言い表した。主治医とのあいだの夥しい書簡において、ケインズは、詳細でときには驚くべき自己診断を行なっている。

(16) R. Toye (1999) を参照せよ。

(17) この主題に関しては、Delfaud and Planche (1985) を参照せよ。

(18) 一カ月と少し前の七月九日に、ケインズは彼の「大蔵省での新しい仕事」に関してシェパードに宛ててこう書いている。「必要とされる義務は、実際には非常にわずかであると言わなくてはならない。私が行なうどんな仕事も、主として、自分自身でつくり出さなくてはならないだろう」(JTS/2/112)。これから見るように、事態の成り行きによって、彼の任務の軽さに関するこのような見方は否定されることになる。

(19) ケインズの友人の一人であるホプキンスは、しばしばケインズと大蔵省のあいだの仲立ちの役割を果たした。

(20) ホワイトは一八九二年に生まれた。ハーバード大学で博士号を得て、ウィスコンシン州アップルトンのローレンス・カレッジで教鞭をとったのち、一九三四年に財務省に入省した。彼はそこで急速な昇進を遂げ、一九三八年にはヘンリー・モーゲンソー長官の主要な助言者の一人となった。一九四一年には、国際関係にかかわる全ての問題に責任を負う財務次官補に任命された。国際通貨基金のアメリカ側専務理事に任命されたホワイトは、一九四八年に、スパイ疑惑をめぐって下院非米活動委員会による審問を受けた三日後に心臓発作で亡くなった。スキデルスキー (Skidelsky 2000, pp.256-63) によると、彼はソ連のスパイであった。Rees (1973) も参照せよ。一つのことは確かである。ホワイトは、ケインズの提唱した英米の支配よりも、米ソの覇権のほうを好んでいた。

(21) 交渉者としてのケインズに関しては、F. G. Lee (1975) を参照せよ。

(22) ケインズによってなされた一連の修正は、JMK 25, pp.449-68〔邦訳五〇九―二七頁〕において見ることができる。

(23) イギリス側の文書を白書として出版する意図をもっていることをイギリスがアメリカに通告してきたのちにアメリカ案を公表してはどうかというモーゲンソーの提案に、ルーズベルト大統領は最初は反対した。ルーズベルトは、ロンドンの新聞がホワイト案の概要を四月五日に発表したあとに考えを変えた。

(24) かつて一九二〇年代末にはケインズの支持者にして協力者の一人であったヒューバート・ヘンダーソンを中心に結集した反対者たちは、とりわけイングランド銀行に見出された。

(25) この祝賀会の参加者には、デニス・ロバートソン、ナイジェル・ロナルド、ライオネル・ロビンズ、ロバート・ブランド、ワイン・プランプトリー、ディーン・アチソン、オスカー・フォックス、および中国の蔵相であるクン博士が含まれていた（JTS/2/112）。

（26）「あなたも間もなく新聞で読むことであろうが、私は、国際通貨基金および国際復興銀行のイギリス側理事としてそこに向かう。しかし、これは大げさな言い方で、実際には休日の遠足だ」（一九四六年二月二十日付のシェパード宛の手紙、JTS 2/112）。

（27）この主題に関する詳細については、Ikenberry（1992）を参照せよ。

8

芸術

芸術の理論家・消費者・後援者

私の考えでは、あらゆる種類の記述的ないし理論的な批評のなかで、芸術を扱う批評ほど満足のゆかないものはない。……哲学についての正確で言葉で表した観念と美や感情についての有機的で不可分一体の知覚、われわれが少しずつ知ってゆく事柄と全体としてしか把握しえない事柄、観察する人々と理解する人々、――これらはそれぞれ対立していると思われているが、このことほど致命的な害悪はない。

――「美の理論」（1905-2, pp.2-3）

それゆえ、これが平和に向けての第一歩であるのだが、科学者は芸術家を自分の主人だと認めなければならないのである。

――「科学と芸術」（1909-2, p.3〔邦訳一四九頁〕）

私は、自分がわが国の芸術部門の人民委員《コミッサール》であることを誇りに思っています。

——M・S・ステパノフ宛の手紙、一九四四年七月十八日（Moggridge 1992, p.705 における引用）[1]

ついに大蔵省は、文明的な生活術を支援し奨励することが自分たちの責務の一部だと認めたのであります。しかしわれわれには、こうした側面の社会的努力を社会化しようという意図はありません。みなさんが毎晩この時間にお聞きになっておられるように、近ごろ争い合っている各政党が産業の社会化についてどんな見解をもっていようとも、芸術家の仕事は、その性質上、どこをとっても個人的であり、また自由で枠にはめることができず、組織化も統制もできないことは誰もが認めると思います。芸術家は、霊感の息吹のままに歩んでいきます。どこへ行くのか言うことはできないし、自分でもそれは分からないのです。しかし芸術家は、われわれその他の者をさわやかな牧場《まきば》へと導き入れ、われわれが最初は拒みがちなことを愛し楽しむことを教え、われわれの感受性を豊かにし、われわれの直観力を浄化してくれます。

——「芸術評議会——その政策と希望」（1945-2, p.705）

われわれは、本書の旅を倫理学から始めた。そして美学でもって旅を終える。すなわち、善きことから美しきことへと移ることになる。この二つの世界のあいだに架かる橋は、もちろん一つだけではない。きわめて偉大な哲学者というものは、一般にこれら二つの問題に取り組んできた。すでに見たように、ムーアとブルームズベリー・グループにとって、善きことは、自然や芸術における美の観照によって生じる心の善き状態と結びついている。ブルームズベリーの美学上の宣言書である『芸術』において、クライブ・ベルは次のように書いている。「芸術は何よりも道徳であり、あるいはむしろ、すべての芸術は道徳である。なぜならば、これから示したいと思っていることだが、芸術作品は直接に善にいたる手段だからである」（Bell 1914, p.32）。第一回ポスト印象派展の事務局役を務めたデズモンド・

マッカーシーは、展覧会の説明のなかでこう宣言した。

今日では、芸術における新しいものは、何かと不道徳な行為と同類の憤慨を引き起こしがちであり、文句なしに純粋無垢な絵画なのに悪徳的だと言われたりする。おそらく人々は、何らかの精神的ショックを受けると、過去に自分が受けた道徳的ショックを思い出しがちなのであり、そしてその感覚がよく似ているので、彼らは今回のショックも同じ理由によるものだとしてしまうのである(MacCarthy 1995, p.77)。

ケインズにとって親友の多くは芸術家だった。芸術は、人間諸活動の序列において頂点を占めるものであり、科学の上に、まして経済活動の上に立つものであった。経済活動は、芸術と科学の僕《しもべ》の地位にある。この点について彼は、先に引用した論文のなかで説明している。その論文は、彼がケンブリッジの経済学者としての経歴を開始したばかりの一九〇九年二月二十日に、アポスルズ・ソサエティで発表したものである。その論文は表題をもっていなかったが、のちに「科学と芸術」という表題があたえられた。芸術の領域と科学の領域において同時に秀でるというのはこれまで困難なことであった、とケインズは断言する。二十世紀に第二のレオナルド・ダ・ヴィンチが生まれるのを、われわれは見られそうにない。それに加えて芸術家と科学者は、たがいをますます理解しなくなり、ときにはたがいを見下してさえいる。こうした誤解を克服し、芸術活動と科学活動の相違は人々が考えているほど大きくないと知ることが必要だ。科学者は、芸術家と同じように創造者である。そして両者はともに、自分たちの仕事を進めるために直観を利用する。ニュートンやアインシュタインなど、きわめて偉大な科学者たちは、どんなに無味乾燥な理論であろうとも、理論は優美さが重要だと強調してきた。そして、自らの理論の妥当性を同時代の人々に納得させるために、彼らはレトリックという技法《アート》を使わなくてはならなかった。

そうは言うものの、科学者は、科学に対する芸術の優位性を認めなくてはならない。人間諸活動の尺度で測ってみると、芸術作品の創造過程は、新知識の発見がもつ価値よりも大きな本来的価値をもっている。さらに芸術と科学は、それぞれの経済活動——とりわけ富の追求——との距離よりも、たがいのあいだの距離のほうが依然として近い。

司会者である私は、科学者が世界で中間的な地位を占めるべきだと考えている。科学者は、実業家よりもはるかにうまく自分の時間を使っているのは確かである。……しかし、優れた芸術家が科学者よりもはるかに高い地位にあることは、科学者が株式仲買人よりも高い地位にあるのと同じくらい、ほとんど確実なことではなかろうか。金儲けや能力のことを別とすれば、実業家よりも科学者に、科学者よりも芸術家になりたくないような兄弟〔アポスルズは自分たちをこう呼んだ〕がいるのだろうか（1909-2, p.3〔邦訳一四九頁〕）。

ウェルズの書物の書評（1927-2）——それは一九二七年二月に公刊され、本書第5章でも引用された——において、ケインズは、人間諸活動のこうした序列化についてフロイト的な解釈をあたえている。芸術と科学は、至高の昇華形態をなす。芸術家や科学者になれる見込みのなかった実業家たちは、自らのあり余る情欲《リビドー》のはけ口を、貨幣の神経症的追求に、何の役にも立たないものの蓄積に求めることを余儀なくされる。

もっともわれわれは、ケインズが貨幣蓄積に多大な精力を注いでいたことを知っている。しかし、その貨幣は何よりも美への接近を容易にするためのものであった。そしてケインズは、自分自身を何よりも第一に科学者だと見なしていた。講話の最後で〔アポスルズの〕兄弟たちに語ったところでは、彼は芸術家になりたかったという。かたやニュートン、ライプニッツ、ダーウィン、かたやミルトン、ワーズワース、ベラスケスで、どちらかを選ぶとしたら、彼はあとの三人のうちの一人になりたかったことであろう。彼は、自分が芸術家になるための才能に十分恵まれているとは思っていなかった。しかし言葉や作文を習得することは、一つの芸術であると見なすことができる。ケインズは、自分の『貨幣論』が芸術的失敗作であったことを嘆いた。複雑な問題を簡潔に説明するケインズの才能を思い出しながら、友人のクライブ・ベルはこう書いた。「このようなとき、メイナードは今まで私が会ったなかでいちばん賢い人間であると確信した。また、そんなときに私はときどき、彼は芸術家であると、無分別にも何の疑いもなしに感じたものである」(Bell 1956, p.61)[2]。

この章では、芸術家としてのケインズの人物像を論ずるつもりはなく、それよりも芸術に対する彼の態度や見解を論ずるつもりである。はじめに、美学について彼が書いたあまり知られていない幾つかの論文を分析する。次いで芸術の消費者としての、とりわけ絵画の収集家としての彼の活動に目を転じる。そして最後に、イギリスの芸術・文化生活における管理者・組織者・後援者として彼が果たした重要な役割について検討する[3]。

一　美学のビジョン

序　論

一九〇三年にアポスルズの会員となってから一九一〇年に「羽が生える」まで[4]、ケインズは二〇編を上回る論文を発表し、その多くは哲学的な性格のものであった。そのうちの約半数は、美学的考察を展開するものであった。おそらく一九〇三年六月、彼が発表したいちばん最初の論文は「卑猥な言葉の束を書こう」と題され、「文学における猥褻なもの」という別の題目をもっていた。ここでケインズは、ストレイチーがアポスルズでの最初の発表で展開した主題をふたたび取り上げた。ストレイチーがそこで止めたところから続けて、ケインズは、何ごとも、とりわけ異常きわまる性行動さえも、芸術的な扱いの対象となりうるのだという考えを擁護した。「しかしわれわれは、正常な情欲についてだけでなく、異常な情欲についても卑猥な言葉の束を書くべきである。……高次の男色に関する本物の文学というものは存在していない。そのような欲情は、最高にすばらしい山場のための題材をあたえてくれるのである」(1903-3, pp.11-2)。シェイクスピアの猥褻きわまる文章ほど、これに当てはまるものはない。

一九〇四年四月三十日に発表された「美」は、全面的に美学を扱った最初の論文である。倫理学や確率論についてもそうであったように、ケインズは、聴衆のなかにいた哲学者たるムーアの議論を批判的に発展させようとする。彼は、ムーアの美についての概念を、あまりに広すぎて曖昧であると批判する。『倫理学原理』においてムーアは、美を、「それを嘆賞しつつ観照することがそれ自体で善いもの」と定義する(Moore 1903a, p.275〔邦訳二六〇頁〕)。ケインズに言わせると、われわれが嘆賞しつつ観照するが、美しくはないものも存在する。「しかし、それを嘆賞しつつ観照するのが善である全てのものに付随しているような、一つの特別な美というものが存在するというのは、あまり確かなことではないと私は思う」(1904-1, pp.3-4)。自然の美や、またもしかすると少数の例外的な芸術作品を別にして、それだけで、またそれ自体において美であるものなど存在しない、とケインズは考える。絵画それ自体に美があるのではなく、われわれのほうが絵画に美があると見なしているのである。この短文は素描にすぎなかったが、それは確実に、その場で非難されたムーアから鋭い批判を受けたはずである。ケインズはのちの著作で、自らの見解を明確化し発展させていった。

一九〇五年の七月と九月のあいだに書かれた「倫理学雑考」については既に触れたが〔第2章を参照〕、それは、「倫理学の行為に対する関係」とともに、確率に関するケインズの考え方の基礎を含んでいる。しかしこの手稿はまた、美学に関する重要な考察をも提起している。そこには、ケインズの美学的ビジョンにおいて中心的な役割を果たしつづけることになる一つの概念が含まれている。「適合性」fitness という概念が、それである。「「適合」が完全に明示されうるのは「善」との関係においてである。しかし、この二つの概念はともにそれぞれ独自のものであって、合成されたものではないように思われる。あらゆる善き感情に対応して、それに適合する事物が存在する。そして、それに対して善き感情をもつことができるような事物は適合しているのだと言ってよいだろう」（1905-1, pp.5-6）。このように定義された適合性は、ある外的な事物に対応する精神的な事物である。心の善き状態や美的感動というのは、これに反してわれわれの知覚と結びついている。たしかにある事物の美しさは、それに固有の特性に由来している。しかしそれはまた、われわれの知覚器官や、事物に対するわれわれの空間的位置にも由来しているのである。

われわれの美的感情は、われわれの知覚内容によって喚起される。それゆえわれわれは、類似の事物は誰にもつねに類似の感覚を喚起すると仮定するか、あるいは、喚起された各種の感覚のうち、ある感覚は事物のようなものである――他の感覚はそうでないという意味で――と言いうると仮定するか、そのいずれかであるにちがいない。しかしながら、これらの仮定はいずれも正当とは認められないように思われる。ヒュームが用いている例証をとってみると、仮にわが恋人の顔を顕微鏡で見なければならないとしたら、美についてのわれわれの見解は変わってしまうだろう。われわれの眼は特種なレンズである。きっと理解できることだが、神の慈悲ぶかい深慮のおかげで異なる種類のレンズがあたえられたならば、まったく異なった一群の事物がわれわれにとって美しいものに思われるようになるだろうということを、想像してみたまえ（1905-1, p.12）。

恋愛の熱情にかかわる肉体的・道徳的な資質という問題は、ケインズとその友人たちが中心的に没頭したところであった。恋愛関係に当てはまることは、芸術作品の観照にも当てはまる。

絵画がもつ美しさは、われわれがそれを据えつける特定の方法に大いに依存する。とりわけ、遠くから眺めたり、念入りに眺めたりすることによって効果が生まれるような絵画は、この種の眼の調節をときどき必要とする。対象をはっきりと見なければならない場合には、われわれは、立体鏡やオペラ・グラスを使って、こうした眼の調節をしばしば行なわなくてはならないのである（*ibid.*, p.17）。

加えてまた、全体の美はその各部分の美の合計ではないという意味で、美は一個の有機的統一体である。このことは、人間であろうと、絵画であろうと、あるいは美的感動を引き起こしそうな他のどんな事物であろうと、それらに関係なく当てはまる。

「美の理論」

一九〇五年の八月と十月のあいだに、ケインズは、美学に関する彼のいちばん念入りな手稿である「美の理論」を書いた。この論文は、アポスルズのためにではなく、G・L・ディキンソンの会のために書かれたのであり、その会で一九〇五年十一月八日に読み上げられた。そういうわけで、なぜケインズがここで「倫理学雑考」から――とりわけ「適合性」に関して――長い文章を引用することになったのかが分かるだろう。この論文は、一九一二年五月五日、当初の手稿から数箇所を削除して、アポスルズで披露された。もとの手稿についてケインズは、一九〇五年十一月十二日にリットン・ストレイチーに宛ててこう書いている。「お知らせするのを忘れていたが、僕は先週の水曜日、ディキンソンの会で〈美〉に関する論文を読み上げた。それは難解すぎて、あまり成功したとは思えなかった」。その論文は、難解というよりも抽象的であり、主題が主題だけに、それは避けられないことである。それは「知識の過程と感覚の過程」の調和ということを扱っており、これは芸術家と哲学者が提携しなければならない企てなのである。「というのは事柄の性質上、芸術の研究は哲学の研究ときわめて密接不可分な関係にあるからである」（1905-2, p.4）。この論文から取った本章の最初の題辞は、芸術と哲学のあいだの対立を非難している。美を理解するためには、そしてまた社会・経済・世界を理解するためには、分析と直観を結合しなくてはならないのである。

成功するためには、分析力と直観力を分離させると同時に協同させることが必要である。いくらか高いレベルで両方を具えた者は、きわめて卓越した個人となるだろう。しかし、哲学者と芸術家が相互の疑念をなくし、また一方の才能が他方の才能を点検し監督しさえすれば、それだけで最後には美の各部分や各種類が認識されるようになり、知識と創作がともどども前進することだろう（1905-2, p.3）。

芸術家は、自分の知覚の本性を完全には言葉に置き換えることができない。彼の言葉は、必然的に正確さを欠くにちがいない[5]。だが決して、彼のビジョンが曇っているのではないはずだ。芸術家と哲学者は、ともに知覚することを学ばねばならない。哲学者の側では、芸術家のもつ審美眼や創造力を欠くこともあるだろう。「しかし彼は、美的判断の本性や対象を認識するために、自らのうちに芸術家的なものを十分に具えていなくてはならない。彼自身はこうした諸問題について個性的で強い印象をもつ力がなければならず、また彼は、よりいっそう繊細で鋭敏な精神が経験した事柄にもとづいて、自らの分析を不断に点検しなければならない」（*ibid.*, p.5）。

自分自身の美の考え方を公表する前に、ケインズは数多くの謬見を批判する。たとえばデューラーによれば、美は一全体をなす各部分間の数学的な割合に由来している。バークにとっては、ある事物を美しいと見なすことを可能としている諸特徴について、そのリストを作ることができる。他の者にとっては、美はその外部にある他の何らかの実体——たとえば善、有用性、快楽——と同一視される。ソクラテスやプラトンのような偉大な思想家も批判を免れない。美は一個不可分なものだ、美にはただ一個のタイプしかない、——こういった事実への思い込みから多くの混乱が生ずる。われわれは、あるケースにおいて自分の好みを正当化する基準を見つけると、それを他のすべてのケースにも当てはめようとする。その結果、ボッティチェリが好きなのと同じ理由でドガを好きになるといったことになるが、ケインズにしてみれば、これは馬鹿げたことなのである。(6)

美の価値とはひとえに、それが意識ある人間のうちに喚起する感動の結果なのである。「美の領域では、人間は世界の中心である」(*ibid.*, p.9)。ムーアとは異なって、山の陰に隠れて見えない月の輝きが存在するという事実は、世界の美を増加させることにはならない。善きものとはそれ自体で美しいものではなく、むしろ美が喚起する感動なのである。こうした感動の価値は、感動とわれわれの精神の満足感との関係のなかに存するのであって、このような満足感と何らかの原因——感動の源泉と想定された——との関係のなかに存するのではない。「さらにまた、いくぶん性格が似ているが、はるかに議論の余地ある論点がある。私が主張したいのは、われわれの感情の価値はもっぱら、われわれが見るものと感情との関係に依存するのであって、われわれが見るものと存在するものとの関係にはまったく依存しないということである」(*ibid.*, p.9)。

もし人間がある種の動物のように、紫外線や赤外線を感知できるようになったり、あるいは新しい類型の振動を知覚できるようになったりしたとするならば、その結果として、美的感動の性質がかなり変化するということはありうることである。そのときには、今はいやな物もかぎりなく美しく見えるかもしれない。ケインズは、先の論文で提起した主要な見解を依然として主張する。すなわち、美とは外的な事物の固有の特性ではないということ、観察の角度いかんで受ける印象は異なってくるのだということである。(7)

われわれは、ある一つの知覚を選び出して、それが、そしてそれだけが正しい知覚であると言うことはできない。知覚された事物の美しさは、事物それ自体に固有の特性の関数であるだけでなく、われわれの知覚器官や相対的な空間的位置の関数でもある。厳密には美という用語は、美的感情を呼び覚ます精神的な事物に対してつねに適用されるべきものであって、こうした精神的事物に対応する外的事物に対して適用されるべきものではない。というのは、各々の外的事物に対して、ただ一個の精神的事物だけが真正かつ自然に対応しているのだ、と独断的に主張することはできないからである（1905-2, p.11）。

そうは言うものの、全員が同じ事物を精査しているとき皆が同じものを見ているかどうか不確かな場合でさえ、美の原因が外的事物にあると考えてしまうほどに、人間の知覚および感覚の器官は均質的なのである。外部世界に対するわれわれの関係という問いは形而上学の問題であって、この時点では、ケインズが関心をもっている分野の外にある領域であった。

美への感受性や美を知覚する能力はそれ自体、人によって異なる資質であり、知性・文化・教育にかかわる資質である。もちろん芸術家は、この領域で人並み以上の能力をもっている。しかし普通の人間でさえも、教育や訓練を通して、より高度な「観照の能力」を獲得することができるだろう。いくつかの芸術機関の設立者および管理者としてのケインズの後年の全活動の根底には、美の観照に接近できるようになるために「人々の審美眼を教育する」という明確な目標があった。ここには間違いなく、ヴィクトリア朝的なエリート主義の匂いがある。

美とは、物質的・自然的世界についてのわれわれの知覚にかかわるものである。しかし、このことはまた精神的な事物にも当てはまるのであり、しかも、美学は主として自然や芸術作品にかかわるものであるという事実にもかかわらず、そうなのである。われわれは友人の容姿に関心をもつだけでなく、その心にも関心をもつ。もちろん、このような場合には、たとえ根本的に「物質的な美の理論と精神的な美の理論は一つのものであり、同じ根本的な概念や着想を包含している」（*ibid.*, p.27）としても、分析はいっそう複雑になる。「倫理学雑考」で導入された適合性の概念は、その問題にいくらかの光を当てている。適合性は善きことと混同されてはいけないが、それと関係しており、また適合性は美にも関係している。「「適合」の観念は、いわば一般化された「美」の観念である」（*ibid.*, p.24）。「道徳美」の観念は適合性の観念によって、よりよく表現される。

それを観照することによって善き心の状態が引き起こされるはずの事物は、どれも適合している。すると今度は心の状態が観照の対象となり、それゆえわれわれは、心の状態の善さに加えて、その適合性について語ることができよう。……実際、私は道徳的卓越と道徳美を区別する。そして私は、あらゆる道徳的卓越が何らかの美をもっていることを認めつつも、卓越すればするほど必然的にいっそう美しくなるということは、最大限の躊躇を覚えてのことではあるけれども否定する（1905-2, pp.24-5）。

こうした定義や考察から、次のような結論が導かれる。すなわち、ここで問題となっている美が肉体の美と同じく精神の美でもあるとしても、「われわれが愛すべきは最も美しいものであり、最も美しいものは、われわれを最善かつ最も高貴な感動で満たしてくれるはずのものだ」（*ibid.*, p.25）ということである。「青年の初々しい心がもつ独特の美は、情愛の対象として最も自然なものであるだけでなく、最もよく適合したものでもあると考えた点において、たしかにプラトンは正しい。思うに人間は、成長するにつれて愛らしくなくなるが、代わりにますます卓越してくる」（*ibid.*）。

ケインズは、美を四つのタイプに分類することによって、この論文を結んでいる。自ら強調しているとおり、それらの定義はかなり恣意的なものである。「純粋な美」には永遠の不動性があり、たとえそれが嵐の美しさであってもそうである。いくつかのギリシャ彫刻、キーツの詩、黄水仙、氷河などにこれが見られる。これとは異なり、彼が

「関心の美《インタレスト》」と呼ぶものは、知性の不安定性とその活動にかかわる。これは人類の発展とともに、第一のかたちの美を犠牲にしつつ重要性を増してくる。「われわれはつねに純粋な美を崇拝しうるが、日々の食糧のためにわれわれに必要なのは関心である」(*ibid.*, p.32)。「連続的配列の美」は、ピタゴラスの定理や偉大な哲学的著作の場合のように、完璧に論理的な配列から生ずる。「悲劇的な美」は破滅する当人には知覚できないが、それを外部から——善の観点から——観照する人々によって知覚される。ケインズは最後に、芸術や美の問題における多様性を、文化の多様性を要求している。

われわれはたいてい、自分の好みの種類やタイプをもっている。われわれは何か特定の分野で、愛好者《しろうと》であったり審判者《くろうと》であったりするだろう。けれどもわれわれは、自らの感覚に適合する事物をあまりに限定しないようにしなければならない。また、好みに関して絶えず論争するのは全ての美の愛好者にとっての喜びであり義務である一方で、われわれは、人間的感動に適合する美しい事物のほとんど無限の多様性に対して、自分自身にとって最も重要な分野の一隅で確立したと考えている試験法や判定基準を押しつけてはならない。またわれわれは、どこか知らない場所にある美を見逃してもいけない。なぜなら、われわれが芸術家であって哲学者でないとしたら、その美は、われわれが創造しようと努めている類の美とはほとんど共通性がないからである(1905-2, p.34)。

続　論

これ以後の著作でケインズは、別々の方向へと枝分かれしながら自らの見解を展開していった。一九〇六年二月五日に演劇愛好家のケインズは、感傷的通俗劇《メロドラマ》を制作することはまっとうな活動かどうかとアポスルズの兄弟たちに問うた。彼自身の答えは肯定的なものであった。なぜならメロドラマは、悲劇的な美と関係していることによって正当化されるからである。彼によれば、メロドラマは現実性を欠いているという、よくある非難には根拠がない。現実性は不可欠のものではない。小説についてのヴァージニア・ウルフの言葉や、絵画についてのフライやベルの言葉を先取りして、ケインズは、演劇は現実を描写するものではなく、むしろ精神的事象・感動・感情を描写するものであると書いた。すなわち、「精神的事象《メンタル・イベンツ》が演劇の本質をなす」(1906-2)。のちにストレイチーが伝記を書くさいにそうするように、演劇とは人間の性格を探究し、その進化を物語るものなのである。身振り手振りによって、役者は心の動きを示すのであって、見たことや聞いたことを示すのではない。芸術家は、感動や感情のどんなに小さな動きも知覚しなくてはならない。芸術家の使命は魂を裸にすることであって、それは精神分析の使命と似ていなくもない。そのさいには、現実には聞いたこともないような暴力沙汰を上演したり、演劇の約束事や錯覚効果を用いたり、実際に見つけることのできる誰よりも悪い人物を描いたりするのを躊躇しない。こうした舞台芸術は、エリートにとってだけでなく、大衆にとっても有益なものでなくてはならないのだ、とケインズは付け加えている。

その二年後にケインズは、ヘンリーとルパートという二人の王子のあいだの架空の対話を描いた。ヘンリーは理性的で思慮分別に富む知識人の気質をもち、ルパートは芸術家の魂をもっている。ヘンリーは数学者ヘンリー・ノートンを、ルパートは詩人ルパート・ブルックを表しているというのは、ありうることだ。二人はもっとも新しいアポスルであり、一九〇八年十一月二十八日のソサエティの会合に出席していた。ルパート王子のおもな主張――それは明らかにケインズのそれであった――は、美的な事柄であろうがなかろうが、肉体感覚なしには感動はありえないというものである。「とにかく感動というものは、実際には根本において肉体的な感覚なのである」(1908-3, p.1)。詩を読んだり絵画を鑑賞したりするときに肉体感覚をもはや感じない者は、たとえそうした活動から何らかの喜びを引き出していたとしても、そこから美的感動を引き出しているわけではない。「そして、絵画についても同じことが当てはまる。われわれは絵画を楽しみながら見る。しかし、それによっても我々の肉体が平然としたままであるならば、われわれはその絵画に対して何の感情も抱いていないということだ」(*ibid.*, p.2)。本当の感動は必然的に身体感覚によって表現されるのであるが、そうした本当の感動を感じることなしにも、われわれは詩や絵画に関して一定の価値ある判断を形成することができよう。「われわれは肉体の復活を希求しなくてはならない」(*ibid.*, p.5) と述べて、ヘンリー王子は対話を締めくくっている。

「われわれは余剰を消費できるか。あるいは家具が恋愛に及ぼす影響について」において、ケインズは芸術創造の一領域を研究している。それは、〈オメガ工房〉の活動、すなわち家具および室内装飾の活動を通して、ブルームズベリー・グループ――とりわけヴァネッサ・ベル、ダンカン・グラント、ロジャー・フライ――にとって大きな重要性をもつことになる領域であった。彼はここで、次のように述べている。われわれが暮らしている物的環境とその美的性格は、われわれの諸活動や仕事の型だけでなく、われわれの恋愛活動の性質にも影響を及ぼす、と。「誰が上流婦人の私室でホモに耽ったり、ネヴィルズ・コート〔ケンブリッジ大学トリニティ・カレッジの中庭〕でレズに耽ったりできようか。……たとえば、キングズ・カレッジの教員控室でクレオパトラと恋に落ちるなど、簡単な話ではなかろう」(1909-6, pp.3-5)。とても天井の高い混雑した部屋でいとも簡単に知的な仕事をしたり、次々と着想を生み出したりすることは困難である。椅子には「たんなる安楽効果にとどまらない大きな情緒的効果がある」(*ibid.*, p.3) ということは、ケインズによれば、近代の重要な発見の一つである。「それゆえ、いちばん腕のよい室内装飾家によってわれわれの寸法に合わせて作られた部屋や椅子とともに生活するべきだというのは、重要なことである」(*ibid.*, p.5)。こうした方針をもっていたケインズは、ロンドンとケンブリッジの住まいを友人のダンカン・グラントとヴァネッサ・ベルに装飾してもらうことによって、この指令を実践に移すことになる。

もちろん、以上で見たいくつかの著作は、ケインズがずっと発展させつづけていった確率・貨幣・雇用についての諸理論と同じ水準において、美学の一般理論を構成しているというわけではない。それらは、友人たちだけの閉じたサークルの前で読まれるという意図のもとに執筆された第二義的な文書や手稿である。そこに含まれている挑発やユーモアこそが認知されなくてはならない。それらの限界・不正確さ・矛盾もまた認知されねばならない。けれども矛盾ということに関して言えば、つねづねケインズは矛盾は悪いことでなく、それは、状況や、思想を対象とする批評との関係のなかで、思想が進化していく積極的な兆候だと見なしていた。

そうは言うものの、ここには、ブルームズベリーの芸術批評を先取りしている考察があることを認めざるをえない。これらの考察はまた、彼がブルームズベリー・グループに加わるずっと以前の一八九〇年代にロジャー・フライが展開していた見解を受け継ぐものであり、(8) のちにクライブ・ベルの「意味をもつ形」significant form という概念に影響をあたえることになる。この概念は、自然の模倣という芸術観をベルが否定したことと関連している。これと同種の否定は、ヴァージニア・ウルフの小説観やリットン・ストレイチーの伝記観にも見られる。ケインズ自身は、終生書きつづけた数多くの人物批評のなかで、芸術的効果を心理的洞察と混合させながら、こうした原理を応用していくことになる。さらに経済学における彼の理論的な研究それ自体が、美的先入観によって刻印されている。すなわち彼の理論においては、経済の舞台で進化する人間は、合理的かつ打算的な経済人《ホモ・エコノミクス》であるどころか、ヴァージニア・ウルフの小説における悩める人物や、リットン・ストレイチーの物語に登場する神経症的な人々と同じ特徴をもっているのである。たとえば『平和の経済的帰結』においてケインズが人物描写を行なっているとき、あたかも一枚の絵画を眺めているかのような印象を受けることもしばしばである。

二　芸術の消費者

ケインズの美的感覚については意見が分かれる。かつてケインズを自己流の芸術家だと述べたクライブ・ベルは、次のように書いている。

彼は、芸術に対してはごくわずかな自然的感情しか持っていなかった。たしかに彼は、すばらしく明晰な散文を書くことを学び、ダンカン・グラントの魔力にかかって絵画の鑑識眼を養い、興味ぶかいコレクションをつくりはした。けれどもリットン・ストレイチーは、かつてこう言った。「ポッツォ――メイナードの愛称だが、本人はこれをことさら嫌った――のよくないところは、彼が美的感覚を何ら持ち合わせていないことだ」（C. Bell 1956, pp.134-5）。

ストレイチーの言明の真偽は疑わしく、かりに本当のものであるとしても、間違いなく、ダンカン・グラントの愛情を自分から奪った友人への攻撃の表現だと見ることができる。ベルの言明に関して言えば、ケインズとクライブ・ベルは、ブルームズベリーにおける極めて親密な仲間というわけでは決してなかった――とりわけ政治問題をめぐって――という事実を斟酌する必要がある。ダンカン・グラント、ヴァネッサ・ベル、ロジャー・フライに関して言えば、たとえ彼らがケインズを視覚芸術《ビジュアル・アート》の専門家とは見なしていなかったとしても、少なくともある時期から、彼らはたしかに彼を啓発された愛好家だと見なしていた(9)。

クライブ・ベルはその論評のなかで、ケインズとダンカン・グラントの関係がなかったならば、ケインズは決して絵画に興味をいだくことはなかっただろうと示唆している。ケインズが絵画を収集するさい、グラントとヴァネッサ・ベルが重要な役割を果たしたことは否定できないが、それでもこの示唆は当たっていない。これと同じようにケインズのバレエに対する関心も、ロシア人バレリーナ、リディア・ロポコヴァとの結婚と結びつけられてきた。しかし、これも正しくない。結婚したのは一九二五年だが、ケインズはロシアのバレエ団がロンドンに来た一九一一年以来、それを観に行っていたのである。

ケインズ・ペーパーズのなかにギリシャの建築・彫刻やデンマーク・イタリアの絵画に関する若干の言及が見られるとしても、大学時代のケインズは、絵画に特別の興味をもっていたようには思えない。一九〇五年八月に、彼は母とともに、ルーブル美術館に五回行き、加えてリュクサンブール宮の近代絵画コレクションをも訪れた。九月八日に彼は、その印象をストレイチーに宛てて書き、「印象派の部屋は、ルーブル全体よりも面白かった。僕はモネがいちばん好きだ」と結んでいる。もちろん、一九〇八年以来の彼のダンカンとの特別な関係によって、絵画の創作活動に対するケインズの感受性は大いに高められた。しかし彼は、スコットランド北部のホイ島でダンカンと過ごした数週間のあいだに、彼は確率に関する論文を書き終えた。彼は、絵画も自分の仕事と同様に、厳しい仕事だと知った。彼は多くの時間、グラントのためにモデルとなった。グラントはケインズの肖像画を描き、ケインズはそれを両親への贈物とすることになる。

ケインズは戦前、いくつかの絵画を購入したが、それらはたいてい、彼の個人的な知り合いの画家が描いたものであった。彼は足しげく展覧会に出かけたが、そのことはケインズ・ペーパーズに保存されている書き込み入りのカタログが証明している。彼は二度のポスト印象派展に行き、一九一〇年十一月十五日にダンカン・グラントに宛ててこう書いた。「フランス人たちについて、君はどんな最終的見解をもっているのかい。彼らはここではあまり人気がないようだ。ディキンソンでさえ、かなり虐げられていたのだ」。懐疑的ではあったが、彼は、〈新イギリス美術クラブ〉の保守主義と手を切ることが必要だと判断した。そして、このクラブはたまたま、グラントの絵の一つを拒絶することになった(10)。

ドガの競売

ケインズの絵画収集が本格的に始まったのは、戦時中の予期せぬ出来事のおかげであった。一九一八年三月にロジャー・フライのロンドンのアトリエを訪問したとき、グラントは、前年に死去したドガの所蔵になる絵画の競売カタログを手に入れた。その競売は、パリのジョルジュ・プチ画廊で開かれることになっていた。興奮したグラントはさっそくその晩に、ちょうどパリでの連合国間会議に出席する予定になっていた友人のメイナードに相談を持ちかけ、大蔵省がナショナル・ギャラリー〔ロンドンにある国立美術館〕に資金を提供して、ギャラリーがオークションに参加することが可能となるように大蔵省を説得してみることを彼に約束させた。ヴァネッサも加わって、彼らはチャールストンでカタログを検討した。メイナードは大いに感激し、とりわけセザンヌに対しては感激した。三月二十一日にロンドンに着くと、ケインズはチャールストンに宛てて「絵のための金ができた」と打電した。彼は大蔵省をこう説得した。フランスは債務を清算するためにポンド・スターリングをことのほか強く必要としており、この売買は、フランスにそれを獲得させることによって英仏間の国際収支に好ましい影響をもたらすだろう、と。二十二日に、ヴァネッサはこう書いた。

私たちは、あなたから電報をいただいて大いに興奮し、もっと詳しいことを知りたいと思っています。一言だけ言っておきますが、出発する前にロジャーと相談しておいてください。彼は、パリで何を買えばよいのかを知っているでしょうから。ダンカンは、こう言っています。買うときにはできるかぎり専門家らしくして、然るべき人に近づきなさい――さもなければ、ドイツ人やスカンディナヴィア人にだまされるだろう、と。……私たちはあなたに大きな望みをかけており、あなたが大蔵省にいることがついに正当化されたのだと考えています。お礼の印に、私たちの農場の豚をご馳走しようと思っています（CHA1/59/5/1）。

バニー・ガーネットは最後にこう付け加えた。「彼ら〔ヴァネッサとダンカン〕は君のことをとても誇りに思っているし、君がどんなふうにやったのか知りたがっている。君は完全に無罪放免になったし、将来の罪も許されるだろう」(*ibid.*)。一日半で、つまり誰も何が起こったのかを考える暇のないうちに、五五万五〇〇〇フラン(当時の二万ポンド)の獲得に成功したやり方について、ケインズは二十三日にヴァネッサ・ベルに打ち明けた。蔵相のボナ＝ローはこの件は一種の冗談だと思い、すぐに資金をあたえたという。なぜなら、自分の部下が浪費に賛成する意思表示を行なったのは、これが初めてのことだったからである。

この旅には、ナショナル・ギャラリー館長のチャールズ・J・ホームズがケインズに同行した。[11] フランスの各美術館との競争があったので、ホームズは人に気づかれないように、にせの口髭やその他の装身具で変装した。メイナードの鑑識能力に不安を抱いていたダンカンとヴァネッサは、ホームズに助言すべくロジャー・フライが同席することを望んだが、それは叶わなかった。競売は三月二十六日と二十七日に行なわれたが、そのときパリはビッグ・バーサ〔ドイツの四二センチ砲〕の砲撃を受けていた。ナショナル・ギャラリーは二〇点ほどの作品を買ったが、内訳はアングル四点、ドラクロワ二点、マネ二点、ゴーギャン二点、コロー一点、ルソー一点、フォラン一点、リカール一点、それにダヴィッド、アングル、ドラクロワのデッサン数点であった。[12] ホームズは自由になる資金を全部使っていなかったので、セザンヌやエル・グレコを難なく買えたはずだが、買わなかった。

ケインズは自分自身のために、アングルのデッサン『裸婦』を一九〇〇フランで、ドラクロワの小品『牧場の馬』、ブルボン宮の装飾のためのドラクロワのスケッチ——これは、今回の企てにおけるダンカン・グラントの働きに対する礼として彼に贈られた——、そしていちばん大事なものだが、セザンヌの静物画『林檎』を九千フランで買った。ケインズは、割り当てられた資金でホームズがそれを買い、贈物として自分にあたえることを望んでいた。「彼に金を得《え》させたのだから、その個人的なお礼として私にセザンヌを買ってくれないかと、旅行中、彼を懸命に説得するつもりだ」(一九一八年三月二十三日付のヴァネッサ・ベル宛の手紙、CHA1/341/3/1)。当時のイギリスには、公共のコレクションにはセザンヌは一点もなく、存在するわずかのセザンヌは個人収集家の所蔵であった。

三月二十八日夕刻、フランスから帰ると、ロイド＝ジョージ戦時内閣の閣僚たるオースティン・チェンバレンが自動車でケインズをチャールストンまで送り、家まで続く一キロの小道の始点で彼を降ろした。ケインズはセザンヌの入った旅行かばんを、小道と道路の合流点にある薮のなかに置いてきた。ダンカン、ヴァネッサ、クライブ、バニーは、ちょうど食事を終えたところだった。

メイナードが夜遅く、思いがけず突然に帰ってきました。オースティン・チェンバレンが政府の車〔原文のまま!〕で小道のはずれまで乗せてきてくれたというのです。それで彼が言うには、セザンヌを道端に置いてきた、と!ダンカンがそれを取りに駆け出したのですが、何とはらはらさせることだったかとご想像ください。……セザンヌは本当にすばらしく、それが家のなかにあるなんて、最高に胸の躍ることです(ヴァネッサ・ベルのロジャー・フライ宛の手紙、Shone and Grant 1975, pp.283-4〔邦訳三六三―四頁〕に所収)。

ブルームズベリーの画家たちにとって、このセザンヌの絵は一種の参照基準となり、また巡礼の対象となった。この作品を鑑賞するためにロジャー・フライがゴードン・スクウェア四六番地を訪ねたときのことを、ヴァージニア・ウルフはこう述べている。「ロジャーはほとんど気を失わんばかりでした。私は、こんな陶酔の光景を今までに見たことがありません。まるで彼はヒマワリにとまったミツバチのようでした」(一九一八年四月十五日付のニコラス・バジェナル宛の手紙、V. Woolf 1975-80, vol. 2, p.230)。彼女は、『林檎』について、またそれが姉〔ヴァネッサ〕やダンカンにあたえた影響について、日記にこう書いている。

セザンヌの絵には、六つのリンゴ〔原文のまま！〕がある。六つのリンゴは何ものではありえないのか。私は不思議に思いはじめた。それら相互の関係があり、それらの色があり、それらの固さがある。そのうえロジャーやネッサ〔ヴァネッサの愛称〕にとっては、これよりもはるかに難解な問題があった。それは純粋な絵の具か混ざった絵の具かという問題であった。純粋な色だとしたら、エメラルドかビリジアン〔原文のまま！〕か、どちらかだ。次に絵の具の塗り方、かかった時間、加筆の仕方、それから彼はなぜ、そしていつそれを描いたのか。私たちは、この絵をとなりの部屋に持っていった。すると、まあ、そこに前からあった何枚かの絵が何とみすぼらしく見えたことか。まるでつくり物の石のあいだに本物の石を置いたみたいだった。ほかの絵のキャンバスは、安物の絵の具の薄っぺらな塗り方でぼろぼろになってしまったように見えた。まぎれもなくリンゴは、ますます赤く、ますます丸く、ますます緑色になっていった。この絵のなかには、何かとても神秘的な陶酔力〔原文のまま！〕があるのではないだろうか（V. Woolf 1977-84, vol. 1, pp.140-1、一九一八年四月十八日の記述[13]）。

コレクションの形成

セザンヌの『林檎』が出発点および中心点となって、ケインズは亡くなるまでコレクションを形成しつづけることになる。絵画を購入するときにケインズは、ほとんど常にというわけではないが、しばしば、ヴァネッサ・ベル、ダンカン・グラント、ロジャー・フライの助言を受けることになる。ケインズ・アーカイブズのなかには、何かの競売の機会をうまく利用するようケインズに勧めるダンカン・グラントからの電報や葉書が残っている。ときには彼の友人たちが、彼に相談することなしに彼のために買ったが、そのさい彼らは、もし彼が関心をもたないならば自分たちがそれらの絵を保管するつもりだと言った。これは、ある意味でブルームズベリーにとって共同購入の問題であって、そのメンバーのほとんどは、こうした作品を個人で入手するために必要な資金を持っていなかった。ケインズの活動のこうした側面や、ある種の迷惑な性格的特質についてのダンカン・グラントの証言を、ショーンが拾い集めている。

これはメイナードの本格的収集の始まりとなり、絵はつづく数年のうちに急速に増えていった。「ドガ競売」で買った絵は、機敏な戦時投機による思いがけぬ利得であった。のちの絵は、彼の個人的財産が増えた時期のものだった。金持ちのメイナードがその場に居合わせており、絵を買うよう彼に説き勧めることができるというのは、あまり大きな金をもたない者にとって素晴らしい報償であった。だがもちろん、メイナードもそうした状況を十分に理解しており、喜んで譲歩するのが常であった。創造的な芸術家としてのヴァネッサやダンカンに対する彼の愛情と尊敬は、一種の謙遜とも思えるものにまでなったが、それはすべてを包み込むようなものであった。……おそらくメイナードは、絵画に対する生来の感情や理解力をほとんど持ち合わせていなかったのだが、彼の鑑識力や知識は年を経るとともに増えていった。リディアのもっと鋭い感受性や、いくぶん風変わりではあるものの明確な意見も、これを助けたことであろう。だが、こうして知識が増えてくると、メイナード特有の性質が働きはじめた。彼は時折、根拠もないのに権威をもって、絵画について語ったり意見を述べたりしようとしたのであった(Shone and Grant 1975, p.284〔邦訳三六四頁〕)[14]。

第二回のドガ競売で、ケインズはこの巨匠のスケッチ四点を手に入れたが、そのなかには『タイツをはいた二人の踊り子』もあった。同じ年に彼は、アメデオ・モディリアーニのスケッチ二点と、アンドレ・ロートの絵一点を入手している。ロートからはすでに一九一三年に、彼は一つの作品を買っていた。ロンドンでのマティス展のさいに[15]、ヴァネッサとダンカンは、友人ケインズに小品『脱衣の女』を買うよう説得した。「マティスの絵はきれいです。でも、そのほとんどはやや軽いスケッチです。私たちは、いちばんいいものの一枚を、つまり腕を剥きだしにした背の低い女が腰掛けている絵で、ごく渋い色のものを買うよう、メイナードに勧めました」（一九一九年十一月三十日付のヴァネッサ・ベルのロジャー・フライ宛の手紙、CHA1/59/4/11）。おそらく彼のいちばんよい買い物の一つは、スーラの『グランド・ジャット島の日曜日の午後』のスケッチ、シニャックの水彩画、およびディアギレフのロシア・バレエ団のためにピカソが描いたスケッチであり、それらは、『平和の経済的帰結』からの思いがけない収益で、一九一九年十二月三十日に亡命ドイツ人から買ったものである。最後のものについてケインズは、一九四三年八月十九日付のケネス・クラーク宛の手紙で、「ピカソのたいへん優れた鉛筆画で、……すらすらと描いた下絵の類いではありません」（Scrase and Croft 1983, p.58）と書いている。数年後、ダンカン・グラント、ケインズ、それに画商のP・M・ターナーは、パリの私邸で『グランド・ジャット島』そのものを見ることになり、グラントはそれを買うよう勧めたが、他の二人を説得できなかった。この問題についてケインズは、一九三五年三月十三日に『スーラとグランド・ジャット島の進化』の著者であるリッチに宛ててこう書いている。

いつだったか私は『グランド・ジャット島』についてのたくさんの研究を見たことがあります。そして実際のところ、数年前、その絵がまだ家族の手元にあったときに、その絵そのものをほとんど買いかけていたのです。というわけで私は、間違いなく世界中でいちばん素晴らしい絵の一つに関して、あなたがあらゆる材料を集めているということを知って、たいへんに興味を抱いています（*ibid.*, p.42）。

一九二〇年には、とりわけルノワールとドランの静物画によって、ケインズのコレクションは豊富になった。これらの入手品はたいてい安い買い物であり、ケインズがそれらを投資と見たのは確かだ。彼は画家から直接に買うよりもオークションで買うのを好んだが、そのほうが安かったからである。絵画の場合、「値段は少し謎めいて」おり、「「投資」の要素がまったくないわけではない」、と彼は書いている（1921-14, pp.296-7）。

一九一九年と一九二〇年に、とりわけフランスの有名な画家たち、あるいは今にも有名になろうとしている画家たちから、もっとも重要な買い物をいくつかしたのち、ケインズは現代イギリス美術に興味を転じて、若い画家たちとすでに名を成した画家たちとを同じように励ました。彼は、友人のダンカン・グラント、ヴァネッサ・ベル、ロジャー・フライから数点の絵を買った。彼はまた、ダンカンとヴァネッサに対して、ゴードン・スクウェアおよびケンブリッジ大学キングズ・カレッジの自分の住まいを装飾するよう依頼した。一九一〇年と一九一一年、ダンカン・グラントは手始めに、ケンブリッジのケインズの部屋に四つのフレスコ壁画を描いた。ダンカンが自分のこの最初の仕事に満足していなかったので、戦後、この仕事をやり直すべく、ケインズはダンカンとヴァネッサを雇った。この二人の画家はチャールストンで八枚の大きな絵を制作しつづけたが、そこには等身大の男女四人ずつが描かれ、それはケンブリッジのさまざまなトライポス〔優等卒業試験〕の科目を象徴していた。どの芸術や学問がどの人物によって表されているのかを推し量るのは簡単でない。ただし、人物について言えば、女たちは衣服をまとっているが、男たちは裸だということが、いやでも目につく。壁画は一九二二年に完成し、それは今日なおケインズの部屋にある。

ケインズはまた、画家のウィリアム・ロバーツを定期的に激励していた。この画家は、ケインズ本人とリディアを描いた有名な絵（『ケインズ卿夫妻』一九三二年）の作者であった。ケインズは、ロバーツとグラントを、自分たちの時代のイギリスの二大画家だと見ていた（1930-8, p.304）。彼の庇護にあずかったもう一人の画家は、ウォルター・シッカートであった。彼は第二の妻クリスティーヌを亡くし、一九二二年に、貧困と孤独のうちにディエップでの滞在から戻ってきた。ヴァネッサ・ベルはケインズに、『酒場』を買ってやるよう助言した。ヴァネッサの絵をほめ称えたあと、シッカートはメイナードとリディアが催したブルームズベリーのレセプションに招かれた[16]。彼はリディアの肖像画を描いて、それを一九二四年にケインズに贈り、そのさいには「親子代々の数学者よりJ・M・Kへ」との献辞が付された。シッカートの先祖の一人が数学者だったのである。同じ年に、ケインズは彼からさらに二点の作品を買い、また一九三四年に、彼が資金難から逃れるのを助けるために設立された基金に寄付を行なっている。一九二八年と一九四三年には、シッカートの仲間のスペンサー・ゴアが描いた二枚の油絵を買った。戦時中にケインズは、ヘンリー・ムーアの三枚のデッサンを手に入れたが、彼はムーアの彫刻を格別に称賛していた。一九四〇年にアイヴォン・ヒッチェンズがひどい苦境に陥ったときには、彼から一つの作品を買った。

そうした歳月のあいだにも、ケインズは巨匠たちの作品のコレクションを豊富にしつづけた。セザンヌ三点、ドラクロワ二点、ピカソ二点、ブラック二点、クールベ一点、ルノワール一点、ドラン一点。これらの絵画は、彼を取りまく環境の一部となった。旅から帰ると、寝室にはセザンヌがあり、ピアノの向こうにはシッカートがあり、自分は何と幸福なことか、とケインズはしばしば繰り返し語った。ドガはティルトンの洗濯室で見ることができたと、甥のミロが物語っている。ケインズは、自分の絵を簡単には展覧会のために貸し出さなかった。けれども第二次世界大戦中には、それらをCEMA〔音楽・芸術振興協会〕に気前よく貸し出すことになる。ドガの競売での成功を再現しようと、彼はナショナル・ギャラリーを説得して、アンリ・ド・ロートシルド男爵が所有する重要なコレクションの中からシャルダンの作品三点を買わせようと試みたが、今度はうまくいかなかった。第一次大戦中の買い物を思い出しながら、一九四三年に彼は、大蔵省の同僚であるアーネスト・ロウ - ダットンに宛ててこう書いた。「それら（アングルやドラクロワ）は、私たちが買ったときの何倍もの価値があるに違いありません。そして、もしその機会を逸していたとすれば、その損失を償うことは決してできなかったはずです」(Scrase and Croft 1983, pp.10-1)。

書籍と舞台芸術

ケインズは、絵画とともに、稀覯書や手稿のきわめて重要なコレクションを残した[17]。これに対する彼の情熱は、弟のジェフリーと共通していた。ケインズはイートン校の学生時代からコレクションを始め、ますます熱を上げながら、生涯の終わりまでそれを続けた。彼は継続的に、他の収集家や書籍商たちと活発な文通をしている。とりわけ彼は、思想史、エリザベス時代とスチュアート時代の英文学、および演劇といった諸領域における重要著作について、一群の素晴らしい初版本や翻訳を手に入れた。彼の蔵書にはニュートンの手稿一五〇点があった。ニュートンは彼をとりこにした人物であり、彼の最後の論文の一つはニュートンについてのものだった。晩年のケインズは、自分にはもう絵画のための時間はないし、書物を入手するために金と労力を費やす時間もないと述べている。

こう言ったからといって、実際には、われわれは芸術の世界を離れたのではない。ケインズにとって書籍は芸術作品であり、尊敬と愛情をもって扱われるべきものだった。彼はきっと、安手のペーパーバックスといった考えを嫌悪したことだろう。一九三六年に彼は、「読書について」と題したラジオ番組の放送で次のように説明した。すなわち読者は、「その全感覚でもって書物に近づくべきです。読者はきっと、その手触りや匂いを知ることでしょう。……読者は未読ページの陰影をかかえつつ、自分が読む本よりも多くの本といっしょに暮らすべきでしょう。未読のページは読者の周りでひらひらと舞っており、読者はその大まかな性格や内容を知っているのです」、と(1936-5, p.334)。

収集家ケインズはまた、舞台芸術の熱心な愛好者でもあった。彼が両親から手ほどきを受けた最初の芸術は演劇であって、これには終生親しむことになった。一八九六年に新劇場《ニュー・シアター》がケンブリッジに設立され、そこでイギリスの最高の劇団が公演することになった。母は、彼についてこう書いている。「こうしてメイナードは芝居が好きになり、生涯を通じてそれに対する愛着を深め、ついにはケンブリッジの町への贈物として芸術劇場《アーツ・シアター》を建設するまでになったのです」(ジョージ・「ダディ」・ライランズの記述、Scrase and Croft 1983, p.7 に所収)[18]。のちにケインズは、バレエに興味を転じた。とくに一九一一年、ディアギレフの一座がロンドンに来たときには、そうであった。たちまち彼は、舞踏・音楽・絵画を総合したこの芸術の熱烈な愛好家となる。ときどき彼は、とりわけ『ネーション・アンド・アシニーアム』誌に、匿名ないしはペンネームで、戯曲やバレエ作品についての批評を発表した。彼は、一時は映画批評さえもやってみた(1924-27)。彼は自らかかわった出し物や公演の宣伝資料を書いたが、それは「誇大宣伝」と呼ばれた。舞台芸術にとどまらず、彼はまた、新聞に寄せた論説や書簡のなかで絵画の展覧会について語り、ときにはカタログの序文を執筆した。

ケインズはまたコンサートやオペラにも出かけたが、ブルームズベリーの友人の何人かはその道の専門家であった。一九三七年に病床にこもったとき、彼はBBCを聴いて時を過ごし、挙句にこの放送局の広報部長に長い手紙を送って、その局の音楽番組編成について詳しく論評した。「私は音楽家ではありませんが、音楽放送をたくさん聴いておりますので、あえて私見を申し上げる次第です」(一九三七年七月十二日付のスティーブン・タレンツ宛の手紙、JMK 28, p.352)。少なくとも毎週三つのオペラ番組が放送されているが、これには大オーケストラゆえの送信上の問題があって思わしくない結果になっているのに対して、室内楽はラジオにもっとも適している、と彼は示唆する。また、ポピュラー音楽を排除しないように注意してほしいと述べる。彼はその良さを理解することができたし、その放送がもっと増えてもよいと考えていた。ただし彼は、「まったく取るに足りない音楽が氾濫している」(*ibid.*)ことを嘆いている。クラシック音楽と同様に、ポピュラー音楽も高級でありうるし、また高級であらねばならないのである。

三　芸術の後援者

美学に関するケインズの著述はほとんど知られていない。収集家および芸術愛好家としての彼の活動は、それよりは良く知られている。しかし、彼がもっとも良く知られている貢献をなしたのは、芸術の後援者《パトロン》としてであった。芸術もまた、それによって創作者たちが生計を立てなくてはならない経済活動である。芸術はその当初から、都市国家《ポリス》の不可欠の部分をなしてきた。ポリスは、人間活動のこうした領域に対して責任を負っているのである。

国家、芸術、社会

一九三六年にBBCは、雑誌『リスナー』の夏号に「芸術と国家」という主題に関する一連の論説を掲載すべく準備することを決めた。焦点をなしたのは、ファシズム・ナチズム・共産主義・自由主義など、さまざまな体制を代表する人々に執筆を依頼することによって、それら諸体制のもとでの芸術の位置づけや処遇について研究するというものであった。ケインズは、導入的な論説を書くように話を持ちかけられた。J・R・アカーレイは、ケインズへの手紙で絵画・彫刻・建築に言及したにもかかわらず、ケインズは、「オペラ・バレエ・芝居を排除するお積もりはないと考えてよろしいでしょうか」と返答した（一九三六年五月二十八日付の手紙、JMK 28, p.336）。ケインズの論説は「芸術と国家」の題目のもと、一九三六年八月に発表された。それは『一般理論』公刊の数カ月後であり、またケンブリッジ芸術劇場——これについてはあとで論じる——の開場の数カ月後であった。

ケインズによれば、政治家は彼ら自身の名誉のみならず国民の満足のためにも、国民所得のかなりの部分を、壮麗な建築物、芸術作品、式典に費やすことで常に知られてきた。そうした活動にあっては、もちろん宗教が重要な役割を演じていた。世界中の多くの驚嘆の対象はこうして作られた。けれども不幸なことに十八世紀以来、国家と社会の関係についての見方が転換した。それは十九世紀に頂点に達して、今日まで続き、文明にとっての災いでありつづけている。

この見解は、功利主義および経済――ほとんど金融と言ってもよいだろう――の理想が、社会全体の唯一の尊重すべき目的であるというものである。それは、これまで文明人の耳目を集めた異説のなかでも、おそらく最もおぞましい異説である。パンを、ただただパンだけを。そしてパンでさえなくて、石に変わるまで複利で蓄積されるパンを。詩人や芸術家は時折、この異説に対して弱いながらも反対の声をあげてきた（1936-6, p.342）。

他と同様に芸術の領域でも、「大蔵省見解」が勝利を収めた。もっぱら経済的目的に役立つ支出のみが許される。健康や教育への支出ですら、その収益性が考慮に入れられるかぎりでのみ考察の対象となる。「牛乳をドブに捨てるのと学童に飲ませるのと、どちらが儲かるかという問題を解決するために、われわれは相変わらず、商業算術というささか狂気じみた倒錯に頼っている」（*ibid.*）。収益をもたらさない支出としては、戦争という一形態だけが人類の英雄時代以来、生き残った。その三年前、彼は論文「国家的自給」のなかではるかに辛辣に、資本主義のこうした影響を批判していた。

自己破壊的な財務計算という同一のルールが、生活のすみずみまで支配している。われわれは田舎の美しさを破壊しているが、それというのも、誰にも所有されていない自然の素晴らしさは、何の経済的価値ももたないからである。われわれは太陽や星を見えないようにしかねないが、それというのも、それらは配当金を払いはしないからである。ロンドンは文明史上、もっとも豊かな都市の一つであるが、そこに住む市民が享受しうる最高の達成水準を「提供」できていない。というのも、そのような支出は「利益を生まない」ないからである。

もし今日の私にその力があったら、私はきっとわが国の主要都市に、芸術や文明のあらゆる恩恵が、各都市の市民が個人的に享受しうる最高の水準において行き渡るようにするだろう。私がこのように述べるのは、自分が創造できるものは自分が提供できるはずだと確信してのことである。そして私は、このように支出された金はどんな失業手当よりもましなだけでなく、一切の失業手当を不要にするものだと考えている（1933-22, p.242）。

このようにケインズの見るところでは、金銭的収益性の専制から自らを解放することに成功してはじめて、文明は栄えることになる。祝祭や式典は、記念碑や建築物と同じく重要なことであって、それらは日常生活全般において欠くことのできないものである。日常生活は、多分に無意味な労働に追われてばかりいてはならないのである。こうした催しは一般に、金銭的に収益があるわけでなく、逆に利益が出るようになったら、それはたいていの場合、衰退の徴候なのである。「芸能人の非凡な才能を金銭的利益のために悪用することによって、それを搾取し、場合によったら破壊してしまうことは、現代資本主義の最悪の罪の一つである」（1936-6, p.344）。今日の芸術家は、このように不安定な状態のなかで、「仕事に対する……自らの態度が、自分をことのほか金銭的交渉に不向きなものとしている」（*ibid.*）ことに気がついている。

論説のなかでケインズは、芸術のもつ多少なりとも公共的な性格に関して、それらへの介入の度合いについて提案している。建築は、芸術のなかでいちばん公共的なものであり、「市民の誇りや社会的統合の感覚に形式と実質をあたえるのに最も適している」（*ibid.*, p.345）。その次に音楽が来て、さまざまな舞台芸術や視覚芸術——彫刻は建築の補完物なので例外をなす——がそれ続き、最後に「より私的で個人的な性質をもった」詩や文学が来る。芸術に多大な支出を行なったことによって、ドイツ・イタリア・ロシアの権威主義体制は強固なものとなった。イギリス・フランス・アメリカは大蔵省や財務省の見解のために道を誤ったので、後れを取ることになった。

国家には完全雇用を維持するにとどまらず、文明を支える責任がある。といってもそれは、全体主義国家の場合のように、芸術活動が国家によって規制されたり、官僚や政治家によって管理されたりしなくてはならないということではない。その反対である。本章の三番目の題辞で強調されているように、芸術家は定義によって自由な存在であり、一般に自分がどこに向かっているのかほとんど知らない。芸術についていえば、それは経済の論理に服することはできない。その論理は、それ自らの内部にある。それは、ブルームズベリーが宣言したように、形・色・音・語の組合せの論理である。ケインズは、自分自身を芸術家だとは考えていなかった。しかし彼は、人生の早い時期から、自分には、経済理論家としての使命以上に重要な使命が、すなわち芸術および芸術家の後援者《パトロン》としての使命があると考えていた。それでは、この最後の課題について詳しく述べることにしよう(19)。

画家たちへの支援

　画家たちの生活維持を助ける第一の方法は、彼らの作品を買うことである。けれどもこれでは、しばしば遅きに失することがある。ファン・ゴッホの一作品は第一回のポスト印象派展のさいに世の反感を買い、彼の存命中には一枚の絵を除いて何一つ売れなかった。先に見たように、収集家としての活動のなかでケインズは――もちろん彼がその作品を気に入っているとしてのことだが――、絵を購入するさいに、その芸術家の資金的必要を判断基準として用いることがときどきあった。このような形でケインズは、友人のダンカン・グラント、ヴァネッサ・ベル、ロジャー・フライや、ほかにもウィリアム・ロバーツ、ウォルター・シッカート、アイヴォン・ヒッチェンズのような画家たちを支援した。グラントへの支援は、絵を買うだけにとどまらなかった。というのもケインズは、彼に生涯にわたって年金を提供したからである。ただしこの場合、ケインズの動機には、芸術上の目的に加えて個人的な理由があった。

　個人バイヤーたるケインズは、一九一一年には〈現代美術協会〉に所属する公式バイヤーにもなり、亡くなるまでその会員でありつづけることになる。この組織は、公共ギャラリーに貸与したり寄贈したりするための現代作品を取得するという目的で一九〇九年に設立された。一九三九年以降、ケインズの協会との活発な文通は頻度を増した。ケインズは亡くなるまで、きわめて活動的な会員であったように思われる。[20]

第一次世界大戦前、イギリスの画家たちは一連の小さな団体に分裂し、そのなかには保守的なものもあれば進歩的なものもあった。一九一三年十一月十五日に、多数の画家たちが〈ロンドン・グループ〉を結成しようと決意した。ロジャー・フライ、ダンカン・グラント、ヴァネッサ・ベルは、終戦のさいにそのメンバーになった。ケインズはこのグループの一九二一年の展覧会のために案内文を書き、このグループには、「現代イギリスの若手画家のなかで最も誉れ高く最も有望な者の大部分」(1921-14, p.296) が含まれていると紹介した。この案内文のなかで彼はこう書いた。「文明の時代にはいつも、芸術の後援者が、自らの生活している社会のために、顕著で高潔な貢献をなしてきたということが分かる。後援者なくしては、芸術は容易に開花しないであろう」(*ibid.*, p.297)。

言うまでもなくケインズは、自分自身をそのような後援者だと見なし、そして偉大な後援者となった。ロンドン・グループが存在していたとしても、それは、メンバーが仕事を続けるために必要な資金保証をあたえることは決してできなかった。この問題に対処するために、ケインズは一つの協同組織を思いついた。その目標は、「将来性のある画家たちの不安を減らし、そしてできれば長期的には、彼らの作品のための市場をよりよいものにすることを促すために」(1930-8, p.298)、芸術家の収入の不安定性や不規則性を解消することにあった。その組織は、芸術家たちの財務問題を管理し、作品を売る世話をし、彼らに最低限の定期的収入を保証することだろう。一九二五年二月にケインズは、友人のサミュエル・コートールド[21]に次いで、二人のほかの富裕な収集家であるジェームズ・ヒンドリー‐スミスとL・H・マイヤーズの賛同を得た。この四銃士は一九二五年七月に〈ロンドン芸術家協会〉を設立し、協会は同年十月に第一回の競売会を催すことになった。四人の創設者たちはこの事業に資金的な責任を負っていたけれども、誰をその会員とするかについての意思決定を行なうのは芸術家たちであり、それ以外ではなかった。ほかならぬケインズがこの組織の経営管理に責任を負っていたということを知っても、誰も驚きはしないだろう。[22]

この組織はいつまでも損失を出しながら活動することが許されるというのは、ケインズの考えでは問題外のことであった。

この協会は慈善組織ではない。協会には、絵画の商業的な側面を完全に無視することができるほどの余裕はない。協会は、どんなに将来性があろうとも、まったくの駆け出し芸術家の支援に取りかかることはないし、その作品が遅かれ早かれ売れるという何かもっともな兆候がないかぎり、あわてて画家を選び出すこともしない（1930-8, p.305）。

こうして協会は、その作品に最終的に買い手がつくような画家を選ばなくてはならないことになった。一九二五年から一九三〇年――この年にケインズは、この組織の沿革を公刊した――にかけて、この組織は七百点以上の芸術作品を販売し、その総売上額は二万二〇〇〇ポンドに上った。「価格方針の問題はたいへんに難しくて、誰もが満足するような解決法はまだ存在しない。ただし、二つの原則は明らかである。芸術家の絵に対して、われわれは公衆が支払うことのできるかぎりの高い価格を付けたい。他方で、どんな価格でもまったく売れないよりはましだ」（*ibid.*, p.305）。書籍の場合と同様、もっと多くの公衆が絵を買う習慣を身につけないかぎり、価格をあまりに引き下げるのは賢明でない。しかし当今、「一年間にそれなりの金額を絵画に費やす人の数は、イギリスではきわめて少ない」（*ibid.*, p.306）。

この協会の最初の会員は、バーナード・アドネイ、キース・ベインズ、ヴァネッサ・ベル、フランク・ドブソン、ダンカン・グラント、ロジャー・フライ、それにフレデリック・ポーターであった。のちに正会員ないし準会員として、ジョージ・バーン、ウィリアム・コールドストリーム、レイモンド・コクソン、ダグラス・デヴィッドソン、モーランド・ルイス、ロリー・オマレン、ポール・ナッシュ、R・V・ピッチフォース、F・J・ポーター、ウィリアム・

ロバーツ、シドニー・シェパード、エドワード・ウルフが加わった。いかなる学派も流儀も、そこを支配することはなかった。「われわれの展覧会を訪れる人は誰でも、われわれが、相互理解を欠くような結果になることなく、かなり多様な気質や方法の絵画をうまく一堂に集めることができたことに同意してくれるよう、私は願っている」(*ibid.*, p.303)。協会は画商に取って代わろうという意図をもってはいないし、画商とはできるかぎり良い関係を維持しようと熱心に努めた。協会の活動の一つは、ロンドンだけでなく地方で開催される展覧会にも会員の絵を送ることであった。

この企画には、密接に関連する二つの目標があった。すなわち一方で、「その大部分は芸術にきわめて不案内で、それを敬遠している」(*ibid.*, p.307) 大衆を啓発し、たいてい彼らが選びがちな下らない無益な物よりも芸術作品に金を使うように納得させることであり、他方では、概してお金との関係が複雑な芸術家に最低限の収入を保証することである。

それに従事しそれを達成すること自体が目的であるようなあらゆる創造的な仕事と同様に、画業は、とくに金を稼ぐことを目的として行なうのでは、まっとうに遂行することができない。……それと同時に、何かを生み出したほとんどの芸術家は、当然のこととして、できるだけ多くの対価を得ることを切に望んでいる。したがって、これらの動機を混ぜ合わせれば、世界でいちばん高尚であると同時にいちばん気むずかしい人々を、ビジネスの土俵に乗せることになるだろう(1930-8, pp.306-7)。

一九三一年のフローラル・ペインティング展の期間中、ケインズは経済情勢を考慮しつつ、絵を売りに出した人たちに、彼らが通例要求する価格の半額ほどに価格を引き下げることを納得させた。けれども組織は危機をしのげなかった。一九三一年七月に、ロジャー・フライとフランク・ドブソンに続いて、ダンカン・グラント、ヴァネッサ・ベル、キース・ベインズが退会して、アグニューの画廊に加わった。このことはケインズを怒らせて、ブルームズベリーのなかに幾らかの緊張が生じた。一九三三年十月に創設者たちはこの事業を清算する一方で、ウルフやロバーツ――彼には一九三七年まで――には資金援助をあたえつづけた。[23] 最後の展覧会は一九三四年に開かれた。

ケインズは、視覚芸術の世界で起きている事柄について自らの意見を述べるために、『ネーション・アンド・アシニーアム』誌のコラム欄にときおり寄稿した。彼は、セザンヌの作品を購入しなかったナショナル・ギャラリーの「公式管理人たちの頑固、無知、悪趣味」(1923-23, p.310) を批判した。たしかに値は張るものの、セザンヌ、ドーミエ、マネ、ピカソ、ドラン、マティスの作品は買い時だった。また彼は、シーラ Siela の署名で、印象派の定義をめぐるサージェントとレナード・ウルフの論争に割って入った (1927-9)。

一九三〇年代に、ケインズがいちばん興味をかき立てられたのは舞台芸術であった。けれども、ダンカン・グラントの提案にもとづいて彼が創設した絵画に関する独特な企画に言及しておくことは重要である。すなわち彼は、ケンブリッジ大学に絵画ライブラリーを設立し、学生がわずかな会費で、自分たちの部屋を飾るためのスケッチや水彩画を借りることができるようにしたのである。この制度は今もなお存在している。またケインズは、友人たちの利益のために積極的に介入しつづけた。ダンカン・グラントがクイーン・メアリー号の装飾をするという契約をキュナード社が破棄することを決めたときにも、ケインズがあいだに入ったが、うまくいかなかった。一九四一年に、ダンカン・グラントとヴァネッサ・ベルは、バーウィック〔チャールストンの近くの村〕の小さな教会――聖ミカエルとすべての天使の教会――の内部装飾を描くよう依頼された。このことによって教会当局と厄介な交渉をする破目になり、ケインズは、当局が画家たちに十分な支払いを行なっていないと非難した。最後には問題が解決し、一九四二年五月九日にケインズは、サセックス教会芸術評議会に加わるようにというチチェスターの主教からの申し出を受諾しさえした。

クウェンティン・ベルその他の者たちも貢献したこの重要な作品は、明らかにビザンティン芸術からの影響を受けている。彼らは、ケインズと同じく世紀の初め頃にこれを知ったのであった。

視覚芸術の世界におけるケインズの役割が神聖化されたのは、一九四一年十月二十九日、イギリス帝国でもっとも権威ある美術館であり、世界でも第一級の美術館の一つであるナショナル・ギャラリーの管理委員に就いてもらいたいという首相の提案を受諾するか否か、ベヴィンが手紙で尋ねてきたときである。十一月六日付のコートールド宛の手紙が示すとおり、「まことに心地よく名誉があり、無理な負担のない職」だと考えていた職への任命に、ケインズは満足を覚えるとともに、幸せに思った。[24] コートールドは返事を書き、「われわれのもっとも尊敬すべき機関は、どれも革命化されつつあります」(Skidelsky 2000, p.168 における引用) と述べた。ケインズは、一九四一年十二月十七日から公式に仕事を始めた。

舞台芸術

バレリーナのリディア・ロポコヴァ――一九二五年にケインズの妻となった――と出会う以前から、ケインズは演劇やバレエの熱心な愛好者であった。もっともその出会いこそが、ケインズを舞台芸術の後援者となるように駆り立てたのであった。彼は手始めに、リディアの仕事や財務問題を管理した。彼女は、この種の問題に関しては全く能力を欠いていたのである。[25] 彼女は銀行口座すらもっておらず、自分の金をホテルのボーイに預けていた。

リディアは結婚したらダンサーの仕事をやめるつもりだったが、そうはならなかった。彼女はディアギレフのロシア・バレエ団の一九二五年と二六年のロンドン公演や、さらにまた一九二六年のパリ公演に参加しつづけた。体重が増えすぎたと考えて、彼女は一九二七年の公演に参加することを断ったが、七月十五日のスペイン国王アルフォンソのための祝賀公演では踊ることを受諾した。[26] 彼女は、演劇やバレエの世界とのつながりを絶つつもりはなかった。そしてケインズが前面に出てきたのは、まさにこの点においてであった。ストラヴィンスキーの『兵士の物語』とシェイクスピアのほとんど知られていない劇詩『恋人の嘆き』をケンブリッジ・アマチュア演劇クラブが上演したとき、ケインズはその組織委員会のメンバーになるとともに、資金援助を行なった。リディアはストラヴィンスキーの作品で踊り、またシェイクスピアの劇では初めて役者として舞台に立った。ケインズは、上演の資金援助に加えて広報活動を立案した。一九三〇年には彼は、シェイクスピアの劇詩その他の作品を含む「詩とバレエの仮面劇」および「美、真、稀」のためにロンドン芸術劇場を借りた。リディアは役者およびダンサーとして参加した。二つの出し物のいずれも、まずケンブリッジで、次いでロンドンで上演された。

カマルゴ協会　一九二九年八月にディアギレフがヴェニスで死に、それに続いて一九三一年にアンナ・パヴロワが亡くなると、バレエの将来が不確かになってきた。バレエ愛好者たちの会合が開かれ、ケインズ夫妻もそこに招かれた。組織者の一人は、そのときのことを次のように回想している。

私はとりわけ一人の来客と語り合ったが、その人は他の人々よりも落ち着いていて実際的であった。私たちはともに、トレフィロワ〔ロシアの女性バレリーナ〕に強い関心があった。その客人には並々ならぬ学識があるように見え、彼が誰だか私には全く分からなかった。何かの芸術部門に彼を固定しようとするとき、彼はどうしてもそこからはみ出すのであった。のちになって私は、その人物がJ・M・ケインズだと知った。もちろん彼は、彼ら全員のなかで、もっとも途方もなく大きな仕事をした人である（Haskell 1934, p.136）。

一九二九年末の第二回会合で〈カマルゴ協会〉が設立され、リディア・ケインズは舞踏術の助言者となった。カマルゴという名称はマリ＝アンヌ・ド・キュピー（一七一〇―一七九〇年）を想起させる。ブリュッセル生まれの彼女はカマルゴの名で知られ、パリ・オペラ座のプリマ・バレリーナであり、ときには高級娼婦となり、ラモーやカンプラの作品で好評を博した。資金集めの夕食会が一九三〇年二月十六日に開かれ、バーナード・ショウがそのための招待状を作成した。ケインズの家で開かれた日曜昼食会には、ニネット・ド・ヴァロワ、フレッド・アシュトン、コンスタント・ランバートといったカマルゴのスターたちが集まった。たっぷりと高級ワインを酌み交わしながら、協会の活動計画が話し合われた。

当時の経済情勢のもとでは、すぐに財政困難に陥るような組織が支援を受けることは困難であった。目標は、すべてのバレエ関係者――ダンサー、作家、振付家、装飾家、針子、技師――に実際に定期的な収入をあたえることであった。危機を逃れるため、協会はケインズを会計係に指名した。彼は一九三五年までその任にあり、効率的かつ厳正に運営にあたった。第一年目中には一一のバレエが上演された。一九三一年の報告書で、ケインズは寄付金の更新を求めつつこう書いた。

協会が有形資産なしに出発したのに一一の新作バレエを上演したという事実を考慮すると、委員会の見解では、これはきわめて満足すべき結果である。だがそれは、ひとえに厳格きわまる節約によって達成されたのである。……カマルゴ協会による取捨選択によって妥当な報酬が生み出されていたならば、いっそう満足できるものであっただろう（1931-12, p.319）。

ケインズはこの事業に相当の時間と労力を捧げ、また彼の関与は会計業務にかぎられるものでなく[27]、公演の編成にまで及んだ[28]。ロンドンにおける世界経済会議の期間中、一九三三年七月二十九日に、彼はコヴェント・ガーデン〔そこに所在するロイヤル・オペラ・ハウスのこと〕で四六カ国の代表のために記念公演を開くことを計画し、これはリディア・ロポコヴァがダンサーとして舞台に立つ最後の機会となった。[29] 上演された二つの作品は、『コッペリア』の最初の二幕とバレエ『白鳥の湖』の第二幕であった。このことは『ニュー・ステイツマン・アンド・ネーション』誌から批判を受ける結果となり、[30] 同誌はケインズを、現代バレエでなく古典作品を上演することによってカマルゴの目標を裏切っていると非難した。ケインズは、ロンドンでバレエが上演されている状況について、この評者が何も知らないことに驚いた。少なくとも時には収益を上げねばならないのであって、オペラの場合と同様に、「多くの観客を引きつけるのは、世界の歌劇場のレパートリーのなかで不滅の地位を獲得したごく少数のバレエのなかから選りすぐられた、かぎられた種類の定評ある人気作品なのです」(1933-21, p.321)。創作バレエを支援しなくてはならないのは確かだが、それは一般に上演費用の三分の二を回収することもない。だから、公衆が喜んで金を払ってくれるこうした古典を上演することによって、創作バレエのための資金を調達しなければならないのだ。

ニネット・ド・ヴァロワは、一九二三年から一九二五年にかけてディアギレフの一座といっしょに踊り、カマルゴの創設に対する貢献をつづけ、そこで振付家として最初の成功を収めた。その彼女は一九三一年にヴィック‐ウェルズ・バレエ団を設立し、これは一九五六年にロイヤル・バレエ団となる。このようにしてカマルゴは、所期の目標を達成した。このことは、ケインズが一九三四年の報告書で次のように指摘しているとおりである。

四年前、ディアギレフとパヴロワの亡くなった直後に協会が設立されたとき、ロンドンにはバレエ上演のための組織はほかになかった。協会の目的は、……いとも簡単に失われてしまった伝統を絶やさないことにあった。その後、ヴィック‐ウェルズ・バレエ団が恒久的組織として設立され、カマルゴ・バレエ協会がめざしていたものとほぼ同様の機会を、ダンサーや振付家に提供するようになった(1934-1, p.322)。

それ以来ケインズはヴィック‐ウェルズの熱烈な支持者となり、一九三八年八月と九月の第二回バクストン劇場フェスティバルのプログラム作成に貢献しさえした。そのさいにケインズは妻の言葉を思い出している。「ロポコヴァ夫人が言うには、その演技ぶりや技量の点で、サンクトペテルブルクのかつての帝国バレエ団とまともに比較できるようなバレエ団は、世界に存在しない」(1938-9, p.325)。

ケンブリッジ芸術劇場　『一般理論』の仕上げを行なっているあいだも、ケインズは芸術への関与の手を緩めることはなかった。それどころか、経済理論上の彼の主著の完成と、彼の芸術への主要な貢献の一つの完成——すなわちケンブリッジ芸術劇場の設立——とは、まさしく同時だったのであり、芸術劇場はその書物が公刊される前日の夜に開場したのであった。

三〇年代のはじめまで、ケンブリッジには二つの劇場があったが、そのうちの一つは映画館に変わり、もう一つは資金的理由のために閉鎖された。かつて一九二五年に、ケインズは新しい劇場をつくろうと話を持ちかけられたことがあったが、ロンドン芸術家協会の仕事に忙殺されていて、誘いを断っていた[31]。一九三三年十一月初めに、ケインズもその活動にかかわっていたアマチュア演劇クラブの部屋が火災のため焼失した。まさにこの時、あらゆる舞台芸術のための場所をケンブリッジにつくるべく、資金のみならず時間と労力をも捧げるという考えを彼は抱きはじめた。

一九三四年に、ケンブリッジに芸術劇場を建設し管理するための会社を設立しようという提案を始めたとき、私の目的は、ケンブリッジで演劇・映画・オペラ・バレエ・音楽などの芸術を振興することでした。適切な本拠で、また町と大学にふさわしい教育効果の水準を維持できるような管理のもとで、それを行なおうとしたのです（一九三八年四月二十三日付のケンブリッジ市長宛の手紙、JMK 28, p.354)。

一九三三年十一月二十日の手紙で、彼は自らの意図をリディアに宛てて書いている。

今朝、私はかなりよい講義をすることができました。そのあと私は、カレッジのために、小さくおしゃれで近代的な劇場を建てる計画を考えながら、愉しんでいました。もしそれが出来たら、あなたは最初の舞台に立ってくれますね。……私はこの事業に魅せられており、すでにそのために自分自身の計画を描きはじめています。(32)

どんな活動領域にいても、ケインズは計画のことで頭がいっぱいだった。そして彼はすみやかに利害関係者に事情を知らせた。この手紙の数日後、彼はアマチュア演劇クラブの委員会に自らの計画を提示した。そして二月十七日にキングズ・カレッジの当局から、それを推進してもよいとの許可を得た。一九三四年五月に彼は、映画館支配人のノーマン・ヒギンズに、映画館を閉鎖して、その設備を計画中の劇場に移し、ヒギンズが劇場の総支配人となることを提案した。(33)

それからケインズは、この計画を実行するための民間会社をつくろうと決心したが、計画には、カレッジ所有の土地に建物を建てることも含まれていた。ジョージ・ケネディ・アンド・ナイティンゲールという設計会社を使って、見積もりを出させた。(34) 一九三四年九月十五日と十六日にティルトンで組織の会合が開かれ、そこにはケインズ夫妻のほか、ヒギンズ、前カマルゴ事務局長のJ・M・ハーヴェイ嬢、およびケンブリッジ出身の演劇人にしてケインズの古くからの友人であるジョージ・ライランズが参加した。会社の設立はキングズ・カレッジによって認可され、一九三四年十二月十四日に登記された。ケインズ、ハーヴェイ、ライランズが取締役に、ヒギンズが事務局長になった。

ケインズは普通株のほとんどを買い、加えて、裕福なケンブリッジ出身者のために取っておいた優先株の販売額が予想よりも少ないことが分かったので、最終的には一万二五〇〇株の普通株を買い、一万七四五〇ポンドの無利子ローンを提供することになった。一九三五年五月二十六日、彼はリディアに宛てて、「思うに、いくばくかの金があることの最大の慰めは、金のゆえに他人を悩ます必要がないことでしょう」と書いた。全体として、この計画の費用は当初の見積もりの倍になった。

一九三五年三月に劇場の建設が始まり、その建設期間中、ケインズは事業のあらゆる面に積極的にかかわった。そして彼は、劇場のその後の運営にも同じようにかかわっていく。演劇愛好者たちが館内で食事ができるようにと考えて、彼はレストランの建設作業を見守り、そのメニューやワイン・リストを綿密に精査した。人々に蒸留酒《スピリッツ》よりも上質のワインを飲むことを勧めたいと考えて、彼は蒸留酒の価格については利鞘を大きくし、ワインの価格については、その品質がよくなるにつれて利鞘を小さくした。彼は、ケンブリッジを素通りしようとする劇団やバレエ団との交渉にかかわった。プログラムを編成し、上演作品を提案し、提出された台本を読んだ。切符売場で彼を見かけることさえあったが、そこでは彼はあまり役に立たないことが明らかになった。「長い行列を見ると彼は切符売場に向かって走り出したのだが、売場はごく簡単な仕事だという彼の思いこみは間違っていたことが分かり、何か手伝いたいという彼の努力は混乱のもとになった」(Higgins 1975, p.274〔邦訳三五三頁〕)。

一九三六年二月三日、芸術劇場のこけら落としとしてヴィック‐ウェルズ・バレエ団の公演が行なわれ、翌晩は映画が上映された。ケインズが書いた紹介文はこう述べている。

ケンブリッジ芸術劇場の目的は、大学および町に娯楽を供することにある。演劇・オペラ・バレエ・音楽・映画という五つの芸術のための拠点をケンブリッジに提供するという目的を、その名が示し、また設計者がつくった五角形の観客席が象徴している（Higgins 1975, p.274〔邦訳三五三頁〕）。

イプセンを称賛していたケインズは、一年目のうちにイプセンの劇四作を上演するための資金を提供し、それらを匿名で次のように紹介した。「とりわけこれら四つの劇は、その時代のもっとも根本的な社会現象、すなわち近代女性の登場についての批評と見なすことができる」（1936-3, p.327）、と。リディアは四作のうち二作に出演した。ケインズは、リディアが出演した他のすべての上演作品にも金を出した。それらのなかには、一九三七年に上演されたモリエール作の『人間嫌い』や、一九三八年に上演された友人のオーデンとイシャーウッドの作品『国境地方にて』があった。

他の面においてと同じく、ここでもケインズは——ホガース・プレスの友人レナード・ウルフについてと同様に——、共同作業に当たっている者たちに過大な要求をするとの風評が立ち、その結果、ダディ・ライランズは一九三九年十二月二十日付の手紙でこう警告することになった。

> 君は、自分がとても人使いの荒い人間だと思われていることをもっとよく理解するべきだ。リチャードも、シェパードも、そして私もそう思っている。君はほとんど老ウルフなみに無情だ！　君の欠点は、何でも喜んでやってくれる人間をいつも酷使するところだ。……なあ、メイナード、そんな君は好きじゃない。……ヴィクトリア時代の工場のような状態が許されるというのなら、私は取締役などやっていられない（Moggridge 1992, p.589 による引用）。

一九三八年には、事業が軌道に乗って収益も出るようになったので、ケインズは、現行の民間会社を公的なものにするべきだと決意し、慈善信託を設定することを提案した。彼はこれに自分の普通株のすべてを寄贈するとともに、以後七年間にわたって総額五千ポンドを投資し、このことによって未発行のままになっていた優先株を取得することが可能になった。[35] またバークレイズ銀行から劇場側が抵当権を設定して借り入れた一万二〇〇〇ポンドを手にして、彼は自分の無利子ローンの残額を回収した。ケインズの提案にもとづき、運営会議は、市の代表二名——うち一人は市長——、大学教授二名、キングズ・カレッジ学寮長、そして劇場経営陣を代表してジョージ・ライランズとケインズ自身から構成されることになった。[36] こうしてケインズは、市とケンブリッジ大学に劇場を寄贈した。それは、これら二つの機関に対する自らの両親の献身を讃えてのことであった。「そして私は、両機関に等しく役立つであろうこの信託財団の設立のことを考えては喜んでいます。それはある意味では、半世紀以上にわたってケンブリッジのために献身した——私はそのことをよく知っています——両親に対する記念でもあります」（一九三八年四月二十三日付のケンブリッジ市長宛の手紙、JMK 28, p.355)。ケインズは劇場の諸問題を見守ることを決してやめなかったのであり、一例をあげれば、一九四〇年まで寄付金の管理の仕事をつづけたのである。

戦時中、ケンブリッジはドイツの爆撃を免れたので、芸術劇場は数多くの出し物を上演するとともに、多くのスターや著名な劇団を迎え入れた。ロンドンっ子たちは平穏さを享受しにやって来た。ケインズは、ヴァネッサ・ベルの子供たちを演劇やバレエに連れていったことと思われるが、子供時代の芸術教育の重要性を確信していた。したがって芸術劇場は、日中に生徒たちのための席をあらかじめ確保して、何回かの野外劇を計画した。ケインズの亡くなった一九四六年に、劇場は抵当を清算した。二、三年間に及んだ改修を経て、芸術劇場は今日なおケンブリッジに存在している。そのエントランス・ホールには、メイナードとリディアを記念する絵が掲げられている。

芸術評議会の創設

第二次世界大戦中の膨大な責務――とりわけ、アメリカ側との困難で心身をすり減らすような交渉や何回ものアメリカ旅行――だけで、すでに多忙をきわめていたこの病弱な人物には手一杯だったと思われるかもしれない。そうではなかった。ケインズは、彼のいちばん重要かつ満足すべき貢献たるブレトン・ウッズ協定よりも、英国芸術評議会 Arts Council of Great Britain を創設することに、より多くの思考を費やしていた。

戦時中、ケインズは芸術劇場に積極的に関与しつづけ、日程の許すかぎり、喜んでその出し物を見に行った。その結果、一九四〇年五月に音楽・芸術振興協会 Council for the Encouragement of Music and the Arts（CEMA）と接触することになった。ケンブリッジで一連の劇を上演したことのあるドナルド・ウォルフィット一座の巡業を支援してほしいと要請してのことであった。CEMAは、教育院総裁であるデ・ラ・ウォー卿の主導により一九四〇年一月十九日に設立された。彼は、その少し前にピルグリム信託財団から二万五〇〇〇ポンドの資金提供を受けていた。協会の目的は、戦争のためにその境遇が不安定になっていた芸術家・音楽家・俳優たちの活動を、資金援助によって奨励することにあった。協会の設立はまた、冬の夜間外出禁止令のあいだ、平常の活動ができなくなり互いに孤立していた民衆に芸術的な催しを提供する機会ともなった。それは、大不況期の類似した事業を継承するものであった。

ケインズがCEMAと接触しはじめたとき、彼はCEMAを批判して、それが既存のプロの組織に最低保証出演料《ギャランティ》を出さずに、アマチュア巡業だけにしか金を出していないと非難した。ウォルフィットの巡業への支援をCEMAから断られたケインズは、出演料を保証するために自分もいくらかの金を出す用意があると申し出て、支援を取り付けることに成功した。それから彼は、こういう状況において彼がよくやったように、仕事上の本当の実力者に話を持ちかけることを決心し、会長とではなく、CEMAの事務局長であるメアリー・グラスゴーとの交渉に入った。彼女は、このような偉大な人物がこうして口をはさんできて、得意になったり怖気づいたりした。(37) ケインズは、彼女を自宅に招き入れ、心臓の状態ゆえに横になって、CEMAという機関について彼女を質問攻めにし、どうしてCEMAが高級な芸術的努力でなく二流のアマチュアの作品しか支援しないのかを知ろうとした。「重要なのは水準であり、本格的なプロの企画を守ることであって、村の公会堂で開かれる誰も知らないようなコンサートではない。彼は遠慮なくはっきりとものを言う人であり、彼の話を初めて聞いて、彼は手ごわい人だと私は思った」(Glasgow 1975, p.262〔邦訳三四〇頁〕)。

一九四二年初めにイギリス大蔵省は、CEMAの財務組織として、ピルグリム信託財団に取って代わった。一九四一年十二月十七日、教育院総裁のR・A・バトラーは、ケインズに会長になるつもりがあるかどうか打診した。ケインズの他の各種の仕事を考慮すると、彼は断るだろうと予想されていた。しかし彼は一月十四日付の手紙でこれを受諾し、四月一日から仕事を始めた。メアリー・グラスゴーは、彼が以前からこの申し出を待ち望んでいたのだと考えている。またケインズがCEMAの運営における官僚主義を憎悪し、次いで芸術評議会における官僚主義を憎んでいたことを、彼女は力説している。ケインズによれば、芸術評議会は「組織的に独立し、官僚的形式主義から自由であるべきであり、「芸術は何の服従の義務も負っていない」(*ibid.*, p.263〔邦訳三四三頁〕)のである。

ケインズ会長のもと、工場でコンサートを開くこと、炭鉱都市で劇を催すこと、公園で上演することといった目標は引き継がれたが、高度の芸術的創造を推進することに重点が移された。

しかし、われわれはまた、そしてますます、あらゆる芸術部門で最高度に独創的な作品やすぐれたパフォーマンスを追求している全ての人々が自分たちの仕事を国中に伝えることを援助しようと努めているし、またこれから現れようしている大勢の新しい観衆を、最高のものを期待し称賛することに馴染ませようと努めている。主要な交響楽団や弦楽合奏団、ほとんどの画家、およびわが国の大多数の(いまや私はこう言うことができると思う)

オペラ団・バレエ団・劇団は真摯に芸術的目的を追求しており、彼らは時折および継続的にわれわれと協同している。われわれの方針は、一般的に言って、彼らの仕事や成果を楽しむことにあり、芸術面での管理を当該の団体や個人に委ねることにある。そして天分や善意をもつ個人が多種多様にいるのと同じように、彼らの提供する演劇・絵画・コンサートも、また彼ら自身も多種多様であるだろう（1943-4, pp.360-1）。

イギリスにおける芸術生活上の大問題の一つとして、適当な建物がないという問題があった。改修や新築のためには金を見つけてこなければならなかったので、公共事業が雇用の促進者であるとともに、芸術の召使いとならなければならなかった。「国家の援助を得て物的な枠組みをつくることができれば、残りの仕事は公衆と芸術家がやってくれるだろう。詩神《ミューズ》たちが埃っぽい隠れ家から立ち現れ、需要と供給は女神たちの僕《しもべ》となるだろう」（*ibid.*, p.361）。ケインズは多くのことに介入したが、なかでも特筆すべきは、一七六六年に設立された、イギリスでもっとも古い劇場の一つであるブリストルの劇場を破壊から守ったことである。それは、一九四三年五月十一日にふたたび開場した。まさにこのとき、彼は右に引用した論説を書いたのであった。

一九四二年九月のCEMAの組織再編によって、音楽・美術・演劇という三つの部門が創設され、ケインズはそれぞれの上に立って統括した。彼が格別に力を入れたのは演劇であった。「ケインズは、われわれの関係する劇団が何を演目に選ぶかについて、好んで口をはさんだ」（Glasgow 1975, p.264〔邦訳三四二頁〕）。しかし彼はまたバレエも愛したのであり、ロシアのバレエ団が公演に来るかもしれないという件――そうはならなかったのだが――をめぐって、そのとき滞在していたブレトン・ウッズで、ロシア代表団と海外興行の準備について自ら進んで議論した。(38) 彼はまた絵画にもかかわるようになり、一九四二年には三つの巡回展覧会を計画した。最初にテート・ギャラリーの新規収蔵品、次はウィルソン・スティア、最後にウォルター・シッカートであった。フランス絵画の展覧会を企画することはできなかったが、ＣＥＭＡは一九四五年春にフランス書籍のイラスト展を開いた。そのなかにはトゥールーズ‐ロートレック、ボナール、マティス、ルオー、ピカソらの作品があり、その展覧会は、ケインズがそのカタログで書いたところでは、「フランスへの贈り物」(1945-1, p.366) であった。音楽面ではＣＥＭＡは、交響楽団・弦楽合奏団・室内楽団のためにギャランティの仕組みを管理した。それはまた、サドラーズ・ウェルズ劇場のオペラ団とバレエ団を後援した〔ヴィック‐ウェルズ・バレエ団は一九四一年にサドラーズ・ウェルズ・バレエ団に改称した〕。

ケインズはまた多くの助成金申請を却下したが、そのなかにはグラインドボーン・オペラ祭もあった。彼は、それを金持ちのための贅沢だと見なしたのである。彼はずっと、果てしない口論にかかわることしばしばであった。そのようなときに彼は、アメリカと金融交渉を行なったときと同様に振る舞った。「時には彼はひどく無礼な態度をとり、多くの人々の反感を買った。彼が重要だと感じた問題――その類のものはたくさんあった――になると、彼は戦いを挑むことを躊躇しなかった」(Glasgow 1975, p.267〔邦訳三四五―六頁〕)。

ロンドンにいるとき、ケインズはＣＥＭＡの活動に多くの時間――当初の予想よりもはるかに多くの時間――を割かれ、そのため彼は、一九四四年に一時は辞任を考えるまでになった。会合はしばしば、ゴードン・スクウェア四六番地の彼の自宅で開かれた。実際のところ、彼はほぼ毎日のように事務局長と手紙のやり取りをして、その日の仕事、報告書、さまざまな事業、運営上の諸問題について議論したり承認をあたえたりしていた。彼が外国にいるときにも、この文通がとだえることはなかった。「彼は私に、彼がどこにいようと、すべての会議の議事録を遅滞なく送るよう要求するとともに、起こったこと全てについての完全な報告を書いて送るよう指示した。これらの報告を彼はただちに分析し、驚くほど率直なコメントを付けて送り返してきた」(*ibid.*, p.270〔邦訳三四八頁〕)。ケインズの手紙はしばしば長大なものとなり、「警句や偏見、それに一種のエドワード時代風のいたずらに満ちていた」(*ibid.*)[39]。

戦争が終わろうとしていた頃、ケインズとそのＣＥＭＡの仲間たちは、芸術をイギリスの中心に据えていくような、

ＣＥＭＡの後継組織となる恒久的な組織をつくることに関心を注いだ。一九四四年八月にブレトン・ウッズから帰るとすぐにケインズは、「ＣＥＭＡの恒久的平時組織への再編のための提案」と題する文書を書いた。彼は、九月二十八日にその協会の会合で、一一名からなる〈王立芸術評議会〉の創設を提案した。のちに〈芸術評議会〉と名づけられることになる新しい組織は、一九四五年一月に承認された。それに次いでケインズが連立政府に働きかけたところ、政府は五月に、ＣＥＭＡを恒久的組織に転換して〈英国芸術評議会〉と名づけることを決めた。その発表は、一九四五年六月十二日にジョン・アンダーソン蔵相によって行なわれた。ケインズは記者会見を開き、その二週間後にＢＢＣでの講演において新しい組織を紹介した。[40]

> 英国芸術評議会のめざすところは、芸術家と公衆がたがいに協力し支え合って生きていくという目的に向かって、精神を涵養し、意見を練磨し、刺激をあたえるような環境をつくることにあります。そのような協力は、過去において、共同的な文明生活という偉大な時代にときおり存在していたのです（1945-2, p.372）。

官僚主義を嫌っていたケインズはまた、ＣＥＭＡ《シーマ》といった理解不能な頭字語を、「バンコール〔ケインズが提案した国際通貨〕そのものと同じくらい悪く忌まわしい名前だ！」（1943-4, p.359）として嫌悪していた。それゆえにこそ彼は、ＣＥＭＡに代えて芸術評議会《アーツ・カウンシル》の名称を提案したのである。「みなさんが私たちを簡略にアーツ・カウンシルと呼ぶことを、私は望んでいます。私たちの頭文字をとって、いいかげんな造語をつくらないようにして頂きたいのです。私たちは慎重に、発音できそうにない頭文字を選んだつもりです」（1945-2, p.368）。彼が聴取者に向けて語るところでは、戦争によって、われわれは一つの重要なことを発見したという。すなわち、「まじめで洗練された娯楽に対する欲求は満たされておらず、しかもそれを愛好する人々は膨大な数にのぼるということ」（*ibid.*, p.369）をである。公衆の芸術に対する関心を呼び覚ますうえでBBCは大きな役割を果たすし、また新しい組織は放送局と協力して活動しなくてはならない、と彼は付け加えている。評議会の第一義的な任務の一つは、芸術生活をイギリス中に広めることになるであろうし、そのためには、芸術的で機能的な新しい建物をつくらなくてはならないだろう。「劇場、コンサート・ホール、美術館がみなの成育における生きた要素となり、劇場やコンサートに定期的に出かけることが組織的な教育の一部となるような、そんな時代が来ることを期待しているのです」(*ibid.*, p.371)。半ば破壊されたロンドンは、やがて偉大なる芸術の都となることだろう。「オペラやバレエの拠点として、コヴェント・ガーデンが来年早々にも再開されることを望んでいます」(*ibid.*)。

CEMAは、コヴェント・ガーデンの復興に密接に関与していた。ケインズがブレトン・ウッズにいたとき、彼はコヴェント・ガーデンにあるロイヤル・オペラ・ハウスの理事長に任命された。一八五八年に最後〔三回目〕の再建が行なわれたロイヤル・オペラ・ハウスは、コヴェント・ガーデン・プロパティーズ社の所有となり、開戦時に、ダンス・ホールとして使うためメッカ・カフェズ社に賃貸された。サドラーズ・ウェルズ・バレエ団がコヴェント・ガーデンに移ることが決定されたが、サドラーズ・ウェルズ・オペラ団のほうはこれに加わらないことに決めたので、コヴェント・ガーデンは自前のオペラ団をつくることになった。芸術劇場の場合と同じように、ケインズは、ホールの装飾も含めて、建物の再開に関するあらゆる面にかかわった。一九四六年二月二十日にコヴェント・ガーデンは、王室一家三代の臨席のもと、チャイコフスキーの『眠れる森の美女』の上演でもって幕を開けた。のちにマーゴ・フォンテーン〔この公演で主役を務めたバレリーナ〕がオーロラ姫の役で名を馳せることになる作品である。この記念公演は、「イギリスにおける文化生活の復活の道標」になるとともに、「平和な世界のなかでイギリスの首都が自らにふさわしい位置に復帰したことの象徴となる」(一九四六年一月二十四日付のC・R・アトリー宛の手紙、Moggridge 1992, p.705に所収)ことをめざしていた。ケインズは軽い心臓発作に見舞われていたが、王室一家の来臨の折、リディアとともに隣席に座った。これが、母国で彼が公に姿を見せた最後の機会となった。四月五日に彼は、王立オペラ信託財団に五千ポンドを遺贈することを決めた。一九四六年七月十日になって芸術評議会はようやく憲章を作成したが、その時にはすでに、かつて任命された議長は他界していた。彼が亡くなったのは、国王がメリット勲位を授与しようとしていた矢先のことであった。

注

（1）一九四〇年代にソ連の外相を務めていたステパノフは、ブレトン・ウッズ会議においてソ連代表団を率いた。

（2）芸術と科学の関係については、第2章の最終節も参照せよ。

（3）伝記類は別として、ケインズと芸術——とりわけ美学——についてはあまり論じられておらず、O'Donnell（1995）がこの問題に関する最初の分析的論文である。Glasgow（1975）, Higgins（1975）, Shone and Grant（1975）, Heilbrun（1984）, Goodwin（1998, 2001）, Moggridge（2005）を参照。商業と芸術に関するフライの著述を魅力的に紹介するなかで、グッドウィン（Goodwin 1998, pp.1-65）は、投機に関するフライの見解とケインズの考えとの若干のつながりに光を当てている。芸術と科学の関係についても、彼らの見解は酷似している。というわけでフライは、一九一九年に最初に発表された「芸術と科学」と題する論文のなかで、こう書いている。「芸術と科学のあいだでは、その方法や目的に何と密接な類似点があるかが分かるだろう」（Fry 1920, p.57）。フライの友人のシャルル・モーロン——化学者、文芸評論家、ヴァージニア・ウルフの訳者、「精神分析批評」の考案者——は、「彼の人格のなかで最も注目すべき特質の一つは、間違いなく、科学的精神と美的感性との類い稀なる結合であった」と書いている（一九四九年のオックスフォード大学での講義、*Psyché*, Paris, no. 63, January 1952, Caws and Wright 2000, p.268 に所収）。

（4）あるアポスルがソサエティの会合に定期的に出なくなったとき、彼には羽が生えることになる。このとき彼は「天使《エンジェル》」となる。補章1を参照せよ。

（5）先述のように〔第6章を参照〕、ケインズの経済学上の著作は正確さを欠いているとして彼を非難する人々に対して、ケインズはこう返答したのであった。

（6）この論文は一九〇五年に書かれており、当時ドガは、イギリスではまだほとんど知られていなかった。ケインズが熱心な収集家になるに際してドガの果たした大きな役割については、のちに見る。
（7）ポスト印象派の絵画の例を引きながら、ケインズはこうした考えを展開した。イギリスにおいてポスト印象派の重要性が認められるようになるのは、それから五年後のことである。
（8）Goodwin（2006）を参照。グッドウィンは、フライに対するトルストイの影響を強調している。
（9）絵画収集家としてのケインズについては、Shone and Grant（1975）および Scrase and Croft（1983）を参照。後者は、一九八三年にケンブリッジで開かれたケインズ遺贈絵画・手稿展のカタログである。
（10）Stansky（1996, p.248）を参照。
（11）ホームズはその回顧録のなかで、この件に関する自らの見解を記している（Holmes 1936, pp.334-42）。
（12）これらを購入したことが公表されたのは、戦後になってからである。
（13）実際にはセザンヌの絵には、七つのリンゴが描かれている。
（14）ケインズのはた迷惑な振る舞いのなかには、一九二五年九月二十五日付のヴァネッサからロジャー・フライへの手紙に詳しく書かれている次のような件もある。ゴードン・スクウェア四六番地のケインズの部屋には、グラントの描いた油絵が掛かっていたが、ケインズはこれを自分のものだと主張し、他方でヴァネッサも、ダンカンの考えるように、自分のものだと思っていた。ケインズが結婚後にその家の全体を自分のものとしたとき、彼はその油絵を壁にネジで留めた。それにもかかわらずヴァネッサは、それをはずして自分のところへ持ち帰ることができた。この一件がどのようにして決着したのかは、今となっては分からない（CHA1/59/4/16）。
（15）ロンドンにいたマティスは、自分の作品がたいへんよく売れるのを見て非常に驚いた。
（16）この夕べについて書かれた L.Woolf（1967, pp.115-7）を見よ。
（17）この問題について詳しくは、Munby（1975）および Scrase and Croft（1983）を参照せよ。
（18）芸術劇場については次節を見よ。ケインズの母はケンブリッジの市長を務めたことがある。
（19）芸術と国家の関係についての見方において、ケインズの考えとフライの考えとのあいだには、ここでもまた密接な関連がある。たとえば、一九一二年に最初に発表された「芸術と社会主義」（Fry 1920, pp.39-54 に所収）を見よ。
（20）この問題については、ケインズ・ペーパーズのフォルダー PP/72 に収められている文書を見よ。

（21）裕福な実業家であり、芸術の後援者にして愛好者であったサミュエル・コートールド（一八七六―一九四七年）は、リディア・ロポコヴァの友人であった。彼は重要な絵画コレクションを所有していた。そのほとんどはコートールド・ギャラリーに移され、一部はテート・ギャラリーに寄贈された。開明的な実業家であった彼は、ケインズの賛美者であった。一九二五年二月八日にリディアはメイナードに宛てて、彼の企画に関して次のように書いている。「サムは私を呼んで、芸術家たちの共同社会という考えに大賛成だが、計画について十分に理解するためにあなたとお話ししたいと言いました。そしてサムは、この考えの実現可能性には疑問をもっているが、それに好意をもっており、お役に立ちたいとのことです」(1989-1, p.285)。

（22）ケインズ・アーカイブズのなかのPP/73に収められた文書を参照。

（23）フランク・ヒンドリー‐スミス宛の一九三三年一〇月の手紙で、ケインズは、こうした援助の対象は成功する見込みのありそうな画家だけに限られるべきだと強調している。ケインズは、絵がまったく売れなかったフレデリック・ポーターに対する助成の継続を拒んだ。「彼を支援するのは施し同然だ。ほかの二人については、そうではないと思う」（Scrase and Croft 1983, p.35による引用）。

（24）ケインズ・アーカイブズ、PP/77ファイルを参照。

（25）遺言により、ケインズの財産はリディアに遺贈され、それはリチャード・カーンによって管理されることとされた。

（26）夫妻は子どもを持とうとしたように思われる。一九二七年にリディアが流産したというのは、ありうることである。一九二七年五月六日付のケインズからリディアへの手紙、および、Skidelsky（1992, p.295）を見よ。

（27）「アルフレッド・ティッサーが、またのちにはJ・M・ケインズが、どうやってわれわれの負債をなくしたのか、驚くばかりだ」（Haskel 1934, p.137）。

（28）この時期は、ケインズがマクミラン委員会にかかわり、また『一般理論』の最初の草稿を書いていた時期だということを思い起こそう。

（29）同年九月十八日、彼女はシェイクスピアの『十二夜』で舞台女優としてプロ・デビューした。ケインズは、夏のあいだじゅう彼女と下稽古をした。けれどもそれは、おもに彼女の訛りのせいで大失敗に終わった。

（30）ケインズは、この雑誌の取締役会会長であった。

（31）早くも一九一三年に、ケインズはケンブリッジにレパートリー劇場（専属劇団をもち、レパートリー作品を交互に上演する」をつくることを思い描いていた。

(32) 彼の一九三三年十一月二十日の講義は、雇用理論の一部を紹介することに充てられ、これは二年有余ののち、公表されることになる。

(33) Higgins (1975) を参照。ヒギンズは、芸術劇場の誕生と初めの数年について詳細に説明している。

(34) この会社は、一九三五年末にケインズがティルトンの家の修理を依頼したときと同じ会社である。

(35) 一九三七年の彼の心臓発作とこれに続く療養期は、疑いなく、芸術劇場の運営から徐々に手を引こうというケインズの意思決定において一つの役割を果たした。ルーシン城で病みあがりの保養をしていたとき、ケインズは初めて、この考えを市長およびケンブリッジ大学副総長と共有することになった。芸術劇場の法的地位をこのように変更することによって、かなりの資金を節約することが可能になるとケインズは強調した。

(36) ヒギンズ (Higgins 1975, p.276〔邦訳三五五頁〕) の述べるところによると、運営会議の誰一人として就任の申し入れを拒む者はなかったが、そのことはケインズとその両親に対する敬意の表れである。

(37) このことや芸術評議会——グラスゴーはその最初の事務局長だった——の創設に関しては、Glasgow (1975) を見よ。White (1974) も参照。ホワイトはCEMAの事務局長補佐であった。

(38) ケインズはバレエ・ダンサーの兵役を免除してもらおうと試みたが、うまくいかなかった。そのさい彼は、先の大戦中にドイツとロシアでは免除があったことを力説した (Skidelsky 2000, p.51)。

(39) 彼のCEMAとの大量の往復書簡は、ケインズ・アーカイブズのフォルダー PP/84 に収められている。

(40) この講演はBBCアーカイブズに保管されている。

結論

ケインズからケインズ主義へ

「ケインジアン」や「ケインズ主義」という用語は、ケインズの存命中に使われはじめた。「ケインズ革命」という表現は、一九四七年にローレンス・クラインの著書の表題として現れた。もっともケインズ自身、自らの新理論の帰結を革命的であると見なしていたのではあったが。いっそう頻繁に使われるようになるにつれ、こうした言葉の意味はますます曖昧になってきた。一九四四年、ワシントンでの経済学者たちとの晩餐のあとに、ケインズはオースティン・ロビンソンに対して次のように語った。「そこでは私は、ただ一人の非ケインジアンであった」(J. Robinson 1979, p.27)。他の風聞によると、亡くなる直前には、ケインズは自分の弟子の何人かと距離を置いていた。

それゆえ、ケインズの思想、ケインズ革命、ケインズ主義のあいだの結びつきは複雑である。この分野をすべて網羅することは、この〈結論〉の範囲を超えている。それは私がすでに別の機会に取り組んでいるし[1]、また他の無数の文献でも研究されてきた。ケインズ革命とケインズ主義に関する文献は、実はケインズに関する文献よりももっと多い。ここでは問題の一端を取り上げるだけで満足すると同時に、ケインズのメッセージの現代的な妥当性を評価して終えることにしよう。

一　ケインズ革命

彼の名前を冠した革命の背後にあって、その着想の源となったのはケインズ一人ではない。本書が示そうと試みてきたように、社会についてのケインズの理解やそこから導かれる政治的行動の提案は、それらを正当化する経済理論の構築に先立っていた。このような理解や命題は、あらゆる他の思想と同じく、ある特定の歴史的文脈に位置していた。ケインズが生まれたとき、十九世紀のイギリスで勝利を収めた競争的かつ自由な資本主義は、深刻な危機を迎えていた。その生涯を通じてケインズは、二度の世界大戦、ロシア革命、大不況、ファシズムとナチズムの台頭、そしてアメリカによる世界の指導国の地位の獲得に立ち会ってきた。このように激動する世界の舞台のうえで、自由主義的な民主主義は、根本的な変革に取り組むことによってのみ生き延びることが可能となっていた。

事実に反する物語には気をつけなくてはならないが、もしケインズが、一九一六年六月五日に機雷に触れて撃沈されたロシアに向かう船に乗ることを土壇場になって妨げられなかったならば、何が起こっていたかを想像するのは興味ぶかい。「ケインズ革命」や「ケインズ主義」という表現は、もちろん決して陽の目を見なかっただろう。しかし〈ケインズ革命〉と結びついた幾つかの転換、すなわち介入主義の勃興や〈福祉国家〉の誕生などは起こっていたに違いない。ケインズの介入はイギリスにおいて確かに事態を加速させ、それにある特定の型をあたえた。しかしアメリカやその他の国々と同じくスウェーデンでは、そのような変革を実行するのにケインズを待っていたわけではなかった。

ケインズ革命はケインズ一人の成果ではないことが容易に認められるとしても、ケインズの主要かつ独自の貢献が一九三六年に提案した経済理論にあるということは一般に信じられている。しかしここでも再び、物事はそれほど簡単ではない。アメリカでは、創設者たるソースタイン・ヴェブレンによって世紀の変わり目に始められた制度学派の運動と結びついた経済学者たちが、ケインズと類似した分析を展開していた。おそらくケインズもまた、彼らによって刺激を受けていた。フーヴァー大統領やルーズベルト大統領の助言者たちに教えを施したのは、まさにこうした経済学者たちであった。ケインズのいま一つの着想の源泉であったクヌート・ヴィクセルに導かれながら、ストックホルム学派の一員であるミュルダール、リンダール、オリーンは、一九二〇年代に有効需要や乗数の理論にきわめて類似した議論を提示した。彼らは、一九三〇年代初頭に構築されたスウェーデン型福祉国家の設計者である。一九三三年にミハウ・カレツキ——当時は無名のポーランド人経済学者で、マルクスやローザ・ルクセンブルクに影響を受けていた——は、『一般理論』の本質的な要素を含むモデルを簡潔かつ形式化されたかたちで提示していた。ケインズの友人たちは、カレツキが一九三六年（！）にケンブリッジに到着したとき、彼がいかにすばやくケインズの新しい議論を理解し、わがものとしたかに驚いた。要するに、こうした見解はすでに世間に流布していたのだ。何人かの経済学者たちは、ケインズが「古典派理論」と呼んだものに疑問を呈し、さらに経済恐慌と失業を説明するための新たな方向を追求していた。これはイギリスでも、ケンブリッジでも事実であった。ケインズが「古典派」と分類した人々のあいだでさえ、そうであった(2)。

それゆえ数多くの経済学者が、失業増加の原因として有効需要の不足を強調するような経済的ビジョンをつくり出すために努力していた。介入主義的な政策だけが、失業の増加を食い止めることができるのである。ケインズの知性、伝道者としての彼の才能、彼の有力な地位のために、彼の見解が支配的になり、彼の名前がこれらの展開と結びつけられるようになったという事実がもたらされた。カレツキやミュルダールの著作と対照的に、『一般理論』は適切な時期に、適切な場所で、適切な言語で出版されたのである。最後に、ケインズの経済理論は社会の総体的な理解の一部であり、社会に関するそのような理解こそが、ケインズの最大の独創性の源泉となっている。すでに見たように、ケインズの「世界観」Weltanschauungは倫理的・認識論的な基礎に立脚しており、この基礎ゆえにケインズは、自立的と見なされてきた経済学という学問の科学性に疑問を投げかけることになった。ケインズの政治的見解に見られる実践主義は、ここから生じたのである。

二　さまざまなケインズ主義

第二次世界大戦後に発展し、勝利を収めたケインズ主義は、多数の流儀が混合したものの産物であった。それは、さまざまなケインズ主義Keynesianismsという具合に、複数形で語ったほうがさらに正確であろう。これらの諸潮流の内部では、巨匠の遺産についてしばしば猛烈な論争がなされ、またその全体的なビジョンはしばしば曖昧なものとされて、ときには解体されてしまうことすらあった。

一九三七年にジョン・ヒックスは有名な論文を発表し、そこで『一般理論』を、今日ではIS―LMモデル（投資・貯蓄・流動性・貨幣量を示す）として知られているグラフによって描かれる数本の方程式に簡潔化した。(3) このモデルは、フィリップス曲線――一九五八年に生み出され、インフレーションと失業の二律相反を示す――とともに、ポール・サミュエルソンにしたがって「新古典派総合」と呼ばれるアプローチのもっとも重要な道具となっている。この枠組みは、ワルラス的な新古典派ミクロ経済学と、時間や不確実性といったある種の重要な要素を取り除いたケインズ的なマクロ経済学を統合しようと試みるものである。ヒックスの論文に対して好意的な論評を行なう一方で、ケインズはまた、のちにケインズ主義のなかで支配的な傾向となるものを批判した論文（1937-4）を発表している。

もう一つの潮流は、ケンブリッジにおいてケインズの側近の周辺で形成された。彼らは、ケインズの著作の革命的性格、その古典派理論との断絶、その期待や不確実性についての解釈を強調した。自らを「左派ケインジアン」と定義したジョーン・ロビンソンの見るところでは、ケインズは自らの著作のすべての含意を必ずしも正しく認識しておらず、晩年には保守的となった。この潮流は「ポスト・ケインズ派」として知られるようになった。[4] ポスト・ケインズ派の一部は、ケインズ以上にカレツキこそが彼らの着想の真の源泉であると主張してさえいる。これら二つの集団のあいだの関係は決して調和的ではなく、ときには刺々しくさえあった。ジョーン・ロビンソンは新古典派総合を似非ケインズ主義 bastard Keynesianism と見なしたし、またその論敵からは、ケインズの屍衣を祀る高位の女司祭とのあざけりを受けた。

さらにこれらの思想の諸傾向のいずれも同質的ではなく、各分派がそれぞれにケインズのメッセージの意味について議論している。ごく最近ではニュー・ケインジアン経済学が、経済主体の合理性——前述のように、これはケインズによっては共有されていない——の仮定にもとづいて、ケインズ理論にもっと厳密なミクロ経済学的基礎づけをあたえようと努めている。新古典派総合の信奉者たちにとってと同様に、ニュー・ケインジアンにとっても、物価や賃金の硬直性が高い失業率の主な原因なのである。[5]

三　新自由主義、そしてケインズ主義の危機

一九六五年に、ケインズ主義の主要な敵対者の一人であるミルトン・フリードマンは、『タイム』誌の記者に向かって「いまや、われわれは皆ケインジアンである」と宣言した。[6] 三年後に彼は、その記者に対する発言の全体は次のようなものであったと書いた。すなわち、「ある意味で、いまやわれわれは皆ケインジアンである。別の意味では、も

はや誰もケインジアンではない」。そのことによって彼が言おうとしたのは、「われわれは皆ケインズ的な言語と道具を用いている。しかし、もはや誰も初期のケインズ的な結論を受け容れてはいない」(Friedman 1968a, p.15) ということである。第二次世界大戦の終結以来、標準的な状態であった成長が失速したときに、フリードマンは、このような宣言を発したのである。生産性は鈍化し、またフィリップス曲線とは矛盾するのだが、インフレーションと失業増加が同時に進んだ。〈福祉国家〉の危機が呼び起こされ、それは、ブレトン・ウッズで確立された国際通貨体制の危機や石油価格の暴騰によってさらに悪化した。

これらのことを理論的に説明するために、新しい政策が採用され、新しい理論が展開された。それらの説明は、ケインズ主義と訣別するとともに、かつてケインズが戦った古典的自由主義を異なる政治的文脈において復活させるという合意の一部分であった。この新しい合意は「新自由主義的《ネオ・リベラル》」と呼ばれた。この用語は、その対極、すなわちケインズが信奉したニュー・リベラリズムと混同される可能性があるがゆえに、まぎらわしい用語である。マネタリズム、サプライ・サイド経済学、無政府的資本主義などと並んで、もう一つの新しい理論的傾向は「新しい古典派経済学」であった。一九三〇年代にフリードリッヒ・ハイエクは、ケインズとその弟子たちに対する聖戦を開始し、その戦いは一九九二年に息を引き取るまで絶えることなく続けられた。一九四七年にハイエクは、一群の知識人・ジャーナリスト・法学者・政治学者・経済学者とともに、〈モンペルラン協会〉を創設し、自由主義の防御にその身を捧げた。自由主義は、共産主義や社会民主主義によってだけでなく、ケインズ的な介入主義によっても脅威にさらされていたのである。この協会は新自由主義的な思想家の温床であり、彼らのうちの何人かは、一九七〇年代以降には西側諸国の政府に対する助言者になった。一九七四年にハイエクが、また一九七六年にフリードマンが、アルフレッド・ノーベル記念スウェーデン銀行経済学賞——これは誤って「ノーベル経済学賞」と呼ばれている——を受賞したことは、経済思想と経済政策の世界で当時生じていたイデオロギー上の方向転換を象徴している。一九九五年には、新しい古典派経済学の指導的な理論家であるロバート・ルーカスが同じ賞を受けている。

政治的場面や学問的場面においてと同様に、ジャーナリズムの場面においても、新自由主義の言説は、一九六〇年代末に始まる資本主義経済の苦境の原因がケインズ・ケインズ主義・ケインズ政策にあると非難した。ハイエクの見解ではケインズ的な治療は興奮剤以上のものではなく、彼の見るところ、それが遅かれ早かれインフレーションや失業を生み出すことは不可避であるとされる。長きにわたる耐乏生活という療法によって再び均衡が確立したのちに初めて、失業が減少するであろう。したがって、物事は自然の成り行きにまかせておけばよいのだということになる。ハイエクの感じるところでは、市場は驚嘆すべき神の創造物であって、政治は可能なかぎりそこに介入してはならず、たとえ介入するとしても、必要な司法的枠組みを保証するだけにしておかねばならない。

四　ケインズの役割

「栄光の三十年」のあとに世界中で痛切に感じられた経済的苦境の責任が、本当にケインズ政策にあるのか否かという問題を提起する前に、戦後西側経済の持続的成長においてケインズの思想が果たした役割について探究する必要がある。ケインズ革命の起源についてと同様に、ケインズの思想は、事態の成り行きに対して実際以上にはるかに大きな影響力をもつとされてきた。さらに戦後期に採用されたケインズ政策は、しばしばケインズの思想とは関連が薄い一そろいの多種多様な手段から成っていた。

経済学者と政治家が新しい経済政策をつくり上げてそれを正当化し、経済と国家のあいだの関係を再定義する仕方に対して、ケインズは大きな影響を及ぼした。彼は、完全雇用が第一の目標として是認されることにも影響力をもっていた。いくつかの国が終戦のさいにその目標を同時に採択し、一九四八年には国際連合がその目標に支持をあたえた。この目標は必然的に、ケインズによって理論化された需要刺激政策の採用を暗示していた。その目標はまた、国民経済計算――ケインズはその創設を支持した――の文脈での集計値の諸定義や諸尺度をも暗示していた。一九五〇年代初めには、何人かの経済学者が、いくつかの異なる財政・金融政策のもつ効果を測定するためのますます洗練されたモデルをつくり上げた。

しかし戦後の成長を生み出したのは、理論的な努力ではない。ケインズは、思想の役割や理性の力を過大評価すると同時に、政治上の便宜主義の役割を過小評価していた。第二次世界大戦中のアメリカ側との交渉において、このような誤りが彼をどこへ導いたのかについては、すでに見た。彼は最後まで理性が勝利すると信じていたが、現実には、押しつけられたのは勝者の権力であった。完全雇用をつくり出したのは戦争であり、『一般理論』の公刊ではなかった。ヨーロッパの経済的復興を可能とした戦後のマーシャル・プランは、一九一九年にケインズがむなしくも願っていた策を遅れて適用したものと見ることができる。しかしこの計画は、『平和の経済的帰結』の読解よりも、むしろソヴィエト陣営の拡大を阻止しようとするアメリカの願望から生じたものである。それに続く出来事は、一連の諸要素の交錯――そこにおいては、各国の内部においてと同じように、諸国や諸国家陣営のあいだでの政治的な権力闘争が主要な役割を演じていた――によって説明することができる。もちろんケインズの理論は、このような動態を明らかにするうえで極めて有益なものである。

しかし、栄光の三十年の持続的成長をケインズの功に帰することができないとすれば、その失敗の責任を彼に負わせることもまたできなくなる。ケインズ政策に対する最も驚くべき告発の一つは、それが財政赤字によってインフレーションの発生に寄与したというものである。インフレーションに関しては、ケインズは、完全雇用政策によってインフレ的な過熱が引き起こされる危険があることをはっきりと警告していた。それ以下に下がると政府が用心深さを表明する必要がある失業率は、ゼロ・パーセントではなく五パーセントか、おそらくそれ以上でさえあった。財政赤字に関しては、ケインズは決して長期間にわたって大きな赤字を維持することを提唱しなかった。むしろ経済状況に応じて、赤字と黒字を交互に実現させることを提唱した。ケインズ的な介入主義の黄金時代、すなわち一九五〇年代と一九六〇年代には、ほとんどの政府は——とくにアメリカ政府は——財政黒字を経験していた。ときどき赤字が記録的な高水準に達したのは、新自由主義に好意的な諸政府のもとにおいてであった。

五　ケインズの何が残るのか

これまで見てきたように、ケインズには、政府が経済を微調整したり、市場の失敗のすべてに体系的に対応したりすることを可能にしてくれるような処方箋を提案しようという意図は決してなかった。彼は最初から、社会の病弊を診断することに関心をもっていた。しかし病弊に対処する治療法は、彼にとっては別の次元にあった。治療法は、教条的で決まりきった方法で処方されるべきではなく、状況・時期・場所に応じて変わってくるものである。このような意味において、「ケインズ政策」なるものは存在しない。ケインズは、便宜主義とは政治において最大の美徳であるという見解をバークから借用した。社会と同じく経済は、全知全能の権力によって一度かぎり定められたルールによって束縛されてはならないのである。

ケインズが残したものは、社会についての総体的な理解であり、社会が経済・政治・倫理・知識・芸術とどのように接合しているかについての総体的な理解である。本書はそのような理解を再構成しようと試みてきたのであり、そこには依然として学ぶべき多くのことがある。二十世紀の前半に彼が提示した診断は、今日なお妥当性をもっている。その診断は、かつてよりも今日によりよく当てはまる。なぜなら彼が見きわめた病のいくつかは、さらに悪化したからである。

ケインズの見るところでは、市場はあらゆる問題を解決することのできる自然的な機構ではない。かかる信念から導かれる自由放任主義は、危険な幻想である。このようなケインズの確信は、今日の支配的なイデオロギーとは――また自動調整的で神人同形 anthropomorphic の市場に対するその信仰とは――正面から対立するものである。そのイデオロギーは、一九六〇年代以降に西側諸国で力強く再出現しただけでなく、旧ソヴィエト陣営の諸国や中国においても押しつけられてきた。後者の国々では、それは、ケインズがひどく嫌悪した政治的な全体主義と結びついていた。ほかの場所、たとえばアメリカにおいては、それは宗教的・道徳的な原理主義の復活をともなっている。ケインズとそのブルームズベリーの友人たちは、まさにこのような原理主義と戦っていたのである。

自由放任についてのケインズの記述や非難、とくに彼の有名な論文（1926-1）における記述は、依然として妥当性をもっている。自由放任が、社会的不平等、都市の発展、いなかに対して及ぼす破壊的な影響についてのケインズの警告にも、同じことが当てはまる。またケインズは、芸術が経済的収益性という基準に服していることを非難した。こうした服従は、現在よりも過去において、よりいっそう一般的であったということは決してない。ケインズが英国芸術評議会を創設したのは、このような事態を避けるためであった。ケインズのビジョンは、基本的には反功利主義的、反物質主義的、かつ反経済主義的であった。人間は、美・知識・友情・愛を享受するために、短いあいだ現世に送られてきたのである。ケインズは、自由主義経済学者もマルクス経済学者もともに社会生活における経済的要因を過大視してきたとして、彼らの見解を斥けた。彼は、経済が二次的な役割しか果たさないような世界の到来を夢見ていた。このこともまた、われわれの視界から遠いままである。

資本主義の主たる欠陥はそれが貨幣愛にもとづいていることにある、とケインズは考えていた。貨幣の神経症的な特性は彼にとっては明白であり、彼はそのような考えをフロイトと共有していた。経済が金融的な諸力に服すること、すなわち投機の危険性についての彼の叙述は、予言的なものであった。このような観点から見ると、彼の時代以降に状況はふたたび悪化してきた。「上流階級は賭運がよかったために財を成したのだ」(1923-1, p.24〔邦訳二五頁〕)と人々が信じているならば、資本主義はその正当性を失ってしまう、とケインズは断言した。

われわれは、とくに第2章で、ケインズの知識の哲学について長々と論じてきた。これはいまだに興味の尽きないもう一つの主要な貢献である。自動調整的な市場という考えを否定したのと同じような仕方で、ケインズは、物質的な世界を記述するために考案された技術を人間社会の諸問題の研究に利用することを非難した。人間社会では、将来がどうなるのかを誰も知らない。われわれは皆、政治と同じように経済でも、私的生活と同じように公的生活でも、無知のままに意思決定を行なわなくてはならない。われわれは、便益と費用を合理的に比較することによって意思決定を行なうわけではない。とりわけ人間の行動は、しばしば非合理な衝動の所産であるからである。このことから結論として導き出されるのは、決定論的と見なされている世界のために考案された数学的な技術を、社会科学に適用することには限界があるということである。ケインズの反論理主義的な立場は、反駁する権利、自らの意見を変更する権利、さまざまな見解を衝突させる権利を、彼とアポスルズが是認したことと携え合っていた。ここでもまた、ケインズが望んだ方向とはまったく反対の方向に事態が進んでいった。もしも彼の灰が撒かれていなかったとしたら[7]、今日、大学で教えられている「ケインズ経済学」は、ケインズを墓のなかに追い戻したことであろう。

ケインズは、政治的自由と経済的効率性を希求していたにせよ、それらだけでは、よりよい世界をもたらすには不十分だと考えていた。社会的公正を保証することもまた必要である。これらの多様な目的を結合するという問題は、決して満足に解決されてはいない。この課題の解決をたえず求めてきた点において、より綿密な理解や熟考に値するような仕事を行なった偉大な人道主義者たちや社会思想家たちのなかでも、ケインズは傑出している。

ケインズの見るところでは、貧困・不平等・失業・経済恐慌という問題は、外生的な偶発事でもなければ、不節制に対する懲罰でもなく、むしろそれは、十分に組織されていない社会や人間的誤謬の結果である。したがって、大きな改革の実行によってそうした問題を緩和すること、あるいはそれを解消することは、都市国家《ポリス》に結集した諸個人の手にかかっている。このような改革は、われわれが今日知っている資本主義経済の状況のなかで可能なのだろうか。ケインズは、それが可能であると信じていたか、あるいは少なくともそうであることを望んでいた。〈福祉国家〉の確立は彼が正しかったことを証明したように思われたけれども、情勢は一変した。それでもなお、資本主義の健康状態についての彼の診断――今となっては半世紀以上も前に提示されたことになる――は、これまでよりもさらに適切なものとなっている。将来に何が起こるかを知っていると主張することは、誰にもできない。しかしながら将来をつくることは、われわれの手にかかっている。おそらくこれが、ジョン・メイナード・ケインズの主要なメッセージである。

注

（1）Beaud and Dostaler（1995）を参照。ケインジアンの経済学とケインズの経済学を対置する先駆的な研究の一つは、Leijonhufvud（1968）である。Clower（1965）も見よ。またケインズ革命に関するこのような見解を批判するものとして、Chick（1978, 1983）を参照。ケインズ批判とケインズ革命の概観については、Fletcher（1987）を見よ。

（2）この点に関しては、ケインズ革命の「捏造」についての、デイヴィッド・レイドラーによる魅力的な説明を見よ（Laidler 1999）。レイドラーの見るところでは、「[ケインズ革命]という用語が指している思考の再構成は、言葉の通常の意味において革命的ではないし、また決して一義的にケインズに由来するものでもない」（p.3）。Patinkin（1982）も見よ。

（3）ケインズとIS―LMモデルについては、W. Young（1987）、Hamouda（1986）、およびDe Vroey and Hoover（2004）に収録されている諸論文を見よ。

（4）Eichner and Kregel（1975）、Carvalho（1992）、Lavoie（2004）を見よ。

（5）Arena and Torre（1992）、およびMankiw and Romer（1991）を参照。

（6）この宣言は十二月三十一日に発表された。

（7）ケインズは遺言で、自分の灰がキングズ・カレッジの礼拝堂に納められることを求めていたけれども、彼の弟はティルトンを見下ろす丘に灰を撒いてしまった。

付録1　ケインズとその時代――年表

	ケインズの生涯	歴史上の出来事
一八八三（0歳）	ジョン・メイナード・ケインズ、六月五日に、イギリス、ケンブリッジ、ハーヴェイ・ロード六番地で、ジョン・ネヴィル・ケインズ（一八五二―一九四九年）とフローレンス・エイダ（旧姓ブラウン、一八六一―一九五八年）の長男として生まれる。のちに妹マーガレット（一八八五―一九七〇年）と弟ジェフリー（一八八七―一九八二年）が生まれる。	三月十四日　カール・マルクス、ロンドンで死去。 十月三十日　アイルランド共和主義組織によって仕掛けられた二つの爆弾がロンドン地下鉄で爆発する。 新生活友愛会が創設される。 「優生学」という用語が、フランシス・ガルトンによって作り出される。
一八八四（1歳）	ジョン・ネヴィル・ケインズ『形式論理学の研究と演習』。	G・B・ショウ、H・G・ウェルズ、シドニーとベアトリスのウェッブ夫妻によって、新生活友愛会の支会としてフェビアン協会が創設される。 ヘンリー・ハインドマンによって一八八一年に設立された民主連盟が社会民主連盟となる。 改正法により、選挙権が成人男性の約六〇パーセントにまで拡大する。
一八八五（2歳）		六月　グラッドストーン自由党内閣が、予算に関する法案を保守党とアイルランド国民党の連合によって否決される。 ソールズベリー卿で保守党党首のロバート・セシルが、グラッ

ドストーンの後を継いで首相となる。
十一月、総選挙　保守党二四九、自由党三三五、アイルランド国民党八六。
非国教徒（一八二八年）とカトリック教徒（一八二九年）に続き、ユダヤ教徒が市民権を獲得する。英国国教会に対する異端派には、一六七三年の審査律により市民権が認められていなかった。
ラブーシェア改正法により、男性の同性愛関係が罰せられるようになる。二年間の禁固刑に処せられ、これに加えて強制労働が科せられる場合もある。
不況に関する王立委員会。
ウィリアム・モリスによって社会主義同盟が結成される。

一八八六
（3歳）

自由党とアイルランド国民党の連合が保守党政権を終わらせ、二月にグラッドストーンが政権の座に復帰する。四月にはアイルランド議会の設立をめざしたアイルランド自治法案を提出する。この法案に反対する保守党は、ジョゼフ・チェンバレンとハーティントン卿に率いられた自由統一党と連携して法案を否決し、政権を崩壊に導く。
七月、総選挙　保守党三一六、自由統一党七八、自由党一九一、アイルランド国民党八五。ソールズベリー卿が首相になる。

一八八七
（4歳）

切手収集を始める。

一八一九年生まれのヴィクトリア女王の、一八三七年からのイギリス女王即位五〇周年記念祭。

一八八八
（5歳）

ケア・ハーディがスコットランド労働党を設立する。
切り裂きジャックが、ロンドンのイースト・エンドで五人の

		娼婦を刺殺する。
一八八九（6歳）	一月　パース・スクール幼稚園に通い始める。	パリで第二インターナショナルが創設され、五月一日が国際労働デーとして宣言される。
一八九〇（7歳）		英国経済学協会が設立され、のちに王立経済学会となる。
一八九一（8歳）	ジョン・ネヴィル・ケインズ『経済学の領域と方法』。	王立経済学会の機関誌である『エコノミック・ジャーナル』が創刊される。
一八九二（9歳）	一月　セント・フェイス予備学校に入学。	**七月、総選挙**　保守党二六八、自由統一党四七、自由党二七二、アイルランド国民党八一、その他四。当選したハーディは、独立労働運動からの最初の代表となった。グラッドストーンは、アイルランド国民党の助けを得て内閣を組織する。 露仏協商。
一八九三（10歳）		**一月十三日―十四日**　ケア・ハーディにより独立労働党が設立される。 下院で可決された二度目のアイルランド自治法案を上院が拒否する。
一八九四（11歳）		グラッドストーンが引退し、ローズベリー卿が首相を引き継ぐ。 フランスで「ドレフュス事件」が起こり、国論を二分する。ドレフュスはユダヤ系将校であり、ドイツのためのスパイ活動を行なったとして、誤った証拠にもとづいて有罪判決を受けた。一九〇六年に無罪を言い渡される。

一八九五（12歳）

七月、総選挙　保守党三四〇、自由統一党七一、自由党一七七、アイルランド国民党八二。ソールズベリー卿がふたたび首相の座に就く。チェンバレンが植民地相になる。

十一月　オスカー・ワイルドが、同性愛関係のために二年間の禁固刑と強制労働の刑を宣告される。一九〇〇年に、困窮のうちにフランスで死亡する。

シドニー・ウェッブにより、ロンドン・スクール・オブ・エコノミクスが設立される。

一八九七（14歳）

九月　一八九七年七月の入学試験に合格し、イギリスでもっとも名声あるパブリック・スクールの一つであるイートン校に入学する。一九〇二年まで在学し、最後の三年間は日記をつける。多くの学術賞を受賞する。親友には、のちに外務省で出世するディルウィン・ノックス、ビルマで公務員となるバーナード・スウィシンバンク、彼の著書の出版者となるダニエル・マクミランがいた。

六月　ヴィクトリア女王即位六〇周年記念祭。

ミリセント・フォーセットによって、女性参政権協会全国同盟、いわゆる「女性参政権論者」が創設される。

一八九八（15歳）

雇用主たちの利益を守るために、国会において雇用主国会評議会が設立される。

一八九九（16歳）

征服王ウィリアムの時代にまで遡って、ケインズ家の家系についての調査を始める。

十月　南アフリカのオレンジ自由国とトランスバール共和国が、イギリスに宣戦布告する（第二次ボーア戦争）。

一九〇〇（17歳）

ボーア戦争中、イートン校の志願兵に加わることを拒否する。

二月二十七日　雇用主国会評議会に対抗して労働者の利益を守るために、労働組合会議、社会民主連盟、独立労働党の代表者たちが、労働代表委員会を結成する。ラムゼイ・マクドナルドが書記長となる。

十月、カーキ選挙（軍服の色にちなむ）　保守党三三四、自由統一党六八、自由党一八四、アイルランド国民党八二、労働代表委員会二。

一九〇一（18歳）

稀覯本を買いはじめる。ケインズは、生涯の終わりまでこの活動を続ける。全一二巻のバーク著作集を購入する。

十二月　カレッジの社交クラブおよび弁論クラブであり、一八一一年に設立されたカレッジ・ポップの会員に選ばれる。

数学と古典で、ケンブリッジ大学キングズ・カレッジのイートン特待給費生に選ばれる。

一月二十二日　ヴィクトリア女王の逝去。皇太子が王位を継承し、一九一〇年までエドワード七世の名で統治する。

一九〇二（19歳）

時代衣装を着て、東インド法案に関するバークの演説を朗読する。

イートン文学会会長になる。その会でベルナール・ド・クリュニーに関する論文を読み上げる。

十月　キングズ・カレッジに入学する。はじめは学生として、のちにフェロー・教員・行政官として、生涯の終わりまで関係をもちつづけることになる。数学のトライポスに向けて準備する。大学の自由党クラブやケンブリッジ・ユニオンの活動だけでなく、ケンブリッジにおける多くの団体に参加する。のちに親友となるリットン・ストレイチーやレナード・ウルフと出会う。

五月三十一日　フェリーニヒング条約によりボーア戦争が終結する。

七月十一日　ソールズベリー卿が首相を辞任し、甥のアーサー・バルフォアが後を継ぐ。

八月二日　エドワード七世の戴冠式。

六月三十日―八月十一日　植民地会議。その期間中、チェンバレンは保護貿易主義の運動を展開する。

一九〇三（20歳）

ジョン・シェパードが、ケインズに哲学者G・E・ムーアを紹介する。

二月二十八日　レナード・ウルフとリットン・ストレイチーに勧誘されて、ケインズは、一八二〇年にケンブリッジで創設され、「アポスルズ」の名で知られるケンブリッジ懇話会の二四三番目の会員になる。彼は一九三七年までソサエティ

九月　チェンバレンによる保護貿易運動が保守党の分裂を引き起こしたことを受けて、彼は辞職する。

自由党院内幹事長のH・グラッドストーンと労働代表委員会書記長ラムゼイ・マクドナルドとのあいだの選挙協定（「リブ＝ラブ」）。

エメリン・パンクハースト、および彼女の娘であるクリスタ

の仕事に携わり、約二〇編の論文を朗読することになる。ムーアの倫理学の講義、マクタガートの形而上学の講義に出席する。ムーアの『倫理学原理』が十月に公刊される。

ベルとシルヴィアによって、女性社会政治連合、いわゆる「女性参政権運動」が設立される。アルフレッド・マーシャルの働きかけにより、ケンブリッジ大学で「経済学およびそれに関連する政治学の部門」における新しいトライポスが創設される。

一九〇四（21歳）

三月　妹に再会するため、母親とともにドイツに旅行する。アポスルズで朗読された「倫理学の行為に対する関係」が、一七年後に『確率論』として公刊されることになる考察の始まりとなる。「エドマンド・バークの政治学説」によって、英語論文を対象とする大学会員賞を獲得する。**十月**　自由党クラブの会長に選ばれる。英国科学振興協会の会員となる。

四月八日　エドワード七世の主導により英仏協商（友好協定）が結ばれる。**五月三十一日**　保護貿易主義に反対して、保守党下院議員のウィンストン・チャーチルが所属政党を変更して、自由党に加わる。アイルランドとイギリスを合邦させた一八〇〇年の統一法の存続を求める人々により、アイルランドにおいてアルスター統一評議会が設立される。

一九〇五（22歳）

春　ケンブリッジ・ユニオンの会長になる。**五―六月**　数学のトライポスに第一二位で合格。**六月**　卒業研究を始める。偉大な経済学者たちの著作を読み、十月にはアルフレッド・マーシャルの講義を履修する。マーシャルは、新設の経済学トライポスに合格することによって経済学者となるように彼を説得しようと試みる。**八―九月**　両親とともにスイス・アルプスで休暇を過ごす。旅行の帰路、母とともに一週間パリで過ごし、印象派の絵画を知る。証券取引所で初めて株式を購入する。リットン・ストレイチーの後任としてアポスルズの幹事になり、きわめて積極的に新会員の補充活動を行なう。アポスルズであり、のちに自由党下院議員となるアーサー・ホ

三月十六日　ゴードン・スクウェア四六番地にあるレズリー・スティーブンの子供たち（ヴァネッサ、ヴァージニア、トビー、エイドリアン）の家において、「木曜夜の会」が始まる。これは、ブルームズベリー・グループの誕生を印すものである。**十一月二十八日**　J・グリフィスとT・オケリーによって、アイルランドの独立を訴える政党、シン・フェイン党が設立される。**十二月四日**　党内の結束を保つことができずに、バルフォア首相が辞任する。翌日、一八九九年以来自由党党首を務めていたヘンリー・キャンベル＝バナマンが首相となり、総選挙を行なうことにする。

ブハウスと恋愛関係になる。

一九〇六（23歳）

一月総選挙の運動に参加する。

三―四月　イタリアで休暇を過ごす。帰路、ドイツで弟に再会する。

ケインズは、マーシャルの勧めにもかかわらず、経済学の道に進むのではなく、八月に実施される文官試験の準備をすることを選ぶ。オットー・ニーマイヤーに次いで、第二位の成績であった。ニーマイヤーは大蔵省への入省を選んだので、ケインズはロンドンにあるインド省を選ぶ。十月十六日から勤務を開始する。仕事量は少なかったので、彼は、フェローの資格を得るため、キングズ・カレッジに提出する確率の基礎に関する審査論文を書き始める。

八―九月　リットンとジェームズのストレイチー兄弟、ハリー・ノートンとともに、スコットランドで休暇を過ごす。父の『形式論理学の研究と演習』第四版の校正刷を修正する。

一月十二日、総選挙　保守党一三二、自由統一党二五、自由党四〇〇、アイルランド国民党八三、労働代表委員会三〇。キャンベル‐バナマンが首相に任命される。

労働代表委員会が労働党になる。

労働争議法　労働組合は、ストライキ中に生じた損害のために訴訟を起こされることはなくなる。

労働災害補償法が制定される。雇用主は、労働によって生じた傷病に対して補償する義務を負う。

一九〇七（24歳）

三月　歳入・統計・通商局に異動させられる。

王立経済学会の会員になり、ロンドン大学ユニバーシティ・カレッジの経済学クラブに頻繁に出席する。

絵画を買い始める。

女性参政権運動に参加する。

六月　父および弟とともにピレネーで休暇を過ごす。

秋　クライブとヴァネッサのベル夫妻、ヴァージニア・スティーヴン（のちウルフ）とケンブリッジでの五週間の滞在中に会う。

ブルームズベリー・グループに参加しはじめる。

十二月十二日　確率に関する審査論文を提出する。

一八八二年のドイツ・オーストリア＝ハンガリー・イタリアの三国同盟に対抗して、フランス・イギリス・ロシアのあいだで三国協商が結ばれる。

社会民主連盟が社会民主党となる。

イギリス帝国主義の詩人ラドヤード・キプリングがノーベル文学賞を受賞する。

一九〇八
（25歳）

二月　ヴァネッサ・ベルの初めての出産の月にしばしば彼女を見舞う。
三月　彼の最初の論文である書評が『ジャーナル・オブ・ザ・ロイヤル・スタティスティカル・ソサエティ』において公刊される。
三月二十一日、キングズ・カレッジへのフェロー資格の申請が採択されなかったことを知り、再提出に向けて審査論文の改訂を決意する。
四月　引退を控え、ピグーに後任を託すことになるマーシャルは、ケインズがケンブリッジで経済学を教えることを提案する。
五月　ダンカン・グラントとの恋愛関係が始まる。ケインズは彼と、八月から九月のあいだ、スコットランドのホイ島に滞在する。その地でケインズは、確率に関する学位論文の第二版を完成させるとともに、インドに関する論文を書きはじめる。ダンカン・グラントは、ケインズの肖像画を書いた。
六月五日　インド省を退職する。七月二十日に勤務を終える。
十月二十四日　キングズ・カレッジの彼の部屋に落ち着く。
十二月　確率に関する審査論文の新版を提出する。

四月五日　病気のため、キャンベル-バナマンが辞任を余儀なくされ、一九〇五年以来蔵相を務めていたハーバート・アスキスが、彼に代わって首相の座に就く。ロイド＝ジョージが新蔵相となる。

老齢年金法が成立する。七十歳以上の人々に資金援助をあたえる。

児童法が成立。児童労働を規制する。

炭鉱夫八時間労働日法が成立。

A・C・ピグーが、ケンブリッジ大学経済学講座においてマーシャルの後を継ぐ。

陸軍中将ロバート・ベーデン-パウエルが、ボーイスカウト運動を始める。

一九〇九
（26歳）

一月十九日　貨幣・信用・価格についての講義を開始する。
一月三十日　翌年以降に書く予定の書物と論文の一覧表を作成する。これらの計画のほとんどは実現されることになる。
二月六日　最初の公開書簡が『エコノミスト』誌に掲載される。保護貿易主義についてのもの。
三月　初めての学術論文「インドにおける最近の経済事情」が『エコノミック・ジャーナル』に発表される。
三月十六日　キングズ・カレッジのフェローに選ばれる。夏

ロイド＝ジョージの「人民予算」が、新しい社会保障制度の財源を調達するために高額所得者に対する大幅な増税を提案する。予算案は十一月三十日に上院で否決され、アスキスは総選挙を求める。

住宅・都市計画法。

賃金委員会法。もっとも弱い立場の労働者に最低賃金をあたえる。

〈救貧法と貧民救済に関する王立委員会〉の報告書。

のあいだに、彼が亡くなるまで占有することになる部屋に落ち着く。
四月七—二十一日　ダンカン・グラントとヴェルサイユに滞在する。そこで物価指数に関する論文を執筆し、それはのちにアダム・スミス賞を受賞する。
六月　家族との最後の旅行。ピレネー地方に行く。
七—九月　オックスフォード近郊のバーフォードで別荘「リトル・ハウス」を借り、多くの友人たちと楽しく過ごす。
十月二十二日　経済学クラブを設立。月曜日の夜にキングズ・カレッジのケインズの部屋に集まる。彼のもっとも優秀な学生たちの集まりであり、一九四六年二月二日にケインズが最後の講演の一つを行なうことになるのも、この集会においてである。
十一月　ダンカン・グラントがフィッツロイ・スクウェア二一番地に住居を借り、ケインズは一九一一年末までそこに一室をもつ。
ケンブリッジ大学自由貿易協会の事務局長になる。
キングズ・カレッジの会計監査人に任命される。

一九一〇
（27歳）

ケンブリッジ大学の〈経済学および政治学理事会〉の事務局長に任命される。一九一五年までその職にとどまることになる。
三月十七日　ダンカン・グラントと、ギリシャおよびトルコへ七週間の旅行に出かける。
夏　バーフォードで「リトル・ハウス」を借りる。
十月　ジョン・ネヴィル・ケインズがケンブリッジ大学の事務総長に選出される。
十一月　ケインズ、アポスルズ・ソサエティで「羽根が生え

一月十四日、総選挙　保守党二七三、自由党二七五、アイルランド国民党八二、労働党四〇。
二月十日　「ドレッドノート号悪戯事件」。ブルームズベリーのメンバーたちが、アビシニアからの皇帝一行を装い、イギリスの軍艦に偽の訪問を計画する。下院で物議をかもす。
三月　国際精神分析学会の創立。
第二インターナショナルが三月八日を国際女性デーと宣言する。
五月六日　エドワード七世の逝去。ジョージ五世が代わって

て」、天使になる。

親の飲酒が子供にあたえる影響について、カール・ピアソンと論争する。

自由党のために、年始と年末の二つの選挙運動に参加する。

保護貿易主義に反対する演説を行なう。

進歩的な自由党員の組織、八十人クラブの会員になる。

王位に就く。

十一月から一月十一日まで、ロジャー・フライによって企画された「マネとポスト印象派」展が開かれる。ブルームズベリーにとって初めて公に姿を現す重要な機会となる。

十二月二日、憲法上の危機が引き金となった総選挙　保守党二七一、自由二七二、アイルランド国民党八四、労働党四二。アスキスは、アイルランド国民党と労働党の協力により政権の座にとどまる。

労働不安　多くのストライキが起こる二年間が始まる。

一九一一（28歳）

二月　大学改革委員会の創設メンバーとなる。

三―四月　グラントと、イタリアおよびチュニジアに旅行する。

六月　ディアギレフのバレエ・リュスを最初のロンドン公演で知る。

初めてオットライン・モレル宅に招待され、アスキス首相に会う。

夏　デヴォン州のクリフォーズ・ブリッジでキャンプをする。

秋　自分の名義で借りた住居を、ヴァージニアとエイドリアンのスティーブン姉弟、ダンカン・グラント、レナード・ウルフ、弟のジェフリーと共有する。ブランズウィック・スクウェア三八番地にあり、一九一四年までそこに住む。

九―十月　五〇人の自由党下院議員の代表団とともにアイルランドを一五日間訪問する。

十月十七日　『エコノミック・ジャーナル』の編集者に任命される。以後、一九四五年までその地位にとどまる。

インドの金融について、ロンドン・スクール・オブ・エコノミクスで六回の連続講義を行なう。

二月六日　ラムゼイ・マクドナルドが労働党党首となる。

六月二十二日　ジョージ五世の戴冠式。

七月一日　ドイツの砲艦がモロッコのアガディール近海へ派遣されたことにより、フランスとイギリスの側に大きな緊張が生じる。

八月十八日　議会法の成立により、上院が下院の立法を阻止する権力が制限される。

十一月　バルフォアに代わり、アンドリュー・ボナ＝ローが保守党党首の座に就く。

十二月六日　国民保険法によって、病気や失業についての初めての拠出型保険制度が創設される。国家・使用者・被用者が拠出金の支払いを行なう。福祉国家に向かう第一歩となる。

社会民主党やその他の社会主義諸団体を合同して、英国社会党が創設される。ヘンリー・M・ハインドマンによって率いられた同党は、一九二〇年に解散し、党員の何人かは労働党や共産党に加わることになる。ハインドマン自身は、一九一六年に国民社会党を設立した。

グラントが、一九一〇年にキングズ・カレッジのケインズの部屋で制作を始めた四枚の壁画を完成させる。
心霊現象研究協会の理事に任命される。
カレッジ財政委員会の委員に選ばれる。
ガードラーズ社寄附講座の経済学講師に任命される。

一九一二（29歳）

一月　王立経済学会の理事に選ばれ、終生その地位にとどまる。
三―四月　ジェラルド・ショーブとコート・ダジュールに旅行する。
七―八月　エヴァーリーのクラウン・インを借りて、多くの友人と楽しく過ごす。
九―十月　オーストリア＝ハンガリーに滞在する。
十月　ルートヴィヒ・ウィトゲンシュタインがケンブリッジ大学に入学し、アポスルに選ばれる。のちにケインズの親友となる。
十二月　ロンドン経済学クラブの会員に選ばれる。
フェローシップ選挙人に任命される。これにより、多くの審査論文を読むことになる。
アーヴィング・フィッシャーに会う。以後、ケインズが亡くなるまで連絡を取りつづける。

四月十五日　英国客船タイタニック号が沈没する。
九月二十八日　アイルランドに自治権をあたえるアイルランド自治法が採択される。一九一四年九月十八日に国王によって認可され、戦後になってようやく効力を発する。
十月八日　オスマン帝国に対するモンテネグロの宣戦布告により、第一次バルカン戦争が始まる。
十一―十二月　ロジャー・フライが第二回ポスト印象派展を企画する。
自由統一党が正式に保守党と合同する。
アイルランド自治法に反対するアイルランドの準軍事的組織、アルスター義勇軍が結成される。
労働党の新聞『デイリー・ヘラルド』紙が創刊される。

一九一三（30歳）

二月　マーガレット・ケインズが、一九二二年にノーベル賞を受賞することになる生理学者のアーチボルド・ヒルと結婚する。
三―四月　イタリア、チュニジア、エジプトに旅行する。
六月　『インドの通貨と金融』。
八月　サフォーク州セトフォード近郊のブランドンでキャン

五月三十日　ロンドン条約により、第一次バルカン戦争が終結するが、すぐに第二次戦争が勃発する。それは六月にブカレスト条約によって終結する。
七月八日　ロジャー・フライによって、家庭芸術を専門とするオメガ工房が設立される。
十一月十五日　王立アカデミーの保守主義に反対する画家た

プをする。その地で「ブルームズベリーズ」（ケインズ、グラント、ヴァネッサとクライブのベル夫妻、フライ、その他）は、詩人ルパート・ブルックの友人たち「新無宗教徒」と出会う。

九月　ジェフリー・ケインズが、ヴァージニア・ウルフの自殺未遂のさい、彼女の命を助ける。

〈インドの通貨および金融に関する王立委員会〉の委員になる。

王立経済学会の書記長に選ばれる。以後一九四五年までその地位にとどまる。


ちを再結集して、ロンドン・グループが設立される。

十二月　アメリカで連邦準備制度が創設される。

労働組合法により、組合が組合費の一部を政治目的に充てることが認められる。

女性参政権運動の指導者の一人、シルヴィア・パンクハーストがブロムリー公会堂で逮捕される。女性グループがサウスポート桟橋に放火する。

一九一四（31歳）

一月　ダンカン・グラントと南フランスに滞在し、そこでジフテリアにかかる。
三月二日　〈インドの通貨および金融に関する王立委員会〉の報告書が刊行される。
四月　ヴァージニアとレナードのウルフ夫妻からサセックス州にあるアッシャム・ハウスを借りる。そこにヴァネッサ・ベルが合流する。
夏　デヴォン州コヴェラックでキャンプをする。
八月　バジル・ブラケットの要請により、戦時金融について、大蔵省に初めて非公式に介入する。
九月　エイドリアン・スティーブンとカレン・コステロの結婚により、ブランズウィック・スクウェアでの居住が終わる。ケインズはグレート・オーモンド・ストリート一〇番地へ引っ越す。
十二月　ヴェルサイユ病院で軍医として働いている弟に会いにフランスに行く。

六月二十八日　オーストリア＝ハンガリーの皇位後継者であるフランツ・フェルディナンド大公とその妃が、セルビア人ナショナリストにより、サラエボで暗殺される。
七月二十八日　二十四日の最後通牒ののち、オーストリア＝ハンガリーがセルビアに対して宣戦布告する。ドイツは、八月一日にロシアに対して、同三日にフランスに対して宣戦布告する。
七月三十一日　フランス社会党の指導者ジャン・ジョレスが暗殺される。
八月四日　ベルギー中立の侵犯ののち、イギリスがドイツに宣戦布告する。
八月五日　労働組合主義者のアーサー・ヘンダーソンが、二度目の労働党党首となる。
八月八日　議会が国土防衛法を承認する。政府の権限を強化し、市民権を制限するもので、一九二一年八月まで存続する。
八月十三日　イギリスが、オーストリア＝ハンガリーに宣戦布告する。
十一月　最初の戦債。

十一月五日　フランスとロシアに続き、イギリスもトルコに宣戦布告する。
十二月十六日　イギリスが、エジプトを保護領とすることを宣言する。
ラムゼイ・マクドナルドをはじめとする労働党員の一部と、何人かの自由党員が、参戦に反対して、新たに民主的統制連合に結集する。

一九一五（32歳）

一月十七日　ロイド＝ジョージ蔵相の顧問ジョージ・ペイシュの助手として、大蔵省で働きはじめる。その出来事を祝い、ブルームズベリーの友人たち一七人をカフェ・ロイヤルに招待する。首相が議長を務める〈食料価格に関する内閣委員会〉の事務局長、および〈小麦と小麦粉の供給に関する省庁間委員会〉の大蔵省代表に任命される。
二月二日―五日　パリで開かれた第一回連合国間金融会議に参加する。
三月　ガウアー・ストリート三番地に引っ越す。クヌート・ヴィクセルに会う。
五月　大蔵省第一課（金融担当）の職員となる。
六月　イタリアの蔵相と会うため、マッケナ新蔵相とニースに旅行する。
六月十二日　虫垂炎のため緊急手術を受けたのち、肺炎にかかる。ガーシントンで回復期を過ごし、オットライン・モレルの看護を受ける。
八月二十日　ブローニュで連合国間金融会議が開かれる。
九月一日　銀行、通貨、為替、連合国間金融の問題を担当していた副次官補マルコム・G・ラムゼイ指揮下の補佐官となる。

四月二十三日　軍隊に召集された詩人ルパート・ブルックが、感染症を引き起こす蚊に刺されて二十七歳で死亡する。イギリス地中海遠征軍とともにガリポリに向けて航海中のことであった。
四月二十六日　イギリス・フランス・イタリアのあいだで秘密条約が結ばれ、これによって五月三日に三国同盟が解体する。
五月十九日　アスキスが他の政党をも政権に加え、これによって労働党がはじめて政権入りする。レジナルド・マッケナが蔵相に、ロイド＝ジョージが軍需相に、エドワード・グレイが外相になる。
九月二十一日　大幅な増税を伴う第一次マッケナ予算。
十月十六日　イギリスがブルガリアに宣戦布告する。
十二月十二日　ダーダネルス海峡を奪取する作戦が大失敗し、海軍相チャーチルに一時の不名誉をもたらす。
十二月二十八日　閣僚の大多数が徴兵制を認める。

十一月　蔵相によって組織された為替委員会の委員になる。
十一―十二月　ロンドン大学で「大陸列強の戦時金融」に関する六回にわたる公開講義を行なう。
秋　サットンにあるアスキス夫妻の別荘のザ・ワーフや、ときにはダウニング・ストリート一〇番地で夫妻と定期的に会うようになる。

一九一六
（33歳）

二月二十八日　良心的兵役拒否者の地位を要求する書簡を書く。大蔵省での仕事のため、ケインズは六カ月間の兵役免除となるが、それは八月十八日には無期限に延長されることになる。彼は、良心的兵役拒否の立場から兵役を拒否するブルームズベリーの友人たちに味方して何度も証言を行なう。
四月　国政選挙でケンブリッジ大学選挙区から立候補することを要請される。
六月五日　陸軍相に随行してロシアに行くことになっていたが、直前になって代表団に加わることができなくなる。乗船予定であった船は機雷に触れて爆発する。
ヴァネッサ・ベルが、ケインズからの金銭的援助を受けて、サセックス州のチャールストンの農家を賃借する。ケインズは一九二六年までそこに部屋をもつ。
八月　ゴードン・スクウェア四六番地に引っ越す。そこは終生、彼のロンドンでの住居となる。一九一八年には彼の名義で賃借し、ジョン・シェパードやハリー・ノートンと家を共有する。クライブ・ベルも一九二五年まで部屋をもつことになる。

一月二十七日　十八歳から四十一歳までの健康で未婚の男性すべての徴兵を命ずる兵役法を、国王が認可する。二月五日に施行。
四月二十三日　「イースター蜂起」、ダブリンでのアイルランド・ナショナリストの暴動により四五〇人が死亡する。のちに一五人が処刑される。
七月六日　ロイド＝ジョージが、六月五日に機雷によって殺害されたキッチナー卿の後を継いで陸軍相となる。
十二月六日　戦争の指揮を批判され、また自由党の分裂に直面してアスキスが十二月五日に辞任したことを受けて、ロイド＝ジョージが首相となる。ボナ＝ローが蔵相になる。ロイド＝ジョージは五人からなる戦時内閣をつくり、これが権力の真の中枢となる。

一九一七
（34歳）

一月　大蔵省に新設された「A」課の責任者に任命される。対外金融を担当し、蔵相に対して責任を負った。

一月二十二日　アメリカ大統領ウィルソンが「勝利なき平和」を呼びかける。

九—十月　六週間にわたり、初めてアメリカに旅行する。金融問題について協議するため、レディング高等法院首席裁判官に随行した。

六月十九日　「火曜クラブ」の創設に参加する。毎月第三火曜日にカフェ・ロイヤルで開かれ、政治家・官吏・ジャーナリスト・学者が集まって経済的・政治的問題を議論した。ケインズは、一九一九年七月二十四日やほかにも一九四二年までの多くの機会に冒頭報告を行なった。

リットン・ストレイチーとドーラ・キャリントンが落ち着くことになるミル・ハウスを借りるために資金援助を行なう。

十二月　連合国間戦争物資購入・金融会議の大蔵省代表となる。

ジェフリー・ケインズがチャールズ・ダーウィンの孫娘、マーガレット・ダーウィンと結婚する。

ジョン・ネヴィル・ケインズが日記をつけるのをやめる。

帝政ロシアを終わらせた二月革命に続いて、十一月にはボルシェビキの反乱が起こり、レーニンと共産党が政権を掌握する。ロシアはソヴィエト社会主義共和国連邦に変わる。

四月六日　アメリカがドイツに宣戦布告する。

六—七月　イギリスとアメリカのあいだの通貨関係が危機に陥る。

十月二十四日　ウィリアム・アダムソンが労働党党首となり、一九二一年までその地位にとどまる。

十月二十七日　IRA（アイルランド共和軍）大会。

十月　協同党が設立され、一九二七年には労働党との選挙協定を承認する。

十一月二日　アーサー・バルフォア外相が、パレスチナ地区でのユダヤ人入植を支持することを宣言する。

ウィルソン大統領が十二月十三日にブレストに到着する。

ジョージ五世が、イギリス王家の名をサクス・コバーグ・ゴータ家からウィンザー家に改める。

レナードとヴァージニアのウルフ夫妻によって、出版社ホガース・プレスが設立される。

一九一八
（35歳）

一月十四日　シドニー・ウェッブがケインズを説得して、ケンブリッジ大学選挙区から労働党候補として出馬させようとする。

三月二十七—二十八日　大蔵省から総額二万ポンドを得て、ナショナル・ギャラリーの館長を伴ってパリに行き、ドガの個人所蔵絵画の競売に参加する。自分自身のためにも、セザンヌとそのほか数枚の絵画を購入する。

九月　ゴードン・スクウェア四六番地の賃借が、ケインズの名義で更新される。

一月八日　アメリカ大統領ウィルソンが議会に一四カ条からなる和平計画を発表する。

二月　国民代表法により、二十一歳以上の男性すべてに選挙権が拡大されるとともに、三十歳以上の女性にも選挙権があたえられる。有権者数は七七〇万人から二一四〇万人へと増加する。

八月十五日　カンリフ委員会が戦前のスターリング平価での金本位制復帰を提案する。

十一月九日　ドイツでの労働者の反乱によって、皇帝ヴィル

九月あるいは十月　のちに妻となるリディア・ロポコヴァに初めて会う。ディアギレフのバレエ・リュスのスター・バレリーナであり、ロンドンにふたたび来ていた。

十一—十二月　賠償委員会の会議に大蔵省代表として出席。「賠償およびその他の請求権として敵国勢力が支払い可能な賠償金に関する大蔵省覚書」を執筆する。

クリスマスの日　チャールストンでヴァネッサ・ベルとダンカン・グラントの娘、アンジェリカ・ベルが生まれる。ケインズはその代父になるとともに、ヴァネッサの二人の息子の世話をする。

ヘルム二世が退位に追い込まれる。社会民主党が、独立社会民主党とともに新しい共和国を統治する。

十一月十一日　ドイツが降伏し、休戦協定に署名する。オーストリア＝ハンガリーの皇帝チャールズ一世が退位する。

十一月十四日　政府は、十一月二十五日に議会を解散することを発表する。

十二月一日　連合国によるドイツ占領。

十二月十四日、総選挙　保守党三三二、挙国一致自由党（ロイド＝ジョージ派）一二七、連立政府を支持する労働党党員一〇、アスキス派自由党三六、労働党五七、シン・フェイン党七三。

労働党の新綱領『労働党と新しい社会秩序』　その第四条は「生産手段の公的所有」を提唱する。

一九一八年から一九一九年にかけてインフルエンザ（スペイン風邪）が流行し、戦争によるよりも多くの死者が出る。

一九一九（36歳）

一—六月　パリ講和会議に出席する。一月十日に到着。大蔵省首席代表、および最高経済会議におけるイギリス帝国公式代表を務める。

二月十四日　ケインズは、ドイツ代表団と金融問題および食糧輸送に関して協議するため、マーシャル・フォッシュ率いる代表団とともにトレーヴに旅行する。ドイツ代表団のなかのカール・メルヒオルはケインズの親友となる。彼らは各々の代表団から個人的交渉を行なうことを許可される。パリへの帰路、病気になり、回復期の二週間をリヴィエラで過ごす。食糧輸送に関する交渉は三月十三日と十四日にブリュッセルで終結する。

三月　ケインズは、連合国間の戦争借款の帳消しを提案する。

一月十日　ロイド＝ジョージの指揮により、新しい内閣が組織される。オーステン・チェンバレンが蔵相に、ボナ＝ローが王璽尚書になる。シン・フェイン党の下院議員たちはウエストミンスター議会に出席することを拒み、アイルランド議会下院に集結して、アイルランドの独立を主張する。アイルランド共和軍（ＩＲＡ）とイギリス軍との二年にわたる戦争が始まる。

一月十八日　六月二十八日のヴェルサイユ条約調印にいたるパリ講和会議が始まる。十一月十九日には、アメリカ上院が条約の批准を否決する。

一月　スパルタクス団がベルリンで蜂起し、十五日にローザ・ルクセンブルクとカール・リープクネヒトが暗殺される。

四―六月　四巨頭会議の八回の会合に出席する。そのうちの七回は、ウィルソン大統領またはロイド＝ジョージの邸宅で開かれた。
六月七日　連合国がドイツに課す賠償の性格と規模に異議を唱えてイギリス代表団を辞め、パリを去る。
六月　大成功を収めたリディア・ロポコヴァの『風変わりな店』の公演に出かける。彼女は七月十日に姿を消し、一九二一年三月にふたたび現れる。
七月二十二日　「火曜クラブ」で初めて冒頭報告を行ない、「ドイツとの講和条約の諸側面」について話す。
七月二十五日　〈インドの為替および通貨に関する委員会〉で証言を行なう。
八月　外国為替市場での投機を始める。
十月十三日―十五日、十一月二日―三日　アムステルダムでの金融会議に参加する。国際連盟のための国際借款の計画を作成する。メルヒオルと会う。
十一月　キングズ・カレッジの副会計官に指名される。教育負担を一年に一連続講義に減らし、秋学期に開講する。
十二月十二日　『平和の経済的帰結』。チャールストンで三カ月のうちに書かれた。この著作は、多くの言語に翻訳され、世界的規模での大きな成功を収める。
十二月十三日　『タイムズ』紙に一一人のケンブリッジ大学のメンバーとともに公開書簡を発表し、政府に対して「ヨーロッパの経済的復興を促進するために、力の及ぶかぎりあらゆることを行なう」ように勧告する。

三月二日　共産主義インターナショナル（コミンテルン）である第三インターナショナルが誕生する。コミンテルンへの参加を拒む社会主義諸政党は、一九二〇年に社会主義政党国際労働者組合を結成することになる。
三月二十三日　イタリアでファシスト運動が生まれる。
四月二十八日　ジュネーブに本拠を置く国際連盟を誕生させる条約が採択される。
七月三十一日　ドイツでワイマール共和国憲法が採択される。
九月十日　オーストリアとのサン＝ジェルマン＝アン＝レー条約によりオーストリア＝ハンガリー帝国が解体する。

一九二〇（37歳）

一月　自分自身の資金とブルームズベリーの友人たちの資金を用いて通貨投機を行なうために、友人で金融業者のオズワ

二月　アスキスが、ペイズリーでの補欠選挙ののち国会に復帰する。

ルド・フォークとともに「シンジケート」を創設する。四月と五月には破産寸前になる。通貨のみならず商品にも投機して債務を返済し、一九二二年末には自らの資産を立て直す。

三月四日　ケインズのロンドンの家で、一二人からなるブルームズベリー・メモワール・クラブの第一回集会が開かれる。

四―五月　ダンカン・グラントおよびヴァネッサ・ベルとともに六週間のローマ旅行に出かける。際限なく買い物をする。フィレンツェ近郊にあるベレンソン家の別荘「イ・タッティ」に滞在した。

七月　アスキスから全国自由党連盟・産業委員会の金融小委員会の委員になるよう要請される。

〈インドの為替および通貨に関する委員会〉で、ルピーの価値について証言する。

二月二十四日　前年に設立されたドイツ労働者党は、国家社会主義ドイツ労働者党（ナチ党）となる。

四月　公定歩合が七パーセントとなり、一九〇七年以後の平時における最高水準となる。

七月　賠償に関するスパ会議。

七月　イギリス共産党の設立。一九二九年までアルバート・インクピンが指導する。

九月　貿易と国際金融について議論するために召集された三五カ国の会議が、ブリュッセルで開かれる。

失業保険法の改正により、ほとんどの労働者が適用の対象となる。

インドで、マハトマ・ガンジーとインド国民会議派の指導により、市民の不服従運動が始められる。

アイルランド自治法の成立。

一九二二（38歳）

『マンチェスター・ガーディアン』紙に定期的に寄稿することで、ジャーナリストとしての経歴を開始する。

二月　ブルームズベリー・メモワール・クラブでメルヒオルに関する論文を読み上げる。

三月　アポスルでのちに心理学者となるセバスチャン・スプロットとアルジェリアの砂漠を旅行する。

英国国際連盟協会の軍縮に関する小委員会の委員となる。

リディア・ロポコヴァが、ディアギレフのバレエ団のロンドン公演にふたたび姿を現す。

五月五日　ドイツには支払能力がないと述べる一方で、ドイツに対して賠償委員会の最終決定を受け容れるよう提案する。

六月二十一日　アポスルズの年次晩餐会での主宰者講演。

七月　O・T・フォークとともにA・D投資信託を設立する。

一月二十四日―三十日　ドイツの賠償支払いに関するパリ会議。

二月十四日　ジョン・ロバート・クラインズが労働党党首となり、一九二二年までその地位にあった。

二月二十一日―三月十四日　ドイツの賠償支払いに関するロンドン会議。

四月二十九日―五月五日　賠償に関するロンドン会議が開かれ、ドイツに対して最後通牒を送る。

四月十四日　鉱山・鉄道・運輸労働者の労働組合がストライキを呼びかける。

七月二十九日　アドルフ・ヒトラーがドイツのナチ党の党首になる。

自由党夏期学校が始まり、ケンブリッジとオックスフォードヴァネッサ・ベルおよびダンカン・グラントとともに、チャールストンで夏を過ごす。

八月　関税に関する王立委員会の副委員長となるように、インド政府から懇請される。一九二二年一月、最終的にインド行きを断念する。

八月　「ヨーロッパの経済的見通し」という概括的な題目のもとに、六回の連載論説を『サンデー・タイムズ』紙に発表する。ヨーロッパだけでなく、アメリカにも大きな影響をあたえる。

八月　『確率論』。

大学改革に関する覚書を〈オックスフォードおよびケンブリッジに関する王立委員会〉に提出する。

ケンブリッジ大学で完全な承認を得るための女性たちの闘いに介入する。

とで交代で開催される。

十一月　自由党が、正式な政策として、戦争借款の帳消しと、ドイツの賠償の適切な額への削減を採択する。

十二月六日　イギリス・アイルランド条約が締結される。一九二二年一月七日に批准され、アイルランド自由国が成立する。条約は一九二二年十二月六日に発効する。北アイルランド（アルスター）は自由国より離脱する選択肢をあたえられ、のちにそうすることになる。条約反対者たちは軍事活動に取りかかり、それによってアイルランド内戦（一九二二―二三年）が生じる。

イギリスで一九二二年まで不況が続く。

全国失業労働者運動が設立される。失業労働者の数は、一九二一年の百万人から翌年には二百万人に増加する。

ドイツのハイパー・インフレーションが始まる。

一九二二（39歳）

一月　『条約の改正』。

四―五月　『マンチェスター・ガーディアン』紙の特派員としてジェノバ会議に出席し、これについて一三編の論文を書く。ソ連のゲオルギー・チチェーリン外相に会う。

四月―一九二三年一月　「ヨーロッパの復興」という概括的な題目で『マンチェスター・ガーディアン』紙の一二の付録を編集する。それは五カ国語で出版され、彼自身による一二編の論文を含んでいた。そのなかには、国際通貨体制の再編についての彼の最初の案もある。彼は、多くの著名な人々の寄稿を得た。

八月四日　自由党夏期学校での講演。一九二〇年代のあいだ、彼はそこの活動的な参加者となる。

八月二十六日　ハンブルクでの世界経済会議における講演。

四月十日―五月十九日　ヨーロッパの金融と貿易の再建について議論するため、ジェノバ会議にドイツとソ連を含む三四カ国が集まる。

四月十六日　ドイツとソ連とのあいだでラパッロ条約が締結され、たがいに領土と賠償に関する請求権を放棄するとともに、両国の国交を正常化する。

六月二十四日　二人の右派将校により、賠償交渉の合意に賛成していたドイツ外相のヴァルター・ラーテナウが暗殺される。

八月一日　アメリカからの戦争借款返済の要求に応じて、「バルフォア・ノート」が、イギリスは連合国とドイツからの返済を受ける場合にのみ、返済を行なうことが可能であると宣言する。

メルヒオル、および後に首相となるクーノと会う。マルクが下落しはじめていた。
十月 自由党を応援する選挙演説。
十一月二日 ドイツ政府の招きにより、マルクの安定化について協議するために、経済学者グループとともにベルリンに到着する。マルクの価値は加速的に下落していた。
十一―十二月 銀行研修所での金融問題に関する四回の講義。
十二月十八日 新蔵相のスタンリー・ボールドウィンに会い、その翌日には首相のボナ＝ローと会う。首相に対して、十二月二十三日に、賠償と負債を清算するための計画を提案する。
ダンカン・グラントとヴァネッサ・ベルが八枚の壁画を完成させる。一九一九年に着手され、キングズ・カレッジのケインズの部屋を飾るためであった。
リディア・ロポコヴァの財務問題の世話をする。彼女をゴードン・スクウェア五〇番地に居住させ、そこで彼はディアギレフ一座のために多くのレセプションを計画する。

オックスフォードでは初めての自由党夏期学校が開かれる。
八月三十一日 パリでの会合において賠償委員会は、ドイツに年末までの支払猶予をあたえるというイギリス案を否決する。
十月 「黒シャツ隊」のローマ進軍ののち、ムッソリーニが政権を掌握し、イタリアでファシスト体制を確立する。
十月十九日 保守党下院議員のカールトン・クラブでの会合が、ロイド＝ジョージの連立政府を崩壊に導く。ボナ＝ローが彼の後を継いで首相となる。彼は十月二十五日に議会を解散する。
十一月十五日、総選挙 保守党三四五、挙国一致自由党五四、アスキス派自由党六二、労働党一四二、その他一六。ボナ＝ローは首相の座にとどまり、スタンリー・ボールドウィンが蔵相となる。
十一月二十一日 ラムゼイ・マクドナルドが二度目の労働党党首となり、一九三一年までその地位にとどまる。
英国放送会社（BBC）の設立。一九二六年に英国放送協会となる。

一九二三（40歳）

一月 O・T・フォークとともに、P・Rファイナンス会社を設立する。
一月 ウィリアム・ベヴァリッジ、A・L・ボウリー、ヒューバート・ヘンダーソンとともに、〈ロンドンおよびケンブリッジの経済サービス〉を設立し、一九三八年まで『月報』を発行して経済状況に関する統計を提供する。そこにおいてケインズは、商品市況に関する一連の七つの長い覚書を発表する。
三月 『ネーション』誌と『アシニーアム』誌の合併によって生まれた自由党の週刊機関紙『ネーション・アンド・アシ

一月二日 連合国の指導者たちが、賠償について議論するためにパリでドイツ側と会う。
一月八日 イギリス代表を除く賠償委員会がドイツの支払い不履行を宣告する。
一月十一日 フランス軍とベルギー軍がルール地方を占領する。
五月二十二日 咽喉癌のため辞任を余儀なくされたボナ＝ローの後を継いで、スタンリー・ボールドウィンが首相となる。二十六日に組織された内閣において、ロバート・セシルニーアム』の取締役会会長となる。ヒューバート・ヘンダーソンが編集長、レナード・ウルフが文芸担当編集者となる。創刊号は五月五日に刊行され、ヴァージニア・ウルフとリットン・ストレイチーの論文が掲載された。ケインズ自身は一五五編の論文をその雑誌に発表し、それらの一部は匿名や「シーラ」のペンネームで執筆された。とりわけ彼は、「金融と投資」の題目で毎週のコラムを担当する。多くのブルームズベリーのメンバーが協力した。

五月　外相のカーゾン卿によって、賠償についての覚書がイギリスからドイツに送達されたのち、ケインズはドイツのクーノ首相に回答の文言を提案する。

五月三十日　ボールドウィン首相に会う。クーノ首相との接触について知らせる。

六月一日―四日　クーノ首相の要請により、イギリスの提案に対するドイツの回答について協議するため、ベルリンに行く。

七月十四日　失業率が一一・四パーセントに達しているなかで、公定歩合の三パーセントから四パーセントへの引き上げを非難する。

夏　ドーセット州ストラッドランドでリディア・ロポコヴァと一緒に家を借りる。ブルームズベリーの友人たちは、二人が最終的に結婚することに反対していた。

八月八日　自由党夏期学校で「通貨政策と失業」について講演する。

秋　ロンドン・スクール・オブ・エコノミクスの学長であるウィリアム・ベヴァリッジと、失業と人口学のあいだの関係について論争する。

十二月十一日『貨幣改革論』。連載「ヨーロッパの復興」の

が王璽尚書となる。ネヴィル・チェンバレンは八月に蔵相に任命される。

六月七日　外相のカーゾン卿によって送付された最後通牒に対して、ドイツから宥和的な覚書が示される。

十月二十三日　ボールドウィンが、失業を克服するために保護主義的な方策を導入することを発表したのち、総選挙を要求する。

十一月　アスキスの主導のもとで自由党が再統一される。

十一月八日―九日　ミュンヘン一揆。これに続いて、アドルフ・ヒトラーが裁判にかけられて投獄され、『わが闘争』を執筆する。

十二月六日　総選挙の結果、保守党は二五八議席で絶対多数を失った。労働党は一九一議席、自由党は一五九議席を獲得する。

もっとも重要な彼の諸論文を再録している。

冬のあいだ、全国自由党クラブのための「通貨政策と社会改革」に関する一連の講演を行なう。

総選挙の立候補者になるようにとのケンブリッジ自由党協会の提案を断るが、選挙運動には積極的に参加する。十二月四日と五日に演説を行なう。

ケインズの名がノーベル平和賞の候補者リストに含められる。結局、その年には受賞者はなかった。

一九二四（41歳）

O・T・フォークとともに、インディペンデント投資会社を設立する。
二月 『価値の標準』と呼ばれる著書の執筆に取りかかり、これは後に『貨幣論』となる。
二月二十三日 手形交換所加盟銀行の頭取たちの年次講演に関する一連の批評の初回。
三月二十五日―二十七日 ロンドンで国際連盟によって開催された、失業の国内的および国際的側面に関する会議に参加する。
七月十一日 大蔵省によって六月十日に設立された〈通貨およびイングランド銀行券発行に関する委員会〉（チェンバレン委員会）での講演。
七月十三日にアルフレッド・マーシャルが死去したことを受けて、長文の伝記的論文を執筆する。
八月二日 自由党夏期学校での講演。
十月一日 〈国債と租税に関する委員会〉での講演。
十月二十五日 自由党候補者を応援するための選挙演説。
十一月六日 オックスフォードでの「自由放任の終焉」に関する講演。

一月二十二日 ボールドウィンの下野に続いて、所信表明演説ののち、労働党党首ラムゼイ・マクドナルドが自由党の協力を得て組閣する。フィリップ・スノードンが蔵相になる。
二月十八日に彼は、政府がカンリフ報告の提案（一九一八年）にしたがい、戦前平価で金本位制に復帰する意向であることを発表する。
二月 ソヴィエト政権が正式に承認される。
四月 一九二三年十二月にドイツの状況を調査するため設立された、ドーズおよびマッケナ委員会の報告。
七月十六日―八月十六日 連合国政府によるロンドン会議は、ドイツの賠償方式の見直しを提案するドーズ案を採用するとともに、ルール地方からフランス軍を撤退させる。
八月 住宅法。これには、あまり高くない家賃の公営住宅を建設する計画が伴っていた。
十月八日 労働党政府が、譴責決議を経て下野する。
十月二十九日 保守党（四一九）が総選挙に勝利する。自由党（四〇）は惨敗、労働党は一五一議席を確保する。共産党が一議席を得る。ボールドウィンがふたたび首相の座に就き、保守党に復党したウィンストン・チャーチルが蔵相となる。

戦前平価での金本位制復帰に反対するキャンペーン。キングズ・カレッジの正会計官に任命される。それ以来、終生その地位にとどまる。彼はカレッジの財政状態を立て直した。

一九二五（42歳）

二月　サミュエル・コートールド、ジェームズ・ヒンドリー‐スミスとともに、画家たち、とりわけダンカン・グラントとヴァネッサ・ベルの収入の安定性を保証するため、ロンドン芸術家協会を設立する。

三月十七日　金本位制復帰について議論するため、チャーチルやその他の高官たちに会う。

五月六日〈国債と租税に関する委員会〉での証言。

七月九日　一九二四年夏に創設された〈産業と貿易に関する委員会〉（バルフォア委員会）での証言。

七月『チャーチル氏の経済的帰結』。

八月一日「私は自由党員か」を自由党夏期学校で講演する。

八月四日　リディア・ロポコヴァと結婚する。彼らはルイース近郊に家を借り、そこでとりわけラムゼイとウィトゲンシュタインをもてなす。

九月三日　ソ連に向けて出発する。新婚夫妻はレニングラードにいるリディアの家族を訪ね、またケインズは科学アカデミーの二百周年記念祭にケンブリッジ大学を代表して出席する。モスクワで二つの講演を行なう。

十月　チャールストンの近く、サセックス州ティルトンの農家を長期にわたって賃借する。それ以後、彼が主要な著作を執筆するのはそこにおいてである。彼はまた、ますます農場経営にかかわるようになる。

十一月　アポスルズにウィトゲンシュタインの理論を説明し

四月二十八日　チャーチルが、戦前のスターリング平価で金本位制に復帰することを発表する。

十月　ロカルノ会議により、ヨーロッパ諸国の国境を画定するための多くの条約が締結される。

退職年金の支給が、寡婦と孤児にまで拡大される。

アスキスが、イギリスでもっとも歴史ある爵位の一つであるオックスフォード伯爵となる。

ようとする。
十二月『ロシア管見』。

一九二六（43歳）

一月　ヴァネッサとダンカンの不満に対して、ケインズは、ゴードン・スクウェア四六番地をリディアとだけで占有することを決める。

二月九日　マンチェスター改革クラブにおいて、自由主義と労働党の関係について講演する。

三月二十二日　〈インドの通貨および金融に関する王立委員会〉で証言。

『ネーション・アンド・アシニーアム』誌への六月十二日付のケインズの公開書簡が、オックスフォード卿となっていたアスキスとのあいだに決定的な不和をもたらす。

六月二十二日　ベルリンで「自由放任の終焉」を発表したことに続いて、アインシュタインに会う。

七月『自由放任の終焉』。

八月九日　独立労働党の夏期学校での講演。

夏　ロイド＝ジョージからの資金援助を受けて自由党夏期学校によって創設された自由党産業調査会の執行委員に指名される。この委員会は十八カ月のあいだ機能することになる。

十一―十二月　ランカシャーの綿業の再建に積極的に関与し、一九二九年一月にはランカシャー綿業会社が設立されることになる。

ウェッブ夫妻、バーナード・ショウ、H・G・ウェルズと頻繁に会う。

三月十一日　サミュエル委員会が、収益性を回復するための賃金切り下げとともに、炭鉱業の再編を提案する。これに次いで炭鉱主たちは、炭鉱夫たちが新条件の受け容れを拒む場合にはロックアウトを行なうという脅しを用いながら、一〇パーセントから二五パーセントの賃金切り下げと、七時間から八時間への労働時間の延長を通告する。

五月三日―一六日　炭鉱夫たちを支援すべくTUC（労働組合会議）によって呼びかけられたゼネラル・ストライキは九百万人の労働者を動員するが、満足な結果を残せずに終結する。炭鉱夫たちは年末に降伏するまで抵抗を続け、多くの者が失業しつづけたり、処分を受けたりする。ゼネラル・ストライキは、アスキスとロイド＝ジョージとの間にいま一度の決裂をもたらし、自由党の新たな危機を引き起こす。

自由党夏期学校が自由党産業調査会を設立する。

十月十五日　アスキスが自由党党首を辞任する。ロイド＝ジョージが後任となる。

十月十九日―十一月二十三日　一九二四年に植民地省に代わって自治領省が創設されたのち、ロンドンで開かれたイギリス帝国会議は自治領の自立性を宣言する。

一九二七（44歳）

党派の違いを超えて食事をともにし、政治経済問題について議論するために、チャーチルとF・E・スミスによって一九

五月二十六日　イギリスとソ連が国交を断絶する。

急進的な独立労働党の宣言書である『現代における社会主義』

○九年に設立されたアザー・クラブの会員に選ばれる。

の多くの要素を再現した、労働党の政策文書『労働と国家』が公表される。労働党のプログラムは悪い体制を補修することではなく、資本主義を社会主義に転換することであると断言する。

労働争議法が、ゼネラル・ストライキおよび同情ストライキを違法とするとともに、公務員が労働組合に加入することを禁止する。また労働組合による政治資金の提供が制限され、これによって労働党の資金が減少する。

一九二八（45歳）

一月二十二日　大学選挙区からの自由党の立候補者となることを要請される。
三月十七日　ウィンチェスター・カレッジ文芸協会で、「わが孫たちの経済的可能性」を発表する。
四月　リディアといっしょにロシアに旅行する。帰路、ベルリンとハンブルクに立ち寄り、メルヒオルに会う。
六月　『フランおよびその他の諸問題についての考察』。
十月十一日　ふたたび自由党候補となることを要請される。

二月二日　自由党産業調査会の報告書であり、自由党の「イエロー・ブック」たる『イギリス産業の将来』が発表される。ケインズはその主著者の一人であった。
二月十五日　アスキスの死去。
三月　「おてんば娘の法案」により、二十一歳以上の女性に選挙権があたえられる。当時のイギリスにおいて、一四〇〇万人の女性と一二〇〇万人の男性が選挙権をもつことになった。

一九二九（46歳）

自由党夏期学校への最後の参加。

「大蔵省見解」に反対して、大規模な公共投資計画のためのキャンペーンを行なう。

英国学士院の会員に選出される。

ケンブリッジ大学選挙区での自由党候補者となることを再び断るが、選挙運動には積極的に参加する。

五月十日　ヒューバート・ヘンダーソンとの共著『ロイド＝ジョージはそれをなしうるか』を公刊する。

七月十九―二十九日　リディアとともにブルゴーニュに滞在したのち、ジュネーブ大学の国際問題研究所で四つの講演を

三月一日　自由党の選挙運動の基礎となる「オレンジ・ブック」たる「われわれは失業を克服することができる」が発表される。
二―六月　ヤング委員会が、ドイツによって一九八八年までに支払われるべき最終的な賠償額を決定する。
四月十五日　予算演説で、チャーチルが「大蔵省見解」を明確に述べる。それによれば、公債によって公共事業の資金を調達することは、民間投資にとって利用可能な資金を減少させることになる。
三月一日　ケインズの勧めを受けて、ロイド＝ジョージは、

行なう。

十一月　マクミラン委員会の委員に任命される。

十二月　経済状況について、また政府に対する助言や情報を改善するための方法について協議するために、首相に三回会う。これにより、経済諮問会議が設置されることになる。

年末に、彼の資産の価値が崩落する。

自由党が勝利した場合には、公共事業という手段によって失業を大幅に減らすと公約する。

五月三十日、総選挙　初めて労働党が勝利する（二八八）。保守党は二六〇議席、自由党は五九議席を得る。ラムゼイ・マクドナルドが六月五日に首相になる。フィリップ・スノードンがふたたび蔵相の座に就く。労相のマーガレット・ボンドフィールドが、イギリス史上、女性として初めて入閣する。

十月二十四日　「暗黒の木曜日」が、大恐慌と空前の世界経済危機の始まりを印す。

十一月五日　〈金融および産業に関する調査委員会〉（マクミラン委員会）が設立される。十一月二十一日に第一回の会議が開かれる。一九三〇年七月までに四九の証言を聴取し、十月からは報告書を作成するために会合をもつことになる。

地方自治法　救貧院の廃止。

より寛大な失業保険制度が設立される。

一九三〇（47歳）

新しい評論誌『ポリティカル・クウォータリー』の編集委員になる。

一月二十四日　この日に創設が発表された経済諮問会議の委員に任命される。彼は、二月十七日の第一回会議で経済展望委員会の創設を提案する。のちに彼はその委員長となり、委員会は三回の会合（三月二十一日、四月三日、五月一日）を経て、二つの報告書を作成することになる。

二月二十日―三月七日　マクミラン委員会で五日間の証言。一〇時間を通して『貨幣論』の見解を紹介する。

五月十日　ケインズは、経済諮問会議の内部に、経済状況を検討し解決策を提言することを使命とする経済学者委員会を設置するよう首相に提案する。ケインズは、七月二十四日に

一月十八日　ケンブリッジの数学者フランク・ラムゼイが二十六歳で死去する。

一月　ハーグ会議がヤング案を採択し、国際決済銀行を設立する。

五月二十九日　オズワルド・モーズリーがケインズの見解にもとづく計画を提案しようと試みて失敗したのち、内閣を去る。彼は、他の労働党下院議員たちとともに署名した宣言書を十二月三十日に執筆する。

慈善施設の管理権限を、救貧法から地方自治体に委譲する救貧規則令が成立する。

初めて会合をもつ五人の委員会の座長となり、十月二十四日に、ライオネル・ロビンズによる反対意見書とともに報告書を提出する。
十月三十一日　『貨幣論』第一巻『貨幣の純粋理論』、第二巻『貨幣の応用理論』。
十一月　ケインズの若い弟子たち（カーン、スラッファ、ミード、オースティン・ロビンソン、ジョーン・ロビンソン）のグループである「サーカス」が、『貨幣論』について議論するために初めて会合をもつ。
リディア・ケインズがブルームズベリー・メモワール・クラブへの入会を認められる。
ディアギレフが亡くなったのちに創設されたバレエ団体であるカマルゴ協会の会計係となる。
一九三〇—一年の冬にマクミラン委員会報告を作成することになる起草委員会の一員となる。

一九三一（48歳）

二月　ケインズの主導により『ネーション・アンド・アシニーアム』と『ニュー・ステイツマン』が合併して生まれた『ニュー・ステイツマン・アンド・ネーション』誌が創刊される。彼が取締役会会長で、キングスリー・マーティンが編集長であった。
三月一日　保護貿易政策への賛成を公然と宣言し（経済学者委員会で私的に公表したのと同様に）、経済学者たちからの厳しい反応を引き起こす。
四月二十八日　スノードンの保守的な予算を厳しく批判する。
五月二十一日　青年自由党員全国同盟の副会長に再選される。反動的な財政政策を党が支持していることに異議を唱えて、彼はこの指名を拒絶する。

二月　モーズリーが労働党を離党し、新党を設立する。
五月四日　オーストリアの主要な銀行であるクレジット・アンシュタルトが破産し、ヨーロッパの金融危機の引き金となる。
六月二十日　アメリカのフーヴァー大統領が、賠償と戦争借款の返済について、一年間の支払猶予を提案する。
七月十三日　金融危機がイギリスにまで波及し、その通貨が強い圧力にさらされる。同日、マクミラン委員会の報告書が公表される。
七月　財政状態について検討するために二月に設立された〈国家支出に関する委員会〉（メイ委員会）が、公的支出の大幅な削減、とりわけ失業手当の二〇パーセントの削減を提案

五月三十日　マクミラン報告に署名した翌日に、二度目のアメリカへ五週間の旅行に出かける。「世界的問題としての失業」という主題に関するシカゴ大学でのハリス財団の講義とセミナーに招かれていた。

ワシントンでフーヴァー大統領に会う。

七月十四日　経済諮問会議に新たに設置された経済情報委員会の委員となる。

九月十九日　〈金融問題に関する首相諮問委員会〉の委員に任命される。

十月四日　首相とロイド＝ジョージに会う。

十一月　過去一二年間の刊行物のなかから抜粋した論文集『説得論集』が公刊される。

ハイエク、ロバートソン、ホートレーとの論争。

彼の死にいたる疾病の最初の兆候が現れる。

する。

八月　失業者数がピークの二八〇万人に達する。

八月二十四日　経済危機を終結させるための方策について閣内で合意を形成することができなかったため、マクドナルドは辞職し、同日に彼は、国王によって挙国一致内閣を組織するように要請される。八月二十七日にこの内閣は、メイ報告が提案した政策を承認する。マクドナルド、スノードン、その他すべての挙国一致内閣に参加した者は、労働党から除名された。労働党では、アーサー・ヘンダーソンが三度目の党首となり、一九三二年十月までその地位にあった。

八月二十九日　公的支出の制限に続いて、政府はパリとニューヨークから借款を得る。それは、一時的にポンド・スターリングを支えることを可能とした。

九月二十一日　ポンドの兌換停止により、その価値が三〇パーセント下落する。

十月、総選挙　保守党四七三、自由党三三、挙国一致自由党三五、労働党五二、挙国一致内閣を支持する労働党造反派一三、その他五。マクドナルドが、おもに保守党員によって占められた内閣で首相の座にとどまる。

十一月八日　フランクリン・デラノ・ルーズベルトがアメリカ大統領に選出される。

十二月十一日　ウエストミンスター憲章が、イギリスの旧植民地を再編成してイギリス連邦を設立する。一九四九年にはコモンウェルスと名づけられる。

新フェビアン調査局が設立される。

一九三二
（49歳）

一月六日　ハンブルクに向けて出発し、八日に国際経済学会で「一九三二年の経済的展望」と題する講演を行なう。十一

一月　モーズリーがイタリアでムッソリーニに会い、彼の新党を解散して、英国ファシスト同盟に改編することを決める。

日にはハインリヒ・ブリューニング首相に会う。一九三三年に亡くなるメルヒオルとの最後の面会。
一月二十一日　リットン・ストレイチーが、診断未確定の癌のため亡くなる。
七月五日　『タイムズ』紙に一三人の経済学者が署名した書簡が掲載される。とりわけケインズは、公的支出・投資計画・信用の増加と減税を要求した。
八月　一九三三年の世界経済会議に向けて準備を行なうための〈国際経済政策に関する委員会〉の委員に任命される。
十月十日　これ以後「生産の貨幣理論」と題される連続講義の第一回。
十月十七日　『タイムズ』紙に六人の経済学者の書簡が掲載されるが、とりわけケインズは公共支出の増加を要求する。ロビンズとハイエクを含むロンドン・スクール・オブ・エコノミクスの四人の経済学者は、十月十九日の『タイムズ』紙において、この提案を批判する。六人は二十一日付で回答する。
ウォール街での投資を始める。
ケインズの母であるフローレンス・エイダが、ケンブリッジ市長に選出される。

六—七月　ローザンヌ会議によりヤング案が廃棄され、賠償支払いと戦争借款が減額される。
八月　〈貿易における連邦特恵関税に関するオタワ協定〉により、帝国特恵をともなうスターリング地域が形成される。カナダは加盟を拒否する。
十月　飢餓行進。

一九三三（50歳）

四月十七日　ダブリンに到着し、ユニバーシティ・カレッジで「国家的自給」と題するフィンレー＝オブライエン講義を行なう。
三月　『人物評伝』。
『繁栄への道』。
六月二十九日　世界経済会議のためにケインズによって企画された記念公演において、リディア・ロポコヴァがダンサー

一月三十日　アドルフ・ヒトラーがドイツの首相になる。賠償支払いが無期限に停止される。
三月四日　ルーズベルトの大統領就任。「ニューディール」計画の開始。
四月　ドイツでゲシュタポが創設される。
六月七日　平和維持のためにイギリス・フランス・ドイツ・イタリアの代表によって、ローマで四国協定が調印される。

として最後の出演を行なう。

七月四日　ルーズベルトが為替相場安定化の提案を拒否したことについて協議するため、首相に会う。

九月十八日　リディアが、シェークスピアの作品においてオールド・ヴィック劇場で役者デビューを果たす。ケインズは彼女の下稽古を手伝った。彼はケンブリッジ芸術劇場の計画を思いつく。

十二月三十日　カール・メルヒオルが亡くなる。

十二月三十一日　アメリカ大統領ルーズベルト宛の公開書簡が『ニューヨーク・タイムズ』紙に掲載される。

『一般理論』の目次の第一版が作成され、そのときには「生産の貨幣理論」と名づけられていた。彼の講義も「生産の貨幣理論」と題されていた。

ロンドン芸術家協会とカマルゴ協会の活動が終わる。

六月十二日—七月二十七日　経済的合意と金融安定化によって不況を克服しようと召集されたロンドン世界経済会議は、とりわけルーズベルトが為替相場安定化を拒否したために、失敗に終わる。

六月　イギリスが、アメリカに対する戦争借款の返済を停止する。このことによって、戦争借款の債務不履行国に対する借款を禁ずる一九三四年ジョンソン法が成立することになる。

六月　ナチ党が、ドイツにおける単一の政党であることを宣言する。

ドイツで初めて強制収容所が建設される。

一九三四（51歳）

五月九日　アメリカへ三週間の旅行に出かける。六月五日にコロンビア大学から名誉博士号を授与される。五月二十八日にルーズベルト大統領に会う。アメリカ経済学クラブで自らの有効需要の理論について詳述する。

一月三十日　金準備法によって、国内に集積した金すべてを管理する権限が連邦準備制度にあたえられる。その翌日にルーズベルト大統領はドルの価値を金一オンス＝三五ドルに定め、その価値は一九七一年八月十五日まで維持されることになる。

二月　飢餓行進。

七月二十五日　政権奪取に失敗したナチスの集団により、オーストリアの首相エンゲルベルト・ドルフースが暗殺される。

八月二日　ドイツ大統領のポール・フォン・ヒンデンブルクが死去したのち、ヒトラーは大統領職の役割と権限を首相に移した。当時の彼は総統と呼ばれており、最高軍事司令官でもあった。

労働党の行動綱領『社会主義と平和のために』が採択される。失業法により失業扶助委員会が設立され、失業手当が、長期失業者を扶助するための方策と区別されるようになる。

五月六日　ジョージ五世の即位二五周年記念祭。
六月　保守党のスタンリー・ボールドウィンがラムゼイ・マクドナルドに代わって首相となり、十月二十五日に議会を解散する。
七月　インド統治法によって、とりわけケインズが一九一三年に提案したように、中央銀行が設立される。
九月　ムッソリーニによるエチオピア侵攻。
十月八日　クレメント・アトリーが、ジョージ・ランズベリーの後を継いで労働党党首となる。それ以後二〇年のあいだ、彼はその地位にとどまる。
十一月十四日、総選挙　保守党三八七、自由党一七、労働党一五四、労働党造反派四四、その他九。

一九三五（52歳）

六月　カナダ人学生のロバート・ブライスが、ロンドン・スクール・オブ・エコノミクスのハイエク・セミナーでケインズの新理論について説明する。
七月十一日─十三日　アントワープ商工会議所によって組織された経済学者たちの会合に、国際金融の現状について議論するために参加する。
自由党への資金援助を断り、その代わり労働党に寄付を行なう。労働党に最初で最後の投票をする。
マルクスと社会主義について、ジョージ・バーナード・ショウと論争する。

一九三六（53歳）

二月三日　ケインズが構想し、資金提供したケンブリッジ芸術劇場が開場する。
二月四日　『雇用・利子および貨幣の一般理論』。
四月二十一日　王立統計学会において、ジェヴォンズ生誕百周年に際し、彼に関する長い論文を読み上げる。
七月十三日─十四日　錬金術などに関する多くの手稿やニュートンのデスマスクを購入する。
九月末　リディアの両親を訪ねるため、レニングラードに向けて出発する。途中、ストックホルムに立ち寄り、経済学クラブで講演を行なう。
リディアのために、ケンブリッジ芸術劇場の近くに部屋を購
一月二十日　ジョージ五世の逝去。エドワード八世として君臨していた彼の息子は、二度の離婚経験があるアメリカ人のウォリス・シンプソンと結婚するために、十二月十一日に退位を余儀なくされる。彼の弟がジョージ六世の名で王位に就く。
三月　ヒトラーがロカルノ条約を破り、ラインラントを占領して再武装する。
五月　フランスの総選挙で人民戦線が勝利する。社会党党首のレオン・ブルムが首相となり、フランス銀行や軍事産業の国有化のみならず、週四〇時間労働制をはじめとする重要な社会改革を導入する。

	入する。	七月　スペイン内戦の開始。フランシスコ・フランコに率いられた反乱将校たちと五カ月前に選出された人民戦線政府とが衝突する。 十一月　ローマ・ベルリン枢軸の宣言。日独防共協定、一年後にイタリアも加わる。イギリス・フランス・アメリカの三国協定。
一九三七（54歳）	二月　レオンチェフ、ロバートソン、タウシッグ、ヴァイナーの批判に対して、『クウォータリー・ジャーナル・オブ・エコノミクス』に掲載された「雇用の一般理論」において回答する。 二月十六日　優生学会での講演。 五月十六日　バクテリア性心内膜炎によって引き起こされた心臓発作に見舞われる。最初はハーヴェイ・ロードで、それに次いで六月十八日から九月二十二日まではウェールズのルーシン城で休息する。その後一九三八年二月まではティルトンに滞在する。リディアが、彼のスケジュールと職業上の訪問を管理する。 七月十八日　クライブとヴァネッサのベル夫妻の息子であるジュリアン・ベルが、スペインで殺害される。彼は、共和国軍の志願兵であった。 オリーン、ロバートソン、ピグーとの論争。 ゴードン・スクウェア四七番地を賃借する。 春から一九三八年にかけて、彼の資産の価値が三分の二に減少する。	経済の再下降。 五月　一九三一年以来蔵相を務めていたネヴィル・チェンバレンが、首相を辞任したボールドウィンの後を継ぐ。 五月十二日　ジョージ六世の戴冠式。 十二月二十九日　アイルランドの新憲法が自国を独立国であると宣言する。イーモン・デ・ヴァレラが首相となる。 労働党が『労働党の緊急綱領』を公表する。
一九三八（55歳）	二月一日および三月二十五日　経済政策を提案する私的書簡をルーズベルトに送る。	三月十三日　ヒトラーがウィーンを訪れ、オーストリアをドイツ帝国に併合するアンシュルスを宣言する。

二月十一日　主治医が通常の活動へ徐々に復帰することを認める。この年は講義を担当しなかった。

二月二十三日　ナショナル相互生命保険会社の会長として年次講演を行なうため、心臓発作ののち初めて公に姿を現す。そして彼は、この職を辞任する。

三月十日　病気になってから初めてケンブリッジに滞在する。

九月十一日　ティルトン・ガーデンでのブルームズベリー・メモワール・クラブで「若き日の信条」を読み上げる。

秋　一八カ月の中断ののち、経済情報委員会の会合にふたたび参加するようになる。

計量経済学に関して、ヤン・ティンバーゲンと論争する。

オックスフォード大学およびグラスゴー大学から名誉博士号を授与される。

主要費用・収入・産出高についての国立経済社会研究所のケンブリッジ研究機構を設立する。それは、のちに応用経済学部に統合されることになる。

九月二十九日　フランス・イギリス・ドイツ・イタリアの政府のあいだでミュンヘン協定が成立し、それにより、チェコスロヴァキアはズデーテン地方の一部をドイツに割譲しなくてはならなくなる。

レフ・トロツキーの信奉者たちによって、第四インターナショナルが創設される。

英米貿易協定。

一九三九（56歳）

二月　重いインフルエンザにかかる。アインシュタインやその他の著名な人物の主治医であったヤーノシュ・プレッシュが、ケインズの死去まで、担当の医師となる。

九月末　戦争によってもたらされた状況について議論するために、第一次大戦時の同僚たちである「オールド・ドッグ」を自宅に集めはじめる。そのなかには、ウォルター・レイトン、ウィリアム・ベヴァリッジ、アーサー・ソールターがいた。

十月十二日　アザー・クラブにふたたび通いはじめ、チャーチルに会う。

十月二十七日　大臣たちや副官たちの再会の晩餐会において、

三月十五日　ヒトラーがチェコスロヴァキアを攻撃する。

四月二十六日　イギリスの首相が徴兵制を発表する。

四月二十八日　カナダで初めてのケインズ的予算。

夏　ＩＲＡがロンドンで爆弾テロを行なう。

八月二十三日　独ソ不可侵条約。

九月一日　ドイツ軍がポーランドに侵攻する。

九月三日　フランスとイギリスがドイツに対して宣戦布告する。

のちに繰り延べ払いされる強制貯蓄を含む戦費調達計画を発表する。十一月十四日と十五日の『タイムズ』紙でそれが発表されると、右派からだけでなく左派からも激しい抗議が殺到するが、ハイエクやロビンズを含む大多数の経済学者からは支持が寄せられる。

十一月二十三日　大いに躊躇したのち、ケンブリッジ大学選挙区の補欠選挙の立候補者となることを断る。もし立候補すれば、三政党からの支持が得られると予想されていた。

十二月六日　病気になって以来、初めて火曜クラブに出席する。価格政策について話す。

自らの戦費調達計画を裏づけるために、国民経済計算の推計に取り組みはじめる。

一九四〇（57歳）

一月二十四日　自らの戦費調達計画の妥当性について納得させようと、労働党下院議員たちや労働組合会議の評議員たちと会う。

二月二十七日　『戦費調達論――大蔵大臣のための急進的な計画』。この出版は、多くの文通と議論を経てなされた。

六月二十八日　蔵相諮問会議の委員に任命される。無給の職だが、大蔵省で自由に使用できるオフィス、秘書サービス、ベッドの提供を受ける。国民経済計算に関するミーゼスとストーンの仕事を丹念に追う。大蔵省と他省庁で働いている経済学者たちとのあいだの仲立ちとなった。

大蔵省とイングランド銀行のメンバーからなる為替管理会議の委員に指名される。

イートン校の管理委員会における教職員代表に任命される。

六月　スラッファやその他の敵国籍をもつ知識人たちの自由を確保するために奔走する。

五月十日　ウィンストン・チャーチルがチェンバレンの後を継いで首相となり、連立内閣を組織する。キングスリー・ウッドが蔵相となる。

五月二十三日　モーズリーが逮捕・投獄される。

五月三十日　英国ファシスト同盟の解散。

六月　ジェームズ・ミード、および八月にはリチャード・ストーンも加わって、戦時内閣官房の中央経済情報部で、国民経済計算の準備に取りかかる。彼らの文書「国民所得、貯蓄、消費」は、一九四一年一月六日に発表される。

六月十八日　ロンドンからド・ゴール将軍が、ドイツの占領に対してフランス人に抵抗を呼びかける。

六月二十二日　フランス首相のマーシャル・ペタンが、ドイツとの休戦協定に署名する。

七月十日　英独航空決戦が始まる。

八月十八日　ドイツ空軍がロンドンを爆撃し始める。

九月十八日　夕食中にゴードン・スクウェアで爆弾が爆発する。
十月―一九四一年二月　予算政策について濃密に議論し、蔵相のために数多くの覚書を書く。
十一月　貿易黒字の問題を研究するために設置された委員会に大蔵省を代表して参加する。

八月二十一日　メキシコでトロツキーが暗殺される。暗殺者でソ連のスパイであるラモン・メルカデルは、一九六一年にソ連邦英雄の勲章を受ける。
十月二十八日　イタリアによるギリシャ侵攻。イギリスは、ギリシャに五百万ポンドの貸出を行ない、連合国への融資を始める。
十一月五日　アメリカは参戦しないと二日に宣言したルーズベルトが三選される。
十二月八日　ルーズベルトが武器貸与協定を発表する。それにもとづいて大統領は、返済を条件として、その国の防衛がアメリカの国防にとってきわめて重要であると思われる国に軍事援助をあたえることができる。その形態については、のちに議論されることになる。
完全雇用が達成される。

一九四一（58歳）

蔵相顧問に指名される。
予算委員会の委員となり、戦争中その職にとどまる。
三月二十八日　友人のヴァージニア・ウルフが自殺する。
五月八日―七月二十九日　アメリカへの六回の代表団参加のうちの第一回目。蔵相の代理として武器貸与の条件について交渉するために参加した。とりわけ彼は、通商政策、原材料についての国際政策、および戦後援助のための資金調達計画について協議する。五月十三日にモーゲンソー財務長官と会い、五月二十八日と七月七日にはルーズベルトと会う。七月二十八日にアメリカ側は、ケインズに武器貸与のための「考慮事項」を知らせる。とりわけ第七条は、戦後に、イギリスの帝国特恵関税をはじめとする貿易差別を撤廃することを提案するものであった。この滞在中、ケインズは多くの経済学

三月十一日　武器貸与法がアメリカ議会で採択される。
四月七日　国民経済計算の枠組みを用いた「ケインズ的」予算が初めてイギリスで採択される。
六月　社会保障制度を研究するために、ウィリアム・ベヴァリッジを委員長とする省庁間委員会が設立される。
六月二十二日　ドイツがソ連を攻撃する。
八月十四日　ニューファンドランド島において、戦後世界の構想を確立する大西洋憲章がチャーチルとルーズベルトによって調印される。十二月二十二日から一九四二年一月のあいだに二六カ国がそれに調印した。
十月　〈戦後経済問題に関する省庁間委員会〉の設立。
十二月八日　真珠湾での海軍に対する攻撃の翌日、アメリカは日本に、またそれに次いでドイツとイタリアに宣戦を布告

者と会う。またアインシュタインと再会する。
九月八日　国際通貨体制改革の第一案を書き上げる。国際通貨同盟を提唱するが、それは後に清算同盟となる。これ以後、多くの異なる改案が作成される。
九月十八日　イングランド銀行の理事に任命される。

する。イギリスとアメリカは共同司令部を設置するが、軍事戦略をめぐってしばしば対立する。ヨーク大主教のウィリアム・テンプルが福祉国家の建設を呼びかける。

一九四二（59歳）

四月一日　音楽・芸術振興協会（CEMA）の会長になる。
六月　ティルトンのケインズ男爵の爵位を授けられる。上院の自由党席に着く。
七月八日　ハリー・ホワイトによって作成された国際通貨体制改革についてのアメリカ側の第一案が、ケインズに送られる。ケインズ案（清算同盟）とホワイト案（安定基金）が何回も改訂されるとともに、ホワイトやその他の者との多くの意見交換が続く。
七月　イギリスのインドに対する債務が増加していることについて、チャーチルに注意を促す。これ以後、数カ月にわたって、彼はこの問題にしばしば介入することになる。
十一月三十日　王立協会において、ニュートンに関する論文を読む。これは彼の死後に刊行されることになる。
マンチェスター大学から法学博士号を授与される。
社会保障の改革と資金調達に関するベヴァリッジ報告の作成に積極的に関与する。

一月一日　アメリカ、イギリス、ソ連、およびその他二三カ国が連合国宣言に署名する。
一月　チャーチルがワシントンを訪問する。
二月二十三日　イギリスが武器貸与協定に署名する。
八月　チャーチルが、中東とモスクワに行く。
十一月　上院と下院の選挙結果は、ルーズベルトの政権にとって以前よりも厳しいものであった。
十一月　イギリス軍とアメリカ軍がアフリカに侵攻する。
十二月一日　イギリスの社会保障制度に関するベヴァリッジ報告が発表される。

一九四三（60歳）

一月　貧困者の産児制限に賛成であるとする会の見解に異議を唱えて、マルサス主義連盟の副会長を辞任する。
二月二十六日　連合国の代表者会議で、国際通貨体制に関する彼の改革案を発表する。
二月二十七日　イートン校での友人、ディルウィン・ノック

一月十四―二十四日　チャーチル、ルーズベルト、ド・ゴールによるカサブランカ会談が、戦争遂行の条件を決定する。
一月三十一日　ドイツ第六軍がスターリングラードで降伏する。
五月　ワシントンにおけるルーズベルトとチャーチルとのあ

スの死去。
三月六日　「ケンブリッジ市の執事長」に任命される。
三月七日　アルフレッド・マーシャルの妻メアリー・ペイリーが亡くなる。ケインズは、彼女について長い追悼論文を書く。
四月七日　ケインズ案が、「清算同盟白書」としてイギリスの公式見解となる。
五月十八日　国際通貨体制に関する彼の改革案について上院で演説する。
九—十月　金融政策と貿易政策、とりわけ武器貸与協定の第七条と国際通貨体制の改革について非公式に協議するために、アメリカに六週間滞在する。
十一月　ナショナル・ギャラリーの管理委員に指名される。

いだのトライデント会談により、海上輸送によるフランス侵攻の原則が受け容れられる。
八月十七日—二十四日　チャーチル、ルーズベルト、およびカナダ首相マッケンジー・キングによる第一回ケベック会談。
十一月二十八日—十二月二日　ルーズベルト、チャーチル、スターリンが参加したテヘラン会談。

一九四四
（61歳）

一月　ピグーの退職後、ケインズに対して申し出のあったケンブリッジ大学経済学教授の職を断る。
三—四月　心臓病の悪化。
四月二十二日　イギリスとアメリカによって、「国際通貨基金の設立に関する専門家による共同声明」が発表される。ケインズは、これについて説明のための覚書を書いた。
五月二十三日　国際通貨体制改革に関する進行中の交渉について、上院で演説する。
六月十六日　イギリス代表団の団長としてブレトン・ウッズに向かうため、ロンドンを出発する。船中で他国の代表団員たちと議論する。
六月二十三日　ニューヨークに到着。
六月二十四—二十九日　アトランティック・シティでの予備的議論。
七月一日　ブレトン・ウッズに到着し、ケインズは、ケンブ

五月二十六日　雇用政策白書により、政府は高く安定した雇用水準を保証する責任を負うとされる。
六月六日　ノルマンディー上陸作戦。Dデー。
七月一日—二十二日　四四カ国を再集結させたブレトン・ウッズ会議により、国際通貨基金と国際復興開発銀行が創設される。
九月十一日—十六日　チャーチル、ルーズベルト、マッケンジー・キングが参加した第二回ケベック会談。
十月　ルーズベルト、チャーチル、スターリンが参加したモスクワ会談。
十一月七日　ルーズベルトが四たびアメリカ大統領として選出される。
十二月十六日　アルデンヌにおいて、ヒトラーが最後の反攻を行なう。

リッジ大学キングズ・カレッジとオックスフォード大学ニュー・カレッジとの友好協定五百周年を祝う晩餐会を催す。

七月二十二日　ブレトン・ウッズ協定が署名される。ケインズは締めくくりの総会で講演を行なう。

七月二十八日　ケインズ夫妻はカナダに到着し、そこでイギリスとの金融関係についての議論がなされる。八月二十四日にイギリスに帰国するまでに、ニューヨークとワシントンに立ち寄る。

十―十一月　武器貸与やアメリカの金融支援について協議するために、あらためてアメリカに出かける。十一月二十六日と二十七日にアメリカ大統領に会う。

十一月二十八日　カナダからの金融支援について協議するため、オタワに向けて出発する。十二月十二日にイギリスに帰国する。

一九四五（62歳）

一―六月　国債調査会の一員になる。

二月　『エコノミック・ジャーナル』の編集者を辞任する。

三月　賠償委員会の委員に指名される。

四月　エディンバラ大学から名誉法学博士号を受ける。

五月十九日―二十九日　ロンドンとケンブリッジでカナダ代表団と交渉する。

六月　ケインズの提案を受け、政府は、CEMAを英国芸術評議会へと改組することを発表する。

八月　アメリカ代表団と戦後貿易政策やイギリスの金融状況について協議する。

八月二十七日―十二月十七日　武器貸与の返済やアメリカの金融支援に関するきわめて困難な交渉を行なうため、カナダ訪問（九月二日―六日）を含め、アメリカに滞在する。ケイ

二月四日―十一日　ルーズベルト、チャーチル、スターリンが参加したヤルタ会談（あるいはクリミア会談）。

四月十二日　ルーズベルトが脳出血のため死去する。副大統領のハリー・トルーマンが大統領職に就く。

四月二十五日―六月二十六日　四六カ国が出席したサンフランシスコ会議で国際連合が創設される。

四月三十日　ヒトラーが自殺する。

五月八日　ドイツが降伏する。

五月二十三日　労働党が連立政府から離脱して、野党に戻る。

七月五日、総選挙　労働党三九三、保守党二一三、自由党一二、その他二二。クレメント・アトリーが初めての労働党単独多数政権の首相となる。ヒュー・ドールトンが蔵相となり、アーネスト・ベヴィンが外相となる。

ンズは蔵相の名において代表団を率いる。彼は、贈与もしくは無利子借款が得られることを望んでいた。十二月六日に署名された英米金融協定は利子つきの借款を提供するものであり、また要求額よりもはるかに少ない額であった。

十二月十八日　上院において、英米金融協定とブレトン・ウッズ協定に賛成する演説を行なう。

八カ月のあいだケインズは、以前の教え子であった労働党のヒュー・ドールトン蔵相の主任経済顧問を務める。

計量経済学会の会長に選出される。

七月十六日―八月二日　イギリス・アメリカ・ソ連の政府首脳が再集結したポツダム会談が、ドイツに武装解除や賠償金の支払いを求める。さらに国土の占領を計画し、ナチ党を解散させるとともに、戦争犯罪人を裁判にかけることを決定する。

七月二十八日　日本がアメリカからの最後通牒を拒絶する。

八月六日と九日　アメリカの爆撃機により、広島と長崎に原子爆弾が投下される。一一万人が即死し、世紀末までに総計三二万人が亡くなるとともに、三〇万人が原爆後遺症に苦しんでいる。

八月十四日　日本が降伏する。

八月十五日　国王が労働党政府とともに、戦争が始まって以来、最初の新国会を開く。

八月十七日　トルーマンが武器貸与協定を打ち切る。

十二月十八日　上院が、ブレトン・ウッズ協定と英米金融協定を批准する。

一九四六（63歳）

ソルボンヌ大学およびケンブリッジ大学から名誉博士号を受ける。

二月十九日　国際通貨基金および国際復興開発銀行のイギリス側理事に任命される。

二月二十日　コヴェント・ガーデンの開場記念公演が、ケインズによって企画される。彼は『眠れる森の美女』を演目に選ぶ。

三月一日　三月九日に活動を開始する国際通貨基金および世界銀行の創立総会のためにジョージア州サヴァナに向かう途中、ニューヨークに立ち寄る。サヴァナからワシントンへの帰路、ケインズは激しい発作に襲われる。

国民保険法によって社会保障が全国民に拡大され、こうしてイギリスに福祉国家が創設される。

国民保健サービス法により、公的資金でまかなわれる保健制度が創設される。

三月五日　チャーチルが、ヨーロッパには鉄のカーテンがあるとミズーリ州で演説する。

リディアおよび彼の両親とともに、ティルトンで復活祭の休暇を過ごす。彼は、四月二十一日、復活祭の朝にベッドで亡くなる。リディアは、彼の死後、一九八一年まで存命であった。

四月二十四日　ケインズの遺体はブライトンで火葬に付され、遺灰がティルトン周辺の丘に撒かれる。彼は、キングズ・カレッジ礼拝堂の地下納骨堂に遺灰が納められることを求めていた。

五月二日　ウェストミンスター寺院での国葬。

五月四日　キングズ・カレッジ礼拝堂での追悼式。そこではジョン・バニヤンの『天路歴程』の次の一節が朗読された。「それから、彼は言った。私はわが父のところに行こうとしています。私はここへ到着するまでに受けたあらゆる苦しみを悔いません。私の剣は私の巡礼のあとを受け継ぐ人に譲り、私の勇気と業はこれを自分のものにすることのできる人に譲ります。私の傷や傷跡は、今、私に報酬を与え給う者に、彼の戦いを戦ったということの証人となってくれるように、持って参ります」。

付録2　友人および同時代人が見たケインズ

クライブ・ベル (Clive Bell 1956, pp. 60-1)

陳腐なことを逆説に変え、逆説を自明の理に変えること、類似点と相違点を発見ないしは発明すること、さらにまったく異質な着想を結びつけることにかけては、彼は最高度の才能をもっていた。そのようにして人を楽しませたり驚かせたりする才能によって、きわめて賢い人々は、そしてそのような人々だけが、会話を通じて人生に独特の妙味をあたえることができるのである。彼は、機知に富んだ知性と言葉使いの技巧をもっていた。議論のさいには、彼は周囲を当惑させるほど機敏で、しかも型にはまることがなかった。議論されているどのような問題についても——彼がほとんど知らない問題についてさえも——、彼の論評は鋭敏で独創的なものであることが多かったので、それが正しいのかどうかを尋ねるためにに議論を止めることは滅多になかった。しかし、もっとまじめな雰囲気のなかで、素人にはほとんど理解できないように思われる技術的な事柄を説明するように求められたときには、彼は上機嫌で何の苦もなく、問題を単純に見えるようにするので、人々は、彼の知性にもっと驚くべきであるのか、それとも自らの愚かさに呆れるべきであるのか分からないのである。このようなとき、メイナードは今まで私が会ったなかでいちばん賢い人間であると確信した。また、そんなときに私はときどき、彼は芸術家であると、無分別にも何の疑いもなしに感じたものである。

クウェンティン・ベル (Quentin Bell 1980, pp. 69-70)

私がメイナードを知らなかった頃のことは覚えていないし、私は最初から、彼がきわめて魅力的で非常に親切な人であると思っていた。彼についての私の最初の鮮明な記憶は、一九一五年の夏にまで遡ることができる。私たちは二人ともチチェスター港からボシャムへ渡る船に乗っていて、私が彼の帽子を海に投げ込んだということがあった。それは、私にとっては純粋に愉快な思い出である。それは暖かい日のことだった。メイナードは帽子を脱いで、それをすぐに手の届く場所に置いた。それは逆さまに置かれ、その形から——おそらくその名前からも——、それがボートのように水に浮かぶのではないかと私には思われた。そして本当にそうなった。それは今でも私の脳裏にはっきりと焼きついていて、小さな波のうえを、穏やかに、むしろ踊るように上下に揺れていた。

渡し船は進路を変えなければならなかった。帽子は船の鍵竿で回収されたが、おそらく使い物にならなくなっただろうと思う。私は叱られたけれども、まったく苦にはならなかった。むしろ大人たちが私の忘我の喜びを共有しなかったことに少し驚いた。

そのときもそれ以後も、私はメイナードが癇癪を起こすのを見たことがない。彼は、辛辣な態度や、あるいは残忍な態度をとることすらできたと私は聞かされた。しかし兄と私は、狂気じみた子供や忌々しい若者のように振る舞ってケインズを怒らせたことはなかった。あるいは私たちがケインズを怒らせたことがあったとしても、私はそのことに気がつかなかった。

デイヴィッド・「バニー」・ガーネット

(David 'Bunny' Garnett 1979, p. 147〔邦訳一六七―八頁〕)

彼は、私の知る最高の話し手の一人であった。どんなちょっとした言葉でも、彼は興味を引かれるとこれに飛びつき、話をどんどん広げていった。大蔵省では、彼の部屋はカットー卿の向かい側にあった。このために彼は、「ドッゴー」Doggo〔「じっと隠れている」の意〕という名前をつけられる羽目になった。また、古い友人たちに対する揺るぎない忠誠と彼らへの愛情には、どこか犬のようなところがあった。そして、ものごとの本質に飛びかかり掴みとる彼の天分もしかり、猟犬の鼻は一瞬にしてそれを彼に認識させた。

この人物の素描で、私は彼の明らかな過ちを長々と述べてきたが、一方で、彼の偉大な業績は専門家の論評が必要となる。

その過ちが数々あるがゆえに、彼は見逃されている伝記作家としての輝きを増すことになる。彼にはリットン・ストレイチーと比べて、書いている人物を個人的に知っているという利点があった。彼はすべての人物を愛情をもちつつ愉快なウィットを駆使して書き、ひとつのセンテンスで一人の人間を要約することができた。もし私がメイナードを要約するとなると、それは「愛情、理解、きらめく知性」ということになるだろう。

アンジェリカ・ガーネット（Angelica Garnett 1984, p. 48）

就寝時刻に、私はときどき、メイナードの浴室で入浴することを特別に許された。それは、私たちの浴室よりも立派なものだった。それが贅沢であるのは主にその大きさのためであったが、スポンジや入浴剤でいっぱいのガラス瓶もあった。そして私は、上品なシティ・スーツを着たメイナードが私の上に立って、私が浴槽に座るとこれらを用いて私にお湯を浴びせてくれたことを、よく覚えている。

L・F・ギブリン（L. F. Giblin 1946, p. 1）

ケインズは、これまでに私が知っている全ての人間のなかで、あらゆる冒険に対して最も十分に準備の整った性格と精神を備えていた。どんなに馴染みのない問題に関してどのような出来事が起きようと、ケインズの貢献は、その重要性と洞察力のために、彼が自らの発言に課した限界の範囲内で他に抜きん出ていた。彼は、たがいに関係のない数多くの領域において高度の活動能力をもっていた。そして彼は、最後の一〇年間のように悪い健康状態によって悩まされた時でさえも、それらの活動を同時に行ないつづけたのである。

メアリー・グラスゴー（Mary Glasgow 1975, p. 267〔邦訳三四五―六頁〕）

彼自身は非常に聡明だったから、明断な思考とはっきりした目的をもたないものには我慢できなかった。彼は、自分が望んでいるものとそれを望む理由とを知っていた。そして、彼はわが道を行くことを好んだ。時には彼はひどく無礼な態度をとり、多くの人々の反感を買った。彼が重要だと感じた問題――その類のものはたくさんあった――になると、彼は戦いを挑むことを躊躇しなかった。

ロイ・F・ハロッド（Roy F. Harrod 1946, p. 182）

『一般理論』に対する最終的な判断がどのようなものであれ、ケインズの経済学者として偉大さが疑われることはないだろう。彼の知的能力は、専門的な経済学者に通常見出されるよりもはるかに幅広い範囲をもっていた。彼は論理学者、偉大な散文作家、深遠な心理学者、書籍収集家、高名な絵画鑑定家であった。彼は、説得の実際的才能、政治的手腕、実務上の効率性を備えていた。彼は、彼と直接に会った人々に強い影響をあたえるという個人的な才能をもっていた。経済学はまだ若く、今のところ、一部分だけが高度に専門化されている学問であるので、このような該博な知識の持ち主と接触することによって多くを得るのである。私は、かつて彼がリカードを「経済学をその名にふさわしいものとして建設した最も卓越した知性」であると述べたことを覚えている。われわれは、ケインズの知性をリカードのそれよりも優るものと確信をもって判断してもよいであろう。

フリードリッヒ・A・ハイエク
(Friedrich A. Hayek 1952, p. 196)

たとえケインズを経済学者と考えるにしても、彼がその時代の傑出したイギリス人の一人であったことを、彼を知る誰もが否定しないであろう。実際、経済学者としての彼の影響力の大きさは、おそらく、経済学に対する彼の貢献の独創性や理論的健全性によるとともに、人物としての強い印象、彼の関心の広さ、彼の人格の力と人を信服させる魅力によるところが少なくないのである。彼の成功は、天才的で鋭敏な知性と、英語の巧妙な使い方や人を魅了するような説得力のある声との類い稀な組み合わせに多くを負っていた。英語の巧妙さでは、彼に比肩することのできる同時代人はほとんどいなかったほどであり、また彼の声については『伝記』〔ロイ・ハロッドの『ケインズ伝』〕においても言及されていないが、彼の最大の長所の一つであると私にはいつも思われた。

ノーマン・ヒギンズ
(Norman Higgins 1975, pp. 273-4〔邦訳三五三頁〕)

ほかにも多くの義務があり、戦時中は自ら買って出た大蔵省の重要な仕事があったにもかかわらず、ケインズは、〔ケンブリッジ芸術劇場の〕企画の初めから亡くなるまで、たえず時間を見つけて運営の細部について相談に乗ってくれた。彼の関心は、あらゆる面で飽きることを知らなかった。——観客の構成、彼らの飲み物の好み、それにレストランではワインを飲む人の割合とその銘柄などなど。

ハリー・ジョンソン
(Harry Johnson 1974, pp. 132-4〔邦訳一五三―四頁〕)

ケインズはすばらしい天才だった。私にとって、彼は輝かしく、そして非常に経験豊かな人物であった。……彼の魅力の秘密の一つは、自説を曲げてでも、学生が言ったことを実際以上によく引き立たせようとしたことにあった。もし学生がまったく馬鹿げたことを言ったとしても、ケインズはなお、よい論点へと変えることのできるような何かをその中に見つけた。それは、学生が言ったこととは正反対のことであったかもしれない。しかしその学生は、自分が粉々に切り刻まれなかったことを知って安心し、当の学生自身が言ったのだとしてケインズが語ることのすばらしさに深く感銘を受けるのであった。他方で、教員の誰かが立ち上がったときには——教員たちは、学生たちのあいだに混じって散在し、いつでも立ち上がって発言する権利をもっていた。そしてその時にはジョーン・ロビンソンが立ち上がって、ケインズと議論しようとした——、ケインズは簡単にその首を斬ってしまうのである。彼らの言うことがどれほど才知に富んでいたとしても、ケインズはそれを無意味なものにしてしまうのであった。そしてそのことは再び、学生たちを喜ばせた。なぜなら、学生たちはケインズから実に鋭敏だと言われ、それに次いで、その賢さについて学生たちがよく知っている人物が、彼らの目の前でがらくたへと貶められるからである。それは、学生たちを二重に喜ばせることであった。このことは、一人の人間としてのケインズに対する反応が、周知のように様々であることと関係していると思う。公衆の見ていないところでは、彼はきわめて親切で魅力的で、人々に生きることの喜びを感じさせることができた。しかし他方で、いざという時には、彼は人々に対してまったく無慈悲に振る舞うことができた。

リチャード・カーン (Richard Kahn 1975, p. 32)

ケインズは、自分が以前に考えたり主張したりしたことに全く縛られずに、毎朝、新生児のように目覚めることの利点を享受していると、しばしば私に語ったものである。このことが、彼が一貫性を欠いているとよく非難されるようになった理由である。事実は、彼が意見を変えることに抵抗を示さなかったということである。意見の変化が、状況の変化によるものであれ、あるいは部分的に他の経済学者たちの影響を受けて自らの考えが発展したことによるものであれ、である。

フローレンス・エイダ・ケインズ (Florence Ada Keynes 1950, p. 64)

私たちの子供たちは、それぞれ自身に子供なりの日常を送っていたが、私たちにとっては大切な存在であり、来客をもてなすさいに小さな役割を果たすことが許されているほど愛されていた。とくにメイナードは昼食をとりに降りてきて、大人たちの会話を聞くことを楽しんだ。ときどき彼は、自分自身が会話に加わるのを期待されていないことを思い出す必要があった。彼はその状況を受け容れたが、そのことは「大きな不利益」であると悲しげに語った。かつてメイナードが父親から、数日前に人前であまり行儀よくしていなかったと注意されたとき、メイナードは、以前の機会にはそのために何日も準備したのだし、いつもそのような努力をすることはできないと主張することによって弁解した。彼は、弁解や、自分自身の考えを擁護するための主張を用意していないことは決してなかった。

ジェフリー・ケインズ（Geoffrey Keynes 1975, p. 26〔邦訳四二頁〕）

若い頃の私はずっと、私よりもはるかに知的に優れ、性格的にも力強い兄の影のもとで暮らしていた。これは、兄が親切ではなかったとか、威圧的であったとかいう意味ではない。二人のあいだに一線が画されたのは、数年の年齢差によってというよりも、むしろ生まれながらの心身の優越性によって兄が勝っているという状況の当然の結果であった。親密な友人というよりも著名な知人という感じの兄を、私は、優秀で遠くにいる存在として仰ぎ見ていた。

ダグラス・ルパン（Douglas LePan 1979, p. 91）

彼の性格は変幻自在で、彼の表現の範囲もそうであった。彼は、高圧的・分析的・冷笑的・破壊的・軽蔑的・阿諛《あゆ》的・説得的のいずれの性格になることもできた。しかし彼が「正義の甘美な息吹」について語るために顔を上げたとき、私は、最初の晩に大食堂で私が彼のそばに座ったときにこのような表現で私が気づいた甘美さと若々しさを思い出した。彼の笑顔には、どこか天使のような、清純と言ってもよいところがあった。そこには語ることの困難な何物かが存在し、言葉などどうでもよくなってしまった。それが彼の魅力であった。

ジェームズ・ミード（James Meade 1944-6, p. 251）

彼は、私がこれまでに会った最大の天才であった。私自身を含めて、若者を惹きつける彼の個人的魅力は、無比のものであった。彼の魅力・芸術的才能・人格は、これまで私がほかの誰にも決して見出すことのできなかったようなものである。彼は、科学者・芸術家・人道的道徳主義者・実務家の資質を独特の仕方で兼ね備えていた。

A・F・W・プランプトル
（A. F. W. Plumptre 1947, pp. 367-8）

彼は、多くの点において、私がこれまで出会ったなかで最良の教師である。彼はいつも、われわれの書いた課題について詳細に議論し、またそれについてわれわれに語らせることに骨を折っていた。彼は、われわれの関心からあまり離れていない主題を選んだ。しばしばそれらは、価値の理論のいくらか限定的ではあるが重要な諸論点の検討にかかわっていた。彼はわれわれに気軽に話しかけたし、さらにもっと重要なことには、彼は話しかけやすかった。ケインズではないように！彼の人を圧倒するような才気は中断を望ましくないものとし、また議論をほとんど不要のものとした。

ライオネル・ロビンズ（Lionel Robbins 1971, p. 193）

どのようにすれば、この驚嘆すべき卓越性の諸源泉を将来の世代のために記述することができるだろうか。ケインズが、当代一流の経済学者の一人であったことは言うに及ばない。あなた方が彼に賛成しようがしまいが、彼の分析の力量と鮮やかさ、あるいは量的な釣合についての彼の強い感覚を否定することはできないであろう。しかし、同じくらい多くの業績をもつ他の経済学者は、多くはないが確かに存在した。しかしながら、ケインズはただ一人であった。むしろ彼を際立たせて、彼の世代のすべてのなかで彼を傑出させているのは、より一般的な精神と人格の性質であった。すなわち、思考と知覚のすばやさ、彼の声の調子と彼の散文の文体、彼の理想主義と道徳的熱情、そして何にもまして、人に活力をあたえるような彼の存在の性質であった。誰かがかつて語ったように――それはロイ・ハロッド卿だったと私は思う――、彼が部屋に入ってくると、われわれはみな元気づいた。私の記憶の範囲でこれと類似した例を探すとすれば、ソクラテス――あなた方の判断と意志に逆らってさえ、あなた方を魅了させた魔術師――の人格的影響についてのアルキビアデスによる『饗宴』での叙述よりも適切なものを思いつくことができない。

しかしながら、彼をあらゆる道徳の模範として描くことは誤りとなるだろう。彼の助言はいつも正しかったわけでは決してない。彼の判断が誤っていたこともあっただろうし、彼の行動が早まったものだったこともあっただろう。彼はときには傲慢であった。また彼は、しばしば短気で怒りやすかった。感情が爆発したときには、彼は、私が知っているほかの誰よりもひどく無礼な態度をとることができた。しかし彼はまた親切でもあり、相手を許す用意ができていた。もし罪を犯したのであれば、彼以上に上手に陳謝することのできる者はほかにいない。もし過失を犯したのであれば、過去に投資された知的資本を彼以上に進んで清算しようとする者はいない。私は、もっと純粋な性質の天才を知っている。たとえばG・H・ハーディには、俗っぽい混じり物はかなり少なかった。しかし全体として見れば、私はたしかに、メイナード・ケインズを私がこれまでに会ったなかで最もすぐれた人物と見なすであろう。

オースティン・ロビンソン

(Austin Robinson 1947, p. 1〔邦訳一七―八頁〕)

ケインズはわれわれの時代の他の誰にもまして、ちょうどカメレオンがそうであるような意味で、万人にとって全てであったのではなく、より真実の意味において、多くの人にとって多くのものであったのである。彼の趣味は広範囲に及び、多くの主題について、その道の専門家の尊敬に足る友人となれるくらいの知識を身につける資質に恵まれていた。哲学者とでも、数学者・歴史家・愛書家とでも、あるいは現代絵画やバレエの批評家や大家とでも、ちょうど経済学者・金融業者・官吏・政治家に対するのとまったく同じように、彼は同等の知識と理解をもって語ることができた。このため、ある人がメイナード・ケインズのなかに見るものは、他の人が見るところと異なるというような事がありえたのである。

ジョーン・ロビンソン

(Joan Robinson 1975, p. 128〔邦訳一七七頁〕)

彼自身の気持ちは、しばしば左から右へと揺れ動いた。資本主義はいくつかの点で彼にとって忌々しいものであったが、スターリニズムははるかに悪いものであった。彼の晩年には、たしかに右寄りに傾いていた。彼が貴族の爵位を受けたことを私がからかったとき、彼は、六十歳を過ぎたら人間は尊敬されるような地位をもたなければならない、と答えた。しかし彼の基本的な人生観は、政治的というよりもむしろ審美的なものであった。彼が失業を憎んだのは、それが馬鹿げているからであり、貧困を憎んだのは、それが醜いからであった。彼は、現代の生活の商業主義に嫌気がさしていた(彼が自分のカレッジと自分自身のために金もうけを楽しんだことは事実であるが、しかし、それはあまり多くの時間をとらない程度においてだけであった)。彼は、経済学が重要でなくなり、われわれの孫たちが文化的な生活を営みはじめることが可能となるような世界についての快いビジョンに耽っていた。しかしそのビジョンにおいては、金持ちが自らの富を文化的な仕方で享受する余地があるのである。

バートランド・ラッセル

(Bertrand Russell 1967, p. 72〔邦訳八三頁〕)

ケインズの知性は、私の知るかぎりで最も鋭く、また明晰なものであった。彼と議論したとき、私は寿命の縮まる思いをしたし、何かしら自分が愚か者に見えてこないことは稀であった。私は時折は、あまりにも賢すぎるということは、深さとは両立しないに違いないと感じがちであったが、しかしこう感じるのは正しくなかったように思う。

ヨーゼフ・A・シュンペーター
(Joseph A. Schumpeter 1946, pp. 503-4〔邦訳 二二六―七頁〕)

一般に、その燃料を最後の一オンスまで使い尽くす機械のような人間には、どこか不人情なところがあるものである。そのような人はたいてい、人間関係において冷たく、近寄りがたく、一事に没頭している。彼らにとっては仕事が命であり、ほかのことには関心がなく、あったとしても最も表面的な種類のものでしかない。しかしケインズは、これらすべての正反対であった。彼は、あなた方が想像することのできる最も愉快な男である。腹に含むものがなく、自分のことばかりにかまけるのを決して許さないことを一つの信条とする人々こそが、まさに愉快で親切で陽気であるという意味で、彼は愉快で親切で陽気だった。彼は情の深い人間であった。彼にはいつも、友人らしい熱心さをもって、ほかの人が考えていること、関心をもっていること、悩んでいることを思いやる用意があった。彼は金銭に関してだけでなく、何につけても寛大だった。彼は社交的で、会話を楽しみ、また話し上手だった。そして広く流布している世評とは反対に、彼は礼儀正しい態度をとることができた。すなわち、古い言葉を使えば、細目 punctilio にまでこだわる礼儀正しさであって、それには相当な時間を要するのである。たとえば彼は、電報や電話で連絡を受けていたとしても、海峡の霧のために遅れた客が午後四時になって現れるまで、昼食の席に着くことを断ったであろう。

リットン・ストレイチー、一九〇五年二月十五日付のレナード・ウルフ宛の手紙 (Strachey 2005, p. 51)

われわれが友人であることには何の疑いもない。彼の会話は非常に機敏で、とても楽しい。彼は、少なくとも僕と同じくらい多くのものを見ている。もしかすると、もっと多くのものを。彼は、驚くほど人々に関心を示している。注意せよ。彼に審美的なところがあるようには見えないけれども、彼の好みはよい。彼の人格に見られる威厳は本当に申し分のないものだ。彼は、驚くべきねばり強さと明敏さをもって物事を分析している。これまで僕は、これほど鋭敏な頭脳の持ち主を見たことがない（ムーアとラッセルのいずれよりも鋭敏であると僕は思う）。彼の感受性は魅惑的であり、天性のものであるとともに、申し分なく趣がある。

リットン・ストレイチー、一九〇五年二月二十五日のアポスルズでの発表 (IN Holroyd 1994, p. 109)

というのは、なぜかは分からないが、人はしばしば彼に対して意地悪な攻撃をしかけたくなり、そして時が来ると、なぜかは分からないが、それをやめるというのが、彼の奇妙な性格の一つだからである。彼の価値観は、そして実際には彼のあらゆる感情は、まったくの逆説という光景を呈している。彼は、快楽主義者にしてムーアの信奉者である。彼は性欲なしに好色的である。彼は涙なしにアポスルである。

レナード・ウルフ (Leonard Woolf 1960, p. 144)

メイナードの知性は、信じられないほど鋭敏かつしなやかで、想像力に富み、静止することがなかった。彼は、いつも新しく独創的なことを考えていた。とりわけ諸事象と人間行動の領域について、また諸事象と人間行動のあいだの反作用については、そうであった。彼は、実践においても、理論においてと同じくらい立派で有能であるという極めて稀有な才能をもっていた。そのため彼は、哲学者を粉々にしたり経済学者を粉砕したりすることができるのと同じくらい速やかかつ優雅に、銀行家、実業家、あるいは首相を出し抜くことができた。彼が、経済理論と国内の経済政策・金融政策および実践に革命を起こし、投機によってかなりの財を成してシティにおける著名人となり、さらに芸術——とりわけ演劇とバレエ——の後援や上演にかかわる世界における著名人となることを可能にしたのは、こうした才能であった。しかし、彼と親しく、また公式の服装よりもくつろいだ服装のときの彼の考えを知っていたほとんどの人々は、彼には、知的に強情で傲慢な傾向がいくらかあったということを認めるであろう。そのような傾向は、しばしば彼を驚くほど不適切で誤った判断へと導いた。しかし彼の友人たちにとっては、彼は愛すべき人物であり、これらの欠点や性癖は、愛情のこもった楽しみをもって観察され、そして割り引かれたのである。

ヴァージニア・ウルフ、日記からの抜粋 (Virginia Woolf 1977-84)

彼は、傾斜のある板の上に立っている移り気な人間のようである。人間ばなれした人々がそうであるように、少し人間ばなれしているが、とても優しい（一九一五年一月二十日）。

夜にチャールストンに行った。そしてランプの明かりでメイナードをはっきりと見た。動物が首に宝冠をはめている印章のような、二重顎、赤い唇の突起、小さな目、肉感的、獣のような、散文的な……（一九二〇年九月二十六日）。

メイナードは、われわれのもっとも偉大な現存の経済学者であることに加えて、ダンサーを恋人にもち、そして今は、一三人の敏捷なダンサーたちとともにモーツァルトのバレエを上演するための準備を進めている。彼は、コロセウムの支配人と会見する。彼は契約の専門家である。ダンサーたちの特徴を知っている。ペテルスブルクの帝国アカデミーでの情事について全てを語ることができる（一九二二年九月六日）。

彼は奇妙な膨れたウナギのような顔つきで、とくに優れた容貌ではない。しかし彼の目はすばらしい。そして彼が自分の新著『貨幣改革論』の何ページかを、それを読むように私にくれたときに私が正当にも述べたように、そこに示されている精神の過程は、シェイクスピアと同じくらい、私のはるかに先を行くものである（一九二三年九月十一日）。

今では彼は立派に見える。私たちとは異なって、尊大あるいは偉大である。いつも彼の知性で、ロシア人、ボルシェビスト、リンパ腺、家系図のことに無邪気に取り組んでいる。非凡な知性がこうして勢いよく迂回路にあふれ出るときには、いつもその証しとなるのである（一九二八年四月二十一日）。

Mは、器用で、柔軟で、歴史と人間についての奇妙な想像力に富んだ情熱に満ちている。彼は火打ち石について説明できるし、ほかの人の読んだ何冊かの本からその人の年齢を言い当てることができる（一九三四年八月十二日）。

メイナードは、私が理解することのできたかぎりでは、ケンブリッジでの青年時代についての、たいへん内容の濃い深遠で印象的な論文「若き日の信条」を読み上げた。彼らの哲学、その帰結、ムーア、それが欠いていたもの、それが与えたもの。その美と超俗性。私はMに感銘を受け、いくらかの心の高ぶりと自らの愚かさを感じた（一九三八年九月十二日）。

私たちの友人のなかで、誰がいちばん後の世の人々の関心を引くのだろうか。メイナードだろうか。……いまや彼は至高の地位にあり、病める者の王位に登り、成功を収めた人物である。彼は自分を、農夫、会計官、実業家と呼び、ガソリンを注文する。濃い口ひげをたくわえた重々しい人。道徳主義者。ヨーロッパにおいてと同じように、白いぶちのある黒い犬のパッツィーに興味がある（一九四〇年一月六日）。

監訳者あとがき

本書は、Gilles Dostaler, *Keynes and his Battles*, Edward Elgar, 2007, vi + 374 pp. の全訳である。フランス語版 *Keynes et ses combats*, Albin Michel はすでに二〇〇五年に刊行されているので、現時点では、この日本語版をあわせて三カ国語で出版されたことになる。

著者のジル・ドスタレール氏は一九四六年にカナダで生まれ、ケベック州モントリオールのマギル大学で一九七二年に大学院修士課程を終えたのち、一九七五年にパリ第八大学で経済学の博士号を取得している。同年にケベック大学モントリオール校で教職に就き、一九九一年から今日にいたるまで同校教授の職にある。ケインズ、ハイエク、フリードマンを主な研究対象として経済思想史を専攻し、主著に、『ケインズ以後の経済思想——主要な経済学者たちの経歴と事典』(*Economic Thought Since Keynes: A History and Dictionary of Major Economists*, Routledge, 1995, Michel Beaud との共著)、『ハイエクの自由主義』(*Le Libéralisme de Hayek*, La Découverte, 2001)、『貨幣、資本主義と死の衝動——フロイトとケインズ』(*Argent, capitalisme et pulsion de mort: Freud et Keynes*, Albin Michel, 2008, Bernard Maris との共著) がある。このほかにも多数の著書・論文があるが、フランス語を母語としているため、英語よりもフランス語によるものが多い。本書の「日本語版への序文」もフランス語で寄せていただいた。なお著者氏名の発音については、氏自身に問い合わせて確認した。

さて、これまでに公刊されたケインズに関する書物は膨大な数にのぼる。それらのなかにあって、本書はどのような特徴と意義をもっているのだろうか。何よりも本書の特徴は、経済学のみならず、さまざまな領域におけるケインズの幅広い活動についての包括的な解説を試みている点にある。よく知られているように、ケインズは、単に経済学者であったにとどまらず、哲学者、官僚、政治活動家、政府顧問、国際交渉の担当者、実業家、ジャーナリスト、カレッジの会計官など多くの顔をもっていた。さらに古書や絵画の本格的な収集家、芸術の後援者でもあった。本書は、このように驚異的な活動を行なった二十世紀最大の思想家の一人の生涯と著作について、初めて総体的な考察を加えたものである。

もちろん、ケインズの諸活動については、彼について書かれた伝記を読むことによって多くを知ることができる。実際これまでにも、ハロッド、スキデルスキー、モグリッジによるものを初めとして、ケインズに関する優れた伝記は数多く存在している。しかしながらこれらの伝記は、彼の理論と思想を生み出した個人的・社会的背景や、彼の経済社会についてのビジョンの変遷については多くの情報をあたえてくれる一方で、そこから彼の理論と思想それ自体についての十分な理解を得ることは難しいという面がある。すなわち、これらの伝記を読んでも、ケインズの倫理思想や政治哲学、あるいは彼の経済理論の枠組みについての体系的な知識を得ることは困難であろうと思われる。

それに対して本書は、哲学・政治・経済学・芸術という四つの軸に沿って、ケインズの思考と活動について包括的に論じている。そして、それを通じて、これらの領域における当時の支配的な見解に対してケインズがどのように闘いを挑んだのかという「ケインズの闘い」の全貌を余すところなく伝えている。したがって本書は、これまで存在していたケインズの伝記と補完的な関係にあるものと見なすことができる。両者をあわせて読むことによって、読者は、ケインズの人と思想についての深い理解を得ることができるであろう。さらに本書は、『ケインズ全集』はもとより、各種のアーカイブズに所蔵されている一次資料を広く渉猟するとともに、膨大な量の第二次文献の読解を踏まえたうえで執筆されている。それゆえ本書は、ケインズの生涯と著作についての概要を知りたいと考えている入門者にとって恰好の書物であることはもちろん、ケインズ研究を専門とする研究者にとってもその中に多くの新たな発見があることであろう。このように充実した質量を誇ると同時にこれまでに類書のない本書は、今後、ケインズ研究における基本書の一つとして多くの人々によって長く読み継がれていくにちがいない。

さらにこの著作の特色は、これらの幾つかの領域におけるケインズの活動をたがいに密接に結びついたものとして描いているところにある。経済学者ケインズの理論は、彼の政治的ビジョンや哲学上の見解と深く関連しているのであって、これらを別々に切り離して考察することはできないというのが、著者の主張である。そもそもケインズの時代にあっては、経済学は「モラル・サイエンス」の一部門として、同じくそれを構成する政治哲学や道徳哲学と不可分の関係にあった。ケインズの倫理思想や政治思想について検討することは、ケインズの経済学を理解するうえでも欠くことのできない作業なのである。さらにケインズの全活動の目的は、社会を根本的に変革し、平和でゆたかな世界をつくることにあった。そしてそのような世界においては、人々は神経症的な富の追求から解放され、芸術が人間活動の頂点を占めるようになるだろうと彼は考えていた。それゆえ、芸術に関する彼の見解と活動について知ることもまた、ケインズという人物を理解するうえで不可欠となる。

このように、さまざまな領域におけるケインズの活動がたがいに密接に関連していることもあり、本書の各章は、それに先立つ諸章での議論を踏まえたうえで読むと、より深く、より正確に理解することができるという構成になっている。また、それぞれブルームズベリー・グループとイギリス政治史を扱った二つの補章も、ケインズの置かれていた歴史的・社会的文脈を把握するうえで極めて有益な知識をあたえてくれる。これら二つの補章および各章で描かれているように、ムーア、ラッセル、ウィトゲンシュタインといった天才たち、ヴァネッサ・ベル、ヴァージニア・ウルフ、リットン・ストレイチーをはじめとする著名な芸術家や作家たち、およびロイド＝ジョージ、チャーチル、ルーズベルトなど当代一級の政治家たちとの切磋琢磨を通じて、ケインズが自らの人格と思想を陶冶していく様は、まさに壮観の一語に尽きる。さらに付録1のケインズの生涯と歴史上の出来事についての年表、付録2の友人および同時代人によるケインズ評、巻末の詳細なケインズの文献目録は、いずれも高い資料的価値をもつものであり、本書を読み進めていく際にも有効に活用することができよう。大部で、しかも幅広い内容を扱う書物ではあるけれども、読者には、ぜひ最初から最後までゆっくりとページをめくって本書を通読していただきたい。それによって初めて、読者は自らの目に鮮明なケインズ像を結ぶことができるであろう。

だが、たとえそうであるとしても、過去の理論家の生涯と著作について知ることは、現代の経済社会が直面する諸問題を考察するうえで、どのような意味をもつのだろうか。周知のように、一九七〇年代以降、経済理論の世界における「ケインズ反革命」の嵐のなかでケインズ経済学の威信は大きく揺らぎ、それに代わって「新しい古典派」の経済学が台頭した。そして先進各国の経済政策運営においては新自由主義がその基調とされ、福祉国家を解体するとともに、規制緩和や民営化を通じて「小さな政府」を実現しようとする動きが進められてきた。このような流れのなかで金融市場や労働市場の規制緩和が推し進められた結果、各国経済の貨幣的・金融的不安定性が増大するとともに、経済的格差や貧困の問題が深刻化し、働く人々の生活はますます厳しいものとなっている。ケインズの見るところでは、資本主義経済は決して自己調整的なシステムではなく、国家の積極的な介入なしには、失業や所得不平等の問題を解決することができない。このような見地から、彼は「自由放任の終焉」を高らかに宣言したのであった。市場原理主義の大合唱とともに、ケインズによって一度は葬り去られたはずの自由放任資本主義が息を吹き返したかに見える今日、新自由主義政策に取って代わる代替的な経済政策の方向を探るうえで、資本主義経済が本来的にはらんでいる不安定性を直視したケインズの理論と思想に立ち返ることの意義はますます大きくなっている。

さらにケインズは、経済的効率性、個人的自由とともに、社会的公正を実現することが人類にとっての重要な政治的課題であると主張していた。このようなケインズの見解は、J・S・ミルにその起源をもち、L・ホブハウスやJ・A・ホブソンらによって提唱された「ニュー・リベラリズム《ネオ・リベラリズム》」の系譜に属している。本書第3章で詳しく述べられているように、この思想は、今日の新自由主義の対極に位置するものである。こうした思想的基礎に支えられていたケインズの理論と政策は、戦後の先進資本主義諸国において広く受容されるところとなった。しかしながら一九七〇年代以降、社会主義への幻滅が広がると同時に、ケインズ主義的福祉国家に対する信認も失われた結果、社会的公正の実現を唱える思想は、いかなる形のものであれ、多くの人々を結集し、鼓舞するものではなくなってしまった。したがって、われわれが新自由主義への対抗軸となる理論と政策を構築することができるか否かは、社会的公正を体現する思想を再建することができるか否かにかかっていると言えよう。ともあれ本書は、現代においてもなお、否むしろ現代においてこそ、経済社会のあるべき方向を探っていくさいには、倫理や政治の側面とあわせて総体的な考察が必要とされるのだということを我々に教えてくれる。

ここで訳書の成立過程について記しておこう。本書の日本語版出版の企画は、著者のドスタレール氏から藤原書店に出版の打診があったことに始まった。これを受けて鍋島と小峯の責任で翻訳が進められることとなり、この両名が、ケインズ研究者を中心に経済理論および経済学史を専攻する方々に本企画への参加を依頼して翻訳チームを編成した。著者からは、英語版が出版される以前の二〇〇六年夏にその原稿がわれわれの手元に送られてきたので、英語版の刊行を待たずに翻訳作業を開始することができた。まず各訳者が、英語版原稿にもとづいて、それぞれの分担箇所の訳稿をつくったのち、訳語や文体の統一をはかるべく、監訳者両名のあいだで数度にわたり修正稿を往復させることによって完成稿を作成した。これとあわせて、英語版において誤記・誤植と思われる箇所や意味の不明瞭な箇所については著者に問い合わせ、著者の指示にもとづいて訂正を加えた。当然のことながら訳稿の作成にあたっては慎重を期したつもりであるが、われわれの非力ゆえに思わぬ誤りが残されているかもしれない。読者諸氏のご叱正をいただくことができれば幸いである。

本訳書の刊行にあたっては、藤原書店の方々から多大なご厚意をいただいた。同書店から初めてケインズ経済学に関する書物を出版するにあたり、藤原良雄社主からは温かい励ましを頂戴した。また編集担当の刈屋琢氏には、数々の面倒な注文や相談に快く応じていただくとともに、たびたびにわたって適切な助言をあたえられた。ともに心よりお礼を申し上げたい。

二〇〇八年三月

鍋島直樹
小峯　敦

Worswick, G. David N. and James S. Trevithick (eds) (1983), *Keynes and the Modern World*, Cambridge: Cambridge University Press.
Wray, L. Randall (1990), *Money and Credit in Capitalist Economies : The Endogenous Money Approach*, Aldershot, UK and Brookfield, US: Edward Elgar.
Young, George M. (1977), *Portrait of an Age: Victorian England*, Toronto and London: Oxford University Press.（松村昌家・村岡健次訳『ある時代の肖像——ヴィクトリア朝イングランド』ミネルヴァ書房，2006年）
Young, Warren (1987), *Interpreting Mr Keynes: the IS/LM Enigma*, Boulder, Colorado: Westview Press and Oxford: Basil Blackwell.（富田洋三・中島守善訳『IS-LMの謎——ケインズ経済学の解明』多賀出版，1994年）
Zerbato, Michel (ed.) (1987), *Keynésianisme et sortie de crise: Keynes contre le libéralisme*, Paris: Dunod.
Zouache, Abdallah (2003), 'Coordination et chomage involontaire: de Keynes aux nouveaux keynésiens', *Actualité économique*, 79 (1-2), 179-95.

Wilkinson, Lancelot Patrick (1980), *A Century of King's, 1873-1972*, Cambridge : King's College.
Williamson, John (1985), 'Keynes and the postwar international economic order', in Harold L. Wattel (ed.), *The Policy Consequences of John Maynard Keynes*, Armonk, New York: M. E. Sharpe, pp. 145-56.
Wilson, Trevor (1966), *The Downfall of the Liberal Party, 1914-1935*, Ithaca, New York: Cornell University Press.
Winch, Donald (1969), *Economics and Policy: A Historical Study*, London: Hodder and Stoughton.
Winslow, E. G. (1986), 'Keynes and Freud: psychoanalysis and Keynes's account of the "animal spirits" of capitalism', *Social Research*, 53 (4), 549-78.
_____ (1990), 'Bloomsbury, Freud, and the vulgar passions', *Social Research*, 57 (4), 785-819.
_____ (1992), 'Psychonalysis and Keynes's account of the psychology of the trade cycle', in Bill Gerrard and John Hillard (eds), *The Philosophy and Economics of J. M. Keynes*, Aldershot, UK: Edward Elgar, pp. 212-30.
_____ (1995), 'Uncertainty and liquidity-preference', in Sheila Dow and John Hillard (eds), *Keynes, Knowledge and Uncertainty*, Aldershot, UK: Edward Elgar, pp. 221-43.
Wittgenstein, Ludwig (1922), *Tractatus Logico-Philosophicus*, London: Routledge.（中平浩司訳『論理哲学論考』ちくま学芸文庫，2005 年）
_____ (1974), *Letters to Russell, Keynes and Moore*, edited by G. H. von Wright, Ithaca, New York: Cornell University Press.
Wood, John Cunningham (ed.) (1983). *John Maynard Keynes: Critical Assessments*, London: Croom Helm, 4 vols.
_____ (1994), *John Maynard Keynes: Critical Assessments. Second series*, London: Routledge, 4 vols.
Woolf, Leonard (1960), *Sowing: An Autobiography of the Years 1880 to 1904*, London: Hogarth Press.
_____ (1967), *Downhilll all the Way: An Autobiography of the Years 1919 to 1939*, London: Hogarth Press.
_____ (1990), *Letters of Leonard Woolf*, London: Bloomsbury.
Woolf, Virginia (1915), *The Voyage Out*, London: Penguin Books, 1992.
_____ (1919), *Night and Day*, London: Vintage, 1992.（亀井規子訳『夜と昼』みすず書房，1977 年）
_______ (1922), 'Old Bloomsbury', in S. P. Rosenbaum (ed.), *The Bloomsbury Group: A Collection of Memoirs and Commentary*, revised ed., Toronto: University of Toronto Press, 1995, pp. 40-59.
_____ (1925), 'Modern fiction', in *The Essays of Virginia Woolf*, vol. 4, *1925-1928*, London: Hogarth Press, 1986, pp. 157-70.（「現代の小説」，村岡達二訳『ウルフ文学論』金星社，1933 年〔複刻版，大空社，1994 年〕，所収）
_____ (1934), '"JMK": a biographical fantasy', Virginia Woolf's Manuscript Articles and Essays, Berg Collection, New York Public Library, 7, 73-7; in S. P. Rosenbaum (ed.), *The Bloomsbury Group: A Collection of Memoirs and Commentary*, revised ed., Toronto: University of Toronto Press, 1995, pp. 274-5.
_____ (1940), *Roger Fry: A Biography*, London: Hogarth Press.（宮田恭子訳『ロジャー・フライ伝』みすず書房，1997 年）
_____ (1975-80), *The Letters of Virginia Woolf*, London: Hogarth Press, 6 vols.
_____ (1977-84), *The Diary of Virginia Woolf*, London: Hogarth Press, 5 vols.
_____ (2003), *Congenial Spirits: The Selected Letters of Virginia Woolf*, London: Pimlico.

Kent at Canterbury, 1980, London: Macmillan.
_____ (ed.) (1987), *Keynes and Economic Development, The Seventh Keynes Seminar held at the University of Kent, Canterbury, 1985*, London: Macmillan.
Thomson, David (1950), *England in the Nineteeenth Century, 1815-1914*, London: Penguin Books.
Tilman, Rick and Ruth Porter-Tilman (1995), 'John Neville Keynes: The social philosophy of a late Victorian economist', *Journal of the History of Economic Thought*, 17 (2), 266-84.
Tinbergen, Jan (1935), 'Annual survey: Suggestions on quantitative business cycle theory', *Econometrica*, 3 (3), 241-308.
_____ (1939), *Statistical Testing of Business-Cycle Theories*, Geneva, League of Nations, 2 vols.
______ (1940), 'On a method of statistical business cycle research: a reply', *Economic Journal*, 50 (197), 141-54.
Tolstoy, Leo (1962), *What is Art? and Essays on Art*, New York, Oxford University Press [*What is Art* first published in 1898].（中村融訳『芸術とはなにか』角川文庫，1952 年）
Tomlinson, Jim (1981), *Problems of British Economic Policy, 1870-1945*, London: Methuen.
Tortajada, Ramon (1985), 'La monnaie et son taux d'intérêt chez J. M. Keynes', *Cahiers d'économie politique*, nos 10-11, 131-48.
Toye, John (2000), *Keynes's View on Population*, Oxford: Oxford University Press.
Toye, Richard (1999), 'Keynes, the labour movement and "How to Pay for the War"', *Twentieth Century British History*, 10 (3), 255-81.
Trevithick, J. A. (1992), *Involuntary Unemployment: Macroeconomics from a Keynesian Perspective*, Hemel Hempstead: Harvester Wheatsheaf.
Tutin, Christian (1988), 'Intérêt et ajustement: le débat Hayek/Keynes (1931-1932)', *Économie appliquée*, 41 (2), 247-87.
_____ (2003), 'Keynes, une économie politique du capitalisme financier?', *Actualité économique*, 79 (1-2), 21-36.
Vallageas, Bernard (1986), 'Le problème de la nature du profit et de son agrégation dans le *Traité sur la monnaie* et la *Théorie générale*', *Économies et sociétés*, 20, Série 'Monnaie et production', no. 3, 171-88.
Ventelou, Bruno (1997), *Lire Keynes et le comprendre*, Paris: Vuibert.
Verdon, Michel (1996), *Keynes and the 'Classics': A Study in Language, Epistemology and Mistaken Identities*, London and New York: Routledge.
Vicarelli, Fausto (1984), *Keynes: The Instability of Capitalism*, London, Macmillan [*Keynes, l'instabilità del capitalismo*, Milano: Etas Libri, 1977]
Vicarelli, Fausto (ed.) (1985), *Keyne's Relevance Today*, London: Macmillan and Philadelphia: University of Pennsylvania Press.
Viner, Jacob (1927), 'Adam Smith and laissez-faire', *Journal of Political Economy*, 35 (2), 200-232.
Walley, Peter (1991), *Statistical Reasoning with Imprecise Probabilities*, London: Chapman and Hall.
Walras, Léon (1874-7), *Elements of Pure Economics, or The Theory of Social Wealth*, New York: Augustus M. Kelley, 1969.（久武雅夫訳『純粋経済学要論――社会的富の理論』岩波書店，1983 年）
Watney, Simon (1980), *English Post-Impressionism*, London: Studio Vista.
White, Eric W. (1974), 'Keynes: architect to the arts council', in Donald E. Moggridge (ed.), *Keynes: Aspects of the Man and his Work*, London: Macmillan, pp. 22-32.
Wicke, Jennifer (1994), '"Mrs. Dalloway" goes to the market: Woolf, Keynes, and modern markets', *Novel: A Forum on Fiction*, 28 (1), 5-23.

London: Boydell Press, pp. 15-17.
_____ (1983), *John Maynard Keynes*, vol. 1, *Hopes Betrayed: 1883-1920*, London: Macmillan; American ed., New York: Viking, 1986.（宮崎義一監訳『ジョン・メイナード・ケインズ――裏切られた期待／ 1883-1920 年』全 2 冊, 東洋経済新報社, 1987-92 年）
_____ (1992), *John Maynard Keynes*, vol. 2, *The Economist as Saviour: 1920-1937*, London, Macmillan.
_____ (1997), 'Keynes and the United States', in W. Roger Louis (ed.), *Adventures with Britannia: Personnalities, Politics and Culture in Britain*, London: I. B. Tauris.
_____ (2000), *John Maynard Keynes*, vol. 3, *Fighting for Britain, 1937-1946*, London: Macmillan.
_____ (2003), *John Maynard Keynes, 1883-1946: Economist, Philosopher, Statesman*, London: Macmillan.
Smith, Adam (1776), *An Inquiry into the Nature and Causes of the Wealth of Nations*, 2 vol., Homewood, Illinois: Richard D. Irwin, 1963.（水田洋監訳『国富論』全 4 冊, 岩波文庫, 2000-1 年）
Smithin, John N. (1985), 'The definition of involuntary unemployment in Keynes' *General Theory*: a note', *History of Political Economy*, 17 (2), 219-22.
Sowell, Thomas (1974), *Say's Law: An Historical Analysis*, Princeton: Princeton University Press.
Spalding, Frances (1980), *Roger Fry: Art and Life*, Berkeley: University of California Press.
_____ (1983), *Vanessa Bell*, London: Weidenfeld and Nicolson.（宮田恭子訳『ヴァネッサ・ベル』みすず書房，2000 年）
_____ (1997), *Duncan Grant*, London: Chatto & Windus.
Stansky, Peter (1996), *On or About December 1910: Early Bloomsbury and its Intimate World*, Cambridge, Massachusetts: Harvard University Press.
Stone, Richard (1978), 'Keynes, political arithmetic and econometrics', *Proceedings of the British Academy*, 64, 55-92.
Strachey, Lytton (1918), *Eminent Victorians*, London: Chatto and Windus.（日高直矢訳『ヴィクトリア朝時代の秀れた人々』福村書店，1950 年）
_____ (1921), *Queen Victoria*, London: Chatto and Windus.（小川和夫訳『ヴィクトリア女王』冨山房，1981 年）
_____ (1972), *The Really Interesting Question and Other Papers*, edited by Paul Levy, London: Weidenfeld and Nicolson.
_____ (2005), *The Letters of Lytton Strachey*, edited by Paul Levy, London, Penguin Books.
Sturgis, Matthew (2005), *Walter Sickert: A Life*, London: HarperCollins.
Suzuki, Tomo (2003), 'The epistemology of macroeconomic reality: The Keynesian revolution from an accounting point of view', *Accounting, Organizations and Society*, 28, 471-517.
Tardieu, André (1921), *La Paix*, Paris: Payot.
Tarshis, Lorie (1978), 'Keynes as seen by his students in the 1930s', in Don Patinkin and J. Clark Leith (eds), *Keynes, Cambridge and the General Theory*, London: Macmillan, pp. 48-63.（「1930 年代における彼の教え子から見たケインズ」，保坂直達・菊本義治訳『ケインズ，ケムブリッジおよび「一般理論」――「一般理論」の形成をめぐる論議と検討の過程』マグロウヒル好学社，1979 年，所収）
Thirlwall, Anthony P. (ed.) (1976), *Keynes and International Monetary Relations: The Second Keynes Seminar Held at the University of Kent at Canterbury, 1974*, London: Macmillan.
_____ (ed.) (1978). *Keynes and Laissez-faire: The Third Keynes Seminar Held at the University of Kent at Canterbury, 1976*, London: Macmillan.
____ (ed.) (1982). *Keynes as a Policy Adviser: The Fifth Keynes Seminar Held at the University of*

Schmitt, Bernard (1985), 'Un nouvel ordre monétaire international: le plan Keynes' in Frédéric Poulon (ed.), *Les Écrits de Keynes*, Paris : Dunod, pp. 195-209.
Schultz, Bart (2004), *Henry Sidgwick: Eye of the Universe, An Intellectual Biography*, Cambridge: Cambridge University Press.
Schumpeter, Joseph A. (1946), 'John Maynard Keynes', *American Economic Review*, 36 (4), 495-518.（「経済学者ケインズ」, S. E. ハリス編, 日本銀行調査局訳『新しい経済学』第 1 巻, 東洋経済新報社, 1949 年, 所収）
_____ (1954), *History of Economic Analysis*, London: George Allen & Unwin.（東畑精一・福岡正夫訳『経済分析の歴史』全 3 冊, 岩波書店, 2005-6 年）
Scrase, David and Peter Croft (1983), *Maynard Keynes: Collector of Pictures, Books and Manuscripts*, Cambridge: Provost and Scholars of King's College.
Seccareccia, Mario (1982), 'Keynes, Sraffa et l'économie classique: le problème de la mesure de la valeur', *Actualité économique*, 58 (1-2), 115-52.
_____ (1987), 'Les courants de la pensée économique de la *Théorie générale*: quelques éléments nouveaux d'interprétation', in Gérard Boismenu and Gilles Dostaler (eds), *La 'Théorie générale' et le keynésianisme*, Montréal: ACFAS, pp. 15-38.
Seymour, Miranda (1992), *Ottoline Morrell: Life on a Grand Scale*, London: Hodder and Stoughton.
Shackle, George L. S. (1989), 'What did the *General Theory* do?', in John Pheby (ed.), *New Directions in Post-Keynesian Economics*, Aldershot, UK: pp. 48-58.
Sharma, Soumitra (ed.) (1998), *John Maynard Keynes: Keynesianism into the Twenty-First Century*, Cheltenham, UK: Edward Elgar.
Shionoya, Yuichi (1991), 'Sidgwick, Moore and Keynes: a philosophical analysis of Keynes's "My early beliefs"', in Bradley W. Bateman and John B. Davis (eds), *Keynes and Philosophy*, Aldershot, UK: Edward Elgar, pp. 6-29.
Shone, Richard (1993), *Bloomsbury's Portraits: Vanessa Bell, Duncan Grant and their Circle*, London: Phaidon Press [first ed., 1976].
_____ (1999), *The Art of Bloomsbury: Roger Fry, Vanessa Bell and Duncan Grant*, London: Tate Gallery Publishing.
_____ with Duncan Grant (1975), 'The picture collector', in Milo Keynes (ed.) *Essays on John Maynard Keynes*, Cambridge: Cambridge University Press, pp. 280-9.（「絵画蒐集家」, 佐伯彰一・早坂忠訳『ケインズ——人・学問・活動』東洋経済新報社, 1978 年, 所収）
Sidgwick, Henry (1874), *The Methods of Ethics*, London: Macmillan; Seventh ed., 1907.
_____ (1906), *A Memoir by A. S. and E. M. S.*, London: Macmillan.
Sigot, Nathalie (2001), *Bentham et l'économie: une histoire d'utilité*, Paris: Économica.
Sismondi, Jean-Charles L. Simonde de (1819), *Nouveaux principes d'économie* politique; *New Principles of Political Economy, Of Wealth in its Relation to Population*, New Brunswick: Transaction, 1991.（菅間正朔訳『経済学新原理』全 2 冊, 日本評論社, 1949-50 年）
_____ (1824), 'Sur la balance des consommations avec les productions', *Revue encyclopédique*, 22; 'On the balance of consumption with production', in *New Principles of Political Economy, Of Wealth in Is Relation to Population*, New Brunswick: Transaction, 1991, pp. 617-43.
Skidelsky, Robert (1967), *Politicians and the Slump: The Labour Government of 1929-1931*, London: Macmillan.
_____ (1969), 'Gold standard and Churchill: The Truth', *The Times Business News*, 17 March.
_____ (1975), *Sir Oswald Mosley*, London: Macmillan.
_____ (1982), 'Keynes and Bloomsbury', in Michael Holroyd (ed.), *Essays by Divers Hands*,

_____ (ed.) (1995), *The Bloomsbury Group: A Collection of Memoirs and Commentary*, revised ed., Toronto: University of Toronto Press (first ed., 1975).
_____ (1998), *Aspects of Bloomsbury: Studies in Modern English Literary and Intellectual History*, London: Macmillan.
_____ (2003), *Georgian Bloomsbury: The Early History of the Bloomsbury Group, 1910-1914, volume 3*, New York: Palgrave Macmillan.
Rosier, Michel (2002), 'The logic of Keynes' criticism of the *classical* model', *European Journal of History of Economic Theory*, 9 (4), 608-43.
_____ (2003), 'Les grandeurs fondamentales de la *Théorie générale*', *Actualité économique*, 79 (1-2), 197-219.
Roth, Danièle (2001), *Bloomsbury, côté cuisine*, Paris: Balland.
Rotheim, Roy J. (1988), 'Keynes and the language of probability and uncertainty', *Journal of Post Keynesian Economics*, 11 (1), 82-99.
Rowley, Robin (1988), 'The Keynes-Tinbergen exchange in retrospect', in Omar F. Hamouda and John N. Smithin (eds), *Keynes and Public Policy After Fifty Years*, vol. 2, *Theories and Method*, New York: New York University Press, pp. 23-31.
Runde, Jochen (1994), 'Keynesian uncertainty and liquidity preference', *Cambridge Journal of Economics*, 18 (2), 129-44.
_____ and Sohei Mizuhara (eds) (2003), *The Philosophy of Keynes's Economics: Probability, Uncertainty and Convention*, London: Routledge.
Russell, Bertrand (1912), *The Problems of Philosophy*, London: Thornton Butterworthand New York: Oxford University Press, 1959.（高村夏輝訳『哲学入門』筑摩書房，2005 年）
_____ (1922), '*A Treatise on Probability*. By John Maynard Keynes', *Mathematical Gazette*, 11, 119-25.
_____ (1967), *The Autobiography of Bertrand Russell: 1872-1914*, London: George Allen and Unwin.（日高一輝訳『ラッセル自叙伝』全 3 冊，理想社，1968-73 年）
_____ (2001), *The Selected Letters of Bertrand Russell: The Public Years, 1914-1970*, London and New York: Routledge.
Rutherford, R. P. (1987), 'Malthus and Keynes', *Oxford Economic Papers*, 39 (1), 175-89.
Rymes, Thomas K. (1986), 'Keynes's lectures, 1932-1935: notes of a representative student: a prelude: notes for the Easter Term, 1932', *Eastern Economic Journal*, 12 (4), 397-412.
_____ (ed.), *Keynes's Lectures 1932-35: Notes of a Representative Student*, Ann Arbor: University of Michigan Press.（平井俊顕訳『ケインズの講義，1932-35 年——代表的学生のノート』東洋経済新報社，1993 年）
_____ (1998), 'Keynes and anchorless banking', *Journal of the History of Economic Thought*, 20 (1), 71-82.
Sardoni, Claudio (1986), 'Marx and Keynes on effective demand and unemployment', *History of Political Economy*, 18 (3), 419-41.
Say, Jean-Baptiste (1803), *A Treatise on Political Economy or The Production, Distribution and Consumption of Wealth*, New York: Augustus M. Kelley, 1964.（増井幸雄訳『経済学』全 2 冊，岩波書店，1926-9 年）
_____ (1821), *Letters to Mr. Malthus*, New York: Augustus M. Kelley, 1967.
Schmidt, Christian (ed.) (1996a), *Uncertainty in Economic Thought*, Cheltenham, UK: Edward Elgar.
_____ (1996b), 'Risk and uncertainty: a Knightian distinction revisited', in Schmidt (1996a), pp. 64-85.
_____ (2003), 'Que reste-t-il du *Treatise on Probability* de Keynes?', *Actualité économique*, 79 (1-2), 37-55.

Regan, Tom (1986), *Bloomsbury's Prophet: G. E. Moore and the Development of his Moral Philosophy*, Philadelphia: Temple University Press.

Ricardo, David (1821), *On the Principles of Political Economy and Taxation*, third ed., Cambridge: Cambridge University Press, 1951.（羽鳥卓也・吉沢芳樹訳『経済学および課税の原理』全 2 冊，岩波文庫，1987 年）

Richardson, Elizabeth P. (1989), *A Bloomsbury Iconography*, Winchester, Hampshire: St. Paul's Bibliographies.

Riddell, George A. (1934), *Lord Riddell's Intimate Diary of the Peace Conference and After, 1918-1923*, New York: Reynal & Hitchcock.

Rima, Ingrid H. (1986), 'The Pigou-Keynes controversy about involuntary unemployment: a half-century reinterprettion', *Eastern Economic Journal*, 12 (4), 467-77.

_____ (1988), 'Keynes's vision and econometric analysis', in Omar F. Hamouda and John N. Smithin (eds), *Keynes and Public Policy after Fifty Years*, vol. 2: *Theories and Method*, New York: New York University Press, pp. 12-22.

Rivot, Sylvie (2003), 'La politique de l'emploi dans les écrits politiques de Keynes (1930-1939)', *Actualité économique*, 79 (1-2), 133-46.

Robbins, Lionel C. (1932), *An Essay on the Nature and Significance of Economic Science*, London: Macmillan; 2nd ed., 1935.（辻六兵衛訳『経済学の本質と意義』東洋経済新報社，1957 年）

_____ (1971), *Autobiography of an Economist*, London: Macmillan.

Robins, Anna Gruetzner (1997), *Modern Art in Britain 1910-1914*, London: Barbican Art Gallery.

Robinson, Austin (1947), 'John Maynard Keynes, 1883-1946', *Economic Journal*, 57 (225), 1-68.（「ジョン・メイナード・ケインズ　1883-1946」，中内恒夫訳『ケインズ経済学の発展――「一般理論」後の三〇年の歩み』東洋経済新報社, 1967 年, 所収）

_____ (1964), 'Could there have been a "General Theory" without Keynes', in Robert Lekachman (ed.) *Keynes' General Theory: Reports of Three Decades*, London: Macmillan, pp. 87-95.（「ケインズなしに『一般理論』がありえたか」，中内恒夫訳『ケインズ経済学の発展――「一般理論」後の三〇年の歩み』東洋経済新報社, 1967 年, 所収）

Robinson, Joan (1948), 'La théorie générale de l'emploi', *Économie Appliquée*, 1 (2-3), 185-96.

_____ (1953), *On Re-reading Marx*, Cambridge: Students' Bookshop; in *Collected Economic Papers*, Oxford: Basil Blackwell, vol. 4, 1973, pp. 247-68.

_____ (1964), 'Kalecki and Keynes', in *Problems of Economic Dynamics and Planning: Essays in Honour of Michal Kalecki*, Warsaw: Polish Scientific Publishe, pp. 335-41; in *Collected Economic Papers*, Oxford, Basil Blackwell, vol. 3, 1965, pp. 92-9.（「カレツキーとケインズ」, 山田克巳訳『資本理論とケインズ経済学』日本経済評論社, 1988 年, 所収）

_____ (1975), 'What has become of the Keynesian revolution?', in Milo Keynes (ed.), *Essays on John Maynard Keynes*, Cambridge: Cambridge University Press, pp. 123-31.（浜尾泰訳「ケインズ革命はどうなったのか」, 佐伯彰一・早坂忠訳『ケインズ――人・学問・活動』東洋経済新報社，1978 年，所収）

_____ (1979), 'Has Keynes failed?', *Annals of Public and Co-operative Economy*, 50 (1), 27-9.

Rosenbaum, S. P. (1987), *Victorian Bloomsbury: The Early History of the Bloomsbury Group, volume 1*, London: Macmillan.

_____ (1993), *A Bloomsbury Group Reader*, Oxford: Blackwell.

_____ (1994), *Edwardian Bloomsbury: The Early History of the Bloomsbury Group, volume 2*, London: Macmillan.

Economics, 26 (2), 205-43.
_____ and James Clark Leith (eds) (1977), *Keynes, Cambridge and The General Theory*, London: Macmillan.（保坂直達・菊本義治訳『ケインズ，ケムブリッジおよび「一般理論」――「一般理論」の形成をめぐる論議と検討の過程』マグロウヒル好学社，1979 年）
Peden, George C. (1988), *Keynes, the Treasury, and British Economic Policy*, London: Macmillan.（西沢保訳『ケインズとイギリスの経済政策――政策形成に「ケインズ革命」はあったか？』早稲田大学出版部，1996 年）
Perroux, François (1945), 'Les accords de Bretton Woods', *La Vie intellectuelle*, 13 (3), 40-89.
Pigou, Arthur C. (1921), '*A Treatise on Probability* By J. M. Keynes', *Economic Journal*, 31 (124), 507-12.
Pineault, Eric (2003), 'Pour une théorie de l'institution monétaire: actualité du *Treatise on Money*', *Actualité économique*, 79 (2), 101-16.
Plumptre A. F. W. (1947), 'Keynes in Cambridge', *Canadian Journal of Economics and Political Science*, 13 (3), 366-71.
Polanyi, Karl (1944), *The Great Transformation*, New York: Rinehart.（吉沢英成・野口建彦・長尾史郎・杉村芳美訳『大転換――市場社会の形成と崩壊』東洋経済新報社，1975 年）
Ponsot, Jean-François (2002), 'Keynes and the "National Emission Caisse" of North Russia: 1918-1920', *History of Political Economy*, 34 (1), 177-207.
Porter, Theodore M. (1986), *The Rise of Statistical Thinking, 1820-1900*, Princeton: Princeton University Press.（長屋政勝・近昭夫・木村和範・杉森滉一訳『統計学と社会認識――統計思想の発展／1820-1900 年』梓出版社，1995 年）
Porter, Theodore M. (1995), *Trust in Number: The Pursuit of Objectivity in Science and Publicity*, Princeton: Princeton University Press.
Potier, Jean-Pierre (2002), 'Keynes et la question du socialisme', in Maurice Chrétien (ed.), *Le Socialisme britannique: penseurs du XXè siècle*, Paris: Économica, pp. 69-95
Poulon, Frédéric (ed.) (1985a), *Les Écrits de Keynes*, Paris: Dunod.
_____ (1985b), 'La paix carthaginoise: les conséquences économiques de Versailles' in Poulon (1985a), pp. 24-46.
_____ (1987), 'Keynes et Robertson: naissance d'un désaccord sur la fonction de l'épargne dans la théorie monétaire', *Économies et sociétés*, 21, Série 'Monnaie et production', no. 4, 9-22.
_____ (2000), *La Pensée économique de Keynes*, Paris: Dunod.
Presley, John R. (1989), 'J. M. Keynes and D. H. Robertson: three phases of collaboration', *Research in the History of Economic Thought and Methodology*, 6, 31-46.
Pressman, Steven (1987), 'The policy relevance of the *General Theory*', *Journal of Economic Studies*, 14 (4), 13-23.
Ramsey, Frank (1922), 'Mr. Keynes on probability', *Cambridge Magazine*, 1 (1), 3-5.
_____ (1926), 'Truth and probability', in *The Foundations of Mathematics and Other Logical Essays*, London: Kegan Paul, Trench, Trubner & Co., 1931, pp. 156-98.(「真理と確率」，伊藤邦武・橋本康二訳『ラムジー哲学論文集』勁草書房，1996 年，所収）
Reder, Melvin W. (2000), 'The anti-semitism of some eminent economists', *History of Political Economy*, 32 (4), 833-56.
Reed, Christopher (ed.) (1996), *A Roger Fry Reader*, Chicago: University of Chicago Press.
Reed, Christpher (2004), *Bloomsbury Rooms: Modernism, Subculture and the Domesticity*, New Haven: Yale University Press.
Rees, David (1973), *Harry Dexter White: A Study in Paradox*, London: Macmillan.

_____ (1990a), 'Continuity in Keynes's conception of probability', in Donald E. Moggridge (ed.), *Keynes, Macroeconomics and Method: Selected Papers from the History of Economics Society Conference 1988*, Aldershot, UK: Edward Elgar, pp. 53-72.

_____ (1990b), 'Keynes on mathematics: philosophical foundations and economic applications', *Cambridge Journal of Economics*, 14 (1), 29-47.

_____ (ed.) (1991), *Keynes as a Philosopher-Economist, The Ninth Keynes Seminar held at the University of Kent, Canterbury, 1989*, London: Macmillan.

_____ (1995), 'Keynes on aesthetics', in Allin F. Cottrell and Michael S. Lawlor (eds), *New Perspectives on Keynes*, Durham: Duke University Press, pp. 93-121.

_____ (1998), 'Mixed goods and social reform', *Cahiers d'économie politique*, nos 30-31, 167-85.

_____ (1999a), 'Keynes's socialism: conception, strategy and espousal', in Claudio Sardoni and Peter Kriesler (eds), *Keynes, Post-Keynesianism and Political Economy*, London and New York: Routledge, pp. 149-75.

_____ (1999b), 'The genesis of the only diagram in the *General Theory*', *Journal of the History of Economic Thought*, 21 (1), 27-37.

_____ (2004), 'Keynes as a writer: three case studies', in Tony Aspromourgos and John Lodewijks (eds), *History and Political Economy: Essays in Honour of P. D. Groenewegen*, London: Routledge, pp. 197-216.

Orio, Lucien and Jean-José Quiles (1993), *L'Économie keynésienne: un projet radical*, Paris: Nathan.

Orléan, André (1988), 'L'auto-référence dans la théorie keynésienne de la spéculation', *Cahiers d'économie politique*, nos 14-15, 229-42.

Palmer, Alan and Veronica Palmer (1987), *Who's Who in Bloomsbury*, New York: St. Martin's Press.

Parguez, Alain (1982), 'Hayek et Keynes face à la crise', *Économies et sociétés*, 16 (24), 705-738.

_____ (1989a), 'Money and financial capital within a Keynesian framework', in Alain Barrère (ed.), *Money, Credit and Prices in Keynesian Perspective*, London: Macmillan, pp. 3-15

_____ (1989b), 'Hayek et Keynes face à l'austérité', in Gilles Dostaler and Diane Éthier (eds), *Friedrich Hayek: philosophie, économie et politique*, Paris: Économica, pp. 143-60.

Parsons, Wayne (1997), *Keynes and the Quest for a Moral Science: A Study of Economics and Alchemy*, Cheltenham, UK: Edward Elgar.

Partridge, Frances (1981), *Love in Bloomsbury: Memories*, Boston: Little, Brown and Company.

Pasinetti, Luigi L. and Bertram Schefold, (eds) (1999). *The Impact of Keynes on Economics in the 20th century*, Cheltenham, UK: Edward Elgar.

Patinkin, Don (1948), 'Relative prices, Say's law, and the demand for money', *Econometrica*, 16 (2), 135-54.

_____ (1976a), *Keynes' Monetary Thought: A Study of its Development*, Durham: Duke University Press.（川口弘・吉川俊雄・福田川洋二訳『ケインズ貨幣経済論——その展開過程』マグロウヒル好学社，1979 年）

_____ (1976b), 'Keynes and econometrics: on the interaction between the macroeconomics revolution of the interwar period', *Econometrica*, 44 (6), 1091-123.

_____ (1979), 'Keynes and Chicago', *Journal of Law and Economics*, 22 (2), 213-32.

_____ (1982), *Anticipations of the General Theory? And Other Essays on Keynes*, Chicago: University of Chicago Press and Oxford: Basil Blackwell.

_____ (1990), 'On different interpretations of the *General Theory*', *Journal of Monetary*

Economics: Essays in Honour of Lorie Tarshis, New York: St. Martin's Press, pp. 56-83.
_____ (1990), 'Keynes as editor', in John D. Hey and David Winch (eds), *A Century of Economics: 100 Years of the Royal Economic Society*, Oxford: Basil Blackwell, pp 143-57.
_____ (1992), *Maynard Keynes: An Economist's Biography*, London: Routledge.
_____ (2005), 'Keynes, the arts and the state', *History of Political Economy*, 37 (3), 535-55.
_____ and Susan Howson (1974), 'Keynes on monetary policy, 1910-1946', *Oxford Economic Papers*, 26 (2), 226-47.
Mongiovi, Gary (1991), 'Keynes, Sraffa and the labour markets", *Review of Political Economy*, 3 (1), 25-42.
Monk, Ray (1990), *Ludwig Wittgenstein: the Duty of Genius*, New York: Free Press.（岡田雅勝訳『ウィトゲンシュタイン――天才の責務』全 2 冊，みすず書房，1994 年）
Moore, Basil J. (1984), 'Keynes and the endogeneity of the money stock', *Studi Economici*, 39 (22), 23-69.
_____ (1988), 'Keynes's treatment of interest', in Omar F. Hamouda and John N. Smithin (eds), *Keynes and Public Policy After Fifty Years*, vol. 2, *Theories and Method*, New York: New York University Press, pp. 121-9.
Moore, George E. (1903a), *Principia Ethica*, revised ed., Cambridge: Cambridge University Press, 1993.（深谷昭三訳『倫理学原理〔新版〕』三和書房，1977 年）
_____ (1903b), 'The refutation of idealism', in *Selected Writings*, London: Routledge, 1993, pp. 23-44.（神野慧一郎訳「観念論論駁」，坂本百大編『ムーア・タルスキ・クワイン・ライル・ストローソン』勁草書房，1987 年，所収）
_____ (1942), 'An autobiography', in Paul Arthur Schilpp (ed.), *The Philosophy of G. E. Moore*, La Salle, Illinois: Open Court, pp. 3-39.
Moore, Gregory (2003), 'John Neville Keyne's solution to the English *Methodenstreit*', *Journal of the History of Economic Thought*, 25 (1), 5-38.
Muchlinski, Elke (1996), *Keynes als Philosoph*, Berlin: Duncker & Humblot.
_____ (2003), 'Epistémologie et probabilité chez Keynes', *Actualité économique*, 79 (1-2), 57-70.
Munby, A. N. L. (1975), 'The book collector', in Milo Keynes (ed.), *Essays on John Maynard Keynes*, Cambridge: Cambridge University Press, pp. 290-8.（柴田稔彦訳「古書蒐集家」，佐伯彰一・早坂忠訳『ケインズ――人・学問・活動』東洋経済新報社，1978 年，所収）
Nadeau, Robert (1999), *Vocabulaire technique et analytique de l'épistémologie*, Paris: Presses Universitaires de France.
Naylor, Gillian (ed.) (1990). *Bloomsbury: The Artists, Authors and Designers by Themselves*, London: Pyramid.
Nentjes, A. (1988), 'Hayek and Keynes: a comparative analysis of their monetary views', *Journal of Economic Studies*, 15 (3-4), 136-51.
Netter, Maurice (1996), 'Radical uncertainty and its economic scope according to Knight and according to Keynes', in Christian Schmidt (ed.), *Uncertainty in Economic Thought*, Cheltenham, UK: Edward Elgar, pp. 112-25.
Newman, Peter (1987), 'Ramsey, Frank Plumpton', in John Eatwell, Murray Milgate and Peter Newman (eds.), *The New Palgrave Dictionary of Economics*, London: Macmillan, vol. 4, pp. 41-6.
Nicolson, Harold (1933), *Peacemaking 1919*, London: Constable.
Nijinski, Vaslav (1995), *Cahiers: Le Sentiment*, Arles: Actes Sud.
O'Donnell, Rod M. (1989), *Keynes: Philosophy, Economics and Politics: The Philosophical Foundations of Keynes's Thought and their Influence on his Economics and Politics*, London: Macmillan.

uncertainty: the investment decision', in J. Gay Tulip Meeks (ed.), *Thoughtful Economic Man: Essays on Rationality, Moral Rules and Benevolence*, Cambridge: Cambridge University Press, pp. 126-60.

Meisel, Perry and Walter Kendrick (1985), *Bloomsbury/Freud: The Letters of James and Alix Strachey, 1924-25*, New York: Basic Books.

Meltzer, Allan H. (1988), *Keynes's Monetary Thought: A Different Interpretation*, Cambridge: Cambridge University Press.（金子邦彦・秋葉弘哉訳『ケインズ貨幣経済論――マネタリストの異なる解釈』同文舘出版，1997 年）

Merten, Jacques E. (1944), *La Naissance et le développement de l'étalon-or: 1696-1922*, Paris: Presses Universitaires de France.

Meyerowitz, Selma S. (ed.) (1982), *Leonard Woolf*, Boston: Twayne.

Middleton, Roger (1985), *Towards the Managed Economy: Keynes, the Treasury and the Fiscal Debate of the 1930s*, London: Methuen.

Milgate, Murray (1977), 'Keynes on the "classical" theory of interest', *Cambridge Journal of Economics*, 1 (3), 307-15.（「利子の「古典派」理論についてのケインズの見解」，石橋太郎・森田雅憲・中久保邦夫・角村正博訳『ケインズの経済学と価値・分配の理論』日本経済評論社，1989 年，所収）

Milgate, Murray (1983), 'The "new" Keynes papers', in John Eatwell and Murray Milgate (eds), *Keynes's Economics and the Theory of Value and Distribution*, London: Duckworth, pp. 187-99.（「ケインズの「新」文書」，石橋太郎・森田雅憲・中久保邦夫・角村正博訳『ケインズの経済学と価値・分配の理論』日本経済評論社，1989 年，所収）

Mill, John Stuart (1848), *Principles of Political Economy, with some of their Applications to Social Philosophy*, New York: Colonial Press, 2 vols., 1899.（末永茂喜訳『経済学原理』全 5 冊，岩波文庫，1959-63 年）

Mini, Piero V. (1991), *Keynes, Bloomsbury and The General Theory*, London: Macmillan.

_____ (1994), *John Maynard Keynes: A Study in the Psychology of Original Work*, London: Macmillan.

Minsky, Hyman P. (1975), *John Maynard Keynes*, New York: Columbia University Press.（堀内昭義訳『ケインズ理論とは何か――市場経済の金融的不安定性』岩波書店，1988 年）

_____ (1977), 'The financial instability hypothesis: an interpretation of Keynes and an alternative to "standard" theory', *Nebraska Journal of Economics and Business*, 16 (1), 5-16.（「金融不安定性の仮説――「標準理論」に代わるケインズ解釈」，岩佐代市訳『投資と金融――資本主義経済の不安定性』日本経済評論社，1988 年，所収）

_____ (1986), 'Money and crisis in Schumpeter and Keynes ', in H. J. Wagener and J. W. Drukker (eds), *The Economic Law of Motion of Modern Society: a Marx-Keynes-Schumpeter Centennial*, Cambridge: Cambridge University Press, pp. 112-22.

Mizen, Paul and John R. Presley (1995), 'Robertson and persistent negative reactions to Keynes's *General Theory*: some new evidence', *History of Political Economy*, 27 (4), 639-51.

Moggridge, Donald E. (1969), *The Return of Gold: The Formulation of Economic Policy and its Critics*, Cambridge: Cambridge University Press.

_____ (1972), *British Monetary Policy, 1924-1931: the Norman Conquest of $4.86*, Cambridge: Cambridge University Press.

_____ (1973), 'From the *Treatise* to the *General Theory*: an exercise in chronology', *History of Political Economy*, 5 (1), 72-88.

_____ (1986), 'Keynes and the international monetary system, 1909-46', in Jon S. Cohen and Geoffrey C. Harcourt (eds), *International Monetary Problems and Supply-Side* ‘natural evolution’ or ‘change of view’”, in P. Arestis, M. Desai and S. Dow (eds), *Methodology, Microeconomics and Keynes: Essays in Honour of Victoria Chick*, London: Taylor and Francis, vol. 2, pp. 26-38.

_____ (2002), ‘The collaboration between J. M. Keynes and R. F. Kahn from the *Treatise* to the *General Theory*’, *History of Political Economy*, 34 (2), 421-47.

_____ (2006), ‘Keynes and Cambridge’, in Roger E. Backhouse and Bradley Bateman (eds), *The Cambridge Companion to Keynes*, Cambridge: Cambridge University Press

_____ and Annalisa Rosselli (eds) (2005). *Economists in Cambridge: A Study through their Correspondence, 1907-1946*, London: Routledge, pp. 116-35.

Marion, Mathieu (2005), ‘Sraffa and Wittgenstein: Physicalism and Constructivism’, *Review of Political Economy*, 17 (3), 37-62.

Maris, Bernard (1999), *Keynes ou l’économiste citoyen*, Paris: Presses de la Fondation Nationale des Sciences Politiques.

Marler, Regina (1997), *Bloomsbury Pie: The Making of the Bloomsbury Room*, London: Virago Press.

Marsh, Jan (1995), *Bloomsbury Women: Distinct Figures in Life and Art*, London: Pavilion Books.

Marshall, Alfred (1926), *Official Papers of Alfred Marshall*, London: Macmillan.

_____ (1975), *The Early Economic Writings of Alfred Marshall 1867-1890*, J. K. Whitaker (ed.), London: Macmillan, 2 vols.

Marshall, Mary Paley (1944), *What I Remember*, Cambridge: Cambridge University Press.

Martin, Catherine (1998), ‘Réalisation de la demande effective et comportement des entrepreneurs: une étude du chapitre 3 de la *Théorie générale* de Keynes’, *Cahiers d’économie politique*, nos 30-31, 85-104.

_____ (2003), ‘Une ambiguité de la relation entre Keynes et Malthus: rejet de la loi de Say, monnaie et rapport salarial’, *Actualité économique*, 79 (1-2), 117-32.

Marx, Karl (1848), *Wage-Labour and Capital*, in David McLellan (ed.) (1977), *Karl Marx: Selected Readings*, Oxford: Oxford University Press, pp. 248-68.（長谷部文雄訳『賃労働と資本』岩波文庫，1981 年）

_____ (1867), *Capital: A Critique of Political Economy*, vol. 1, *The Process of Capitalist Production*, Chicago: Charles H. Kerr & Company, 1909.（向坂逸郎訳『資本論』全 9 冊，岩波文庫，1969-70 年）

_____ and Friedrich Engels (1845-6), *The German Ideology* [first published in 1932], in David McLellan (ed.) (1977), *Karl Marx: Selected Readings*, Oxford: Oxford University Press, pp. 159-91.（廣松渉編訳『〔新編輯版〕ドイツ・イデオロギー』岩波文庫，2002 年）

_____ and Friedrich Engels (1983), *Collected Works*, vol. 40, New York: International Publishers.（大内兵衛・細川嘉六監訳『マルクス＝エンゲルス全集』第 1-45 巻＋別巻 4 冊＋補巻 4 冊，大月書店，1959-91 年）

Marzola, Alessandra and Francesco Silva (eds.) (1994), *John Maynard Keynes: Language and Method*, Aldershot, UK: Edward Elgar.

Mattick, Paul (1969), *Marx and Keynes: The Limits of the Mixed Economy*, Boston: Porter Sargent.（佐藤武男訳『マルクスとケインズ』学文社，1982 年）

Maurisson, Patrick (ed.) (1988), *La “Théorie générale” de John Maynard Keynes: un cinquantenaire, Cahiers d’économie politique*, nos 14-15.

Meade, James (1944-6), ‘The Cabinet Office Diaries, 1944-6’, in *Collected Papers*, edited by Susan Howson, London: Unwin Hyman, vol. 4, 1990.

Meeks, J. Gay Tulip (1991), ‘Keynes on the rationality of decision procedures under

Lerner, Abba P. (1974), 'From the *Treatise on Money* to the *General Theory*', *Journal of Economic Literature*, 12 (1), 38-42.
Levy, Paul (1979), *Moore: G. E. Moore and the Cambridge Apostles*, New York: Holt, Rinehart and Winston.
Lévy, Raphaël-George (1920), *La juste paix ou la vérité sur le Traité de Versailles*, Paris: Plon-Nourrit et Cie.
Littleboy, Bruce (1990), *On Interpreting Keynes: A Study in Reconciliation*, London and New York: Routledge.
Lloyd George, David (1933), *War Memoirs of David Lloyd George*, vol. 2, *1915-16*, London: Little, Brown, and Company.
_____ (1938), *The Truth about the Peace Treaties*, vol. 1, London: Victor Gollancz.
Lovell, Mary S. (2001), *The Sisters: The Saga of the Mitford Family*, New York: W. W. Norton.（栗野真紀子・大城光子訳『ミットフォード家の娘たち——英国貴族美しき六姉妹の物語』講談社，2005 年）
Lubenow, William C. (1998), *The Cambridge Apostles, 1820-1914: Liberalism, Imagination, and Friendship in British Intellectual and Professional Life*, Cambridge: Cambridge University Press.
_____ (2003), 'Authority, Honour and the Strachey Family 1817-1974', *Historical Research*, 76 (194), 512-34.
McCann Jr., Charles R. (1994), *Probability Foundations of Economic Theory*, London: Routledge.
______ (ed.) (1998), *John Maynard Keynes: Critical Responses*, London: Routledge, 4 vols.
McCormick, Brian J. (1992), *Hayek and the Keynesian Avalanche*, New York: St. Martin's Press.
MacCarthy, Desmond (1995), 'The post-impressionist exhibition of 1910', in S. P. Rosenbaum (ed.), *The Bloomsbury Group: A Collection of Memoirs and Commentary*, revised ed., Toronto: University of Toronto Press, 1995, 74-8; extract from *Memories*, London: MacGibbon and Kee, 1953, 178-83.
McCombie, John S. L. (1987-8), 'Keynes and the nature of involuntary unemployment', *Journal of Post Keynesian Economics*, 10 (2), 202-15.
Machlup, Fritz (1957), '*The Scope and Method of Political Economy*. By John Neville Keynes', *Southern Economic Journal*, 23 (3), 330-2.
Macmillan, Margaret (2001), *Paris 1919: Six Months that Changed the World*, New York: Random House.
Maloney, John (ed.) (1985), *Marshall: Orthodoxy and the Professionalisation of Economics*, Cambridge: Cambridge University Press.
Malthus, Thomas Robert (1820), *Principles of Political Economy Considered with a View to their Practical Application*, second ed., London: William Pickering; New York: A. M. Kelley, 1951.（小林時三郎訳『経済学原理』全 2 冊，岩波文庫，1968 年）
Mankiw, N. Gregory and David Romer (eds) (1991), *New Keynesian Economics*, Cambridge, Mass.: MIT Press.
Mantoux, Étienne (1946), *The Carthaginian Peace or The Economic Consequences of Mr. Keynes*, London: Oxford University Press.
Mantoux, Paul (1955), *Les Délibérations du Conseil des Quatre* (*24 mars-28 juin 1919*), *notes de l'officier interprète*, Paris: Centre National de la Recherche Scientifique, 2 vols.; *The Deliberations of the Council of Four* (*March 24-June 28, 1919*): *Notes of the Official Interpreter*, Princeton: Princeton University Press, 1992.
Marcuzzo, Maria Cristina (2001), "From the fundamental equations to effective demand:

Theory', *Annals of Public and Cooperative Economy*, 40, 243-63.
Lange, Oskar (1942), 'Say's law: a restatement and critique', in O. Lange et al. (eds), *Studies in Mathematical Economics and Econometrics in Memory of Henry Schultz*, Chicago: University of Chicago Press, pp. 49-68.
Larceneux, André (1985), 'La genèse du concept de macroéconomie: Schumpeter, Marx, Keynes', *Cahiers d'économie politique*, nos 10-11, 195-212.
Latouche, Serge (1985), 'Les ruses de la raison et les surprises de l'histoire: Marx, Keynes et Schumpeter, théoriciens de l'impérialisme', *Cahiers d'économie politique*, nos 10-11, 369-87.
Lavialle, Christophe (2001), 'L'Épistémologie de Keynes et "l'hypothèse Wittgenstein": la cohérence de la *Théorie générale de l'emploi, de l'intérêt et de la monnaie*', *Cahiers d'économie politique*, no. 38, 25-64.
Lavoie, Marc (1985a), 'La distinction entre l'incertitude keynésienne et le risque néoclassique', *Économie appliquée*, 38 (2), 493-518.
_____ (1985b), 'La *Théorie générale* et l'inflation de sous-emploi', in Frédéric Poulon (ed.), *Les Écrits de Keynes*, Paris : Dunod, pp. 131-52.
_____ (1986), 'L'Endogénéité de la monnaie chez Keynes', *Recherches Économiques de Louvain*, 52 (1), 67-84.
____ (2004), *L'économie postkeynésienne*, Paris: La Découverte.
Lawson, Tony (1985), 'Uncertainty and economic analysis', *Economic Journal*, 95 (380), 909-27.
Lawson, Tony (1996), 'Hayek and Keynes: a commonality', *History of Economics Review*, no. 25, 96-114.
_____ (2003), 'Keynes's realist orientation', in Jochen Runde and Sohei Mizuhara (eds), *The Philosophy of Keynes's Economics: Probability, Uncertainty and Convention*, London: Routledge, pp. 159-69.
_____ and Hashem Pesaran (eds) (1985), *Keynes' Economics: Methodological Issues*, London: Croom Helm.
Lee, Frank G. (1975), 'The International Negotiator', in Milo Keynes (ed.), *Essays on John Maynard Keynes*, Cambridge: Cambridge University Press, pp. 217-23.（「国際交渉の担当者」，佐伯彰一・早坂忠訳『ケインズ――人・学問・活動』東洋経済新報社，1978 年，所収）
Lee, Hermione (1996), *Virginia Woolf*, London: Chatto & Windus.
Leeson, Robert (ed.) (2003), *Keynes, Chicago and Friedman*, London: Pickering & Chatto, 2 vols.
Le Héron, Edwin (1985), 'Circulation industrielle, circulation financière et taux d'intérêt', *Economie appliquée*, 38 (1), 211-34.
_____ (1986), 'Généralisation de la préférence pour la liquidité et financement de l' investissement', *Economies et Sociétés*, series Monnaie et production, nos 6-7, 67-93.
Leijonhufvud, Axel (1968), *On Keynesian Economics and the Economics of Keynes: A Study in Monetary Theory*, New York: Oxford University Press.（根岸隆監訳『ケインジアンの経済学とケインズの経済学――貨幣的理論の一研究』東洋経済新報社，1978 年）
Lentin, Antony (1984), *Lloyd George, Woodrow Wilson and the Guilt of Germany: An Essay in the Pre-History of Appeasement*, Leicester: Leicester University Press.
Leonard, Jacques and Philippe Norel (1991), 'Système monétaire et préférence pour la liquidité: Keynes et la "macroéconomie des comportements"', *Économie appliquée*, 44 (2), 153-62.
LePan, Douglas (1979), *Bright Glass of Memory*, Toronto : McGraw Hill Ryerson.

Press.（浅野栄一・地主重美訳『ケインズ「一般理論」の形成』岩波書店，1987 年）
_____ and Austin Robinson (1985) 'The Cambridge "Circus"', in G. C. Harcourt (ed.), *Keynes and his Contemporaries*, London: Macmillan, pp. 42-57.

Kates, Steven (1998), *Say's Law and the Keynesian Revolution: How Macroeconomic Theory Lost its Way*, Cheltenham, UK: Edward Elgar.

Kersaudy, François (2000), *Winston Churchill: Le pouvoir de l'imagination*, Paris: Tallandier.

Keynes, Florence Ada (1950), *Gathering up the Threads: A Study in Family Biography*, Cambridge: W. Heffer & Sons.

Keynes, Geoffrey (1975), 'The early years', in Milo Keynes (ed.), *Essays on John Maynard Keynes*, Cambridge, Cambridge University Press, pp. 26-35.（山内久明訳「幼少年時代のケインズ」，佐伯彰一・早坂忠訳『ケインズ――人・学問・活動』東洋経済新報社，1978 年，所収）

Keynes, John Neville (1884), *Studies and Exercises in Formal Logic*, London: Macmillan, fourth ed., 1906.

_____ (1891), *The Scope and Method of Political Economy*, fourth ed., 1917; New York: Augustus M. Kelley, 1965.（上宮正一郎訳『経済学の領域と方法』日本経済評論社，2000 年）

Keynes, Milo (ed.) (1975), *Essays on John Maynard Keynes*, Cambridge: Cambridge University Press.（佐伯彰一・早坂忠訳『ケインズ――人・学問・活動』東洋経済新報社，1978 年）

Kitson Clark, George (1966), *The Making of Victorian England*, New York: Atheneum.

Klein, Lawrence R. (1947), *The Keynesian Revolution*, New York: Macmillan.（篠原三代平・宮沢健一訳『ケインズ革命〔新版〕』有斐閣，1965 年）

Klotz, Louis-Julien (1924), *De la guerre à la paix*, Paris: Payot.

Klotz, Gérard (2003), 'Que reste-t-il de Keynes? Au moins la comptabilité nationale', *Actualité économique*, 79 (1-2), 221-38.

Koopmans, Tjalling C. (1941), 'The logic of econometric business-cycle research', *Journal of Political Economy*, 49 (2), 157-81.

Kregel, Jan A. (1987), 'The changing place of money in Keynes's theory from the *Treatise* to the *General Theory*', in Giancarlo Gandolofo and Ferruccio Marzano (eds.), *Keynesian Economics, Growth and Development, Fiscal and Policy Issues*, Milan: Giuffre, pp. 97-114.

_____ (1988), 'The multiplier and liquidity preference: two sides of the theory of effective demand', in Alain Barrère (ed.), *The Foundations of Keynesian Analysis*, New York: St. Martin's Press, 231-50.

Lagueux, Maurice (1985), 'Hétérodoxie et scientificité chez Marx, Keynes et Schumpeter', *Cahiers d'économie politique*, nos 10-11, 422-36.

_____ (1998), 'Was Keynes a liberal or an individualist? Or Mandeville read by Keynes', *Cahiers d'économie politique*, nos 30-31, 255-63.

Laidler, David (1991), *The Golden Age of the Quantity Theory*, Princeton, New Jersey: Princeton University Press.（石橋春男ほか訳『貨幣数量説の黄金時代』同文舘出版，2001 年）

_____ (1999), *Fabricating the Keynesian Revolution: Studies of the Inter-War Literature on Money, the Cycle and Unemployment*, Cambridge: Cambridge University Press.

Lalande, André (2002), *Vocabulaire technique et critique de la philosophie*, Paris: Presses Universitaires de France.

Lambert, Paul (1962), 'Malthus et Keynes, nouvel examen de la parenté profonde des deux œuvres', *Revue d'économie politique*, 72 (6), 783-829.

_____ (1969), 'The evolution of Keynes's thought from the *Treatise on Money* to the *General*

Howson, Susan (1975), *Domestic Monetary Management in Great Britain, 1919-38*, Cambridge: Cambride University Press.

_____ and Donald E. Moggridge (eds) (1990). *The Wartime Diaries of Lionel Robbins and James Meade 1943-45*, London: Macmillan.

_____ and Donald Winch (1977), *The Economic Advisory Council 1930-1939: A Study in Economic Advice during Depression and Recovery*, Cambridge: Cambridge University Press.

Hume, David (1752a), 'Of money', in *Essays: Moral, Political, and Literary*, Indianapolis: Liberty Fund, 1985, pp. 281-94.（「貨幣について」，田中敏弘訳『ヒューム政治経済論集』御茶の水書房，1983 年，所収）

______ (1752b), 'Of the balance of trade', in *Essays: Moral, Political, and Literary*, Indianapolis: Liberty Fund, 1985, pp. 308-26.（「貿易上の差額について」，田中敏弘訳『ヒューム政治経済論集』御茶の水書房，1983 年，所収）

Hutchison, Terence W. (1981), 'Keynes versus the "Keynesians"...? An essay in the thinking of J. M. Keynes and the accuracy of its interpretation by his followers', in *The Politics and Philosophy of Economics: Marxists, Keynesians, and Austrians*, Oxford: Basil Blackwell, pp. 108-51.

Ikenberry, G. John (1992), 'A World Economy Restored: Expert Consensus and the Anglo-American Postwar Settlement', *International Organization*, 46 (1), 289-321.

Jaffé, William (1976), 'Menger, Jevons and Menger de-homogenized', *Economic Inquiry*, 14 (4), 511-24.

Jevons, W. Stanley (1871), *The Theory of Political Economy*, Harmondsworth, Middlesex: Penguin Book, 1970.（小泉信三・寺尾琢磨訳『経済学の理論』日本経済評論社，1981 年）

Johnson, Elizabeth (1960), 'Keynes' attitude to compulsory military service', *Economic Journal*, 70 (277), 160-5.（「徴兵制度に対するケインズの態度」，中内恒夫訳『ケインズの影――ケンブリッジの世界と経済学』日本経済新聞社，1982 年，所収）

_____ (1978a), 'Keynes as a literary craftsman', in Elizabeth S. Johnson and Harry G. Johnson (eds), *The Shadow of Keynes: Understanding Keynes, Cambridge and Keynesian Economics*, Oxford: Basil Blackwell, pp. 30-7.（「文芸家としてのケインズ」，中内恒夫訳『ケインズの影――ケンブリッジの世界と経済学』日本経済新聞社，1982 年，所収）

_____ (1978b), 'Dr. Melchior', in Elizabeth S. Johnson and Harry G. Johnson (eds), *The Shadow of Keynes: Understanding Keynes, Cambridge and Keynesian Economics*, Oxford: Basil Blackwell, 45-61.（「メルヒオール博士」，中内恒夫訳『ケインズの影――ケンブリッジの世界と経済学』日本経済新聞社，1982 年，所収）

Johnson, Harry G. (1974), 'Cambridge in the 1950s', *Encounter*, 42 (1), 28-39; in Elizabeth S. Johnson and Harry G. Johnson, *The Shadow of Keynes: Understanding Keynes, Cambridge and Keynesian Economics*, Oxford, Basil Blackwell, 1978, pp. 127-50.（「1950 年代のケンブリッジ」，中内恒夫訳『ケインズの影――ケンブリッジの世界と経済学』日本経済新聞社，1982 年，所収）

Johnstone, John Keith (1954), *The Bloomsbury Group: A Study of E. M. Forster, Lytton Strachey, Virginia Woolf and their Circle*, New York: Noonday Press.

Jones, Ernest (1916), 'The theory of symbolism' *British Journal of Psychology*, 9; in *Papers on Psycho-Analysis*, Boston: Beacon Press, 1961, pp. 87-144.

Kahn, Richard F. (1975), *On Re-Reading Keynes: Fourth Keynes Lecture in Economics, 6 November 1974*, London: Oxford University Press.

_____ (1984), *The Making of Keynes' General Theory*, Cambridge: Cambridge University

Heilbrun, James (1984), 'Keynes and the economics of the arts', *Journal of Cultural Economics*, 8 (2), 37-49.
Helburn, Suzanne (1991), 'Burke and Keynes', in Bradley W. Bateman and John B. Davis (eds), *Keynes and Philosophy: Essays on the Origin of Keynes's Thought*, Aldershot, UK: Edward Elgar, pp. 30-54.
Hendry, David F. (1980), 'Econometrics: alchemy or science?', *Economica*, 47 (188), 387-406.
Henry, Gérard Marie (1997), *Keynes*, Paris: Armand Colin.
Herland, Michel (1991), *Keynes et la macroéconomie*, Paris: Économica [first ed., *Keynes*, Paris: Union Générale d'Édition, 1981].
_____ (1998), 'Concilier liberté économique et justice sociale: les solutions de Keynes', *Cahiers d'économie politique*, nos 30-31, 281-310.
Herscovici, Alain (2002), *Dinamica macroeconomica: uma interpretaçao a partir de Marx e de Keynes*, Sao Paulo: EDUC.
Hession, Charles H. (1984), *John Maynard Keynes: A Personal Biography of the Man who Revolutionized Capitalism and the Way we Live*, New York: Macmillan.
Hicks, John R. (1937), 'Mr. Keynes and the "classics": a suggested interpretation', *Econometrica*, 5 (2), 147-59.（「ケインズ氏と「古典派」」，江沢太一・鬼木甫訳『貨幣理論』東洋経済新報社，1972 年，所収）
_____ (1967), 'A note on the *Treatise*', in *Critical Essays in Monetary Theory*, Oxford: Oxford University Press, pp. 189-202.（「ケインズ『貨幣論』に関する覚書」，江沢太一・鬼木甫訳『貨幣理論』東洋経済新報社，1972 年，所収）
Higgins, Norman (1975), 'The Cambridge Arts Theatre', in Milo Keynes (ed.), *Essays on John Maynard Keynes*, Cambridge: Cambridge University Press, pp. 272-9.（柴田稔彦訳「ケンブリッジ・アーツ・シアター」，佐伯彰一・早坂忠訳『ケインズ——人・学問・活動』東洋経済新報社，1978 年，所収）
Hill, Christopher (1972), *The World Turned Upside Down*, London: Maurice Temple Smith.
Hill, Roger (ed.) (1989), *Keynes, Money and Monetarism*, London: Macmillan.
Hillard, John (ed.) (1988), *J. M. Keynes in Retrospect: the Legacy of the Keynesian Revolution*, Aldershot, UK: Edward Elgar.
Hirai, Toshiaki (2004), 'The turning point in Keynes's theoretical development: from *A Treatise on Money* to the *General Theory*', *History of Economic Ideas*, 12 (2), 29-50.
_____ (2007), 'How did Keynes transform his theory from the *Tract* into the *Treatise*', *European Journal for the History of Economic Thought*, 14 (2).
Hollander, Samuel (1996), 'Malthus and Keynes: some recent secondary literature', *History of Economics Review*, no. 25, 127-8.
Holmes, Charles J. (1936), *Self* & *Partners* (*Mostly Self*): *Being the Reminiscences of C. J. Holmes*, London: Constable.
Holroyd, Michael (1971), *Lytton Strachey and the Bloomsbury Group*: *His Work, their Influence*, Harmondsworth, Middlesex: Penguin.
_____ (1994), *Lytton Strachey: The New Biography*, New York: Farrar, Straus and Giroux.
Hoover, Kenneth R. (2003), *Economics as Ideology: Keynes, Laski, Hayek, and the Creation of Contemporary Politics*, Lanham, Maryland: Rowman & Littlefield.
House, Edward Mandell and Charles Seymour (eds) (1921), *What Really Happened at Paris: the Story of the Peace Conference, 1918-1919*, New York: Charles Scribner's Sons.
Howard, Michael and John King (1992), 'Keynes, Marx and political economy', in Bill Gerrard and John Hillard (eds), *The Philosophy and Economics of John Maynard Keynes*, Aldershot, UK: Edward Elgar, pp 231-45.

Economy, 27, supplement, 129-55.
Haavelmo, Trygve (1943), 'Statistical testing of business-cycle theories', *Review of Economic Statistics*, 25 (1), 13-18.
Halévy, Élie (1901-4), *La Formation du radicalisme philosophique*, Paris: F. Alcan; *The Growth of Philosophic Radicalism*, London: Faber, 1928.
Halevi, Joseph (1984), 'Structure économique et demande effective', *Économie appliquée*, 37 (1), 201-13.
Hamouda, Omar (1986), 'Beyond the IS/LM device: Was Keynes a Hicksian', *Eastern Economic Journal*, 12 (4), 370-84.
______ and Betsey Price (eds) (1998), *Keynesianism and the Keynesian Revolution in America: A Memorial Volume in Honour of Lorie Tarshis*, Cheltenham, UK, Edward Elgar.
_____ and Robin Rowley (1996), *Probability and Economics*, London: Routledge.
_____ and John N. Smithin (eds) (1988), *Keynes and Public Policy after Fifty Years*, New York: New York University Press and Aldershot, UK: Edward Elgar, 2 vols.
Hanin, Frédéric (2003), 'La place du *Treatise on Money* dans l'oeuvre de Keynes: une théorie de l'instabilité', *Actualité économique*, 79 (1-2), 70-86.
Harcourt, G. C. (ed.) (1985a), *Keynes and his Contemporaries: the Sixth and Centennial Keynes Seminar held at the University of Kent at Canterbury, 1983*, London: Macmillan and New York: St. Martin's Press.
_____ (1985b), 'Keynes's unemployment equilibrium: some insights from Joan Robinson, Piero Sraffa and Richard Kahn', in G. C. Harcourt (1985a), pp, 3-41.
Harcourt, G. C. (1994), 'Kahn and Keynes and the making of *The General Theory*', *Cambridge Journal of Economics*, 18 (1), 11-24.
_____ and P. A. Riach, Peter (eds) (1997), *A 'Second Edition' of The General Theory*, London: Routledge, 2 vols.（小山庄三訳『一般理論――第二版』多賀出版，2005 年）
Harrison, Michael (1972), *Clarence: The Life of H. R. H. the Duke of Clarence and Avondale (1864-1892)*, London: W. H. Allen.
Harrison, Ross (1983), *Bentham*, London: Routledge & Kegan Paul.
Harrod, Roy F. (1946), 'John Maynard Keynes', *Review of Economics and Statistics*, 28 (4), 178-82.
_____ (1951), *The Life of John Maynard Keynes*, London: Macmillan.（塩野谷九十九訳『ケインズ伝〔改訳版〕』全 2 冊，東洋経済新報社，1967 年）
_____ (1957), 'Clive Bells on Keynes', *Economic Journal*, 67 (268), 692-99.
_____ (1960). '[Keynes's attitude to compulsory military service] A comment", *Economic Journal*, 70 (277), 166-7.
Haskell, Arnold L. (1934), *Balletomania: Then and Now*, New York: Alfred A. Knopf, 1977.
Hawtrey, Ralph G. (1925), 'Public expenditure and the demand for labour', *Economica*, no. 13, 38-48.
Hayek, Friedrich (1952), 'Review of R.F. Harrod, *The Life of John Maynard Keynes*', *Journal of Modern History*, 24 (2), 195-8.
_____ (1970), 'The error of constructivism', inaugural lecture at the Paris-Lodron University of Sallzburg, in *New Studies in Philosophy, Politics, Economics and the History of Ideas*, London: Routledge, 1978, pp. 3-22.
_____ (1994), *Hayek on Hayek: An Autobiographical Dialogue*, London: Routledge.（嶋津格訳『ハイエク，ハイエクを語る』名古屋大学出版会，2000 年）
_____ (1995), *The Collected Works of F. A. Hayek*, vol. 9, *Contra Keynes and Cambridge: Essays, Correspondence*, London: Routledge.
_____ et al. (1932), 'Spending and savings: public works and rate', *The Times*, 19 October.

需要」，石橋太郎・森田雅憲・中久保邦夫・角村正博訳『ケインズの経済学と価値・分配の理論』日本経済評論社，1989 年，所収）
Garnett, Angelica (1984), *Deceived with Kindness: a Bloomsbury Childhood*, London: Pimlico.
_____ (1998), *The Eternal Moment: Essays by Angelica Garnett*, Oron, Maine: Puckerbrush Press.
Garnett, David (1953), *The Golden Echo*, London: Chatto & Windus.
_____ (1955), *The Flowers of the Forest*, London: Chatto & Windus.
_____ (1962), *The Familiar Faces*, London: Chatto & Windus.
_____ (1979), *Great Friends: Portraits of Seventeen Writers*, London: Macmillan.（島村豊博訳『素晴らしき仲間たち――17 人の作家の肖像』鳳書房，2007 年）
Gaspard, Marion (2003), 'Ramsey's theory of national saving: a mathematician in Cambridge', *Journal of the History of Economic Thought*, 25 (4), 413-35.
Gay, Peter (1993), *The Cultivation of Hatred* (*The Bourgeois Experience: Victoria to Freud*, volume III), New York: W. W. Norton.
Gerbier, Bernard (1995). 'A. Marshall, 1843-1924', in Michel Vigezzi (ed.), *Dix grands auteurs en économie*, Grenoble: Presses Universitaires de Grenoble, pp. 41-56.
Gerrard, Bill and John Hillard (eds) (1992), *The Philosophy and Economics of John Maynard Keynes*, Aldershot, UK: Edward Elgar.
Gerzina, Gretchen Holbrok (1989), *Carrington: A Life*, London: W. W. Norton.
Giblin, L. F. (1946), 'John Maynard Keynes (some personal notes)', *Economic Record*, 22 (June), 1-3.
Gilbert, Martin (1976), *Winston Chuchill*, London: Heinemann.
Gillies, Donald A. (2000), *Philosophical Theories of Probability*, London: Routledge.（中山智香子訳『確率の哲学理論』日本経済評論社，2004 年）
Gislain, Jean-Jacques (1987), 'À propos des deux postulats de la théorie "classique" du marché du travail dans la *Théorie générale*: hérésie et orthodoxie', in Gérard Boismenu and Gilles Dostaler (eds), *La 'Théorie générale' et le keynésianisme*, Montréal: ACFAS, pp. 55-74.
Glasgow, Mary (1975), 'The concept of the Arts Council', in Milo Keynes (ed.), *Essays on John Maynard Keynes*, Cambridge: Cambridge University Press, pp. 260-71.（柴田稔彦訳「アーツ・カウンシルの構想」，佐伯彰一・早坂忠訳『ケインズ――人・学問・活動』東洋経済新報社，1978 年，所収）
Goodwin, Craufurd (ed.) (1998), *Art and the Market: Roger Fry on Commerce in Art. Selected Writings*, Ann Arbor: University of Michigan Press.
_____ (2001), 'Maynard Keynes and the Creative Arts', in Tony Bradshaw (ed.), *A Bloomsbury Canvas: Reflections on the Bloomsbury Group*, Aldershot, UK, Lund Humphries, pp. 51-3.
_____ (2006), 'The art of an ethical life: Keynes and Bloomsbury', in Roger E. Backhouse and Bradley Bateman (eds), *The Cambridge Companion to Keynes*, Cambridge, Cambridge University Press, pp. 217-36.
Graziani, Augusto (1987), 'Keynes' finance motive', *Économies et sociétés*, 21 (4), 23-42.
Green, Chritopher (ed.) (1999), *Art Made Modern: Roger Fry's Vision of Art*, London: Merrell Holberton in association with the Courtauld Gallery.
Greer, William B. (2000), *Ethics and Uncertainty: The Economics of John M. Keynes and Frank H. Knight*, Cheltenham, UK: Edward Elgar.
Grigg, Percy James (1948), *Prejudice and Judgment*, London: Jonathan Cape.
Groenewegen, Peter (1995a), *A Soaring Eagle: Alfred Marshall, 1842-1924*, Aldershot, UK: Edward Elgar.
_____ (1995b), 'Keynes and Marshall: methodology, society, politics', *History of Political*

Freeden, Michael (1978), *The New Liberalism: An Ideology of Social Reform*, Oxford: Clarendon Press.

_____ (1986), *Liberalism Divided: A Study in British Political Thought, 1914-1939*, Oxford: Clarendon Press.

Freud, Sigmund (1908), 'Character and Anal Eroticism', *Psychiatrisch-neurologische Wochenschrift*, 9, 465-7; in Ernest Borneman (ed.), *The Psychoanalysis of Money*, New York: Urizen Books, 1976, pp. 73-80.（「性格と肛門愛」，中山元編訳『エロス論集』ちくま学芸文庫，1997 年，所収）

_____ (1961), *The Letters of Sigmund Freud*, edited by Ernst L. Freud, London: Hogarth Press.（生松敬三ほか訳『フロイト著作集 8　書簡集』人文書院，1974 年）

_____ and William C. Bullitt (1966), *Thomas Woodrow Wilson, Twenty-eight President of the United States: A Psychological Study*, London: Weidenfeld & Nicolson.（岸田秀訳『ウッドロー・ウィルソン――心理学的研究』紀伊国屋書店，1969 年）

Friboulet, Jean-Jacques (1985), 'Le Traité de la monnaie et l'inflation d'équilibre', in Frédéric Poulon (ed.), *Les Écrits de Keynes*, Paris : Dunod, pp. 111-30.

Friedman, Milton (1953), 'The methodology of positive economics', in *Essays in Positive Economics*, Chicago: University of Chicago Press, pp. 3-43.（「実証経済学の方法論」，佐藤隆三・長谷川啓之訳『実証的経済学の方法と展開』富士書房，1977 年，所収）

_____ (ed.) (1956). *Studies in the Quantity Theory of Money*, Chicago: University of Chicago Press.

______ (1968a). *Dollars and Deficits: Inflation, Monetary Policy and the Balance of Payments*, Englewood Cliffs, New Jersey: Prentice-Hall.（新開陽一訳『インフレーションとドル危機』日本経済新聞社，1970 年）

_____ (1968b), 'The role of monetary policy', *American Economic Review*, 58 (1), 1-17.（金融政策の役割」，新飯田宏訳『インフレーションと金融政策』日本経済新聞社，1972 年，所収）

_____ (1972), 'Comments on the critics', *Journal of Political Economy*, 80 (5), 906-50; in R. J. Gordon (ed,) (1974), *Milton Friedman's Monetary Framework: A Debate with his Critics*. Chicago: University of Chicago Press, pp. 132-77.(「批判に答える」，加藤寛孝訳『フリードマンの貨幣理論――その展開と論争』マグロウヒル好学社, 1978 年, 所収)

Fry, Roger (1909), 'An essay in aesthetics', *New Quarterly*, 2 (April), 171-90; in Fry (1920), pp. 12-27.

_____ (1920), *Vision and Design*, London: Oxford University Press, 1981.

_____ (1924), *The Artist and Psycho-analysis*, London: Hogarth Press; in Craufurd Goodwin (ed.) (1998), *Art and the Market: Roger Fry on Commerce in Art. Selected Writings*, Ann Arbor: University of Michigan Press, 1998, pp. 125-38.

Frydman, Roger (1988), 'La *Théorie générale* de Keynes: économie et politique', *Cahiers d'économie politique*, nos 14-15, 99-110.

Furbank, P. N. (1979), *E. M. Forster: a Life* , Oxford: Oxford University Press.

Gadd, David (1974), *The Loving Friends: A Portrait of Bloomsbury*, New York: Harcourt Brace Jovanovich.

Gardner, Richard N. (1975), 'Bretton Woods', in Milo Keynes (ed.), *Essays on John Maynard Keynes*, Cambridge: Cambridge University Press, pp. 202-15.（「ブレトン・ウッズ」，佐伯彰一・早坂忠訳『ケインズ――人・学問・活動』東洋経済新報社，1978 年，所収）

Garegnani, Pierangelo (1983), 'Notes on consumption, investment and effective demand', in John Eatwell and Murray Milgate (eds), *Keynes's Economics and the Theory of Value and Distribution*, New York: Oxford University Press, pp. 21-69.（「消費，投資および有効

Dunn, Jane (1996), *Virginia Woolf and Vanessa Bell: A Very Close Conspiracy*, London: Pimlico.
Durbin, Elizabeth (1985), *New Jerusalems: The Labour Party and the Economics of Democratic Socialism*, London: Routledge & Kegan Paul.
_____ (1988), 'Keynes, the British Labour Party and the economics of democratic socialism', in Omar Hamouda and John N. Smithin (eds), *Keynes and Public Policy after Fifty Years*, vol. 1, *Economics and Policy*, New York: New York University Press, pp. 29-42.
Eatwell, John and Murray Milgate (eds) (1983), *Keynes's Economics and the Theory of Value and Distribution*, New York: Oxford University Press.（石橋太郎・森田雅憲・中久保邦夫・角村正博訳『ケインズの経済学と価値・分配の理論』日本経済評論社，1989 年）
Edel, Leon (1980), *Bloomsbury: A House of Lions*, New York: Avon Books.
Eichner, Alfred S. and Jan A. Kregel (1975), 'An essay on post-Keynesian theory: a new paradigm in economics', *Journal of Economic Literature*, 13 (4), 1293-314.
Élie, Bernard (1989-90), 'Le retour du contrôle des flux d'investissements internationaux: l'ombre de John Maynard Keynes', *Interventions économiques pour une alternative sociale*, nos 22-23, 81-98.
_____ (1998), *Le Régime monétaire canadien: institutions, théories et politiques*, Montréal: Presses de l'Université de Montréal.
Eltis, Walter and Peter Sinclair (eds) (1988), *Keynes and Economic Policy: the Relevance of 'The General Theory' after Fifty Years*, London: Macmillan.
Erhel, Christine and Hélène Zajdela (2003), 'Que reste-t-il de la théorie du chômage de Keynes?', *Actualité économique*, 79 (1-2), 163-77.
Eshag, Eprime (1963), *From Marshall to Keynes: An Essay on the Monetary Theory of the Cambridge School* , Oxford: Basil Blackwell.（宮崎犀一訳『マーシャルからケインズまで――貨幣理論と貨幣政策』東洋経済新報社，1967 年）
Favereau, Olivier (1985), 'L'incertain dans la "révolution keynésienne": l'hypothèse Wittgenstein', *Économies et sociétés, Oeconomia*, 19 (3), 29-72.
_____ (1988a), 'Probability and uncertainty: "after all, Keynes was right"', *Économies et Sociétés* , 22 (10), 133-67.
_____ (1988b), 'La *Théorie générale*: de l'économie conventionnelle à l'économie des conventions', *Cahiers d'économie politique*, nos 14-15, 197-220.
Fawcett, Peter (1977), 'Bloomsbury et la France', in Jean Guiguet (ed.), *Virginia Woolf et le groupe de Bloomsbury*, Paris: Union Générale d'Éditions, pp. 57-72.
Felix, David (1995), *Biography of an Idea: John Maynard Keynes and The General Theory of Employment, Interest and Money*, New Brunswick: Transaction.
_____ (1999), *Keynes: A Critical Life*, Westport, Connecticut: Greenwood Press.
Ferenczi, Sandor (1914), 'The Ontogenesis of the Interest in Money', *Internationale Zeitschrift für ärtzliche Psychoanalyse*, 2, 506-13; in Ernest Borneman (ed.), *The Psychoanalysis of Money*, New York: Urizen Books, 1976, pp. 81-90.
Ferguson, Niall (1998), *The Pity of War*, New York: Basic Books.
Ferrandier, Robert (1985), 'L'étalon-or aux Indes: une absurde fascination', in Frédéric Poulon (ed.), *Les Écrits de Keynes*, Paris : Dunod, pp. 158-75.
Fisher, Irving (1911), *The Purchasing Power of Money*, New York: Macmillan.（金原賢之助・高城仙次郎訳『貨幣の購買力』改造社，1936 年）
Fitzgibbons, Athol (1988), *Keynes's Vision: A New Political Economy*, Oxford: Clarendon Press.
_____ (1995), *Adam Smith's System of Liberty, Wealth, and Virtue: The Moral and Political Foundations of The Wealth of Nations*, Oxford: Clarendon Press.
Frazer, William (1994), *The Legacy of Keynes and Friedman: Economic Analysis, Money, and Ideology*, New York: Praeger.

Century Economic Thought, Aldershot, UK: Edward Elgar, pp. 87-96.

_____ (1991), '"A prodigy of constructive work": J. M. Keynes on *Indian Currency and Finance*', in William J. Barber (ed.), *Perspectives on the History of Economic Thought*, vol. 6, *Themes in Keynesian Criticism and Supplementary Modern Topics*, Aldershot, UK: Edward Elgar, pp. 29-35.

Dos Santos Ferreira, Rodolphe (1988), 'Reflections on the microeconomic foundations of the Keynesian aggregate supply function', in Alain Barrère (ed.), *The Foundations of Keynesian Analysis*, London: Macmillan, pp. 251-62.

_____ (2000), 'Keynes et le développement de la théorie de l'emploi dans une économie monétaire', in Alain Béraud and Gilbert Faccarello (eds), *Nouvelle histoire de la pensée économique. Tome 3: Des institutionnalistes à la période contemporaine*, Paris: La Découverte, pp. 236-93.

Dostaler, Gilles (1985), 'Le retour à l'étalon-or en Grande-Bretagne: une fâcheuse illusion', in Frédéric Poulon (ed.), *Les Écrits de Keynes*, Paris : Dunod, pp. 176-94.

_____ (1987), 'La vision politique de Keynes', in Gérard Boismenu and Gilles Dostaler (eds), *La 'Théorie générale' et le keynésianisme*, Montréal: ACFAS, pp. 75-90.

_____ (1991), 'The debate between Hayek and Keynes', in William J. Barber (ed.), *Perspectives on the History of Economic Thought*, vol. 6, *Themes in Keynesian Criticism and Supplementary Modern Topics*, Aldershot, UK: Edward Elgar, pp. 77-101.

_____ (1994-5), 'Keynes et Bretton Woods', *Interventions Économiques*, no. 26, 53-78.

_____ (1996), 'The formation of Keynes's vision', *History of Economics Review*, no. 25, 14-31.

_____ (1997), 'Keynes and Friedman on money', in Avi J. Cohen, Harald Hagemann and John Smithin (eds), *Money, Financial Institutions and Macroeconomics*, Boston: Kluwer Academic, pp. 85-100.

_____ (1998), 'Friedman and Keynes: divergences and convergences', *European Journal of the History of Economic Thought*, 5 (2), 317-47.

_____ (1999)' 'Hayek, Keynes et l'économie orthodoxe', *Revue d'Économie Politique*, 109 (6), 761-73.

_____ (2000), 'Néolibéralisme, keynésianisme et traditions libérales', *La Pensée*, no. 323, 71-87.

_____ (2002a), 'Discours et stratégies de persuasion chez Keynes', *Sciences de la société*, no. 55, 122-36.

_____ (2002b). 'Un homme multidimensionel: Keynes raconté par Skidelsky', *Critique internationale*, no. 17, 63-74.

______ and Hélène Jobin (2000), 'Keynes, les probabilités et les statistiques: une relation complexe', in Jean-Pierre Beaud and Jean-Guy Prévost (eds), *L'ère du chiffre: systèmes statistiques et traditions nationales*, Québec: Presses de l'Université du Québec, pp. 411-29.

______ and Bernard Maris (2000), 'Dr Freud and Mr Keynes on money and capitalism', in John Smithin (ed.), *What is Money?*, London and New York: Routledge, pp. 235-56.

______ and Robert Nadeau (eds) (2003), *Que reste-t-il de Keynes?*, *Actualité Économique*, 79 (1-2).

Dow, Sheila C. (2003), 'Probability, uncertainty and convention: ecnomist's knowledge and the knowledge of economic actors', in J. Runde and S. Mizuhara (eds), *The Philosophy of Keynes's Economics*, London: Routledge, pp. 207-15.

Dow, Sheila C. and John Hillard (eds) (1995), *Keynes, Knowledge and Uncertainty*, Aldershot, UK: Edward Elgar.

Duménil, Gérard (1977), *Marx et Keynes face à la crise*, Paris: Économica.

Frances Pinter.（山本有造訳『国際金本位制と大英帝国——1890-1914 年』三嶺書房，2000 年）
De Gmeline, Patrick (2001), *Versailles 1919: chronique d'une fausse paix*, Paris: Presses de la Cité.
Deleplace, Ghislain (1988), 'Ajustement de marché et "taux d'intérêt spécifiques" chez Keynes et Sraffa', *Cahiers d'économie politique*, nos 14-15, 75-98.
_____ (1998), 'Keynes et Ricardo sur la macroéconomie et la monnaie', *Cahiers d'économie politique*, nos 30-31, 49-84.
_____ and Patrick Maurisson (eds) (1985), *L'Hétérodoxie dans la pensée économique: K. Marx, J. M. Keynes, J. A. Schumpeter, Cahiers d'économie politique*, nos 10-11.
_____ and Edward J. Nell (eds) (1996), *Money in Motion: the Post Keynesian and Circulation Approaches*, London: Macmillan.
Delfaud, Pierre and Alain Planche (1985), 'Les lois de l'économie de guerre: des agrégats de Keynes au financement de l'effort de guerre', in Frédéric Poulon (ed.), *Les Écrits de Keynes*, Paris : Dunod, pp. 66-88.
De Morgan, Augustus (1847), *Formal Logic*, London: Open Court, 1926.
Denis, Henri (1999), *La 'loi de Say' sera-t-elle enfin rejetée? Une nouvelle approche de la surproduction*, Paris: Économica.
De Salvo, Louise (1989), *Virginia Woolf: The Impact of Childhood Sexual Abuse on her Life and Work*, New York: Ballantine Books.
De Villé, Philippe and Michel De Vroey (1985), 'Salaire et marché du travail chez Marx et Keynes: orthodoxie ou hétérodoxie', *Cahiers d'économie politique*, nos 10-11, 67-90.
De Vroey, Michel (1997a), 'Le concept de chômage involontaire, de Keynes aux nouveaux keynésiens', *Revue économique*, 48 (6), 1381-408.
_____ (1997b), 'Involuntary unemployment: the missing piece in Keynes's *General Theory*', *European Journal of the History of Economic Thought*, 4 (2), 258-83.
_____ (2004), *Involuntary Unemployment: The Elusive Quest for a Theory*, London: Routledge.
_____ and Kevin D. Hoover (eds) (2004), *The IS-LM Model: Its Rise, Fall, and Strange Persistence*, Annual Supplement to Volume 36, *History of Political Economy*, Durham and London: Duke University Press.
Diatkine, Daniel (1985), 'Smith, Ricardo, Keynes: vie et mort du "prodigue" et du "projector"', *Cahiers d'économie politique*, nos 10-11, 409-21.
_____ (1995), '"Au risque d'un solécisme…": Keynes, Smith et l'école classique', in *Nouvelles perspectives de la macroéconomie: mélanges en l'honneur du Doyen Alain Barrère*, Paris: Publications de la Sorbonne, pp. 43-58.
Diatkine, Sylvie (1989), 'La mesure en unités de salaire réel ou monétaire: une comparaison entre Smith et Keynes', *Économies et sociétés*, 23 (10), 157-78.
_____ (1995), *Théories et politiques monétaires*, Paris: Armand Colin.
_____ and Daniel Diatkine (1975), 'La Théorie de l'emploi et les théories des systèmes de prix', in Alain Barrère (ed.), *Controverses sur le système keynésien*, Paris, Économica, pp. 288-332.
Dickinson, G. Lowes (1931), *J. McT. E. McTaggart*, Cambridge: Cambridge University Press.
Dimand, Robert W. (1986), 'The macroeconomics of the *Treatise on Money*', *Eastern Economic Journal*, 12 (4), 431-41.
_____ (1988), *The Origins of the Keynesian Revolution: The Development of Keynes' Theory of Employment and Output*, Aldershot, Hants: Edward Elgar.
_____ (1989), 'The reception of Keynes' *Treatise on Money*: a review of the reviews', in Donald A. Walker (ed.), *Perspectives on the History of Economic Thought*, vol. 2, *Twentieth-*

Cook, Matt (2003), '"A New City of Friends": London and Homosexuality in the 1890s', *History Workshop Journal*, 56 (1), 33-58.
Cot, Annie L. (1992), 'Jeremy Bentham, un "Newton" de la morale', in Alain Béraud and Gilbert Faccarello (eds), *Nouvelle histoire de la pensée économique. Tome 1: Des scolastiques aux classiques*, Paris: La Découverte, pp. 289-301.
Cottrell, Allin (1993), 'Keynes's theory of probability and its relevance to his economics: three theses', *Economics and Philosophy*, 9 (1), 25-51.
_____ and Michael S., Lawlor (eds) (1995), *New Perspectives on Keynes*, Annual Supplement to Volume 27, *History of Political Economy*, Durham and London: Duke University Press.
Crabtree, Derek and A. P. Thirlwall (eds) (1980), *Keynes and the Bloomsbury Group: The Fourth Keynes Seminar held at the University of Kent at Canterbury 1978*, London: Macmillan.
_____ (ed.) (1993), *Keynes and the Role of the State: The Tenth Keynes Seminar Held at the University of Kent at Canterbury, 1991*, London: Palgrave Macmillan.
Craig, David M. (2003), 'The Crowned Republik? Monarchy and Anti-Monarchy in Britain, 1760-1901', *Historical Journal*, 46 (1), 167-85.
Crouzet, François (1972), 'Les réactions françaises devant "Les Conséquences économiques de la paix" de Keynes', *Revue d'Histoire Moderne et Contemporaine*, 19 (January-March), 6-26.
Cutler, Tony, Karel Williams and John Williams (1987), *Keynes, Beveridge and Beyond*, London and New York: Routledge & Kegan Paul.
Darity, William Jr. and Bobbie L. Horn (1983), 'Involuntary unemployment reconsidered', *Southern Economic Journal*, 49 (3), 717-33.
Davidson, Paul (1965), 'Keynes's finance motive', *Oxford Economic Papers*, 17 (1), 47-65.（外山茂樹訳「ケインズの金融動機」，花輪俊哉監修『ケインズ経済学の再評価』東洋経済新報社，1980 年，所収）
_____ (1980), 'The dual-faceted nature of the Keynesian revolution: money and money wages in unemployment and production flow prices', *Journal of Post Keynesian Economics*, 2 (3), 291-307.
Davis, Eric G. (1980), 'The correspondence between R. G. Hawtrey and J. M. Keynes on the *Treatise*: the genesis of output adjustment models', *Canadian Journal of Economics*, 13 (4), 716-24.
Davis, John B. (1991), 'Keynes's critiques of Moore: philosophical foundations of Keynes's economics', *Cambridge Journal of Economics*, 15 (1), 61-77.
_____ (1994a), *Keynes's Philosophical Development*, Cambridge: Cambridge University Press.
_____ (ed.) (1994b), *The State of Interpretation of Keynes*, Dordrecht: Kluwer Academic.
Deacon, Richard (1985), *The Cambridge Apostles: A History of Cambridge University's Elite Intellectual Secret Sociey*, London: Robert Royce.（橋口稔訳『ケンブリッジのエリートたち』晶文社，1988 年）
Deane, Phyllis (2001), *The Life and Times of J. Neville Keynes: A Beacon in the Tempest*, Cheltenham, UK: Edward Elgar.
De Boyer, Jérome (1982), 'Demande effective et théorie monétaire du taux d'intérêt chez Keynes: une interprétation', *Cahiers d'économie politique*, no. 8, 85-104.
_____ (1998), 'Keynes et le risque de taux d'interet de la banque', *Cahiers d'économie politique*, nos 30-31, 51-64.
_____ (2003), *La Pensée monétaire: Histoire et analyse*, Paris: Les Solos.
De Brunhoff, Suzanne (1990), 'The keynesian critique of laissez-faire', in Alain Barrère (ed.), *Keynesian Economic Policies*, London: Macmillan, pp. 140-52.
De Cecco, Marcello (1984), *The International Gold Standard: Money and Empire*, London:

Castex, Pierre (2003), *Théorie générale de la monnaie et du capital*, Paris: L'Harmattan, 4 vols.
Caws, Mary Ann and Sarah Bird Wright (2000), *Bloomsbury and France: Art and Friends*, New York: Oxford University Press.
Cecil, Hugh and Mirabel (eds) (1990), *Clever Hearts: Desmond and Molly MacCarthy, A Biography*, London: V. Gollancz.
Chandavarkar, Anand G. (1987), 'Keynes and the international monetary system revisited (a contextual and conjectural essay)', *World Development*, 15, 1395-1405.
_____ (1989), *Keynes and India: A Study in Economics and Biography*, London: Macmillan.
_____ (2000), 'Was Keynes Anti-Semitic?', *Economic and Political Weekly*, May, 16-22.
Chauviré, Christiane (1989), *Ludwig Wittgenstein*, Paris: Seuil.（野崎次郎・中川雄一訳『ウィトゲンシュタイン――その生涯と思索』国文社，1994年）
Chesney, Kellow (1970), *The Victorian Underworld*, London: Temple Smith.（植松靖夫・中坪千夏子訳『ヴィクトリア朝の下層社会』高科書店，1991年）
Chick, Victoria (1978), 'The nature of the Keynesian revolution: a reassessment', *Australian Economic Papers*, 17 (30), 1-20.
_____ (1983). *Macroeconomics after Keynes: a Reconsideration of the General Theory*, Oxford, Philip Allan and Cambridge: MIT Press.（長谷川啓之・関谷喜三郎訳『ケインズとケインジアンのマクロ経済学』日本経済評論社，1990年）
Chorney, Harold (1987), 'Keynes et le problème de l'inflation: les racines du retour à une "saine gestion"', in Gérard Boismenu and Gilles Dostaler (eds), *La 'Théorie générale' et le keynésianisme*, Montréal: ACFAS, pp. 149-62.
Clarke, Peter (1978), *Liberals and Social Democrats*, Cambridge: Cambridge University Press.
_____ (1988), *The Keynesian Revolution in the Making, 1924-1936*, Oxford: Clarendon Press.
_____ (1996), *Hope and Glory: Britain 1900-1990*, London: Penguin Books.（西沢保・市橋秀夫・椿建也・長谷川淳一ほか訳『イギリス現代史――1900-2000』名古屋大学出版会，2004年）
_____ (1998), *The Keynesian Revolution and its Economic Consequences*, Cheltenham, UK: Edward Elgar.
Clemenceau, Georges (1921), 'Introduction', in André Tardieu, *La Paix*, Paris: Payot.
Clower, Robert W. (1965), 'The Keynesian counterrevolution: a theoretical appraisal', in F. H. Hahn and F. P. Brechling (eds), *Theory of Interest Rates*, London: Macmillan and New York: St. Martin's Press, pp. 103-25.（清水啓典訳「ケインジアンの反革命――理論的評価」，花輪俊哉監修『ケインズ経済学の再評価』東洋経済新報社，1980年，所収）
_____ (1989), 'Keynes' *General Theory*: the Marshallian connection', in Donald A. Walker (ed.), *Perspectives on the History of Economic Thought*, vol. 2, *Twentieth-Century Economic Thought*, Aldershot, UK: Edward Elgar, pp. 133-47.
Coates, John (1996), *The Claims of Common Sense: Moore, Wittgenstein, Keynes and the Social Sciences*, New York: Cambridge University Press.
Cochran, John P. and Fred R. Glahe (1999), *The Hayek-Keynes Debate: Lessons for Current Business Cycle Research*, Lewiston: Edwin Mellen.
Collins, Judith (1983), *The Omega Workshops*, London: Secker & Warburg.
Collins, Michael (1988), 'Did Keynes have the answer to unemployment in the 1930s?', in John Hillard (ed.), *J. M. Keynes in Retrospect: the Legacy of the Keynesian Revolution*, Aldershot, UK: Edward Elgar, pp. 64-87.
Combemale, Pascal (1999), *Introduction à Keynes*, Paris: La Découverte.
Cornwell, Patricia (2002), *Portrait of a Killer : Jack the Ripper Case Closed*, New York : Putnam's.（相原真理子訳『切り裂きジャック』講談社，2003年）

Brenier, Henri (1921), *Le Traité de Versailles et le problème des réparations: le point de vue français, une réfutation par les faits du livre de M. Keynes*, Marseille: Chambre de Commerce.
Brenner, Reuven (1979), 'Unemployment, justice and Keynes's *General Theory*', *Journal of Political Economy*, 87 (4), 837-50.
Bridel, Pascal (1987), *Cambridge Monetary Thought: Development of Saving-Investment Analysis from Marshall to Keynes*, London: Macmillan.
Broad, Charlie D. (1922), '*A Treatise on Probability*. By J. M. Keynes', *Mind*, 31 (121), 72-85.
Brossard, Olivier (1998), 'Comportement vis-à-vis de la liquidité et instabilité conjoncturelle: Une réflexion sur la préférence pour la liquidité', *Cahiers d'économie politique*, nos 30-31, 123-46.
Brown, Neville (1988), *Dissenting Forbears: The Maternal Ancestors of J. M. Keynes*, Chichester, Sussex: Phillimore.
Brown-Collier, E. and R. Bausor (1988), 'The epistemological foundations of the *General Theory*', *Scottish Journal of Political Economy*, 35 (3), 227-41.
Bryce, Robert (1935), 'An introduction to a monetary theory', in Don Patinkin and James Clark Leith (eds) (1977), *Keynes, Cambridge and The General Theory*, London: Macmillan, pp. 129-45.（「雇用の貨幣的理論序説」，保坂直達・菊本義治訳『ケインズ，ケムブリッジおよび「一般理論」――「一般理論」の形成をめぐる論議と検討の過程』マグロウヒル好学社，1979 年，所収）
Burke, Edmund (1790), *Reflections on the Revolution in France*, Harmondsworth : Penguin Books, 1968.（中野好之訳『フランス革命についての省察』岩波文庫，2000 年）
Burnett, Philip Mason (1940), *Reparation at the Paris Peace Conference from the Standpoint of the American Delegation*, New York: Columbia University Press.
Bywater, William G. (1975), *Clive Bell's Eye*, Detroit: Wayne State University.
Cain, Neville (1979), 'Cambridge and its revolution: a perspective on the multiplier and effective demand', *Economic Record*, 55, 108-17.
_____ (1982), 'Hawtrey and the multiplier theory', *Australian Economic History Review*, 22, 68-78.
Caine, Barbara (1998), 'The Stracheys and Psychoanalysis', *History Workshop Journal*, 45 (Spring), 145-69.
Carabelli, Anna (1988), *On Keynes's Method*, London: Macmillan.
_____ (1992), 'Organic independence and Keynes's choice of units in the *General Theory*', in Bill Gerrard and John Hillard (eds), *The Philosophy and Economics of John Maynard Keynes*, Aldershot, UK : Edward Elgar, pp. 3-31.
_______ (1998), 'Keynes on probability, uncertainty and tragic choices', *Cahiers d'économie politique*, nos 30-31, 187-226.
Caramagno, Thomas C. (1992), *The Flight of the Mind: Virginia Woolf's Art and Manic-Depressive Illness*, Berkeley: University of California Press.
Cartelier, Jean (1988), 'Keynes' *General Theory*: foundation for a heterodox economy?', in Alain Barrère (ed.), *The Foundations of Keynesian Analysis*, London: Macmillan, pp. 128-49.
_____ (1995), *L'Économie de Keynes*, Bruxelles: De Boeck.
Carter, Miranda (2001), *Anthony Blunt: His Lives*, New York: Farrar, Straus and Giroux.
Carvalho, Fernando J. Cardim de (1988), 'Keynes on probability, uncertainty, and decision-making', *Journal of Post Keynesian Economics*, 11 (1), 66-81.
_____ (1992), *Mr Keynes and the Post Keynesians: Principles of Macroeconomics for a Monetary Production Economy*, Aldershot, UK: Edward Elgar.

d'économie politique, nos 30-31, 7-48.
______, Gilles Dostaler and Christian Tutin (eds) (1998), *Keynes: Économie et philosophie, Cahiers d'économie politique*, nos 30-31.
Béraud, Alain (2003), 'Keynes et Pigou sur le salaire monétaire et l'emploi: une synthèse du débat', *Actualité économique*, 79 (1-2), 147-62.
Berthoud, Arnaud (1989), 'Liberté et libéralisme économique chez Walras, Hayek et Keynes', *Cahiers d'économie politique*, nos 16-17, 43-67.
_____ (1998), 'Économie et action politique dans la *Théorie générale* de Keynes', *Cahiers d'économie politique*, nos 30-31, 265-79.
Black, Max (1967), 'Probability', in Paul Edwards (ed.), *The Encyclopedia of Philosophy*, New York, Macmillan & The Free Press and London, Collier Macmillan, vol. 6, pp. 464-79.
Blaug, Mark (1990), *John Maynard Keynes: Life, Ideas, Legacy*, Houndsmills, Basingstoke, Hampshire: Macmillan.（中矢俊博訳『ケインズ経済学入門』東洋経済新報社, 1991年）
_____ (ed.) (1991), *John Maynard Keynes* (*1883-1946*), Aldershot, Hants: Edward Elgar, 2 vols.
_____ et al. (1995), *The Quantity Theory of Money: From Locke to Keynes and Friedman*, Aldershot, Hants: Edward Elgar.
Blot, Jean (1992), *Bloomsbury: histoire d'une sensibilité artistique et politique anglaise*, Paris: Balland.
Bodkin, Ronald G., Lawrence R. Klein and Kanta Marwah (1988), 'Keynes and the origins of macroeconometric modelling', in Omar F. Hamouda and John N. Smithin (eds), *Keynes and Public Policy after Fifty Years*, vol. 2, *Theories and Method*, New York: New York University Press, pp. 3-11.
Boemeke, Manfred F., Gerald D. Feldman and Elisabeth Glaser (eds) (1998), *The Treaty of Versailles: a Reassessment after 75 Years*, Cambridge: Cambridge University Press.
Bogdanor, Vernon (ed.) (1983), *Liberal Party Politics*, Oxford: Clarendon Press.
Boismenu, Gérard and Gilles Dostaler (eds) (1987), *La 'Théorie générale' et le keynésianisme*, Montreal: ACFAS.
Bolton, George (1972), 'Where critics as wrong as Keynes was?', *The Banker*, 122, 1385-7.
Bonadei, Rossana (1994), 'John Maynard Keynes: contexts and methods', in Alessandra Marzola and Francesco Silva (eds), *John Maynard Keynes: Language and Method*, Aldershot, UK: Edward Elgar, pp. 13-75.
Booth, Alan (1989), *British Economic Policy, 1931-49: Was there a Keynesian Revolution*?, New York: Simon and Schuster.
Bordo, Michael D. and Anna J. Schwartz (eds) (1984), *A Retrospective of the Classical Gold Standard 1821-1914*, Chicago: University of Chicago Press.
Bousseyrol, Marc (2000), *Introduction à l'oeuvre de Keynes*, Paris: Ellipse.
Boyer, Robert (1990), 'The forms of organisation implicit in the *General Theory*: an interpretation of the success and crisis of Keynesian economic policies', in A. Barrère (ed.), *Keynesian Economic Policies*, London: Macmillan, pp. 117-39.
Bradshaw, Tony (ed.) (2001), *A Bloomsbury Canvas: Reflections on the Bloomsbury Group*, Aldershot, UK: Lund Humphries.
Brady, Michael E. (1994), 'Keynes, Pigou and the supply side of the *General Theory*', *History of Economics Review*, no. 21, 34-46.
Braithwaite, Richard B. (1975), 'Keynes as a philosopher', in Milo Keynes (ed.), *Essays on John Maynard Keynes*, Cambridge: Cambridge University Press, pp. 237-46.（青柳晃一訳「哲学者としてのケインズ」，佐伯彰一・早坂忠訳『ケインズ——人・学問・活動』東洋経済新報社，1978 年，所収）

Laissez Faire', *Journal of Economic Issues*, 32 (4), 1019-30.
Backhouse, Roger E. (ed.) (1999), *Keynes: Contemporary Responses to the General Theory*, South Bend, Indiana: St. Augustine's Press.
_____ (2006), 'Sidgwick, Marshall and the Cambridge school of economics', *History of Political Economy*, 38 (1), 15-44.
_____ and Bradley Bateman (eds) (2006), *The Cambridge Companion to Keynes*, Cambridge: Cambridge University Press.
Bainville, Jacques (1920), *Les conséquences politiques de la paix*, Paris: Nouvelle Librairie Nationale; with J. M. Keynes, *Les Conséquences économiques de la paix*, Paris: Gallimard, 2002, pp. 285-459.
Baker, Ray Stannard (1923), *Woodrow Wilson and World Settlement, Written from his Unpublished and Personal Material*, Garden City, New York: Doubleday, Page & Company, 3 vols.
Barrère, Alain (ed.) (1988), *The Foundations of Keynesian Analysis*, London: Macmillan.
______ (ed.) (1989), *Money, Credit and Prices in Keynesian Perspective*, London:Macmillan.
______ (ed.) (1990), *Keynesian Economic Policies*, London: Macmillan.
_____ (1990a), *Macroéconomie keynésienne: Le Projet économique de John Maynard Keynes*, Paris: Dunod.
Baruch, Bernard M. (1920), *The Making of the Reparation and Economic Sections of the Treaty*, New York and London: Harper & Brothers.
Bateman, Bradley W. (1987), 'Keynes's changing conception of probability', *Economics and Philosophy*, 3 (2), 97-120.
_____ (1988), 'G. E. Moore and J. M. Keynes: a missing chapter in the history of the expected utility model', *American Economic Review*, 78 (5), 1098-106.
_____ (1990), 'Keynes, induction, and econometrics', *History of Political Economy*, 22 (2), 359-79.
_____ (1996), *Keynes's Uncertain Revolution*, Ann Arbor: University of Michigan Press.
_____ and John B. Davis (eds) (1991), *Keynes and Philosophy: Essays on the Origin of Keynes's Thought*, Aldershot, Hants: Edward Elgar.
Bauvert, Joanna (2003), 'L'ambivalence du concept de liquidité dans le *Treatise on Money*', *Actualité économique*, 79 (1-2), 87-100.
Beaud, Michel and Gilles Dostaler (1995), *Economic Thought since Keynes: A History and Dictionary of Major Economists*, Aldershot, UK: Edward Elgar; paperback ed., London: Routledge, 1997.
Bell, Clive (1914), *Art*, London: Chatto & Windus; London: Arrow Books, 1961.
_____ (1956), *Old Friends: Personal Recollections*, London: Chatto & Windus.
Bell, Quentin (1972), *Virginia Woolf: A Biography*, London: Hogarth Press, 2 vols.（黒沢茂訳『ヴァージニア・ウルフ伝』全2冊，みすず書房，1976-7年）
_____ (1980), 'Recollections and reflections on Maynard Keynes', in Derek Crabtree and A. P. Thirlwall (eds), *Keynes and the Bloomsbury Group*, London: Macmillan, pp. 69-86.
_____ (1995), *Elders and Betters*, London: John Murray.（北条文緒訳『回想のブルームズベリー——すぐれた先輩たちの肖像』みすず書房，1997年）
_____ (1997), *Bloomsbury*, London Phoenix (first ed., 1968).（出淵敬子訳『ブルームズベリー・グループ——二十世紀イギリス文化の知的良心』みすず書房，1972年）
_____ et al. (1987), *Charleston Past and Present*, London: Chatto & Windus.
Bell, Vanessa (1998), *Selected Letters of Vanessa Bell*, edited by Regina Marler, Wakefield, Rhode Island and London: Moyer Bell.
Benetti, Carlo (1998), 'La structure logique de la *Théorie générale* de Keynes', *Cahiers*

1949. *Two Memoirs: Dr Melchior: a defeated enemy, and My Early Beliefs*, London: Rupert Hart-Davis.

1989-1. With Lydia Lopokova, *Lydia and Maynard: the Letters of John Maynard Keynes and Lydia Lopokova.* New York: Charles Scribner's Sons.
1989-2. *Keynes's Lectures 1932-35: Notes of a Representative Student*, transcribed, edited and constructed by Thomas K. Rymes, Ann Arbor: University of Michigan Press.（平井俊顕訳『ケインズの講義, 1932-35年——代表的学生のノート』東洋経済新報社, 1993年）

2．他の参考文献

Abraham-Frois, Gilbert (1991), *Keynes et la macroéconomie contemporaine*, Paris : Économica.
Abrahamsen, David (1992), *Murder and Madness: The Secret Life of Jack the Ripper*, New York: Donald I. Fine.
Addison, John T. et Burton, John (1982), 'Keynes's analysis of wages and unemployment revisited', *Manchester School*, 50 (1), 1-23.
Ahiakpor, James C. W. (ed.) (1998), *Keynes and the Classics Reconsidered*, Boston: Kluwer Academic.
Amadeo, Edward J. (1989), *Keyne's Principle of Effective Demand*, Aldershot, UK : Edward Elgar.
Annan, Noel (1986), *Leslie Stephen: The Godless Victorian*, Chicago: University of Chicago Press.
_____ (2002), 'Keynes and Bloomsbury', in William Roger Louis (ed.), *Still More Adventures with Britannia: Personnalities, Politics and Culture in Britain*, London: I. B. Taurus, pp. 113-26.
Anyadike-Danes, M. K. (1985), 'Dennis Robertson and Keynes's General theory', in G. C. Harcourt (ed.), *Keynes and his Contemporaries*, London: Macmillan, pp. 105-23.
Arena, Richard (1985), 'Rationalité microéconomique et circulation macroéconomique: Keynes et Schumpeter', *Cahiers d'économie politique*, no. 10-11, 149-68.
_____ and Dominique Torre (eds) (1992), *Keynes et les nouveaux keynésiens*, Paris: Presses Universitaires de France.
Aristotle (1905), *Aristotle's Politics*, Oxford: Clarendon Press.（牛田徳子訳『政治学』京都大学学術出版会，2001 年）
Asimakopulos, Athanasios (1982), 'Keynes' theory of effective demand revisited', *Australian Economic Papers*, 21 (38), 18-36.
_____ (1987), 'La signification théorique de la *Théorie générale* de Keynes', in Gérard Boismenu and Gilles Dostaler (eds), *La 'Théorie générale' et le keynésianisme*, Montreal: ACFAS, pp. 39-54.
_____ (1991), *Keynes's General Theory and Accumulation*, Cambridge: Cambridge University Press.（鴻池俊憲訳『ケインズ「一般理論」と蓄積』日本経済評論社，1993 年）
Aslanbeigui, Nahid (1992), 'Pigou's inconsistencies or Keynes's misconceptions?', *History of Political Economy*, 24 (2), 413-33.
Asquith, H. H. (1992), *Letters to Venetia Stanley*, edited by Michael Brock and Eleanor Brock, Oxford: Oxford University Press.
Atkinson, Glen and Theodore Oleson Jr. (1998), 'Commons and Keynes: Their Assault on

1943-1. A comparative analysis of the British project for a Clearing Union (C. U.) and the American project for a Stabilisation Fund (S. F.), 1 March; JMK 25, 215-26.

1943-2. 'Dilwyn Knox (1884-1943)', *The Times*, 10 March; JMK 10, 357.

1943-3. Proposals for an International Clearing Union, White Paper, Preface, April; JMK 25, 233-5.

1943-4. 'The arts in wartime', *The Times*, 11 May; JMK 28, 359-62.

1943-5. Maiden speech before the House of Lords, 18 May; JMK 25, 269-80.

1943-6. 'The objective of international price stability', *Economic Journal*, 53, June-September, 185-7; JMK 22, 30-3.

1943-7. The synthesis of C. U. and S. F., 29 June; JMK 25, 308-14.

1943-8. 'Frederick Phillips (1884-1943)', *The Times*, 18 August; JMK 10, 330-1.

1943-9. 'Reginald McKenna (1863-1943)', *The Times*, 15 September; JMK 10, 58-9.

1943-10. 'Leonard Darwin (1850-1943)', *Economic Journal*, 53, December, 438-9; JMK 30, 24-5.

1944-1. Post-war employment, Note by Lord Keynes on the Report of the Steering Committe, 14 February; JMK 27, 364-72.

1944-2. Explanatory notes by United Kingdom experts on the Proposal for an International Monetary Fund, 22 April; JMK 25, 437-42.

1944-3. Speech to the House of Lords, 23 May; JMK 26, 9-21.

1944-4. 'Mary Paley Marshall (1850-1944)', *Economic Journal*, 54, June-September, 268-84; JMK 10, 232-50.

1944-5. Opening remarks of Lord Keynes at the first meeting of the second commission on the Bank for Reconstruction and Development, 3 July; JMK 26, 72-7.

1944-6. Speech in moving to accept the final act at the closing plenary session, Bretton Woods, 22 July; JMK 26, 101-3.

1944-7. 'The Bretton Woods Conference. I. The International Bank', *Listener*, 27 July, 100; JMK 26, 103-5.

1944-8. 'Note by Lord Keynes' [on F. D. Graham, 'Keynes vs Hayek on a commodity reserve currency'], *Economic Journal*, 54, December, 429-30; JMK 26, 39-40.

1945-1. 'Foreword', in *An Exhibition of French Book Illustration, 1895-1945*, C.E.M.A.; JMK 28, 365-6.

1945-2. 'The Arts Council: its policy and hopes', *Listener*, 11 May; JMK 28, 367-72.

1945-3. Speech to the House of Lords, 18 December; JMK 24, 605-24.

1946-1. 'Bernard Shaw and Isaac Newton', in S. Winsten (ed.), *G. B. S. 90: Aspects of Bernard Shaw's Life and Work*, London: Hutchinson, pp. 106-9; JMK 10, 375-81.

1946-2. Lord Keynes's speech at inaugural meeting of Governors of Fund and Bank, Savannah, 9 March; JMK 26, 215-7.

1946-3. The Savannah conference on the Bretton Woods Final Act, 27 March; JMK 26, 220-38.

1946-4. 'The balance of payments of the United States', *Economic Journal*, 56, June, 172-87; JMK 27, 427-46.

1947. 'Newton, the man ', in *Newton Tercentenary Celebrations, July 15-19, 1946*, Cambridge, Royal Society of London, 27-34 paper read to the Royal Society , London, 30 November 1942; JMK 10, 363-74.

557-64.
1939-8. 'Mr Keynes on the distribution of incomes and "propensity to consume": a reply', *Review of Economics and Statistics*, 21, August, 129; JMK 14, 270-71.
1939-9. 'Professor Tinbergen's Method', *Economic Journal*, 49, September, 558-68; JMK 14, 306-20.
1939-10. 'The process of capital formation', *Economic Journal*, 49, September, 569-74; JMK 14, 278-85.
1939-11. 'Haberler, G. von. *Prosperity and Depression*. 2nd edn. Geneva, League of Nations, Allen & Unwin, 1939', *Economic Journal*, 49, September, 622-3; JMK 29, 274-5.
1939-12. 'Paying for the war', *The Times*, 14 and 15 November; JMK 22, 41-51.
1939-13. 'Mr Keynes and his critics: a reply and some questions', *The Times*, 28 November; JMK 22, 74-81.
1939-14. 'The income and fiscal potential of Great Britain', *Economic Journal*, 49, December, 626-35; JMK 22, 52-66.
1939-15. 'How should we raise the money?', *Manchester Daily Herald*, 7 December; JMK 22, 87-90.

1940-1. *How to Pay for the War*, London: Macmillan; JMK 9, 367-439.
1940-2. 'The concept of national income: a supplementary note', *Economic Journal*, 50, March, 60-5; JMK 22, 66-73.
1940-3. 'Comment' [on Tinbergens' reply to J.M.K.'s review of "Professor Tinbergen's method"], *Economic Journal*, 50, March, 154-6; JMK 14, 318-20.
1940-4. 'Should savings be compulsory?', *Listener*, 11 March, 508-9.; JMK 22, 111-7.
1940-5. 'Fay, C. R. *English Economic History mainly since 1700*, Cambridge, Heffer, 1940', *Economic Journal*, 50, June-September, 254-61.; JMK 11, 558-61.
1940-6. 'The measurement of real income', *Economic Journal*, 50, June-September, 341; JMK 11, 235-7.
1940-7. 'The United States and the Keynes Plan', *New Republic*, 29 July, 156-9; JMK 22, 144-55.
1940-8. 'Paying for twelve months' war', *Listener*, 26 September, 436, 455; JMK 22, 240-5.
1940-9. 'The Society's jubilee, 1890-1940', *Economic Journal*, 50, December, 401-9; JMK 12, 846-55.
1940-10. 'Henry Higgs (1864-1940)', *Economic Journal*, 50, December, 555-8; JMK 10, 306-9.
1940-11. Proposals to counter the German 'New Order', 1 December; JMK 25, 7-16.

1941-1. Post-War currency policy, 8 September; JMK 25, 21-33.
1941-2. Proposals for an International Currency Union, 8 September; JMK 25, 33-4.
1941-3. Proposals for an International Currency Union, 18 November; JMK 25, 42-61.
1941-4. Proposals for an International Currency Union, 15 December; JMK 25, 68-94.

1942-1. 'Foreword', in Samuel Courtauld, *Government and Industry: their Future Relations*, London: Macmillan; JMK 30, 23.
1942-2. 'How much does finance matter?', *Listener*, 2 April; JMK 27, 264-70.
1942-3. Proposals for an International Clearing Union, Preface, August; JMK 25, 168-95.
1942-4. Remarks at a luncheon at King's College to celebrate his father's 90th birthday and his parents' diamond wedding anniversary, 30 August; KP, PP/20.

Hogarth Press; JMK 10, 358-60.

1938-2. With Piero Sraffa, 'Introduction', *An Abstract of a Treatise on Human Nature 1740: a Pamphlet hitherto Unknown by David Hume*, Cambridge: Cambridge University Press, v-xxxii; JMK 28, 373-90.

1938-3. 'Scott, W. R. *Adam Smith as Student and Professor*. Jackson, Glasgow, 1937', *Economic History*, supplement to *The Economic Journal*, 48, February, 33-46; JMK 11, 542-58.

1938-4. 'Meade, J. E. *Consumers' credits and unemployment*. Oxford University Press, 1938', *Economic Journal*, 48, March, 67-71; JMK 11, 439-44.

1938-5. 'A positive peace programme', *New Statesman and Nation*, 15, 25 March, 509-10; JMK 28, 99-104.

1938-6. 'Funkhouser, H. Gray. *Historical development of the graphical representation of statistical data*. Osiris studies on the history and philosophy of science, vol. III, part I, The Saint Catherine Press, Bruges, 1937', *Economic Journal*, 48, June, 281-2; JMK 11, 232-4.

1938-7. 'Mr Keynes and "finance"' [Reply to D. H. Robertson], *Economic Journal*, 48, June, 318-22; JMK 14, 229-33.

1938-8. 'Mr Keynes's consumption function: a reply' [comment on an article by G. R. Holden], *Quarterly Journal of Economics*, 52, August, 708-9; JMK 14, 268-9.

1938-9. 'A tribute to the ballet at Sadler's Wells', Programme of the Second Buxton Theatre Festival, August-September; JMK 28, 324-5.

1938-10. 'The policy of government storage of foodstuffs and raw materials', *Economic Journal*, 48, September, 449-60; JMK 21, 456-70.

1938-11. 'George Broomhall(1857-1938)', *Economic Journal*, 48, September, 576-8; JMK 10, 328-9.

1938-12. 'My early beliefs', paper read on 11 September to the Bloomsbury Memoir Club, first published in 1949; JMK 10, 433-50.

1938-13. 'Efficiency in industry: a measure of growth', *The Times*, 13 September; JMK 21, 477-82.

1938-14. 'Mr Chamberlain's foreign policy', *New Statesman and Nation*, 16, 8 October, 518-9 : JMK 28, 125-7.

1938-15. Letter to the Editor, *Sunday Times*, 30 October; JMK 16, 335-6.

1938-16. 'Mr Keynes's consumption function: further comment', *Quarterly Journal of Economics*, 53, November, 160; JMK 14, 270.

1938-17. 'Alfred Hoare (1850-1938)', *Economic Journal*, 48, December, 753-7; JMK 10, 310-4.

1939-1. 'Democracy and efficiency', *New Statesman and Nation*, 17, 28 January, 121-3; JMK 21, 491-500. [conversation with Kingsley Martin]

1939-2. 'Relative movements of real wages and output', *Economic Journal*, 49, March, 34-51; JMK 7, 394-412.

1939-3. 'Crisis finance. An outline of policy. I. Employment and the budget', *The Times*, 17 April; JMK 21, 509-13.

1939-4. 'Crisis finance. An outline of policy. II. The supply of savings', *The Times*, 18 April; JMK 21, 513-8.

1939-5. 'Will rearmament cure unemployment?', *Listener*, 1 June, 1142-3; JMK 21, 528-32.

1939-6. 'Borrowing by the State. I. High interest and low', *The Times*, 24 July; JMK 21, 551-7.

1939-7. 'Borrowing by the State. II. A programme of method', *The Times*, 25 July; JMK 21,

Economic Journal, 45, September, 594-7; JMK 11, 485-9.
1935-6. 'Andrew Andréadès', *Economic Journal*, 45, September, 597-9; JMK 30, 20-2.
1935-7. 'Economic sanctions', *New Statesman and Nation*, 10, 28 September, 401; JMK 21, 370-2.
1935-8. 'The future of the foreign exchanges', *Lloyds Bank Monthly Review*, 68, October, 527-35; JMK 21, 360-9.

1936-1. *The General Theory of Employment, Interest and Money*, London: Macmillan; JMK 7.
1936-2. 'Foreword', in G. H. Recknell (ed.), *King Street, Cheapside*, London: National Mutual Life Assurance Society; JMK 12, 239-40.
1936-3. 'Ibsen's middle period', in *Programme for the Ibsen season*, Arts Theater, Cambridge, February; JMK 28, 326-8.
1936-4. 'William Stanley Jevons, 1835-82: A centenary allocution on his life and work as economist and statistician', *Journal of the Royal Statistical Society*, 99, June, 516-55; JMK 10, 109-60.
1936-5. 'On reading books', edited version of a talk for the B.B.C., 1 June, *The Listener*, 10 June; JMK 28, 329-35.
1936-6. 'Art and the State', *Listener*, 26 August; JMK 28, 341-9.
1936-7. 'The supply of gold', *Economic Journal*, 46, September, 412-8; JMK 11, 490-8.
1936-8. 'Fluctuations in net investments in the United States', *Economic Journal*, 46, September, 540-7; JMK 7, 386-93.
1936-9. 'Herbert Somerton Foxwell (1849-1936)', *Economic Journal*, 46, December, 589-614; JMK 10, 267-96.

1937-1. 'The theory of the rate of interest', in A. D. Gayer (ed.), *The Lessons of Monetary Experience: Essays in Honour of Irving Fisher*, London: George Allen & Unwin, pp. 145-52; JMK 14, 101-8.
1937-2. 'How to avoid a slump', *The Times*, 12, 13 and 14 January; JMK 21, 384-95.
1937-3. 'William Herrick Macaulay (1853-1936)', *Cambridge Review*, 15 January; JMK 10, 351-6.
1937-4. 'The general theory of employment', *Quarterly Journal of Economics*, 51, February, 209-23; JMK 14, 109-23.（「一般理論」，S. E. ハリス編，日本銀行調査局訳『新しい経済学』第 I 巻，東洋経済新報社，1949 年，所収）
1937-5. 'Borrowing for defence. Is it inflation?', *The Times*, 11 March; JMK 21, 404-9.
1937-6. 'Some economic consequences of a declining population', *Eugenic Review*, 29, April, 13-7; JMK 14, 124-33.
1937-7. 'Alternative theories of the rate of interest', *Economic Journal*, 47, June, 241-52; JMK 14, 201-15.
1937-8. 'British foreign policy', *New Statesman and Nation*, 14, 10 July, 61-2; JMK 28, 61-5.
1937-9. 'Further thoughts on British foreign policy', letter prepared for the *New Statesman and Nation*, but not sent, 26 July; JMK 28, 73-8.
1937-10. 'Walter Case (1885-1937)', *The Times*, 9 October ; JMK 10, 326-7.
1937-11. 'The "ex ante" theory of the rate of interest', *Economic Journal*, 47, December, 663-9; JMK 14, 215-23.
1937-12. 'Professor Pigou on money wages in relation to unemployment', *Economic Journal*, 47, December, 743-5; JMK 14, 262-5.

1938-1. 'Foreword', in Quentin Bell (ed.), *Julian Bell: Essays, Poems and Letters*, London:

1933-21. Letter to the Editor, *New Statesman and Nation*, 6, 8 July, 43; JMK 28, 320-2.
1933-22. 'National self-sufficiency', *New Statesman and Nation*, 6, 8 July, 36-7, 15 July, 65-7; JMK 21, 233-46.
1933-23. 'Shall we follow the dollar or the franc?', *Daily Mail*, 14 July; JMK 21, 277-80.
1933-24. 'Farewell to the World Conference', *Daily Mail*, 27 July; JMK 21, 281-4.
1933-25. 'Hoare, Alfred. *Unemployment and Inflation*. London, P. S. King, 1933', *Economic Journal*, 43, September, 474-5; JMK 11, 433.
1933-26. 'Two years off gold: how far are we from prosperity now?', *Daily Mail*, 19 September; JMK 21, 284-8.
1933-27. 'Einstein', *New Statesman and Nation*, 6, 21 October, 481; JMK 28, 21-2.
1933-28. Letter to the Editor, *The Times*, 28 November; JMK 30, 18-9.
1933-29. 'Mr Robertson on "saving and hoarding". I', *Economic Journal*, 43, December, 699-701; JMK 13, 327-30.
1933-30. 'Mr Keynes's control scheme' [reply to E. C. Simons], *American Economic Review*, 23, December ; JMK 11, 434-5.
1933-31. 'Open letter to President Roosevelt', *New York Times*, 31 December, 2; JMK 21, 289-97.
1933-32. Chapter 2: The distinction between a cooperative economy and an entrepreneur economy, draft of *The General Theory*; JMK 29, 76-87.

1934-1. 'The Camargo Ballet Society'; JMK 28, 322-4.
1934-2. 'Roosevelt's economic experiments', *Listener*, 17 January, 93; JMK 21, 305-9.
1934-3. 'President Roosevelt's gold policy', *New Statesman and Nation*, 7, 20 January, 76; JMK 21, 309-17.
1934-4. 'The theory of effective demand', paper read to the American Political Economy Club, 6 June; JMK 13, 457-68.
1934-5. 'Agenda for the President', *The Times*, 11 June; JMK 21, 322-9.
1934-6. Letter to the Editor, *New Statesman and Nation*, 8, 15 July; JMK 28, 25-7.
1934-7. Letter to the Editor, *New Statesman and Nation*, 8, 11 August; JMK 28, 28-9.
1934-8. 'The Bank for International Settlements. Fourth annual report (1933-34), Basle, 1934', *Economic Journal*, 44, September, 514-8; JMK 11, 480-5.
1934-9. 'Shaw on Wells on Stalin: a comment by JMK', *New Statesman and Nation*, 8, 10 November, 653; 'Mr Keynes replies to Shaw', JMK 28, 30-5.
1934-10. 'Poverty in plenty: is the economic system self-adjusting?', *Listener*, 21 November, 850-1; JMK 13, 485-92.
1934-11. 'Can America spend its way into recovery?', *Redbook Magazine*, 64, December, 24, 76; JMK 21, 334-8.

1935-1. 'Future interest rates: Mr J. M. Keynes on the outlook', speech to the Annual Meeting of the National Mutual, *The Times*, 21 February; JMK 12, 208-16.
1935-2. '*Report of Monetary Committee, 1934, New Zealand. Minutes of evidence, Monetary Committee, 1934*, New Zealand. Government printer, Wellington, N. Z., 1934', *Economic Journal*, 45, March, 192-6; JMK 11, 435-9.
1935-3. 'The commemoration of Thomas Robert Malthus. The allocutions: III. Mr Keynes', *Economic Journal*, 45, June, 230-4; JMK 10, 104-8.
1935-4. 'Henry Cunynghame (1849-1935)', *Economic Journal*, 45, June, 398-406; JMK 10, 297-305.
1935-5. 'The Bank for International Settlements. *Fifth Annual Report* (*1934-35*), Basle, 1935',

1932-13. 'Production costs: further comments on expert's report', *Herald* (Melbourne), 8 July; JMK 21, 100-2.
1932-14. 'A note on the long-term rate of interest in relation to the conversion scheme', *Economic Journal*, 42, September, 415-23; JMK 21, 114-25.
1932-15. With D. H. MacGregor, A. C. Pigou, Walter Layton, Arthur Salter and J. C. Stamp, Letter to the Editor, *The Times*, 17 October; JMK 21, 138-9.
1932-16. With D. H. MacGregor, A. C. Pigou, Walter Layton, Arthur Salter and J. C. Stamp, Letter to the Editor, *The Times*, 21 October; JMK 21, 139-40.
1932-17. 'Pros and cons of tariffs', *Listener*, 30 November, 769-10, 783; JMK 21, 204-10.
1932-18. 'Keynes's fundamental equations: a note', *American Economic Review*, 22, December, 691-2; JMK 5, 330-1.
1932-19. 'Enjoying Russia', *New Statesman and Nation*, 4, 10 December, 770; JMK 28, 14-6.
1932-20. 'This must be the end of war debts', *Daily Mail*, 12 December; 'A British view of Mr Hoover's note', JMK 18, 382-6 .
1932-21. 'The World Economic Conference 1933', *New Statesman and Nation*, 4, 24 December, 825-6; JMK 21, 210-16.

1933-1. *Essays in Biography*, London: Macmillan; with additions, JMK 10.
1933-2. *The Means to Prosperity*, London: Macmillan; JMK 9, 335-66.
1933-3. 'A monetary theory of production', in G. Clausing (ed.), *Der Stand und die nächste Zukunft der Konjunkturforschung: Festschrift für Arthur Spiethoff*, Munich: Duncker & Humblot, 123-5; JMK 13, 408-11.
1933-4. 'Mr Lloyd George: a fragment', in 1933-1, 31-41; JMK 10, 20-6.
1933-5. 'Robert Malthus, the first of the Cambridge economists', in 1933-1, 95-149; JMK 10, 71-103. [paper read and revised on various occasions since 1914]
1933-6. 'A short anthology' [about Frank Ramsey] in 1933-1, 301-10; JMK 10, 339-40.
1933-7. 'Hagstroem, K.-G. *Les préludes antiques de la théorie des probabilités*. Fritzes, Stockholm, 1932', *Journal of the Institute of Actuaries*, 1, January, 56-7; JMK 11, 541-2.
1933-8. 'Some hopeful portents for 1933', *Daily Mail*, 2 January; JMK 21, 141-5.
1933-9. 'Spending and saving: a discussion between Sir Josiah Stamp and J. M. Keynes', *Listener*, 11 January, 41-2 ; JMK 21, 145-54.
1933-10. 'A programme for unemployment', *New Statesman and Nation*, 5, 4 February, 102; JMK 12, 154-61.
1933-11. 'Does the Kaffir boom herald world recovery', *Daily Mail*, 7 February; 'The Kaffir boom: will history repeat itself?', JMK 21, 225-9.
1933-12. 'Should Britain compromise on the gold standard?', *Daily Mail*, 17 February; JMK 21, 229-33.
1933-13. 'The multiplier', *New Statesman and Nation*, 5, 1 April, 405-7; JMK 21, 171-8.
1933-14. 'The means to prosperity. Mr. Keynes's reply to criticism', *The Times*, 5 April; JMK 21, 178-85.
1933-15. 'A budget that marks times', *Daily Mail*, 26 April; JMK 21, 194-7.
1933-16. 'Pay or default? – Neither', *Daily Mail*, 8 June; 'An economist's view of the debt payment problem', JMK 18, 387-90.
1933-17. 'The World Economic Conference', *Listener*, 14 June, 925-7, 962; JMK 21, 251-9. [conversation with Walter Lippman]
1933-18. 'The chaos of the foreign exchanges', *Daily Mail*, 20 June; JMK 21, 259-63.
1933-19. 'Can we co-operate with America?', *Daily Mail*, 27 June; JMK 21, 264-8.
1933-20. 'President Roosevelt is magnificently right', *Daily Mail*, 4 July; JMK 21, 273-7.

Statesman and Nation, 1, 11 April, 242-3; JMK 20, 502-5.
1931-15. 'Plays and pictures: the Camargo Society', *New Statesman and Nation*, 1, 11 April, 253; JMK 28, 9-10.
1931-16. 'The budget that wastes times', *Evening Standard*, 28 April; 'Mr Snowden's budget', JMK 20, 520-3.
1931-17. 'This income tax puzzle. Mr. J. M. Keynes "makes it plain"', *Evening Standard*, 30 April; JMK 20, 523-5.
1931-18. 'Some consequences of the economy report', *New Statesman and Nation*, 2, 15 August, 189; JMK 9, 141-5.
1931-19. 'Notes on the situation', *New Statesman and Nation*, 2, 29 August, 246; JMK 20, 596-8.
1931-20. 'A rejoinder' [reply to D.H. Robertson, 'Mr. Keynes' theory of money'], *Economic Journal*, 41, September, 412-23; JMK 13, 219-36.
1931-21. Notes for a speech to Members of Parliament, 16 September; JMK 20, 607-11.
1931-22. 'We must restrict our imports', *Evening Standard*, 10 September; 'On the eve of gold suspension', JMK 9, 238-42.
1931-23. 'A gold conference', *New Statesman and Nation*, 2, 12 September, 300; JMK 20, 598-603.
1931-24. 'The budget', *New Statesman and Nation*, 2, 19 September, 299; 'The economy bill', JMK 9, 145-9.
1931-25. 'The future of the world', *Sunday Express*, 27 September; JMK 9, 245-9.
1931-26. 'Logic', *New Statesman and Nation*, 2, 3 October, 407; 'Ramsey as an philosopher', JMK 10, 336-9.
1931-27. 'The pure theory of money: a reply to Dr Hayek', *Economica*, 11, November, 387-97; JMK 13, 243-56.

1932-1. 'The world's economic crisis and the way to escape', in Walter Salter et alii, *The World's Economic Crisis and the Way to Escape*, London: George Allen and Unwin, 71-88; JMK 21, 50-62.
1932-2. 'The consequences to the banks of the collapse of money values', *Vanity Fair*, January, 21-3; JMK 9, 150-8. [first, and shorter, version in 1931-1]
1932-3. 'The economic prospects 1932', lecture given at Hamburg, 8 January; JMK 21, 39-48.
1932-4. 'An end of reparations?', *New Statesman and Nation*, 3, 16 January, 57-8; JMK 18, 366-9.
1932-5. 'Member bank reserves in the United States', *Economic Journal*, 42, March, 27-31; JMK 11, 427-33.
1932-6. 'Saving and usury', *Economic Journal*, 42, March, 135-7; JMK 29, 13-6.
1932-7. 'State planning', broadcast, 14 March; JMK 21, 84-92.
1932-8. 'Reflections on the sterling exchange', *Lloyds Bank Monthly Review*, April, 143-60; JMK 21, 63-82.
1932-9. 'This is a budget of excessive prudence. No disclosure of government policy on four vital issues', *Evening Standard*, 20 April; JMK 21, 102-7.
1932-10. 'The dilemma of modern socialism', *Political Quarterly*, 3, April-June, 155-61; JMK 21, 33-48.
1932-11. 'A policy for Lausanne', *The Times*, 15 June; JMK 18, 373-6.
1932-12. 'World famous economist J. M. Keynes reviews Australia's position', *Herald* (Melbourne), 27 June; JMK 21, 94-100.

JMK 28, 297-307.
1930-9. 'The draft convention for financial assistance by the League of Nations', *Nation and Athenaeum*, 46, 8 March, 756-7; JMK 20, 332-6.
1930-10. 'The draft convention for financial assistance by the League of Nations-II', *Nation and Athenaeum*, 46, 15 March, 792-4; JMK 20, 337-41.
1930-11. 'The Stock Exchange Official Intelligence for 1930, London, Spottiswoode, 1930', *Nation and Athenaeum*, 47, 19 April, 92; JMK 12, 253.
1930-12. 'A dupe as hero', *Nation and Athenaeum*, 47, 3 May, 144-5; JMK 18, 348-50.
1930-13. 'The industrial crises', *Nation and Athenaeum*, 47, 10 May, 163-4; JMK 20, 345-9.
1930-14. 'Arthur Balfour (1848-1930)', *Economic Journal*, 40, June, 36-8; JMK 10, 43-5.
1930-15. 'A. F. R. Wollaston (1875-1930)', *Nation and Athenaeum*, 47, 15 June, 345; JMK 10, 347-8.
1930-16. 'The future of the rate of interest', *The Index*, September; JMK 20, 390-9.
1930-17. 'Economic possibilities for our grandchildren', *Nation and Athenaeum*, 48, 11 and 18 October, 36-7, 96-8; JMK 9, 321-32.
1930-18. 'Glasgow, George. *The English Investment Trust Companies*, London, Eyre & Spottiswoode, 1930', *Nation and Athenaeum*, 48, 25 October, 142; JMK 12, 254.
1930-19. 'Sir Oswald Mosley's manifesto', *Nation and Athenaeum*, 48, 13 December, 367; JMK 20, 473-6.
1930-20. 'The great slump of 1930', *Nation and Athenaeum*, 48, 20 and 27 December, 402, 427-8; JMK 9, 126-34.
1930-21. 'Economist analyses year', *Christian Science Monitor*, 31 December; JMK 12, 647.

1931-1. *Essays in Persuasion*, London: Macmillan; with additions, JMK 9. [Extracts of 1919-1, 1922-1, 1923-1, 1925-1, 1925-2, 1926-1, 1929-1, 1930-1 and other articles]
1931-2. 'An economic analysis of unemployment', in Quincy Wright (ed.), *Unemployment as a World Problem*, Chicago: University of Chicago Press, 3-42; JMK 13, 343-67.
1931-3. 'Credit control', in E. R. A. Seligman (ed.), *The Encyclopaedia of Social Sciences*, London: Macmillan, vol. 4, 550-3; JMK 11, 420-7.
1931-4. 'Foreword', in Rupert Trouton (ed.), *Unemployment: Its Causes and their Remedies*, London: Hogarth; JMK 20, 487-8.
1931-5. 'Opening remarks as chairman; contribution to discussion', in Royal Institute of International Affairs (ed.), *The International Gold Problem: Collected Papers*, London: Oxford University Press, 18, 167, 186-90.
1931-6. 'The problem of unemployment, II', *Listener*, 14 January, 46-7; 'Saving and spending', JMK 9, 135-41.
1931-7. 'W. E. Johnson (1859-1931)', *The Times*, 15 January; JMK 10, 349-50.
1931-8. 'Clare College', *Nation and Athenaeum*, 48, 17 January, 512-3; JMK 28, 416-21.
1931-9. 'Proposals for a revenue tariff', *New Statesman and Nation*, 1, 7 March, 53; JMK 9, 231-8.
1931-10. 'Put the budget on a sound basis: a plea for lifelong free traders', *Daily Mail*, 13 March; JMK 20, 489-92.
1931-11. 'Economic notes on free trade: I. The export industries', *New Statesman and Nation*, 1, 28 March, 175; JMK 20, 498-500.
1931-12. 'The Camargo Society', April; JMK 28, 318-20.
1931-13. 'Economic notes on free trade: II. A revenue tariff and the cost of living', *New Statesman and Nation*, 1, 4 April, 211; JMK 20, 500-2.
1931-14. 'Economic notes on free trade: III. The reaction of imports on exports', *New*

19 January, 545-6; JMK 19, 775-80.
1929-3. 'The Lancashire Cotton Corporation', *Nation and Athenaeum*, 44, 2 February, 607-8; JMK 19, 632-6.
1929-4. 'The bank rate: five-and-a-half per cent', *Nation and Athenaeum*, 44, 16 February, 679-80; JMK 19, 796-9.
1929-5. 'The German transfer problem', *Economic Journal*, 39, March, 1-7; JMK 11, 451-9.
1929-6. 'Warren, G. F. and Pearson, R. A. *Inter-Relationships of Supply and Prices*. Cornell University Agricultural Experiment Station, Ithaca, New York, 1928', *Economic Journal*, 39, March, 92-5; JMK 11, 228-32.
1929-7. 'Mr Churchill on the peace', *Nation and Athenaeum*, 44, 9 March, 782-3; JMK 10, 52-7.
1929-8. 'Mr. J. M. Keynes examines Mr. Lloyd George's pledge', *Evening Standard*, 19 March; JMK 19, 804-8.
1929-9. 'Professor Fisher discusses reparations problems with John M. Keynes', *New York Evening World*, 25 March; JMK 18, 313-8.
1929-10. 'A cure for unemployment', *Evening Standard*, 19 April; JMK 19, 808-12.
1929-11. 'Mr Snowden and the Balfour note', *Nation and Athenaeum*, 45, 20 April, 67-8; JMK 18, 318-22.
1929-12. 'Allied debts and reparations', *Daily Express*, 22 April; JMK 18, 322-9.
1929-13. Letter to the Editor, *Evening Standard*, 30 April; JMK 19, 812-4.
1929-14. 'Great Britain and reparations', *Nation and Athenaeum*, 45, 11 May, 190-1; JMK 18, 336-40.
1929-15. 'The Treasury contribution to the White paper', *Nation and Athenaeum*, 45, 18 May, 227-8; JMK 19, 819-24.
1929-16. 'The reparation problem: a discussion: II. A rejoinder', *Economic Journal*, 39, June, 179-82; JMK 11, 468-72.
1929-17. 'The report of the Young Committee', *Nation and Athenaeum*, 45, 15 June, 359-61; JMK 18, 329-36.
1929-18. 'Proposed international bank and new U.S. policy are big ideas of Young debt plan', *Evening World*, 24 June; JMK 18, 342-6.
1929-19. 'Mr Keynes' views on the transfer problem: III. A reply by Mr Keynes', *Economic Journal*, 39, September, 404-8; JMK 11, 475-80.
1929-20. 'The bank rate', *The Listener*, 2 October, 435; JMK 19, 834-8.
1929-21. 'A British view of the Wall Street slump', *New York Evening Post*, 25 October; JMK 20, 1-2.

1930-1. *A Treatise on Money*, London: Macmillan: vol. 1, *The Pure Theory of Money*; vol. 2: *The Applied Theory of Money*; JMK 5 and 6.
1930-2. 'The economic chaos of Europe', in J. A. Hammerton (ed.), *Harmsworth's Universal History of the World*, London: Educational Book, vol. 8, pp. 4905-16; JMK 11, 350-66.
1930-3. 'The question of high wages', *Political Quarterly*, 1, January-March, 110-24; JMK 20, 3-16.
1930-4. Evidence to the Committee on Finance and Industry (Macmillan Committee), 20, 21 and 28 February, 6 and 7 March; JMK 20, 38-157.
1930-5. 'Unemployment', *Listener*, 26 February, 361-2, 383; JMK 20, 315-25.
1930-6. 'Ramsey as an economist', *Economic Journal*, 40, March, 153-4; JMK 10, 335-6.
1930-7. 'C. P. Sanger (1872-1930)', *Economic Journal*, 40, March, 154-5; JMK 10, 324-5.
1930-8. 'The London Artists' Association: its origin and aims', *Studio*, 99, March, 235-49;

September, 472-6; JMK 11, 446-51.
1927-13. 'Helfferich, Karl. *Money*. 2 vols. Translated from the German by L. Infield; edited with an introduction by T. E. Gregory, London, Benn, 1927', *Nation and Athenaeum*, 42, 15 October, 94; JMK 11, 419-20.
1927-14. 'The retreat of the Cotton Yarn Association', *Nation and Athenaeum*, 42, 19 November, 267-8; JMK 19, 622-7.
1927-15. 'Why Labour's surtax is bad finance?', *Evening Standard*, 22 November; JMK 19, 701-3.
1927-16. 'The British balance of trade, 1925-27', *Economic Journal*, 37, December, 551-65; JMK 19, 704-22.

1928-1. *Réflexions sur le franc et sur quelques autres sujets*, Paris: Simon Kra. [French translations of 1926-3, 1926-4, 1926-6, 1927-5, 1927-8, 1927-10, 1927-16, 1928-1, 1928-2, 1928-3, 1928-7]
1928-2. 'The financial reconstruction of Germany', *Nation and Athenaeum*, 42, 7 January, 531-2; JMK 18, 290-5.
1928-3. 'A personal note on Lord Oxford', *Nation and Athenaeum* , 42, 25 February, 772-3; JMK 10, 37-40.
1928-4. 'Note on the British balance of trade', *Economic Journal*, 38, March, 146-7; JMK 19, 722-3.
1928-5. 'Mr Churchill on rates and the liberal industrial inquiry', *Nation and Athenaeum*, 43, 28 April, 99-100; JMK 19, 735-8.
1928-6. 'He's a relation of mine', *Nation and Athenaeum*, 43, 28 April, 112; JMK 10, 60-2.
1928-7. 'The war debts', *Nation and Athenaeum* , 43, 5 May, 131-1; JMK 9, 47-53.
1928-8. 'Assyria', *Nation and Athenaeum*, 43, 12 May, 182-4; JMK 28, 289-9.
1928-9. 'Treasury and bank notes, conditions of amalgamation: an economist's criticism', *The Times*, 12 May; JMK 19, 742-9. [reprinted with a supplementary letter to *The Times* of 12 May as 'The amalgamation of the British note issues', *Economic Journal*, 38, June, 321-8]
1928-10. 'The stabilisation of the franc', *Nation and Athenaeum*, 43, 30 June, 416-7; JMK 9, 82-5.
1928-11. 'How to organise a wave of prosperity', *Evening Standard*, 31 July; JMK 19, 761-6.
1928-12. 'The French stabilisation law', *Economic Journal*, 38, September, 490-4; JMK 19, 755-60.
1928-13. 'Crete and Greece in the Bronze Age', *Nation and Athenaeum*, 44, 6 October, 20; JMK 28, 292-4.
1928-14. 'La production et la consommation de l'étain', *Recueil mensuel de l'Institut International du Commerce* (Bruxelles), 16, 20 October, 1-4; JMK 12, 506-12.
1928-15. 'Benjamin Srong (1877-1928)', *Nation and Athenaeum*, 44, 20 October, 96; JMK 10, 323.
1928-16. 'Mr McKenna's warning', *Britannie*, 2 November; JMK 19, 770-3.
1928-17. 'Mills, Frederick C. *The Behaviour of Prices*, New York, National Bureau of Economic Research, Publication no. 11, 1927', *Economic Journal*, 38, December, 606-8; JMK 11, 225-8.

1929-1. With Hubert Henderson, *Can Lloyd George Do It? The Pledge Examined*, London: *Nation and Athenaeum*; JMK 9, 86-125.
1929-2. 'Is there enough gold? The League of Nations enquiry', *Nation and Athenaeum*, 44,

7.
1926-15. 'The need of peace by negociation', *New Republic*, 19 May, 395; 'Reflections on the strike', JMK 19, 531-4.
1926-16. '*The Stock Exchange Official Intelligence for 1926*, London, Spottiswoode, 1926', *Nation and Athenaeum*, 39, 29 May, 214; JMK 12, 252-3.
1926-17. 'The control of raw materials by governments', *Nation and Athenaeum*, 39, 12 June, 267-9; JMK 19, 546-52.
1926-18. Letter to the Editor, *Nation and Athenaeum*, 39, 12 June, 316; JMK 19, 538-41.
1926-19. 'The first-fruits of the gold standard', *Nation and Athenaeum*, 39, 26 June, 344-5; JMK 19, 552-6.
1926-20. Letter to the Editor, *Nation and Athenaeum*, 39, 28 June, 380; JMK 19, 542.
1926-21. 'Mr Baldwin's qualms', *Nation and Athenaeum*, 39, 10 July, 406-7; JMK 19, 559-63.
1926-22. 'The franc once more', *Nation and Athenaeum*, 39, 17 July, 435-6; JMK 19, 563-7.
1926-23. 'A. A. Tschuprow (1873-1926)', *Economic Journal*, 36, September, 517-8; JMK 10, 517-8.
1926-24. 'The progress of the Dawes scheme', *Nation and Athenaeum*, 39, 11 September, 664-5; JMK 18, 277-82.
1926-25. 'The Autumn prospects for sterling: should the embargo on foreign loans be reimposed?', *Nation and Athenaeum*, 40, 23 October, 104-5; JMK 19, 568-74.
1926-26. 'The position of the Lancashire cotton trade', *Nation and Athenaeum*, 40, 13 November, 209-10; JMK 19, 578-85.
1926-27. 'The prospects of the Lancashire cotton trade', *Nation and Athenaeum*, 40, 27 November, 291-2; JMK 19, 587-92.
1926-28. 'The Cotton Yarn Association', *Nation and Athenaeum*, 40, 24 December, 443-5; JMK 19, 593-601.

1927-1. 'Liberalism and industry', in H. L. Nathan and H. Heathcote Williams (eds.), *Liberal Points of View*, London: Ernest Benn, pp. 205-19; JMK 19, 638-48.
1927-2. 'Clissold', *Nation and Athenaeum*, 40, 22 January, 561-2; JMK 9, 315-20.
1927-3. 'McKenna on monetary policy', *Nation and Athenaeum*, 40, 12 February, 651-3; JMK 9, 200-6.
1927-4. Letter to the Editor, *Nation and Athenaeum*, 40, 19 February, 720-1; JMK 19, 661-4.
1927-5. 'Mr Churchill on the war', *Nation and Athenaeum*, 40, 5 March, 754-6; JMK 10, 46-52.
1927-6. 'Are books too dear?', *Nation and Athenaeum*, 40, 12 March, 786-8; JMK 19, 664-70.
1927-7. 'A note on economy', *Nation and Athenaeum*, 41, 30 April, 103 and 21 May, 207-8; JMK 19, 671-5.
1927-8. 'The Colwyn Report on National Debt and Taxation', *Economic Journal*, 37, June, 198-212; JMK 19, 675-94.
1927-9. Letter to the Editor, *Nation and Athenaeum*, 41, 25 June, 410; JMK 28, 311-2. [signed 'Siela']
1927-10. 'The progress of reparations', *Nation and Athenaeum*, 41, 16 July, 505-6; JMK 18, 282-7.
1927-11. 'The progress of the Cotton Yarn Association', *Nation and Athenaeum*, 41, 27 August, 683-4; JMK 19, 610-4.
1927-12. 'Model form for statements of international balances', *Economic Journal*, 37,

1925-11. 'The gold standard', *Nation and Athenaeum*, 37, 2 May, 129-30; JMK 19, 357-61.
1925-12. 'An American study of shares versus bonds as permanent investments', *Nation and Athenaeum*, 37, 2 May, 157-8; JMK 12, 247-52.
1925-13. 'The gold standard: a correction', *Nation and Athenaeum*, 37, 9 May, 169-70; JMK 19, 362-5.
1925-14. 'The committee on the currency', *Economic Journal*, 35, June 299-304; JMK 19, 371-8.
1925-15. 'The gold standard act, 1925', *Economic Journal*, 35, June, 312-3; JMK 19, 378-9.
1925-16. 'The arithmetic of the sterling exchange', *Nation and Athenaeum*, 37, 13 June, 338; JMK 19, 379-82.
1925-17. 'Am I a Liberal?', *Nation and Athenaeum*, 37, 8 and 15 August, 563-4, 587-8; JMK 9, 295-306.
1925-18. 'Our monetary policy: rejoinder to Lord Bradbury's recent article', *Financial News*, 18 August; JMK 19, 425-7.
1925-19. Letter to the Editor [on 'Freudian psycho-analysis'], *Nation and the Athenæum*, 35, 29 August, 643-4; JMK 28, 392-3. [signed 'Siela']
1925-20. 'Discussion on the national debt: Mr J.M. Keynes', *Economic Journal*, 35, September, 359-60; JMK 19, 367-8.
1925-21. 'The economic position in England', first of two lectures given in Moscow, 14 September; JMK 19, 434-37.
1925-22. 'The economic transition in England', second of two lectures given in Moscow, 15 September; JMK 19, 438-42.
1925-23. 'Soviet Russia – I, II, III', *Nation and Athenaeum*, 38, 10 October, 39-40; 17 October, 107-8; 24 October, 139-40; JMK 9, 253-71.
1925-24. 'Relation of finance to British industry', *Manchester Guardian Commercial*, 15 October, 393; JMK 19, 442-7.

1926-1. *The End of Laissez-Faire*, London: Hogarth Press; JMK 9, 272-94.
1926-2. Editor, *Official Papers by Alfred Marshall*, London: Macmillan.
1926-3. 'The French Franc: an open letter to the French Minister of Finance (whoever he is or may be)', *Nation and Athenaeum*, 38, 9 January, 515-7; JMK 9, 76-82.
1926-4. 'The French Franc: a reply to comments on "An open letter"', *Nation and Athenaeum*, 38, 16 January, 544-5; JMK 19, 455-60.
1926-5. 'Wallis Budge, Sir E. A. *The Rise and Fall of Assyriology*, London Hopkinson 1925', *Nation and Athenaeum*, 38, 16 January, 564; JMK 28, 287.
1926-6. 'Some facts and last reflections about the franc', *Nation and Athenaeum*, 38, 30 January, 603-4; JMK 19, 460-5.
1926-7. 'Germany's coming problem: the prospects of the second Dawes year', *Nation and Athenaeum*, 38, 6 February, 635-6; JMK 18, 271-6.
1926-8. 'Liberalism and labour', *Nation and Athenaeum*, 38, 20 February, 707-8; JMK 9, 307-11.
1926-9. 'Broadcast the budget!', *Radio Times*, 26 February; JMK 19, 473-6.
1926-10. 'Francis Ysidro Edgeworth, 1845-1926', *Economic Journal*, 36, March, 140-53; JMK 10, 251-66.
1926-11. 'Bagehot's *Lombard Street*', *Banker*, March, 210-16; JMK 19, 465-72.
1926-12. 'Trotsky on England', *Nation and Athenaeum*, 38, 27 March, 884; JMK 10, 63-7.
1926-13. 'Coal: a suggestion', *Nation and Athenaeum*, 39, 24 April, 91-2; JMK 19, 525-9.
1926-14. 'Back to the coal problem', *Nation and Athenaeum*, 39, 15 May, 159; JMK 19, 534-

JMK 19, 206-14. [discussion at the Royal Economic Society Annual Meeting, 14 April]

1924-16. 'Note on the above' [on D.H. Robertson, 'Note on the real ratio of international interchange'], *Economic Journal*, 34, June, 291-2; JMK 11, 445-6.

1924-17. 'A drastic remedy for unemployment: reply to critics', *Nation and Athenaeum*, 35, 7 June, 311-2; JMK 19, 225-31.

1924-18. 'The policy of the Bank of England', *Nation and Athenaeum*, 35, 19 July, 500-1; JMK 19, 261-7.

1924-19. 'The policy of the Bank of England: reply', *Nation and Athenaeum*, 35, 26 July, 500; JMK 19, 272-3.

1924-20. 'The London Conference and territorial sanctions', *Nation and Athenaeum*, 35, 26 July, 527; JMK 18, 246-8.

1924-21. 'Wheat', *Nation and Athenaeum*, 35, 26 July, 527-8; JMK 19, 273-5.

1924-22. 'Debt payments from ourselves to America and from Germany to the Allies', *Daily Herald*, 5 August; JMK 18, 261-2.

1924-23. 'Foreign investment and national advantage', *Nation and Athenaeum*, 35, 9 August, 584-7; JMK 19, 275-84.

1924-24. 'Home versus foreign investment. Further suggestions for revision of trustee list', *Manchester Guardian Commercial*, 21 August; JMK 19, 285-8.

1924-25. 'Alfred Marshall (1842-1924)', *Economic Journal*, 34, September, 311-72; JMK 10, 161-231.

1924-26. 'The Dawes scheme and the German loan', *Nation and Athenaeum*, 36, 4 October, 7-9; JMK 18, 254-61.

1924-27. Notice on the movie 'Tess of the D'Ubervilles', *Nation and Athenaeum*, 36, 11 October, 53; JMK 28, 316-7. [unsigned]

1924-28. 'Defaults by foreign governments', *Nation and Athenaeum*, 36, 18 October, 130-1; JMK 19, 323.

1924-29. 'The balance of political power at the elections', *Nation and Athenaeum*, 36, 8 November, 207-8; JMK 19, 325-7.

1924-30. 'Edwin Montagu', *Nation and Athenaeum*, 36, 29 November, 322-3; JMK 10, 41-2.

1925-1. *The Economic Consequences of Mr Churchill*, London: Hogarth Press; JMK 9, 207-30. [expanded version of three articles published in the *Evening Standard*, 22, 23 and 24 July, under the heading 'Unemployment and Monetary Policy'].

1925-2. *A Short View of Russia*, London: Hogarth Press; JMK 9, 253-71.

1925-3. 'The inter-allied debts', *Nation and Athenaeum*, 36, 10 January, 516-7; JMK 18, 264-8.

1925-4. 'Some tests for loans to foreign and colonial governments', *Nation and Athenaeum*, 36, 17 January, 564-5; JMK 19, 328-33.

1925-5. 'The Balfour note and inter-allied debts', *Nation and Athenaeum*, 36, 24 January, 575-6; JMK 9, 44-7.

1925-6. 'The return towards gold', *Nation and Athenaeum*, 36, 21 February, 707-9; JMK 9, 192-200.

1925-7. 'The bank rate', *Nation and Athenaeum*, 36, 7 March, 790-2; JMK 19, 333-7.

1925-8. 'The problem of the gold standard', *Nation and Athenaeum*, 36, 21 March, 866-70; JMK 19, 337-44.

1925-9. 'Is sterling over-valued?', *Nation and Athenaeum*, 37, 4 and 18 April, 28-30, 86; JMK 19, 349-54.

1925-10. Notes on fundamental terminology, for a lecture given on 25 April; JMK 29, 35-9.

1923-20. 'The American debt', *Nation and Athenaeum*, 33, 4 August, 566-7; JMK 18, 193-7.
1923-21. 'Currency policy and unemployment', *Nation and Athenaeum*, 33, 11 August, 611-2; JMK 19, 113-8.
1923-22. 'The legality of the Ruhr occupation', *Nation and Athenaeum*, 33, 18 August, 631-2; JMK 18, 206-9.
1923-23. Anonymous note on the purchase policy of the National Galleries, *Nation and Athenaeum*, 33, 18 August, 633; JMK 28, 310-11.
1923-24. 'Population and unemployment', *Nation and Athenaeum*, 34, 6 October, 9-11; JMK 19, 120-4.
1923-25. 'Lord Grey's letter to *The Times*', *Nation and Athenaeum*, 34, 13 October, 43; JMK 18, 217-9.
1923-26. 'How much has Germany paid?', *Nation and Athenaeum*, 34, 27 October, 146-8; JMK 18, 224-30.
1923-27. 'The Liberal Party', *Nation and Athenaeum*, 34, 17 November, 266; JMK 19, 143-6.
1923-28. 'A reply to Sir William Beveridge', *Economic Journal*, 33, December, 476-86; JMK 19, 125-37.
1923-29. 'Free trade', *Nation and Athenaeum*, 34, 24 November, 302-3,1 December, 335-6; JMK 19, 147-56.
1923-30. 'Currency policy and social reform', notes for a speech at the National Liberal Club, 13 December; JMK 19, 158-62.

1924-1. 'Mr J. M. Keynes's speech', in *Unemployment in its national and international aspects, Studies and Reports*, series C (Unemployment), Geneva: International Labour Office; JMK 19, 182-93.
1924-2. 'Gold in 1923', *Nation and Athenaeum*, 34, 2 February, 634-4; JMK 19, 164-8.
1924-3. 'The French press and Russia', *Nation and Athenaeum*, 34, 9 February, 659; JMK 19, 168-72. [signed 'From a French correspondent']
1924-4. 'The prospects of gold', *Nation and Athenaeum*, 34, 16 February, 692-3; JMK 19, 173-6.
1924-5. 'The speeches of the bank chairmen', *Nation and Athenaeum*, 34, 23 February, 724-5; JMK 9, 188-92.
1924-6. 'France and the Treasury: M. Klotz's charges refuted. Mr Keynes's reply', *The Times*, 27 February; JMK 16, 407-13.
1924-7. 'A comment on Professor Cannan's article', *Economic Journal*, 34, March, 65-8; JMK 11, 415-9.
1924-8. 'The franc', *Nation and Athenaeum*, 34, 15 March, 823-4; JMK 19, 177-81.
1924-9. 'Newspaper finance', *Nation and Athenaeum*, 35, 5 April, 6-7; JMK 19, 194-7.
1924-10. 'The experts' report: I. The Dawes report', *Nation and Athenaeum*, 35, 12 April, 40-1; JMK 18, 235-41.
1924-11. 'The experts' reports: II. The McKenna report', *Nation and Athenaeum*, 35, 19 April, 76-7; JMK 18, 241-6.
1924-12. 'The meaning of "bonus"', *Nation and Athenaeum*, 35, 17 May, 218; JMK 12, 244-6.
1924-13. 'Investment policy for insurance companies', *Nation and Athenaeum*, 35, 17 May, 226; vol. 12, 240-4.
1924-14. 'Does unemployment need a drastic remedy?', *Nation and Athenaeum*, 35, 24 May, 235-6; JMK 19, 219-23.
1924-15. 'Discussion on monetary reform: Mr Keynes', *Economic Journal*, 34, June, 169-76;

1922-29. 'Speculation in the mark and Germany's balances abroad', *Manchester Guardian Commercial*, Series of Supplements 'Reconstruction in Europe', no. 8, 28 September, 480-2; JMK 18, 47-58.
1922-30. Notes for a speech at the 95 Club, Manchester, 25 October 1922; JMK 19, 1-6.
1922-31. Lectures to the Institute of Bankers, 15, 22 and 29 November, 5 December ; JMK 19, 6-76.
1922-32. 'The stabilisation of the European exchanges – II', *Manchester Guardian Commercial*, Series of Supplements 'Reconstruction in Europe', no. 11, 7 December, 658-61; JMK 18, 70-84.
1922-33. 'The need for a constructive British policy', *Manchester Guardian*, 9 December; JMK 18, 88-93.
1922-34. Keynes's plan for settlement, 23 December; JMK 18, 97-9.
1922-35. 'Introduction to the series', Cambridge Economic Handbooks, Cambridge, Cambridge University Press; JMK 12, 856-7.

1923-1. *A Tract on Monetary Reform*, London: Macmillan; JMK 4. [Reprints, sometimes in revised form, of 1922-10, 1922-11, 1922-22 and 1922-23]
1923-2. 'The reparation crisis. Suppose the conference breaks down?', *Westminster Gazette*, 1 January; JMK 18, 105-8.
1923-3. 'The underlying principle', *Manchester Guardian Commercial*, Series of Supplements 'Reconstruction in Europe', no. 12, 4 January, 717-8; JMK 17, 448-54.
1923-4. 'Europe in decay', *The Times*, 8 January; JMK 18, 113-5.
1923-5. 'Mr Keynes on the economic outlook', speech to the Annual Meeting of the National Mutual, 29 January 1923, *The Times*, 1 February; JMK 12, 121-7.
1923-6 . Letter to the Editor, *Times*, 14 February; JMK 19, 79.
1923-7. 'Jevons, H. Stanley. *The Future of the Exchange and the Indian Currency*, Oxford University Press, Indian Branch, 1922', *Economic Journal*, 33, March, 60-5; JMK 11, 42-8.
1923-8. 'Some aspects of commodity markets', *Manchester Guardian Commercial*, Series of Supplements 'Reconstruction in Europe', no. 13, 29 March, 784-6; JMK 12, 255-65.
1923-9. 'Statement of policy of *The Nation and Athenaeum*', *Manchester Guardian*, 4 May; JMK 18, 122-3.
1923-10. 'Editorial foreword', *Nation and Athenaeum*, 33, 5 May, 146; JMK 18, 123-6.
1923-11. 'British policy in Europe', *Nation and Athenaeum*, 33, 5 May, 148-50; JMK 18, 129-33.
1923-12. 'The German offer and the French reply', *Nation and Athenaeum*, 33, 12 May, 188-9; JMK 18, 136-9.
1923-13. Suggested German reply to Lord Curzon, 16 May; JMK 18, 143-5.
1923-14. 'Mr Bonar Law: a personal appreciation', *Nation and Athenaeum*, 33, 26 May, 262; JMK 10, 33-6.
1923-15. 'The international loan', *Nation and Athenaeum*, 33, 26 May, 264-6; JMK 18, 150-6.
1923-16. 'The diplomacy of reparations', *Nation and Athenaeum*, 33, 16 June, 358-9; JMK 18, 166-70.
1923-17. 'Bank rate at four per cent', *Nation and Athenaeum*, weekly column 'Finance and Investment' 33, 14 July, 502; JMK 19, 100-3.
1923-18. 'Mr Baldwin's prelude', *Nation and Athenaeum*, 33, 21 July, 511-2; JMK 18, 182-6.
1923-19. 'Is a settlement of reparations possible?', *Nation and Athenaeum*, 33, 28 July, 538-9.

1922-4. 'The conference gets to work', *Manchester Guardian*, 12 April; JMK 17, 376-8.
1922-5. 'Currency reform at Genoa', *Manchester Guardian*, 15 April; 'The finance experts at Genoa', JMK 17, 380-3.
1922-6 . 'Getting back to a gold standard', *Manchester Guardian*, 17 April; JMK 17, 384-6.
1922-7. '"Rubbish about milliards." The facts of the Russian reparation struggle', *Manchester Guardian*, 18 April; JMK 17, 386-90.
1922-8 . 'A plan for a Russian settlement', *Manchester Guardian*, 19 April; JMK 17, 390-4.
1922-9. 'Editorial foreword', *Manchester Guardian Commercial*, Series of Supplements 'Reconstruction in Europe', no. 1, 20 April, 2; JMK 17, 351-2.
1922-10. 'The theory of the exchanges and "purchasing power parity"', *Manchester Guardian Commercial*, Series of Supplements 'Reconstruction in Europe', no. 1, 20 April, 6-8; JMK 4, 70-80, 164-9.
1922-11. 'The forward market in foreign exchanges', *Manchester Guardian Commercial*, Series of Supplements 'Reconstruction in Europe', no. 1, 20 April, 11-8; JMK 4, 94-115.
1922-12. 'A chapter of miscalculations at the conference', *Manchester Guardian*, 21 April; JMK 17, 394-7.
1922-13. Letter to the Editor, *New York Times Book Review and Magazine*, 23 April; JMK 17, 298-301.
1922-14. 'The reparation problem at Genoa', *Manchester Guardian*, 24 April; JMK 17, 398-402.
1922-15. 'The financial system of the Bolsheviks', *Manchester Guardian*, 26 April; JMK 17, 403-8.
1922-16. 'Financial results of Genoa', *Manchester Guardian*, 27 April; JMK 17, 408-10.
1922-17. 'The Russian rouble and the basis of future trade', *Manchester Guardian*, 1 May; JMK 17, 411-5.
1922-18. 'The proposals for Russia', *Manchester Guardian*, 4 May; JMK 17, 416-20.
1922-19. 'Reconstruction in Europe: An introduction', *Manchester Guardian Commercial*, Series of Supplements 'Reconstruction in Europe', no. 2, 18 May, 66-7; JMK 17, 426-33.
1922-20. 'The Genoa conference', *Manchester Guardian Commercial*, Series of Supplements 'Reconstruction in Europe', no. 3, 15 June, 132-3; JMK 17, 420-5.
1922-21. 'Russia', *Manchester Guardian Commercial*, Series of Supplements 'Reconstruction in Europe', no. 4, 6 July, 200-1; JMK 17, 434-40.
1922-22. 'Inflation as a method of taxation', *Manchester Guardian Commercial*, Series of Supplements 'Reconstruction in Europe', no. 5, 27 July, 268-9; JMK 4, 37-53, 161-3.
1922-23. 'The consequences to society of changes in the value of money', *Manchester Guardian Commercial*, Series of Supplements 'Reconstruction in Europe', no. 5, 27 July, 321-8; JMK 4, 1-28.
1922-24. 'A moratorium for war debts', *Westminster Gazette*, 5 August, 1, 3; JMK 18, 12-7.
1922-25. 'An economist's view of population', *Manchester Guardian Commercial*, Series of Supplements 'Reconstruction in Europe', no. 6, 17 August, 340-1; JMK 17, 440-6.
1922-26. 'Germany's difficulties. How the mark will go. Violent fluctuations expected', *Manchester Guardian*, 26 August; JMK 18, 27-8.
1922-27. 'German people terrified by uncertainty', *Manchester Guardian*, 28 August; JMK 18, 28-30.
1922-28. 'Is a settlement of the reparation question possible now?', *Manchester Guardian Commercial*, Series of Supplements 'Reconstruction in Europe', no. 8, 28 September, 462-4; JMK 18, 32-43.

1920-1. 'The present state of the foreign exchanges', *Manchester and District Bankers' Institute Magazine*, 16 January; JMK 17, 171-9.
1920-2. 'Hawtrey, R. G. *Currency and Credit*, London, Longmans Green, 1919', *Economic Journal*, 30, September, 362-5; JMK 11, 411-4.
1920-3. 'Shirras, G. Findlay. *Indian Finance and Banking*, London, Macmillan, 1920', *Economic Journal*, 30, September, 396-7; JMK 11, 40-2.
1920-4. 'The Peace of Versailles', *Everybody's Magazine*, September, 36-41; JMK 17, 51-77.
1920-5. 'Economic readjustment of Europe', *Farm and Home*, 41, October; JMK 30, 4-7.
1920-6. 'America at the Paris Conference: A delegate's story', *Manchester Guardian*, 66, 2 December; JMK 17, 91-8.

1921-1. *A Treatise on Probability*, London: Macmillan; JMK 8.
1921-2. Presidential address to the Apostle Society, 21 January; KP, UA/36.
1921-3. 'The economic consequences of the Paris "Settlement"', *Manchester Guardian*, 31 January and 1 February; JMK 17, 208-13.
1921-4. 'DrMelchior, A Defeated Enemy', memoir read to the Bloomsbury Memoir Club, 3 February, first published in 1949; JMK 10, 389-429.
1921-5. 'The latest phase of reparations', *Manchester Guardian*, 5 March 1921; JMK 17, 221-5.
1921-6. 'Will the German mark be superseded? Reasons why permanent recovery is unlikely', *Manchester Guardian Commercial*, 24 March; JMK 18, 1-7.
1921-7. 'The proposed occupation of the Ruhr', *Manchester Guardian*, 26 and 27 April; JMK 17, 225-30.
1921-8. 'The new reparation proposals', *Manchester Guardian*, 6 May; JMK 17, 235-40.
1921-9. 'Europe's economic outlook. I. New reparations settlement: Can Germany pay?', *Sunday Times*, 21 August; JMK 17, 242-8.
1921-10. 'Europe's economic outlook. II. New reparations settlement: Effect on world trade', *Sunday Times*, 28 August; JMK 17, 249-56.
1921-11. 'Europe's economic outlook. III. The depression in trade', *Sunday Times*, 4 September; JMK 17, 259-65.
1921-12. 'Europe's economic outlook. IV. The earnings of labour', *Sunday Times*, 11 September; JMK 17, 265-71.
1921-13. 'Europe's economic outlook. V. Settlement of war debts', *Sunday Times*, 18 September; JMK 17, 272-8.
1921-14. 'London group', Catalogue for the London Group Exhibition, Mansard Gallery, October; JMK 28, 296-7.
1921-15. 'Record depreciation of the mark. How speculators are more than paying the indemnity?', *Manchester Guardian*, 9 November; JMK 18, 8-10.
1921-16. 'Reparation payments. The suggested moratorium. Time to drop "make-believe"', *Sunday Times*, 4 December; JMK 17, 289-92.
1921-17. 'The civil service and financial control', lecture to the Society of Civil Servants; JMK 16, 296-307.

1922-1. *A Revision of the Treaty*, London: Macmillan; JMK 3.
1922-2. 'The stabilisation of the European exchanges: A plan for Genoa', *Manchester Guardian*, 6 April; JMK 17, 355-60.
1922-3. 'On the way to Genoa: What can the conference discuss and with what hope?', *Manchester Guardian*, 10 April; JMK 17, 370-6.

11, 332-44.
1915-8. The financial prospect of this financial year, memorandum, 9 September; JMK 16, 117-25.
1915-9. With Florence Ada Keynes, 'An urgent appeal', The Cambridge War Thrift Committee, November; JMK 16, 141-3.
1915-10. A note on 'suspension of specie payments' and other methods of restricting gold export, 6 November; JMK 16, 143-9.
1915-11. 'The Bank of England and the "Suspension of the Bank Act" at the outbreak of war', *Economic Journal*, 25, December, 565-8; JMK 11, 329-30.

1916-1. Letter to the Editor, *Daily Chronicle*, 6 January; JMK 16, 157-61. [signed 'Politicus']
1916-2. Statement to the Holborn Local Tribunal claiming exemption from military service on the grounds of conscientious objection, 28 February; KP, PP/7.
1916-3. Notes for a talk to the Board of Admiralty, 15 March; JMK 16, 184-8.
1916-4. 'Face the facts', *War and Peace*, April; JMK 16, 179-84. [signed 'Politicus']
1916-5. 'Frederick Hillersdon Keeling (1886-1916)', *Economic Journal*, 26, September, 403-4; JMK 10, 319-20.
1916-6. The financial dependance of the United Kingdom on the United States of America, memorandum, 10 October; JMK 16, 197-8.
1916-7. 'Our financial position in America' and 'Report to the Chancellor of the Exchequer of the British members of the joint Anglo-French Financial Committee', 24 October; JMK 16, 198-209. [the first paper, signed by Reginald McKenna, is an introduction to the report].

1917-1. with W. J. Ashley. Memorandum on the effect of an indemnity, 2 January; JMK 16, 313-34.
1917-2. Memorandum on the probable consequences of abandoning the gold standard, 17 January; JMK 16, 215-22.
1917-3. 'New taxation in the United States', *Economic Journal*, 27, December, 345-50; JMK 11, 345-50.
1917-4. 'Note on the issue of Federal Reserve notes in the United States', *Economic Journal*, 27, December, 565-7; JMK 11, 409-10.

1918-1. Notes on an indemnity, memorandum, 31 October; JMK 16, 338-43.
1918-2. Memorandum by the Treasury on the indemnity payable by the enemy powers for reparation and other claims, December; JMK 16, 344-83.

1919-1. *The Economic Consequences of the Peace*, London: Macmillan; JMK 2.
1919-2. Report on financial conversations at Trèves, 15-16 January 1919, 20 January; JMK 16, 394-404.
1919-3. The treatment of inter-ally debt arising out of the war, memorandum, March; JMK 16, 420-28.
1919-4. Scheme for the rehabilitation of European credit and for financing relief and reconstruction, memorandum, and draft for an explanatory letter to be addressed by the Prime Minister to the President, M. Clemenceau, and Signor Orlando, April; JMK 16, 429-36.
1919-5. [Memorandum on alternative reparation proposals], June; JMK 16, 467-9.

1913-1. *Indian Currency and Finance*, London: Macmillan; JMK 1.
1913-2. '*Departmental Committee on Matters Affecting Currency of the British West African Colonies and Protectorates. Report*, Cd. 6426, 1912; *Minutes of Evidence*, Cd. 6427, HMSO 1912', *Economic Journal*, 23, March, 146-7; JMK 11, 383-4.
1913-3. 'Barbour, Sir David. *The Standard of Value*, London, Macmillan, 1912', *Economic Journal*, 23, September, 390-3; JMK 11, 384-88.
1913-4. 'Hobson, J. A. *Gold, Prices, and Wages*, London, Methuen, 1913', *Economic Journal*, 23, September, 393-8; JMK 11, 388-94.
1913-5. 'How far are bankers responsible for the alternations of crisis and depression?', paper presented to the Political Economy Club of London, 3 December; JMK 13, 2-14.

1914-1. '*Forty-Third Annual Report of the Deputy Master of the Mint, 1912*, Cd. 6991, HMSO 1913', *Economic Journal*, 24, March, 152-7; JMK 11, 394-400.
1914-2. 'Fischel, Marcel-Maurice. *Le Thaler de Marie-Thérèse: étude de sociologie et d'histoire économique*, Paris, Giard et Brière, 1912', *Economic Journal*, 24, June, 257-60; JMK 11, 529-33.
1914-3. Memorandum against the suspension of gold, 3 August; JMK 16, 7-15.
1914-4. The proper means for enabling discount operations to be resumed, Treasury memorandum, 5 August; JMK 16, 16-9.
1914-5. 'Currency expedients abroad', *Morning Post*, 11 August; JMK 16, 20-3.
1914-6. 'Mises, Ludwig von. *Theorie des Geldes und der Umlaufsmittel*, Munich, Duncker and Humblot, 1912; Bendixen, Friedrich. *Geld und Kapital*, Leipzig, Duncker und Humblot, 1912', *Economic Journal*, 24, September, 417-9; JMK 11, 400-3.
1914-7. 'Innes, A. Mitchell. *What is Money?*, New York, Banking Law Journal, 1913', *Economic Journal*, 24, September, 419-21; JMK 11, 404-6.
1914-8. 'War and the financial system, August 1914', *Economic Journal*, 24, September, 460-86; JMK 11, 238-71.
1914-9. 'Wilhelm Lexis (1837-1914)', *Economic Journal*, 24, September, 502-3; JMK 10, 317-8.
1914-10. 'Current topics – currency expedients abroad', *Economic Journal*, 24, September, 503-9; JMK 11, 272-8.
1914-11. 'The cost of war to Germany: some expedients explained', *Morning Post*, 16 October; JMK 16, 37-9.
1914-12. 'The City of London and the Bank of England, August 1914', *Quarterly Journal of Economics*, 29, November, 48-71; JMK 11, 278-98.
1914-13. 'The prospects of money, November 1914', *Economic Journal*, 24, December, 610-34; JMK 11, 299-328.
1914-14. 'The trade of India in 1913-14', *Economic Journal*, 24, December, 639-42; JMK 11, 36-40.

1915-1. Notes on French finance, memorandum, 6 January; JMK 16, 42-57.
1915-2. The Bank of England in relation to government borrowing and the necessity of a public loan, memorandum, 14 May; JMK 16, 96-105
1915-3. 'The island of stone money', *Economic Journal*, 25, June, 281-3; JMK 11, 406-9.
1915-4. A summary of the gold position, note, 19 August; JMK 16, 109.
1915-5. [The alternatives], memorandum, 23 August; JMK 16, 110-15.
1915-6. 'The works of Bagehot', *Economic Journal*, 25, September, 369-75; JMK 11, 533-41.
1915-7. 'The economics of war in Germany', *Economic Journal*, 25, September, 443-52; JMK

1911-4. '*Wahrscheinlichkeitsrechnung und ihre Anwendung auf Fehlerausgleichung, Statistik, und Lebensversicherung*, by Emanuel Czuber, Second edition, 2 vols, Leipzig, B. G. Teubner, 1908, 1910', *Journal of the Royal Statistical Society*, 74, May, 643-7; JMK 11, 562-7.
1911-5. '*Publications Issued by and in Preparation for the National Monetary Commission of the United States*, Washington, 1910-11', *Journal of the Royal Statistical Society*, 74, July, 841-6; JMK 11, 367-74.
1911-6. 'Fisher, Irving. *The Purchasing Power of Money: Its Determination and Relation to Credit, Interest and Crisis*, New York, Macmillan, 1911', *Economic Journal*, 21, September, 393-8; JMK 11, 375-81.
1911-7. 'Morrison, Sir Theodore. *The Economic Transition in India*, London, John Murray, 1911', *Economic Journal*, 21, September, 426-31; JMK 11, 27-33.

1912-1. 'Jevons, W. Stanley. *Theory of Political Economy*, Fourth edition, edited by H. Stanley Jevons, London, Macmillan, 1911', *Economic Journal*, 22, March, 78-80; JMK 11, 515-6.
1912-2. '*Report upon the Operations of the Paper Currency Department of the Government of India during the Year 1910-11*, Calcutta, 1911', *Economic Journal*, 22, March, 145-7; JMK 11, 33-6.
1912-3. '*Report of the National Monetary Commission of the United States*, Senate document no. 243, 62-2, Washington, Government Printing Office, 1912', *Economic Journal*, 22, March, 150-1; JMK 11, 381-2.
1912-4. '*Report by the Committee on Irish Finance*, Cd. 6153, H.M.S.O. 1912; *Government of Ireland Bill: Outline of Financial Provisions*, Cd. 6154, H.M.S.O. 1912; *Return Showing the Debt Incurred for Purely Irish Purposes*, H. of C. 110, H.M.S.O. 1912', *Economic Journal*, 22, September, 498-502; JMK 11, 516-21.
1912-5. 'Chen, Huan-Chang. *The Economic Principles of Confucius and his School*, 2 vols, Columbia University Studies, New York, Longmans, 1911', *Economic Journal*, 22, December, 584-88; JMK 11, 521-7.
1912-6. 'McIlraith, James W. *The Course of Prices in New Zealand*; *Report of Commission on the Cost of Living in New Zealand, together with Minutes of Proceedings and Evidence*, Wellington Government Printing Office, 1911' *Economic Journal*, 22, December, 595-8; JMK11, 221-25.
1912-7. '[Board of Trade] *Tables Showing for Each of the Years 1900-1911 the Estimated Value of the Imports and Exports of the United Kingdom at the Prices Prevailing in 1900*, Cd. 6314, HMSO 1912', *Economic Journal*, 22, December, 630-1; JMK 11, 219-21.
1912-8. '*Report of the Commissioners of Inland Revenue for the Year Ended 31st March 1912*, Cd. 6344, H.M.S.O., 1912', *Economic Journal*, 22, December, 632-3; JMK 11, 527-8.
1912-9. '*Report of the Mint, 1911*, Cd. 6362, HMSO 1912', *Economic Journal*, 22, December, 633-4; JMK 11, 382.
1912-10. '*Calcul des probabilités*, par H. Poincaré, Deuxième édition, Paris, Gauthier-Villars, 1912; *Calcul des probabilités*, par Louis Bachelier, Vol. I, Paris, Gauthier-Villars, 1912; *Le calcul de probabilités et ses applications*, par E. Carvallo, Paris, Gauthiers-Villars, 1912; *Wahrscheinlichkeitsrechnung*, by A. A Markoff, Leipzig, Teubner, 1912', *Journal of the Royal Statistical Society*, 76, December, 113-6; JMK 11, 567-73.
1912-11. '*Ueber das Geschechtsverhälnis bie Zwillingsgeburten*, by Kazimierz J. Horowicz, Göttingen, E. A. Huth, 1912', *Journal of the Royal Statistical Society*, 76, December, 116-7; JMK 11, 573-4.

31 March, 215-7; JMK 11, 174-7. [Keynes records in a notebook this title as his first published article; he received £1 s6 d3]

1908-2. 'Board of Trade index numbers of real wages: Noteby JMK', *Economic Journal*, 18, September, 472-3; JMK 11, 178-9.

1908-3. 'Prince Henry or Prince Rupert?', read to the Apostles Society, 28 November; KP, UA/30.

1908-4. Principles of Probability, submitted as Fellowship Dissertation to King's College, 2 vols., December; KP, MM/6.

1908-5. 'Board of Trade index numbers of real wages: reply to G. Udny Yule's comment', *Economic Journal*, 18, December, 655-7; JMK 11, 180-2.

1909-1. 'Recent economic events in India', *Economic Journal*, 19, March, 51-67; JMK 11, 1-22.

1909-2 . ['Science and art'], read to the Apostles Society, 20 February; KP, UA/32.（「科学と芸術」，中矢俊博「ケインズの"美と知性"に関する一草稿―― 'Science and Art'」『南山経済研究』第 8 巻第 2 号，1993 年，所収）

1909-3. '*Die geographische Verteilung der Getreidepreise in Indien von 1861 bis 1905*, von Th. H. Engelbrecht, Berlin, Paul Parey, 1908', *Journal of the Royal Statistical Society*, 72, 31 March, 139-40; JMK 11, 22-3.

1909-4. 'The method of index numbers with special reference to the measurement of general exchange value', written in April, winner of the Adam Smith prize; JMK 11, 49-156.

1909-5. 'India during 1907-8', *Economist*, 69, 3 July, 11-2; JMK 15, 34-8.

1909-6. 'Can we consume our surplus? or The influence of furniture on love', read to the Apostles Society ; KP, UA/34.

1910-1. 'Great Britain's foreign investments', *New Quarterly*, February, 37-53; JMK 15, 44-59.

1910-2. '*Éléments de la théorie des probabilités*, par Émile Borel, Paris, Librairie scientifique A Hermann et fils, 1909', *Journal of the Royal Statistical Society*, 73, February, 171-2; JMK 11, 182-3.

1910-3. Letter sent to *The Times*, 6 June, not published; JMK 11, 186-8.

1910-4. '*A First Study of the Influence of Parental Alcoholism on the Physique and Ability of the Offspring*, by Ethel M. Elderton with the assistance of Karl Pearson, London, Dulau, 1910', *Journal of the Royal Statistical Society*, 73, July, 769-73; JMK 11, 189-96.

1910-5. 'Webb, M. de P. *The Rupee Problem, a Plea for a Definite Currency Policy for India*, Karachi, 1910', *Economic Journal*, 20, September, 438-40; JMK 11, 23-6.

1910-6. 'Wicksteed, Philip H. *The Common Sense of Political Economy*, London, Macmillan, 1910', *Hibbert Journal*, 9, October, 215-8 ; JMK 11, 509-14.

1910-7. Letter to the Editor, *Journal of the Royal Statistical Society*, 74, December; JMK 11, 196-205.

1910-8. ['On the principle of organic unity'], read to the Apostles Society; reread 22 January 1921; KP, UA/35.

1911-1. Letter to the Editor, *The Times*, 16 January, not published; JMK 11, 206-7.

1911-2. 'The principal averages and the laws of error which lead to them', *Journal of the Royal Statistical Society*, 74, February, 322-31; JMK 11, 159-73.

1911-3. Letter to the Editor, *Journal of the Royal Statistical Society*, 74, February; JMK 11, 207-16.

1900-1. 'The character of the Stuarts: how far was it responsible for their misfortunes?', 24 November; KP, PP/31/3.
1900-2 [date uncertain]. 'The difference between East and West: will they ever disappear?', November; KP, PP/31/4.
1900-3 [date uncertain]. 'The English national character'; KP, PP/31/9.

1901-1. 'Cromwell', 14 June; KP, PP/31/5.
1901-2. [date uncertain]. 'What are the prospects of European peace at the present time?'; KP, PP/31/15.

1902-1. 2 essays on Bernard of Cluny, one read to the Eton Literary Society, 3 May; KP, PP/33.

1903-1. 2 drafts, 1 incomplete, of an essay on Peter Abelard. Written Christmas Vacation 1902-3. Read to Kings' College Appenine Society, Lent Term; KP, UA/16.
1903-2. Essay on Time, read at King's College Parrhesiasts Society, 8 May; KP, UA/17.
1903-3. 'Shall we write filth packets?', read to the Apostles Society between February and December; KP, UA/19/1.
1903-4. Philosophy lecture notes. Lent Term. 1. Modern Ethics, given by G. E. Moore; KP, UA/1/1.
1903-5. Philosophy lecture notes. Lent Term. 2. Metaphysics, given by J. E. McTaggart; KP, UA/1/2.
1903-6. '*The Cambridge Modern History*. Vol. 7. *The United States*, Cambridge University Press, 1903', *Cambridge Review*, 5 November; JMK 11, 502-7.

1904-1. ['Beauty'], read to the Apostles Society, 30 April; KP, UA/19/3.
1904-2. 'The political doctrines of Edmund Burke', written Summer-Autumn. Winner of the University Members Prize; KP, UA/20/3.
1904-3. ['Ethics in relation to conduct'], read to the Apostles Society, 23 January [according to Skidelsky 1983, p. 152 and O'Donnell, p. 12, but contested by Moggridge 1992, pp. 131-6]; KP, UA/19/2.

1905-1. 'Miscellanea ethica', Written 31 July - 19 September; KP, UA/21.
1905-2. 'A theory of beauty', read to the G. L. Dickinson Society on 5 October and to the Apostles Society on 5 May 1912; KP, UA/23/2.
1905-3. 'Modern civilisation', read to the Apostles Society, 28 October; KP, UA/22.

1906-1. 'Jevons, H. Stanley. *Essays on Economics*, London: Macmillan, 1906', *Cambridge Review* , 8 February; JMK 11, 507-9.
1906-2. 'Shall we write melodrama?', read to the Apostles Society, 3 February; KP, UA/25.
1906-3. 'Egoism', read to the Apostles Society, 24 February 1906; KP, UA/26.

1907-1. Principles of Probability, submitted as Fellowship Dissertation to King's College, December; KP, TP/A/1-2.

1908-1. '*A Study in Social and Industrial Problems*, compiled by Edward G. Howarth and Mona Wilson, London: J. M. Dent, 1907', *Journal of the Royal Statistical Society*, 71,

第 27 巻　平井俊顕・立脇和夫訳『戦後世界の形成——1940-46 年の諸活動：雇用と商品』1996 年。

略語

BL: British Library.

CHA: Charleston Papers, King's College Library, Cambridge.

JMK: *The Collected Writings of John Maynard Keynes*, London: Macmillan, 1971-89, 30 volumes.

JRP: Joan Robinson Papers, King's College, Cambridge.

JTS: J. T. Sheppard Papers, King's College, Cambridge.

KP: Keynes Papers, King's College Library, Cambridge.

SP: Strachey Papers, British Library.

年代順リストに含まれていないアーカイブズの資料

L/42: Correspondence and related papers on a miscellany of academic and business issues, 1942 Jan.-Sept., Dec.

PP/20A: 2 lists of initials and names, 1901-15, unidentified statistics, 1906-15.

PP34: Diary, 4-26 Nov. 1894 and 16 Feb-18 April 1896, with, at back, lists of i) holiday destinations [18]84-99 ii) London theatre productions, 1894-1900 and iii) books read, some with dates of reading, 1898-1900.

PP/35: Diary. 5 June - 21 Dec. 1899.

PP/43: John Neville Keynes's holiday diaries. 1895-1902.

PP/45: Correspondence:

PP/45/168: John Neville Keynes and Florence Ada [parents].

PP/45/190: Lydia Lopokova [wife].

PP/45/316: Lytton Strachey.

PP/45/321: Bernard Swithinbank.

PP/72: Correspondence relating to the Contemporary Art Society.

PP/73: Correspondence concerning the London Artists' Association.

PP/77: Correspondence concerning Keynes's work as a trustee of National Gallery.

PP/84: Correspondence as Chairman of the Council for the Encouragement of Music and the Arts (C.E.M.A.), 1941-46.

PP/88: Condolence letters received by Florence Ada Keynes on John Maynard Keynes's death, orders of services at Westminster Abbey, 2 May 1946 and King's College Chapel, 4 May 1946, and two letters 1948.

SE/11: Ledgers, completed by Keynes, of his personal speculations in stocks and currency, 1912-45.

TP/1/1: Discursive correspondence concerning the *Treatise on Probability*, 1909-22.

TP/4: Reports to the electors to fellowships on Keynes's 1907 dissertation, 1908, by A. N. Whitehead, W. E. Johnson and A. C. Pigou, with same by Whitehead and Johnson for 1909 submission, 1909.

UA/6: Autograph manuscripts notes and typescripts of lectures given by Keynes in the Faculty of Economics and Politics, 1909-1923. Some lectures given between 1912 and 1914 are reproduced in JMK 12, 690-783.

ケインズの著作の年代順リスト

1899-1 [date uncertain]. Untitled essay concerning the achievements of Great Britain under Queen Victoria; KP, PP/31/7.

参考文献

1．ジョン・メイナード・ケインズによる著作

以下の参考文献目録は，ケインズの著書，書物のなかの章，パンフレット，追悼記事を含む論文，書評，文書のかたちで公表されたラジオ番組のすべてを含んでいる。ただし,「金融と投資」,「今週の出来事」,「生活と政治」といったコラムや，いくつかの匿名の投稿は除いている。ほとんどの場合，初版のみが所収されている。新聞への公開書簡，ケインズによって作成された公文書，覚書，ノート，注釈，講演，対談，講義といった他の種類の資料に関しては，本書において引用あるいは言及された資料のみが，この参考文献目録に再録されている。読者は，『ケインズ全集』の第30巻において，これらの資料の網羅的なリストを見出すであろう。ここに再録された参考文献のそれぞれについて，読者には〔年号の後に付された番号によって〕それらの文献を見出すことのできる場所が指示される。

ケインズ・アーカイブズに関してもまた，本書で引用あるいは言及された文書のみが記載されている。それぞれの文書はKPと記され，そのあとに文書番号が付されている。もともと無題の文書には，表題に角カッコ［ ］が付けられている。往復書簡のような何年にもわたる文書は再分類され，ケインズの著作の年代順リストの前に置かれている。いくつかのテクストは，以下に挙げられている他のアーカイブズにおいて見出される。年代順リストに関しては，年ごとに，著書，書物のなかの章，パンフレットが最初に挙げられている。その他の資料は，可能なかぎり月日順に分類されている。

［訳者注記］

『ケインズ全集』日本語版は，これまでに以下の計15巻が東洋経済新報社から刊行されている。

第1巻　則武保夫・片山貞雄訳『インドの通貨と金融』1977年。
第2巻　早坂忠訳『平和の経済的帰結』1977年。
第3巻　千田純一訳『条約の改正』1977年。
第4巻　中内恒夫訳『貨幣改革論』1978年。
第5巻　小泉明・長沢惟恭訳『貨幣論Ｉ――貨幣の純粋理論』1979年。
第6巻　小泉明・長沢惟恭訳『貨幣論Ⅱ――貨幣の応用理論』1980年。
第7巻　塩野谷祐一訳『雇用・利子および貨幣の一般理論』1983年。
第9巻　宮崎義一訳『説得論集』1981年。
第10巻　大野忠男訳『人物評伝』1980年。
第18巻　武野秀樹・山下正毅訳『賠償問題の終結――1922-32年の諸活動』1989年。
第19巻　西村閑也訳『金本位復帰と産業政策――1922-29年の諸活動』1998年。
第24巻　堀家文吉郎・柴沼武・森映雄訳『平和への移行――1944-46年の諸活動』2002年。
第25巻　村野孝訳『戦後世界の形成――1940-44年の諸活動：清算同盟』1992年。
第26巻　石川健一・島村高嘉訳『戦後世界の形成――1941-46年の諸活動：ブレトン・ウッズと賠償』1988年。

ワ　行

ヤ 行

ラ 行

マ　行

ナ 行

タ　行

サ　行

カ 行

索　引

「JMK」はジョン・メイナード・ケインズを表す。「JNK」はジョン・ネヴィル・ケインズを表す。

ア　行

訳者紹介

鍋島 直樹
（奥付参照）
→序論，第 3 章

小峯 敦
（奥付参照）
→第 5 章，結論

山田 鋭夫（やまだ・としお）
1942 年生まれ。名古屋大学大学院経済学研究科博士課程単位修得退学。現在，九州産業大学経済学部教授，名古屋大学名誉教授。
主な業績：『さまざまな資本主義――比較資本主義分析』（藤原書店，2008 年）。
→日本語版への序文，第 8 章

山崎 聡（やまざき・さとし）
1970 年生まれ。一橋大学大学院経済学研究科博士後期課程修了。現在，一橋大学経済学研究所専任講師，中央大学経済研究所客員研究員。
主な業績：「ピグーにおける正義」（『経済学史研究』第 47 巻第 1 号，2005 年）。
→第 1 章，補章 1

齋藤 隆子（さいとう・たかこ）
京都大学大学院経済学研究科後期博士課程単位修得退学。現在，甲南大学経済学部非常勤講師。
主な業績：「J. M. ケインズの政治哲学――バークとケインズ」（田中眞晴編『自由主義経済思想の比較研究』名古屋大学出版会，1997 年）。
→第 2 章，補章 2

藤田 菜々子（ふじた・ななこ）
1977 年生まれ。名古屋大学大学院経済学研究科博士後期課程修了。現在，名古屋市立大学大学院経済学研究科専任講師。
主な業績：「ミュルダールにおける福祉国家と福祉世界――累積的因果関係論による統合的理解」（小峯敦編『福祉国家の経済思想――自由と統制の統合』ナカニシヤ出版，2006 年）。
→第 4 章，付録 1

池田 毅（いけだ・たけし）
1968 年生まれ。九州大学大学院経済学研究科博士後期課程修了。現在，立教大学経済学部准教授。
主な業績：『経済成長と所得分配』（日本経済評論社，2006 年）。
→第 6 章，索引

内藤 敦之（ないとう・あつし）
1972 年生まれ。一橋大学大学院経済学研究科博士後期課程単位修得退学。現在，大月短期大学経済科助教。
主な業績：「貨幣・信用・国家――ポスト・ケインズ派の信用貨幣論と表券主義」（『季刊経済理論』第 44 巻第 1 号，2007 年）。
→第 7 章，付録 2，参考文献

（→は翻訳を担当した部分を示す）

著者紹介

ジル・ドスタレール (Gilles Dostaler)
1946年カナダ生まれ。1975年にパリ第8大学にて経済学博士号を取得。現在，ケベック大学モントリオール校教授。ケインズ，ハイエク，フリードマンを主な研究対象として経済思想史を専攻し，主著に，『ケインズ以後の経済思想——主要な経済学者たちの経歴と事典』(*Economic Thought Since Keynes: A History and Dictionary of Major Economists*, Routledge, 1995, Michel Beaud との共著)，『ハイエクの自由主義』(*Le Libéralisme de Hayek*, La Découverte, 2001)，『貨幣，資本主義と死の衝動——フロイトとケインズ』(*Argent, capitalisme et pulsion de mort: Freud et Keynes*, Albin Michel, 2008, Bernard Maris との共著) がある。

監訳者紹介

鍋島 直樹 (なべしま・なおき)
1963年生まれ。一橋大学大学院経済学研究科博士後期課程単位修得退学。現在，名古屋大学大学院経済学研究科教授。
主な業績:『ケインズとカレツキ——ポスト・ケインズ派経済学の源泉』(名古屋大学出版会，2001年)。『入門社会経済学——資本主義を理解する』(共著，ナカニシヤ出版，2004年)。

小峯 敦 (こみね・あつし)
1965年生まれ。一橋大学大学院経済学研究科博士後期課程単位修得退学。現在，龍谷大学経済学部教授。
主な業績:『ベヴァリッジの経済思想——ケインズたちとの交流』(昭和堂，2007年)。「現代経済学の潮流を守るケインズ派」(石橋一雄編『政治経済学』成文社，2007年)。

ケインズの闘《たたか》い——哲学《てつがく》・政治《せいじ》・経済学《けいざいがく》・芸術《げいじゅつ》

2008年9月30日　初版第1刷発行 ©
2009年2月28日　初版第2刷発行

監訳者　鍋島直樹
　　　　小峯敦
発行者　藤原良雄
発行所　藤原書店

〒162-0041　東京都新宿区早稲田鶴巻町523
電話 03 (5272) 0301
FAX 03 (5272) 0450
振替 00160-4-17013
info@fujiwara-shoten.co.jp

印刷・製本　図書印刷

落丁本・乱丁本はお取替えいたします
定価はカバーに表示してあります
Printed in Japan
ISBN978-4-89434-645-1